글로벌 시장환경과

국제경영

이장로, 신만수, 김창수 지음

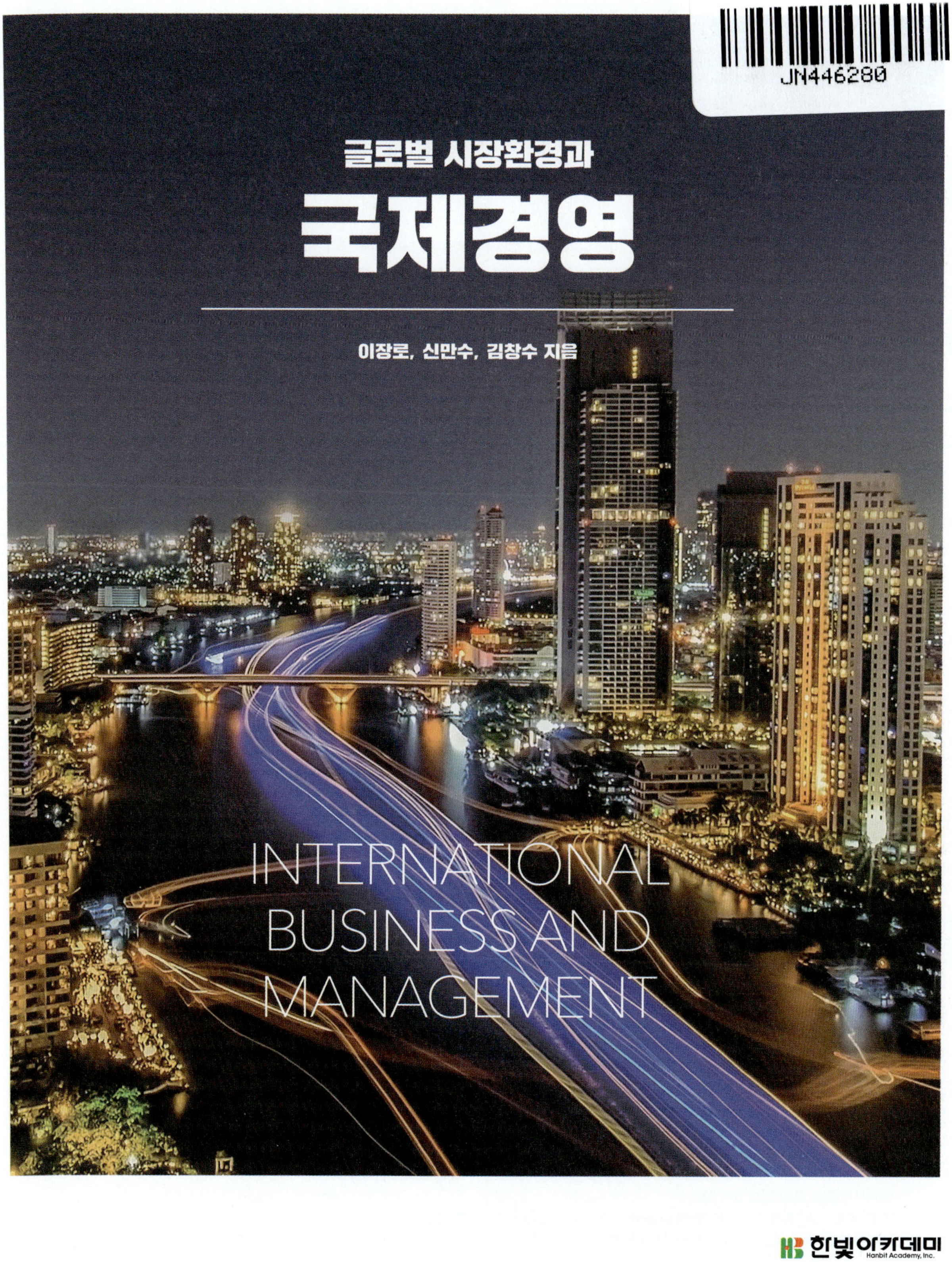

INTERNATIONAL BUSINESS AND MANAGEMENT

한빛아카데미
Hanbit Academy, Inc.

지은이 이장로(jrlee@korea.ac.kr)
고려대학교에서 상과대학 및 경영대학원을 졸업했다. 미국 뉴욕대학교에서 국제경영학 박사 학위를 수료했다. 고려대학교 경영대학장 겸 경영대학원장을, 한국국제경영학회에서는 회장을 역임했다. 한국리더십학교 교장이며 현재 고려대학교 경영대학 명예교수이다. 주요 저서로는『국제마케팅 7판, 2018』,『현대 · 기아자동차 중국 마케팅 사례, 2007』,『무역개론 5판(공저), 2014』,『해외경영 성공 노하우, 2000』,『한국기업과 신흥해외시장(공저), 2000』이 있다.

지은이 신만수(shinms@korea.ac.kr)
고려대학교에서 상과대학 무역학과를 졸업했다. 미국 일리노이대학교에서 경영학 박사를 수료했다. 캐나다 맥매스터 대학교에서 경영학과 조교수를 역임했으며 고려대학교 기업경영연구소장도 역임했다. 한국국제경영학회 회장을 역임했으며 현재 고려대학교 경영대학 교수이다.
주요 저서로는『글로벌 시장 진입사례(편저), 2015』,『해외진출기업 노무관리 안내서, 2000』,『한국기업의 국제경영: 현지화전략(공저), 2000』,『한국기업과 신흥해외시장(공저), 2000』,『글로벌 시대의 국제경영(공저), 1998』이 있다.

지은이 김창수(cskim@sogang.ac.kr)
충남대학교에서 경상대학 무역학과를 졸업했다. 고려대학교에서 경영대학 경영학 석사를, 미국 럭거스대학교에서 국제경영학 박사를 수료했다. 싱가포르 난양대학교(NTU)에서 조교수를, 이화여자대학교에서 경영대학 부교수를 역임했다. 현재 서강대학교 경영대학 교수이다. 저서로는『글로벌 시장환경과 국제경영, 2022』이 있다.

글로벌 시장환경과 **국제경영**

초판발행 2022년 09월 26일
2쇄발행 2023년 12월 29일

지은이 이장로, 신만수, 김창수 / **펴낸이** 전태호
펴낸곳 한빛아카데미(주) / **주소** 서울시 서대문구 연희로2길 62 한빛아카데미(주) 2층
전화 02-336-7112 / **팩스** 02-336-7199
등록 2013년 1월 14일 제2017-000063호 / **ISBN** 979-11-5664-630-3 93320

책임편집 김현용 / **기획 · 편집** 정서린
디자인 표지 · 내지 최연희 / **전산편집** 박지실 / **제작** 박성우, 김정우
영업 김태진, 김성삼, 이정훈, 임현기, 이성훈, 김주성 / **마케팅** 길진철, 김호철, 심지연

이 책에 대한 의견이나 오탈자 및 잘못된 내용에 대한 수정 정보는 아래 이메일로 알려주십시오.
잘못된 책은 구입하신 서점에서 교환해 드립니다. 책값은 뒤표지에 표시되어 있습니다.
홈페이지 www.hanbit.co.kr / 이메일 question@hanbit.co.kr

Published by HANBIT Academy, Inc. Printed in Korea

글로벌 시장환경과

국제경영

지은이 머리말

2018년『국제경영 7판』개정을 한 지 벌써 4년이 지났다. 수개월 동안 새로운 개정 작업을 진행하여 드디어 8판을 내놓게 되었다. 매번 개정작업을 할 때마다 느끼는 것이지만 변화가 끊임없이 일어나고 있는 글로벌 시장 환경에 대응하기 위한 한국 기업의 국제 경영전략을 교재 형식으로 충실히 담아내는 것은 쉽지 않은 일이다. 특히 지난 4년간은 과거 20여 년 기간 중 어느 시기보다 정말 많은 글로벌 환경 변화가 기업뿐만 아니라 개인들의 삶에도 영향을 끼치고 있다.

수많은 변화 중에서도 특히 다음 두 가지 측면에서 글로벌 시장을 중요시하는 한국의 대기업 및 중소기업에 현재 그리고 향후에도 많은 영향을 줄 것으로 예상된다. 첫째, 지금까지도 지속되고 있는 코로나19 사태와 미국과 중국 간 무역 및 패권 갈등으로 야기된 많은 변화가 글로벌 시장 질서를 크게 흔들고 있다. 둘째, 기업 성장이 기존 제조업 관련 산업뿐만 아니라 IT 플랫폼에 기초한 산업, K-pop과 같은 엔터테인먼트 산업 등 많은 서비스 산업의 국제화도 점차 중요하게 부각되고 있다. 이러한 변화를 염두에 두고 8판 개정이 이루어졌다. 글로벌 시장에는 미국, 유럽, 일본, 한국, 중국 등 다양한 국적의 다국적기업들이 존재하지만 그동안 본 교재가 추구해온 대로 새로운 개정판에서도 한국의 대기업 및 중소기업 관점에서 집필되었다.

이 책에는 다음과 같은 우리의 꿈이 담겨 있다. 첫째, 한국기업에 적합한 국제경영이론과 함께 생생한 현장의 사례들을 많이 전해주고 싶었다. 둘째, 대학에서뿐만 아니라 실무 현장에서도 활용될 수 있는 책으로 활용될 수 있기를 희망한다. 끝으로 이 책이 독자들에게 유익하고 한국적 국제경영학을 발전시켜 나가는 디딤돌이 되었으면 좋겠다.

이번 8판에는 많은 내용이 수정, 보완되었으나 7판에 비해 전체적인 분량을 크게 간소화하였다. 그리고 적절한 최신 사례를 선택하여 장마다 도입사례와 마감사례를 모두 신설하여 포함했다. 가급적 도입사례는 해당 장 내용을 간단히 이해할 수 있는 내용으로 집필했고 마감사례는 해당 장 내용을 이해하고 배운 지식을 심화시킬 수 있는 사례로 구성했다. 이러한 사례들을 수업 시간 중에 토의하거나 수업 후 간단한 숙제로 활용할 수 있을 것이다. 또한 본문에는 한국기업의 관점에서 국제화 현장에 부딪히는 많은 문제에 대해 현실적인 도움이 되도록 실무적인 토론도 많이 추가하였다.

8판의 출판을 위해 바쁜 일정에도 불구하고 수고하여 주신 한빛아카데미의 관계자 여러분께도 감사를 드린다. 그리고 우리를 위해 항상 기도하며 사랑의 수고와 격려를 아끼지 않은 가족에게 따뜻한 마음으로 고마움을 전한다. 마지막으로 우리에게 항상 생명과 지혜를 주시고 오늘날까지 인도해주신 하나님께 감사함으로 이 책을 바친다.

2022년 9월
저자 일동

차례

PART 1 국제경영의 이해

PART 2 국제사업

PART 3 국제경영환경

PART 4 현지경영전략 및 관리

PART 1

국제경영의 이해

1 | 기업국제화와 국제경영

1장 요약

국제경영의 출발점이 되는 기업국제화의 개념과 동기를 알아본다. 그리고 국제경영의 주체가 되는 다국적기업에 대해서 알아본다. 마지막으로 국제경영의 주요 연구과제와 체계를 살펴본다.

CHAPTER 1

기업국제화와 국제경영

Ⅰ. 기업의 국제화

Ⅱ. 다국적기업

Ⅲ. 국제경영의 이해

도입사례

BTS의 Top 3 글로벌 시장은 어디일까?

2021년 코로나19 장기화로 수출이 어려운 상황에서도 K-pop 인기에 '음반류' 수출이 2020년 1억 3,620만 달러에서 62% 증가한 2억 2,084만 달러로 증가하여 역대 최고치를 계속 갱신하고 있다. 해외 음반 판매량은 2021년 사상 처음으로 5,000만 장을 초과했으며 BTS(방탄소년단, 720만), NCT127(405만), 세븐틴(380만), 스트레이트키즈(270만), 트와이스(160만), 엑소(150만) 등 유명 아이돌 스타들의 해외 인기를 반영하고 있다. 이 'K-pop' 스타들이 해외에서 세계적 팬덤문화를 형성하며, 전 세계 팬들이 소장을 목적으로 한류스타의 음악이나 뮤직비디오가 담긴 CD, DVD 등을 구입하면서 수출이 크게 증가한 것으로 보인다. 또한 K-pop 앨범 수출 국가는 2012년 23개국에서 2021년 88개국으로 크게 늘었다.

특히 BTS의 인기는 세계적이다. 그렇다면 BTS가 가장 많은 매출액을 기록한 국가는 어디일까? 정확한 전체 매출액을 국가별로 산정하는 것은 쉬운 일이 아니지만, 대략 인기도를 반영하는 유튜브 조회수로 가름해 볼 수 있다. 1위는 한국이 아닌 일본인 것으로 나타났다. 중앙일보가 동영상 공유 플랫폼 유튜브 음악 차트 통계를 활용해 최근 1년간(2021년 3월~2022년 2월) 주요 K-pop 그룹의 팬덤을 분석한 결과 1위는 한국이 아닌 일본인 것으로 나타났다. BTS의 공식 뮤직비디오, 공식 음악을 이용한 사용자 제작 콘텐츠(UCC), 가사 동영상 등은 이 기간 총 151억 회 재생됐는데, 이 중 20억 회 이상이 일본에서 발생하면서 BTS 소비국 1위를 기록했다. BTS의 본국인 한국은 7억 6,800만으로 6위를 기록했으며, 이는 전체의 5%에 불과하다.

그림 1-1 음반과 영화DVD 수출액 추이

(단위: 백만 달러)

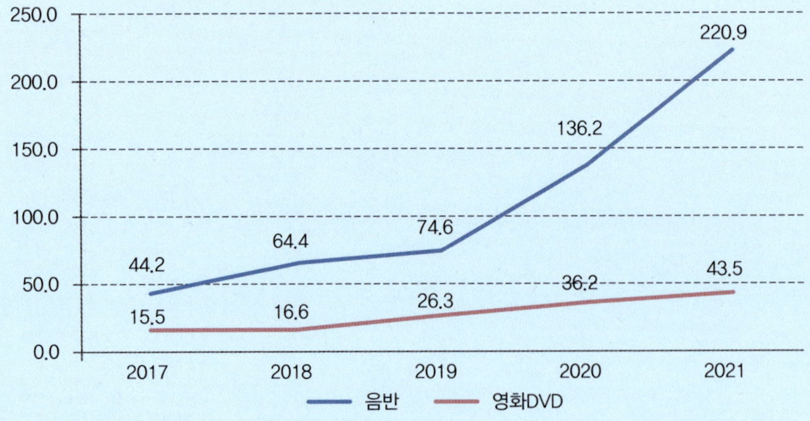

그림 1-2 **국내 무역수지**

(단위: 백만 달러)

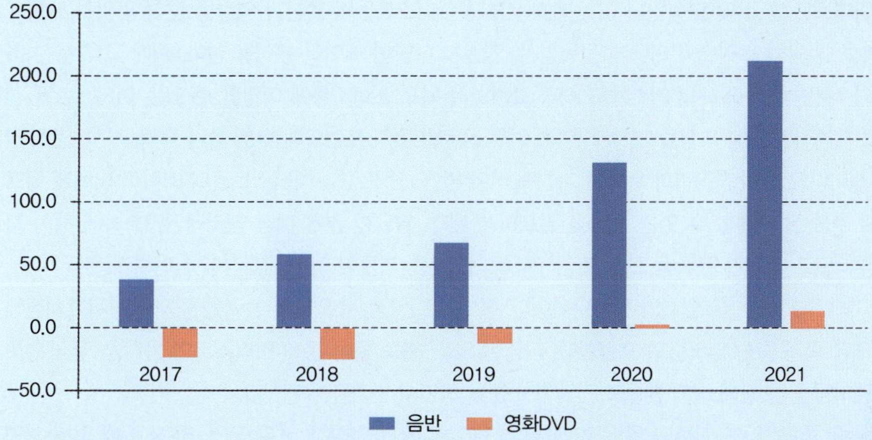

* 음반, 영화DVD의 수출신고 기준이며, 음원 다운로드 등 온라인 실적은 미포함
* 자료: https://unipass.customs.go.kr/ets/

표 1-1 **BTS 연간 국가별 유튜브 조회수**

(2021년 3월~2022년 2월 공식뮤직비디오+가사 동영상 기준)

1. 일본	20억 4,000만 회
2. 인도	16억 5,000만 회
3. 인도네시아	10억 5,000만 회
4. 멕시코	10억 4,000만 회
5. 미국	9억 1,100만 회
6. 한국	7억 6,800만 회
7. 필리핀	7억 6,100만 회
8. 브라질	6억 2,700만 회
9. 태국	5억 2,000만 회
10. 베트남	3억 5,700만 회

K-pop의 글로벌 성공 전략[1]

이러한 K-pop의 글로벌 성공 전략의 핵심은 무엇일까? 많은 관련 업계 당사자는 다음과 같이 몇 가지 공통적인 성공 요인을 언급한다.

1 "지금 뭐해?" BTS · 에스파 · 아스트로…위버스 vs 버블 vs 유니버스 3파전, 뉴시스, 2021.09.12

첫째, 창작 및 기획과정부터 글로벌화를 고려하여 준비한다. K-pop 앨범 제작 과정의 핵심적인 첫 과정이 아티스트 발굴 및 분석인데 이 단계에서부터 아티스트들의 특성과 역량을 분석 파악하고 목표 시장과 최신 음악 트렌드에 어떻게 접목할 수 있는지 다양한 데이터 분석을 한다. 이때 국내 출신 아이돌 가수뿐만 아니라 해외 가수들도 적극 고려하여 목표 소비자층에 어필할 수 있는 아티스트를 선정하고 체계적인 양성 과정을 거치게 한다. 이후 글로벌 문화 트렌드에 맞춘 음악 작곡, 가사, 댄스 안무, 뮤직비디오 등의 창작력과 독특한 가창력, 비주얼, 의상 요인에 아티스트들의 매력이 더해져 목표 시장에 가장 잘 어필할 수 있는 신곡을 발표하게 된다. 필요한 경우 해당 엔터테인먼트사에 해외 자본이 투자되고 작곡과 안무 등 모든 과정에서 국내외 전문가들이 이 제작과정에 참여하게 된다.

둘째, 아티스트들의 글로벌화와 팬덤문화이다. 아티스트 양성 시 외국어 능력을 중시하고 목표시장에 따라 해당 국가 출신 멤버들도 포함한다. 다양한 SNS 활동 등을 통해 아티스트와 음악을 적극 홍보하고 팬미팅 등을 통해 해외 팬들과 긴밀한 소통을 하면서 인기를 유지한다.

셋째, 수익창출방식도 기존의 음반 판매 및 음원 수입에서 벗어나 현지 공연, 굿즈 판매, 방송출연 등 수익원을 다양화하고 있다. 특히 팬플랫폼을 통한 수익창출도 이루어지고 있어 시 · 공간적인 제약을 받지 않으면서 글로벌 고객인 팬들에게 음악 이외의 다양한 서비스를 제공하면서 수익을 올리고 있다. 위버스, 버블, 그리고 유니버스 등 글로벌 팬플랫폼 등이 글로벌 수익 창출에 큰 도움이 되고 있다.

토의과제

01 BTS의 top 10 글로벌 시장의 특징은 무엇인가? 주요 목표 소비자층은 누구인가?

02 K-pop의 글로벌 시장 확대 전략의 핵심은 무엇인가?

03 스마트폰이나 가전과 같은 제조 소비재 제품의 글로벌 전략과 K-pop과 같은 엔터테인먼트 서비스 제품의 글로벌 전략의 공통점과 차이점을 설명해 보시오.

04 K-pop 산업의 글로벌 성공 전략이 한국의 다른 산업의 국제경쟁력에 어떤 파급 효과를 가져올 수 있는지 토의해 보시오.

05 지금 대학에 다니고 있는 학생이 향후 직장 진로로 K-pop과 관련된 엔터테인먼트 산업에 취업하기를 희망하고 있다면 대학 시절에 어떠한 준비와 공부를 하는 것이 좋을지 정리해 보시오.

Ⅰ 기업의 국제화

1 기업국제화의 의미

기업의 국제화는 기업활동 확대 과정과 그 결과로 인한 기업의 국제경쟁력 향상 과정으로 이해할 수 있다. 즉, **기업의 국제화란 기업활동이 세계의 여러 나라로 확대되어 가는 과정을 의미하는 동시에 이 기업 활동 확대로 기업의 국제경쟁력도 향상되어가는 기업의 발전 과정**이라고 정의할 수 있다.

그림 1-3 **기업활동의 세계 확대 과정**

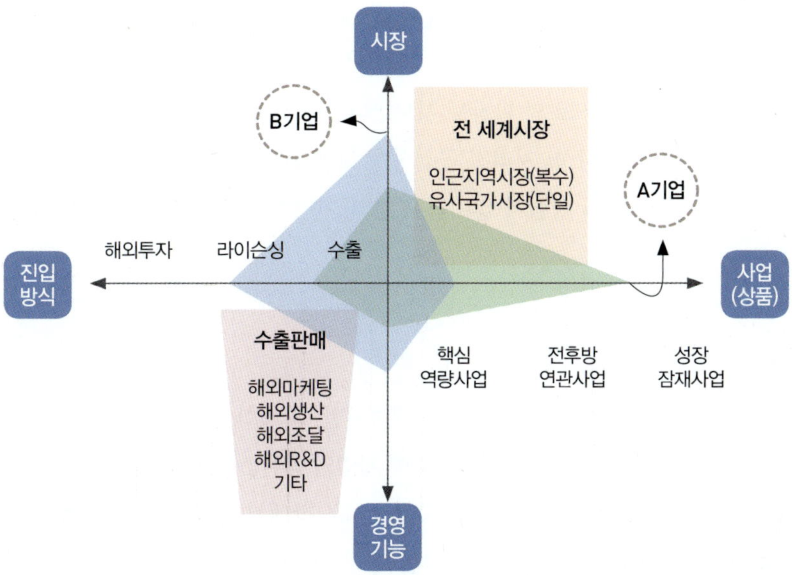

기업활동의 국제적 확대 과정은 이를 뒷받침할 수 있는 기업의 국제경쟁력을 전제로 한다고 볼 수 있지만, 국제경쟁력도 기업활동의 국제적 확대 과정을 통하여 향상될 수 있다. 그리고 이러한 기업활동의 국제적 확대와 국제경쟁력 향상은 시간의 흐름에 따라 계속 상호 강화되는 모습을 보인다. 여기서는 기업활동 확대 과정에 초점을 맞추어 설명하기로 한다.

[그림 1-3]은 기업활동의 국제적 확대 과정이라는 국제화의 개념을 다차원적 측면에서 보여주고 있다. 예를 들어, A기업의 경우, 상대적으로 일부 특정 지역시장을 중심으로 다양한 사업을

전개하는 국제사업의 다각화에 중점을 두는 반면, B기업의 경우 특정 사업을 중심으로 시장, 진입 방식 및 경영기능범위를 확대해 가는 특징을 보여주고 있다. 일반적으로 국제화 초기 단계에서 기업들은 **시장, 사업(상품), 경영기능, 진입방식 등 국제화의 네 가지 측면**을 개별적 차원에서 고려하게 된다. 그러나 점차 국제화가 진전되어 경험을 축적해 나감에 따라 기업은 네 가지 측면을 통합적으로 조정하게 된다. 1장 마감사례로 소개된 LG전자의 발전과정을 상기 국제화 모델에 적용해 보면 선진국 수출단계, 선진국 생산단계, 개도국 생산단계, 그리고 글로벌 생산 및 판매단계로 나아갈수록 LG전자의 국제화 사각형의 크기가 점차 커지는 것도 예상해 볼 수 있다.

1. 시장의 확대

시장의 확대는 점진적으로 기업활동의 **지리적 범위(geographic scope)가 한 국가로부터 여러 국가로 확장**되어 나가는 것을 의미한다. 기업의 해외시장 진출 초기에는 국내에서 쌓은 역량과 경험을 바탕으로 본국과 유사한 시장으로의 확장을 시도한다. 즉, 경제적 수준, 법률제도의 유사성, 정치제도의 유사성, 문화적 유사성, 지리적 근접성을 고려하여 최대한 자국과 비슷한 시장에 먼저 진입한다. 그러다 국제화의 경험이 쌓이면서 점차 거리가 멀고 이질적인 문화와 환경을 가진 국가들로도 점차 진출한다.

2. 사업범위의 확대

기업은 진출 초기에는 국제적으로 소규모의 사업을 실행하지만, 국제화가 진전되고 경험이 쌓일수록 해외에서 여러 가지 사업을 동시에 수행하기 위해 **사업의 범위(business scope)**를 확장한다. 대부분 기업은 초기 해외현지시장 진출 시 그동안 국내시장에서 경험하지 못한 여러 가지의 어려움, 즉 **외국비용(cost of foreignness)**의 부담을 안게 되는데, 기업들은 이러한 외국비용을 상쇄할 수 있는 경쟁우위가 있는 사업, 즉 **핵심역량사업이나 제품**에 대하여 우선적으로 국제화를 실시해 나간다. 즉, 처음에는 본국의 기존 사업 중 가장 자신이 있는 사업이나 제품을 가지고 해외에 나가게 된다. 그러나 만약 중소기업의 경우처럼 해외 현지 기업에 비해 특별히 경쟁우위가 없는 경우에는 현지 시장에서의 경쟁을 잘 회피할 수 있는 **적소(niche) 제품**으로 국제화를 시작하게 된다. 그리고 초기 진출이 어느 정도 이루어진 후에는 기존 사업 또는 기존 상품과 연관성이 높은 사업 분야로도 해외진출을 추진하게 된다. 그리고 시간이 더 흐르게 되면 해외시장에서의 사업기회를 이용하여 새로운 사업 부문을 시작하기도 한다.

3. 경영기능의 확대

경영기능의 확대는 생산, 영업, 마케팅 등 기업 경영기능이 해외의 많은 국가로 점차 확산되는 과정을 의미한다. 또 해외의 한 국가 안에서도 이러한 경영기능범위(functional scope)가 점차 다양하게 넓어지는 과정을 의미한다. 즉 **생산관리, 마케팅관리, 재무관리, 인사관리, 회계 및 정보관리 등과 같은 경영활동 범위가 국제적으로 이전 확장**되는 것을 의미한다. 다시 말하면 경영기능의 국제화가 이루어진다는 것이다.

경영기능활동의 국제이전은 일반적으로 판매유통활동, 마케팅활동, 생산활동 순으로 해외이전이 개별적으로 이루어지다가 시간의 흐름에 따라 경영활동의 국제적 통합이 점차 이루어진다. 초기 판매유통활동의 이전은 수출을 통해서 이루어지며, 마케팅활동의 이전은 현지판매지점이나 마케팅 자회사의 설립으로 이루어진다. 그다음 단계로 생산활동의 이전을 들 수 있는데, 이는 제조회사를 현지에 설립한 후 현지에서 부품을 조달하여 제품을 생산하고, 현지에서 판매하거나 특정국으로 수출한다. 그다음 단계로 인사 및 회계, 심지어는 기술개발 같은 중요한 경영활동을 현지의 자회사에 완전히 위임하여 경영활동이 독자적으로 이루어지고 현지화가 고도화되는 단계이다. 그리고 기업의 활동이 범세계적으로 확대되면 기업은 현지화뿐만 아니라 국제적 통합을 고려하면서 세계 여러 국가로 분산된 경영활동을 전 세계적으로 조정하고 통합하려고 한다.

4. 진입 방식의 확대

기업이 새로운 국가, 사업 및 기능 활동에 참여하는 방식이 **수출, 그리고 라이슨싱, 프랜차이징, 턴키 방식 등 다양한 형태의 계약 방식 또 해외직접투자 그리고 국제제휴 형태 등으로 다양해지는 것**을 의미한다. 예를 들면, 기업이 국제활동에 참여할 때 단순한 수출 방식으로부터 많은 자원 투입이 요구되고 사업위험이 상대적으로 높은 해외직접투자 방식으로 변화되어 가는 것이다. 참여 방식에 관해서는 이후 2, 3, 4장에서 자세히 토의한다.

2 기업국제화의 동기

기업국제화의 동기는 기업 관점에서 크게 **전략요인**과 **환경요인**으로 나누어 볼 수 있다. 전략요인은 기업의 전략적인 또는 내부구조적인 이유로 국제화를 하는 경우를 의미한다. 판매확대 또는 원가절감을 위한 해외공장으로의 이동 등이 그 예에 해당된다 할 수 있겠다. 반면 국제화를 증가시키는 환경 요인으로는 해외현지 진출국 시장환경에 의해 국제화가 유발되는 것을 의미한다. 한국과 현지국과의 새로운 자유무역협정(FTA: Free Trade Agreement) 체결이나 현지정부의 관대한 외국인투자 인센티브 정책 등도 국제화를 유발시킨다. 먼저 국제화를 촉진하는 환경요인과 다양한 전략요인들을 살펴보기로 한다.

그림 1-4 **다국적기업의 국제화 동기**[2]

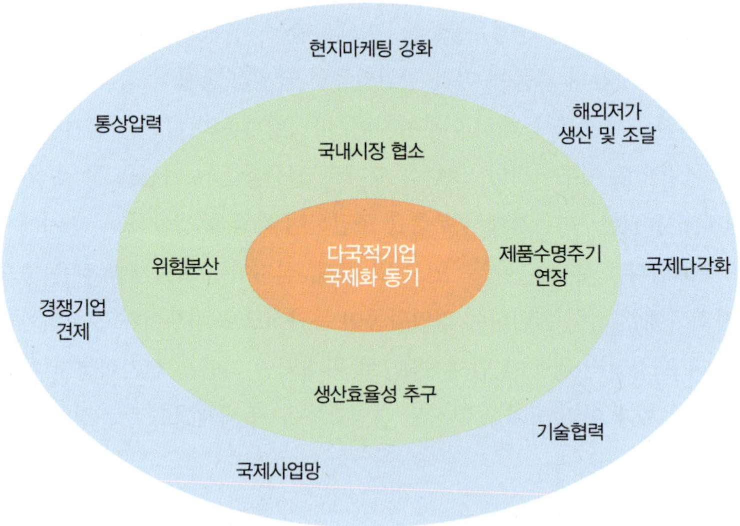

국제화 촉진 환경요인은 다양하다. **현지국의 빠른 경제성장**이나 소득증가와 같이 현지시장 매력도가 높아질수록 많은 외국기업의 투자를 유발한다. 주변 지역에 비해 빠른 성장을 해왔던 아시아의 인도, 베트남, 중동의 두바이, 중미의 파나마에 대한 외국투자기업 진출은 꾸준히 증가했다. 또한 이들 정부는 자국에 신규로 진출하거나 사업을 영위하는 외국인 기업에 대한 규제를 과감히 철폐하고 다양한 촉진인센티브 정책을 통해 현지투자에 대한 만족도를 제고시키고 나아가 후속투자 확대를 유도하고 있다.

또한 본국 현지국간의 **신규 FTA 체결**, 현지국의 인프라 개선 등은 현지국의 시장 매력도를 증가시키고 이는 현지국과의 무역거래와 투자를 증대시키는 결과를 가져온다. 뿐만 아니라 현지정부의 새로운 시장환율정책이나 송금규제완화 등은 현지국의 정치적 위험을 감소시키는 결과를 가져와 외국기업들의 진출을 유인한다.

2 이장로 · 문의철, 무역개론, 2005, pp.186~188 추가정리

주요 교역국의 새로운 통상압력도 국제화 촉진 환경요인이다. 2017년 이후 삼성전자, 현대자동차, LG전자와 같은 한국 대기업들의 대미 투자는 미국 행정부의 통상압력과 관련이 깊다. 과거 트럼프 행정부 시대에 시작된 소위 'America First' 정책은 바이든 행정부 시대에도 계속되고 있는데 이 정책은 반덤핑관세 등 자국산업보호를 위한 보호무역주의 색채가 강하다. 이러한 보호무역주의에 선제적으로 대비하기 위해 많은 한국 대기업들의 미국 투자가 크게 증가했다. 현대자동차는 2017~2021년 5년 동안 미국에 31억 달러의 대규모 투자를 행하였는데 이는 2012~2016년 5년 동안 투자한 21억 달러보다 훨씬 많은 수준이다. 또한 현대자동차는 2021~2025년까지 미국에 74억 달러(약 8조 8,000억 원)를 투자해 전기차 미국 현지공장 설립을 추진한다는 계획을 발표했다. 이는 바이든 행정부가 미국 내 노조가 있는 자동차 업체가 만든 전기차에만 1대당 4,500 달러의 세제혜택을 부여할 것으로 예상되는데 이러한 보호산업정책에 대응하기 위한 투자로 볼 수 있다. 이러한 일련의 현대자동차의 대규모 대미 투자 결과 현지생산이 증가되고 대신 국내 수출물량이 다소 축소되리라 예상된다.

삼성전자도 2019년까지 총 3억 8,000만 달러를 투자하여 사우스캐롤라이나 주도인 컬럼비아시 인근 뉴베리카운티에 950명을 고용할 수 있는 세탁기 및 가스오븐레인지 공장을 설립했다. 이뿐만 아니라 2022년부터 170억 달러(약 20조 원)를 들여 미국 텍사스주 테일러시에 파운드리(반도체 위탁생산) 공장을 지어 2024년부터 생산할 예정인데 이는 삼성전자의 역대 미국 투자 중 최대 규모다. 이러한 투자는 미국 바이든 행정부가 반도체 공급망 문제 해결을 위해 현지 생산 유치를 적극적으로 추진한 정책과 밀접한 관련이 있다. LG전자도 테네시주 몽고메리카운티에 세탁기 공장을 2017년 8월 착공해 2018년 12월부터 가동을 시작하였고 이후 2021년 생산 확장을 위한 추가적인 투자가 이루어졌다. LG전자는 2022년까지 3억 6,000만 달러(4,000억 원)를 세탁기 공장 설립 및 확장에 투자하면서 미국 내 900억 달러가 넘는 프리미엄 드럼세탁기 시장에서 30%에 가까운 점유율로 1위를 유지하고 있다. 이하에서는 다양한 **국제화 촉진 전략요인**을 살펴보자.

1. 국내시장 협소로 신규시장 개척

스위스, 북구 3국과 같이 국내시장 규모가 제한적인 경우 이러한 불리한 점을 극복하기 위해 기업들은 더 넓은 시장기회를 따라 기업 설립 초기부터 해외진출을 적극적으로 꾀하게 된다. 한국의 기업들도 제한된 국내 내수시장보다는 해외시장 개척에 전념하는 중소기업들이 적지 않다. 본국 국내시장이 상대적으로 협소한 경우, 생산 측면에서 일정 수준의 원가경쟁력을 갖거나 독창적인 기술을 보유한 경우 기업들은 일찍 해외진출을 꾀하게 된다. 그러나 반대로 미국, 일본, 중국과 같이 국내시장이 상대적으로 큰 경우 기업들의 적극적인 해외진출 동기는 약해진다.

2. 제품수명주기의 연장

제품도 생명체와 같이 탄생, 성장, 성숙 및 쇠퇴·소멸 과정을 거친다. 제품수명주기란 한 제품이 신제품으로 태어나는 도입기에서 성장기를 지나 시장이 포화상태에 이르는 성숙기를 거친 후 다른 신제품에 의해 수요가 대체되고 마침내 시장에서 사라지는 쇠퇴기에 진입하게 되는 일련의 과정을 의미한다. 이와 같은 각 제품수명주기의 도래시점은 국가에 따라 시차를 두고 발생하게 되는데 국내에서 성숙기단계에 이르는 경우 많은 기업은 성장기단계에 있는 해외시장을 찾아 수출하고자 한다. 한국이나 미국같이 스마트폰 제품이 이미 성숙기에 접어든 경우 삼성전자나 애플은 인도와 같은 성장기에 있는 시장에 적극 진출하여 판매를 늘리고자 한다. 제품수명주기에 관해서는 2장에서 보다 자세히 살펴보기로 하자.

3. 생산효율성 추구

규모의 경제를 실현하고자 하는 기업은 장기적인 관점에서 경제적인 생산규모를 추구하게 된다. 그러나 생산시설은 특정 제품의 생산에만 사용되고 다른 제품들의 생산으로 쉽게 전환될 수 없는 경우가 대부분이다. 이때 유휴시설 문제가 발생하게 되며 이를 해결하기 위하여 기업은 수출을 통해 생산효율성 제고를 꾀할 수 있다. 생산량의 증대는 규모의 경제효과, 경험의 축적에 따른 경험 곡선효과, 그리고 원자재의 대량구매나 대량수송 등으로 인하여 어느 정도의 원가절감을 가져올 수 있고, 이는 가격경쟁력과 시장점유율을 확대시키는 원천이 되기도 한다. 국제화 초기단계에서 미국시장 진출에 성공하고, 이를 교두보로 세계시장을 석권하게 된 여러 일본 및 한국 제조업의 경우, 수출에 의한 규모의 경제 및 경험곡선효과가 중요한 역할을 했다.

4. 위험분산

기업이 다수의 국가시장에서 여러 가지 사업을 하는 경우 한 국가에서 단일사업을 하는 경우에 비해 위험을 자연스럽게 분산시킬 수 있다. 국가 및 산업에 따라 경제발전단계가 다르고 시장상황이 다를 수 있기 때문이다. 예를 들어, 베트남의 경제개발에 따른 철강수요의 증가와 수출기회의 증대는 한국의 기업들에게 국내수요의 정체에서 오는 위험을 어느 정도 완화시킬 수 있다. 또한, 수출시장이 다변화되어 있을 경우 경쟁상황의 변화나 수요패턴의 급격한 변화에서 오는 판매량 감소를 최소화할 수 있다. 선진국시장에 수출하는 상품의 수요가 일시적으로 감소한다 하더라도 중국, 인도, 러시아, 브라질 등 소위 BRIC 시장은 수출시장으로 큰 몫을 할 것이기 때문이다.

5. 현지마케팅 강화

국내에서 생산하여 해외시장에 수출하던 기업이 현지시장에서의 경쟁이 심화되면 수출시장을 잠식당할 가능성이 높아진다. 이 경우 기업이 그 수출시장을 유지하기 위해서 직접투자를 하여 현지에서 마케팅활동을 강화하고 더 나아가 고객 니즈에 더욱 적합한 제품을 개발하고 현지에서 생산하는 것이 필요하게 된다. 이때 기업은 마케팅자회사를 설립하거나 혹은 현지에서 제품을 생산하여 현지시장을 보다 효과적으로 공략하기 위한 제조자회사를 설립하게 된다.

6. 해외 저가생산 및 조달

임금이 싼 현지국에서 생산하여 세계시장에 판매하는 해외생산활동은 다국적기업의 특징이라 할 수 있다. 특히 국제제품수명주기 중 생산 방식이 표준화되는 성숙기에는 기업은 가격경쟁력을 확보하기 위하여 해외의 저임금국가에 직접 투자하여 완제품 혹은 부품을 본국보다 저가로 생산한다. 또 일부 선진 다국적기업들은 고객들을 위한 서비스나 고충처리 등을 위해 임금이 낮고 영어 의사소통이 가능한 인도 등지에 콜센터를 두기도 한다. 또한 한국의 IT 가전회사들도 R&D연구소를 기술인력이 풍부하고 임금이 싼 인도나 러시아 등지에 설립하여 운영하고 있다.

7. 국제다각화

다국적기업은 수직적 또는 수평적 사업다각화를 위하여 해외에 직접 투자한다. 수직적 다각화란 생산공정상 전후 관계에 있는 제품에 새로이 진출하는 것을 의미하며, 수평적 다각화란 동종 업종 내에서 또는 이종 산업으로의 신규사업을 수행하는 것을 말한다. 중국의 주요 게임업체 중 하나인 텐센트는 자본투자를 통해 한국 크래프톤의 2대주주, 넷마블의 3대주주에 올라 있다.

8. 기술습득 또는 협력

다국적기업은 선진국의 첨단기술이나 경영기법을 습득하기 위하여 해외에 직접 투자하기도 한다. 세계 전자기업들이 미국의 IT연구단지인 실리콘밸리에 많은 현지법인을 설립하고 있다. 또 기업이 공동기술개발이나 협력을 위해 해외기업과 기술제휴계약을 맺기도 한다.

9. 국제사업망

아시아의 각국 시장은 상호의존적으로 연계되어 세계시장 속에서 각기 독특한 역할을 수행한다. 다국적기업의 입장에서 한 국가는 완제품 생산기지가 될 수 있고 다른 국가는 핵심 부품 조달 시장이 되고 또 다른 국가는 원료조달 거점이 될 수 있다. 시간이 경과함에 따라 산업 및 기업환경은 동태적으로 변하므로 다국적기업은 각국 시장의 특성과 역할을 감안하여 안정적이고 효율적인 국제사업망 또는 국제공급망을 확보하고 싶어 한다.

10. 경쟁기업 견제

주요 경쟁기업에 대한 견제의 목적으로 국제화를 추진할 수 있다. 예를 들어, 어느 기업이 해외에 진출할 경우, 다른 기업이 함께 따라 나가는 선도기업 추종형(follow the leader)의 직접투자가 있다. 즉, 추종자는 먼저 진출한 경쟁자가 그 진출로부터 이익을 얻게 되면 그 이익을 나누어 갖고 손해를 보게 되면 경쟁자보다는 적게 볼 수 있다는 생각에서 투자를 행한다. 삼성전자와 LG전자는 오랫동안 어느 한 기업이 특정 지역에 먼저 진출하면 다른 기업이 곧이어 진출하는 선도기업 추종전략을 각각 수행해 왔다. 과점적 시장구조하에서 경쟁상대에 대한 반응이 즉각적으로 나타남을 알 수 있다.

사례 1-1 매출액만 6조가 넘는 네이버. 40대 CEO의 국제화 전략

"검색으로 시작해 커머스, 콘텐츠, 핀테크, 클라우드에 이르기까지 정보기술(IT) 기업이 꿈꾸는 혁신을 현실로 만들어냈다. 20년이 넘은 기업인데 작년 매출 성장률이 28.5%를 기록한 것도 대단하다. 어마어마한 잠재력을 지닌 회사에 인생을 걸어보고 싶었다." 네이버의 40대 최연소 사령탑이 된 최수연 대표는 지난달 사내 간담회에서 로펌 변호사를 관두고 재입사를 선택한 이유를 묻자 이같이 답했다. 최 대표는 2005년 네이버 신입사원이던 시절 국내 검색 서비스에 집중했던 벤처기업이 10여 년 후 다양한 신사업으로 무장해 해외로 뻗어나가는 테크기업으로 변신해 놀랐다고 했다. 그는 네이버를 '검색

회사'가 아니라 다양한 조직 · 기업들이 모인 '그룹'이라고 표현했다.

네이버는 작년 회사 창립 이래 처음으로 매출 6조 원을 넘기며 최대 실적을 기록했다. 기존 주력 사업인 검색보다 커머스, 콘텐츠, 핀테크, 클라우드와 같은 4대 신사업이 빠르게 성장했기 때문이다. 신사업 비중은 전체 매출의 절반을 넘어섰다.

최 대표의 미션은 네이버를 '글로벌 테크기업'으로 키워 제2의 도약을 이루는 것이다. 네이버가 지금까지 해외 '진출'을 시도했다면, 이제는 '확장'에 방점이 찍혔다. 그는 올해를 네이버가 일본에서 가시적인 성과를 내는 원년으로 삼을 계획이다. 작년 3월 네이버와 일본 소프트뱅크가 각 사 자회사인 야후재팬과 라인의 경영을 합쳐 출범한 Z홀딩스의 진가가 발휘될 거라는 자신감을 갖고 있다.

최 대표는 "일본 사업 전략을 묻는 투자자들에게 한국으로 치면 네이버, SK텔레콤, 카카오가 한 팀이 되는 건데 사업 기회가 무궁무진하지 않겠냐고 반문한다"고 설명했다. 네이버는 일본 대형 통신사인 소프트뱅크와 일본 최대 포털 야후재팬, 일본 '국민 메신저'로 불리는 라인과 한일 연합전선을 구축하고 있다. 작년 말 일본에 출시한 스마트스토어를 통해 네이버의 검색, 인공지능(AI), 광고 서비스를 선보일 계획이다. 소프트뱅크와 B2B(기업 간 부문) 협력 사업도 추진하고 있다.

미국과 유럽 시장에선 네이버웹툰에 거는 기대가 크다. 네이버웹툰은 북미 최대 웹소설 플랫폼 왓패드와 지식재산(IP)을 이용해 영상 콘텐츠를 제작하고 있다. 최 대표는 "네이버웹툰이 제2의 디즈니 · 넷플릭스가 될 수 있다고 생각한다"며 "투자를 늘리겠다"고 했다. 네이버는 미국에서 방탄소년단(BTS) 소속사 하이브와 팬 플랫폼 서비스도 출시한다. 유럽에서는 중고 재판매(리셀) 등 커머스를 중심으로 사업을 확대할 계획이다. '새로운 네이버'가 내세운 키워드는 '도전'이다. 사내벤처에서 출발한 네이버가 한국 빅테크로 성장한 원동력은 도전의 유전자(DNA)인데, 해외 시장에서도 이를 보여줘야 한다는 의미다. 최 대표는 직원들에게 "네이버의 모든 서비스는 해외 경쟁력을 갖춰야 한다"고 강조했다. 이를 위해 모든 업무를 해외 사업의 일환으로 여겨달라고 주문했다.

최 대표는 투자 · 법무 · 마케팅 · 인사 등 전문가로 구성한 최고경영자(CEO) 센터 조직을 만들어 네이버 사업들의 해외 공략을 체계적으로 지원하겠다는 구상을 내놨다. 최 대표는 "2005년 제가 사원이던 시절에도 네이버의 모든 보고서에 '해외로 나가야 한다'는 문구가 있었다"며 "그때부터 지금까지 목표를 향해 달려온 결과 미국 빅테크와 차별되는 서비스와 기술 플랫폼을 만들어내며 해외 인수 · 합병(M&A) 시장에서 환영받는 기업이 됐다"고 말했다.

직원들에게 보낸 사내 메시지에서는 "네이버의 전성기는 이제부터"라며 "네이버는 한국을 넘어 전 세계 이용자와 창작자, 소상공인(SME)의 성장을 만들어내는 글로벌 기업이 될 것"이라고 강조했다. 작년 기준 라인을 포함한 네이버의 해외 매출 비중은 35% 수준이다.

그는 본인의 역할에 대해 "글로벌 시장의 기회와 네이버 사업을 잘 연결하는 데 집중하겠다"고 설명했다. 블록체인 기술을 바탕으로 하는 탈중앙화금융(Defi · 디파이)이나 가상화폐처럼 네이버 사내독립기업(CIC)에서 다루지 않는 신사업도 검토하고 있다. 다만 규제나 사회 갈등 등 변수가 많은 신사업에 대해 신중론을 보여왔던 네이버가 뛰어들지는 최 대표 체제에서도 회의적인 시각이 많다.

* 자료: '매출 6조' 네이버 이끄는 40대 CEO … "해외공략 비장의 카드는 …", 매일경제, 2022.04.03

Ⅱ 다국적기업

1 다국적기업의 개념

다국적기업이란 용어가 일반적으로 쓰이게 된 것은 1960년대부터이며, 이와 유사한 용어로 국제기업, 초국가기업, 세계기업, 지구기업, 무국적기업 등이 있다. 다국적기업의 정의에 대해서는 여러 가지 명칭과 평가기준이 상존하고 있으며 아직도 이에 대한 통일된 정의가 존재하지 않고 있다.

예를 들면, 다국적기업이란 용어를 처음 사용한 릴리엔탈(D. E. Lilienthal)[3]은 다국적기업을 '2개국 이상에서 해외생산활동을 전개하면서 연구개발, 생산 및 판매에 대한 의사결정을 내리는 기업'으로 매우 포괄적인 정의를 내리고 있다. 이에 비해 버논(R. Vernon)[4]은 다국적기업을 '포춘(Fortune)지의 500대 기업에 연 2회 이상 등재된 동시에 6개국 이상에서 현지생산 및 판매활동을 하는 기업'이라고 정의함으로써 거대 규모의 제조기업만을 다국적기업으로 한정하고 있다. 또한 펄뮤터(H. V. Perlmutter)[5]는 최고경영자의 태도(본국중심적, 현지국중심적 또는 세계중심적)를 중시하고 다국적기업을 '세계중심적 경영을 하는 기업'이라고 정의하고 있다.

다국적기업의 기준과 명칭은 기업의 다국적 정도(multinationality)를 **구조적 측면**에서 보는가, **성과 측면**에서 보는가, **행태 측면**에서 보는가 또는 **기업전략 측면**에서 보는가에 따라 얼마든지 달라질 수 있기 때문이다.[6]

1. 구조 측면

기업구조 측면에서 다국적기업을 정의할 경우 다음과 같이 기업활동 국가 수, 기업소유권의 다국적 정도, 최고경영자의 국적 등과 관련하여 다음 중 한 가지 이상을 충족하는 경우를 다국적기업으로 보고 있다.

---

3 Lilienthal, D. E., Management of Multinational, in Anshen, M. H. and Bach, G. L.,(editors), *Management and Corporation*, New York: McGraw-Hill Book Company, 1960, p. 119

4 Vernon, R. and Wells, L. T., *Manager in the International Economy*, 4th ed., Prentice-Hall, 1981, pp. 3~6

5 Perlmutter, H. V., "Tortuous Evolution of the Multinational Corporation," *Columbia Journal of World Business*, Jan- Feb. 1969, pp. 54~57

6 Aharoni, Y., "On the Definition of a Multinational Corporation," *The Quarterly Review of Economics and Business* 11(3), 1971, pp. 27~37

- 판매 등 기업의 국제경영활동을 2개국 이상에서 전개하는 경우
- 기업의 소유권이 2개국 이상에 걸쳐 분산된 경우
- 최고경영층이 2개국 이상의 경영자로 구성된 경우

2. 성과 측면

성과 측면에서는 기업의 전체 매출액, 이익, 자산규모, 생산규모, 종업원 수 등에서 해외 부문이 차지하는 비중이 어느 정도인가에 따라 다국적기업을 정의하고 있다. 예를 들면, 해외 매출액이 전체 매출액에서 차지하는 비중이 25% 이상일 경우에 다국적기업으로 간주할 수 있다.

3. 행태 측면

행태 측면에서 본 다국적기업이란 최고경영진들이 경영활동에 대해 본국 시장 중심 사고에서 벗어나 국제적인 관점에서 생각하고 판단하는 기업이다.

- 본사의 최고경영자가 국제적 안목으로 사고하고 의사결정을 하는 경우
- 본사가 특정국에 있더라도 그 조직, 운영내용, 운영범위 등이 범세계적인 경우

4. 전략 측면

기업이 글로벌 전략을 수행할 때 전략의 초점에 따라 다른 형태의 다국적기업으로 나누어질 수 있다.

- 기업이 해외진출 시, 각 현지시장 자체 매력도를 중요시하면서 각 개별시장 위주로 해외경영 활동을 하는 경우(multi domestic firm)
- 기업이 각 개별시장의 매력도도 중요시하지만 다양한 현지시장 간 시너지를 도모하기 위해 해외법인 간 통합과 조정을 토대로 해외경영활동을 하는 경우(global firm)
- 기업이 진출하는 해외시장의 지리적 분산 정도와 국가환경 다양성에 따른 다국적기업의 제반 형태

이상에서 살펴본 바와 같이 다국적기업에 대한 정의와 명칭은 학자에 따라 천차만별이지만 기본적으로 **'본국 이외 해외 1개국 이상에서 경영활동을 전개하는 기업'**이라고 포괄적으로 정의할 수 있다.

표 1-2 다국적기업의 기준과 명칭[7]

관점	기준	명칭	학자
구조	① 경영활동이 일어나는 국가의 수≥2	Multinational firm	D. E. Lilienthal & J. Fayerweather
	② 기업 소유권자의 국적의 수≥2	Multinational firm	J. Behrman
	③ 최고경영층의 국적의 수≥2	Transnational enterprise	D. Kircher
	④ 6개국 이상에 제조업 투자	Multinational enterprise	R. Vernon
성과	① 해외부분의 매출액, 투자, 생산, 고용 등 ≥25%	International corporation	S. Rolfe
	② 해외부분의 매출액, 이익, 자산, 종업원 수≥일정 비율	Multinational corporation	J. Bruck & F. Lee
형태	① 세계적인 관점에서 자원배분	Supernational corporation	R. Robinson
	② 본국중심적 사고 현지중심적 사고 세계중심적 사고	Ethnocentric firm Polycentric firm Geocentric firm	H. Perlmutter
	③ 세계시장을 하나의 시스템으로 보아 각국의 경영전략을 유기적으로 조정	Global corporation	M. Porter
전략	① 각 개별 해외시장 단위로 또는 해외시장 간 통합과 조정을 토대로 해외경영 활동을 하는 경우	Domestic firm Multi domestic firm Global firm	G. Yip
	② 해외시장의 분산 정도(높음 또는 낮음)와 국가환경 다양성(높음 또는 낮음)에 따른 다국적 기업의 4가지 형태	Anchored MNE Far–flung MNE Replicator MNE Transnational MNE	A. Goerzen & P. Beamish

실제로 전 세계의 다국적기업 명단을 Fortune, Forbes, Financial Times(FT) 등 몇몇 매체들이 나름대로의 기준에 의거하여 발표하고 있다. 이들 매체의 'Fortune Global 500', 'Forbes Global 2000', 그리고 'Financial Times Global 500' 등을 보면 선정기준은 다소 다르나 전 세계의 거대 다국적기업들이 망라되어 있다. 먼저 미국 Fortune 경영잡지의 'Fortune Global 500'에서는 단순히 기업의 전 세계 매출액 규모를 기준으로 순위를 정하는 반면, 영국 Financial Times 신문의 'Financial Times Global 500'에는 기업의 시가총액을 기준으로 순

7 표 1–1에서 구조, 성과, 형태 부분은 Aharoni, Y., "On the Definition of a Multinational Corporation," *The Quarterly Review of Economics and Business* 11(3), 1971, pp. 27~37에서 인용 및 정리

위를 매기고 있다. 미국 Forbes 경영 잡지의 'Forbes Global 2000'에는 글로벌 매출액, 시가총액, 이익, 그리고 자산규모 등 네 가지 기준을 평균하여 순위를 매겨 상위 2,000대 기업을 발표하고 있다.

따라서 이러한 리스트들은 다분히 성과 측면을 기준으로 다국적기업의 순위를 매긴다고 할 수 있다. 성과 측면만을 강조하기 때문에 매출과 자산 규모가 크고 많은 종업원이 있는 금융 및 제조 다국적기업, 그리고 선진 다국적기업 위주의 순위 매김이라고 볼 수 있다. 예를 들어, 최근 들어 부상하는 스포츠, 게임, 연예, 오락 등을 포함한 다양한 서비스 다국적기업이나 빠른 성장을 하는 신흥국가의 다국적기업 및 중소 및 중견 다국적기업들은 충분히 반영되지 못한다는 단점이 있다. 이러한 점을 보완한 다국적기업 리스트로는 Financial Times의 'FT High Growth Companies in Asia Pacific'을 들 수 있다. 2022년 이 리스트에서는 아시아 태평양 지역 13개 국가의 기업 중 2020년 매출이 100만 달러 이상 기업들의 지난 3년간 연 매출 성장률이 높은 순으로 500대 기업을 선정하였는데 많은 중소규모의 아시아 다국적기업을 포함하고 있다.

한국기업은 2022년 Fortune Global 500대 기업 중 16개 기업이 포함되어 있다. 이들 기업은 전자, 자동차, 철강, 에너지, 보험, 무역 등 다양한 업종에 분포되어 있다. 한국(16)은 중국(145), 미국(124), 일본(47), 독일(28), 프랑스(25), 영국(18)에 이어 일곱 번째로 많은 기업 수를 보여주고 있다. 16개 한국기업 중 삼성전자가 500대 기업 중 18위로 가장 높은 순위를 기록했다. 또한 2022년 Forbes Global 2,000대 기업 발표 자료에 따르면 아시아 태평양 기업이 803개 포함되어 있고 한국은 이 중 65개 기업이 포함되어 있으며 다양한 업종에 분포되어 있다.

표 1-3 글로벌 기업의 지역별 분포(수)

(단위: 개수, %)

매체	한국	중국	일본	대만	홍콩	동아시아 계	북미	유럽	기타	순위 산정 기준
2022 Fortune Global 500	16 (3)	145 (29)	47 (9)	9 (2)	0 (0)	217 (43)	138 (28)	128 (26)	17 (3)	매출액
2017 Fortune Global 500	15 (3)	109 (22)	51 (10)	6 (1)	0 (0)	181 (36)	145 (29)	138 (28)	36 (7)	매출액
2022 Forbes 2000	65	297	196	48	54	660	657	406	277	매출액, 이익, 자산 및 시가총액 가중평균

* 북미는 미국, 캐나다, 멕시코 포함. ( ) 안 수치는 전체 수 대비 비율

표 1-4 2022년 한국의 Fortune Global 500대 기업과 Global Top 순위 기업

한국기업 16개사					글로벌 Top 순위 기업					
순위	기업	업종	매출 ($bil)	순이익 ($bil)	순위	기업	국가	업종	매출 ($bil)	순이익 ($bil)
18	삼성전자	IT/반도체	244.3	34.3	1	Walmart	미국	소매업	572.8	13.7
92	현대자동차	자동차	102.8	4.3	2	Amazon	미국	소매업/IT	469.8	33.4
117	SK	에너지 등	88.1	1.7	3	State Grid	중국	전기	460.6	7.1
187	LG 전자	가전/IT	66.9	0.9	4	China National Petroleum	중국	정유	411.7	9.6
188	POSCO 지주	철강	66.4	5.8	5	Sinopec Group	중국	정유	401.3	8.3
212	기아차	자동차	61.0	4.2	6	Saudi Aramco	사우디	정유	400.4	105.4
249	한국전력	전기	52.4	−4.6	7	Apple	미국	IT	365.8	94.7
306	한화	금융, 기계	46.2	0.8	8	Volkswagen	독일	자동차	295.8	18.2
369	LG 화학	화학/배터리	37.8	3.2	9	China State Construction Engineering	중국	건설	293.7	4.4
373	SK 하이닉스	반도체	37.6	8.4	10	CVS Health	미국	의약품소매	292.1	7.9
382	KB 금융	금융	37.2	3.9	11	UnitedHealth Group	미국	의료서비스	287.6	17.3
390	현대모비스	자동차부품	36.4	2.1	12	Exxon Mobil	미국	정유	285.6	23.0
464	삼성생명	보험	30.7	1.3	13	Toyota	일본	자동차	279.3	25.4
470	GS Caltex	정유	30.2	0.9	14	Berkshire Hathaway	미국	보험 등	276.1	89.8
472	CJ	식품, 오락	30.1	0.2	15	Shell	네덜란드	정유	272.7	20.1
474	삼성물산	건설/무역	30.1	1.4	16	McKesson	미국	의료/헬스케어	264.0	1.1

Fortune Global 500대 기업 중 상위 10대 기업의 시기별 변천을 보면 1995년에는 일본기업들이 상위 10개 사 중 6개 기업이 포함되었으나 2022년에는 일본기업 중 포함된 기업은 하나도 없고 도요타자동차가 처음으로 10위권 밖으로 밀려나 13위를 차지하였으며 500대 기업 중 일본 기업의 수는 완연한 감소추세를 보여 왔다. 반면 중국기업들은 2022년 상위 10대 기업 중 처음으로 4개 사가 3, 4, 5, 9위로 포진되어 중국국영기업들의 약진을 엿볼 수 있다. 그리

고 상위 10대 기업의 주요 업종을 보면 소매업의 월마트, 아마존, 자동차산업의 폭스바겐, IT 산업의 애플을 제외하고 5개 기업이 석유산업 및 전기발전, 건설 등 에너지 및 인프라 관련 업종에 집중되어 있다.

2 다국적기업의 유형과 다국적 지수

1. 본국시장중심(Ethnocentric) 기업

마케팅활동을 포함한 기업의 활동과 자원배분이 본국시장(home market)을 중심으로 이루어진다. 해외시장은 본국에서 생산한 일부 제품의 수출시장 정도로서 의미를 갖는다. 조직은 수출부 혹은 제품별 국제사업부의 형태를 가지고, 본사에서 설정한 목표에 따라 국제사업부에서 세계적 통합전략을 수립한다. 또 해외의 판매지점 및 지사는 본사의 지시와 통제에 의해 관리된다.

2. 현지시장중심(Polycentric) 기업

기업의 활동과 자원배분이 해외의 현지시장(local market)을 중심으로 이루어진다. 기업의 해외직접투자에 의해 현지시장에 자회사가 설립되고, 현지시장은 많은 경우 상품의 생산지인 동시에 판매시장으로서 중요한 의미를 갖게 된다. 본국 모기업의 조직은 일반적으로 지역별 사업부 형태를 가지고, 현지법인은 자율적으로 목표를 설정하고 그 시장환경에 적합한 전략을 수립하며 현지자회사의 책임 아래 마케팅활동을 수행한다.

3. 지역시장중심(Regiocentric) 기업

기업의 활동과 자원배분이 동남아시아, 서유럽, 북아메리카 등 인접 몇몇 국가로 구성된 권역별 지역시장(regional market)을 중심으로 이루어진다. 해외자회사의 숫자가 늘어나면서 지역 내 자회사 간의 협력 필요성이 대두된다. 모기업은 다국적기업으로서 소수의 지역본사(regional headquarters)를 통하여 해외자회사들을 관리한다. 지역본사는 그 지역 내 해외자회사들과 협의하여 경영목표를 설정하고 전략을 개발함으로써 현지시장에 적응하는 동시에 지역적 통합을 꾀한다.

4. 세계시장중심(Geocentric) 기업

기업의 활동과 자원배분이 전 세계시장(global market)을 중심으로 이루어진다. 본국과 해외시장의 구별 없이 세계적 관점에서 최적의 국가에 기업활동을 배치 및 수행한다. 또한 전사적 관점에서 전략을 수립하고 해외자회사들의 경영관리를 통합한다. 연구, 생산, 마케팅, 물류, 정보 등의 기업활동이 본사-자회사간 또는 자회사-자회사간 다양한 네트워크 조직구조를 통하여 전 세계적으로 연계된다. 이런 회사를 글로벌기업(global corporation)이라고 부른다.

다국적기업을 정의하는 기준은 [표 1-2]에서 언급된 대로 구조, 성과, 행태 및 전략 등 여러 측면이 있으나 실제로 기업의 다국적 정도를 객관적으로 특정할 수 있는 척도는 많지 않다. 기업 및 산업의 글로벌화 정도를 살펴보기 위해서는 UNCTAD의 **초국적 지수**(TI: Transnationality Index)와 **국제화 지수**(II: Internationalization Index)를 사용하며, 이 외에도 **지역분산 지수**(GSI: Geographical Spread Index)도 지표로 사용할 수 있다. 기본적으로 UNCTAD의 지수는 네 가지 기준 중 성과차원의 기준이라고 할 수 있으며 글로벌 분산 지수는 구조와 성과를 결합한 지수라 할 수 있다.

초국적 지수(TI: Transnationality Index) = [(해외 판매 / 전체 판매) + (해외 자산 / 전체 자산)
+ (해외 종업원 수 / 전체 종업원 수)] / 3

국제화 지수(II: Internationalization Index) = (해외 지사, 법인, 자회사 수) / (전체 지사, 법인, 자회사 수)

지역분산 지수(GSI: Geographical Spread Index) = $\sqrt{(\text{국제화 지수(II)} \times \text{해외진출국 수})}$

판매자산 지수 (FDI Lightness Index) = [(해외 판매 / 전체 판매) / (해외 자산 / 전체 자산)]

기업들의 국제화 수준을 간단하게 판단하기 위해서는 상기 UNCTAD 지수 중 초국적 지수(TI)와 국제화 지수(II)가 많이 사용된다. 그러나 해외사업들이 비교적 몇몇 국가에 한정되어 이루어지는 개발도상국 다국적 기업이나 중소규모 다국적기업들의 국제화 정도를 전 세계적으로 다양한 국가에 진출하여 사업을 하는 다국적기업과 보다 객관적으로 비교하기 위해서는 지역분산지수(GSI)를 도출하여 비교하는 것이 타당하다고 볼 수 있다. 즉 초국적 지수(TI)나 국제화 지수(II)는 기업의 다국적 정도를 나타내는데 해외 진출국 수를 고려하지 않은 단점이 있다.

또 최근 아마존, Alphabet(구글), Meta(페이스북)와 같은 인터넷 기반 글로벌 기업, 게임산업과 같은 서비스 글로벌 기업의 경우에는 산업 특성상 기존 제조업 기반 다국적기업에 비해 상대적으로 자산의 해외 투자나 현지 고용 규모를 크게 확대하지 않으면서 해외 매출을 증가시킬 수 있기 때문에 이러한 점을 고려하여 소위 판매자산지수(FDI Lightness Index)를 사용하여 기업의 국제화 정도를 비교하기도 한다. 참고로 2021년 UNCTAD의 인터넷기업 국제화지수 자료에 의하면 미국의 Alphabet과 Meta의 판매자산지수는 각각 1.97, 2.72인 반면 한국의 네이버의 경우 0.12에 그쳤다. 즉 Meta의 경우 네이버에 비해 상대적으로 적은 해외자산비율(즉 낮은 해외직접투자 수준)에도 많은 해외매출을 일으키는 것으로 보아 양 사간 국제화 정도의 차이를 엿볼 수 있다. 결론적으로 하나의 완벽한 다국적 지수는 존재하지 않으며 여러 지수를 산업특성 등을 고려하여 상호 보완적으로 사용하는 것이 바람직하다.

3 다국적 정도와 기업 성과

기업이 수출, 해외직접투자 등 국제사업을 많이 할수록 기업의 성과에는 어떤 영향을 끼치는가는 흥미로운 연구과제이다. 국내시장에 안주하지 않고 국내보다 사업 위험이 높은 해외시장에 사업 역량을 집중시키는 것은 기업의 입장에서 현실적으로 큰 도전이다. 그럼에도 불구하고 기업이 국내시장에만 집중하고 해외시장을 소홀히 하는 경우 장기적 관점에서 큰 성장의 기회를 놓칠 수 있다. 미국, 중국, 일본 기업 등과 달리 국내시장 규모가 제한적인 한국기업의 경우 대부분의 산업에서 국제화는 필수 조건이다. 다음은 기업의 국제화, 즉 다국적 정도와 성과는 어떤 관계가 있는지 살펴본다.

Yang 및 그의 동료 연구자들은 46개국 16,000여 다국적기업들의 1997~2007년 기간의 매년 자료를 바탕으로 다국적 정도와 성과와의 관계를 분석했다. 기업의 다국적 정도는 기업의 전체 자회사 수 중 해외 자회사 수 비율로 측정하였고 성과 척도는 매출이익률(return on sales)을 이용했다. 상기 연구자들은 특히 3가지 관점에서 문제를 제기했다.

1) 기업의 다국적 정도와 성과는 어떤 관계를 보일까?

2) 기업의 개발도상국 투자와 선진국 투자 중 어떤 것이 더 높은 성과를 가져오는가?

3) 개발도상국 다국적기업과 선진국 다국적기업이 국제화를 추진할 때 어느 그룹에서 더 높은 성과를 보이는가?

연구결과 기본적으로 단순한 선형 관계가 아니라 완만한 U자 모형의 관계를 보였다. 다국적기업의 해외진출 초기에는 현지의 생소한 사업환경에 대한 적응비용(외국 비용, cost of foreignness)과 자회사가 새로 늘어날수록 발생하는 다양한 관리 및 조정비용이 크게 발생한다. 그런데 이 비용들은 기업이 국제화를 통하여 얻을 수 있는 추가적인 매출 및 이윤창출 가능

그림 1-5 다국적 정도와 기업의 성과

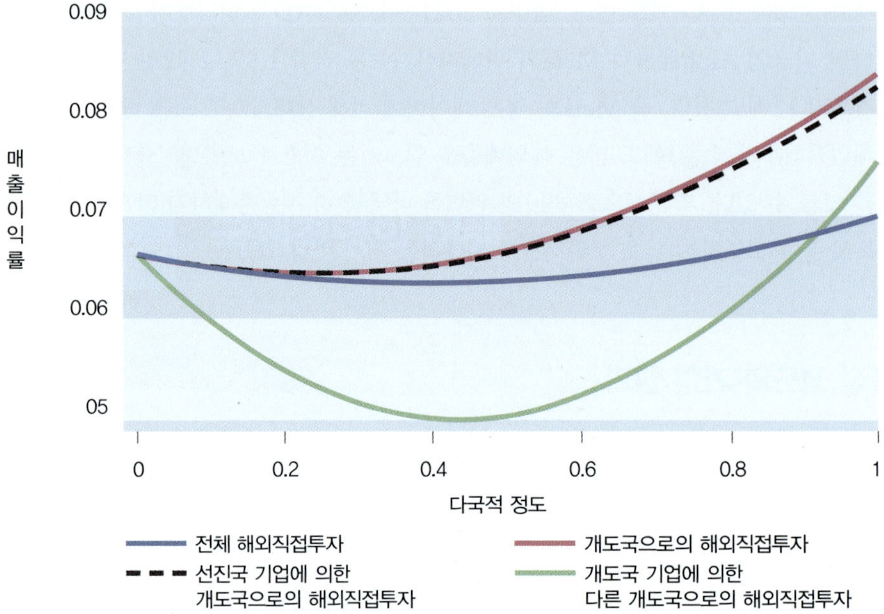

* 자료: Y. Yang, P. S. Martins, & N. Driffield, "Multinational perfornamce and the Geography of FDI," *Management International Review* (2013) 53: 763–794.

성, 즉 수익 부분을 초과하기 때문에 결과적으로 기업의 성과가 낮아지는 것으로 나타났다. 그러나 시간이 흐를수록 다국적 기업의 상기 초기비용이 국제화 경험이 쌓임에 따라 점점 낮아지는 반면에 더 많은 매출 및 수익을 거둘 수 있기 때문에 기업 성과는 점점 커진다는 것을 관찰했다. 즉, 초기에는 다국적 정도와 기업의 성과와는 음(–)의 관계를 가지나 일정 시점이 지나면 이 관계가 오히려 양(+)의 상관관계로 바뀐다는 사실을 밝혔다. 그리고 이 양의 관계는 다국적 정도가 높아질수록 더욱 강하게 나타났다. 또한 상기 연구에서는 다국적기업이 특히 개발도상국으로 진출할 때 상기 정의 상관관계가 더 강하게 보이는 것으로 결과가 나타난 반면, 선진국 진출 시에는 다국적 정도와 성과와의 정의 관계가 뚜렷하게 나타나지는 않았다. 아마도 그 이유는 선진국 시장으로 신규 진출하는 외국기업이 경쟁력이 뛰어나고 현지에 토착화된 현지기업이나 오래전에 이미 진출한 다른 다국적기업들과 경쟁하면서 높은 성과를 내기가 쉽지 않았을 것이기 때문이다. 반면 개발도상국 진출 시에는 사회·문화적인 적응의 어려움은 있으나 강력한 현지 기업이 많지 않기 때문에 외국기업의 입장에서 비교적 단기간 내에 초기의 어려움을 극복하고 높은 성과를 낼 수 있기 때문으로 판단된다.

마지막으로 연구자들은 개발도상국 다국적기업 그룹과 선진국 다국적기업 그룹을 구분하여 이들이 다른 개발도상국 시장에 진출 시 어느 그룹이 더 높은 성과를 내는지 살펴보았다. 분석결과 일반적으로 선진국에 본사를 둔 기업들이 더 먼저, 그리고 더 높은 성과를 도출한다는 사실을 발견했다. 결론적으로 상기 연구는 방대한 자료를 기반으로 다국적 정도와 기업의 성과는 정의 관계가 있음을 보여주고 있다. 즉, 보다 높은 경영 성과를 위해서는 국제화가 매우 중요하다는 시사점을 확인시켜 주고 있다. 그러나 다국적 정도와 성과와의 구체적인 관계는 **해외시장 진입 후 단계(초기, 중기, 후기)에 따라, 진출 시장이 개도국, 선진국 시장 여부**에 따라, 그리고 개도국, 선진국 다국적 기업 여부에 따라 달라질 수 있다는 점도 확인할 수 있었다. 물론 이러한 요인 이외에도 기업 규모, 경쟁력, 국제화 경험, 산업특성 등 다양한 요인에 의해서도 관계가 달라질 수 있을 것이다.

Oh와 Jeon의 연구[8]에서는 한국증권거래소에 상장된 409개 수출제조업체를 325개의 독립기업 그룹과 84개의 재벌소속기업 그룹으로 나누어 기업의 다국적 정도(수출 비중)와 성과(판매이익률)와의 관계를 1980~2013년 기간의 연도별 자료를 이용하여 분석했다. 분석결과 독립기업인 경우는 성과와 유의한 정의 관계를 보였으나, 재벌소속기업들의 경우에는 유의한 결과를 도출하지 못했다. 아마도 재벌 소속 기업의 경우는 국제화(수출) 동기가 다른 그룹계열사들을 위한 장기적인 포석에서 행해지다 보니 단기적인 성과와의 뚜렷한 관계는 나타나지 않았던 것으로 판단된다.

4 다국적기업의 발전단계 모델

G. Yip의 다국적기업의 3단계 글로벌라이제이션 과정을 보면 국내 내수시장에서 경쟁우위를 확보 축적하면서 성장하는 단계(국내기업), 몇몇 주요 해외시장으로 시장을 확대하는 단계(다 시장 국제기업), 그리고 많은 국내외 사업장의 유기적인 통합과 조정활동을 추구하는 단계(글로벌기업) 등 세 단계로 구분하여 볼 수 있다. 이 모델은 상기 Fortune Global 500대 기업과 같은 대규모 다국적기업들의 국제화 과정을 시기별로 잘 설명하고 있다.

일본의 도요타자동차의 경우 1937년 설립된 이래 대체로 1970년대 말까지 Just-in-time 생산시스템과 같은 핵심역량 축적을 바탕으로 일본의 주요 자동차기업으로 성장하면서 수출을

8 K. Oh & Y. Jeon, "Internationalization and Organizational Performance: The Case of Emerging Market Group Affiliated Firms," 국제경영연구, 제28권 2호, 2017년 5월

늘려왔다. 이 기간이 첫 번째 '국내기업' 단계이다. 그 이후 1980년대와 1990년대는 두 번째 '다 시장 국제기업' 단계로 볼 수 있는데 이 기간에 적극적인 수출과 대규모 현지 직접투자를 통해 미국, 유럽, 동남아시아 내 몇몇 전략시장에 사업을 적극 확대했다. 그리고 그 이후 기간은 세 번째 '글로벌기업' 단계로 볼 수 있는데 도요타는 이미 거의 전 세계 시장으로 사업을 확대하였다. 마찬가지로 현대자동차 그룹도 이미 글로벌 기업이 되어 2022년 8월 현재 전 세계적으로 43개국 내 437개의 사업장을 운영하고 있다. 즉 현대자동차는 전 세계적인 사업 네트워크를 통해 생산, 판매 및 마케팅, 구매조달, 기술개발 등 다양한 활동을 유기적으로 조정하면서 시너지 창출에 노력하고 있다.

따라서 기업의 국제화는 시간의 흐름에 따라 **국내기업단계**에서 다 시장 **국제기업단계**, 그리고 **글로벌 단계**로 이동하는 과정이라고 볼 수 있다. 일반적으로 경쟁이 심하거나 시장성장이 빠른 산업일수록, 해외시장 진입이 상대적으로 용이한 산업일수록, 그리고 소비재산업일수록 이동 속도가 더 빠르게 이루어진다.

표 1-5 다국적기업의 3단계 글로벌라이제이션 모델

단계	사업 목표	중점 전략	예시
국내기업 (domestic firm)	내수시장에서 주요 기업으로 성장	내수시장에서 경쟁우위 확보 및 확대	SK텔레콤, 카카오톡
다 시장 국제기업 (multi domestic firm)	몇몇 전략시장에서 주요 기업으로 성장	주력시장으로의 신속한 진출 및 시장별 현지화	네이버, 동남아시아 대기업
글로벌기업 (global firm)	글로벌시장에서 주요 기업으로 성장	주요 기능을 유기적으로 글로벌 통합	삼성전자, 현대자동차

* 자료: G. Yip, Total Global Strategy, Prentice-Hall, 2003

그림 1-6 다국적기업의 발전단계별 사업모형(예시)

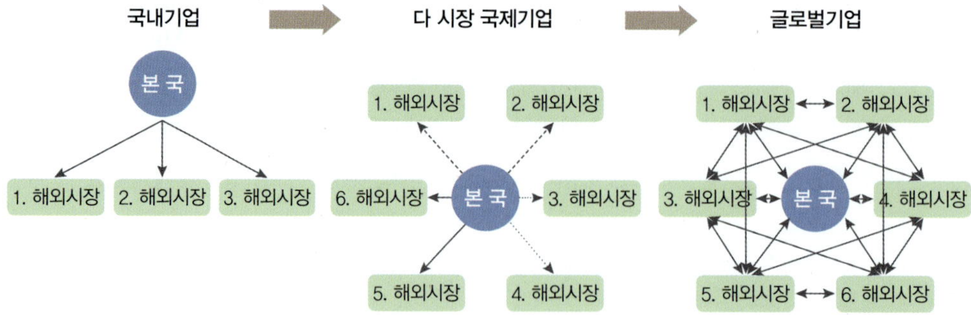

지금까지는 다국적기업의 개념과 유형을 살펴보았다. 다국적기업이 전 세계 많은 현지국에 진출하면서 어떠한 영향을 끼치게 될 것인가? 결론적으로 말해 다국적기업이 현지국에 미치는 효과를 다음과 같은 이유로 정확히 파악하기는 어렵다.

첫째, 다국적기업이 진출하기 전과 후의 경제적 효과를 정확히 비교·분석하기에는 많은 변수가 동시에 작용을 하고 있기 때문에 어려움이 따른다. 현실적으로 다국적기업의 직접투자효과가 현지국의 정부정책과 연계되어 있기 때문에 독립적인 효과를 측정하는 것이 어렵다. 예를 들어, 다국적기업이 진입 시 관세정책 등 일시적인 산업보호정책을 요구하는 경우 이러한 보호효과는 국내의 다른 기업에도 적용되기 때문에 다국적기업의 진출에 따른 산업보호의 순효과만을 독립적으로 산정하기는 쉽지 않다.

둘째, 다국적기업 투자 시 효과 측정의 근본적인 문제는 유입되는 투자가 경제적인 요인뿐만 아니라 사회·정치·문화적인 파장을 가져올 수 있기 때문에 정확한 정·부의 효과를 판정하기 어렵다. 또한 단기적인 효과에 비해 장기적인 효과를 산정하기에는 더욱 어려움이 따른다. 그럼에도 불구하고 다국적기업의 해외직접투자가 현지국에 미치는 일반적인 효과는 다음과 같다. 보다 자세한 논의는 6장을 참조하기 바란다.

Ⅲ 국제경영의 이해

국제경영은 여러 학자에 의하여 정의되어 왔지만 아직 통일된 정의는 없다. 다만, 기업들의 다양한 국제경영활동과 국제경영환경을 이해하고 분석하는 학문이라고 볼 수 있다. 기본적으로 국제경영활동이란 기업이 해외직접투자와 같이 기업의 자산을 해외로 이전시키는 행위와 두 개 또는 그 이상의 국가의 기업 간에 이루어지는 모든 사업거래(business transaction)라고 볼 수 있다. 그러나 국제경영을 이해하기 위해서는 국제사업거래뿐만 아니라 다국적기업, 국제경영환경, 그리고 국제경영전략 및 관리에 대한 이해가 필요하다. [그림 1-7]은 국제경영의 핵심 분야를 나타낸 것이다.

1 국제사업의 이해

국제경영은 재화와 용역의 국가 간 이전을 전제로 한다는 점에서 독특성을 지닌다. 완제품을

그림 1-7 국제경영의 핵심 분야

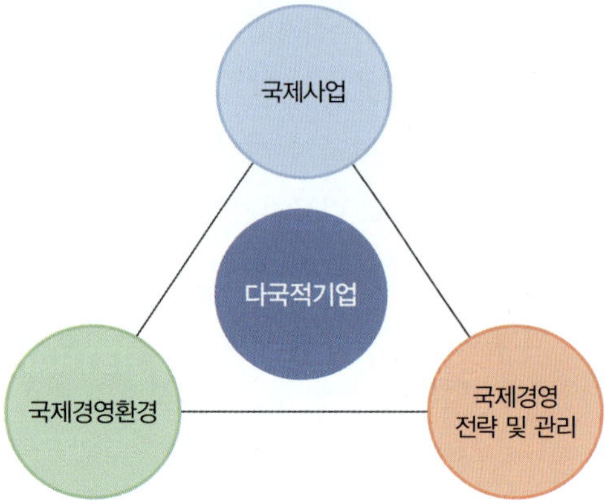

수출입의 방식으로 이전할 수도 있으며, 기술만을 라이슨싱의 방식으로 이전할 수도 있고 자본, 기술, 경영 등을 직접투자라는 복합적인 방식으로 이전할 수도 있다. 세 가지 기본 방식에도 구체적으로는 매우 다양한 형태가 존재한다. 따라서 이러한 다양한 이전 방식에 대한 이해가 필요하다.

1. 무역

무역이란 무엇인가? 그 주체와 대상에 따라 여러 가지 관점에서 다양하게 정의할 수 있겠지만 일반적으로 무역(international trade)이란 국제간에 이루어지는 상품의 매매라고 할 수 있다. 기업의 국제화 초기단계에 주로 이루어지는데 수출과 수입으로 구성된다. 수출은 재화와 용역을 해외로 이전시키는 것을 의미하며, 수입은 재화와 용역을 해외로부터 들여오는 것을 뜻한다. 또 수출은 자사 조직을 통해 해외시장에 직접 판매하는 직접수출과 타사 조직에 의존하는 간접수출 형태로 구분된다. 무역에 대해서는 2장 국제무역 현황과 이론에서 더 자세히 토의한다.

2. 해외직접투자

해외투자는 크게 직접투자와 간접투자로 나눌 수 있다. 해외직접투자(foreign direct investment)란 투자기업이 외국의 투자대상기업에 대한 경영지배 또는 경영참여를 목적으로 유형의 경영자원인 자본뿐 아니라 무형의 경영자원인 기술·특허·상표권·경영 또는 마케팅 노하우 등 기업의 제반 자원을 패키지(package) 형태로 해외에 이전시키는 방식이라고 할 수 있다. 따라서 해외직접투자는 자원투입이 크고 그만큼 위험을 수반한 국제사업 형태이다. 그리고 해외직접투자의 특징은 해외법인의 실질적인 경영에 직접·간접으로 참여한다는 것이다.

투자기업이 토지구입, 공장설립, 신규인원채용 등 기본적인 업무에 직접 관여를 하는 것이 일반적이다. 그리고 생산이 시작되고 제품이 판매되는 시점부터 생산, 구매, 마케팅뿐만 아니라 경영관리 전반에 대해서도 직접적인 의사결정과 전략수립에 관여한다. 또 해외직접투자는 크게 100% 지분을 단독으로 투자하는 경우와 다른 회사와 합작으로 하는 투자로 나뉜다.

반면 해외간접투자인 경우에는 현지경영에는 큰 관심이 없고 단지 소액지분을 주식시장 등을 통해 획득하는 경우가 있는데, 이는 보통 주식배당이나 주식의 시세차익을 목적으로 한 재무적 동기의 투자이다. 요약하면 **해외직접투자는 실물자산의 소유와 경영이 투자의 목적**인 데 반해, **간접투자는 배당이나 이자 등 금융수익이 투자목적**인 점이 다르다. 통계목적으로 구분하기 위해 해외직접투자(foreign direct investment 또는 FDI)는 해외기업이나 자회사의 지분을 10% 이상 취득 소유하는 경우를 의미하고 10% 미만이면 해외간접투자로 간주한다.

3. 국제계약사업

국제계약사업은 무형의 자산인 공업소유권, 상표, 물질특허, 저작권 등의 지적소유권과 컴퓨터 소프트웨어 등의 기술적 노하우, 경영관리 및 마케팅을 포함한 경영 노하우 등의 경영자산을 하나의 상품으로 취급하여 해외시장에 매매하는 방식이다. 국제라이슨싱, 국제프랜차이징 등이 국제계약사업의 대표적인 예이다. 국제계약사업에 대해서는 4장에서 자세히 설명한다.

2 국제경영전략 및 관리의 이해

기업은 앞에서 살펴본 대로 다양한 국제경영환경 속에서 여러 형태의 국제사업을 수행하고 있다. 이때 기업은 국제경영환경과 국제사업들을 어떻게 효과적으로 관리할 것인가의 문제에 직면하게 되고 자연히 국제경영전략 및 관리의 이해가 필요하다. 해외에 진출해 있는 현지자회사의 입장에서뿐만 아니라 다국적기업의 본사의 관점에서 경영전략과 관리를 이해하는 것이 필요하다. 다수 국가를 대상으로 국제경영활동이 동시에 이루어지기 때문에 국가 간 자원과 활동을 어떻게 배치하고 이들을 효과적으로 조정할 것인가의 문제가 중요해진다.

그림 1-8 **국제경영환경과 전략 및 관리**

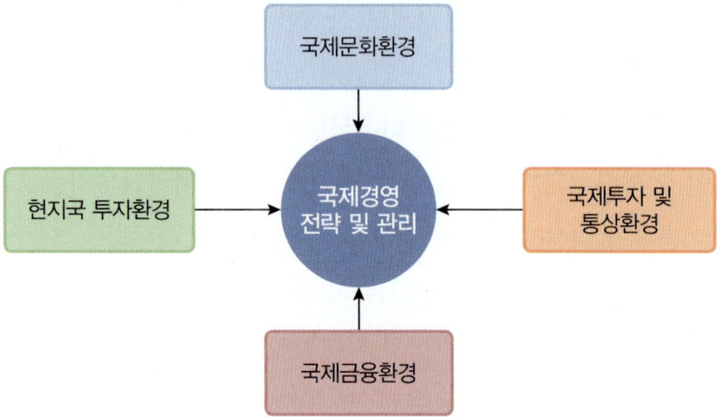

본서는 4부에서 현지자회사의 입장에서 경영전략의 수립과 경영관리를 다루고 있다. 구체적으로 해외시장선택과 진입전략, 현지마케팅관리, 현지생산과 구매 및 노무관리에 관하여 설명하고 많은 한국기업의 사례를 소개하고 있다. 이어서 5부에서는 다국적기업의 본사 입장에서 글로벌 전략과 글로벌 통제와 조직관리에 관해 상세히 설명했다.

3 국제경영환경의 이해

국제경영은 불확실한 외국환경에서의 사업경영을 다룬다. 국내환경과는 상이한 외국환경은 기업에게 경영활동의 위험요인인 동시에 기회요인이 되기도 한다. 따라서 효율적인 경영을 위해서는 이러한 환경에 대한 철저한 이해와 분석이 필요하다. 국제경영의 시작은 이러한 국가 간 환경의 차이를 인식하고 이해하는 것에서 이루어진다. 기업의 입장에서 반드시 이해해야 하는 국제경영환경에 대한 이슈는 다음과 같다.

첫째, 국제문화환경으로서 문화의 개념과 문화분석모델 그리고 현지문화를 관리하는 방법에 대하여 이해하는 것이 중요하다.

둘째, 국제투자 및 통상환경으로서 현지국과의 경제·정치적 영향, 자유무역협정, 지역경제통합에 대한 이해가 중요하다.

셋째, 국제금융환경으로서 국제금융시장 그리고 환율결정요인과 환위험관리에 대한 이해가 중요하다.

이상과 같은 국제경영환경에 대해서는 5~7장에서 자세히 다루기로 한다.

4 본서의 특징과 체계

기존의 일부 국제경영학 교과서들은 주로 미국 등 선진국 다국적기업을 중심으로 설명하였지만, 본서는 한국기업의 입장에서 국제경영을 설명하고 있다는 것이 첫 번째 특징이다. 또한 해외법인들의 현지경영의 관점에서 국제경영을 서술했다는 것이 이 책의 두 번째 특징이라고 할 수 있다. 이 책의 세 번째 특징은 한국기업의 현지경영사례를 포함하여 현장에서의 실무적 측면을 많이 다루고 있다는 것이다.

이와 같은 관점상의 특징에도 불구하고 본서는 국제경영학의 일반적인 체계를 대체로 따르고 있다. 본서는 국제경영의 출발점은 기업의 국제화로 보고, 다국적기업이란 2개 국가 이상에서 국제 사업을 운영하는 기업이라고 정의한다.

- 제1부는 국제경영의 이해로서 기업의 국제화, 다국적기업, 국제경영의 개념과 성격을 다루고 있다.
- 제2부는 국제사업으로서 현황과 관련 이론을 설명하고 있다. 즉, 국제무역현황과 이론, 해외직접투자현황과 이론, 전략적 제휴 및 국제계약사업을 설명한다.
- 제3부는 국제경영환경으로서 국제문화환경, 국제통상환경, 국제금융환경을 설명하고 있다.
- 제4부는 현지경영전략과 관리로서 해외에 진출한 자회사들의 관점에서 현지경영을 어떻게 할 것인가에 관하여 설명한다. 구체적으로 해외시장선택과 진입전략에서부터 현지마케팅, 현지생산·구매·노무에 관해서 예를 들어 상세히 설명하고 있다.
- 제5부는 글로벌 경영전략과 관리로서 글로벌 기업 본사의 관점에서 경영전략을 수립하고 이를 어떻게 조정하고 통제할 것인가에 관하여 설명한다.

본서의 구성을 그림으로 표시하면 [그림 1-9]와 같다.

그림 1-9 **본서의 체계**

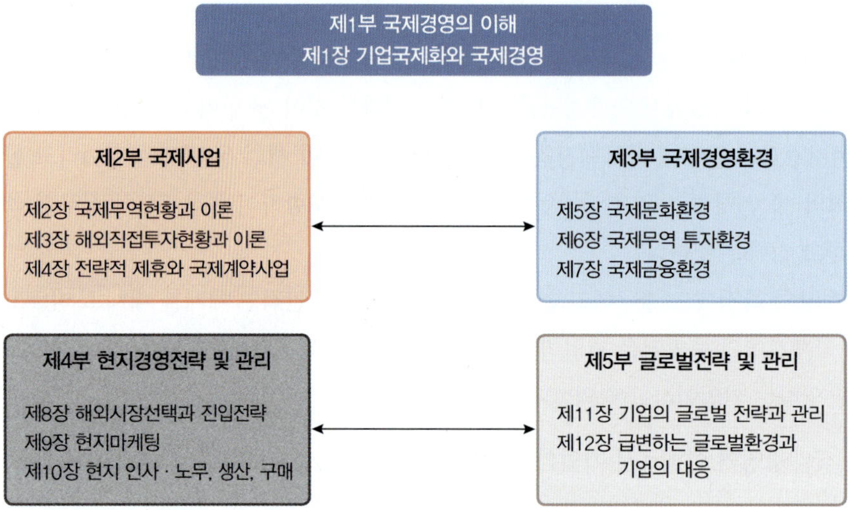
제1부 국제경영의 이해
제1장 기업국제화와 국제경영
제2부 국제사업
제2장 국제무역현황과 이론
제3장 해외직접투자현황과 이론
제4장 전략적 제휴와 국제계약사업
제3부 국제경영환경
제5장 국제문화환경
제6장 국제무역 투자환경
제7장 국제금융환경
제4부 현지경영전략 및 관리
제8장 해외시장선택과 진입전략
제9장 현지마케팅
제10장 현지 인사 · 노무, 생산, 구매
제5부 글로벌전략 및 관리
제11장 기업의 글로벌 전략과 관리
제12장 급변하는 글로벌환경과
기업의 대응

마감사례

LG전자는 어떻게 미국 월풀(Whirlpool)을 제치고 글로벌 1위가 되었을까?

LG전자는 코로나19 팬데믹의 어려운 상황에도 2021년 사상 최초로 글로벌 매출이 74조를 넘었다. 2021년 매출액 74조 7,216억 원은 국내 매출액 27조 6,085억 원(36.9%)과 북미, 유럽, 아시아, 중남미 등 글로벌 시장에서의 매출 47조 1,131억 원(63.1%)으로 구성되었다. 즉 전체 매출의 2/3 가까이 해외 시장에서 이루어지고 전체 상품의 반 가까이 해외 현지에서 생산되고 있다. 또 2021년 영업이익은 3조 8,638억 원으로 전년도 대비 약 21% 증가하면서 사상 최대 규모를 달성했다. 종업원도 국내 37,000명, 해외 46,000명으로 약 83,000명에 달하는 글로벌기업이 되었다.

LG전자의 사업은 2021년 6년간 지속적인 적자에 허덕인 스마트폰 사업부(Mobile Communications)를 구조조정한 이후 크게 H&A(Home Appliances & Air Solution), HE(Home Entertainment), VS(Vehicle Component Solutions), 기업간 거래(B2B) 중심의 BS(Business Solutions), 그리고 이노텍(LG이노텍) 등 다섯 영역으로 재편되어 왔다. 코로나19, 대규모 사업 조정, 글로벌 공급망 문제 등 여러 어려움에도 불구하고 2022년 1분기 매출액은 21조 1,114억 원을 기록하면서 전년 대비 18.5% 성장했다. 특히 TV를 제외한 냉장고 등 가전제품을 담당하는 H&A 사업부의 매출은 8조에 육박하여 글로벌 경쟁업체인 미국의 월풀사보다 1조 4천억 원 이상 판매하면서 명실상부 글로벌 가전 1위 회사로 발돋움했다.

표 1-6 LG전자의 사업부분별 매출액 및 영업이익 현황(2021년)

(단위: 억 원, %)

사업 부문	품목	구체적 용도	주요 상표 등	매출액	비율	영업 이익	비율
H&A	냉장고, 세탁기, 에어컨 등	가정용 전기제품, 냉난방기기 및 핵심부품	LG, LG SIGNATURE, DIOS, TROMM, LG SIGNATURE KITCHEN SUITE, CordZero, WHISEN, PuriCare 등	271,097 (21.7)	36.3	22,223	57.5
HE	TV, Audio, 홈뷰티기기 등	영상기기, 멀티미디어 제품 등	LG SIGNATURE, X BOOM, Pra.L, TONE free 등	172,186 (30.6)	23.0	10,998	28.5

VS	텔레매틱스, AV, AVN, 모터, 인버터 등	차량용 통신 및 멀티미디어 제품 등	–	71,938 (24.0)	9.6	(–9,329)	(–24.1)
BS	모니터, PC, 모니터, LED, 태양광 패널 등	정보 전달 및 호텔 TV, 태양광 발전 시스템 용	LG, LG NeON2, LG NeON R, LG MonoX, 그램, 시네빔 등	69,625 (15.8)	9.3	1,443	3.7
이노텍	카메라모듈, 기판 소재 등	광학솔루션 등	–	149,500 (55.2)	20.0	12,594	32.6
기타	설비 등	생산설비	–	12,870 (11.9)	1.8	709	1.8
계				747,216 (28.7)	100.0	38,638	100.0

* H&A: Home appliance & Air solution, HE: Home Entertainment, VS: Vehicle Component Solutions, BS: Business Solutions, 이노텍: LG이노텍㈜와 그 종속기업. '기타'의 매출액은 '기타부문'의 매출액과 사업부문간 내부거래 상계액을 합산한 순액
* 자료: LG전자 2021년 사업보고서

본 사례에서는 LG전자의 글로벌기업으로의 성장과정을 이해하고, 현재 직면하고 있는 문제를 분석해 보자.

국제화 과정

LG전자는 전 세계에 구축한 135개 (2022년 3월 기준)의 현지 법인을 바탕으로 삼성전자, 마쓰시타, 샤프, 화웨이, 하이얼 등과 글로벌 경쟁을 전개하고 있다. LG전자가 어떠한 단계를 거쳐 글로벌 기업으로 발전하였는지 살펴보자.

① **수입대체화단계**(1958~1970년대 후반): LG전자는 1958년 '금성사'라는 상호로 창업 이래 독일과 일본으로부터 차관과 기술을 도입하여 성숙 · 표준화된 가전제품을 생산하여 수입품을 대체하기 시작했다. 1966년 국내 최초로 흑백TV 생산을 시작했고 1970년에는 기업 주식을 상장하였고 점차적으로 전국적인 유통망을 구축하면서 국내시장을 선도하는 기업으로 성장했다. 1978년에는 당시의 주력제품인 흑백TV, 냉장고, 세탁기 등의 내수 시장점유율이 각각 34%, 37%, 43%로 국내 제일의 가전업체로 성장했다.

② **선진국 수출단계**(1970년대 후반~1980년대 초반): LG전자는 정부의 수출드라이브정책하에서 구미, 구로, 창원 등에 대규모의 가전제품 양산체제를 갖추고 1970년대 후반부터 본격적으로 해

외시장을 개척하기 시작했다. 그 결과 수출액은 1975년 1,400만 달러에서 1977년 1억 달러, 그리고 1986년 9억 5,000만 달러로 크게 증대되었다. 정부의 각종 수출지원정책을 바탕으로 수출생산능력과 제품을 다각화하면서 시장규모가 크고 대규모 수출물량을 판매할 수 있는 미국과 서유럽 등의 선진국 시장을 주로 개척했다.

그림 1-10 LG의 세계화 과정

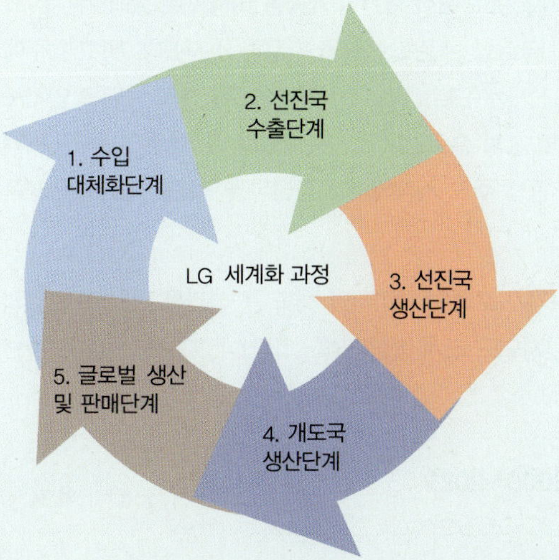

③ **선진국 생산단계**(1980년대 초반~1980년대 후반): LG전자는 1980년대부터 신보호무역주의가 강화되면서 주력 수출시장이었던 미국과 유럽국가 등 선진국들의 반덤핑제도와 수입규제로 인해 더 이상 선진국 수출시장을 유지 및 확대하는 데 큰 어려움을 겪게 되었다. 이에 수출규제품목에 대해서는 선진국에 조립공장을 설립 및 운영하여 기존 시장을 유지하는 한편 새로운 수출제품을 발굴하면서 진입 방법을 고도화하고 수출품목을 다변화하게 되었다. 1981년 미국 알라바마주 헌츠빌 컬러TV 공장설립, 1986년 독일 브롬스 컬러TV와 VCR 공장설립, 1988년 영국 재로우 전자렌지 공장설립 등을 통해 선진국의 무역규제를 회피하고자 노력했다.

④ **개도국 생산단계**(1980년대 후반~1990년대 중반): LG전자는 1988년 이후 원화 평가절상과 임금상승, 선진국의 무역규제 강화와 시장침체 등의 요인으로 대선진국 수출증가율이 감소하자, 이에 대처하기 위하여 개도국시장을 본격적으로 개척하기 시작했다. 즉, 현지의 저임금 노동력을 활용하고 선진국의 수입장벽을 회피하기 위하여 태국과 인도네시아 등에 컬러TV와 냉장고 등을 현지생산하기 시작했다. 또한 개도국지역에 해외지사와 현지판매법인을 대거 설립했다. 그 결과 총수출에서 개도국 수출이 차지하는 비중이 1985년 21%에서 1990년 52%로 크게 제고되었으며, 개

도국에서의 현지생산이 본격화되었다.

⑤ **글로벌 생산 및 판매단계**(1990년대 중반~현재): LG전자는 러시아의 페레스트로이카 개방정책으로 사회주의 국가들의 시장개방이 본격화되자 1990년대 중반 이후 사회주의 경제권과 중남미지역으로 생산 및 판매기지를 확대했다. 1990년대 들어서서 글로벌전략을 본격적으로 추진하기 시작한 LG전자는 1993년부터 중국, CIS, 인도 등의 주요 잠재시장에 대한 진입전략을 수립 및 추진했다. 또한 1995년 7월 미국 최대 가전회사였던 제니스를 인수하였고 1997년부터는 GOLD STAR 브랜드를 LG 브랜드로 전환하고, 국제스포츠 대회 후원 마케팅을 바탕으로 플래트론 TV와 모니터 등의 선도제품을 통해 해외시장에서 글로벌 브랜드 전략을 꾸준히 추진했다. 특히 호주에 1994년 판매법인 설립으로 본격 진출한 LG전자는 'Life's Good'이라는 슬로건으로 브랜드 인지도를 크게 향상시켰고 이후 이 슬로건은 글로벌 홍보 슬로건으로 사용되었다. 또 호주, 프랑스, 스페인, 인도, 중국, 브라질, 인도네시아, 남아공 등의 주요 시장에서 시장점유율 1위를 차지하는 제품들을 다수 보유하게 되었다.

LG전자의 글로벌 전략은 2008년 국제 금융위기가 도래할 때까지만 해도 큰 성과를 냈었다. 기업의 매출과 이익 규모도 크게 증가하였고 브랜드 인지도도 크게 향상되었다. 그러나 2008년 이후로 수년간 글로벌 시장에서 성장이 정체되었다.

그림 1-11 LG전자의 매출 및 영업이익 추이(2000~2021)

(단위: 억 원, %)

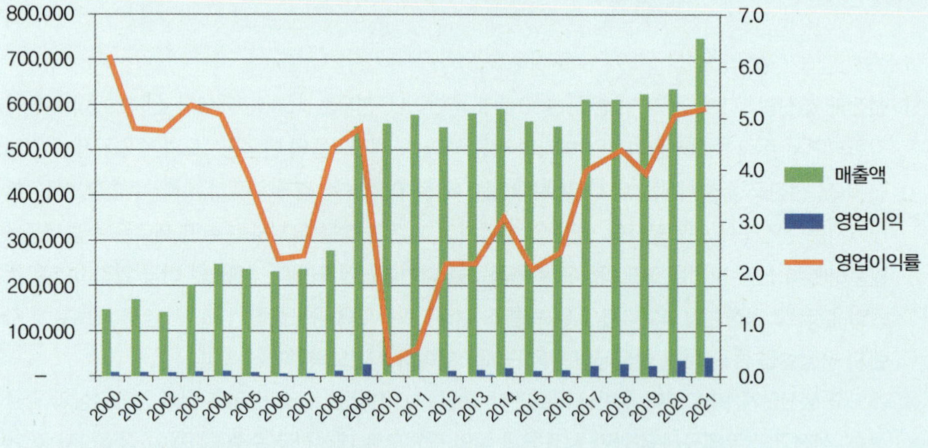

2008년 글로벌 금융위기 이후의 도전

LG전자가 그동안 비약적인 발전을 이루었음에도 불구하고 2008년 국제 금융위기 이후 지속된 글로벌 경기둔화와 경쟁심화로 인해 매출 정체와 이익 감소를 겪었다. HE 사업부는 IT 제품의 수요 위축과 PDP TV 및 CRT TV의 사업 축소에 따라 2012년 사업부 매출이 전년 대비 14% 감소했다. 그러나 LG전자의 문제점으로는 MC 사업부의 저조한 경쟁력을 지적할 수 있다. 삼성전자와 애플과 같은 경쟁사에 비해 LG전자 스마트폰 사업의 제품 개발 능력과 브랜드 경쟁력은 열세에 놓여있었다. 이 결과로 MC 사업부의 2017년 매출액은 11조 6,663억 원으로 LG전자 매출액 중 19.0%를 차지하였지만 무려 7,172억 원의 영업적자를 기록했다.

매출규모의 축소와 아울러 LG전자의 글로벌 브랜드 파워도 감소했다. 글로벌 브랜드 평가기관인 브랜드 디렉토리(brandirectory.com) 평가에 따르면 LG전자의 2017년 브랜드순위는 2012년 87위에서 무려 25 계단이 떨어진 112위로 밀려났다. 중국의 화웨이(Huawei)의 순위는 같은 기간 210위에서 40위로 급상승했다.

LG전자의 글로벌 1위 전략

LG전자는 2018년 구본무 회장의 타계로 구광모 회장이 만 40세의 나이로 LG그룹 회장으로 취임한 이후 새로운 변화를 맞고 있다. LG전자가 최근 꾸준히 실행해온 글로벌 전략의 특징은 프리미엄, 스마트 기술, 지역 맞춤형 전략으로 요약될 수 있다.

① **프리미엄 전략**: 절대적 소비 규모가 큰 북미와 유럽 등 선진 시장을 겨냥해 프리미엄 제품을 꾸준히 내놓은 게 첫 번째 성공 요인으로 꼽힌다. 월풀이나 독일 밀레가 주름잡던 시장에서 '고효율 대용량 기술'을 앞세운 프리미엄 제품으로 차별화를 꾀했다. 국내에서는 한편 의류 관리기 스타일러(Styler)와 같은 새로운 혁신 제품을 통해서도 수익성 제고를 꾀하고 있다.

2019년 출시한 'LG 인스타뷰 냉장고'는 북미 지역 대표 프리미엄 효자 제품으로 꼽힌다. 호텔 라운지나 대형 바 등에서 경험할 수 있는 50㎜ 원형 얼음을 만드는 기능을 갖췄다. 홈파티를 즐기는 북미 시장 특성을 감안해 칵테일, 위스키 등을 집에서도 즐길 수 있게 한 것이다. 그 결과 북미 · 유럽 지역 매출은 2019년 19조 6,050억 원에서 지난해 29조 7,414억 원으로, 2년 새 51.7% 증가했다. 2020년부터는 프리미엄 생활가전 황금기가 도래하면서 매출이 가파르게 늘었다. 코로나19로 실내 생활이 많아지면서 '이왕이면 더 좋은 가전'을 찾는 수요가 증가하면서다.

② **스마트 기술**: 2010년대부터 스마트 기술을 적용해 언제든 제품을 업그레이드해 '계속' 새것처럼 오래 사용할 수 있도록 생산하는 데 초점을 맞춘 것도 시장 점유율 확대를 이끌었다. 향후에도 인공지능(AI), 사물인터넷(IoT)을 활용한 스마트홈 플랫폼을 활용한 다양한 제품이 개발될 것으로 예상된다. 예를 들어 기존 에어컨은 방 전체에 골고루 냉기를 전달하는 데 시간이 오래 걸리고, 전기도 많이 사용하게 되는 단점이 있는데 2017년 출시한 '휘센 듀얼 에어컨'은 내장된 카메라로 1주일 동안 공간을 분석한 뒤 사람의 움직임이 많은 곳에 찬바람을 보내고, 전혀 움직임이 없는 가구나 가전제품 등이 있는 공간에는 냉기를 보내지 않는 스마트 기능이 탑재되었다. 스마트폰으로 외부에서도 작동 여부를 파악하고 집에 들어오기 전에 미리 켜둘 수도 있다. 2017년 출시하는 모든

가전제품에 와이파이 기능을 넣어 IoT에 연결할 수 있도록 했다.

③ **지역 맞춤형 제품 개발 및 시장 차별화**: LG전자는 그동안 해외시장에서 시장별 현지화된 제품으로 크게 성공을 거둔 바 있다. 예를 들어 인도시장에서는 가장 인기 있는 스포츠게임인 크리켓 게임을 즐길 수 있는 게임소프트웨어를 내장한 TV라든지, 사우디아라비아에서는 이슬람 소비자들을 위해 코란 전체를 내장시켜 본인이 원하는 코란 구절을 들을 수 있는 TV 등을 선보여 크게 성공한 바 있다. 또 인도에서 현지의 다양한 향신료를 저장할 수 있는 냉장고를 판매한 경우도 있다. 이러한 현지시장에 맞는 제품 출시를 위해서 최근에는 북미, 유럽, 인도 등 전략 지역에 연구개발(R&D) 조직을 구축해 R&D 역량을 강화하고 있다.

LG전자는 최근의 실적에도 불구하고 여러 과제를 안고 있다. 세탁기를 둘러싼 미국과의 통상마찰은 LG전자가 극복해야 할 약점으로 지적되고 있다. 최근 미국 정부는 세이프가드(긴급수입제한조치)에 이어 한국에서 생산되는 LG전자의 세탁기 제품에 20~50%의 관세를 부과하기로 결정했다. 이에 따라 미국 내 판매되는 LG전자 세탁기의 가격은 최소 50 달러 인상될 것으로 예상된다. 이에 따라 LG전자의 미국 내 가격 경쟁력은 떨어질 것으로 예상되어 매출액에도 부정적인 영향을 줄 것으로 예상된다. 또한 미 · 중 무역마찰로 인해 중국에서 생산되는 LG전자 제품의 미국수출에도 영향을 받는 등 이러한 국가 간 통상마찰로 인한 어려움이 계속되리라 예상된다.

또한 새로운 성장 동력을 확보하기 위해 전기 자동차 전장 사업부의 투자 및 매출 확대를 위해 시설 투자를 적극적으로 추진하고 있다. 2015년 매출액 1조 8,324억 원 및 2,300명 정도의 종업원 규모였던 VS 사업부의 규모는 최근 수년간 꾸준히 증가하여 2021년 매출액은 7조 1,938억 원, 종업원 규모는 3,500명으로 빠르게 성장하고 있지만 아직까지 계속 적자를 기록하고 있는 문제를 안고 있다.

LG전자에 예상되는 어려운 문제 중 하나는 부상하는 중국 및 대만 경쟁기업들로부터의 도전이다. 중국의 화웨이, 하이얼, TCL이나 대만의 폭스콘 같은 신흥 글로벌 경쟁업체는 빠른 속도로 선도업체였던 LG전자와의 기술격차를 줄이면서 세계 곳곳에서 LG전자의 강력한 경쟁자가 되고 있다. 반면에 LG전자의 중국 매출은 크게 감소하고 있다. 예를 들면 2014년 LG전자의 중국시장 판매액은 3조 5,183억 원이었으나 2021년에는 2조 6,008억 원으로 26%나 감소했다.

2022년 2분기에도 계속되는 러시아 · 우크라이나 전쟁, 글로벌 공급망 문제, 인플레이션 우려 등으로 물류비와 원재료 가격 부담이 당분간 지속될 것으로 예상되고 선진국, 개발도상국 모두 성장률이 크게 둔화될 것으로 예상된다.

* 자료: LG전자 연도별 영업보고서, LG전자 '1.3조 초격차' 세계 1위…월풀과 격차 더 벌렸다, 머니S, 2022.04.20

토의과제

01 LG전자의 국제화 과정에서 단계별로 취한 전략의 핵심과 왜 그러한 전략을 추구했는지 분석하시오.

02 LG전자가 진출한 핵심 현지시장이 시간의 흐름에 따라 변화되었는데, 이러한 핵심 시장변화의 이유는 무엇인가?

03 2008년까지 LG전자의 국제화 성공요인에 대하여 토의하시오.

04 LG전자가 최근 추진하고 있는 소위 다양한 위기극복 전략에 대해 평가하시오. 4개 사업부 중 하나를 선택하여 상기 위기극복 전략이 보다 확실히 결실을 맺기 위한 향후 5년 동안의 구체적인 전략 실행방안을 마련해 보시오.

주요 용어

국제기업활동
기업활동의 국제적 확대
기업국제화 동기
다국적기업
국제사업
무역
국제계약
해외투자
국제경영환경
국제통상환경
국제금융환경
국제문화환경
국제경영전략 및 관리

연습문제

01 기업활동의 국제적 확대란 무엇인지 설명하시오.

02 다국적기업의 기준과 명칭에 대하여 설명하시오.

03 다국적기업의 국제사업 활동에는 어떤 것들이 있는지 설명하시오.

04 국제경영 학문의 핵심 분야는 어떤 것들이 있는지 설명하시오.

PART 2

국제사업

2장 요약

무역은 국제경영의 가장 기본적인 활동이다. 본 장에서는 먼저 세계와 한국의 무역 현황과 특징을 분석한다. 이어 여러 무역에 관련된 이론을 검토하여 국가 간 또는 기업 간 무역이 왜 발생하는지 분석하고자 한다. 또한 이러한 다양한 국제무역이론이 오늘날 세계 경제 현상에 어떻게 적용이 되고 어떠한 의미를 가져다주는지도 살펴본다. 그리고 한국의 중소기업 차원에서 효과적인 수출전략이 무엇인지 실무적인 관점에서 모색해 본다.

3장 요약

해외직접투자는 한국기업들의 중요한 국제 경영활동이다. 본 장에서는 먼저 글로벌화를 꾀하는 한국기업의 해외직접투자 현황과 경제적 효과를 검토한다. 이어 왜 기업들이 해외직접투자를 하는지, 그리고 어떻게 하는지를 이론과 실제 두 가지 측면에서 살펴보고자 한다. 특히 다양한 해외직접투자 이론이 오늘날 다국적기업활동의 국제화와 어떻게 연관이 되는지 살펴본다.

4장 요약

본 장에서는 전략적 제휴 중에서 지분 제휴의 대표적 형태인 국제합작 투자에 대하여 살펴본 후에 업무 제휴를 설명한다. 또한 국제 M&A의 현황 및 개념, 동기와 유형에 대하여 알아본다. 마지막으로 국제 계약사업인 국제 라이슨싱, 국제 프랜차이징, 국제하청생산, 국제 턴키계약, 기타 국제계약 사업에 대하여 알아본다.

CHAPTER 2

국제무역 현황과 이론

Ⅰ. 국제무역 현황과 분석

Ⅱ. 고전무역이론

Ⅲ. 근대무역이론

Ⅳ. 현대무역이론

Ⅴ. 수출기업전략

도입사례

유통기업, 제2의 종합상사로 떠오르다

1975년 상공부(현 산업통상자원부)에 의해 해외시장의 개척과 수출 · 수입업의 전문화 및 대형화를 위해서 시작된 종합 무역상사 지정제도는 2009년 기준 삼성물산, 현대종합상사, LG상사, 대우인터내셔널, SK네트웍스, 쌍용, 효성 등 7개 종합 무역상사가 명맥을 유지하고 있었으나 2009년 10월 23일 정부 주도의 종합무역상사 지정제도가 역사 속으로 사라지게 됐다. 2000년까지만 해도 이들 대기업 종합 무역상사에 의한 수출 비중이 한국 전체 수출의 47%까지 증가했으나 이후 급격히 감소하여 2003년에는 31%로 낮아졌다.

종합 무역상사 역사 속으로 … 지정제 폐지

지정제도 도입 초기에는 수출금융 지원제도, 원자재 및 시설재에 대한 세제감면, 외자도입 허용 등 각종 지원제도를 시행하였으나, 1990년대 후 기업별로 수출 창구를 따로 두고 있는 데다 수출금융 지원, 외자도입 허용 등 지원제도도 사실상 사라져 종합상사 지정제도의 실효성이 사라졌다. 그리고 대기업으로 이뤄진 이들 종합상사는 그 이후 자원개발 등 신규 사업 진출로 인해 수출대행 사업 비중은 많이 축소된 상태다.

종합상사로 지정되기 위한 기준인 ① 수출액이 전체 수출액의 2%를 점유 ② 100만 달러 기준 수출대상국이 30개국 이상 ③ 현지 법인과 영업소가 20개 이상 등 조항도 현실성을 잃었다고 분석했다. 대신 종합상사 지정 권한은 민간으로 이전돼 무역협회가 관장하게 되었다. 무역협회 관계자는 "대기업들은 이미 수출을 잘하고 있으니 유망한 중소기업들이 신규 종합상사 지정 업체가 될 것으로 전망된다"고 말했다.

전문 무역상사 제도

1970~1980년대 대학생 선호 직업 1위는 '상사맨'이었다. 당시 상사맨들의 구호는 '라면에서 미사일까지 수출한다'는 것이었다. 정부는 1975년 '종합상사 제도'를 도입해 국제입찰 우선 지원, 외화 보유 한도 100만 달러 등의 혜택을 제공했다.

종합상사는 정부의 지원에 힘입어 '사막에 난로를 팔고 북극에 냉장고를 판다'는 말이 나올 정도로 수많은 제조업체의 수출창구 역할을 해왔다. 하지만 제조업체들의 자체 수출 능력이 향상되면서 종합상사의 위상은 점점 떨어졌다. 2009년엔 기존 종합상사 제도가 도입된 지 34년 만에 폐지됐다. 현재 대부분의 대기업 종합상사는 제3국 간 거래를 하는 '트레이딩'이 주력 사업이다.

상사가 다시 주목받기 시작한 것은 2014년부터다. 정부는 무역상사의 전문성을 바탕으로 중소기업의 수출을 지원하기 위해 2014년 7월 '전문 무역상사 제도'를 도입했다. 전문 무역상사 제도는 2009년 10월 23일 기존의 종합 무역상사 제도의 폐지에 따라 새로운 수출진흥 모델로서 시작되었으며,

2014년 대외무역법 개정에 따라 법정 제도로 발돋움했다. 수출 노하우가 풍부한 전문 무역상사를 선정하여, 내수 · 수출 초보 기업의 수출 확대를 선도하고자 현재 산업통상자원부와 한국무역협회, 중소기업청, KOTRA, 한국무역보험공사가 공동으로 운영하고 있다. 전문 무역상사로 지정받기 위해서는 다음 중 하나 이상의 조건을 충족해야 한다(2022년 기준).

- 전년도 수출실적 또는 최근 3년간의 연평균 수출실적이 100만 달러 이상이면서 타사 중소 · 중견 제품 수출 비중이 20% 이상인 자
- 전년도 또는 최근 3년간(2019~2021)의 평균 수출 실적이 1억 달러 이상인 자로서 무역 거래를 주로 영위하는 자
- 유통산업발전법 제2조 제3호에 따른 대규모 점포를 국외에서 운영하면서, 전년도 매출액이 500억 원 이상인 자
- 국내외에서 방송 채널 및 사이버몰 등 전자상거래 수단을 1개 이상 직접 운영하면서, 전년도 국외 매출액 또는 거래액이 100만 달러 이상인 자

또한 초기 선정 후 2년간 전문 무역상사 지위를 유지할 수 있고 그 이후 재신청이 가능하나 자격 유지기준 불충족 시에는 미선정된다.

표 2-1 전문무역상사 우대지원 사항(2022년 기준)

<table>
<tr><th>구분</th><th>주요내용</th><th>우대사항</th></tr>
<tr><td>유망기업 매칭</td><td>제조기업과의 매칭 상담</td><td>매칭 상담회 기회 제공
온라인 상시 매칭 제공</td></tr>
<tr><td rowspan="3">수출보험</td><td>단기수출보험(선적 후)</td><td>보험료 40% 할인</td></tr>
<tr><td>수출신용보증(선적 전)</td><td>보증한도 확대(1.5배)</td></tr>
<tr><td>해외바이어 신용조사</td><td>연간 10회 무료제공</td></tr>
<tr><td rowspan="8">마케팅</td><td>맞춤형 마케팅 지원
동영상, 카탈로그 등</td><td>최대 300만 원</td></tr>
<tr><td>대행수출 물류비 지원</td><td>최대 200만 원</td></tr>
<tr><td>수출성공 인센티브 지원</td><td>최대 500만 원</td></tr>
<tr><td>재외동포 무역상사 지원</td><td>최대 300만 원</td></tr>
<tr><td>해외 바잉오퍼</td><td>수시 제공</td></tr>
<tr><td>해외전시회</td><td>신청 시 가점</td></tr>
<tr><td>지사화사업</td><td>신청 시 가점 5점</td></tr>
<tr><td>국제전시회 공동관 견본 참가</td><td>사전 대상 전시회 공지</td></tr>
</table>

	성공사례 홍보	연중 수시
	디렉토리 제작	연 1회 제작
기타	회의공간 지원	KITA Business Center 무료 이용
	정부 포상	전문무역상사 포상 추천
	무역정보 제공	무역통상뉴스, 뉴스레터 발송

그림 2-1 전문무역상사제도 모델

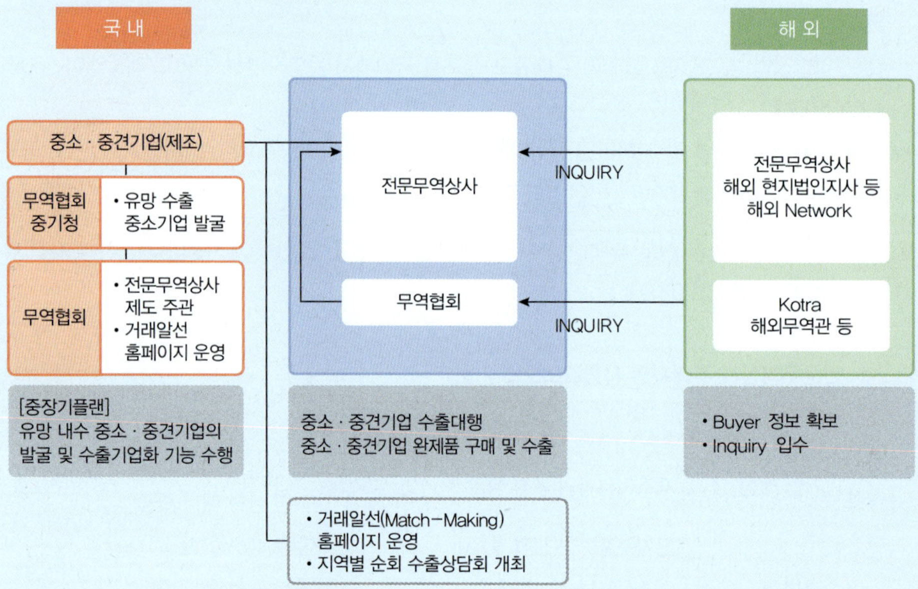

* 자료: http://ctc.kita.net/stc/info/Overview.jsp

전문 무역상사, 중소기업 수출 교두보

전문 무역상사 기업 수를 보면 2016년에 216개 기업이 전문 무역상사로 지정되었고 이후 계속 증가 추세를 보였다. 2020년에는 대기업 15곳, 중소 · 중견기업 365곳, 그리고 재외동포 기업 11곳으로 총 391사가 지정되었고 이들의 타사 수출 대행액은 54억 달러 규모였다. 그러나 아마도 지속된 코로나19 여파로 참여 기업 수가 다소 감소하여 2022년 6월 현재 대기업 15곳 포함 332개 기업이 지정되었다. 지정된 대기업은 삼성물산, LX 인터내셔널(구 LG상사), SK네트웍스, 포스코인터내셔널, 한화, 롯데상사, GS글로벌, 코오롱글로벌 등과 같이 전통적인 그룹사 및 협력사의 수출창구역할을 해온 전문 무역상사도 있다. 또 이마트, 롯데쇼핑롯데마트, GS홈쇼핑, 현대홈쇼핑, 롯데홈쇼핑과 같이 유통

전문기업도 있다. 정부는 한국산 제품의 해외 진출 창구 역할을 하는 유통 기업을 '제2의 종합상사'로 키워 수출 중소 · 중견기업과 동반 진출을 유도하고 있다. 그 외 대기업 전문 무역상사로 지정된 기업으로 CJ E&M, NH농협무역 등이 포함되어 있다. 이 중에서 이마트의 사례를 살펴보자.

이마트의 노브랜드(No Brand) 수출전략

이마트는 2016년에 전문 무역상사로 지정된 이후 글로벌 종합 유통 기업으로 성장하기 위해 발걸음을 재촉하고 있다. 이마트는 2016년에 베트남 · 몽골 · 미국 · 싱가포르 등 10개 국가에 320억 원 어치를 수출했다. 이마트의 수출은 매년 꾸준히 증가하여 2020년 452억 원, 그리고 2021년 506억 원을 수출했다.

이마트는 지속적인 수출 신장을 위해 자체 해외 점포와 현지 대형 유통 업체, 현지 도매 채널 등 3가지 트랙을 활용하고 있다. 특히 이마트는 자체 설립한 '가성비 대명사' 상품인 노브랜드 상품 수출을 집중 육성하고 있다.[1]

기존 4개국 수출로 시작했던 노브랜드 상품은 현재 필리핀 · 몽골 · 중국 · 베트남 · 일본 등 20여 개국으로 크게 확대했다. 수출 규모도 2015년 약 20억 원에서 2020년 115억 원으로 증가했다.

특히 이마트가 수출하는 노브랜드 상품 중 약 60%가 국내 중소기업 상품으로, 노브랜드가 국내 중소업체의 수출 가교 역할을 하고 있다. 노브랜드는 2019년 필리핀에 진출했는데, 현지 소비자에게 큰 호응을 얻으며 국내 중소기업 수출 실적을 이끌고 있다. 한류 열풍으로 한국 상품에 대한 호감도가 높아진 데다, 2017년과 비교하면 2021년 기준 노브랜드에 납품하고 있는 중소기업 수는 150개에서 422개로 2배 넘게 늘었다. 상품도 700여 종에서 1,500여 종으로 대폭 증가했다. 대표적으로 필리핀에서 큰 인기를 끌고 있는 노브랜드 유자차는 국내 중소기업 서광 F&B에서 생산한다. 서광 F&B는 당절임부터 완제품을 생산하는 과일청 제조 전문 회사로 직원 25명 규모의 중소기업이다. 2015년 노브랜드 상품 개발팀과 공동으로 노브랜드 유자차를 개발해 이마트에 납품하면서 2015년 8억 원 규모였던 연 매출이 2020년 45억 원까지 늘었고, 2021년에는 55억 원까지 성장했다. 이재근 서광 F&B 대표는 "중소기업에서 독자적인 수출 판로를 개척한다는 것은 어려운 일이었으나, 노브랜드를 통해 다수 국가에 수출하면서 회사 경쟁력이 강화됐다"고 전했다.

우동, 소바 등 이마트 노브랜드 면제품 주력 협력업체인 한일식품의 노브랜드 관련 수출도 2020년 35억 원으로 2019년 대비 40%나 증가했고 수출액은 이 회사 전체 매출의 약 10% 수준으로 크게 증가했다. 2021년 코로나19 상황에서도 노브랜드 마라탕면과 우육탕면 등 인기 수출제품들은 매출이 50% 이상 증가했다.

---

1 신세계, '가성비 으뜸' 中企 동남아 수출 발판, 매일경제, 2022.01.26

그림 2-2 노브랜드의 인기 상품인 마라탕면과 우육탕면

한일식품의 수출국도 필리핀, 베트남, 몽골, 중국, 미국 등 다양하게 늘었다. 짧은 기간 동안 수출 규모가 이렇게 폭증하는 것은 매우 이례적인 일이다. 한 나라에 자체적인 노력으로 수출을 시도한다면 많은 시간과 비용이 든다. 통상 해당 국가에서 상품을 유통해 줄 바이어를 찾는 데만 최소한 2년이 걸린다. 또 기존에 많은 중소기업이 신규 해외 시장에 수출하기 위해 주로 OEM(주문자 생산)방식을 택해왔다. OEM은 해외 바이어로부터 특정 시즌에만 주문받아 생산하는 경우가 많았다. 생산량이 특정한 시기에 편중되니 중소기업으로서는 규모의 경제가 만들어지지 않는다. 반면, 이마트 노브랜드는 중소기업이 생산하는 제품을 연중 꾸준히 수출판매를 할 수 있게 함으로써 규모의 경제를 이룰 수 있게 도와준다. 이는 곧 수익으로 이어진다. 이마트 노브랜드라는 박리다매 형태의 PL 상품을 생산한다는 것은 해외시장 판매 경험이 상대적으로 적은 중소기업에는 여러 가지로 좋은 기회이다.

노브랜드는 강소기업 발굴로 바쁘다.[2] 전국 방방곡곡에 제2, 제3의 서광 F&B나 한일식품이 숨어있기 때문이다. 이마트는 베트남 기업 타코(THACO)와 함께 프랜차이즈 방식으로 노브랜드를 10개 점까지 확대한다. 베트남 이마트를 노브랜드 수출 전진기지로 활용할 예정이다. 필리핀에도 현재 5호점을 운영하는데, 2022년 말 안에 점포 수를 10호점까지 늘릴 계획이다. 노브랜드의 필리핀 수출 확대 전략에 대해서 자세히 알아보자.

노브랜드(No Brand)의 필리핀 수출 확대 전략[3]

코로나19라는 어려운 환경 속에서도 노브랜드가 출점할 수 있었던 이유는 필리핀 현지에서 노브랜드 상품이 고품질 수입 제품으로 입소문이 나며 큰 인기를 끌고 있기 때문이다. 이마트가 2020년 필리핀 지역 노브랜드 매출을 분석한 결과, 과자, 라면, 차, 냉동상품이 큰 인기를 끌고 있는 것으로 나타났다. 특히, 인기 순위 1위부터 5위까지 노브랜드 과자로 채워져 눈길을 끈다. 1위는 노브랜드 초코칩 쿠키, 2위는 노브랜드 버터 쿠키, 3위는 노브랜드 감자 칩 등이다.

---

2 노브랜드, 브랜드가 아니다. 강소기업 플랫폼이다, 신세계그룹뉴스룸, 2021.06.07

3 노브랜드, 필리핀에 5호점 개점, TENANT NEWS, 2021.04.28

대표적인 한류 상품인 노브랜드 짜장라면도 매출 순위 6위에, 노브랜드 군밤은 18위에 이름을 올렸다. 필리핀에서는 접하기 어려운 '한국의 맛'이 현지 소비자들에게 점차 인기를 끌고 있다. 노브랜드가 중소기업 수출 플랫폼으로 거듭나고 있다. 필리핀 현지에서 판매되는 상품 비중은 80%가량이 노브랜드 PL 상품이며, 나머지 20%가량이 현지 상품이다. 또한, 노브랜드 전체 상품에서 70%가량은 중소기업에서 생산하고 있다. 2020년 노브랜드에 상품을 납품하고 있는 중소기업 수만 해도 320개에 달한다. 필리핀 내 노브랜드가 인기가 있을수록, 중소기업 수출 판로 역시 늘어나는 셈이다.

필리핀에도 최근 이커머스가 많이 증가하고 있는 점에 착안하여 배달 서비스와 연계하여 노브랜드 상품 판매 확대를 꾀하고 있다. 노브랜드 전문점은 2020년부터 이커머스 플랫폼과의 협업, 비대면 배송 서비스를 시작하면서 고객에 대한 접근성을 대폭 확대했다. 필리핀 노브랜드 전문점은 2020년 7월부터 현지 이커머스 플랫폼인 '메트로마트(METROMART)'와 협업, 비대면 배송 서비스를 진행하고 있다. 이후 접근성이 좋아지며, 노브랜드 상품은 개인 고객에게 큰 인기를 얻었다.

이에 노브랜드 전문점은 고객과의 접점을 더욱 늘리기 위해 2020년 12월 '그랩마트(Grab Mart)'와, 그리고 2021년 2월 '고 로빈슨(Go Robinsons)'까지 계약을 맺고 협업 이커머스 플랫폼 수를 3개로 확대했다. 고객과의 접점이 늘어나면서 노브랜드 배송 실적은 빠르게 성장하고 있다. 특히, 2021년 3월 배송 실적은, 2월 대비 70% 이상의 매출 신장을 기록했다. 높아진 배송 실적과 함께 마닐라 지역 노브랜드 영향력도 커지고 있다. 2019년 11월 1호점 오픈 이후 2년이 채 되지 않아, 프리미엄 슈퍼마켓인 '마켓플레이스' 등 노브랜드 상품 공급처가 47개로 증가, 마닐라 전역에 노브랜드의 영향력을 확대하고 있다.

토의과제

01 기존의 종합 무역상사와 최근의 전문 무역상사 제도의 공통점은 수출 촉진이라고 할 수 있으나 두 제도의 다른 점은 무엇인가? 왜 종합 무역상사 제도 대신 전문 무역상사 제도가 필요하게 되었나?

02 한국의 중소기업들이 전문 무역상사를 이용한 수출 촉진 시 자체 노력으로 수출 시장 개척 시에 비해 장단점은 무엇일지 토의하시오.

03 현지 시장 경험과 네트워크가 부족한 한국의 중소기업의 경우 안정적인 수출 판매망을 확보하는 것이 매우 중요하다. 자체 판매망 또는 영업사원에 의한 수출판매, 그리고 전문 무역상사를 활용한 수출판매 이외 기타 가능한 현지 판로 대안은 무엇인가?

04 상기 전문 무역상사 제도가 더 활성화되기 위한 다양한 정책을 제언해 보시오.

05 대학 졸업을 앞둔 취업지망생이 향후 대기업 전문 무역상사에 취업하고자 한다면 특히 어떤 경험과 역량이 필요할지 분석해 보시오.

I 국제무역 현황과 분석

1 세계무역의 현황

1. 세계무역의 성장 추이

전 세계의 상품 수출입 금액을 살펴보면 수출의 경우 2018년에는 19.5조 달러로 코로나19 이전 사상 최고 수출액을 나타냈으나 2019년 코로나19 여파로 2020년 전 세계 수출액은 전년 대비 7.4% 급감하여 17.6조 달러를 나타냈다. 그러나 2021년 세계 경제는 코로나19로부터 점차 회복하여 22.3조 달러의 사상 최고 수출액을 보였다.

전 세계 수입의 경우에도 수출과 비슷한 추세를 보였고 2021년 22.5조 달러를 나타냈다. 세계상품무역에서 미국, EU, 일본 등 선진국이 차지하는 비율이 1993~2021년 기간 중 수출이 68%에서 48%로, 수입은 67%에서 52%로 크게 줄어들었다.

표 2-2 전 세계 상품 수출입 금액 및 비중

	수출					수입				
	금액	비중				금액	비중			
	2021	1993	2003	2020	2021	2020	1993	2003	2020	2021
전 세계	22,284	100	100	100	100	22,519	100	100	100	100
북미	2,752	17.9	15.8	13.1	12.3	3,960	21.3	22.7	18.5	17.6
• 미국	1,755	12.6	9.8	8.4	7.9	2,937	15.9	17.1	13.9	13.0
중 · 남미	718	3	3.1	3.1	3.2	742	3.3	2.5	3.0	3.3
유럽	7,981	45.3	45.9	38.2	35.8	7,996	44.5	44.3	37.3	35.5
CIS	652	1.7	2.6	2.7	2.9	459	1.5	1.7	2.1	2.0
아프리카	547	2.5	2.4	2.2	2.5	630	2.6	2.2	2.9	2.8
중동	1,132	3.5	4.1	4.5	5.1	819	3.3	2.8	3.7	3.6
아시아	8,502	26	26.1	36.1	38.2	7,913	23.5	23.8	32.4	35.1
• 중국	3,364	2.5	5.9	15.2	15.1	2,688	2.7	5.4	11.8	11.9
• 일본	756	9.8	6.4	3.8	3.4	769	6.4	5	3.7	3.4

* 자료: https://stats.wto.org, World Trade Statistical Review 2021 56~57, 108~115, World Trade Statistical Review 2004 171~178

반면 중진국 및 개발도상국의 경우에는 선진국과 중국, 인도, CIS, 브라질 등 BRIC 국가들과 한국을 포함한 아시아의 중진국 국가들의 꾸준한 성장으로 중진국 및 개발도상국이 전 세계에서 차지하는 수출 비중은 1993년 32%에서 2015년 52%로 증가했다.

2 한국무역의 현황 및 특징

한국은 전통적으로 수출 위주의 경제성장을 유지해왔다. 그러나 2008년 세계 금융위기 등 대외여건 악화로 2009년 수출액은 전년 대비 14%가 급감한 3,635억 달러에 그쳤다. 그 이후 빠른 수출 회복세를 보여 2010년 4,664억 달러로 전년 대비 28%의 급성장을 나타냈다. 그 이후 세계 경제의 저유가, 저성장 기조로 2011~2015년 사이 수출액은 5,300억 달러에서 5,500억 달러 범위에서 등락을 보이면서 2011~2014년 4년 연속 무역 1조 달러를 달성했다. 그러나 2016년 글로벌 경기침체 심화로 수출액이 4,954억 달러로 많이 감소했다. 수입도 수출과 비슷한 추세를 보여 2016년 수입액은 4,062억 달러에 그쳐 892억 달러의 큰 무역수지 흑자를 기록했다.

이후 코로나19의 여파로 2019~2020년 기간 수출과 수입 모두 많이 감소했고 무역 수지 규모도 감소했다. 그러나 2021년에는 세계경기의 빠른 회복세에 힘입어 수출은 전년 대비 25.7%, 수입은 31.5% 증가하여 수출, 수입 규모는 각각 6,444억 달러, 6,151억 달러로 총 상품 무역

표 2-3 한국 상품 수출 연도별 동향

(단위: 백만 달러, %)

년도	수출		수입		수지
	금액	증감률	금액	증감률	
2022년 (1~5월)	292,614	17.8	300,441	27.6	-7,827
2021년	644,400	25.7	615,093	31.5	29,307
2020년	512,498	-5.5	467,633	-7.1	44,865
2019년	542,233	-10.4	503,343	-6.0	38,890
2018년	604,860	5.4	535,202	11.9	69,657
2017년	573,694	15.8	478,478	17.8	95,216
2016년	495,426	-5.9	406,193	-6.9	89,233
2015년	526,757	-8.0	436,499	-16.9	90,258

* 자료: https://stat.kita.net/stat/kts/sum/SumImpExpTotalList.screen

규모가 처음으로 1조 2,500억을 초과하면서 세계 8위의 교역국이 되었다. 한국의 수출 순위는 정부수립 해인 1948년에 100위로 수출액은 아프리카 카메룬의 약 2분의 1 수준이었다. 그러나 1971년 최초 10억 달러 달성 시에는 48위, 1977년 100억 달러 달성 시에는 24위로 크게 도약했다. 그 이후 1995년 최초로 1,000억 달러 수출로 12위로 부상했다. 또 한국 수출은 2011년 5,552억 달러를 기록하며 최초로 5,000억 달러를 초과했다. 이러한 점을 볼 때 **한국 수출 규모가 단기간 내 엄청난 속도로 성장해 온 것이 한국 무역의 첫 번째 특징**이라 할 수 있다. 한국 수출 규모는 대략 전 세계 수출 규모의 약 3%에 달한다.

그러나 2022년 2월 24일 러시아의 우크라이나 침략으로 시작된 원유, 원자재, 식료품 제품의 글로벌 인플레이션과 미·중 무역 갈등으로 인한 세계 공급망 문제로 세계 경제는 조만간 침체 국면을 맞을 것으로 예상된다. 특히 원유를 포함한 국제 원자재 가격 급상승은 한국 수입액이 많이 증가하는 결과를 가져와 무역 수지도 적자 추세로 돌아섰다. 이러한 사실을 보아 **한국 무역의 또 다른 특징은 세계 경제 상황에 따라 크게, 그리고 즉각 영향을 받는 점**이라 할 수 있다.

1. 수출의 특징

2021년 기준 한국 10대 수출 주요 품목을 살펴보면 반도체, 석유화학제품, 일반기계, 자동차, 석유제품, 철강, 선박, 자동차부품, 디스플레이 제품, 그리고 컴퓨터로 구성되어 있어 모두 중화학 공업제품인 것으로 알 수 있다. 이중 상위 5개 수출 품목 비중은 약 50%에 이르고 1995년이나 2005년에 비해 이 비중이 점차 증가한 것으로 엿볼 수 있다. 마찬가지로 상위 10대 수출 품목 비중도 68.5%로 과거에 비해 증가함을 확인할 수 있다. 즉 **한국 수출의 또 다른 특징은 수출제품의 집중화 현상**이다. 그런데 이러한 전략 품목의 높은 집중도는 수출 구조상 큰 문제가 될 수 있다.

예를 들어, 특정 품목의 수출이 순조롭게 이루어지지 못할 경우 한국 전체 수출에 직접적인 영향을 끼친다. 예를 들어 선박 조선 수출에 대한 의존도가 3.6%로 매우 높은데 2022년 이후에도 글로벌 조선산업 불황이 지속된다면 수요감소로 전체 수출액이 감소하게 될 것이고 이는 한국 조선기업들의 영업 악화 및 구조조정 문제를 야기하는 등 한국경제에 미치는 부정적인 경제 파급효과가 적지 않을 것이다. 이러한 점을 고려해 볼 때 안정적인 수출구조를 확보하기 위해서는 기업의 꾸준한 **기술혁신과 과감한 국제 경영활동을 통하여 수출제품의 고급화와 다각화, 그리고 수출시장의 다변화**가 필요하다.

[표 2-5]는 지역별 한국 수출현황을 보여주고 있다. 2021년 기준 주요 교역 파트너를 보면 중

표 2-4 한국 주요 수출품목 비중 추이

(단위: 억만 달러, %)

	1995			2005			2021		
	품목명	금액	비중	품목명	금액	비중	품목명	금액	비중
1	반도체	177	14.1	반도체	300	10.5	반도체	1,280	19.9
2	자동차	84	6.7	무선통신기기	295	9.7	석유화학제품	551	8.6
3	선박	57	4.5	자동차	275	9.6	일반기계	531	8.2
4	인조장 섬유직물	54	4.3	선박구조물 및 부품	177	6.2	자동차	465	7.2
5	영상기기	49	3.9	석유화학제품	154	5.4	석유제품	382	5.9
5대 품목		421	33.5		1,201	41.4		3,209	49.8
6	전자 응용기기	48	3.8	컴퓨터	141	5.0	철강	364	5.6
7	컴퓨터	47	3.8	합성수지	103	3.0	선박구조물 및 부품	230	3.6
8	의류	47	3.8	철강판	102	3.0	자동차부품	228	3.5
9	철강판	38	3.0	자동차부품	85	3.0	디스플레이	214	3.3
10	합성수지	36	2.9	영상기기	74	2.2	컴퓨터	168	2.6
10대 품목		637	50.8		1,706	57.6		4,413	68.5

* 자료: 한국무역협회 MTI(Ministry of Trade and Industry) 분류 3단위 기준, 및 산업통상자원부 2021년 수출입 동향, 2022.1.1.

국이 가장 많은 수출 비중(25.3%)을 차지하고 있으며 베트남(8.8%)을 포함한 ASEAN 10개국(16.9%), 미국(14.9%), ASEAN(14.1%), 홍콩(5.8%), 일본(4.7%) 등에 대한 수출 비중이 높다. 중국과 미국은 한국기업의 중요한 Top 2 전략 수출시장이다. 특히 중국이 차지하는 비중은 2003년에 한국 전체 수출의 18.1%였으나 2021년에는 25.3%로 많이 증가했다. 특히 한국과 FTA(Free Trade Agreement, 자유무역협정) 파트너인 중국과 홍콩 비율을 합치면 한국 전체 수출의 약 31.1%로 이 시장은 한국의 최대 수출시장으로 확실히 자리매김했다고 볼 수 있다. 선진국 시장 중에서 한국 기업에 여전히 중요한 시장은 세계 최대 수출시장인 미국 시장이다. 미국의 비중은 2003년 17.7%에서 2021년 14.9%로 다소 감소했지만, 여전히 미국 시장에 대한 꾸준한 연구와 관심이 필요하다. 특히 반도체, 가전산업, 스마트폰 등 IT산업, 자동차 산업 등 소비재 제품의 경우 미국 시장은 매우 중요한 시장이다.

일본과 EU 시장의 상대적인 중요도도 계속 감소할 것으로 예상된다. 대신 베트남을 포함한 ASEAN 시장과 인도 등의 기타 아시아 개발도상국 시장이 향후에는 더욱 중요한 전략시장으로 다가올 것으로 예상된다. 한국과 FTA 파트너인 ASEAN(Association of Southeast Asian Nations, 동남아시아 국가연합) 시장은 2003~2021년 기간 10.4%에서 16.9%로 중국 시장과 마찬가지로 많이 증가했다.

한국의 핵심 수출시장의 축은 전체적으로 볼 때 과거의 유럽, 북미, 일본 등 선진국 시장에서 일본을 제외한 아시아 시장 및 중동, 남미 등 개발도상국 시장으로 이동한 것을 볼 수 있다. 따라서 이들 핵심 수출 시장에 대한 문화나 제도 등에 대한 적극적인 학습과 효과적인 수출 전략 개발이 매우 중요함을 알 수 있다.

사례 2-1 오늘날 우리에게 무역이 없다면

오늘날 우리에게 무역 활동이 중단된다면 어떻게 될까? 우리의 삶은 지금보다 훨씬 단조로워질 것이다. 가장 직접적인 영향을 받을 부분은 우리의 소비생활이다. 그동안 우리가 당연시하면서 사용해 오던 많은 외국 수입 물품을 더 이상 사용하지 못하게 될 것이다. 외제 자동차, 고가 패션의류 등 비싼 외국산 제품은 물론이고 커피, 코카콜라 등 많은 기호 식품들도 더 이상 소비할 수 없게 될 것이다. 그러나 수입품 소비가 크게 위축이 되었다고 국민 경제생활이 향상되었다고 볼 수는 없다. 남대문 의류 시장 상가에서도 값싼 중국 수입 의류들이 자취를 감추게 될 것이고 동네 재래시장 야채가게에서도 값싼 중국산 마늘과 고춧가루를 더 이상 볼 수 없을 것이다. 무역이 없다면 우리의 소비는 줄고 물품 구입 시 더 이상 다양한 품질과 가격을 비교할 수 없을 것이다.

또 무역이 없다면 우리의 경제생활뿐만 아니라 우리의 문화생활도 크게 달라질 것이다. 극장가의 외국 영화는 사라질 것이고 TV에서 쉽게 즐길 수 있었던 외국영화나 해외 스포츠 중계도 더 이상 볼 수 없을 것이다. 무역이 없다면 기업에는 어떠한 영향을 줄 것인가? 싼 수입 원료 대신 비싼 국내원료로 대체해야 하므로 원가 상승을 가져올 것이고 경쟁하기 위해 신제품개발이나 기술 발전을 할 동기가 약해질 것이다. 그러나 가장 심각한 영향은 수출 기회의 단절로 판매는 크게 감소할 것이다. 원가 상승과 판매 부진은 결국 많은 기업의 도산으로 이어져 한국경제의 위축을 가져올 것이다.

무역과 국가 경제와는 어떤 관계를 맺고 있을까? 예를 들어, 중동 산유국들이 원유를 수출할 수 없었다면 사우디아라비아나 쿠웨이트 등은 결코 지금의 생활 수준을 누리지 못했을 것이다. 한국이 만약 원유 등의 원자재를 수입할 수 없고 자동차, 반도체, 선박 등을 수출할 수 없다면 한국 국민의 소득은 전체적으로 급락할 것이다. 미국과 같이 해외의존도가 상대적으로 낮은 나라도 자원과 재화의 많은 부분을 여전히 수입에 의존하고 있다. 한 나라가 경제적으로 완전한 자립을 이룬다는 것은 바람직하지 않으며 또 현실적으로 불가능하다.

표 2-5 지역별 한국수출 현황

(단위: 백만 달러, %)

	2015년			2021년		
	금액	년 증가율	비중	금액	년 증가율	비중
전체수출	526,757	(8.0)	100	644,400	25.7	100
아시아	296,806	(8.3)	56.3	386,133	23.6	59.9
• 중국	137,124	(5.6)	26.0	162,913	22.9	25.3
• 홍콩	30,418	11.6	5.8	37,467	22.2	5.8
• 일본	25,577	(20.5)	4.9	30,062	19.8	4.7
• ASEAN	74,824	(11.5)	14.2	108,826	2.6	16.9
베트남	27,771	24.2	5.3	56,729	16.9	8.8
싱가포르	15,011	(36.8)	2.8	14,149	44.0	2.2
인도네시아	7,872	(30.7)	1.5	8,550	35.4	1.3
말레이시아	7,735	2.0	1.5	10,107	6.1	1.6
태국	6,362	(16.3)	1.2	8,524	24.4	1.3
• 대만	12,004	(20.4)	2.3	24,285	47.5	3.8
• 인도	12,030	(5.9)	2.3	15,603	30.7	2.4
중동	30,413	(12.6)	5.8	15,600	6.3	2.4
• 사우디	9,482	14.4	1.8	3,325	0.7	0.5
유럽	66,253	(7.5)	12.6	89,427	32.4	13.9
• EU	48,079	(6.9)	9.1	63,614	2.0	9.9
• 영국	7,390	27.8	1.4	5,962	33.5	0.9
• 독일	6,220	(17.8)	1.2	11,110	16.0	1.7
• 프랑스	2,581	(2.2)	0.5	4,561	52.9	0.7
• 이탈리아	3,531	1.7	0.7	4,597	42.7	0.7
• 러시아	4,686	(53.7)	0.9	9,980	44.6	1.5
북미	74,455	(1.0)	14.1	102,616	28.9	15.9
• 미국	69,832	(0.6)	13.3	95,902	29.4	14.9
• 캐나다	4,623	(6.0)	0.9	6,714	22.9	1.0
중남미	30,677	(14.5)	5.8	15,658	20.5	2.4
• 브라질	5,495	(38.4)	1.0	4,666	18.3	0.7
• 멕시코	10,892	0.4	2.1	1,290	37.0	1.8
• 칠레	1,742	(16.4)	0.3	1,574	81.7	0.2
대양주	20,556	(4.1)	3.9	15,658	20.5	2.4
• 호주	10,831	5.3	2.1	9,750	57.6	1.5
아프리카	7,559	(23.7)	1.4	9,085	57.3	1.4
BRIC 4국	159,334	(10.0)	30.2	193,162	24.3	30.0

* 자료: 한국무역협회, kosis.kr

2. 수입의 특징

최근 수입구조를 제품 성질별로 보면 크게 **소비재, 원자재, 그리고 자본재** 세 그룹으로 나눌 수 있다. 소비재제품의 수입 비중은 2021년 수입액의 16.2%로 2011년 10.1%에 비해 많이 증가했다. 이중 직접 소비재는 육류, 채소, 과일, 생선 등 농산물, 수산물 등이다. 내구소비재는 가전제품이나 자동차가 해당되고 비내구 소비재는 의류제품 등이 해당되는데 2011~2021년 기

표 2-6 제품 성질별 한국수입 현황

(단위: 백만 달러, %)

성질명	2011		2021	
	금액	비중	금액	비중
수입총액	524,413	100.0	615,093	100.0
1. 소비재	**53,129**	**10.1**	**99,627**	**16.2**
곡물	7,514	1.4	8,947	1.5
직접소비재	14,963	2.9	25,667	4.2
내구소비재	18,587	3.5	42,179	6.9
비내구 소비재	12,065	2.3	22,834	3.7
2. 원자재	**324,748**	**61.9**	**302,626**	**49.2**
연 료	171,914	32.8	136,678	22.2
광 물	31,050	5.9	33,342	5.4
경공업 원료	10,494	2.0	8,107	1.3
유 지	1,386	0.3	2,121	0.3
섬유류	5,080	1.0	4,545	0.7
화공품	44,188	8.4	60,446	9.8
철강재	30,351	5.8	22,201	3.6
비철금속	15,089	2.9	18,400	3.0
기 타	15,195	2.9	16,788	2.7
3. 자본재	**146,536**	**27.9**	**212,841**	**34.6**
기계류와 정밀기기	50,539	9.6	69,997	11.4
전기 · 전자기기	80,057	15.3	127,620	20.7
수송장비	13,918	2.7	13,009	2.1
기 타	2,023	0.4	2,215	0.4

* 자료: https://unipass.customs.go.kr/ets/

간 내구 소비재의 증가가 가장 높다. 아마도 수입자유화와 함께 소득 증가로 인한 고가 외국 소비재 제품에 대한 선호도가 높아진 것으로 보인다.

그리고 원자재 제품 수입은 전체 수입액의 49.2%를 차지하고 있다. 이중 지하자원 같은 광물이나 원유, 천연가스, 석탄 등 연료 수입이 2021년 27.6%를 차지하고 있다. 그 외 다양한 공산품 생산을 위한 소재, 중간재들이 수입되었는데 특히 화공품(9.8%) 및 철강재(3.6%) 수입이 큰 비중을 차지하고 있다. 마지막으로 자본재는 전체 수입의 34.6%를 차지하고 있고 2011년(27.9%)에 비해 많이 증가했다. 특히 공장 설비 기계류, 정밀기기, 그리고 전기, 전자기기 등이 대부분을 차지하고 있다.

지역별 수입현황은 [표 2-7]에 정리되어 있다. 2021년 한국이 가장 많이 수입한 국가는 중국으로 전체 수입액의 22.5%를 차지하고 있어 2015년 20.7%보다 다소 증가함을 나타내고 있다. 즉 **중국은 한국이 가장 많은 제품을 수출한 국가인 동시에 가장 많이 제품 수입을 한 국가**로 한국의 중국 무역의존도가 갈수록 더 심화함을 알 수 있다. 대중 무역은 한국의 무역수지흑자에 크게 기여를 하고 있으나 동시에 심한 무역의존도 문제를 야기시킨다. 이러한 심화한 무역의존도는 2017년 중국의 사드(THADD) 보복으로 행해진 한국 수입 제품에 대한 품질검사 강화와 같은 불공정한 수입제한 피해에 취약할 수밖에 없는 문제를 야기시킨다.

또 대중 무역의존도가 높으면서 동시에 대규모 무역 흑자가 발생하는 경우 한국, 중국 간 통상마찰 문제가 야기될 소지가 있는 문제점을 안고 있다. 실제로 대중 무역흑자 규모는 최고 흑자 기록이었던 2013년 628억 달러보다는 낮아졌지만 2021년 기준 243억 달러를 기록하고 있다. 이는 교역 상대국 중 가장 많은 무역 흑자 규모이다. 따라서 이처럼 높은 무역의존도와 높은 무역 흑자 구조로 파생될 수 있는 문제점을 완화하기 위해서는 체계적인 정부의 대외통상전략도 필요하겠지만 근본적으로는 기업의 기술혁신을 통하여 한국 반도체, 스마트폰 핵심부품과 같이 확실한 경쟁력을 갖고 **중국 기업들이 절대 필요로 하는 대중 수출제품의 확대**가 필요하다. 소비재제품인 경우에는 중국 소비자들이 **한국 수출품에 대해 높은 브랜드 선호도**를 갖도록 기업들의 다양한 국제경영 전략이 요구된다. 그러나 보다 근본적인 대책은 **중국 외 다양한 시장으로의 시장 다각화 전략**도 요구된다.

한국의 또 다른 주요 교역국인 일본으로부터의 수입은 2015년 10.5%로 매우 높은 비중을 차지하고 있었으나 2021년에는 일본으로부터 수입이 8.9% 수준으로 감소했다. 전통적으로 한국기업들은 일본 기계 및 설비제품에 대한 수입의존도가 매우 높았으나 일본 수입 비중이 많이 감소한 이유는 최근 수년간 이러한 기계 설비제품 상당 부분을 자체 국산화하여 한국산 제품으

표 2-7 지역별 한국 수입현황

(단위: 백만 달러, %)

	2015년			2021년		
	금액	년 증가율	비중	금액	년 증가율	비중
전체수입	436,499	–16.9	100.0	615,093	31.5	100.0
아시아	204,614	–7.6	46.9	298,334	26.4	48.5
• 중국	90,250	0.2	20.7	138,628	27.3	22.5
• 홍콩	1,493	–14.7	0.3	2,247	45.9	0.4
• 일본	45,854	–14.7	10.5	54,642	18.7	8.9
• 대만	16,654	6.1	3.8	23,486	31.7	3.8
• ASEAN	45,031	–15.7	10.3	67,705	–	11.0
베트남	9,805	22.7	2.2	23,966	16.5	3.9
싱가포르	7,942	–29.7	1.8	10,691	26.7	1.7
인도네시아	8,850	–27.8	2.0	10,725	41.2	1.7
말레이시아	8,609	–22.4	2.0	10,456	17.6	1.7
태국	4,854	–9.2	1.1	7,015	35.0	1.1
• 인도	4,241	–19.6	1.0	8,056	64.4	1.3
중동	68,505	–42.5	15.7	65,189	45.8	10.6
• 사우디	19,561	–46.7	4.5	24,271	51.9	3.9
유럽	75,305	–11.8	17.3	97,412	27.0	15.8
• EU	57,199	–8.3	13.1	65,930	–	10.7
영국	6,127	–17.7	1.4	5,810	32.9	0.9
독일	20,957	–1.6	4.8	21,996	6.4	3.6
프랑스	6,158	–9.8	1.4	6,642	12.9	1.1
이탈리아	5,825	–7.0	1.3	8,006	20.4	1.3
러시아	11,308	–27.8	2.6	17,357	63.3	2.8
북미	48,008	–5.4	11.0	79,583	28.6	12.9
• 미국	44,024	–2.8	10.1	73,213	27.3	11.9
• 캐나다	3,983	–26.8	0.9	6,370	44.3	1.0
중남미	15,971	–12.7	3.7	28,439	39.5	4.6
• 브라질	4,059	–17.3	0.9	6,622	56.3	1.1
• 멕시코	3,464	6.0	0.8	7,889	24.1	1.3
• 칠레	4,402	–8.5	1.0	4,859	37.1	0.8
대양주	18,210	–18.8	4.2	35,875	73.0	5.8
• 호주	16,438	–19.5	3.8	32,918	76.0	5.4
아프리카	5,549	–31.1	1.3	6,818	63.4	1.1
BRIC 4국	109,858	–5.2	25.2	39,924	52.8	6.5

* 자료: 한국무역협회, kosis.kr

로 대체했기 때문이다. 특히 2019년 8월 일본 정부의 일방적인 전략물자 수출 규제 강화 조치 이후 국내기업들의 소재, 부품, 장비의 국산화를 가속한 결과로 보인다.

또 독일, 미국 등 다른 선진국 제품으로 대체한 것으로 판단된다. 그런데도 대일 무역적자 규모는 2015년 203억 달러 적자에서 2021년 246억 달러로 늘어나면서 여전히 단일 국가에 대한 가장 큰 적자 규모를 보인다. 반면 한국의 대미 무역은 전통적으로 흑자기조를 유지했다. 2012년 3월 발효된 한국, 미국 간 FTA 이후 대미 무역흑자 규모는 많이 증가했다. 2012년 흑자 규모가 152억 달러 수준에서 급격히 늘어나 2015년 258억 달러로 최대 규모로 증가하다 2021년 227억 달러로 다소 감소했다. 미국 입장에서 보면 한국은 9번째로 많은 무역적자국으로 철강, 가전 등 한국산 수출제품에 대한 반 덤핑관세 등 지속적인 통상 압력이 예상된다. 한국이 큰 무역흑자를 기록하고 있는 중국의 경우처럼 미국 시장에서도 혁신적인 제품 경쟁력을 바탕으로 현지 소비자들에게 보다 높은 브랜드 가치를 인정받을 수 있도록 다양한 국제 경영전략이 요구된다.

Ⅱ 고전무역이론

무역은 한 마디로 국가 간 상품이나 재화의 이동 현상이다. 무역은 한 국가의 경제와 국민 생활에 많은 영향을 끼치고 있어 이에 대한 이론적 설명은 수 세기 전부터 많은 학자에 의해 설명되어 왔다. 학자들의 무역에 대한 설명을 정리해 보면 대체로 다음과 같은 문제에 관해 설명하고 있다.

- **왜 두 국가 간 무역이 발생하는가?**
- **무역을 하게 되면 어느 정도의 무역이익이 발생하는가?**
- **어떠한 산업에서 무역이 발생하는가?**
- **어느 국가와 무역을 하게 되는가?**
- **무역이 한 국가의 실물경제에 어떤 영향을 끼치는가?**

기본적으로 위의 무역 이슈들을 모두 다 만족스럽게 설명해 줄 수 있는 무역이론은 없다. 그런데도 각 이론은 각각 다른 가정하에서 무역 현상을 규명하고자 했다. 초기의 무역이론들의 관심 대상은 주로 국가 간 무역이다. 초기의 순수무역이론들은 무역이 한 국가의 실물경제, 특히 소비, 생산, 제품의 상대적 가격, 생산요소의 부존 상태, 소득분배(후생) 등에 어떤 영향을 끼치는지 다루고 있다. 먼저 고전적 무역이론부터 살펴보자.

고전적 무역이론이란 앞에서 나열된 질문들에 대하여 거시경제적 입장에서 설명하려는 전통적인 견해를 의미한다. 구체적으로 Adam Smith의 절대우위론, David Ricardo의 비교우위론, 그리고 John Stuart Mill의 상호수요설 등이 이에 속한다.

1 절대우위론

절대 우위론(absolute advantage theory)이란 **한 나라가 무역 상대국에 비해 절대우위에 있는 재화를 특화하여 그 일부를 수출하고 절대 열위에 있는 재화를 수입**한다면 무역참여국 모두 이익을 얻게 된다는 이론을 말한다. 즉, 절대 우위론이란 생산특화(specialization)에 기초한 국제분업 생산활동이 모든 상품의 생산량 증가로 이어지고 그 이익은 무역참여국 모두에게 분배된다는 사실을 강조하고 있다.

영국의 고전 경제학자인 Adam Smith에 의하면 국부란 금, 은의 축적량이 아닌 한 국가에 주어진 **부존자원 하의 생산 및 소비 가능성**으로 측정된다고 주장했다. Smith는 특히 국제분업이란 개념을 도입하여 국제무역도 국내 거래와 마찬가지로 생산의 분업을 통하여 생산의 효율성을 제고함과 동시에 모든 거래참여자의 이익증대까지 실현할 수 있다고 주장했다. 이러한 사고는 당시 만연해 있던 중상주의자들의 사고 즉 Zero-sum Game 논리 대신 교역국 모두 이익을 볼 수 있다는 Positive-sum Game의 원칙에 기초하고 있다.

Smith의 이론은 노동이 유일한 생산요소이고 노동의 투입량에 따라 상품의 가치가 결정된다는 노동가치설에 기초하고 있다. 이러한 가정하에 한국과 프랑스 두 국가가 쌀과 포도를 생산한다고 하자. 한국은 쌀 1톤 생산에 노동 1단위가, 포도 1톤 생산에 노동 2단위가 소요되며 프랑스는 쌀 1톤 생산에 노동 3단위가, 포도 1톤 생산에 노동 1단위가 투입된다고 가정하자. 이때 한국은 적은 노동 단위가 요구되는 쌀 생산에, 프랑스는 포도에 절대우위를 가진다고 할 수 있다. 이때 Smith에 따르면 한국은 쌀 생산에 특화하고 프랑스는 포도 생산에 특화하여 교역하게 되면 상호 이득을 볼 수 있다고 주장한다. 결국 절대우위와 이에 따른 생산의 특화기준은 상대국에 비해 더욱 효율적으로(즉, 적은 노동량으로) 생산할 수 있는지에 달려 있다.

이때 한국에서는 쌀 1톤은 포도 0.5톤과 교환될 수 있고 프랑스에서는 포도 1톤이 쌀 0.33톤의 가치를 가져 두 국가 간 가격 차이가 존재한다. 이때 한국은 포도 1톤의 생산을 줄이는 대신 쌀 2톤을 더 생산하여 프랑스의 포도와 1:1로 교환한다면 쌀 수출 1톤당 포도 0.5톤만큼의 이익을 얻게 된다. 프랑스도 쌀 1톤 생산을 줄여 포도 3톤을 더 생산하고 이를 한국의 쌀과 1:1로 교환한다면 무역 전에 비해 포도 수출 1톤당 쌀 0.67톤만큼의 이익(수출상품의 비싼 국제가격과 싼 국내 가격과의 차이)을 얻게 된다.

Smith는 모든 국가가 무역을 통하여 상호이익을 실현할 수 있다고 보았으며 이러한 이론적 근거를 토대로 자유방임정책(laissez-faire policy)과 자유무역을 강력히 주장했다. 1770년 당시 영국의 산업은 높은 관세를 옹호하는 지주 계층의 귀족 세력과 기업을 경영하는 신흥자본가 두 그룹으로 나누어졌다. 자본가들은 이윤극대화를 위한 생산의 효율성에 대해 관심이 많았고 무역은 이러한 효율성 증대에 크게 기여할 수 있을 것으로 믿었다. 이들은 값싼 외국의 농산물을 자유롭게 수입할 수 있기를 원했고 반대로 국내상품도 가격이 높은 해외시장에 수출하기를 원했다.

그러나 만약 위의 예와는 달리 한 국가가 쌀, 포도 생산에 모두 절대우위 또는 절대 열위를 가진다면 무역은 발생하지 않는 것일까? 또 무역이 발생한다면 무역의 이익은 어떻게 분배될까? Smith의 절대우위 이론은 이 점을 설명하지 못하고 있다. 현실적으로 절대우위가 각 국가 간에 골고루 분포되어 있지는 않다. 만약 프랑스가 쌀과 포도 생산 모두에 절대우위를 갖는 경우, 즉 한국보다 더 적은 노동량으로 두 제품을 생산할 수 있는 경우에도 무역의 이익이 발생할 수 있을까? 이에 대한 답을 제공해 주는 이론이 절대 우위론을 보다 일반화한 David Ricardo의 비교우위론이다.

표 2-8 재화1단위를 생산하는데 필요한 노동량

	한국	프랑스
쌀 1톤	1	3
포도 1톤	2	1

2 Ricardo의 비교우위론

1. 비교우위론의 개념

비교우위론(comparative advantage theory)이란 **한 나라가 두 재화 모두의 생산에서 절대우위를**

가진다고 하더라도 두 상품 중 상대적으로 더 싸게 생산할 수 있는 재화에 특화하여 서로 교환한 다면 양 국가 모두에게 이익이 돌아간다는 주장이다. 반대로 두 제품 모두 절대 열위를 갖는 국가 입장에서도 상대국에 비해 덜 비싸게 생산할 수 있는 제품에 덜 절대 열위, 즉 바꾸어 말하면 다른 제품에 비해 비교우위를 갖는다.

David Ricardo가 1817년 그의 저서 정치경제학의 원리(Principles of Political Economy)에서 주장한 비교우위론을 예를 들어 살펴보자. 이번에는 한국과 중국이 각각, 두 재화 쌀과 사과를 생산하고 절대 생산비 이론에서처럼 유일한 생산요소로서 동질의 노동을 가정하자. 한국에서 쌀과 사과 1톤 생산에 필요한 노동량은 각각 4단위와 3단위이고 중국에서는 각각 1단위와 2단위라고 가정하자. 이 경우 중국은 한국에 비해 쌀, 사과 두 재화 생산 모두에 절대우위를 가진다. David Ricardo에 따르면 이런 경우에서도 국제무역이 발생하며 그 결과 교역국 모두에게 이익이 창출된다고 주장하고 있다. 어떻게 이러한 주장이 가능한지 살펴보자.

표 2-9 재화1단위를 생산하는데 필요한 노동량

	한국	중국
쌀 1톤	4	1
사과 1톤	3	2

중국은 쌀, 사과 생산 모두에서 절대우위를 보인다. 그러나 한국과 비교한 중국의 절대우위의 정도는 사과인 경우, 노동투입량(생산비) 비율이 한국의 2/3이고 쌀인 경우는 1/4이기 때문에, 상대적으로 노동투입량이 적은 쌀 생산에 비교우위를 가진다. 한국의 입장에서는 반대로 사과 생산의 경우 노동투입량이 중국 노동투입량의 1.5배가 소요되는 반면 쌀 생산에 있어서는 중국의 4배의 노동량이 필요하다. 따라서 한국은 사과 생산에 있어 쌀 생산의 경우에 비해 상대적으로 비교우위(엄밀히 말하면 더 적은 비교열위)를 가진다.

그러면 다시 [표 2-10]을 중심으로 비교우위 특화생산에 따른 무역의 이익에 관하여 알아보자. 양국 모두 100단위의 노동시간을 갖고 무역이 일어나기 전에 두 재화 생산에 각각 50%씩 투입한다고 가정하자. 그러면 한국에서는 사과 16.7톤, 쌀 12.5톤을 생산할 수 있고 중국에서는 사과 25톤과 쌀 50톤을 생산할 수 있다. 이 결과로 무역 전 양국 전체 생산량은 사과 41.7톤, 쌀이 62.5톤이 된다.

이 상태에서 한국과 중국이 비교우위를 가진 재화에 일부 특화하고 사과와 쌀이 1:1로 교환된다고 가정하자. 한국은 비교우위가 있는 사과 생산에 가용 노동시간을 전부 투입하여 특화한다면 33.3톤을 생산할 수 있다. 이때 중국에서도 쌀 생산에 완전히 특화하는 것이 이론적으로 가능하겠지만 그렇게 되면 전 세계적(두 국가)으로 사과의 생산이 무역 전보다 오히려 줄고 쌀 생산은 지나치게 증가하는 바람직하지 않은 결과를 가져올 것이다. 따라서 두 재화 모두 최소한 무역 전 세계 생산량 수준보다는 많은 수준을 보장하기 위해서 양 제품 모두 절대우위에 있는 중국에서 부분 특화하도록 한다. 편의상 중국에서는 사과를 15톤 생산하고 쌀 70톤을 생산하기로 하자. 그리고 예를 들어 사과 15톤과 쌀 15톤을 상호 교환한다면 양국 모두 무역이익을 얻을 수 있다. 결과적으로 한국에서는 사과 18.3톤, 쌀 15톤을 소비하고, 중국에서는 사과 30톤, 쌀 55톤을 소비할 수 있게 된다. 전 세계적으로 보면 사과 소비가 6.6톤, 그리고 쌀이 7.5톤 증가하게 되고 한국, 중국 모두 무역으로 인한 이익을 누리게 된다.

표 2-10 비교우위론하에서의 무역이론

(단위: 톤)

	품목	한국	중국	합계
무역 전 생산 및 소비량 (노동시간 50%씩 할당)	사과	16.7	25	41.7
	쌀	12.5	50	62.5
일부특화 생산	사과	33.3	15	48.3
	쌀	0	70	70
한국 사과 15톤과 중국 쌀 15톤과 교환(무역) 후 소비량	사과	18.3(33.3−15)	30(15+15)	48.3
	쌀	15(0+15)	55(70−15)	70
무역이익	사과	1.6	5	6.6
	쌀	2.5	5	7.5

2. 비교우위론의 시사점 및 한계

다음은 비교우위론의 현실적인 시사점에 대해 살펴보자. 첫째 선진국이나 강대국에 비해 내놓을 만한 절대우위 제품이나 산업이 없는 후진국이나 약소국의 경우에도 무역을 통해 이득을 볼 수 있다는 이론적인 근거를 제시하고 있다. 따라서 후진국이 무역 협상에서 유치산업이 발전할 때까지 무조건 보호받아야 한다는 소위 보호무역주의 주장은 설득력이 약해진다. 마찬가지로 대부분 산업에서 다른 국가에 비해 절대우위 산업이 많은 선진국도 자국의 다른 산업에 비해 비교우위가 떨어지는 산업을 보호하기 위해 반덤핑관세 등 보호무역 조치를 취하게 되면 결과적으로 무역이익은 그만큼 줄어들게 된다. 따라서 절대우위가 있는 제품을 많이 가진 선진국도 비교우위 정도에 따라 특정 제품 생산을 특화 수출하게 되면 전체적으로 종전에 비해 새로운 무역이익을 누리게 될 것이다.

비교우위론은 자유무역의 이점을 분명하고 간단히 제시하고 있는 장점에도 불구하고 여러 가지 가정에서 파생된 다음과 같은 한계점을 가지고 있다.

첫째로, **재화의 가격을 생산비용(노동투입량)과 동일시**했다. 생산비용에는 노동비용 이외에도 원재료비용, 전기·에너지비용, 설비비용 등 각종 생산요소 비용뿐만 아니라 일반관리비용 등 많은 간접비가 포함된다. 일반적으로 쌀이나 사과 등 농산물인 경우 전체 생산비 중 노동비용이 상대적으로 높다. 그러나 제조품, 특히 첨단 제조품일수록 노무비의 비중은 매우 적다.

둘째로, 노동투입량이 같더라도 **노동의 질(노동생산성)은 국가 간, 산업 간에 아주 다르다**. 위의 예에서 한국의 사과 생산지와 중국의 쌀 생산지의 근로자의 노동 질은 같다고 가정했다. 한국 본사의 휴대폰조립 근로자와 베트남 현지 생산법인 휴대폰조립 근로자가 각각 하루 8시간 근로했다 하더라도 노동의 질은 다를 것이다. 심지어 동일한 노동자라 하더라도 숙련도에 따라 노동의 질은 달라질 것이다.

셋째로, 비교우위론에서 **노동력은 한 국가 안에서 자유롭게 이동될 수 있는 반면에 국가 간에는 이동할 수 없는 것**으로 가정했다. 그러나 오늘날 국제무역을 보면 많은 생산요소들이 쉽게 국경을 넘나들고 있다. 예를 들어, 자본, 원재료뿐만 아니라 노동 인력도 많이 이동한다. 한국에 들어온 수십만의 외국인 인력이나 해외 건설 현장에 파견되는 국내 숙련기술자 등을 예로 들 수 있다.

넷째로, 비교우위 모델은 **생산 규모와 관계없이 동일한 생산성**을 가정했다. 현실적으로 한 국가가 한 재화 생산에 특화하여 생산 규모가 커지면 소위 규모의 경제효과로 생산 효율성이 높아지고 기본단위 생산에 필요한 노동투입량은 점차 감소할 것이다.

3 J.S. Mill의 상호수요설

1. 교환 비율의 중요성

J.S. Mill은 두 상품의 **국내 교환 비율과 국제 교환 비율의 차이**를 통해 무역의 가능성을 설명하고 있다. 그리고 이때 두 상품의 **실제 교역조건은 교역상품에 대한 상대국의 수요, 즉 상호수요**

에 의하여 결정된다고 주장했다. 먼저 두 상품의 국내 교환 비율이 양국 사이의 교역 가능성을 결정하고, 국제 교환 비율에 따라 교역 당사국 사이에 무역이익이 배분되는 것을 살펴보자. [표 2-11]과 같이 1단위의 노동을 투입하여 한국에서는 실크(X) 2단위와 포도주(Y) 3병을 생산할 수 있고, 칠레에서는 실크 2단위와 포도주 4병을 생산할 수 있다고 하자.

생산비를 노동투입량으로 본다면 양국이 다 같이 1단위의 노동을 투입하였으므로 생산비는 생산량의 역수로 표시된다. 한국의 실크 생산비는 1/2, 포도주 생산비는 1/3 노동 단위이다. 칠레의 경우 실크 생산비는 1/2, 포도주 생산비는 1/4 노동 단위이다. 비교우위론에 따르면 칠레는 포도주 생산에 비교우위(더 적은 노동투입량)가 있으므로 포도주 생산에 특화하여 생산하고, 한국은 실크 생산에 특화한 후에 서로 생산물을 교환하는 경우에 양국 모두가 이익을 얻을 수 있다.

비교우위가 존재한다면 아무 조건 없이 교역은 가능한가? 두 상품의 국내 교환 비율의 차이가 교역의 가능 범위를 결정한다. 위의 예에서 한국의 국내 교환비는 2X : 3Y이며 칠레의 국내

표 2-11 노동 한 단위로 생산할 수 있는 재화의 양

	한국	칠레
실크(X)	2	2
포도주(Y)	3	4

그림 2-3 교역 가능한 교환비율

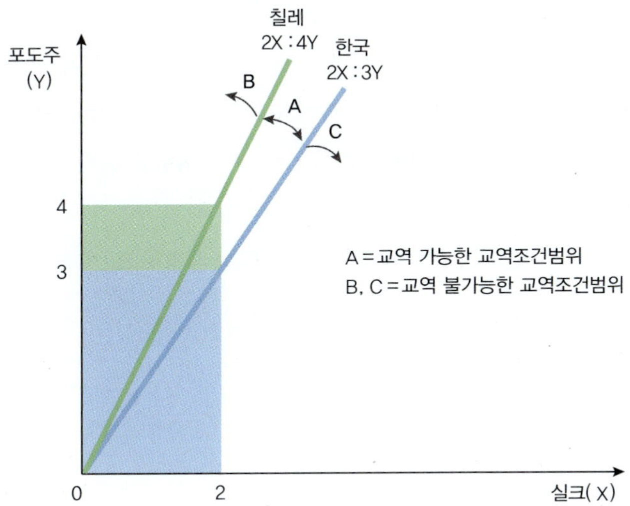

교환비는 2X : 4Y이다. 이 경우 양국의 교역은 국내 교환 비율인 2X : 3Y와 2X : 4Y 내의 범위에서만 가능하다. 왜냐하면 한국의 입장에서 만약 국내 교환 비율보다 작은 2X : 2Y의 비율로 무역이 이루어진다면 국내 교환 때보다 오히려 1Y를 손해 보게 되므로 무역에 응하지 않을 것이기 때문이다. 반면에 만일 한국이 2X : 5Y의 비율로 무역을 요구한다면 칠레는 국내 교환보다 1Y의 손해를 입게 되므로 무역 거래에 응하지 않을 것이다. 그러므로 양국의 거래가 이루어지기 위한 교역 가능 범위는 양국의 국내 교환 비율의 범위인 2X : 3Y와 2X : 4Y 사이가 될 것이다.

2. 상호수요와 교역조건의 결정

Mill은 위와 같은 교역 가능 범위의 안에서 두 상품의 실제 교역조건은 교역상품에 대한 상대국 수요(상호수요)의 강도에 의하여 결정된다고 주장했다. 교역조건은 일국의 수출상품과 수입 상품의 장기적인 국제 교환 비율을 말한다. 교역조건은 상호수요가 일치하는 점에서 결정된다. 애초에 양국의 상대 상품에 대한 수요가 같다는 전제하에 국제 교환 비율은 2X : 3.5Y라 하자. 그런데 만약 시간의 흐름에 따라 한국의 칠레 포도주에 대한 수요가 칠레의 한국 실크에 대한 수요보다 강해졌다면 교역조건은 처음보다 칠레에 유리하게 작용할 것이다. 즉, 국제 교환 비율은 2X : 3.5Y에서 예를 들면 2X : 3.2Y로 바뀌게 될 것이다. 상호수요의 탄력성이 균형 조건을 변동시키는 힘으로 작용한다고 했다. 즉, 외국 상품에 대한 자국의 수요 강도가 커질수록 자국의 교역조건이 불리해지고, 반면에 자국의 수출상품에 대한 외국의 수요 강도가 커질수록 자국의 교역조건이 유리해진다는 것을 밝혔다.

이처럼 결정되는 교역조건은 양국 사이에 무역이익이 어떻게 배분될 것인가를 결정한다. 교역이 가능한 범위 안에서 교역조건이 자국의 국내 교환 비율과 차이가 날수록 그 국가의 무역이익은 커진다. 예를 들어, 한국과 칠레 간 교역조건이 2X : 3Y로부터 2X : 4Y로 움직일수록 한국의 무역이익은 증가한다. Mill의 상호수요설은 그 이전의 무역이론이 간과하던 수요 측면을 고려했고 교역조건의 결정요인을 밝힘으로써 무역이익의 분배 문제를 설명하고 있다는 점에서 기여했다고 볼 수 있다.

Ⅲ 근대무역이론

1 헥셔-오린(Heckscher-Ohlin)의 이론

1. 요소부존이론

David Ricardo는 무역 전 노동투입량의 차이가 국가 간 비교우위를 결정하고 이에 따라 무역의 패턴이 결정된다고 보았다. 그리고 노동투입량의 차이를 가져오는 이유는 국가 간 생산기술의 차이뿐만 아니라 기후, 토양 등의 자연적인 요인으로 인한 노동생산성 차이가 존재하기 때문이라고 암묵적으로 가정하고 있다. 그러나 1930년대 중반 스웨덴 경제학자들인 Eli Heckscher(1872~1952)와 그의 제자 Bertil Ohlin(1899~1979)는 국가 간 요소부존도(factor endowment)의 차이가 무역패턴을 결정한다고 주장했다. **요소부존도란 한 국가가 노동, 자본 등의 생산요소가 어느 정도 풍부하게(또는 희소하게) 주어지는가 하는 개념**이다.

요소부존이론에 따르면 기본적으로 **노동이 풍부하게 주어진 국가는 노동을 집약적으로 사용하는 제품생산에 비교우위가 있어 노동집약적 제품을 수출**하게 된다. 또 **자본이 풍부하게 주어진 나라는 자본을 집약적으로 사용하는 제품생산에 비교우위가 있어 자본 집약적 제품을 수출**하게 된다고 주장하고 있다.

예를 들어, 한국과 중국이 자동차, 신발 두 제품을 생산한다고 가정하자. 그리고 한국은 상대적으로 자본이 풍부한 나라이고 중국은 노동이 풍부한 나라, 또 자동차는 자본집약적 재화이고 신발은 노동집약적 재화라고 가정하자. 자본이 풍부한 한국은 중국에 비해 자본비용이 낮을 것이며, 따라서 한국에서 생산되는 자동차의 생산비는 상대적으로 저렴할 것이다. 자본이 풍부하고 노동이 희소한 한국은 반대로 신발의 생산비가 중국에 비해 상대적으로 높을 것이다. 따라서 한국은 자동차에 비교우위를 가지게 될 것이다. 마찬가지 원리로 중국은 신발 생산에 비교우위를 가지게 된다. 여기에서 헥셔-오린의 요소부존도의 의미는 절대적인 개념이 아니고 상대적인 개념이다. 중국이 절대적인 자본부존량이 한국보다 더 많을 수 있다. 그러나 토지, 노동에 비해 상대적으로 자본이 희소하다고(엄밀히 말하면 덜 풍부하다고) 말할 수 있다.

요소부존도 차이에 따른 무역패턴의 예측은 오늘날 국제무역을 비교적 잘 설명해 주고 있다. 2003년부터 발효된 한국과 칠레 간 자유무역협정에서도 이 이론을 쉽게 적용해 볼 수 있다. 자유무역이 양국 간 실행될수록 상대적으로 자본이 풍부한 한국에서는 자본집약제품이라 할

사례 2-2 헥셔-오린 이론과 한국의 대 베트남 무역사례

Heckscher-Ohlin에 의하면 한 나라는 그 나라에 원래부터 풍부한 자원을 집약적으로 사용하는 재화를 특화하여 수출하고 희소한 자원을 집약적으로 사용하는 재화를 수입하는 무역패턴을 보이게 된다. 한국은 기술과 자본이 상대적으로 풍부한 반면 자원과 토지, 노동은 베트남에 비해 상대적으로 희소하다. 베트남의 영토 크기는 한국의 3.3배이고 인구 규모는 1.9배이다. 따라서 Heckscher-Ohlin에 의하면 한국은 자본과 기술을 요하는 재화에 특화하여 베트남에 수출하고, 반면 베트남은 1차 상품과 노동 집약적인 재화를 한국으로 수출하는 무역패턴을 보일 것이다.

[표 2-12]는 한국이 베트남과 실제 교역하는 주요 제품 중 무역흑자와 무역적자가 가장 큰 제품 8개씩 보여주고 있다. 한국이 베트남에 수출하는 비교우위 제품들은 반도체, 평판디스플레이, 무선통신기기, 합성수지, 석유제품과 자동차와 같은 자본 및 기술집약적인 제품들이다. 반면 베트남은 의류, 잡화, 갑각류, 가구, 연체동물, 수산가공품, 석탄 등 노동집약적 제품 또는 1차 상품들이다. 따라서 한국과 베트남의 무역사례는 Heckscher-Ohlin의 예측이 상당히 부합됨을 확인할 수 있다.

그리고 8대 비교우위품목과 비교열위품목 간의 구성에 있어서는 2012년과 2016년 기간 큰 변화를 보이고 있지 않았다. 하지만 한국 대 베트남 수입액 상위 품목을 보면 2012년과 2016년 기간 약간의 변화를 보인다. 베트남의 대한 주요 수출품 중 무선통신기기의 경우, 2012년에는 8억 5,600만 달러에 그쳤으나 2016년에는 51억 9,200만 달러로 6배 이상의 증가를 나타낸다. 불과 4년 기간에 상대적으로 자본과 기술이 부족한 베트남이 어떻게 자본 및 기술 집약적인 무선통신기기 제품 수출을 크게 신장할 수 있었을까?

이 부분은 생산요소가 한 국가에 정태적으로 고정되어 있다고 가정하는, 즉 국제간의 요소 이전이 없다고 가정하는 Heckscher-Ohlin의 이론으로 설명되지 못한다. 단기간 내 베트남의 무선통신기기 수출이 급증한 이유는 바로 삼성전자의 대규모 휴대폰 관련 투자 및 현지 생산 때문이다. 2009년 베트남에 최초로 휴대폰 공장을 짓고 생산 수출한 이래 삼성전자는 2014년 제2 휴대폰 공장 가동으로 휴대폰 수출을 급격히 늘렸다. 삼성전자의 전 세계 판대 대수 4억 대 중 50% 정도인 2억 대가 베트남 현지 공장에서 생산되어 한국을 비롯한 전 세계시장으로 수출된다. 다국적기업의 해외직접투자는 생산요소의 국제간 이동인데 이러한 삼성전자의 투자활동으로 베트남 수출상위 품목의 구성이나 규모가 크게 달라질 수 있다.

해외투자와는 별도로 향후 베트남 경제가 점차 고도화되고 기술력을 확보해 나갈수록 한국과의 기술 및 자본집약도의 차이가 점점 줄어들 것으로 예상된다. 따라서 Heckscher-Ohlin의 이론이 한편으로는 두 국가 간 무역패턴을 나름대로 잘 설명하고 있지만 또 한편으로는 해당 국가의 경제발전 및 산업화 및 해외직접투자에 따른 무역패턴의 변화로 과거보다는 상기 이론의 설명력이 떨어질 수 있다는 것을 시사한다.

표 2-12 한국과 베트남 사이의 2012년, 2016년 교역 품목 비교

(단위: 백만 달러)

(2012)						(2016)					
	순위	품목명	수출금액	수입금액	무역수지		순위	품목명	수출금액	수입금액	무역수지
비교우위품목	1	반도체	2,147	103	2,044	비교우위품목	1	반도체	4,574	123	4,451
	2	석유제품	1,169	0	1,169		2	평판디스플레이 및 센서	2,514	56	2,458
	3	철강판	1,106	16	1,090		3	무선통신기기	5,192	3,145	2,047
	4	평판디스플레이 및 센서	1,031	95	936		4	기구부품	1,657	261	1,396
	5	합성수지	882	4	878		5	합성수지	1,203	8	1,195
	6	무선통신기기	856	97	759		6	석유제품	1,093	1	1,092
	7	편직물	818	6	812		7	편직물	1,077	10	1,067
	8	기구부품	528	33	495		8	자동차	920	4	916
비교열위품목	1	의류	208	1,091	−883	비교열위품목	1	의류	425	2,449	−2,024
	2	원유	0	830	−830		2	신변잡화	116	642	−526
	3	신변잡화	64	307	−243		3	목재류	6	428	−422
	4	목재류	2	175	−173		4	컴퓨터	147	552	−405
	5	석탄	0	158	−158		5	갑각류	3	195	−192
	6	연체동물	8	145	−137		6	가구	45	232	−187
	7	갑각류	3	115	−112		7	연체동물	13	163	−150
	8	어육 및 어란	9	117	−108		8	수산가공품	8	157	−149
수입액상위품목	1	의류	208	1,091	−883	수입액상위품목	1	무선통신기기	5,192	3,145	2,047
	2	기타직물	260	140	120		2	의류	425	2,449	−2,024
	3	반도체	2,147	103	2,044		3	기구부품	1,657	261	1,396
	4	무선통신기기	856	97	759		4	계측제어분석기	432	172	260
	5	평판디스플레이 및 센서	1,031	95	936		5	알루미늄	457	127	330
	6	알루미늄	265	93	172		6	반도체	4,574	123	4,451
	7	자동차부품	220	68	152		7	기타직물	331	89	242
	8	컴퓨터	236	61	175		8	자동차부품	441	78	363

* 자료: 한국무역협회 [MTI(Ministry of trade and industry) 3단위 기준]

수 있는 가전, 휴대폰, 자동차 제품 등의 수출이 증가하고, 노동과 토지가 상대적으로 풍부한 칠레에서는 구리 등 지하자원 제품과 노동집약적인 포도, 복숭아 등 농산물의 수출이 증가할 것이다. 이러한 요소부존도의 차이와 이에 따른 무역과의 관계는 미국과 멕시코 간이나 싱가포르와 인도네시아 간에서도 쉽게 적용해 볼 수 있다.

Ⅳ 현대무역이론

고전무역이론인 Ricardo의 비교우위론과 근대무역이론인 Heckscher-Ohlin의 요소부존이론은 미국이 주도하였던 1950년대 초까지의 세계경제체제하에서의 정태적인 무역 현상을 비교적 잘 설명했다. 그러나 1954년 Wassily W. Leontief가 당시 세계에서 노동에 비해 자본부존도가 가장 높은 미국이 오히려 노동집약적인 제품을 수출하고 자본집약적인 제품을 수입한다는 연구 결과를 발표하면서 요소부존이론에 대한 많은 논쟁이 유발되었다. 또 1960년대에 들어와 유사한 요소부존 정도를 가진 선진국들 간에도 활발한 무역이 발생하는 현상을 요소부존이론이 제대로 설명할 수 없는 문제가 발생했다. 그리고 이후 일본, 독일, 영국, 프랑스, 이탈리아 등의 국가들의 경제발전과 또 이들 국가의 다국적기업 활동이 가속화되기 시작한 1960년대 후반 무렵부터는 세계 경제에 많은 변화가 나타나기 시작했다. 그리고 이러한 현상들은 기존의 무역이론들이 가정했던 내용들에서 크게 벗어나게 되어 새로운 무역이론의 정립이 요구되었다.

Heckscher-Ohlin이론이 주로 생산 측면에 초점을 맞추어 무역현상을 설명했다고 한다면 이 절에서 소개할 이론들은 새로운 세계 경제 및 소비, 기술 및 시장 측면에 초점을 맞추어 설명하고 있다. 또 기존 이론이 제대로 설명하지 못하는 현상에 대해서도 나름대로 충실한 이론적 틀을 제시하고 있다. 대체로 기존 이론은 국가 차원에서의 거시적인 무역에 초점을 맞췄는데 반해 현대무역이론들은 산업 또는 기업 차원의 미시적 무역 및 국제 경영활동에 대해 언급하고 있다. 결론적으로 이들은 기존 이론을 대체하는 것이라기보다 보완·발전시킨 무역이론이라 할 수 있다.

1 Linder의 수요선호유사이론

기존 무역이론은 대부분 공급 측면만을 고려했다. 즉, 국제제품가격은 각국의 **생산비**(투입노동량 또는 요소부존)에 의해서 결정된다고 보았다. 그러나 현실적으로 볼 때 **소비자의 소득수준, 원산지 선호, 브랜드 이미지 등 수요 측면 변수**도 주요한 무역 결정요인이다. S.B. Linder의 수요선호유사이론은 **수요의 국가 간 동질성 정도가 클수록 무역의 기회가 크다**고 주장하고 있다. 무역은 생산요인보다는 수요요인에 좌우되는데 기업은 대량생산이 가능하고 국내 수요가 큰 소위 대중적 선호 제품을 국내와 유사한 소비 선호가 있는 해외시장에 수출하게 된다는 설명이다.

기본적으로 **유사 선호를 결정짓는 요인은 소득수준이라고 가정**했다. 그러나 각 국가는 획일적인 몇몇 소득수준과 기호가 존재하는 것이 아니고 다양한 소득수준과 기호가 존재하여 국가 간 수요의 유사 가능성은 상존한다고 보았다. 따라서 다른 국가 소비자들 간에 공통으로 선호하는 제품이 한 산업 내 다양하게 분포될수록 산업 내 무역이 발생할 확률이 높다고 볼 수 있다. 예를 들어, 미국 국내 수요층이 넓은 고가의 대형냉장고 제품은 미국에서 생산하여 일부는 국내 판매를 하고 일부는 이 제품에 대해 유사한 선호를 가지는 중국 시장에 수출하게 될 것이다. 반면 저가의 소형 냉장고 제품은 중국에서 생산되어 일부는 중국 내수 시장에서 판매되고 이 제품에 대해 유사한 선호를 가지는 미국에도 수출될 것이다. 반면 한국에서 생산되는 김치냉장고는 한국 이외 다른 나라에서의 수요 선호 정도가 낮아 무역의 기회는 일반 냉장고 모형보다는 적을 것이다. 기본적으로 Linder의 수요선호유사설은 국내수요의 존재를 가정하고 수출 활동을 설명하고 있다. 따라서 1970년대 미국과 유럽 간 자동차와 같은 소비재 수출입 증가 현상을 양 지역 간 소비자들의 유사한 선호 수요패턴으로 설명해 볼 수 있을 것이다. 그러나 1980년, 1990년대 내수시장보다는 해외수요를 주로 겨냥하여 개발된 한국의 일부 수출제품을 설명하는 데는 한계가 있다.

2 Posner의 기술갭이론

M.V. Posner의 기술갭(technology gap)이론은 유사한 경제구조, 즉 유사한 요소부존도와 요소가격을 가진 선진국 국가 간의 무역 현상을 국가 간의 기술격차로 설명하고 있다. 예를 들어, 한 기업이 신제품을 개발하여 시장에 내놓고 다른 나라에 수출하는 경우 **무역상대국이 신제품**

기술을 모방 또는 자체 개발할 때까지 기술모방갭(imitation gap)이 존재하게 된다. 이때까지 최초 개발기업은 수출 비교우위를 갖는다고 주장하고 있다. 즉, 기술개발로 인한 비교우위를 일시적인 현상으로 인식했다. 또 신제품개발 즉시 수출이 가능한 것이 아니고 **일정 시점이 지나야 다른 국가에서 이 신제품에 대한 수요가 발생하는데 그때까지의 기간을 수요갭(demand gap)**이라 한다. 즉, **수요갭이 지난 시점부터 기술모방갭까지의 기간에 수출이 적극적으로 이뤄질 수 있는 기간**이다.

예를 들어, 한국과 중국 간에 차세대 반도체 제품 생산의 예를 들어보자. 한국의 우수한 기술혁신으로 차세대 반도체 소자를 한국에서 먼저 생산하게 되었다고 가정하자. 그 결과 한국기업은 일시적으로 중국기업에 비해 비교우위를 갖게 되고 수출을 할 수 있게 된다. [그림 2-4]에서 한국기업의 기술 갭에 의한 무역량은 수요갭과 기술 모방 갭 두 조건에 좌우된다. 첫째, 중국시장에서 이 차세대 반도체에 대한 수요가 발생하는 시점을 최초 기술혁신이 이루어진 시점인 t_0에서 일정 기간이 지난 t_1이라고 가정하자. 그러면 t_0에서 t_1까지 기간은 수요갭으로 볼 수 있다. 둘째, 중국기업은 당장은 아니더라도 한국기업의 기술혁신에 점차 대응하게 될 것이다. 즉, 중국기업은 기술 모방 및 자체적인 기술개발로 동일한 차세대 반도체를 생산할 수 있게 되는데 이 시점을 일정 시간이 지난 t_2라 가정한다면 t_0에서 t_2까지의 기간을 기술 모방 갭이라고 볼 수 있다. 기술 갭에 의한 무역량은 중국 시장에서 수요가 얼마나 일찍 발생하는지 그리고 중국기업들이 얼마나 빨리 대응하여 동일한 제품을 만들어 낼 수 있는지에 따라 좌우된다. 즉,

그림 2-4 기술갭에 의한 한국 중국 간 무역

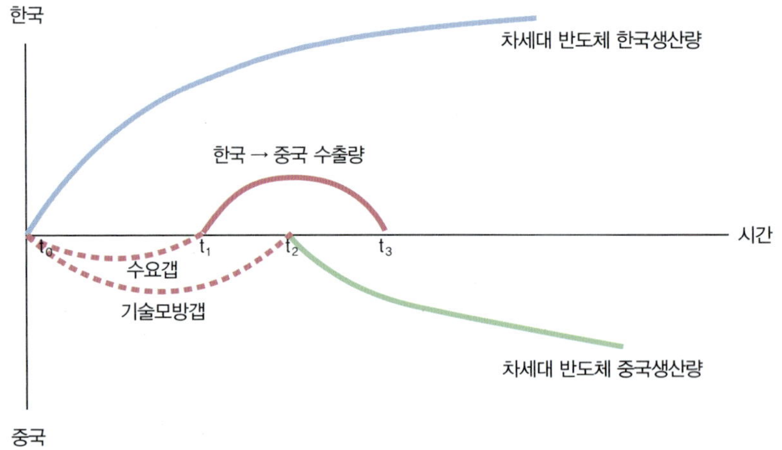

2022년 발간된 한국은행의 '국내 주요 신성장산업의 글로벌 경쟁력 및 리스크 요인 평가' 보고서에 따르면 한·중 기술격차는 반도체 5년, 디스플레이 2년, 이차전지 2~4년, 자동차는 1년 미만으로 분석되었다. 그러나 중국 정부의 강력한 반도체산업 육성 정책의 결과로 중국에 대한 반도체 관련 수출도 장기적으로 점차 줄어들 것으로 예측된다. 현재 추세대로 간다면 향후 제조업 대부분에서 기술격차는 1년 미만으로 줄어들게 되고 일부 산업의 경우 오히려 기술 역전이 예상된다. 따라서 향후 한국기업이 더 많은 기술개발 투자를 통해 제품디자인 및 품질 우위를 꾸준히 유지하거나 신제품을 상용화하여 다시 기술격차를 벌리지 않으면 대중국 수출경쟁력은 많이 감소할 것이다. 또 섬유 부문에서는 모피, 니트 제품의 생산설비에서는 이미 중국이 4~6년 우위인 것으로 나타났고 이 격차는 점차 늘어날 것으로 예상되었다. 따라서 모피, 니트류 섬유제품의 중국으로부터의 수입이 지속해서 늘어날 것으로 예상해 볼 수 있다.

그러나 기술갭이론은 다음과 같은 점에서 한계를 갖는다. 첫째, 이 무역이론은 신제품에 대한 국가 간 무역패턴 또는 기술혁신을 하는 국가의 수출패턴은 잘 설명하지만 기존 제품이나 기술 모방국 입장에서 기술 모방 이후 무역패턴은 잘 설명하지 못하는 한계를 갖고 있다. 즉, 이 이론은 신제품의 초기 단계에서의 무역패턴에 국한하여 무역을 설명하는 한계를 갖고 있다. 이러한 한계를 극복하는 무역이론이 다음의 제품수명주기론이다.

3 Vernon의 국제 제품수명주기론

1. 국제 제품수명주기론의 네 단계

Raymond Vernon은 1960년대 많은 미국의 신제품들이 시장에 소개되어 쇠퇴하는 일련의 과정을 4단계로 나누고 단계별로 특징을 유형화하여 설명했다. Vernon은 당시 대부분의 제조공산품이 미국에서 최초로 개발과 도입이 되고 점차 유럽, 일본 등 다른 해외시장으로 확산하여 가는 것을 관찰했다. 이러한 확산 과정에서 일정 무역패턴이 발생한다고 주장했다.

또 1960대 이후 Posner의 이론대로 실제로 다국적기업 간에 기술격차가 심해지고 마케팅전략 측면에서도 많은 차이를 보였다. 동일한 생산요소를 사용하더라도 생산성에서 큰 차이가 나고 또 동일한 생산량을 가진 기업 간에도 수출판매 능력이나 경영노하우 측면에서 큰 차이를 보여왔다. 이러한 현실적인 관찰을 토대로 Vernon은 국제 제품수명주기의 네 단계를 다음과 같이 설명했다.

제품도입기는 기술혁신국이 신제품개발에 성공하여 이를 국내시장에 소개하는 단계를 말한다. 제품도입단계에서는 해외수요가 아직 발생하지 않았기 때문에 수출은 이루어지지 않는다. 신제품이 미국과 같은 기술혁신국에서 맨 처음 개발이 되는 이유는 다른 어느 곳보다 이 제품에 대한 **잠재적인 시장기회**가 존재하기 때문이다. 또 현실적으로 신제품을 만들 수 있는 **기술력**을 대부분 기술혁신국 기업들만이 보유하고 있기 때문이다.

따라서 제품에 대한 초기 수요가 존재하는 기술혁신국에서 생산이 가장 먼저 시작된다. 그리고 시간의 흐름에 따라 다른 선진국에서도 신제품에 대한 수요가 발생하고 또 점차 증가함에 따라 제품 도입기 중반부터는 기술혁신국에서부터 일본, 유럽 등 다른 선진국에 본격적인 수출이 시도된다. 이때 해외 소비자 계층은 새로운 아이디어와 제품 개념을 쉽게 받아들이는 소위 '초기 도입자층(early adopters)'으로 제품의 기본적인 기능을 중요시한다. 따라서 기술혁신국 제품모델에 큰 변형 없이 그대로 수출이 되고 상대적으로 고가로 판매된다. 그러나 제품 도입기 후반부터는 기술선도국의 기술이 점차 다른 선진국으로 보급되거나 다른 선진국 기업들이 자체 개발에 성공하여 초기 단계에서 누렸던 기술우위력이 점차 약해진다.

제품이 성장기에 진입하게 되면 제품의 국내외 수요가 점차 확대되고 기술혁신국 기업들은 종전보다 대량생산과 대량판매 방식을 도입, 생산량을 늘리게 된다. 수출규모도 점차 증가하게 되고 다른 선진국의 현지 기업들에게도 기술이 확산된다. 또 일부 최초 기술 선도국 기업들은 해외시장을 보다 효율적으로 공략하기 위해 다른 선진국으로 생산설비를 이동하는 등 해외직접투자가 이루어진다. 이 시점에서 비교우위는 점차 최초 기술 선도국에서 다른 선진국으로 이동하게 된다. 또 전체적으로 시장에 참여하고 있는 기업 수도 크게 증가한다. 경쟁이 점차 심화됨에 따라 도입기 당시의 고가격은 점차 낮아지게 된다. 그리고 성장기 후반기 경에는 다른 선진국뿐만 아니라 중진국 또는 개발도상국에서도 수요가 발생되어 여러 선진국으로부터 제품 수입이 시작된다. 전 세계적으로 보면 수요가 급격히 증가하는 시기이다.

성숙기는 제품의 표준화 단계로 제품이 이미 전 세계적으로 확산하여 더 이상 수요가 급격하게 증가하지는 않는다. 전체적으로 보면 선진국 시장, 특히 최초 기술 선도국 시장의 수요는 점차 감소하기 시작했지만 다른 선진국 및 개발도상국들의 수요는 계속해서 증가한다. 이 시기에는 경쟁우위의 원천으로 새로운 기술보다는 **저가 생산 능력과 다양한 마케팅 측면에서의 전략**이 사용된다. 기업들은 더욱더 싼 생산기지를 찾아 임금이 싼 개발도상국으로 공장을 이전하면서 또다시 해외직접투자가 급격히 증가한다. 즉, 비교우위가 성숙기에 접어들수록 선진국에서 개발도상국으로 점차 이동된다. 그리고 공장의 규모도 대형화, 표준화되어 규모의 경제효과를 누리게 되어 생산단가는 크게 떨어져 많은 개발도상국 소비자들에게도 제품구매가 가능해진다. 기업들은 보편화된 생산기술이나 제품에 대해 차별화하기 위해 다양한 부가적인 기능이나 디자인 개발을 시도한다. 또 일부 **후발 기업**들은 많은 선도기업과 경쟁을 회피하는 전략으로 특정 소비자 계층을 목표로 **틈새 전략**을 구사하기도 한다. 또 **기존의 선도기업들은 과감한 광고 홍보전략으로 제품의 차별화된 이미지 구축**을 적극적으로 시도한다. 무역패턴도 성장기에서는 선진국 간 완제품 교역 형태에서 성숙기 후반으로 갈수록 선진국은 개발도상국에 생산기술, 핵심 원료, 반제품 등을 수출하게 되고 개발도상국은 선진국에 완제품을 생산 수출하는 쌍방구조를 띄기 시작한다.

더 나아가 제품이 **쇠퇴기에 이르면 최초 기술혁신국에서의 제품수요는 급감하고 기업들은 생산 경쟁력을 잃어 더 이상 생산하지 않게 된다.** 대신 아직까지 남아있는 수요를 충당하기 위해서 개발도상국으로부터 제품을 수입하게 되어 순 수입국으로 전락하게 되고 최초의 비교우위를 완전히 상실하게 된다.

이러한 제품주기의 동태적인 변화 과정은 [그림 2-5]에 제시되어 있다. 전체적으로 제품주기 곡선들은 공통적으로 S자가 옆으로 누운 모습을 보이고 위에서 설명한 대로 수요 발생 시점과 생산 시점은 국가에 따라 다르다. 즉, 국가 간 기술격차와 수요격차가 발생하게 된다. 이것이 무역과 해외직접투자 패턴을 결정짓는 요인이 된다. 또 기존 무역이론들은 기업들의 국제 경영활동을 수출로만 가정하였지만, 국가 간 무역장벽이 낮아지고 해외시장 기회가 크게 확대되자 많은 기업은 해외직접투자를 하게 된다. 따라서 무역은 유일한 국제 경영활동이 아니라 시간의 흐름에 따라 해외직접투자와 상호 보완적으로 이루어지게 된다.

그림 2-5 국제 제품수명주기(선진국 기준)

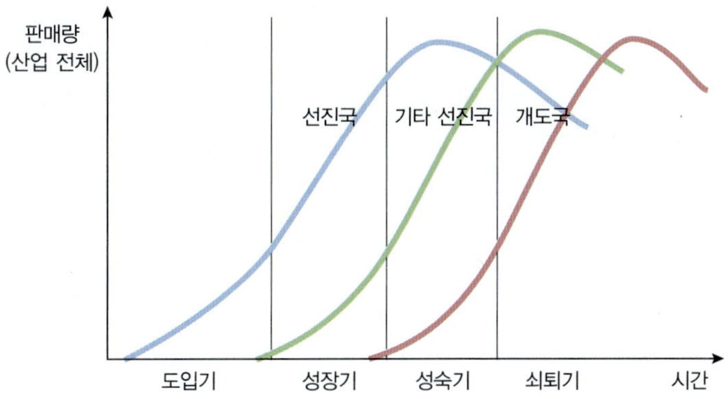

2. 국제 제품수명주기론의 평가

많은 소비재, 특히 가전제품들의 국제적 확산 및 무역패턴은 Vernon의 제품수명주기이론의 설명과 어느 정도 일치한다. 예를 들어, 컬러TV 제품은 1950년대 초 미국에서 최초로 일반소비자들에게 팔리기 시작했다. 그리고 이후 1960년대 초 유럽과 일본 시장으로 확산되었고 특히 소니 등 일본 가전기업들은 이후 일본 국내 판매뿐만 아니라 수출을 통해서 크게 성장했다. 한국 시장에 컬러TV 제품이 최초로 선보인 것은 1970년대 초였다. 당시 개발도상국이었던 한국의 금성사(현재의 LG전자)와 이후 삼성전자가 본격적으로 대량생산체제를 갖추고 내수판매 및 수출을 하여 이 제품은 1980년대 후반까지 이들 회사 성장에 큰 밑거름이 되었다. 그러나 1980년대 후반부터 개발도상국이었던 중국과 동남아지역에서 생산된 저가 컬러TV들이 시장점유율을 확대하기 시작했다. 오늘날에는 특히 하이얼과 같은 중국 가전회사들이 중국의 큰 시장과 축적된 기술력을 바탕으로 최초 기술 선도국인 미국, 일본, 유럽 등 세계 곳곳에 수출을 크게 늘리고 있다. 컬러TV 이외에도 냉장고, 에어컨 등 가전제품뿐만 아니라 철강, 조선, 반도체 등 많은 산업에서도 이러한 제품수명주기이론의 설명이 비교적 잘 적용되고 있다.

그러나 이러한 제품수명주기이론이 잘 적용되지 못한 산업이나 제품도 많이 존재한다. 예를 들면, **단일시장에서만 판매되는 제품, 기술혁신이 빠르게 일어나는 인터넷 포털서비스 기반 서비스 제품, 쌀과 같은 생활필수품, 군용 무기와 같은 안보 관련 제품, 사치 고가품** 등이다.

원래 Vernon이 국제제품 수명주기이론을 제시했던 1960년대에는 최초의 기술 선도국을 미국으로 가정하고 있지만 실제로는 기술 선도국이 일본, 독일, 한국, 심지어는 중국이 될 수도 있다. 예를 들면, Sony의 Walkman 제품은 일본에서 신제품이 최초로 개발되었는데 그 이유는 좁은 생활공간으로 항상 공간을 줄일 수 있는 소형전자제품에 대한 일본 소비자 욕구가 다른 나라 소비자보다도 강했기 때문일 것이다. 오늘날 최초의 기술 선도국은 보통 산업에 따라 다르게 나타난다. 예를 들어, 자동차 제품의 경우는 일본이고, 금융서비스 제품인 경우는 미국이다. 그러나 패션 및 화장품 제품에 관해서는 프랑스와 이탈리아가 선도하고 있다. 그리고 최근에는 메모리 반도체, 휴대전화나 액정디스플레이 제품의 기술은 한국이 선도하고 있다. 그리고 중국은 전기차배터리, 안면인식기술, 드론 등 몇몇 산업에서 기술 선도국이다.

제품에 따라 다르지만, 제품 도입기에서 쇠퇴기에 이르는 **제품의 주기는 전반적으로 짧아지는 추세**이다. 해외시장 확산패턴도 전통적인 선도 선진국 → 기타 선진국 → 개발도상국의 형태에서 점차 다양화되어 선도 선진국 → 기타국가(기타 선진국+개발도상국) 형태로 글로벌 과정이 단순화되는 경향도 있다. 또 투자 의도도 다양화되고 있다. 해외시장 여러 곳에 동시에 진출

표 2-13 국제 제품수명주기이론의 단계별 특성

	도입기	성장기	성숙기	쇠퇴기
기술	선도기업 기술혁신	기술혁신 및 모방	기술이전 및 확산	기술가치 급속하락
경쟁	독과점 양상	신규진입으로 경쟁증가	경쟁가속화로 상품차별성 중요	경쟁 서서히 약화
가격	고가격	가격 점차 인하 대규모 생산체제 마케팅 노력 증대	가격 급속 인하 마케팅 노력 급격히 증가	원가수준 마케팅 최소화
소비자	기술개발 선진국에서만 소비	일부 선진국으로 소비 확대	개도국시장까지 급격히 확대	기존 수요 감소
생산지	최초 개발국	기타 선진국 이전 및 확대	개도국 생산 이전 및 확대	후발 개도국
무역방향	무역 발생 없음	기술격차무역	쌍방무역 개도국 → 선진국(제품) 선진국 → 개도국(핵심 원료, 기술)	개도국에서 선진국으로 역수입

하여 생산하는 경우에 제품 수명주기이론에서처럼 현지 시장 진출 동기도 있지만 일부 다국적 기업은 현지 시장 진출보다는 인접 여러 시장을 위한 핵심 전략 생산기지로 활용하려는 경우도 많이 있다.

4 Krugman의 신무역이론

1. 신무역이론의 가정

지형, 기후 등 자연조건, 요소부존도, 노동생산성 등 비교우위의 원천을 바탕으로 주로 선진국과 후진국 간 무역 현상을 설명했던 고전무역이론은 오늘날 선진국 간 무역 현상이나 산업 내 무역 현상과 같은 복잡한 무역 현실을 설명하는 데 한계가 있었다. 이러한 점에 착안하여 Paul Krugman 등에 의해 1970년 말부터 신무역이론(new trade theory)이 등장했다. 오늘날 글로벌경제하에서는 고전무역이론의 설명과는 달리 미국과 캐나다 또는 독일과 프랑스처럼 유사한 생산요소 부존도를 갖는 비슷한 선진국 간에도 산업 간 또는 동일 산업 내 특정 제품군 간(예: 고급 승용차와 중저가 자동차) 생산 및 무역이 활발히 이루어지고 있다. 신무역이론은 이러한 현상을 설명하는 데 초점이 맞추어져 있다. 고전무역이론은 한 국가 동일 산업 내 기업들은 완전경쟁하에 생산능력이나 기술 측면에서 차이가 없고 한 산업의 경쟁력도 자연조건이나 요소부존도 등에 의해 사전적으로 이미 결정된다는 가정하에 설명하고 있다. 그러나 신무역이론은 고전무역이론의 가정과 달리 **불완전경쟁하에 한 국가 내 기업 간의 경쟁력의 차이가 존재하며 그 이유로 규모의 경제, 제품차별화, 특정 산업 내 진입 시점 차이 등의 요인으로 설명**하고 있다. 결과적으로 한 국가 내 기업 간에도 다른 국가 간 기업에서처럼 생산능력이 달라진다고 보았다.

2. 무역의 이익과 패턴

고전무역이론하에서는 두 국가가 완전히 동일한 생산 및 수요조건, 즉 동일한 요소부존도 및 소비자 기호를 가진다고 가정하는 경우 무역이 발생하지 않을 것이다. 그러나 신무역이론하에서는 이러한 경우에도 규모의 경제 효과로 인해 기업들이 본국에서 여러 생산 가능한 산업 제품 중 특정 산업 제품(또는 제품 세그먼트)에 특화 생산하려는 인센티브를 갖게 된다. 즉, 두 국가가 동일한 생산 및 수요조건을 가지고 있다 하더라도 기업들이 서로 규모의 경제로 대량생산할 수 있는 각기 다른 제품을 선택하여 상호 특화 생산하고 무역을 한다면 규모의 경제 효과로 두 국가 내 기업들은 모두 무역 전에 비해 단위당 낮은 생산비와 가격을 실현할 수 있고 결과적으로 양국 소비자들도 더 많은 무역이익을 누리게 된다.

모든 산업에 있어 규모의 경제 효과가 각 산업 내 기업의 경쟁력을 결정짓는다면 결국 두 교역국가 내에 많은 기업이 각각 독특한 한 제품에 특화 생산하는 상황이 될 것이다. 이때 무역을 하게 되면 각국 소비자들은 국내 생산 제품뿐만 아니라 수입상품도 소비할 수 있기 때문에 소비자들은 무역 전보다 최소한 보다 다양한 제품을 선택 소비할 수 있게 되는 무역이익을 누리게 된다. 이러한 제품 선택의 다양성은 바로 오늘날 글로벌 시대의 소비자들이 누리는 이점과도 관련이 있다.

따라서 특정 산업(제품 또는 제품 세그먼트)에서 한 국가가 다른 나라에 비해 상대적으로 큰 본국 시장을 갖게 되는 경우 그 산업 내 기업들은 본국에 생산 기반을 집중적으로 특화하여 **규모의 경제효과**를 누리려는 경향이 강할 것이다. 또한 큰 시장에 생산시설을 집중하여 제품 운송비도 최소화할 수 있을 것이다. 즉, 시장 규모가 큰 국가 내 기업들은 규모의 경제, 제품차별화 등의 경쟁력 우위를 갖게 되고 결과적으로 그러한 기업들이 있는 국가는 해당 산업에 있어 해외 교역국에 대해 순 수출을 기록하게 될 것이다. 반면에 해외 교역국에 대해 국내시장의 규모가 작은 산업(제품 또는 세그먼트)의 경우에서는 마찬가지의 이치로 순수입 현상을 보이게 될 것이다. 즉, **국내시장의 규모가 무역패턴을 결정짓는 중요한 변수**가 될 것이다. 또 무역을 통해 기업들은 장기적으로 규모의 경제 효과를 더욱 극대화해 나갈 수 있을 것이다.

3. 산업정책

신무역이론에서 주장하고 있는 규모의 경제 효과는 정태적인 현상이 아니고 시간의 흐름에 따라 달라질 수 있는 동태적인 현상이다. 후진국의 산업은 일반적으로 선진국의 동일 산업에 비해 규모의 경제 등 여러 면에서 경쟁력이 뒤처져 있으나 이러한 낮은 산업 경쟁력은 국가의 보조금 등 여러 산업정책 여부에 따라 달라질 수 있다고 인식하고 있다. 즉, **신무역이론은 수출촉진을 목적으로 특정 산업을 정부가 지원 육성하는 정책에 대한 경제학적 유용성을 인정**하고 있다. 그럼에도 불구하고 신무역이론은 기본적으로 큰 틀에서 자유무역을 전제로 하고 있기 때문에 이러한 설명이 기존의 보호무역주의 이론과는 다르다고 할 수 있다.

5 Porter의 글로벌 경쟁우위 모델

1. 글로벌 경쟁우위 모델 개념

Michael Porter는 1990년 세계 10개 국가의 100개 산업을 조사하여 왜 어떤 국가에서만 특정 산업이 성공했는지에 대한 연구를 발표했다. 왜 일본이 세계 자동차산업에서 우위를 점하고 이탈리아 기업들이 패션과 세라믹 타일 제품에서 우수한지, 그리고 미국과 독일은 화학산업에서 경쟁력을 갖는지 등에 관한 연구였다. 기존의 비교우위이론이나 Heckscher-Ohlin이론의 설명으로는 충분치 않다는 가정하에 국가경쟁우위의 원천이 되는 네 가지 요인을 제시했다. 글로벌 경쟁우위 모델에 따르면 한 국가는 **요소부존도, 수요조건, 관련 산업의 경쟁력, 기업의 전략 및 구조 등 네 핵심 요소에 가장 유리한 제품을 수출하고 반대로 가장 불리한 산업제품을 수입**하는 무역패턴을 보이게 된다고 주장하고 있다. 또 기업들은 이 네 가지 요인들이 가장 유리한 산업에서 성공할 확률이 높다고 주장했다. 또한 Porter는 상호 영향력을 주고받는 이 네 가지 요인 이외에도 상황적인 요인과 정부 정책변수가 보조적인 결정요인으로 작용한다고 설명했다.

1) 요소조건

Heckscher-Ohlin모형에서의 자원부존도 개념을 보다 확장하여 Porter는 기본적인 생산요소와 후천적인 생산요소로 구분했다. 기본적인 생산요소는 천연자원, 기후, 위치 등 역사적으로 주어진 여건으로 이해했다. 후천적인 요소는 통신시설, 숙련노동력, 연구시설, 기술적인 노하우 등 사회간접자본 변수 등으로 설명하면서 국가경쟁력에는 이러한 후천적 요인이 더 중요하다고 강조했다. 1차 농산품의 경우 보통 노동력과 작물 재배에 적합한 기후가 경쟁력 결정에 매우 중요한 역할을 한다. 필리핀의 바나나, 인도의 캐슈넛, 태국의 망고, 콜롬비아의 커피 등이 국제경쟁력을 갖는 이유로 이러한 요소조건을 들 수 있다.

2) 수요조건

Linder의 수요선호유사 이론에서처럼 Porter는 국내수요조건이 경쟁우위를 결정하는 중요 요인으로 파악했다. 국내수요가 클수록 또 국내소비자들이 까다롭고 품질에 대해 높은 기대 수준을 가질수록, 기업들은 기술혁신을 가속화하게 되는 결과를 가져온다고 주장했다. 예를 들어, 새로운 기능을 끊임없이 추구하는 한국의 젊은 소비자들이 한국의 스마트폰 제조회사의 기술경쟁력에 크게 기여하고 있다. 한국의 인터넷 및 모바일 게임산업의 발전도 학생, 청소년 등 국내의 두꺼운 수요층이 중요한 역할을 한다고 볼 수 있다.

3) 연관산업

기존 무역 모델에서는 산업 간의 연관효과는 고려되지 않았다. 즉, 성장이 빠른 산업과 관련이 있는 부품산업의 경우 비관련 산업에 비해 빠르게 성장할 수 있다는 소위 외부효과를 기존 무역이론에서는 고려하지 못했다. 실제로 많은 경우 관련 및 지원산업의 경쟁력 여부가 특정 산업의 경쟁력을 결정짓는다. 예를 들어, 이탈리아 의류산업의 발전은 디자인과 염색산업의 굳건한 기반이 큰 역할을 했다. 한국에서도 철강산업이 조선이나 자동차산업의 발전에 기여한 바가 크다. 마찬가지로 한국의 게임산업 경쟁력이 많이 증가한 것은 물론 높은 초고속 인터넷망 보급률과 무관치 않다.

4) 기업의 전략, 구조, 경쟁자

기업요인도 경쟁력의 주요 결정요인이다. 예를 들어, 일본이나 독일의 많은 최고경영자는 공학전공 출신자들이 많은데, 이들은 생산공정이나 제품혁신에 남다른 관심을 두고 꾸준한 기술개발에 중요한 역할을 했다. 반면 미국의 많은 재무나 회계전공의 경영학석사(MBA)들은 미국의 금융산업 발전에 크게 기여했다. 한국과 일본에서 자국 기업 간 경쟁 정도는 다른 나라에 비해 매우 치열하다. 보통 한 산업에 서너 개의 선두 기업들이 치열하게 과점경쟁하므로 이들은 끊임없이 경쟁력제고를 위한 시장개척이나 기술개발을 하게 된다. 최근에 한국의 군수 방위산업의 해외수출이 크게 늘어났다. 2022년 7월 한화디펜스, KAI, 현대로템과 같은 한국의 방산 업체들은 폴란드 정부에 K2 전차 980대, K9 자주포 670문, FA-50 경공격기 48대 등 사상 최대의 20조 원 규모의 무기수출계약을 체결했다. 이러한 방산산업의 수출경쟁력 향상에 남북 대치 상황에서 많은 군수물자를 안정적으로 생산하도록 하는 한국정부의 다양한 지원정책이 크게 기여했다. 또 특히 폴란드 정부가 한국으로부터 무기수입을 서두르는 이유는 바로 2022년 2월 발발한 우크라이나-러시아 간 전쟁이라는 상황적 요인도 크게 작용했다.

5) 기타 상황적 요인 및 정부정책

경쟁력을 결정짓는 또 다른 요인은 상황적 요인이다. 한때 세계 최고의 휴대폰 회사였던 핀란드의 노키아 회사의 경우 1980년대만 해도 주로 핀란드 국내에서 타이어, 제지, 가전, 통신기기를 제조하는 다각화된 평범한 회사였다. 그런데 운 좋게도 1981년 스웨덴, 노르웨이, 핀란드 북구 3국이 세계 최초로 3국 간 이동전화 네트워크를 구축하기로 합의했다. 날씨가 춥고 인구가 널리 퍼져있는 북구 국가에서는 휴대전화 시스템이 유선전화 네트워크 개발보다 더 경제적인 사업이었다. 이러한 정책결과로 1994년에 이미 인구의 12%가 휴대전화를 사용하게 되었다.

그림 2-6 경쟁우위의 원천

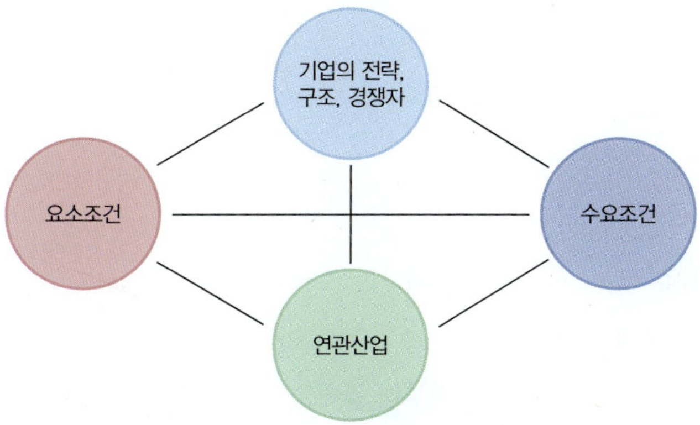

* 자료: Porter, M. E. "The Competitive Advantage of Nations," *Harvard Business Review*, March/April 1990.

또 다른 요인으로 핀란드의 전화 사업제도를 들 수 있다. 핀란드는 대부분 국가와는 달리 전화 사업은 50여 개의 지방전화회사의 철저한 이윤 중심의 독자 경영체제 아래에 운영되고 있었다. 따라서 이들은 자국 회사인 노키아 회사에 구매 시 어떠한 특혜를 주지 않았다. 이러한 요인이 단기적으로는 노키아에 불리하게 작용할 수도 있었으나 노키아는 외국기업과 치열한 경쟁을 극복하기 위해 초기 단계부터 원가절감과 신제품개발 등에 엄청난 노력을 기울였다. 그 결과 지금은 더 이상 글로벌 스마트폰 제조회사는 아니지만, 노키아는 2009년 한 때 세계에서 디지털 휴대폰 시장에서 37.4%의 경이적인 시장점유율을 갖는 1위의 기업이 되기도 했다.

2. 글로벌 경쟁우위 모델 평가

Porter의 이론은 Heckscher-Ohlin이론, Linder의 수요이론 등 기존의 다양한 무역이론과 기업경영전략을 적절히 절충한 이론이다. Porter의 모형은 국가 및 산업경쟁력에 기본적으로 영향을 미치는 다양한 요인들을 비교적 간결하게 정리하여 무역패턴을 이해하는 데 도움을 주고 있다. 이 이론은 엄밀히 말하면 무역의 패턴을 설명하는 이론이라기보다는 국가나 산업의 경쟁력 설명에 관한 이론이다. 그리고 이 이론은 기존의 많은 산업이 어떻게 경쟁력을 갖추어 성공하였는지에 대한 이해는 높일 수 있으나 후발기업 입장에서 향후 어떤 방법으로 경쟁력을 높이고 무역경쟁력을 현실적으로 창출할 수 있을지에 대한 구체적인 답을 제시하기에는 부족하다. 예를 들어, 반도체산업의 경쟁력을 높이기 위해서는 네 가지 경쟁력 결정요인 중 요소부존도를 향상시켜 경쟁력을 높여야 하는지 또는 수요조건과 기업전략을 이용하여 산업의 경쟁력을 높여야 하는지, 또 두 요인이 모두 중요하다면 어떻게 서로 조화시켜야 할지 등에 대한 설명이 명확하지 않다.

V 수출기업전략

상기 많은 수출 관련 이론들은 대부분 국가 및 산업 차원에서의 수출 현상을 설명했다. 그러나 수출기업 차원에서의 수출전략은 어떻게 수립해야 하는가? 특히 한 번도 수출해 보지 않은 중소 내수기업 입장에서 수출을 시작하기 위해서는 어떤 것부터 먼저 준비해야 하는지에 대해 지식이 부족하다. 본 절에서는 먼저 실무적인 관점에서 수출을 전혀 해 보지 않은 많은 기업자에게 첫 수출전략을 어떻게 수립해야 하는지 토의한다. 그리고 첫 수출 이후 이들 수출기업의 다양한 실제 경험을 토대로 그들 나름의 핵심 수출 성공 요인이 무엇인지 알아본다.

1 첫 수출기업 준비 및 성공전략

한국의 수많은 중소기업은 아직도 국내 내수 시장에서 대기업 또는 다른 중소기업에 생산된 제품을 납품하는 하청기업인 경우가 많다. 이들 내수 중소기업들의 일반적인 특징은 다음과 같다.

- 수출업무를 효과적으로 관리 할 수 있는 인력이나 자금력이 매우 제한
- 타 중소기업보다 상대적으로 규모가 작고 생산 품목이 단일 또는 몇몇 제품에 한정
- 해외시장, 해외고객에 대한 사전 지식, 정보, 경험이 매우 빈약
- 최고경영자 또는 소수의 엔지니어나 간부사원에 의해 생산 또는 영업 업무 의존
- 상대적으로 회사 역사가 짧고 가족 기업인 경우가 많음
- 대외인지도 매우 낮고 회사나 제품 홍보도 미흡

요약하면 이들 중소기업은 대기업과는 달리 기업의 독점적이고 차별적인 경쟁력이 매우 제한적이고 수출을 하기에도 정보, 전문인력, 해외 사업 인적 네트워크가 부족한 경우가 일반적이다. 그러나 이들 기업의 장점으로는 대부분 최고의 품질경쟁력은 아니더라도 나름의 제품, 가격경쟁력을 갖고 있어 지금까지 내수시장에서 사업을 영위해 왔다. 그리고 안정된 생산시설 기반을 갖추고 있고 아마도 가장 큰 장점으로는 최고경영자의 강한 사업 의욕과 여러 가지 환경

사례 2-3 **2022년 KOTRA 내수기업 수출기업화 사업 지원 내용**

① (수출 멘토링) 수출 노하우가 부족한 내수 · 초보 기업과 무역전문가인 수출전문위원을 매칭하여, 수출 로드맵 작성, 무역실무, 바이어 교신 지원 등 수출 성사에 이르기까지 맞춤형 수출 멘토링 지원

② (온라인마케팅 지원) 내수 · 초보 기업 대상 온라인마케팅 기반 지원, 화상상담 지원(바이어 수요 발굴 시 연간 상시 지원) 등 e-카탈로그 제작 지원, 중국 위챗 미니프로그램 활용 온라인 마케팅 연중 실시 등

③ (바이어 발굴) KOTRA 127개 해외무역관을 통해 유망 내수 · 초보기업 제품 홍보, TriBig 프리미엄 구독 서비스를 통한 바이어 발굴 등 600만 개 해외기업 DB에서 기업에 적합한 잠재 바이어 추천

④ (테스트마케팅) 현지 시장에서 제품 테스트를 희망하는 바이어 대상, 샘플 배송료 지원 및 현지 테스트 마케팅 수행, 후속 관리 지원

⑤ (유관기관 연계 지원) 법무부, 서울세관, 무역보험공사, FEDEX 등 선정기업 대상으로 유관기관 전문 서비스 제공

* 자료: 2022년 내수기업 수출기업화 사업 공고

변화에 빠르게 대처할 수 있는 적응력을 들 수 있다. 내수 중소기업이 갖는 한계점인 인적, 물적 열세에도 불구하고 지금까지 나름대로 잘 사업 기반을 유지해온 것은 이러한 최고경영자의 열정과 적응력이 없이는 불가능했을 것이다. 특히 회사 설립된 지 얼마 되지 않은 기업일수록 이러한 부분들이 매우 중요한 장점이다. 기본적으로 수출사업은 이들 내수 중소기업들에는 장기적으로 크게 성장할 큰 기회라고 볼 수 있다.

그러나 현실적으로 이들 기업은 당장 해외 시장이나 고객에 대한 정보도 충분히 갖지 못하고 설령 해외바이어로부터 수출주문 문의가 온다고 해도 바이어가 요구하는 품질, 가격, 납기, 대금결제, 선적 등 여러 가지 주문조건에 대응하는 데 한계가 있다. 더 기본적으로는 해외바이어와의 이메일 답신이나 전화 대응 등 의사소통에도 어려움을 겪어 아예 수출 기회를 포기하는 경우도 있다. 따라서 이들 내수기업이 첫 수출을 성공적으로 하기 위해서는 자체적인 노력도 중요하지만, KOTRA, 중소기업청, 정부 및 지자체 등의 외부 기관의 협조가 필수적이다. 첫 수출기업들이 먼저 어느 해외시장에서, 어느 제품을, 어떤 고객에게, 어떻게 알리고 또 내부적으로 어떤 과정을 거쳐 첫 수출을 준비하는지에 대한 방향은 실무적으로 이들 기업에 매우 중요한 문제이고 어려운 부분이다.

많은 내수 중소기업들이 어려움이 있었지만, 첫 수출을 성공적으로 마무리하고 향후 더 큰 시장에서 수출을 계획하고 있다. 기본적으로 이들의 성공 전략의 첫 번째 핵심은 **집중화 전략**이다. **제품, 시장, 고객 측면에서 집중**한 것을 볼 수 있다. 이들 대부분 기업이 경험과 규모는 적지만 나름의 경쟁력 있는 단일제품을 선택하여 수출을 시도했다. 또 많은 해외시장 중 단일 또는 몇몇 시장에 집중했다. 그리고 단일제품이지만 대부분 **틈새시장을 겨냥한 적소 제품**인 경우가 많았다. 예를 들어 버스 압축천연가스 충전소용 공급장치, 차별화된 자동차 연료 펌프 및 오일필터, 3D 프린팅 항균 복합소재, 전기절연유, 흡연실 재연 및 공기 청정 시스템과 같이 적소 단일 제품으로 수출을 시작했다.

둘째 성공전략은 **저비용 홍보전략과 해외전시회 참가**이다. 인터넷 마케팅, KOTRA buyKOREA와 같은 포탈을 이용하거나, 현지 무역관을 활용한 제품 및 회사홍보는 다른 방식보다 저렴한 홍보 방법이다. 아울러 해당 업종 관련 국내외 유명전시회에 적극적으로 참여하여 바이어 발굴을 한 경우도 적지 않다. 직접 KOTRA 수출 첫걸음 종합대전, 유명 해외전시회 등에 참여하여 바이어와 만나 상담할 기회를 적극적으로 활용했다.

셋째 전략은 **자체적인 현지 시장조사와 제품 현지화, 차별화 전략**이다. 해외바이어를 알게 된 이후 최고경영자나 핵심 간부사원이 현지 해외시장을 직접 방문하여 현장 시장조사를 하고 또 바이어 회사를 직접 방문하여 그들의 요구조건을 꼼꼼히 점검하면서 수출할 제품이나 거래조건을 맞추어 가는 노력을 했다. 중요한 수출계약의 경우 대부분 현지 방문이 필수적이다. 거래 상대방을 제대로 알지 못하고 수출을 진행하는 것은 쉽지 않다. 상대방 바이어 방문을 통하여 양사간에 비즈니스 관계뿐만 아니라 양 사의 최고경영자나 핵심 간부사원 간의 인간관계를 형성하는 것은 중소 수출기업으로서는 매우 중요한 일이다. 첫 수출뿐만 아니라 향후 반복된 거래를 위해서도 인적 네트워크를 형성하는 것은 매우 중요하다. 비즈니스에서 좋은 인적 네트워크를 형성하는 가장 좋은 방법은 서로 자주 만나는 것이다. 아무리 이메일이나 전화 등이 편리한 의사소통 방법이라 하더라도 가장 확실한 의사소통 방법은 직접 만나 대화하는 것이다. 첫 수출을 진행하다 보면 언어, 시차, 문화차이로 인해 의외로 쉽게 거래 상대방과 의사 소통상의 문제가 발생하여 오해를 가져올 수 있다. 또 많은 국가에서 해외비즈니스를 할 때 제품이나 회사보다도 먼저 거래 상대방 개인의 됨됨이를 알고자 한다.

넷째 전략은 **수출 실무와 관련된 바이어와 협상, 계약서 작성, 신용장, 선적서류 등 행정적 부분에 대해서 KOTRA 수출전문위원, 지자체 유관기관의 협조와 도움**을 얻었다. 그리고 현지 문화, 비즈니스 매너에 대한 지식 습득을 위해서도 지자체 및 유관기관에서 시행하는 교육프로그램을 활용했다. 요약하면 내수기업이 첫 수출을 성공적으로 마무리하기 위해서는 나름대로 경쟁력 있는 적소 단일제품 집중, 저비용 홍보전략, 전시회 참가, 소개 등으로 유망바이어 발굴, 자체적인 해외시장방문 및 조사, 바이어와 인적 관계, 그리고 KOTRA 및 정부 유관기관 및 지자

표 2-14 한국중소기업의 첫 수출 준비 및 성공 전략

회사	주요 수출제품	수출 전 진입준비	수출 성공 요인	애로점 및 문제해결	향후 목표
카푸스 –2014년 설립 –2015년 이란, 리비아 수출 $391,209	자동차 연료펌프 및 오일필터(열대지역과 혹한지역 등 날씨와 지형에 따라 부품 재질을 달리하는 등 국가별 제품 차별화 전략)	• 국내 완성차 수입 물량이 큰 지역을 목표로 자체 브랜드(BEPA)제품 공급추진 • KOTRA를 통한 정보 획득과 바이어 발굴	• 국내 완성차 수입 물량이 큰 지역을 목표로 자체 브랜드(BEPA)제품 공급추진 • KOTRA를 통한 정보 획득과 바이어 발굴	• 까다로운 원화수출 결제 시스템으로 인한 수출장애 → KOTRA에서 이란 내 송금절차정보와 원화 LC개설, 이란 시중은행 명단 제공 • 지역별 특성에 맞는 제품 개발 → 바이어의 피드백을 통한 시장조사 및 니즈 파악 통해 제품품질 업그레이드	• 인도, 브라질, 유럽으로까지 수출 확대해 5년 안에 연료 펌프 제품 수출 100억 원 달성

바이오아라 –2015년 설립 –2018년 대전대학교 한방대학과 공동연구 –2018년 베트남에 원료 수출 성공 $22,000	발효 동충하초, 밀리타리스 동충하초(직접 종균 개발, 재배, 가공, 유통판매하여 '본초위'라는 동충하초 전문 브랜드로 판매)	• 바이코리아 광고를 통한 상담요청 후 수출 기업화 사업을 통한 매칭서비스 및 리스크관리	• 고품질 제품을 앞에 세운 전략	• 객관적인 품질보증 신뢰도를 높이기 위해 사물인터넷 기술을 이용한 양산재배 특허, 발효 및 추출 특허, 코디세핀 고함량추출방법 특허 등 인증을 받음 • 가격 경쟁력 확보를 위한 FTA활용 교육 이수 및 품목별 원산지인증수출자 인증서 받음	• 베트남에서 동충하초를 건강음료로 즐길 수 있는 카페 프랜차이즈 계획. • 중화권 진출 준비
삼화테크 –1980년 설립 –2008년 법인전환 –2017년 특허 지재권 34건 –2018년 인도수출 $10,000	LED실내조명등기구(KS, 환경인증 등 자체 기술력 보유, LED 조명등에 IoT기술 적용)	• 글로벌 강소 기업을 목표로 수출 가능성이 있는 국가 탐색, 인도는 전력 공급량이 부족해 SOC사업이나 신재생에너지 및 신도시 건설에 많은 문제가 있으나 가격경쟁력이라는 강점	• 콜카타 무역관의 긴밀한 협조	• 기술과 품질 인증의 어려움이 있어 협업회사와 마케팅을 꾸준히 이어 나갔다. • KOTRA수출전문위완과 콜카타 무역관이 바이어 초청 및 사이버 수출상담 지원, 유관기관 지원 정보, 해외규격인증관련 자료제공	• 인도 서부시장을 기반으로 인도 전역으로 시장확대
이씨쓰리 –2015년 설립 –2016년 제품출시 및 판매 –2018년 중국 첫 수출 $225,000	4DX맞춤형 사이클링 시스템(하드웨어 제품과 소프트플랫폼 및 콘텐츠를 융합한 서비스 제공)	• 2016년 7월 KOTRA 신규수출 기업화 사업 신청 • 여러 지원을 받으며 중국 바이어와 수출관련 이야기 진행	• 현대인의 니즈에 맞춘 스포테인먼트 기반의 시스템	• 단순 제품판매라는 수출이 아닌 중국 내 인도어사이클 대회를 개최해 수익을 창출하고자 하여 2018년 중국 텐진공업대학에서 중국 인도어 사이클 대회 성황리에 개최하여 수익 창출	• 인도어 사이클 대회를 중국 25개 도시로 확대하여 활발하게 마케팅을 펼칠 예정
지엠플랜트 –2015년 설립 –2018년 베트남 현지 시장 독점 계약	남/녀 하부 케어전문 제품(Y존 케어 제품인 남성/여성철결제와 여성전용 세럼)	• 위생허가준비, 바이어발굴 거래조건, 독점계약, 규격인증 등 현안 고민	• 수출전문위원의 적극적 지지와 세심한 관리	• 중개인들의 지속적인 수출문의가 있었지만 수출에 대한 개념이나 지식이 없었고, 모든 진행단계에서 KOTRA 수출전문위원의 밀착지원으로 수출 진행	• 몽골에서 홈쇼핑을 통해 제품을 집중 홍보

표 2-15 한국 중소기업 39개사의 핵심 수출 성공 전략요인

순위 (빈도수)	핵심 수출 성공 전략요인	구체적 내용
1 (24)	국가 및 지자체 수출 지원 프로그램 활용 (KOTRA, 한국무역협회, 한국무역보험공사, 경기중소기업종합지원센터, 중소기업청)	• 해외 전시회 참여, 해외 무역관 활용 • 비즈니스커뮤니케이션 교육 프로그램 활용 * KOTRA의 구체적 지원 내역 – KOTRA 데이터 활용하여 수출 전략 수립 – 수출 전문 위원의 적극적인 해외 수출 가이드 – 내수 기업 수출 기업화 사업 활용 – 수출첫걸음 종합대전
2 (18)	제품 및 기술 차별화	• 기술 차별화를 통한 경쟁력 획득 • 신기술 개발 노력 • 특화된 제품 개발 • 희소성 있는 제품 개발 • 지속적인 신제품 개발 의지 • 경쟁력 있는 기술진의 노력 • 디자인 경쟁력 확보
3 (14)	바이어와 직접 미팅으로 친밀도 향상 해외 바이어들에게 신뢰 쌓기	• 해외 소셜커머스 활용 • 철저한 A/S • 현지 문화 이해 • 바이어가 원하는 각종 자료 철저한 구비 • 다양한 제품군을 두어 바이어의 다양한 니즈를 충족 • 납기단축 노력, 바이어 요구사항 충족 노력 • 간접수출 경험이 바이어에게 좋은 이미지로 각인
4 (10)	해외 전시회 및 박람회 적극 참여	• 유망 바이어 발굴 • 신기술 적용 신제품 출시 → 홍보 효과
5 (9)	목표시장 및 세그먼트 철저한 분석	• 진출 가능성이 높은 지역을 철저히 분석 • 틈새시장 공략 • 지속적인 목표시장 마케팅 • 국가별 현지화 제품 개발 • 블루오션 시장(제품)에 집중 • 현지 트렌드와 소비자 반응에 빠른 반응 • 온라인 시장 조사 활용
6 (6)	강력한 수출 의지	• 현지 지사 설립 • 최소 주문에도 적극적인 응대 • 경영진의 적극적인 의지 • 관련 박람회 전원 참석하는 열정
7 (5)	우수 인재 및 조직 관리	• 해외영업을 위한 우수 인재 영입에 꾸준한 노력 • 수출 전문 스텝진 구성 • 해외 전담 마케팅 조직 구성

* 자료: 대한민국 중소기업 수출 날개를 달다: 내수기업수출기업화 성공사례집 KOTRA 2016 자료 요약 정리

체 수출지원프로그램 적극 활용 등을 들 수 있다. 물론 이러한 요인들이 잘 어우러져 결실을 보기 위해서는 가장 중요한 것이 **최고경영자 본인의 수출프로젝트에 대한 강한 의지와 열정** 그리고 직접 참여가 뒷받침되어야 할 것이다.

2 수출 초기 단계 기업의 핵심 성공요인

첫 수출을 성공적으로 마친 많은 한국 중소기업들을 **수출 준비단계 기업**이라고 볼 수 있다. 이들이 첫 수출을 잘 마무리한 이후 그다음 단계로 계획하는 것은 지속해서 수출 활동을 유지하여 수출사업을 기업활동의 한 중요한 부분으로 육성해 나가는 단계일 것이다. 이러한 기업을 **수출 초기 단계 기업**이라고 할 수 있다. 이들 수출 초기 단계 기업들이 수출사업을 잘 정착시키고 기업 성장을 이루면서 향후 국제경쟁력이 있는 본격적인 **수출 전문 중소기업**으로 발전해 나갈 것이다.

여기에서는 수출 초기 단계 중소기업들이 어떻게 수출사업을 더 활성화하고 지속해서 성공적인 수출을 유지할 수 있을지 알아본다. 이 단계에서는 기업이 첫 수출을 진행할 때보다는 더 많은 도전과 불확실성에 직면하게 될 것이다. 이에 효과적으로 대비하기 위해서는 생산, 마케팅, 관리, 재무, 연구개발 등 여러 기능 측면에서 효과적이고 체계적인 수출전략 수립이 필요할 것이다. 여기에서는 KOTRA의 내수 기업 수출 기업화 성공 사례집에 수록된 수출 초기 단계 기업들의 경험을 토대로 핵심 수출 성공 전략요인이 무엇이었는지 분석해 보자. 각 사가 수출과 관련하여 추진해서 나름대로 성공을 이루었던 전략을 정리하면 크게 5차원으로 요약할 수 있다. 분석 결과를 토대로 다음과 같은 시사점을 얻을 수 있다. 첫째 요인은 **수출사업을 정착시키고 고도화시키기 위한 기업 내부 전략**이다. 구체적으로 중소 수출기업 입지에서 매우 중요한 것은 **제품과 기술의 경쟁력**이다. 단일 또는 소수의 적소 제품에 대해 지속해서 품질과 기술을 향상해 국제경쟁력이 있는 제품이 되도록 노력해야 한다. 아울러 국제품질인증을 받으면 대외적으로 신뢰를 줄 수 있어 큰 도움이 된다. 일부 기술력이 뛰어나고 재정적인 여유가 있는 중소기업의 경우 자체브랜드를 만들고 그 브랜드를 육성 촉진한다면 대외 품질 이미지 제고에 큰 도움이 될 것이다.

또한 수출업무를 지속적 관리하기 위해 우수한 무역 전문 인재의 채용이 필요하고 어느 정도 수출 규모가 커지면 효율적인 수출관리를 위해 국내 사업관리부서와 별도로 수출팀 또는 수출과 등 독립적인 부서 운영이 큰 도움이 된다. 그리고 전담부서에서 목표 수출시장과 세그먼트에 대한 시장 및 고객분석이 필요하고 이에 따른 적절한 수출전략도 요구된다.

둘째 요인은 앞에서 언급되었듯이 **최고경영자의 의지**이다. 중소기업 환경에서는 최고경영자가 **수출에 대한 관심과 의지, 그리고 실제 관여**가 필요하다. 해외비즈니스인 경우 국내 사업에 비해 비용과 위험부담이 크기 때문에 최고경영자가 관심을 두지 않으면 일반 관리자나 종업원들은 적극적으로 해외업무를 수행하기 어렵다.

셋째 요인은 **철저한 해외시장관리**이다. 핵심은 해외바이어와의 지속적인 관계 및 신뢰 증진이다. 비록 소량 주문이라 하더라도 적극적으로 응해주거나 신상품 샘플을 수시로 제공한다든지 하는 것은 신뢰 형성에 도움이 된다. 아울러 꾸준하게 해외 전시회 등에 참여하여 시장 트렌드를 숙지하고 수출전략에 반영하는 것이 필요하다. 또 저비용 홍보 방법인 각종 온라인 홍보 등도 적극적으로 활용할 필요가 있다.

넷째 요인은 수출업무를 원활히 수행하기 위해 **한국의 대기업 및 중소기업, 외국 글로벌 기업, 현지업체 등 타기업들과 OEM 생산, 장기공급계약 등 다양한 협력사업을 모색**하는 것이다. 생산, 판매, 유통, 마케팅 등 여러 가지 측면에서 제휴 사업을 적극적으로 모색할 필요가 있다. 중소기업의 입장에서는 이러한 협업을 통해서 수출 비용을 낮출 수 있고 안정적으로 주문량을 확보할 수 있다.

그림 2-7 성공 수출기업 전략

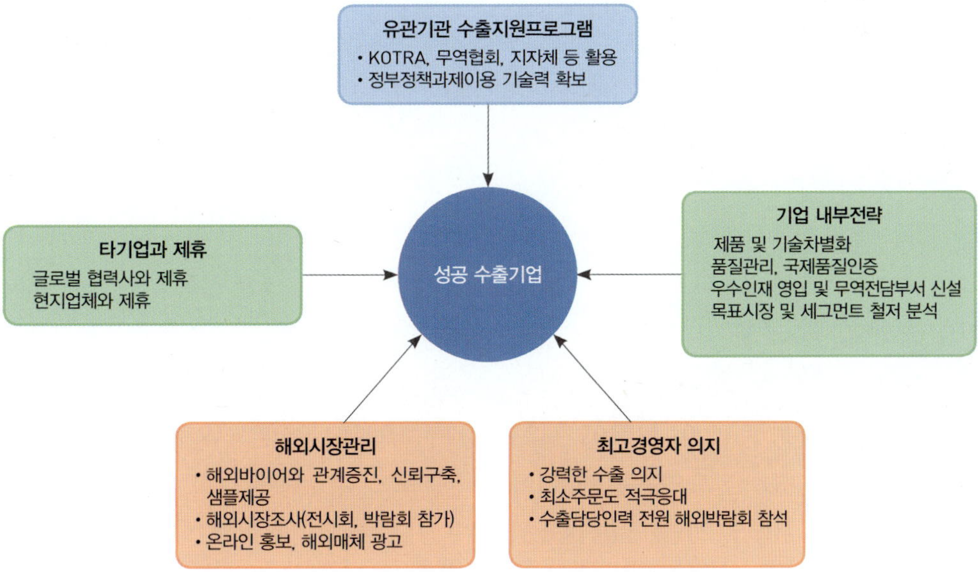

다섯째 요인은 가용재원이 부족한 중소기업의 경우 **KOTRA 중소기업지원본부, 한국무역협회, 중소벤처기업부, 중소기업진흥공단 수출인큐베이터, 지방자치단체 수출 촉진부서 등 유관기관의 지원을 적극적으로 활용**하는 것이다. 이로써 수출정보를 손쉽게 얻을 수 있다. 결론적으로 수출기업의 입장에서는 최고경영자의 강력한 수출 의지를 바탕으로 효과적인 수출전략 수립과 함께 타기업과의 제휴, 그리고 관련기관의 수출 지원을 통해 안정적인 수출사업을 이룰 수 있을 것이다.

마감사례

세계인이 사랑하는 'K-라면'의 수출전략

2021년 한국 라면 수출은 6억 7, 441만 달러를 기록 사상 최대를 달성하였고 전년보다 11.7% 늘었다. 라면 수출액은 2015년부터 7년 연속 늘었는데, 매해 사상 최대 기록을 경신했다. 코로나19 사태가 시작된 2020년에도 라면 수출액이 6억 357만 달러로 2019년 대비 29.2%로 급증했다. 또 10년 전인 2011년 1억 8,673만 달러와 비교하면 3.6배 이상 늘어 한국 라면은 효자 수출상품으로 자리 잡았다.

라면은 원래 밀가루 반죽으로 만든 중국 국수 '납면(拉麵)'에서 유래한 것으로 알려져 있다. 납면이 1870년대 일본으로 건너가면서 일본식 발음인 '라멘'으로 불렸고 요즘의 인스턴트라면은 1958년 일본 닛신(日清)식품에 의해 개발 상품화되어 시판됐다. 이것이 다시 한국으로 넘어오면서 '라면'으로 불리게 되었다. 한국 최초의 라면은 일본의 제조 기술을 도입하여 만든 1963년 9월 출시된 삼양라면이다. 1960년대 후반 정부의 쌀 소비를 줄이기 위해 실시한 혼분식 소비 권장 정책에 힘입어 대중화되었다.

그림 2-8 1963년에 출시한 한국 최초의 라면

그림 2-9 국내 라면 기업들의 대표 상품

1969년 당시 삼양라면 100g 1봉지 가격은 10원이었는데 짜장면 25원, 일반미 40kg 1,505원이었던 것과 비교하면 저렴한 가격이었다. 한동안 유지됐던 이 가격은 1970년 소맥분과 우지 가격 상승, 그리고 내용량이 120g으로 증량되면서 20원으로 인상되었다. 이후 1978년엔 50원, 1981년엔 100원으로 올랐다. 이후 몇 차례 가격 인상이 되면서 2021년 삼양라면 1봉지의 소비자권장가격이 860원으로 올랐으나 다른 식품에 비해서는 아직도 저렴한 편이라 할 수 있다.

표 2-16 라면(삼양라면)과 짜장면 가격 비교

연도	라면	짜장면
1963년	10원	25원
1970년	20원	100원
1978년	50원	203원
1981년	100원	470원
1997년	400원	2,500원
2008년	750원	3,731원
2017년	810원	4,750원
2021년	860원	5,400원

* 자료: https://data.si.re.kr/data/%EC%A7%80%ED%91%9C%EB%A1%9C-%EB%B3%B8-%EC%84%9C%EC%9A%B8-%EB%B3%80%EC%B2%9C-2010/346 (서울연구데이터서비스 지표로 본 서울변천), 및 https://blog.daum.net/hanaro-2010/373

K-라면 수출 증가요인

최근 한국 라면의 해외 소비가 늘어난 이유는 무엇일까? 코로나19로 외국에서도 이른바 '집에만 있는' 생활이 늘며 아마도 한국 라면이 한 끼 식사이자 비상식량으로 주목받은 영향이다.

한국 라면의 또 다른 수출 호조의 이유로 K팝 등 한류 문화 확산을 들 수 있다. 2020년 미국 아카데미 시상식에서 영화 '기생충'이 작품상 등 4관왕을 차지한 것으로 인해 해외소비자들의 한국 라면에 대한 관심이 높아졌으리라 예상된다. 또 넷플릭스 오리지널 시리즈 '오징어게임'에서 삼양라면이 등장하면서 K-라면에 대한 해외소비자들의 관심이 늘어났다.

또 불닭볶음면의 경우 아이돌그룹 방탄소년단(BTS) 콘서트의 메인스폰서로 참여하면서 미국 라스베이거스 등에서 화제가 되기도 했다.

그러나 코로나19 이전 시기부터 한국 라면의 경쟁력과 인기는 계속 상승해 왔다. 코로나19나 K-pop의 영향도 수출 증가 이유가 되겠지만 해외에서 한국 라면이 인기를 끄는 가장 근본적이고 중요한 경쟁우위 요인은 아마도 현지 소비자들을 끄는 한국 라면의 차별화된 맛이라 볼 수 있다.

한국 기업들의 현황

한국 라면은 초기 단계에서는 내수 위주로 판매되었으나 한국군이 파병되었던 베트남으로 1969년 삼양라면 26만 상자가 처음으로 수출되었다. 이후 일본과 동남아 지역에 이어 1970년에는 미국에 수출되며 해외 판매도 꾸준히 증가했다. 2021년 라면 수출액을 국가별로 살펴보면 중국이 1억 4,990만 달러로 가장 많았고 이어 미국(8,123만 달러), 일본(6,528만 달러), 대만(3,180만 달러) 등의 순이었다.

증가하는 해외 현지 수요에 대응하기 위해 국내라면 제조사들은 국내외에 신규 공장 설립을 하여 제품 생산과 시장 공급량 증대에 힘을 쏟고 있다. 농심 등 일부 식품회사가 해외에 공장을 두고 현지에서 직접 라면을 생산 판매하는 것을 고려하면 실제 한국 라면의 세계 판매액 규모는 한국에서 수출 규모보다 훨씬 크다.

삼양식품은 2022년 5월 경상남도 밀양공장 준공식을 거행했다. 지상 5층, 지하 1층 규모로 설립된 이 공장은 라면을 연간 최대 6억 개 생산할 수 있는 역량을 갖췄다. 원주 · 익산의 연간 최대 생산량 12억 개까지 포함하면 총 18억 개의 생산이 가능하다. 삼양식품 관계자는 "밀양공장이 수출 제품 생산을 전담할 것"이라고 설명했다. 삼양식품이 밀양공장을 설립한 건 강원도 원주공장 이후 30여 년 만이다. 불닭 브랜드가 세계적인 인기를 끌고 매년 수출 실적이 개선됨에 따라 공장 설립이 결정됐다. 삼양식품의 해외 매출은 지난 2016년 930억 원에서 2021년 3,886억 원으로 5년 만에 4배 증가했다. 삼양식품은 향후 수출 전진기지가 될 밀양 신공장과 중국, 미국, 일본 현지 판매법인을 통해 수출 성장세를 이어간다는 방침이다. 2021년 미국법인 삼양 아메리카를 설립했고, 중국법인 삼양식품 상해 유한공사 설립을 앞두고 있다.

신라면으로 유명한 농심도 2022년 4월 미국 캘리포니아주에서 제2공장 준공식을 진행했다. 2만 6,800㎡(약 8,100평) 규모로 지어진 이 공장에서는 연간 3억 5,000만 개가량 라면을 생산할 수 있다. 제1공장까지 합치면 연간 라면 생산량이 8억 5,000만 개에 이를 전망이다. 신동원 농심 회장은 준공식에서 "제2공장은 농심의 국제 시장 공략에 속도를 더해줄 기반으로, 일본을 제치고 미국 라면시장 1위에 오르는 것은 물론, 글로벌 '넘버원'이라는 꿈을 이뤄내자"라고 말했다. 중장기적으로는 멕시코를 비롯해 중남미 시장에도 진출한다는 계획이다.

한국 기업들의 전략

한국 라면 제조사들은 국내 라면과 같은 제품으로도 해외 판매를 확대할 수 있지만 이들은 실제로 현지인들의 입맛에 맞는 수출 전용 제품을 출시 확대하기 위해 많은 노력을 해오고 있다.

농심은 '신라면'에 집중한다. 신라면은 작년 수출액이 총매출액 중 53%를 차지하며 처음으로 국내 매출을 넘어섰다. 올해는 해외에서만 매출 5,000억 원을 달성한다는 목표다. 다양한 광고와 홍보활동도 펼친다. 미국에서는 '신라면의 맛있는 본능(Instinct of Delicious – Shin Ramyun)'이라는 제목의 애니메이션 광고를 선보여 유튜브 조회수 1,400만 건에 달할 정도로 화제를 모았으며, 캐나다에서는 버스와 노면전차 광고를 진행했다. 이 회사는 '신 레드 슈퍼 스파이시 라면'으로 불리는 더 매운맛의 라면도 동남아시아에서 판매하고 있다. 이 라면은 원래 신라면보다 두 배 더 매운맛으로 알려져 있다. 이

회사는 이 제품을 동남아시아에서 선보였는데 베트남이나 태국의 소비자들은 매운 음식에 익숙하기 때문이다.

2021년 이 제품의 판매는 전년에 비해 50% 늘었다고 한다. 해외 전체 판매는 7,363억 원으로 전년에 비해 18%가 늘었다. 농심은 또 원래의 라면 맛에 김치와 칠리 토마토 등 다양한 맛이 들어있는 '순베지 누들 수프'를 수출용으로 판매하고 있다. 미국 시장에서는 한국 음식이 너무 맵다고 생각할 수 있는 서구인과 거대한 해외 채식주의 시장을 겨냥해 신라면보다 순한 맛으로 홍보되고 있다. 이 회사의 채식주의자용 라면 제품들은 2021년 미국에서 1,260만 달러의 매출을 기록했다. 또 서양 국가들에 수출되는 농심 라면의 길이는 한국에서 판매되는 제품보다 짧다. 서양인들은 스파게티 같은 국수를 포크로 둥글게 말아서 먹기 때문에 더 짧은 길이의 국수에 익숙하기 때문이다.

그림 2-10 미국 코스코 매장에서 농심라면을 판촉

삼양식품의 경우도 2021년 3분기 올린 매출액 1,582억 원 가운데 61%를 해외에서 올렸다. 전체 매출에서 해외 매출이 차지하는 비중이 50%를 넘어섰다. 최근 4년간 해외 부문의 연평균 성장률만 41%에 달한다. 주요한 수출 품목으로는 불닭라면을 꼽을 수 있다. 삼양식품은 불닭라면 제품을 다양화하는 데 주력해왔다. 혀를 마비시키는 중국 후추 '마라'를 넣은 '불닭라면 마라'는 2016년 중국 시장 전용 제품으로 큰 인기를 끌었다. '불닭라면 커리'는 같은 해 동남아시아 수출 전용 제품으로 출시됐다. '불닭라면 옥수수'는 치즈와 옥수수 맛을 더한 순한 매운맛으로 수출 전용으로 판매됐다.

라면 회사들은 외국 소비자들에게 한국 라면을 더 친숙하게 하기 위해 제품의 형태와 구성도 바꾼다. 삼양식품에는 동남아시아 시장에서만 판매하는 80g짜리 삼양라면이 있다. 이 제품은 80g 포장 제품으로 일반적인 110~120g 제품보다 작다. 동남아에서 인스턴트 라면들이 약 70g 정도이기 때문에 이 제품은 동남아 국가들에서 판매된다.

최근에는 중동지역진출을 위한 토대도 마련했다. '사르아 제너럴 트레이딩'과 아랍에미리트(UAE) 독점 공급 계약 및 중동 진출 확대에 관한 업무협약을 체결하며 시리아, 레바논 등으로 시장 확대할 방침이다. 삼양식품은 2023년까지 중동지역에서만 매출 500억 원을 달성한다는 목표다.

해외보다는 내수에 집중해 왔던 오뚜기도 2022년 해외 시장 진출에 고삐를 당긴다. 현재 미국과 중국, 베트남, 뉴질랜드에 법인을 세워 해외 60여 국에서 판매하고 있지만 경쟁사 제품 대비 인지도가 낮은 상황이다. 2022년 오뚜기는 베트남 법인을 중심으로 동남아시아 시장 확대에 속도를 낸다는 전략이다. 베트남은 전 세계 라면 소비 5위 국가로 꼽힌다. 경쟁이 치열한 미국, 유럽보다는 한류에 익숙한 동남아시아 및 중화권을 먼저 공략하고 차츰 공략 범위를 넓힌다는 계획이다.

라면 업계 한 관계자는 지속적인 K-라면의 국제화를 위해서는 "한류에 대한 관심 증가나 특정 미디어 노출로 인한 일시적인 특수에 그치지 않고, 차별화된 신제품 출시 및 기존 제품 판매 증가로 연결될 수 있도록 기회를 놓치지 않는 것이 중요하다. 특히 조리법을 SNS 영상 등을 통해 다양하게 소개해 해외 소비자들이 제품을 완벽하게 즐길 수 있도록 하는 것이 중요하다"고 말했다.

토의과제

01 농심, 삼양식품, 오뚜기, 팔도 중 두 회사를 선택하여 이들의 라면 사업 국제화 내용을 1장에 소개된 '기업활동의 세계 확대 과정' 모형을 이용하여 비교해 보시오.

02 한국 라면의 현지 판매를 전적으로 수출에 의존했던 초기 단계와 요즘처럼 수출 및 현지생산을 통한 현지 판매 두 단계로 나누어 본다면 단계별 국제화 성공 요인은 어떻게 다른지 분석해 보시오.

03 국내용 한국 라면과 세계 최대시장인 중국 시장에서의 인기 있는 라면의 맛은 어떻게 다른지 시장조사 하시오.

주요 용어

절대우위론
비교우위론
상호수요설
교역조건
헥셔-오린이론
요소부존이론
수요선호유사이론
기술갭이론
제품수명주기이론
글로벌 경쟁우위 모델

연습문제

01 세계무역의 추세와 특징을 정리해 보시오.

02 한국 수출의 특징을 제품별 · 시장별로 나누어 설명하시오.

03 한국 수입의 특징과 최근 추세는 무엇인가?

04 한국 반도체와 자동차 수출의 전략적인 시장은 각각 어느 나라인지 조사 분석하시오.

05 애덤 스미스의 절대 우위론은 무엇이며, 국가 간 무역 발생의 원인은 무엇인가?

06 리카도의 비교우위론은 무엇이며, 국가 간 무역 발생의 원인은 무엇인지 설명하시오.

07 상호수요설의 개념을 설명하시오.

08 요소부존이론은 무엇이며, 요소부존에 따른 무역방향을 설명하시오.

09 수요선호유사이론이란 무엇인지 논술하시오.

10 제품수명주기이론을 설명하시오.

11 글로벌 경쟁우위 모델을 설명하시오.

CHAPTER 3

해외직접투자 현황과 이론

Ⅰ. 해외직접투자의 현황

Ⅱ. 전통적 해외직접투자 이론

Ⅲ. 최근 해외직접투자 이론

도입사례

해외직접투자의 증가와 그 원인

1990년부터 최근까지 세계 해외직접투자의 추세를 살펴보면 2008년 금융위기, 또 최근 2019~2020년 코로나19로 큰 영향이 있었지만 표에서 제시된 것과 같이 회복세를 보인다.

표 3-1 세계 해외직접투자(1990~2021)

(단위: 10억 달러, 천 명)

구분	1990	2005~2007 세계금융위기 전 평균	2017	2018	2019	2020	2021
FDI 유입(연간)	205	1,425	1,647	1,448	1,481	963	1,582
FDI유출(연간)	244	1,464	1,605	941	1,124	780	1,708
FDI 총 유입 잔고	2,196	14,605	33,162	32,843	36,530	41,728	45,449
FDI 총 유출 잔고	2,255	15,315	32,851	31,393	34,496	39,546	41,798
FDI유출액의 소득액	1281	1,243	2,101	2,128	2,259	2,041	2,131
FDI유출액의 ROI	8.4	10.5	6.4	6.5	6.6	5.4	5.3
해외자회사 매출액	4,801	19,781	30,866	32,844	32,889	–	–
해외자회사 부가가치	1,074	4,668	8,244	7,148	6,512	–	–
해외자회사 자산액	4,649	47,124	114,441	96,130	92,235	–	–
해외자회사 고용인수	20,449	49,840	82,600	84,066	83,597	–	–
세계 GDP	23,475	52,481	80,834	86,085	87,536	85,239	96,293
세계 총 상품수출	4,424	14,952	17,743	19,546	19,005	17,645	22,284

* 자료: UNCTAD World Investment Report 2021, 2022 stats.wto.org, 및 www.oecd.org/investment/statistics

향후 투자 금액은 전반적인 세계 경제 여건에 따라 크게 좌우될 것으로 보인다. 그림에서 볼 수 있듯이 2014년 개도국으로의 해외직접투자 유입액은 6,800억 달러를 기록하며, 선진국 해외직접투자 유입액과 최초로 엇비슷한 수준까지 증가했다. 그러나 이후 2015~2017년 기간 동안 선진국으로의 유입액이 다시 증가하였으나 2018년에는 개도국 유입액이 선진국 유입액과 엇비슷해지다 코로나19 시기인 2020년에는 선진국 유입액보다 처음으로 크게 높아졌다. 참고로 UNCTAD 통계집계 방법상 동유럽 국가들을 체제전환국(transition economies)이라는 별도 그룹으로 분류하고 있다.

그림 3-1 선진국, 개도국, 세계 총액 FDI 유입액 추이

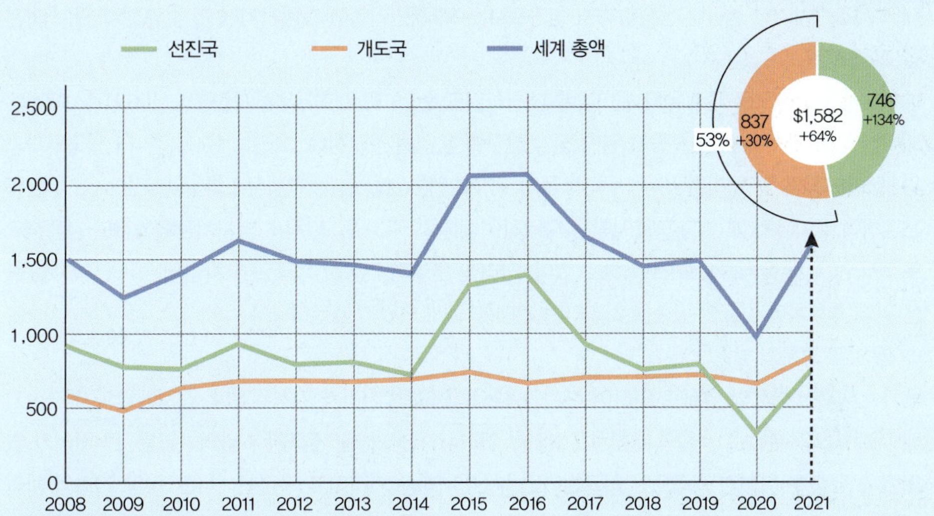

* 자료: UNCTAD World Investment Report 2021

해외직접투자가 최근 많이 증가한 이유를 제도 및 환경적인 기업 외적 요인과 기업 전략상의 내적 요인으로 나누어 살펴보자.

해외직접투자 촉진 환경요인

① 현지 시장기회 확대

2000년 이전의 경우 국내 고임금을 회피하고 중국 등 개도국 현지의 싼 임금을 활용하여 생산 수출하기 위한 방어적인 해외투자가 많았으나 그 이후에는 현지 소비자들의 소득 증대로 빠르게 성장하고 있는 현지 시장기회를 더욱 효율적으로 활용하기 위한 공격적인 투자가 많이 늘어나고 있다. 중국 및 인도에 진출하고 있는 가전 및 전자산업 투자의 경우와 식품, 유통 관련 투자가 이에 해당한다. 농심은 한동안 라면을 중국에 수출하다가 상하이, 칭다오 등지에서 현지 공장을 운영 및 생산하고 있다. 현대자동차의 경우 급성장하고 있는 인도의 자동차시장에 진출하기 위해 인도 남서부 마드라스 지역에 대규모 자동차 생산법인을 1996년부터 투자 운영하여 2022년 인도 내 2위 업체로 성장했다.

② 투자유치국 규제 완화 및 투자 촉진

기술, 경영노하우 등 많은 생산요소의 국가 간 이동이 보다 자유로워졌다. 많은 투자유치국은 한때 외국인직접투자가 국내 산업을 지배하거나 국부 유출이라는 부정적 시각을 갖고 해외자본 유입의 규제를 강조하던 때가 있었다. 그러나 오늘날 한국을 비롯한 대부분의 국가는 해외기업 유치를 위한 노력을 경쟁적으로 기울이고 각종 혜택을 부여하는 등 외국인 투자에 대한 다른 인식을 갖게 되었다. 지난

30~40년간 아시아 국가 중에서 외국인 투자를 가장 성공적으로 유치한 국가는 싱가포르이다. 하이테크 제조산업부터 첨단 금융산업까지 싱가포르는 외국인 기업이 활동하기에 가장 경쟁력 있는 여건을 조성했다.

해외에서 정기적으로 투자유치 세미나를 개최하기도 한다. 또 대한무역투자진흥공사(KOTRA)에서는 외국인의 국내 투자 상담을 돕기 위한 전담 창구를 운영하기도 한다. 그리고 1999년부터 외국투자기업의 고충 상담 및 처리를 위한 외국인 투자 옴부즈맨(ombudsman) 사무소와 Invest Korea 부서를 운영하여 투자유치 및 투자 애로사항을 파악하여 해결해 주고 있고, 각 지방자치단체에서도 경쟁적으로 외국인 투자 유치를 위해 노력하고 있다. 이러한 변화의 이유는 외국인 투자업체들이 일자리 창출 등 경제 활성화에 중요한 공헌을 하리라는 기대를 하게 되었기 때문이다.

③ 통신 및 교통의 발달

국가 간 교통, 통신의 발달로 인하여 본사와 해외법인과의 거리가 가까워졌다. 전자메일과 전자상거래 네트워크의 발달로 서울과 부산사무소와의 거리나 서울과 베이징사무소와의 거리는 큰 차이가 없어졌다. 단순히 비행기 거리로만 비교한다면 부산은 50분 거리이고 북경은 1시간 10분 거리의 차이이다. 부산을 당일 출장을 갔다 왔던 것처럼 베이징, 도쿄, 상하이도 당일 출장이 가능해졌다. 또 예전에는 업무처리를 하기 위해서 회사건물 안에서 관련 당사자들의 결재를 받아야 했으나 이제는 외국에서도 스마트폰, 전자메일로 서류를 검토하고 결재를 주고받는 것이 가능해졌다. 기업경영 활동에 물리적인 거리로 인한 어려움은 많이 줄었다.

④ 투자위험 대응 방안의 확대

빈번한 현지 여행을 통해 많은 현지 체험이 쌓이고 또 많은 현지 정보를 손쉽게 얻을 수 있어 현지 환경에 대한 위험을 과거보다 잘 인식하고 있다. 또 이러한 현지 투자위험도 국가 간 투자보장협정이나 투자보험 등 다양한 방법으로 줄일 방법이 가능했다. 기업이 투자위험을 줄이기 위해 단계적으로 투자 규모를 늘리기도 하고 현지의 적당한 파트너 기업을 물색하여 투자 초기 단계에서의 투자위험을 줄이기도 한다. 이러한 대응 방안이 과거보다 많아졌으며 기업들도 이러한 대처 방안을 관리하는 능력이 국제화 경험과 함께 크게 증진되었다.

해외직접투자 촉진 기업전략요인

① 경쟁

해외직접투자가 성장하게 된 중요한 기업전략요인으로 경쟁을 들 수 있다. 일부 기업들은 내부적으로 가지고 있는 경쟁우위를 보다 더 빨리, 더 효율적으로 활용하기 위하여 해외 진출을 시도하고 있다. 특히 패스트푸드, 외식산업과 같은 글로벌 과점산업에서 이러한 현상이 두드러진다. 경쟁우위의 중요한 원천이 되는 규모의 경제효과를 짧은 시간에 누리기 위해서는 빠른 해외투자를 통한 국제화가 요구된다. 과거에는 기업들이 몇 개의 선진국에 한정하여 경쟁했으나 최근에는 선진국, 중진국, 개발도상국 등 많은 국가에서 기업들이 동시에 경쟁을 치열하게 하고 있다.

② 비용구조

경쟁이 심화하는 환경에서 기업들의 비용구조도 바뀌고 있다. 즉, 연구개발, 신제품 혁신, 교육훈련, 광고 및 마케팅 등 많은 부가가치 활동에 드는 비용이 점차 고정비화되고 규모도 많이 증가하고 있다. 따라서 기업자들에게 규모의 경제나 범위의 경제를 통한 비용구조에 대한 개선 압박이 끊임없이 요구된다. 따라서 원가구조를 개선할 수 있는 해외직접투자 활동이 증가하고 있다. 예를 들면, 한국에서 임금 상승 등의 이유로 수익력이 점차 떨어지는 부가가치 활동이나 사업부를 베트남과 같이 노동 인건비가 싼 지역으로 옮기는 소위 방어적인 투자도 많이 이루어졌다.

토의과제

01 상기 표에서 2007~2021년 동안 전 세계 해외직접투자 추세를 보여주고 있다. 세계 해외직접투자 금액 추이를 보면 전반적으로는 증가를 하고 있으나 동시에 시기별로 증가와 감소를 반복하고 있다. 왜 이러한 현상이 발생하는지 설명하시오. 그리고 세계 해외직접투자의 일반적인 특징을 설명하시오.

02 전반적으로 해외직접투자가 증가하게 된 기업 외적 요인, 즉 제도와 환경요인에 관하여 한국기업의 예를 들어 설명하시오.

03 해외직접투자를 촉진하게 만든 기업 내적 요인, 즉 전략적 요인에 관하여 한국기업의 예를 들어 설명하시오.

04 내용에서 언급되지 않은 해외직접투자 촉진 요인을 추가로 설명하시오.

I 해외직접투자의 현황

1 해외직접투자의 지역별 추세

해외직접투자액을 살펴보면 [그림 3-1]에 있듯이 2008년 하반기 미국의 서브 프라임 모기지 사태에서 시작되어 전 세계로 파급된 대규모 금융 위기 사태로 시작된 글로벌 금융 위기 이후 크게 감소했다. 특히 이 기간에 선진국으로의 해외직접투자 유입액 비율은 2000년 81.2%의 수준에서 2014년 42.6%로 매우 큰 폭으로 감소하였으나 그 이후 선진국 유입액 비율은 잠시

(2015~2016년) 증가하다가 2017년부터 감소세를 보인다.

반면 개도국의 투자유입액은 세계 전체 대비 2000년 18.8%에서 꾸준히 증가하여 2020년 66.9%로 많이 증가했다. 전반적으로 개도국의 경제발전 추세에 힘입어 향후에도 이들 국가에 대한 해외직접투자가 계속 증가할 것으로 보이나 개도국 그룹 안에서도 차별화될 것으로 보인다. 개도국 비중의 상대적인 증가는 개도국 중 투자유입액이 1위인 중국뿐만 아니라 브라질, 인도, 러시아 등 BRIC 국가와 홍콩, 싱가포르 내 투자가 증가하였기 때문이고 향후에도 이들 지역으로의 투자 집중이 예상된다. 이와는 대조적으로 중동지역과 아프리카 국가는 정치적 불안정과 낙후된 경제발전으로 향후에도 계속 해외직접투자의 상대적인 소외지역으로 남을 가능성이 높다. 반면에 투자 유출액 기준으로 보면 아직은 여전히 미국, 유럽 등 선진국 다국적기업에 의해 대부분 투자가 행해지고 있다.

미국은 전통적으로 가장 **큰 투자국이면서 투자유치국**이었다. 미국기업들은 2021년 유입 기준 세계 전체 해외직접투자의 약 23.2%에 해당하는 3,674억 달러를 해외로부터 받아들여 세계 1위 투자유치국의 위치를 유지했다. 그러나 유출 기준으로도 전 세계의 약 23.6%에 해당하는 4,301억 달러를 외국에 투자했다. 미국 내 주요 투자기업은 유럽과 일본기업으로 특히 1994년 미국의 NAFTA 협정체결과 한때 세계 최대의 무역 흑자국이었던 일본은 미국 이외 EU, 동남아에도 상당 규모의 직접투자를 실행했다. 동남아는 저렴한 생산비용과 일본 본국과의 지리적 근접성, 및 현지 시장 선점 등 여러 이유 때문이었다. 한국과 대만 등 아시아 기업들도 중국과 동남아에 많은 투자를 했다.

[그림 3-2]와 [그림 3-3]은 전 세계 상위 20개국의 FDI 유입액과 유출액의 크기를 나타낸 것이다. 간략하게 살펴보면, 2021년 유입액 기준 미국 뒤를 이어 중국, 홍콩, 싱가포르, 캐나다 순으로 외국인 투자 유입액이 많았다. 전체적으로 선진국으로는 상위 10개국 중 미국, 싱가포르, 캐나다만 포함되어 과거에 비해 선진국 수가 크게 줄었다. 대신 세계의 다국적기업들이 중국, 인도 등 아시아 국가에 오늘날 투자를 많이 하는 것을 볼 수 있다. 그러나 유출액 기준 상위 5 국가의 경우에는 미국, 독일, 일본, 영국 등 기존 선진국들이 해외투자를 적극적으로 하는 것을 볼 수 있다. 또 한국과 싱가포르도 해외에 많은 투자를 하는 것을 확인할 수 있다.

놀랍게도 중국과 홍콩은 모두 10대 해외직접투자 유입국 및 유출국으로 포함되어있고 유입, 유출 규모가 계속 증가하고 있다는 것이다. 이는 세계 기업들이 중국의 거대한 시장기회 활용을 위해 투자를 늘리고 있고 홍콩을 통한 중국 시장 진출 투자를 강화하기 때문이다. 동시에 많은 중국 기업들이 직접적으로 또는 홍콩을 통하여 대규모 해외투자, 해외시장 발굴, 및 해외

M&A 등을 적극적으로 추진하고 있다. 또 한 가지 흥미로운 것은 **선진국 중 일본은 주요 투자국(2021년 세계 3위)이지만, 상대적으로 적은 해외투자(2021년 18위)를 유치**하고 있는 사실이다. 아마도 그 이유는 일본시장의 폐쇄성과 문화적인 차이로 인해 서구 다국적기업들의 일본시장 진입이 비교적 서서히 이루어지고 있기 때문으로 보인다. 한국의 경우도 일본과 비슷한 모습을 보인다. 해외투자 유출 기준으로 2021년 10위였으나 유입 기준으로는 20위안에 들지 못했다. 아마도 한국 정부의 그동안의 외국인 투자 유치 정책이 효과적이지 못한 점과 남북 갈등으로 인한 정치적 위험, 그리고 강성 노조 이미지 등이 복합적으로 작용한 것으로 보인다.

표 3-2 지역별 세계 해외 직접 투자

(단위: 10억 달러)

구분	해외직접투자 유입량			해외직접투자 유출량		
	2019	2020	2021	2019	2020	2021
선진국	764.5	319.2	745.7	736.8	408.2	1,269.2
유럽	404.81	80.8	219.0	342.6	−20.6	551.6
• 유럽연합	401.7	209.5	137.5	368.3	66.4	397.6
미국	225.1	150.8	367.4	28.6	234.9	403.1
일본	13.8	10.7	24.7	232.6	95.7	146.8
개도국	716.2	643.9	836.6	387.1	372.3	438.4
아시아	511.6	518.9	619.0	336.2	378.4	394.1
• 동아시아	232.3	284.7	328.9	202.9	267.7	244.4
중국	141.2	149.3	181.0	136.9	153.7	145.2
• 남아시아	59.1	71.0	52.4	13.3	11.2	16.0
• 동남아시아	175.0	122.1	175.3	79.5	62.4	75.8
아프리카	45.7	39.0	83.0	4.9	−0.6	2.7
라틴아메리카	158.7	86.1	134.5	46.8	−4.7	41.8
전 세계	1,480.6	963.1	1,582.3	1,123.9	780.5	1,707.6
선진국 비율	51.6	33.1	47.1	65.6	52.3	74.3
개도국 비율	48.4	66.9	52.9	34.4	47.7	25.7

* 자료: World Investment Report 2021

그림 3-2 해외직접투자 상위 20개국, 유입액 기준 (2020, 2021년)

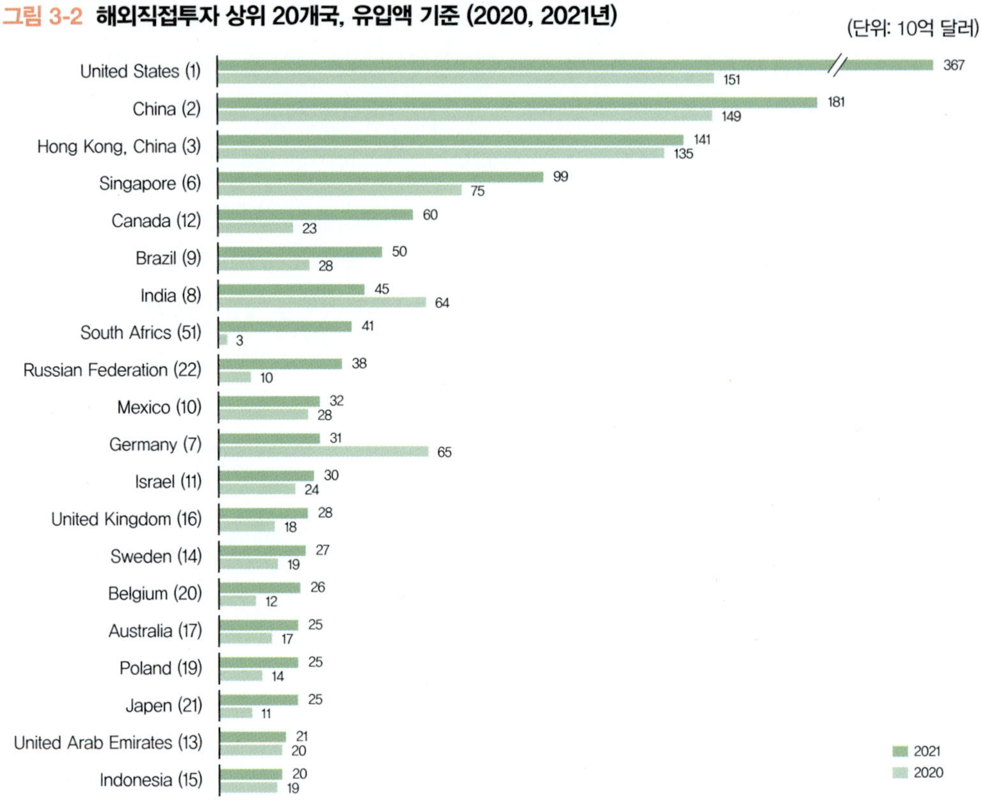

* 자료: UNCTAD World Investment Report 2022
* 국가 옆 ( ) 숫자는 2020년 순위

그림 3-3 해외직접투자 상위 20개국 유출액 기준(2020, 2021년)

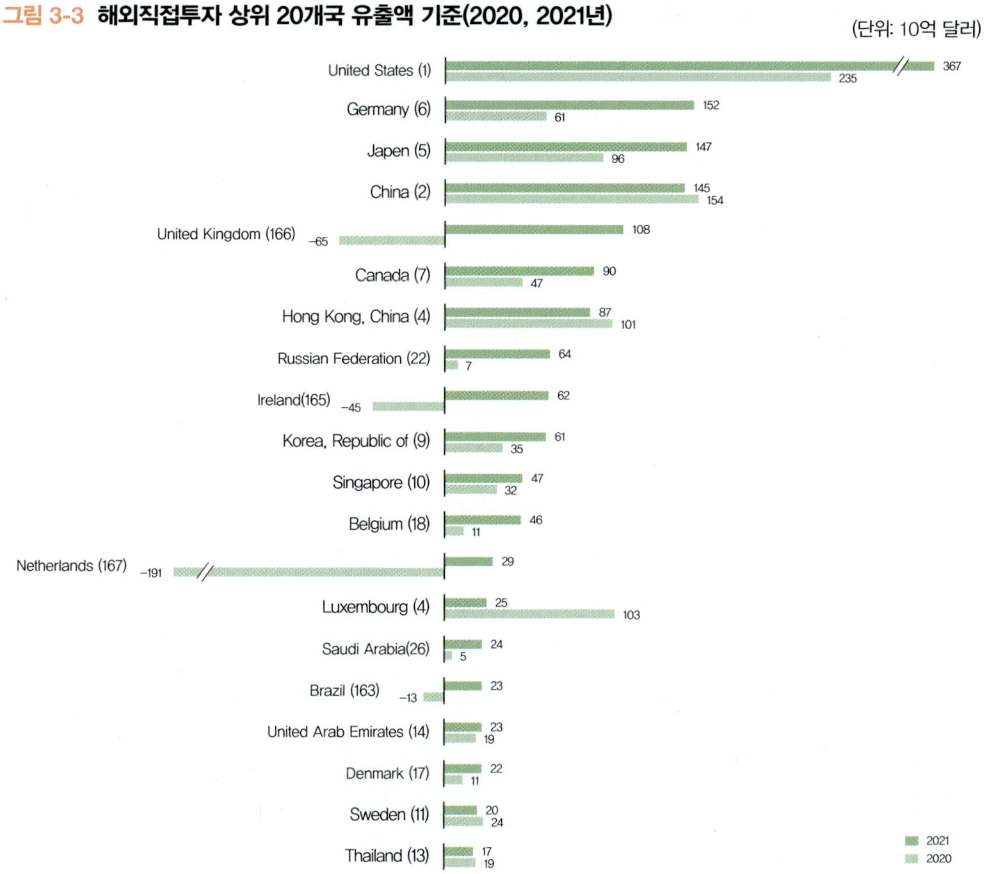

* 자료: UNCTAD World Investment Report 2022
* 국가 옆 ( ) 숫자는 2020년 순위

2 한국 해외직접투자의 현황과 특징

1. 연도별 추이

한국의 해외직접투자는 1980년대 이후 높은 증가세를 지속하여 2022년 3월 말을 기준으로 총투자액은 6,830억 8,000만 달러로 증가했다. 한국수출입은행은 그동안의 투자 건수도 356,844건으로 집계하고 있으나 투자 후 철수(회수) 건수와 금액도 무려 50,778건, 1,337억 달러 7,000만 달러로 순 투자 금액은 차감액인 5,493억 3,000만 달러로 보고하고 있다. 1980년 후반부터 국내 임금 및 부동산 가격의 급격한 상승으로 봉제, 신발 등 많은 노동집약적 산업의 가격경쟁력이 크게 약화하여 많은 기업이 인도네시아, 필리핀 등 저임금 국가로 투자를 확대했다. 이러한 기업들의 해외직접투자는 1990년대에 이르러 더 두드러졌다. 1990년에는 최초로 한 해 해외투자 금액이 10억 달러를 초과하게 되었고 1991년에는 투자 신고 건수가 최초로 1,000건을 초과했고 1995년에는 투자 잔고액이 처음으로 100억 달러를 초과했다. 이후 1997년 아시아 외환위기 때까지 투자 금액이 매년 급격히 상승했다. 그러나 외환위기 직후인 1997~1998년 동안에는 투자 건수와 투자 금액이 크게 줄었다. 다만 1998년에는 낮은 투자 건수를 기록하면서도 투자 금액이 전년보다 늘어났다. 이것은 아마도 외환위기 이후 해외법인들의 현지 단기금융의 심각한 어려움으로 본사에서 부득이 자본 증자나 대출금액 형태의 투자가 이루어졌기 때문으로 보인다. 2000년에는 1999년에 비해 투자 신고 건수 및 투자 금액 모두 회복했다.

그러나 그 이후 2002~2003년 기간에는 미국의 2001년 9·11 테러 사태, 일본경제의 장기불황 등으로 미국 및 세계경기가 악화하여 투자 건수도 제자리걸음을 했고 투자 금액은 급감했던 것으로 나타났다. 해외투자의 감소와 증가가 반복되는 상황에서도 2003년에 최초로 투자잔고 건수가 50,000건을 넘어섰고, 투자 잔액도 475억 달러를 상회했다. 그러나 2007년까지 투자 금액이 증가하였으나 이후 다시 2008년 글로벌 외환위기 여파로 2009년 해외투자 금액은 많이 감소했다. 그 이후 2010년부터 국내기업의 해외투자 금액은 다시 완만한 증가를 했다. 그러다 2020년 코로나19 영향으로 해외투자는 다시 일시적으로 감소하다 2021년 역대 최고 한 해 투자 금액(764억 달러)을 기록했다. [그림 3-4]는 신고 금액과 투자 금액을 보여주고 있다. 투자자들이 국내 외국환은행에 향후 투자한다는 신고 금액인 데 반해 투자 금액은 신고 금액 중에서 실제 해외 사업체로 송금이 이루어진 금액인 점에서 다소 다르며 신고 금액이 투자 금액보다 대략 30% 이상 높게 집계되고 있다. 연도별 신고 금액, 투자 금액뿐만 아니라 신규법인 수, 투자(송금)액회수, 회수 금액 및 회수 금액을 공제한 연간 순 투자금, 또 해외 투자누계액 등 여러 내용을 보여주고 있어 한국 해외투자에 대한 상세한 분석을 가능케 한다.

2. 투자 주체 및 투자지분

한국수출입은행 해외투자 통계를 보면 대기업, 중소기업, 개인, 개인사업자 그리고 비영리단체 등 5그룹으로 분류해 놓았는데 이 중 **대기업들의 해외투자 비중이 대략 금액 기준으로 약 60~65% 정도**를 차지하고 있고 중소기업 해외투자 비중은 20% 내외이다. 그리고 나머지 해외투자는 개인, 개인기업, 비영리단체 순으로 투자를 많이 행하고 있다. 또 2016~2021년간 행해

표 3-3 한국 해외직접투자 연도별 추이

(단위: 건, 백만 달러)

연도	신규 법인수	신고금액	투자금액	투자(송금) 건수	회수건수	회수금액	순투자 금액	순투자 잔액
합계	86,082	901,988	683,081	356,844	50,778	133,768	549,313	
1980	395	469	328	551	13	10	318	318
1981	54	324	65	93	3	1	64	383
1982	53	840	119	132	2	0	119	501
1983	62	149	174	165	5	4	170	671
1984	52	199	53	130	5	1	52	723
1985	40	219	112	116	16	39	73	796
1986	57	499	318	171	15	15	303	1,100
1987	97	368	411	225	7	17	393	1,493
1988	188	1,697	277	454	20	54	223	1,716
1989	287	990	584	717	14	155	429	2,145
1990	367	2,454	1,148	996	38	121	1,027	3,172
1991	472	2,050	1,367	1,284	122	76	1,291	4,463
1992	532	2,154	1,373	1,571	176	106	1,266	5,729
1993	715	2,251	1,490	1,790	248	125	1,365	7,094
1994	1,521	3,767	2,437	3,224	277	170	2,267	9,361
1995	1,384	5,436	3,342	3,551	294	189	3,153	12,514
1996	1,530	7,444	4,836	4,492	217	149	4,686	17,201
1997	1,398	6,332	4,099	4,166	202	180	3,919	21,119
1998	651	5,849	4,839	2,904	231	762	4,077	25,196
1999	1,148	4,735	3,435	3,553	288	927	2,508	27,704
2000	2,191	6,335	5,413	5,827	424	1,509	3,904	31,608
2001	2,269	7,297	6,088	6,870	473	3,347	2,741	34,349
2002	2,617	6,778	4,123	8,387	502	1,184	2,940	37,289
2003	2,950	6,630	4,936	9,815	536	766	4,170	41,458
2004	3,965	9,289	7,011	13,675	776	850	6,162	47,620
2005	4,721	9,987	7,426	16,936	941	1,702	5,724	53,344
2006	5,503	19,576	12,019	19,452	892	894	11,126	64,470
2007	6,075	30,881	23,118	22,424	1,280	2,401	20,717	85,187
2008	4,296	37,244	24,313	20,184	1,820	3,078	21,235	106,422
2009	2,673	31,646	20,983	14,648	1,671	2,269	18,715	125,137
2010	3,070	34,877	25,647	14,900	1,803	2,562	23,084	148,221
2011	2,946	46,412	29,647	14,552	2,082	5,192	24,455	172,676
2012	2,789	40,670	29,694	14,246	2,246	2,471	27,223	199,899
2013	3,044	36,173	31,205	14,270	2,538	7,520	23,685	223,584
2014	3,051	35,927	28,724	14,826	2,749	6,767	21,957	245,541
2015	3,218	40,286	30,375	15,734	2,935	8,431	21,944	267,485
2016	3,344	49,903	40,657	16,493	2,932	10,303	30,354	297,839
2017	3,455	49,471	45,042	16,344	3,457	9,597	35,445	333,284
2018	3,555	59,371	51,631	17,317	3,930	9,794	41,837	375,121
2019	4,016	83,742	65,073	18,527	4,201	13,650	51,424	426,545
2020	2,424	71,648	57,299	14,490	4,424	14,874	42,424	468,969
2021	2,309	110,288	76,446	13,445	4,904	17,604	58,842	527,811
2022	598	29,331	25,404	3,197	1,069	3,902	21,501	549,313

* 자료: 한국수출입은행 해외투자통계
1980년 실적은 1968~1980년까지의 누계
2022년은 1~3월까지 통계

진 한국 해외투자의 투자지분 별 특징을 보면 **전체 투자의 약 65% 내외가 100% 지분 단독 투자 방식**이고 약 15~20%가 다수지분 투자 방식(51~99% 지분)이다. 즉 한국 해외투자자들은 전통적으로 100% 단독 투자 방식을 크게 선호하는 특징을 보여주고 있다.

그림 3-4 한국 해외직접투자 연도별 추이(신고 금액 및 투자 금액)

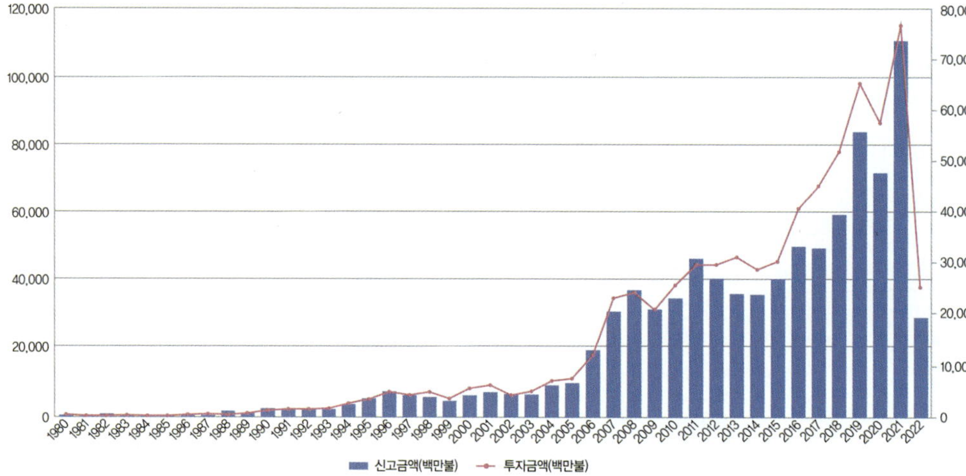

3. 산업별 추이

한국의 주요 해외직접투자를 차지하는 제조업 부문의 투자를 주요 업종별로 나누어 보았다. 전체 제조업 분야 투자 규모는 최근에 올수록 많이 늘어나는 것을 볼 수 있다. 2016년에는 87억 달러 정도이었는데 2019~2021년 기간에는 코로나19 기간이었음에도 불구하고 연평균 166억 달러로 90% 정도 증가한 것으로 보아 한국기업의 글로벌 전략이 더욱 가속화됨을 알 수 있다.

2002년만 해도 섬유·봉제 해외투자가 전체 제조업 투자의 약 12%의 비교적 높은 비중을 차지했으나 최근에 올수록 섬유·봉제 등의 경공업 비중은 현격히 줄고 중화학공업의 해외직접투자가 크게 늘어 제조업 중 **중화학공업 전체 비중**은 2002년 80% 수준에서 90% 수준으로 크게 늘었다. 특히 2021년 통계를 보면 **반도체, 스마트폰**과 같은 전자부품, 컴퓨터, 통신장비 제조(33.0%), **전기장비** 제조업(19.5%), **자동차**·및 트레일러 제조업(12.5%) 투자액이 전체 제조업투자액의 65%를 차지하고 그 뒤로 **화학** 제품(5.8%), **1차 금속**(5.6%), **식료품**(5.4%) 순으로 많은 투자가 이루어졌다. [표 3-4]와 [그림 3-5]에서 산업을 크게 제조업과 서비스업

표 3-4 한국 제조업종별 해외직접투자 현황

(단위: 백만 달러)

	2016		2019		2020		2021	
	투자 금액	비율	투자 금액	비율	투자 금액	비율	투자 금액	비율
제조업 소계	8,732	100	18,615	100	13,116	100	18,162	100
식료품 제조업	434	5.0	1,962	10.5	576	4.4	978	5.4
음료 제조업	99	1.1	19	0.1	53	0.4	10	0.1
담배 제조업	1	0.0	0	0.0	0	0.0	0	0.0
섬유제품 제조업; 의복제외	221	2.5	229	1.2	230	1.8	260	1.4
의복, 의복액세서리 및 모피제품 제조업	321	3.7	307	1.6	308	2.3	179	1.0
가죽, 가방 및 신발 제조업	218	2.5	243	1.3	199	1.5	95	0.5
목재 및 나무제품 제조업; 가구제외	11	0.1	74	0.4	18	0.1	2	0.0
가구 제조업	45	0.5	47	0.3	71	0.5	65	0.4
펄프, 종이 및 종이제품 제조업	31	0.4	23	0.1	27	0.2	26	0.1
인쇄 및 기록매체 복제업	6	0.1	9	0.0	10	0.1	3	0.0
코크스, 연탄 및 석유정제품 제조업	14	0.2	5	0.0	5	0.0	5	0.0
화학물질 및 화학제품 제조업; 의약품 제외	1,175	13.5	2,189	11.8	1,007	7.7	1,045	5.8
의료용 물질 및 의약품 제조업	94	1.1	465	2.5	443	3.4	386	2.1
고무제품 및 플라스틱제품 제조업	331	3.8	757	4.1	692	5.3	600	3.3
비금속 광물제품 제조업	76	0.9	212	1.1	141	1.1	154	0.8
1차 금속 제조업	751	8.6	786	4.2	651	5.0	1,025	5.6
금속가공제품 제조업; 기계 및 가구 제외	176	2.0	313	1.7	373	2.8	628	3.5
전자부품, 컴퓨터, 영상, 음향 및 통신장비 제조	1,572	18.0	3,750	20.1	3,116	23.8	5,985	33.0
전기장비 제조업	660	7.6	2,177	11.7	2,378	18.1	3,549	19.5
의료, 정밀, 광학기기 및 시계 제조업	157	1.8	219	1.2	206	1.6	281	1.5
기타 기계 및 장비 제조업	396	4.5	1,922	10.3	378	2.9	291	1.6
자동차 및 트레일러 제조업	1,368	15.7	2,201	11.8	2,052	15.6	2,267	12.5
기타 운송장비 제조업	370	4.2	404	2.2	130	1.0	177	1.0
기타 제품 제조업	205	2.3	301	1.6	53	0.4	150	0.8

* 자료: 한국수출입은행 해외투자통계

그리고 1차 산업(농업, 임업, 어업, 광업)으로 나누어 연도별 추이를 보면 최근에 올수록 **서비스업의 투자 비중이 크게 높아지고 있다.** 2001년 제조업 투자 비중은 전체 해외 투자액 중 71.5%를 차지했으나 최근 2019~2021년 기간에는 25% 내외에 머무르고 있다. 반면 서비스업 투자 비중은 최근 73% 수준으로 많이 증가했다. 이는 한국기업 중 서비스 관련 기업들의 국제화가 가속화되고 있음을 시사하고 있다. 2021년 서비스 업종 중 특히 해외투자가 많은 세부 업종을 보면 **금융 및 보험업**(38.6%), **부동산업**(9.1%), **정보통신업**(9.0%), 도매 및 소매업(4.7%), 전기 가스 공급업(3.7%), 운수 및 창고업(1.8%) 순이다. 향후에도 이러한 서비스 부문 투자가 더욱 늘어날 전망이다.

표 3-5 제조업 대 서비스업 해외직접투자 비율 추이

(단위: 백만 달러, %)

	2001	2006	2011	2016	2019	2020	2021
연간 투자액	6,088	12,019	29,647	40,657	65,073	57,299	76,446
1차산업	1.6	11.1	29.4	7.6	4.3	3.6	2.7
제조업	71.5	48.3	34.7	21.5	28.6	22.9	23.8
서비스업	26.9	40.6	35.9	70.9	67.1	73.5	73.6
계	100	100	100	100	100	100	100

그림 3-5 연도별 제조업 대 서비스업 투자 비율 추이

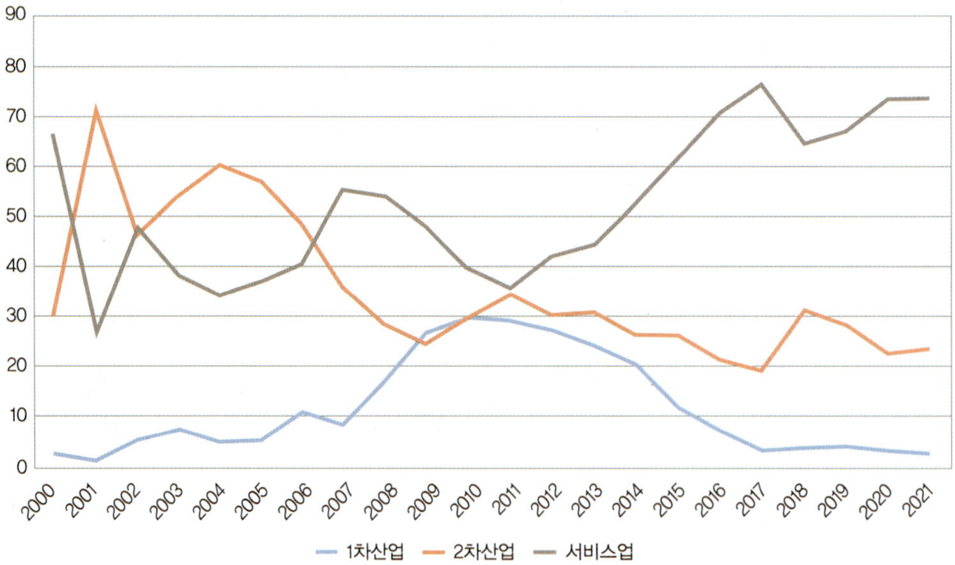

4. 지역별 추이

[표 3−6]에서는 지역에 따른 변화 추이를 보여주고 있다. 2003~2021년 기간 중 연도와 지역에 따라 증감을 보인다. 전반적으로 한국의 해외직접투자 금액은 동 기간 중 증가하는 추세를 보이고 있었으나 지역에 따라 조금 다른 양상이 나타났다. 중국과 홍콩의 경우 2003년에는 전체 투자 금액의 41.8%를 차지하였으나 2021년에는 9.9%로 많이 감소했다.

아마도 2016년부터 시작된 중국 정부의 사드 보복 조치로 한국기업의 중국 투자 심리가 크게 위축된 부분도 있으나 보다 근본적인 이유는 과거 중국의 싼 임금을 기대하고 투자했거나 계획했던 많은 중소기업이 중국 현지 임금의 급격한 상승으로 중국의 투자 매력도가 크게 낮아졌다고 판단하였기 때문으로 분석된다. 대기업들도 중국기업들의 경쟁력이 크게 향상되어 중국 투자에 더욱 더 신중해진 결과라 판단된다. **대 중국 투자가 다소 위축됐지만 아세안 지역 내 투자는 많이 증가했다.** 아세안 지역에는 2019~2021년 기간 중 해마다 90억 달러를 초과하는 투자가 이루어져 대중국 및 홍콩 투자액(2021년 76억 달러)보다 높아졌다. 특히 아세안 지역 중 베트남에 대한 투자가 많이 늘어났다. 그 이유는 대중 투자의 매력도가 떨어진 상황에서 많은 한국 기업들이 베트남은 여전히 싼 임금을 기대할 수 있고 나름의 내수 시장 성장 잠재력이 있다고 판단하였기 때문이다. 대표적인 대 베트남 투자는 삼성전자의 스마트폰 생산공장 투자이다. 2009년부터 투자가 단계적으로 이루어진 삼성전자의 베트남 스마트폰 생산 공장은 삼성전자의 전 세계 판매 대수 4억 대 중 50% 정도를 담당하고 있다.

또 흥미로운 사실은 **대미국 투자가 꾸준하게 증가하고 있는 사실이다.** 대 중국 투자의 감소와 대조를 이루고 있다. 세계 최대 소비재 시장인 미국에 삼성전자, LG전자, 현대자동차 등 한국의 글로벌 기업들의 대규모 투자가 생산, 판매, 기술개발 등 다양한 목적으로 꾸준히 이루어져 2021년 전체투자액의 36.4%를 차지하고지고 있다.

또한 과거 트럼프 대통령의 소위 'America First' 정책과 바이든 대통령의 'Buy American' 정책, 그리고 지속된 미국의 통상압력 등을 감안해 볼 때 향후에도 대미국 투자는 꾸준히 증가할 것으로 분석된다. 대 EU지역 투자 비율도 EU지역의 경기 침체, BREXIT와 같은 정치적인 불확실성 때문으로 2016년까지 감소추세를 보였으나 그 이후 2019~2021년 기간에는 많이 증가했다.

표 3-6 주요 국가 및 지역별 해외직접투자 추이

(단위: 건, 백만 달러, %)

		2003	2011	2016	2019	2020	2021
중국 및 홍콩	금액	2,061	5,248	5,031	8,612	5,999	7,558
	금액 비중	41.8	17.7	12.4	13.2	10.5	9.9
미국	금액	1,092	7,442	13,670	15,770	15,166	27,819
	금액 비중	22.1	25.1	33.6	24.2	26.5	36.4
ASEAN	금액	624	4,962	5,350	9,996	9,051	8,899
	금액 비중	12.6	16.7	13.2	15.4	15.8	11.6
베트남	금액	175	1,118	2,389	4,594	2,827	2,469
	금액 비중	3.5	3.8	5.9	7.1	4.9	3.2
EU	금액	230	3,840	3,269	11,664	9,314	9,787
	금액 비중	4.7	13.0	8.0	17.9	16.3	12.8
기타지역	금액	754	7,037	10,948	14,437	14,942	19,914
	금액 비중	15.3	23.7	26.9	22.2	26.1	26.0
합계	금액	4,936	29,647	40,657	65,073	57,299	76,446
	금액 비중	100	100	100	100	100	100

* EU 28개국 (불가리아와 루마니아 2004년 가입, 크로아티아 2013년 가입 반영). ASEAN: 베트남 포함
* 자료: 한국수출입은행 해외투자통계

3 해외직접투자의 무역효과

해외직접투자가 한국 본사 및 관련 기업(산업)의 수출입과 국제경쟁력에 미치는 효과는 매우 다양하다. 대체로 수출입증가 효과와 수출입 전환 효과 그리고 수출입 감소 효과 등으로 구분해 볼 수 있다. 또 효과를 단기적인 측면과 장기적인 측면에서 구분해 볼 수 있다.

1. 단기효과

가장 직접적인 수출 증가 효과는 현지법인이 신규 생산시설 건설이나 제품생산에 필요한 원·부자재 등을 한국 본사 등으로부터 수입함에 따라 한국으로부터의 **수출이 증가**하는 효과이다. 이러한 효과는 단기적이고 대부분 투자와 동시에 발생한다. 또 해외투자를 중국 등 저임금지역으로 이동하여 가격경쟁력이 향상되어 회사 전체적으로 보면 수출 증가를 꾀할 수 있다. 이에

반하여 **수출 전환 효과**는 현지법인이 생산한 제품이 현지 또는 제3국시장에 판매되는 경우 기존 본사 수출을 대체할 때 발생한다. 주로 현지 시장 확보나 무역장벽 회피 등을 목적으로 하는 투자 시 수출 전환 효과가 뚜렷이 나타나게 된다. 또 **수출감소 효과**는 주로 관련 산업에서 일어난다. 예를 들어, 투자기업으로부터 생산된 기존 제품을 공급받아 다른 완제품을 만들어 수출해 오던 기업의 경우 수출감소를 가져올 수가 있다. 물론 이럴 때도 관련 산업이 대체 공급품을 쉽게 이용할 수 있거나 해외투자를 행하는 회사에 대한 의존도가 낮다면 수출감소 효과는 크지 않을 것이다. 예를 들어, 석유화학산업처럼 전·후방 관련 정도가 매우 높은 산업인 경우 한 기업이 해외투자를 할 때 전·후방 관련 기업에 주는 영향은 크다.

다음은 해외투자와 수입과의 관계를 살펴보자. 먼저 가장 뚜렷한 효과는 자회사로부터의 완제품의 역수입으로 인한 **수입 증가 효과**이다. **수입 전환**은 기존 제품생산에 필요했던 외국 **원·부자재 수입이 본사에서 해외 자회사로 전환될 때 발생한다. 아울러 관련 회사들의 원·부자재 수입 감소**도 예상된다.

표 3-7 해외직접투자와 수출입과의 관계

구분		단기효과	장기효과
수출	증가	• 생산요소(원자재, 중간재, 핵심부품) 및 자본재 설비자회사로 수출 • 생산기술 등 라이슨싱 수입 • 저임금국가진출 시 가격경쟁력 향상으로(자회사에서) 수출증가 예	• 해외로 이전한 저가제품 대신 본사에서 고가, 고기능제품 생산 시 수출확대 • 해외자회사 마케팅기능 강화 시 현지시장 신규사업 관련 수출기회 확대
	전환	• 기존의 현지시장 또는 제3국시장에 대한 본사 수출에서 자회사 판매로 전환	• 자회사 경쟁력이 높아져 본사에서 추가적인 제품생산 이전 시 추가적인 수출전환
	감소	• 기존 제품이나 기존 제품생산 시 부산물을 이용하여 다른 완제품을 만들던 기업(산업)의 수출 감소	• 자회사 현지부품구매, 현지판매가 가속화 될수록 기존 제품과 관련된 전 · 후방 산업의 수출 및 기술 경쟁력 약화
수입	증가	• 자회사로부터 생산된 완제품, 부산물을 본사나 기존 국내고객 회사가 역수입	• 자회사 생산이 고도화 될수록 필요한 신규 생산설비, 기술 중 일부 외국으로부터 수입증가
	전환	• 기존 제품생산을 위해 필요했던 외국원 · 부자재 수입, 본사에서 자회사로 전환	• 자회사로 추가적인 제품이전 시 이에 관련하여 외국에서 수입해오던 원 · 부자재 본사에서 자회사로 전환
	감소	• 이전되는 제품과 관련된 국내 공급업체나 고객업체들의 원 · 부자재 수입 감소	• 자회사로 추가적인 제품이전 시 전 · 후방 관련 산업이 외국에서 수입해오던 원 · 부자재 수입 감소

2. 장기효과

해외직접투자는 단기적 효과뿐만 아니라 다양한 장기적인 효과도 가져올 수 있다. 단기적인 효과와는 달리 대부분의 장기적인 효과는 투자기업이나 관련 산업의 장기전략이나 경쟁력 여하에 따라 내용이 크게 달라질 수 있다. 먼저 장기적인 수출 증가 효과는 본사가 자회사에 이전하는 제품 대신에 고부가가치 제품생산에 집중한다면 그만큼 수출향상 효과를 기대할 수 있을 것이다. 또 투자했던 현지 자회사가 경쟁력을 갖추어 신규사업에 진입 시 새로운 수출 기회를 얻게 될 것이다. 장기적인 수출 전환 효과는 향후 본사에서 추가적인 제품 이전 시 발생한다. 수출감소 효과는 단기효과와 마찬가지로 전·후방 관련 산업에 주로 적용된다. 해외 자회사는 시간이 지남에 따라 현지화 정도가 높아진다. 즉, 부품구매도 투자 초기에는 본사에서 수입했지만, 점차 현지 구매로 대체하게 되고 제품 판매도 현지 판매가 증가하게 된다. 이러한 현지화 전략이 진척될수록 국내에 남아 있는 전·후방 관련 산업들의 경쟁력은 약화한다. 따라서 산업 관련도가 높은 자동차산업이나 섬유산업의 경우 관련 업체들의 해외 동반 투자가 빈번히 발생한다. 예를 들어, 많은 의류 봉제 업체들이 1980년대 말부터 싼 현지 임금을 이용하기 위해 인도네시아에 진출했다. 초기에는 투자기업 대부분 원·부자재인 직물, 실, 단추 같은 부속품 등을 거의 한국에서 수입했다. 그러나 이러한 사업구조로는 가격경쟁력을 꾸준히 개선해 나가기 어려웠다. 또한 국내 원·부자재 공급업체들도 인도네시아 현지에 수십 개의 의류 봉제 회사에 일일이 수출 공급을 해주는 것보다 오히려 현지 공장을 세워 현지에서 공급하는 것이 낫다고 판단하여 전·후방 관련 업체들의 후속 진출이 이루어졌다. 수입에 대한 효과도 장기적인 측면에서 기업과 산업 경쟁력에 따라 다양하게 나타난다.

Ⅱ 전통적 해외직접투자 이론

1 독점적 우위 이론

1. 외국 비용

외국 비용(cost of foreignness)이란 **해외투자 시 기업이 현지에서 갖는 제반 불리한 점**을 의미한다. 일반적으로 해외에 진출하는 기업은 국내에서 영업할 때와 비교해서 현지 기업에 비해 많은 불리한 점을 갖고 있다. 해외 투자기업이 현지에서 불리함을 갖는 이유는 다양하다. 현지법인 사무소나 공장을 외국에 설립, 경영하려면 국내 영업에 비해 기본적으로 통신과 수송에 관련된 추가경비를 부담해야 한다. 최근에는 통신 및 교통시설의 발달로 추가적인 지출이 많이 줄었지만, 여전히 해외 통신비나 출장경비, 우편물의 지연에서 오는 시간과 경비 등을 부담해야 한다.

예를 들어, 한국에서 남미지역으로 출장을 가는 경우 출장 일정에 가는데 이틀, 오는데 이틀을 감안해야 한다. 또한 현지 기업에 비해서 언어, 문화상의 차이나 현지의 익숙하지 않은 사업 관행, 조세체계, 법률구조 등도 진출기업에 불리하게 작용할 소지가 크다. 또 본국의 기술자나 경영진이 해외에 체류해야 하는 경우 이들에게 평소보다 더 많은 임금을 지급해야 한다. 아울러 해외사업에는 환위험이나 재산동결 조치나 현지 정부 정책의 갑작스러운 변화 등으로 인한 각종 위험이 도사리고 있다. 일반적으로 다국적기업들이 해외투자 시 현지 토착기업과 비교하면 다음과 같은 외국 비용이 발생한다. 일반적으로 본국과 현지국 간의 경제 여건, 경제발전단계, 문화, 정치이념과 제도, 종교 등의 차이가 클수록 더 많은 외국 비용을 예상해 볼 수 있다.

① 다국적기업에 낯선 정치·경제 및 시장환경
② 다국적기업에 익숙하지 않은 사회적 관습 및 법률제도
③ 현지 중앙정부, 지역 정부, 소비자, 공급업자, 노동조합, 시민단체 등 현지 이해관계자집단과의 관계의 어려움
④ 소비자의 현지 기업이나 제품에 대한 좋은 이미지 및 선호
⑤ 본국과의 거리에 따른 현지법인 관리비용 및 통신비용의 증가
⑥ 문화가 다른 현지 종업원 관리에 따르는 어려움
⑦ 현지 시장환경에 대한 정보 부족
⑧ 현지 기업과 분쟁 시 법률해석 및 적용에 있어 다국적기업에 불리하게 작용할 개연성

그러나 만약 해외 투자기업이 이러한 불리한 점만을 안고 현지에 들어가서 현지 기업과 경쟁한다면 기업의 해외 진출은 사실상 의미가 없다. 왜냐하면 불리한 위치에서 현지 기업과 경쟁하여 이윤을 남길 가능성이 작기 때문이다. 따라서 해외 투자기업들이 이런 외국 비용(cost of foreignness)을 충분히 상쇄할만한 **경쟁 우위적 요소(competitive advantages)**를 확보했을 때만이 성공적인 해외 진출이 가능하다. 먼저 해외직접투자 이론에서 본 다국적기업의 우위적 요소에 대해서 살펴보자.

2. 독점적 우위이론의 개념

독점적 우위 이론(monopolistic advantage theory)은 다국적기업이 국내기업과는 달리 다양한 기업 특유의 독점적 우위를 확보하고 있어야 하고 이를 활용하여 외국 비용을 상쇄하고 이익을 낼 수 있을 때 해외투자를 할 수 있다고 설명하고 있다. 해외직접투자를 설명해 주고 있는 이 독점적 우위 이론은 킨들버거(C.P. Kindleburger) 교수와 그의 제자 하이머(S. Hymer) 교수에 의해 체계화되었다. Kindleburger에 의하면 기업이 외국에 진출 시 겪어야 하는 외국 비용을 상쇄할 수 있는 뛰어난 독점적 우위 요소가 있어야만 해외투자가 가능하다고 주장하고 있다. 그리고 이러한 독점적 우위 요소는 우위를 주는 뛰어난 제품, 기술 등의 **시장구조가 불완전하다는 가정하**에서 출발하고 있다. 즉, 우수한 제품과 기술에 대한 시장이 불완전하기 때문에 이러한 제품과 기술은 몇몇 다국적기업만 독점 소유하게 되고 다른 기업들은 이러한 우위를 쉽게 획득하지 못한다고 보고 있다.

표 3-8 업종별 순수출

(단위: 백만 달러)

		수출 (한국 → 현지법인)	수입 (현지법인 → 한국)	순 수출 (수출 → 수입)
업종	제조업	97,988	76,495	21,492
	광업	361	1,167	−806
	도소매업	82,523	9,300	73,223
	전체	184,275	89,833	94,442
규모	대기업	173,576	78,256	95,320
	중소기업	10,512	11,408	−896
	기타	187	169	18
	전체	184,275	89,833	94,442

* 자료: 한국수출입은행 2020 회계연도 해외직접투자 경영분석

3. 독점적 우위 요인의 종류

외국기업이 현지 기업에 비해서 일반적으로 갖는 독점적 우위 요인을 살펴보면 [표 3-9]와 같다. 먼저 **제품시장의 불완전성**으로 인해 다국적기업만이 독점적인 제품을 보유하게 된다. 이러한 제품 우위 요인은 제품 자체의 차별화뿐만 아니라 제품의 마케팅프로그램, 가격전략 등

의 형태로 소비자나 유통업자들에게도 다국적기업의 독점적인 영향력이 행사되기도 한다. 예를 들어, 애플 사의 iPhone 제품이나 삼성전자의 Galaxy 스마트폰 제품, 마이크로소프트 사의 Windows나 Office 제품 등은 독점력이 뛰어난 제품으로 이 제품을 판매하는 유통업자들의 가격이나 광고 및 판매촉진 전략에도 이들 다국적기업은 독점력을 행사한다.

생산요소시장의 불완전성과 관련된 독점적 우위 요인으로 특허 및 비공개기술, 기술 습득 및 개발 능력과 자본조달 상의 우위 등을 들 수 있다. 또한 **규모의 경제**와 관련된 것으로 수직적 통합과 수평적 통합능력을 독점적 우위의 예로 들 수 있다. 엑손모빌, 쉘, 셰브론 등과 같은 글로벌 정유회사들은 전 세계시장을 대상으로 유전 탐사 및 개발, 채유, 정제, 운송, 마케팅 등 여러 기능을 전문화하고 이를 수직적으로 통합하여 독점적 우위를 누리고 있다. 반면 국내 정유사들은 최근에 일부 해외 자원투자를 하고 있지만 주로 원유를 해외 선물 또는 현물시장에서 수입하여 판매 목적으로 들여와 정제와 마케팅 기능을 주로 담당하고 있다. 따라서 글로벌 정유회사와 국내 정유회사와의 독점적 우위는 규모의 경제 면에서 큰 차이가 있다. 또 정부 규제와 관련된 것으로 조세 및 관세, 금리 및 환율정책 등을 들 수 있다. 중국 등 개발도상국의 국영기업들은 일반적으로 기업 내부적인 독점적 우위 요인도 있지만 **정부 규제와 관련하여 형성된 독점적 우위 요인**을 많이 누리고 있다. 한때 한국 재벌기업들의 종합 무역상사들이 무역을 통해 빠르게 성장할 수 있었던 배경에는 각 기업의 도전적이고 창의적인 기업가정신도 있었지만 막대한 무역 관련 금융지원과 관세환급 등 다양한 혜택이 주어졌었다. 4가지 독점적 우위 요인 이외에도 기업의 경영관리 능력이 중요한 독점적 우위 요인으로 작용한다. 기업의 경영관리 능력은 때로는 단순한 제품 브랜드 이미지나 기술력보다 더 중요한 독점적 우위 요인이 될 수 있다.

스타벅스, 맥도날드, KFC의 독점적 우위 요인은 표준화되고 맛있는 메뉴, 친숙한 브랜드 이미지, 깨끗한 매장 분위기 그 자체라고 할 수도 있지만 이보다 더 중요한 것은 이러한 개별요소를 효율적으로 결합하여 적정한 가격에 소비자에게 제공할 수 있는 관리 및 운영 능력이라

표 3-9 독점적 우위 요인

독점적 우위 요인	독점적 우위를 가져다 주는 구체적 예
제품시장의 불완전성	제품차별화, 특수한 마케팅 기술, 재판매가격유지제도 등
요소시장의 불완전성	특허 및 비공개기술, 기술획득 및 자본조달상의 우위, 경영자 능력의 차이
규모의 경제	수직적 통합요인, 수평적 통합요인 등
정부의 규제	조세 및 관세, 금리 및 환율정책, 특정 산업의 수출입규제 등

고 할 수 있다. 예를 들어, KFC는 이러한 운영능력을 갖추기 위해서 전 세계 모든 매장에서 Quality, Service, and Cleanliness(QSC)의 경영철학하에 영업하고 있다. 좋은 품질과 맛을 유지하기 위해서는 닭고기를 공급하는 양계장에게 철저한 사육에 대한 기준을 제시하고 이에 따르도록 요구하고 있다. 이와 유사하게 맥도날드는 프랜치 프라이 메뉴에 쓰이는 감자를 엄선해서 공급하도록 요구하고 있다. 이러한 표준화 전략을 성공적으로 지원하기 위해서는 기술 능력, 생산 관리능력, 재료공급 관리능력, 종업원 관리능력 및 마케팅 능력 등을 적절히 통합하고 조정할 수 있는 기업 특유의 경영 능력이 요구된다. 그리고 기업 특유의 경영 능력을 개발·유지하기 위해서는 많은 고정비용이 들어간다. 따라서 많은 매장을 동시에 운영할수록 매장 단위당 고정비용은 많이 감소하게 된다. 이러한 이유로 그동안 해외시장에서도 경쟁적으로 점포 확대에 노력을 기울여 왔다. 예를 들어, 맥도날드는 2022년 기준으로 약 120개 국가에 34,000여 개의 매장을 가지고 있고, 버거킹도 약 100개 국가에 18,700여 개의 점포를 가지고 있다. 반면 롯데리아의 경우 1,330여 개의 국내 점포, 470여 개의 일본 내 점포망을 갖고 있다. 또 1998년 베트남을 시작으로 중국, 인도네시아, 미얀마, 캄보디아, 카자흐스탄, 라오스 등 7개국에 진출하여 약 540개의 해외점포를 운영하고 있다.

사례 3-1 마이크로소프트의 한국 시장에서의 외국 비용

다국적기업이 갖는 독점적 우위는 위에서 논의한 외국 비용을 상쇄시키는 역할을 한다. 마이크로소프트는 1988년 9월 한국 시장에 진출했다. 진출 초기 1990년 설립된 '한글과컴퓨터'사의 '아래 한글' 워드프로세서의 위세에 밀려 마이크로소프트는 Word 제품은 그리 시장 지배적 위치에 있지는 못했다. 아래 한글 제품이 당시 누렸던 강점 중의 하나는 순수한 한국기술진에 의해서 만들어진 토종 한국제품이라는 이미지였다. 반면 마이크로소프트가 당시 한국에서 부담해야 했던 가장 큰 외국 비용은 소비자들이 막연히 가지고 있었던 다국적기업 제품이라는 거부감이었다. 당시 많은 한국 사람들은 순수한 '우리 제품'이 있는데 이왕이면 '우리 제품'을 써야지, 한글을 쓰는 데까지도 외국 제품을 쓰는 것은 못마땅하다고 생각했다. 어떤 사람들은 심지어 아래 한글 제품을 쓰지 않으면 워드프로세서 제품뿐만 아니라 다른 소프트웨어 분야에서도 외국기업에 잠식당할 것으로 걱정했다.

그러나 마이크로소프트는 점차 막강한 브랜드 이미지, 제품기술력 그리고 마케팅 능력을 구사하면서 강력한 독점적 우위를 발휘했다. 일단 모든 PC에 Window라는 운영체계를 탑재시켜 기술선도 이미지를 강하게 소비자에게 인식시켜 왔다. 반면 수년 동안 '한글과컴퓨터'사는 지속적인 기술개발을 해주지 못했을 뿐만 아니라 제품의 성능 면에서도 Word 제품에 점차 뒤지게 되었다. 또한 '한글과컴퓨터'사는 경영진의 변화와 장기전략 부재로 경쟁력이 크게 약화하고 재정적인 위기도 겪었다. 이러한 과정에서 많은 이용자가 Word 제품으로 전환하기 시작했다. Word 제품은 마이크로소프트의 막대한 재정적 지원으로 꾸준히 제품개선을 하여 신버전이 지속해서 출시되었다. 또 소비자들이 많이 사용하고 있는 Excel이나 Powerpoint 제품과 같이 한 패키지로 판매되었다. 또 Word로 편집된 문서는 아래 한글 제품과도 호환성이 있어 아래 한글 이용자들에게도 점차 익숙해졌다. 특히 외국 거래처나 외국 지점과 빈번하게 서류를 주고받는 회사의 경우 외국 현지 워드프로세서와 쉽게 호환이 되는 Word 제품을 선호했다. 그리고 많은 일반 소비자들도 컴퓨터에 아래 한글과 Word 제품을 동시에 설치해 놓고 같이 사용하게 되었고 시간이 갈수록 점차 Word 제품을 선호했다.

사례 3-2 라임코리아의 한국시장에서의 외국 비용

세계 최대 공유 킥보드 업체 라임이 한국에서 서비스를 잠정 중단한다. 관련 법이 계속 바뀌면서 혼란이 가중된 데다 형평성에 어긋나는 안전모 미착용 범칙금, 강도 높은 즉시 견인 조치까지 겹치며 정상적인 서비스를 제공하기 어려워졌다고 판단했기 때문이다. 이 같은 이유로 라임 외에 다른 업체들도 사업을 중단 · 축소 · 변경하는 사례가 확산하면서 국내 공유 킥보드 시장이 고사할 수 있다는 전망도 커지고 있다.

14일 모빌리티 업계에 따르면 라임코리아는 2022년 6월 30일부터 국내 공유 킥보드 서비스를 잠정 중단하기로 했다. 2019년 10월 한국에 진출한 지 2년 8개월 만이다. 라임은 2017년 설립된 미국 전동킥보드 공유 서비스 업체다. 이번 한국 시장 서비스 중단은 국내에 제도적 기반이 확실하게 마련되지 않았고 정상적인 서비스를 제공하기 어렵다는 본사의 전략적 판단에 따른 것으로 알려졌다.

한국에서 사업을 중단한 게 라임이 처음은 아니다. 지난달에 싱가포르 공유 킥보드 업체 뉴런모빌리티도 한국 사업을 중단했다. 공유 킥보드 업계는 연속적으로 법이 개정되며 오락가락하는 탓에 사업의 예측 가능성이 현저히 낮아졌다고 밝혔다. 2019년부터 연이어 개정되고 있는 도로교통법으로 전동킥보드의 이용 연령과 운전면허증 관련 정책은 계속 바뀌어왔다.

서울시를 비롯한 지방자치단체의 견인 정책이 사설 견인 업체의 수익 창출 수단으로 악용되면서 산업을 위축시키고 있다는 비판도 나온다. 서울시는 올해 3월 즉시 견인 유예 시간 60분을 제공한다고 밝혔지만, 하루 만에 차도와 자전거도로는 예외로 한다고 입장을 바꾸기도 했다. 한 모빌리티업계 관계자는 "소형차와 동일한 수준인 4만 원의 견인료가 부과되는데, 견인이 곧 매출로 연결되는 견인 업체 특성상 전동킥보드가 표적 견인의 대상이 되고 있다"고 토로했다. 작년 5월부터 시행하고 있는 안전모(헬멧) 미착용 범칙금도 형평성 논란에 휩싸였다. 비슷한 이동 수단인 전기자전거는 현행법상 안전모 착용 의무 조항이 있지만, 범칙금은 부과되지 않는다.

정부가 공유 킥보드 산업에 대해 첫 단추부터 잘못 끼웠다는 비판도 나온다. 국내는 등록제를 통해 누구나 공유 킥보드 사업을 운영할 수 있고, 프랜차이즈 형식으로 거점 사업자를 활용해 빠르게 확대할 수 있다. 그러다 보니 무분별한 확장 탓에 관리와 안전 문제 등 부작용이 커졌다는 것이다. 반면 전동킥보드가 먼저 도입된 해외에선 도시별로 제안 공모 사업을 통해 시에서 검증된 업체만 서비스를 운영하도록 제한하고 있다.

* 자료: 세계 1위 공유 킥보드업체, 한국서 백기투항하고 짐 싼 사연, 매일경제, 2022.06.15

4. 독점적 우위의 특징

독점적 우위의 첫 번째 특징은 대체로 **지식기반 자산(knowledge-based assets)**이다. 따라서 해외투자가 활발히 일어나는 산업은 대체로 이러한 지식기반 자산이 경쟁력을 결정짓는 산업에 많이 일어난다. 이러한 산업의 특징은 대체로 기술 집약도(높은 연구개발 투자비용)나 광고 집약도(높은 광고비용)가 높은 산업이다. 예를 들면, 연구개발, 신상품개발, 광고, 판매촉진 등이 강조되는 전자, 컴퓨터 관련 소프트웨어, 전자, 자동차, 금융, 제약, 자원개발 같은 글로벌산업에 해외투자 활동이 빈번히 일어난다. 또 이러한 지식기반 산업일수록 소수의 다국적기업이 산업 내 활동을 주도한다. 반면 상대적으로 기술 집약도와 광고 집약도가 낮은 서적출판, 식품, 제지, 시멘트 등의 산업에서는 해외투자 활동이 제한적으로 일어난다. 따라서 이러한 산업에서는 상대적으로 다국적기업의 활동과 시장점유율이 상대적으로 낮다.

독점적 우위의 두 번째 특징은 대체로 다른 기업이 **쉽게 모방할 수 없는 기업 특유의 자산(firm-specific assets)**이다. 여기에서 기업 특유의 자산이란 기업이 보통 쉽게 획득할 수 있는 물리적 자산(예: 건물, 생산설비)과는 다르다. 기업 특유의 자산이란 유형적인 물리적 자산의 경우와 달리 무형적 자산이다. 그리고 주로 다음 세 가지 형태를 보인다. 첫째, 사내 전문기술자나 과학자 등에게 체화된 인적 자산이다. 둘째, 특허와 같이 배타적으로 사용할 수 있는 기술자산이다. 그리고 셋째, 기업의 등록상표나 저작권 등 지식재산권이다. 물리적 자산에 비해 기업 특유의 자산이 기업의 해외직접투자 정도와 더 관련성이 많다. 왜냐하면 기업 특유의 자산이 독점적인 우위를 제공하기도 하지만 동시에 해외 이전이 물리적 자산에 비해 용이하기 때문이다. 예를 들어, 한 의류업체가 개발한 독특한 여성 의류 디자인 기술은 필요하다면 사내 전문기술자의 현지 지도 등을 통해 해외 현지법인으로의 이전이 빠르게 이루어질 수 있다.

독점적 우위의 세 번째 특징은 **해외 이전 시 추가적인 개발비용 부담이 거의 없다는 점에서 공공**

재적인 성격을 갖고 있다는 점이다. 공공재란 모든 사람이 비용 지급 없이 자유롭게 사용할 수 있는 재화를 의미한다. 예를 들면, 주변의 아름다운 경치를 감상하거나 물, 공기를 마실 때 특별한 경우를 제외하고는 돈을 지불하지 않는다. 기업이 내부적으로 기술을 개발할 경우 초기 개발비용은 많이 들지만 일단 개발된 기술을 사내 다른 공장이나 해외 현지법인으로 이전 시 추가적인 비용은 들지 않는다. 그리고 독점적인 기술의 해외 이전 시 기업은 본국에서처럼 해외에서도 막대한 수익을 기대할 수 있다. 따라서 일반적으로 우수한 기술이나 독특한 제품 이미지를 가지고 있는 다국적기업일수록 해외투자를 하려는 동기가 강할 것이다. 실제로 대부분 산업에 있어서 기술 선도기업일수록 해외투자 등 국제화 활동에 따른 기업에 비해 더 적극적으로 참여하는 경향이 강하다.

2 내부화 이론

1. 내부화 이론의 개념

독점적 우위 이론에서는 기업이 해외투자를 할 수 있을 필요 조건에 대해서 주로 설명의 초점이 맞추어졌다. 그러나 내부화 이론(internalization theory)에서는 **왜 다국적기업이 해외투자를 하는지에 대한 문제뿐만 아니라 해외투자 시 왜 100% 지분투자 방식을 선호하는지에 관해 설명**을 하고 있다. 내부화 이론에 따르면 제품시장구조의 불완전성이나 기업이 보유하고 있는 우위 요소의 공공재적 성격으로 인하여 해외사업 활동 시 기업 내부화하는 방식, 즉 100% 단독 지분출자 방식을 선호한다고 주장하고 있다.

내부화의 개념을 쉽게 이해할 수 있도록 간단한 예를 들어보자. 졸업을 앞둔 대학생들의 공통적인 관심사가 향후 진로 문제이다. 진로 방향은 크게 두 가지 길이 있다. 첫 번째 방법은 좋은 회사를 선택하여 입사하는 것이다. 다행히 본인이 원하는 좋은 조건을 갖춘 회사에서 높은 연봉과 본인 적성에 맞는 일을 찾게 되면 문제가 없겠지만 적당한 일자리를 찾지 못하게 되면 고민하게 된다. 이때 어떤 학생들은 취업 조건이 안 좋은 회사에 다니느니 차라리 조그만 개인 가게라도 열어 창업하기를 원할 것이다. 여기서 취업은 본인이 가지고 있는 잠재력과 능력을 회사와 고용계약을 통해 외부화한다고 볼 수 있는 반면, 창업은 자기 능력을 내부화한다고 볼 수 있다. 이때 학생들은 자기의 능력 및 잠재력이 상당히 높다고 과대평가하는 경향이 있고, 회사의 입장에서는 과소평가하려는 경향이 있다. 이 차이가 클수록 노동시장이 불완전하다고 볼 수 있다. 또 학생이 창업(내부화)을 시도하는 동기는 시장 불완전성 이외에도 많다. 예를 들어, 다양한 거래비용(transaction cost)이 발생할 수 있다. 회사 취직을 위해 구인을 원하는 회사를 찾아야 하고, 방문하고 면담 과정을 거쳐야 한다. 또 때에 따라서는 면담 시 보다 유리한 근로조건을 얻기 위해 쉽지 않은 협상도 해야 한다. 버클리와 카손(Buckley & Casson), 러그만(Rugman) 등은 내부화의 일반적 개념을 해외직접투자 문제에 도입하여 내부화이론을 체계화했다. 이들은 다국적기업이 **시장의 불완전성에서 오는 비효율적인 거래비용을 최소화하기 위해 내부화를 시도**한다고 주장한다. 내부화 이론의 더욱 자세한 주장을 살펴보자.[1]

첫째, 특정 기업이 해외진출 시 기본적으로 기술라이슨싱이나 프랜차이징과 같은 **계약 방식(외부화)**을 택할 수도 있고 또는 100% 지분출자나 직영점 운영 등의 **직접투자 방식(내부화)**을 선택할 수 있다. 여기서 계약 방식이란 기술 등의 기업 특유의 자산을 현지의 외부 파트너에게 일정한 대가를 받고 판매하는, 기업 간 거래 또는 **시장거래 방식**(market transaction 혹은 arm's length transaction)을 의미한다. 반면 내부화 방식은 기업의 고유자산을 본사와 현지 출자법인 간의 **기업 내 거래 방식**(firm transaction hierarchy)을 의미한다.

둘째, 기업이 기업 특유의 자산을 해외 이전 시 자연적 혹은 인위적 시장 불완전성 때문에 시장거래 또는 계약 방식을 선택하는 것이 불리한 경우도 있다. 시장 불완전성으로 다국적기업이 이전하려는 기업 특유의 자산을 구매하려는 기업과 판매하려는 기업(다국적기업) 간의 정보의 비대칭이 존재하기 때문에 적정가치 산정에 문제가 발생한다. 구매하려는 현지 기업의 입장에서는 대부분 가치를 낮게 산정하려는 경향이 있고 판매하려는 다국적기업 입장에서는 가치를 높게 산정하려는 경우가 많다. 표준화된 기술일수록 시장 불완전성은 크게 줄어드나 첨단기술 제품이나 고기능 신제품일수록 그 기술이나 제품에 대한 객관적인 평가가 어려운 만큼 시장 불완전성은 상대적으로 높다. [표 3-10]은 시장 불완전성 요인을 보여주고 있다.

표 3-10 시장 불완전성 요인

시장불완전성요인	구체적인 예
산업 특유 요인(industry specific factors)	외부시장구조, 규모의 경제, 산업특성
지역 특유 요인(region specific factors)	지리적 거리, 문화적 차이
국가 특유 요인(nation specific factors)	경제 · 정치 · 재정적 요소
기업 특유 요인(firm specific factors)	마케팅, 경영능력, 기술, 기술개발능력

셋째, 이러면, 즉 시장 불완전성이 높을 때, 이익 극대화를 추구하는 기업의 속성상 당연히 외

1 국제경영연구회, "글로벌시대의 국제경영학," 영지문화사, pp.170~173

부화 방식 대신 내부화 방식을 택함으로써 시장 불완전성 문제를 극복하려고 할 것이다. 즉, 라이슨싱 방식보다는 100% 지분출자 형태의 직접투자 방식을 선호하게 된다. 버클리(P. J. Buckley)와 카손(M. Casson)은 **내부화의 이익과 비용**을 구체적으로 제시함으로써 기업들이 더 쉽게 의사결정을 할 수 있도록 도움을 주고 있다. 그들이 제시한 내부화의 이익과 비용은 [표 3-11]과 같다.

표 3-11 내부화의 이익과 비용

내부화의 이익	내부화의 비용
• 가격차별화 구조 구축 • 구매자 불확실성의 회피 • 타 회사와 쌍방 간 협상의 회피 • 이전가격을 통한 이윤극대화 기회	• 의사소통 및 조정비용의 증가 • 상대국의 정치적 위험도 증가 • 경영자의 전문성 제고에 따른 관리비용의 증가

시장 불완전성 이외에 내부화의 또 다른 이유로 외부화 전략 선택 시 발생하는 **거래비용(transaction cost)**을 들 수 있다. 예를 들어, 현재 한국에 진출하고 있는 프랑스의 글로벌 화장품업체인 로레알(L'Oreal)사는 1980년 국내 화장품회사와 라이슨싱 계약을 통해 처음 한국에 진출했다. 그러나 이후 한국 시장에 대한 진입을 강화하기 위해서 국내 기존 화장품업체와 계속해서 라이슨싱 계약을 통하여 한국 시장에서의 활동을 강화하기로 희망한다고 가정하자. 이때 거래비용이란 로레알사와 국내업체 간 라이슨싱 조건에 대한 협상의 어려움, 그리고 상대방이 계약조건대로 잘 이행하는지에 대한 사후적인 감시비용과 노력을 의미한다. 이러한 비용이 높다면 라이슨싱 형태보다는 현재의 로레알코리아 회사의 형태처럼 로레알 본사는 100% 지분투자 형태를 선호할 것이다.

거래파트너의 기회주의적 행위(opportunistic behavior)는 내부화의 또 다른 이유라 할 수 있다. 거래를 외부화할 경우 기업이나 사람들은 기회주의적 행위를 할 가능성이 있다고 거래비용이론에서는 전제하고 있다. 즉, 로레알사의 지식자산인 고급 화장품생산 및 판매 노하우를 국내업체에 이전 시 로레알 입장에서 보면 당장 추가적인 비용 부담은 없으나 노하우 이전에 내재한 위험은 적지 않다. 수년 후에 만약 국내 제휴업체가 로레알사의 선진기술 영업 노하우를 완전히 터득하면서 로레알사와 갑자기 결별을 선언하고 독자적인 운영을 한다면 로레알사로서는 큰 위험에 직면할 수 있다. 이런 경우 로레알사가 경쟁우위로 여기고 있는 노화 방지나 주름 억제, 보습 등 독특한 효능을 지닌 화장품생산기법, 마케팅전략 등의 지식자산은 이미 다른 회사

사례 3-3 월마트와 아마존의 독점적 우위

월마트사의 핵심 경쟁력 중의 하나는 효율적인 로지스틱스 능력이다. 일명 크로스 도킹(cross-docking)이라고 하는 월마트 특유의 로지스틱스 시스템은 상품을 싣고 있는 선반을 다른 점포나 재고창고 등으로 이동하면서 48시간 이내에 이동할 수 있게 한다. 이러한 효율성으로 타 경쟁기업에 비해 2~3% 정도의 물류 및 재고비용 절감을 누릴 수 있었고 경쟁업체에 비해 상점에서 필요한 물건을 4배 빨리 매장에 진열할 수가 있었다. 월마트사의 이러한 물류비용의 절감이 가격 인하를 가능하게 했고 저가격전략이 곧 월마트의 성공으로 이어졌다. 이러한 크로스 도킹 시스템은 구조적으로 운송배달시스템, 담당 종업원 간의 커뮤니케이션, 통신시스템 등의 요인들이 유기적으로 결합이 되어 형성된 관리시스템이다. 이러한 관리시스템은 월마트 특유의 것으로서 다른 기업으로 쉽기 이전되는 성격이 아니다. 사실 월마트 외의 다른 유통업체의 경우 수많은 공급자와 구매부서 사이에 의사 전달이 쉽지 않았는데 월마트는 인공위성 시스템을 이용하여 효율적으로 서로에게 정보를 전달하게 함으로써 적기 공급시스템을 통한 물류의 효율성을 증가시킬 수 있었다.

이러한 로지스틱스의 우위와 규모의 경제를 무기로 월마트는 전통적으로 고객들에게 'Everyday Low Price' 슬로건을 외치면서 쇼핑을 권하고 있다. 그러나 월마트의 Fortune Global 500대 기업 1위의 독보적인 위치가 점차 최근에 흔들리고 있다. 바로 온라인 쇼핑 시장의 확대와 이에 따른 아마존의 급성장 때문이다.

2000년 아마존의 매출과 이익은 28억 달러와 −14억 달러이었으나 2021년 4,698억 달러, 334억 달러로 급성장하면서 Fortune Global 500대 기업 중 처음으로 2위에 올랐다. 반면에 월마트는 2000년 1,810억 달러 매출과 62억 달러 이익을 기록했고 2021년에는 5,728억 달러 매출에 137억 달러 이익을 기록하여 Fortune Global 1위 기업 위치는 지켰으나 두 기업 사이 격차는 크게 좁혀졌다. 코로나19로 도시봉쇄, 외출 자제가 생긴 후, 월마트는 커브 사이드 픽업(온라인 주문 뒤 드라이브스루 방식으로 픽업)을 확대했다.

그러나 오늘날 미국 온라인 소비자들에게 가장 중요한 요인은 신속한 무료 배송이다. 따라서 아마존은 드론을 통해 연료비 및 인건비를 없애고 배송 비용을 패키지당 1달러 미만으로 줄일 수 있어 이 부분에 사활을 걸고 있다. 아마존이 드론 배송에 가장 적극적이지만 흥미롭게도 효율성 측면에서는 오히려 월마트가 드론 배송의 최대 수혜자가 될 수 있다는 분석이 나왔다. 아마존에 밀려 전자상거래 분야에서는 존재감이 미약하지만 촘촘한 매장 네트워크를 통해 드론 배송에서는 아마존에 우위를 점할 수 있다는 것이다. '비즈니스인사이더'가 운영하는 BI 인텔리전스가 기상 정보업체 웨더 컴퍼니(The Weather Company)의 데이터를 독점 분석해 보도한 바에 따르면 아마존은 현재 드론의 배송거리 한계 등을 이유로 드론 배송을 위한 최적의 조건을 갖추지 못하고 있다. 이에 반해 전통적인 오프라인 매장 기반 업체인 월마트는 점포 간 거리가 드론 배송 범위에 있어 우위를 확보할 수 있다.

월마트는 이스라엘 드론 스타트업인 플라이트렉스의 드론을 활용해 2020년 9월부터 식료품과 생필품의 시범 배송을 시작했다. 아마존은 드론업체와 배송 제휴 계약을 맺은 월마트와 달리, 자체 드론을 제작해 2020년 8월 말 미 연방항공청(FAA)으로부터 프라임 항공 배달 드론 비행대 운용인증을 받았다. 월마트 부사장 워드는 "미국인의 90%가 월마트에서 10마일(약 16km) 이내에 살고 있기 때문에 배송은 우리만이 유일하게 성공할 수 있는 환상적 해결책"이라고 말하며 아마존은 고객들의 동네로부터 더 멀리 떨어져 있는 대형 유통배송센터 네트워크에 의존한다고 덧붙였다.
따라서 아마존은 드론 배송을 원활하게 서비스하기 위해 더 많은 처리 센터를 설립하거나 다른 전략을 제시해야 한다. 향후 두 회사의 드론 사용전략에 따라 배송에 관한 독점적 우위가 결정될 모양이다.
* 자료: 롯봇신문사 2017.4.18 자료 일부 인용

가 소유하게 됨으로써 그 가치가 크게 떨어질 것이다. 그리고 그 국내 업체는 강력한 경쟁회사로 성장할 수도 있을 것이다. 따라서 로레알사로서는 100% 지분을 투자하는 자회사 형태, 즉 내부화 방식으로 이 같은 위험을 원천적으로 회피하려 할 것이다. 요약하면 다국적기업이 독점적 우위를 내부화하는 이유는 **시장 불완전성, 거래비용, 기회주의적 행동**이라 할 수 있다.

3 절충이론

더닝(J. H. Dunning)에 의하면 해외직접투자를 설명하기 위한 필요충분조건은 다음 세 가지 문제에 대해 해답을 제공해야 한다고 주장한다.

① 다국적 기업이 외국 비용에도 불구하고 현지 기업들과의 경쟁에서 이길 수 있는 요인은 무엇인가?

② 해외시장진출 방식으로 해외직접투자, 라이슨싱, 수출 등의 다양한 방식이 있는데 왜 직접투자를 선호하는가?

③ 해외시장진출 시 수많은 현지국 중에서 왜 특정 국가, 특정 지역에 진출하는가?

독점적 우위 이론은 세 문제 중 첫 번째 문제에, 내부화 이론은 첫 번째와 두 번째 문제에 대해 답을 하고 있으나 세 번째 이슈인 위치선정에 대한 논의는 해주지 못하고 있다. 절충이론(eclectic theory)에서 더닝(Dunning)은 이러한 한계를 극복하기 위하여 Hymer와 Kindleberger의 **독**

점적 우위 이론과 Buckley와 Casson의 **내부화 이론** 토대 위에 **생산 입지이론**을 절충 통합하여 포괄적인 해외직접투자 이론을 제시했다.

기업의 해외투자 활동을 소유 특유의 우위(ownership-specific advantage), 외국 현지 장소 특유의 우위(location-specific advantage), 그리고 내부화 특유의 우위(internalization-specific advantage)로 설명하고 있다. 절충이론은 해외직접투자를 세 요소로 설명한다고 해서 세 우위 영어 첫 자를 따서 **OLI 모델**이라고도 불린다.

소유 특유의 우위는 다국적기업이 현지 기업이 보유하지 못한 기업 특유의 자산을 소유함으로써 발생하는 이점을 의미한다. 기업 특유의 자산이란 특허나 상표뿐만 아니라 기업이미지, 기술 및 영업기밀 등 지적 자산도 포함된다.

표 3-12 절충이론의 세 우위 요인

1. **소유 특유의 우위**(ownership–specific advantage)
   ① 기업의 형태와 관계없는 우위
   - 기업규모, 다양성, 독점적 지위
   - 특허, 상표권 등 무형재 및 이와 관련된 능력
   - 생산, 조직, 마케팅시스템, R&D 능력, 인적자본, 시장 경험
   - 각종 자원 및 제품시장에 대한 배타적 · 차별적 접근 능력
   - 정부의 보호

   ② 다국적기업들이 주로 누리는 우위
   - 위험 분산 능력
   - 정보수집, 시장접근 능력
   - 제고된 대정부 협상 능력
2. **내부화의 우위**(internalization–specific advantage)
   - 거래당사자 탐색, 협상, 조정비용이 낮음
   - 독점적 권리의 보호
   - 구매자 불확실성이 낮음
   - 외부적 가격차별화 불안정, 내부시장 능력
   - 제품 품질 유지
   - 거래 및 공급의 안정성 유지
   - 쿼터, 관세 등 정부 간섭 및 규제 회피
   - 전략적 상호보조 등 경쟁전략 우위
3. **장소 특유의 우위**(location–specific advantage)
   - 생산요소 비용
   - 운반비, 통신비 등 인프라 비용
   - 관련 인프라 및 연관산업(기업) 능력
   - 정부 간섭 및 규제 수입 규제/투자유인/투자환경
   - 정치적 안정성
   - 경제 하부구조
   - 국제간 문화적 거리

* 자료: J. H. Dunning, "Toward an eclectic theory of international production," Journal of International Business Studies, 1980.

내부화 특유의 우위는 거래비용을 최소화하기 위해 기업이 해외 진출 시 국제사업 활동을 내부화함으로써(100% 지분 해외직접투자) 발생하는 이점을 의미한다. 현대자동차의 경우처럼 글로벌 경쟁기업에 비해 소유 특유의 우위를 월등하게 갖지 못하면서도 라이슨싱, 수출 등의 거

래 방식을 통하지 않고 자회사를 설립하는 이유는 나름대로 내부화의 우위가 존재한다고 믿기 때문이다.

장소 특유의 우위는 특정 지역에 직접투자 시 타지역 투자 시에 비해 갖는 이점을 의미한다. 현지생산으로 인해 관세나 쿼터 등 각종 무역장벽을 피할 수 있거나 수송비와 기타 생산요소 비용을 절감하는 경우 등도 이에 속한다.

기업소유 특유의 우위와 내부화 특유의 우위는 기업들이 해외시장으로 나가게 하는 촉진(push)요인으로 작용하게 된다. 반면 현지국의 장소 특유 우위는 현지시장으로 들어오게 하는 유인(pull)요인으로 작용한다.

절충이론에 따르면 세 가지 우위 요소를 고려하여 기업들은 라이슨싱, 수출, 해외투자 방법을 선택한다고 주장한다. 즉, 기업소유 특유의 우위가 있고 싼 원재료조달이나 저렴한 임금 등 본국에서 생산할만한 장소 특유 우위가 있다면 수출 방식을 선택할 것이다. 그러나 소유 특유 우위가 있으나 급격한 임금 상승 등의 이유로 본국에서 생산할만한 장소 특유 우위가 더 이상 없다면 기업들은 해외에서 생산을 모색하게 된다. 그리고 이때 기업소유 특유, 현지국의 장소 특유, 내부화 특유의 세 우위 요소 모두를 가지고 있다고 판단되는 경우 기업들은 100% 지분 투자 방식의 해외직접투자를 선택하게 된다. 즉, 다국적기업이 기업 특유의 우위를 많이 소유할수록, 내부화 방식을 선택했을 때 이점이 클수록, 그리고 특정 장소에 투자 시 이점이 클수록, 100% 지분투자 형식으로 현지국에 해외투자를 하려는 경향이 클 것이다. 이들 세 가지 요인들을 고려한 국제 경영활동의 선택을 하나의 도표로 나타내면 [표 3-13]과 같다.

표 3-13 다국적기업의 우위요 소와 국제사업 형태

	소유특유 우위	장소특유 우위 (본국)	장소특유 우위 (현지국)	내부화 우위
수출	O	O	X	X
라이슨싱	O	X	O	X
해외직접투자	O	X	O	O
수출과/또는 라이슨싱	O	O	O	X
수출과/또는 해외직접투자	O	O	O	O

사례 3-4 절충이론 관점에서 본 현대자동차 인도법인투자

현대자동차가 인도 남부 첸나이(Chennai) 서쪽 Kanchipuram 시에 1996년 100% 지분 투자 형태로 독립법인을 만들고 1998년부터 Santro라는 소형차를 시판한 이래 1위 업체인 마루티수즈키(MarutiSuzuki, 47% 점유율) 이어 2위의 시장점유율(17%)을 유지하고 있다. 당시 현대자동차의 인도투자를 위의 절충이론으로 어떻게 설명할 수 있을까? 먼저 현대자동차의 소유 특유의 우위 또는 독점적 비교우위로 국내외 소형차시장에서 그동안 닦아온 저가 생산 및 디자인 능력을 들 수 있다. 이 밖에도 현대자동차의 소유 특유의 우위로는 과거 10여 년간 아반떼, 소나타 등 일련의 소형차시장에서 오랫동안 축적 소유해 온 시장 경험을 들 수 있다. 이러한 소형차 부문에서의 현대자동차 특유의 우위가 인도의 Tata 자동차회사나 인도에 앞서 진출했던 Ford나 Suzuki 자동차회사에 가질 수 있는 열세를 충분히 상쇄할 수 있다고 회사 내부적으로 판단했기 때문에 해외투자를 결정했을 것이다. 물론 중형차나 대형차시장에서는 현대자동차가 포드, 도요타, 혼다 사에 비해 독점적 우위가 높다고 볼 수는 없을 것이다. 이들 외국 자동차회사 현지법인들은 대부분 소형차부터 중형, 대형 승용차까지 광범위하게 제품을 생산하고 있지만 현대자동차인 경우에는 소형차 위주로 그리고 모델 수도 대폭 축소하여 집중함으로써 이들과 경쟁을 효과적으로 할 수 있었다.

내부화 특유의 우위는 외부화(계약 방식)를 했을 때 비해, 현대자동차가 100% 지분투자 시 예상할 수 있는 이점들이다. 인도 시장은 진출 당시 전체 14개 자동차회사들이 참여하는 매우 경쟁적 시장이었다. 적합한 합작 파트너를 찾기도 어려웠고 이들과 혹시 협력관계를 갖는다 해도 향후 동반자적 관계가 예상치 못하게 중단될 경우, 후발 기업인 현대의 기술력만 노출될 수도 있는 상황이었다. 즉, 라이슨싱이나 합작투자 방식의 외부 계약 방식으로 운영했을 때 높은 거래비용이 예상되었다. 또한 현대자동차가 관심을 갖고 있던 소형차시장에서는 이미 마루티 스즈키 합작회사가 82%의 높은 시장점유율을 갖고 있었다. 그리고 대부분 경쟁업체는 소형차뿐만 아니라 중 · 대형차시장에도 주력을 하고 있어 이들은 현대자동차가 가지고 있는 기업 특유의 우위를 그렇게 높게 평가하지도 않았을 것이다. 그리고 이들은 현대자동차와 협력사업을 추진하거나 현대의 생산 및 기술력 등에 큰 관심이 없었다. 즉, 현대의 소유 특유의 우위에 대한 시장 불완전성이 존재했다. 또 현대자동차 입장에서도 소형차시장은 전사적으로 글로벌시장에서 심혈을 기울이는 핵심시장 부분이므로 다른 회사와 같이 사업을 추진하는데 주저를 했었다. 그 결과 현대자동차는 14개 경쟁업체와는 달리 유일하게 100% 지분투자를 고집하게 되고 1996년 인도 정부로부터 최종승인을 받았다.

장소 특유의 우위는 먼저 인도라는 큰 시장으로서의 이점이다. 전체 인구가 약 12억이고 이중 중산층이 많이 형성되어 있어 큰 시장잠재력을 갖고 있었다. 또한 소비자들이 차를 예약하고 6개월씩 기다릴 정도로 소형차시장의 급격한 신장이 예상되었다. 시장잠재력에 비해 임금이 싸 유리한 생산비 구조를 기대할 수 있었다. 그리고 첸나이의 지리적 이점은 무엇보다도 항구, 공항 등 훌륭한 사회간접시설을 손꼽을 수 있었고 또 자동차 부품산업이 주변에 잘 발달되어 있었다. 또한 마두라스 주 정부로부터 많은 투자인센티브도 있었다.

4 기타 해외직접투자 이론

1. 과점적 대응이론

이 이론은 산업구조가 과점적 상황에서 **해외직접투자를 과점적 경쟁기업 간의 대응(oligopolistic reaction) 진출 및 상호경쟁 현상으로 설명**하고 있다. 예를 들어, 코카콜라 사가 동유럽의 신흥시장에 진출하는 경우 경쟁사인 펩시콜라도 같은 지역에 진출하게 된다는 견해이다. 이러한 관계는 맥도날드, 버거킹, KFC의 해외 진출패턴을 보면 쉽게 알 수 있다. 과점상황에서 기업의 해외 투자패턴이 경쟁기업의 해외 투자패턴을 그대로 따라가는 이유는 무엇일까? 특정한 기업이 신시장을 개척하기 위해 외국에 진출하는데 다른 경쟁기업들이 진출하지 않을 경우 시간이 흐를수록 먼저 진출한 기업에 비해 경쟁력을 상실하게 되며 국내시장마저 지위를 상실할 위험에 직면한다고 생각하기 때문이다. 또 향후에 진출하려고 할 때는 이미 진출한 기업에 의해 시장이 선점되었기 때문에 막대한 투자 비용을 감수해야 한다. 따라서 과점적 대응으로 인한 해외투자의 경우 단기적으로는 기업이윤의 극대화보다는 기업 간 균형 유지가 최고의 목표가 된다. 이 이론은 동일 산업에 속한 기업들이 특정 투자대상국에 집중적으로 투자하는 소위 **밴드웨건 효과(bandwagon effect)**와 밀접한 관련이 있다. 그러나 이 이론은 최초 선발기업의 투자 동기를 설명하지 못하며, 어떠한 우위 요소를 통해서 외국 비용을 극복할 수 있는가에 대해서도 충분히 설명하지 못하는 단점이 있다.

2. 국제 제품수명주기이론

이미 제2장 무역이론 부분에서 살펴본 바와 같이 국제 제품 수명주기이론은 각국의 기술 및 소득수준의 차이와 제품의 국가별 도입 시기의 차이에 근거하여 특정 제품의 국제무역패턴과 해외 생산 입지의 변화 과정을 설명하고 있다. 이 이론에 의하면 해외직접투자는 크게 두 가지 목적에서 발생하게 된다.

첫째, **선도 다국적기업이 외국의 수출시장을 방어**하기 위해서이다. 수출의 확대 과정은 다음과 같다. 최초의 제품개발국에서 주변국으로의 수출이 시작되고 현지 기업 자체 생산으로 인한 수입대체가 증가할수록 현지국 정부의 보호정책이 강화되게 된다. 이러한 단계는 제품수명주기상 주로 성장기의 중, 후반에 해당한다. 이때 최초의 제품개발 국가의 선도 다국적기업이 현지 수출시장을 방어할 목적으로 다른 선진국에 해외직접투자를 하게 된다.

둘째, **저가 생산 및 제3세계 시장으로의 진출을 위한 목적**으로 해외 생산기지를 선택하게 된다. 이 단계는 주로 제품수명주기상 성숙기 단계에 해당하고 신흥시장에서의 수요 증가에 부응하기 위해 투자가 이루어진다. 또 이 시기에는 제품의 가격경쟁력이 경쟁력의 원천이 되므로 다국적기업은 개발도상국이나 저임금국가에 진출하여 가격경쟁력을 확보하려 한다.

이 이론은 시간이라는 변수의 도입을 통한 동태적인 국제화 과정을 설명했다는 장점이 있다. 그러나 이 이론의 한계점은 기술이나 소비의 점진적 확산 과정을 가정하고 있다는 점이다. 그러나 실제로 많은 경우에 다국적기업들에 의해 여러 국가에서의 동시 생산이 빈번하게 일어난다. 그리고 패션 상품들처럼 이러한 네 단계의 제품수명주기 과정을 반드시 거치지 않는 제품들이 현실적으로 많이 존재하고 있다.

Ⅲ 최근 해외직접투자 이론

1 국제화 단계 해외직접투자 이론

1. 전통적인 해외직접투자 이론과의 비교

지금까지의 해외직접투자 이론 대부분은 정적인 분석을 중심으로 이루어졌다. 예를 들어, 절충이론의 경우 기업이 해외직접투자 시 거래비용과 시장 불완전성 등에 기초한 소유 특유의 우위, 내부화 특유의 우위, 장소 특유의 우위 등을 분석해 수출, 라이슨싱, 해외직접투자 중 최적 진입 방식을 선택하는 것으로 설명하고 있다. 그러나 이러한 절충이론이나 독점적 우위 이론, 내부화 이론 등은 공통으로 단일 해외직접투자 사안만 설명하는 한계를 가지고 있다. 그러나 오늘날 대부분 다국적기업은 해외직접투자를 단 한 번에 실행하고 그치는 경우보다는 반복적으로 하는 경우가 일반적이다. 또 투자위험이 높다고 판단되면 동일한 투자사업에 대해서도 **최초에는 소규모로 투자하다가 현지 시장 경험 축적과 내부 학습 과정을 거쳐 순차적으로 투자** 정도를 높이는 경우가 일반적이다. 이러한 관점에서 국제화 단계 해외직접투자 이론은 해외직접투자를 상호 연결된 일련의 의사결정 과정으로 인식하고 있고 해외투자 활동을 일관성이 아닌 반복적이고 동적인 조직학습 과정으로 이해하고 있다.

2. 국제화 단계 해외직접투자 이론의 개념

국제화 단계 해외직접투자 모델에 따르면 기업의 해외직접투자 등 국제화 활동은 구체적으로 기업의 **시장 지식**(market knowledge), **시장몰입**(market commitment), **시장참여**(market involvement)**의 상호작용**에 의해 점진적으로 이루어진다고 주장하고 있다. 이 이론은 원래 유럽의 중소 수출기업의 국제화를 설명하기 위해 개발되었으나 최근에는 중소기업이나 한국기업 같은 후발 다국적기업의 해외투자를 설명하는 데도 유용하다.

특정 제품이나 현지국 시장과 관련되어 획득된 시장 지식(market knowledge)은 향후 해외직접투자의 확장을 위한 기초가 된다. 시장 지식은 상품 판매를 위한 거래처 발굴, 계약 협상 및 체결 과정 등 다양한, 수출 시 현장경험을 통해 습득된다. 외국시장에 대한 경험적 지식은 기업에 중요한 자산이 된다. 축적된 시장 지식의 학습 내용은 때로는 복합적이고 외부 기업으로의 이전이 쉽지 않다. 보통 외국시장에 대한 지식은 기업 내부 자체적으로 습득할 수도 있으나, 때로는 기업의 사업 관련 네트워크를 통해 얻어진다. 그래서 기업이 사업네트워크를 통하여 이해 관련 당사자들과 상호 접촉하는 것은 평소 중요한 시장정보의 채널이 된다. 특히 이러한 관련 네트워크를 통해 시장 지식을 얻는 것은 제한된 자원을 가진 작은 기업들의 국제화 과정에 매우 중요하다. 시장정보 자체를 획득하고 학습하는 것도 중요하지만 습득된 정보나 노하우를 어떻게 새로운 시장정보와 결합하고 또 현실적으로 어떻게 적용하는가 하는 것은 매우 중요한 일이다.

시장몰입(market commitment)은 기업의 내부 조직과 자원투입과 관련되어 있다. 시장몰입은 기업의 주요 경영자의 외국시장에 대한 심리적 태도 및 전략적 의도와 관련이 높다. 몰입이 높을수록 경영자는 특정 외국시장에 대해 높은 관심을 두고 해외직접투자나 해외 마케팅을 위해 과거보다 많은 자원을 지원하고 전략 수립을 꾀한다.

그림 3-6 국제화 단계 해외직접투자 모델

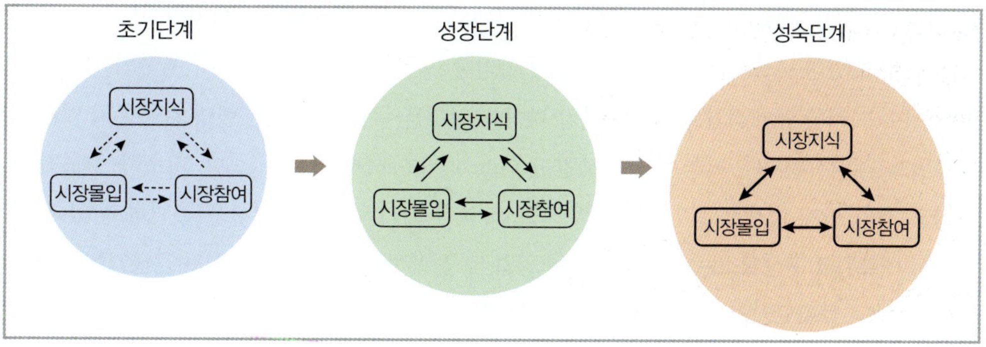

시장참여(market involvement)도 일련의 학습 과정이다. 즉, 대부분 기업이 처음에는 간접수출 형식으로 시장에 참가하지만, 점점 고도화되어 직접 수출, 합작투자 그리고 최종적으로 100% 지분투자 방식으로 참여하게 된다.

기업이 최초 해외시장에서 습득한 지식의 정도는 기업이 다음 단계에서 해외직접투자 등의 국제 경영활동을 하는 데 기초가 된다. 예를 들어, 국제화 경험이 적은 기업은 최초에는 지리적으로 가까운 시장에 위험이 상대적으로 낮은 간접수출 방식을 통해 진출하고자 할 것이다. 국제화 초기 단계에서는 낮은 단계의 시장참여와 시장몰입을 통해 기본적인 시장 지식을 습득한다. 이 단계에서는 시장 지식, 시장몰입, 시장참여는 낮은 상호작용(점선)을 하게 된다. 그러나 성장단계에서 시장 지식, 시장몰입, 시장참여의 상호작용(실선)은 더욱 빈번하게 그리고 강하게 일어난다. 즉, 시간이 경과하고 시장 지식과 경험이 축적됨에 따라 해외시장에 대한 관심과 몰입 정도는 높아지고 이를 통해 해외시장에 대한 더 다양한 지식을 축적하게 된다. 예를 들어, 최초의 간접수출에서 직접 수출을 시도하게 되고 일정 시간이 지남에 따라 해외직접투자나 합작투자로 해외시장에 본격적으로 참가하게 될 것이다.

이러한 과정은 계속 반복된다. 성숙단계에서는 시장 지식, 시장몰입, 시장참여의 상호작용은 더 강도 높게 반복된다. 이처럼 국제화 단계 해외직접투자 모델은 조직의 성장, 행동, 학습 과정을 통해 해외직접투자를 비롯한 제반 국제화 활동을 설명하고 있으며 전통적인 해외직접투자 이론보다 동적인 측면을 강조하는 모형이다.

2 네트워크 해외직접투자 이론

1. 개념

국제화 단계 해외직접투자 이론은 행태적 관점에서 기업의 점진적인 해외시장진입 과정을 잘 설명해 주고 있다. 그러나 왜 그리고 어떻게 이러한 점진적인 국제화 과정이 시작되는지 또 어떤 요인이 이러한 단계적인 해외시장진입 과정에 영향을 주는지에 대한 설명은 충분치 않다.

네트워크 해외직접투자 이론은 사회교환이론(theory of social exchange)에 기초하여 조직 간 그리고 개인 관계 형성으로 인한 네트워크로 기업의 해외직접투자 현상을 설명하고 있다. 여기에서 **네트워크 구성요소는 기업이 긴밀히 영업 및 전략적인 관계를 맺고 있는 공급업체, 하청업체, 고객집단, 투자모기업, 투자자회사, 기타 전략적인 제휴업체** 등 다양하다.

이 이론에 따르면 기업의 국제화는 기업 특유의 우위보다는 **네트워크 관계에 의존**한다는 것이다. 즉, 전통적인 해외직접투자 이론에서는 해외직접투자를 회사의 독점적 우위를 바탕으로 이윤극대화를 위한 합리적이고 독자적인 의사결정 과정으로 이해했으나, 네트워크 관점에서 본 해외직접투자는 다양한 기업 내 외부 네트워크 구성원에 의해 영향을 받게 된다고 인식하고 있다.

네트워크 해외직접투자 이론의 한 예로 Freeman, Cray와 Sandwell의 연구 결과에서처럼 호주 법률회사들의 신흥시장 진출 과정을 보면 사내 주요 경영자(key actor)들의 외부 조직 내 주요 경영자와의 다양한 인적 네트워크 관계가 해외시장 진출에 큰 영향을 끼쳤다. 광고, 회계, 법률서비스를 제공하는 서비스 다국적기업의 경우 고객과의 네트워크 관계가 국제화 과정에 매우 큰 영향을 끼칠 수 있다. 마찬가지로 제조업의 경우에도 한 다국적기업의 국제화 과정은 해외 주요 고객 회사들의 국제화 과정에 의해 영향을 받고 반대로 국내 하청기업들의 국제화 과정에 큰 영향을 끼친다. 예를 들어, 삼성전자의 글로벌 투자전략은 주요 고객이면서 경쟁기업인 애플사의 글로벌제품전략에 의해 영향을 받는다. 애플의 향후 스마트폰 신제품에 요구되는 반도체나 핵심부품에 따라 삼성전자 및 하청업체들의 기술 및 글로벌 투자전략이 달라질 수 있다.

즉, 외부 이해관계자 기업들과 이러한 네트워크를 형성하고 있는 경우, 기업의 국제화는 기업 특유의 우위나 해외시장에 대한 조직학습에 기초하기보다는 **기업이 속해 있는 네트워크의 역동적인 관계와 구조에 의해서 해외투자 등 국제화 전략이 진행**될 수 있을 것이다. 해외고객 기업과 평소 긴밀한 사업 네트워크를 구축하고 있는 경우 독자적인 독점적 우위가 다소 약하더라도 이 해외 파트너기업의 우위를 바탕으로 파트너기업이 진출하는 현지 시장에 과감한 투자를 할 수 있을 것이다. 즉, 외부 네트워크 기업들과의 관계가 우호적이고 안정적인 경우에는 중소기업 입장에서 투자위험을 줄이기 위해 통상 선호하는 수출이나 라이슨싱 방식보다는 내부화 방식인 단독 투자나 파트너기업과 합작 형태를 선호할 수도 있을 것이다.

Johanson과 Mattsson은 기업의 해외시장진입 성공은 현재시장에서의 네트워크의 경쟁력에 상당 부분 달려 있다고 보고 있다.[2]

2. 네트워크 결정요인

해외직접투자에 영향을 끼치는 네트워크의 결정 요인들은 어떤 것이 있을까? 크게 다음과 같이 네 가지로 요약될 수 있다.

---

2 Johanson M., Internationalisation in Industrial System–A Network Approach, Strategies in Global Competition, London, Croom Helm, pp. 287~314.

첫째, **기업의 최고경영자의 개인적인 역량**에서 올 수 있다. 탁월한 개인 역량으로 인해 국내외의 다양한 개인 및 조직과의 인적 네트워크를 형성할 수 있다. 특히 현지국의 정치적인 실력자나 기업가와의 인적 네트워크 형성은 신흥시장, 사회주의 국가, 중동지역 국가 진출 시 큰 힘을 발휘할 수 있다. 그리고 이러한 효과적인 인적 네트워크 구축 여부는 중소기업의 초기 국제화 과정에서 성패를 좌우하는 중요한 요인이 되기도 한다.

둘째, **고객 회사 또는 공급업체와의 밀접한 사업 네트워크**가 존재하고 이에 대한 의존도가 높은 경우이다. 다국적광고회사, 법률회사, 회계 및 컨설팅회사의 경우 고객사인 다국적기업들과 밀접한 사업 네트워크를 전 세계적으로 유지하고 있다. 이러면 고객 다국적기업의 국제화 전략에 따라 이들 서비스기업의 해외직접투자 전략이 좌우된다.

셋째로, 한국과 일본 같은 **대기업 지배 기업집단**이 존재하여 자연스럽게 기업집단 내 네트워크를 형성하는 경우 소속 기업들의 해외직접투자는 기업집단 네트워크 내 핵심 기업들의 국제화 전략에 좌우된다. 미국, 일본, 유럽 등 선진 다국적기업에 비해 독점적 우위나 해외 경험 면에서 약했던 한국기업들이 1990년대 과감히 신흥시장 투자를 했던 배경 중의 하나는 같은 그룹 내 관계회사와의 밀접한 네트워크 형성과 상호 영향력 때문으로 볼 수 있다. 즉, 기업이 속해있는 네트워크 내 타기업과의 상호작용 또는 결속력 정도, 그리고 네트워크 전체 차원에서의 국제화 동인과 경쟁력 등의 요인이 기업의 해외투자에 중요한 영향력을 끼친다고 보고 있다. 이러한 관점에서 볼 때 기업은 높은 수준의 독점적 우위가 없이도 또 해외시장에 대한 지식이나 경험 축적이 적어도 때에 따라서는 과감한 해외투자가 가능할 것이다.

마지막으로 네트워크는 **문화 및 인종적 배경** 등에 의해 형성될 수도 있다. 문화·인종적 배경으로 인한 네트워크로 쉽게 설명될 수 있는 경우가 화교 기업의 해외투자이다. 대만, 동남아 화교 기업의 중국 내 투자이다. 화교 자본의 중국 내 투자는 1980년 후반부터 중국경제 근대화에 중요한 역할을 해왔다. 대만 및 싱가포르 기업들이 일본이나 서구 다국적기업들에 비해 초기부터 적극적으로 중국 내 투자를 해 온 이유는 소위 중국인들 간에 자연스럽게 형성될 수 있었던 꽌시(關係)로 설명될 수 있다. 특히 대만 기업들은 중국 여러 지역 중에서도 거리상으로 가장 가까운 푸젠(福建)성 지역에 집중되었다. 또 싱가포르 등 동남아 화교 기업의 다른 동남아지역에 대한 해외투자, 일본기업들의 하와이 투자, 스페인, 포르투갈기업들의 남미 투자, 미국의 히스패닉 기업들의 중남미 투자도 비슷한 이유로 해석될 수 있다.

다양한 해외직접투자 이론은 다국적기업의 해외직접투자와 국제화 과정의 패턴을 이해하는 데 각각 유용한 틀을 제공한다. 그러나 하나의 이론만으로 다국적기업의 해외직접투자 행위를 완

표 3-14 네트워크 결정요인 비교

네트워크 종류	해외투자 시사점	사례
최고경영자의 개인적 역량	• 인적 네트워크의 성격, 강도에 따라 투자 지역, 방식, 속도 결정 • 특히 해외투자 초기단계에서 큰 역할	• 개인소유 기업 • 중소기업의 해외투자전략
고객기업, 하청업체와의 밀접한 사업 관계	• 밀접한 사업 네트워크의 존재로 고객회사나 하청회사의 해외투자전략에 따라 투자지역, 방식 등 결정	• 다국적광고회사, 컨설팅회사의 해외투자
대기업, 중소기업 간 기업집단구조	• 소유구조, 지배구조 등에 의해 해외직접 투자지약, 방식 등이 좌우됨 • 모기업 집단의 국제화전략에 의해 해외직접 투자지약, 방식 등이 좌우됨	• 한국기업그룹, 일본 계열회사집단 내 소속기업의 해외투자
문화 · 인종적 · 언어적 배경	• 문화 · 인종적 관련성이 해외투자지역, 방식에 영향을 끼침	• 화교기업의 중국 내 투자

전히 이해하는 것은 불가능하다. 위에서 살펴보았듯이 산업조직 관련 이론, 조직학습 관련 이론 그리고 사회교환이론 등은 모두 해외직접투자 현상을 부분적으로 설명하고 있다. 따라서 오늘날 점차 복잡해지는 해외직접투자 현상을 보다 정확히 이해하기 위해서는 산업조직 관련 이론, 조직학습 관련 이론 그리고 사회교환이론 등 다양한 이론적 접근 방법에 대한 보다 깊은 이해와 이들 이론에 대한 다각적인 통합 노력이 요구된다.

다면적인 해외직접투자 현상을 보다 광범위하게 반영할 수 있는 이론적인 연구모형개발을 위해서는 다음 세 가지 점들이 특히 고려되어야 한다.

첫째, 지금까지 언급된 해외직접투자 모형들은 대부분 본사의 관점에서 직접투자를 설명하고 있다. 그러나 현실적으로 기업이 직접투자 시 본사뿐만 아니라, 지역 본사 그리고 자회사 입장에서의 변수들도 고려해야 한다. 본사에서의 관심 사항은 본국 또는 글로벌 관점에서의 이윤극대화나 업무통합(global integration)에 관심이 많겠으나 현지 자회사 관점에서는 현지 환경적응(local adaptation)이라는 직접적인 과제를 안고 있다.

둘째로, 기존 이론들은 대부분 미국이나 유럽 같은 선도 선진국 다국적기업을 염두에 두고 개발이 되었다. 한국과 같은 아시아의 후발 다국적기업의 해외직접투자 패턴을 설명하기 위해서는 보다 한국적인 상황을 반영할 수 있는 모형의 개발이 요구된다. 예를 들어, 기존 이론에서는 해외투자의 기본적인 동기로 이윤추구를 위한 독점적 경쟁우위의 활용을 묵시적으로 가정하고 있다. 그러나 많은 한국기업, 특히 중소기업의 해외 진출 시 방어적인 투자행태가 많다. 중국에 진출하고 있는 한국기업들의 상당수는 가지고 있는 경쟁우위를 활용하기 위해 진출하기보다는 경쟁우위를 창출하기 위하여 진출하거나 영세한 중소기업의 경우에는 본국에서 고임금 등으로 더 이상 경쟁력을 확보할 수 없기 때문에 생존 차원에서 해외에 진출하는 경우도 적지 않다. 따라서 이러한 방어적인 투자행위도 아울러 반영할 수 있는 연구모형이 필요하다.

셋째, 이점과 관련하여 해외직접투자에 대한 연구 이슈로 어떻게 해외 투자기업이 현지에서 외국 비용을 극복하고 어떤 과정을 통하여 점차 현지에서의 경쟁우위를 창출하는지, 또 현지에서 창출된 경쟁우위가 어떻게 본사나 다른 자회사에 이전이 되는지 등 학습 과정에 대한 문제에 답을 해 줄 수 있는 동태적인 이론의 개발이 요청된다. 위에서 언급된 국제화 단계 해외직접투자 이론에서 조직학습이 시장지식, 시장몰입 그리고 시장참여 등 세 요소의 반복적인 상호작용으로 이루어진다고 언급하고 있으나 구체적인 기업의 학습 과정 메커니즘에 대해서는 보다 많은 연구가 필요하다. 결론적으로 미래의 해외직접투자 연구는 기존의 이론을 대체하는 측면보다는 보완하는 측면에서 이론들이 통합 개선되어야 할 것이다.

표 3-15 해외직접투자이론 비교

	독점적 우위이론	국제화단계 해외투자이론	네트워크 해외투자이론
가정	• 독점적 우위의 선진 다국적 기업 • 일과성의 해외직접투자 의사결정	• 조직 내 점진적 국제화 학습 및 위험 감소 • 순차적인 해외시장 진입 과정	• 사업 네트워크 존재 • 네트워크 내 기업의 해외 시장진입 과정 및 실행
외부 기업과 상호작용	• 단독적 행동	• 단독적 행동	• 네트워크 내 주체 간 다각적인 상호작용
자원창출 및 배분	• 기업 내부적인 자원 분배	• 기업 내부적인 분배	• 조직(기업) 간 자원 의존 및 창출
접근 방법	• 경제학적(economic) 관점	• 행태적(behavior) 관점	• 관계적(relationship) 관점
예측	• 100% 지분투자 선호	• 수출 → 합작투자 → 100% 지분투자 • 문화 및 지역적으로 인접국 → 상이국	• 네트워크 차원의 국제화 동인에 따라 다양한 해외투자 패턴(점진적 및 급진적 투자 가능)
초점	• 투자의사결정	• 시장진입 과정	• 투자의사결정 및 시장진입 과정

마감사례

현지 정부는 다국적기업과 같은 편일까? 다른 편일까?

한국기업 120곳이 미국 조지아주에 투자했다. 왜 여기에 몰릴까? 미국 조지아주 한국사무소의 피터 언더우드 소장이 지난 13일 서울 광화문 사무실에서 조지아주의 잇따른 대형 투자 유치 비결에 관해 설명하고 있다. 그는 "친기업 환경, 그리고 공무원들의 서비스 마인드"가 투자 유치의 핵심 비결이라고 말했다. 현대자동차가 2022년 5월 현대차 · 기아의 첫 미국 전기차 공장 입지를 조지아주로 낙점하고, 총 55억 달러(약 7조 원)의 투자를 결정했다. 조지아주는 현대자동차 유치로 총 8,100명의 일자리를 창출하고 미국 내 '전기차 산업의 허브'로 급부상했다. 이 밖에도 SK이노베이션이 2019년부터 3조 원을 들여 대규모 전기차 배터리 공장을 2개 짓고 있다.

코카콜라 · 델타항공 본사가 있는 조지아주는 특히 한국 기업들과 인연이 깊다. 1999년 SKC가 필름 공장을 준공했고 기아(2009년), 금호타이어(2016년), 한화큐셀(2019년)이 잇따라 공장을 세우면서 협력사들까지 약 120개에 달하는 한국 기업들이 포진해 있다. 단일 국가로는 한국이 최대 투자국이다. 한국과 조지아의 각별한 인연 뒤에는 34년째 오작교 역할을 하는 조지아주 한국사무소의 피터 언더우드(67) 소장이 있다. 그는 연세대를 설립한 호러스 그랜트 언더우드 가문의 4세로, 4대째 서울에서 사는 서울 토박이다.

투자 유치 비결은 '친기업 환경'

조지아주가 현대자동차를 포함한 대형 투자를 최근 잇따라 유치하고 있는 비결이 무엇인가? 바로 친기업 환경이다. 먼저 조지아주는 30년 이상 법인세를 6%로 동결해오다 2019년에는 5.75%로 더 내렸다. 생산한 제품을 다른 주나 수출해 얻는 수익에는 법인세를 면제한다. 기업이 들어와 일자리를 만들고, 지역 경제를 살리는 것이 세수보다 더 중요하기 때문이다. 주도인 애틀랜타는 과거 지명이 '터미널'이었을 정도로 물류 요지다. 애틀랜타 공항은 전 세계에서 1일 이용객 수가 가장 많고, 미국 전역을 어디든 비행기로 4시간이면 갈 수 있다. 조지아주 서배나 항구는 파나마를 거쳐 오는 선박들이 미 동남부 지역 중 가장 첫 번째로 정박하는 곳이다. 현대자동차가 전기차 공장을 짓는 곳이 바로 서배나시 근처인 브라이언 카운티다.

그는 새 현대자동차 공장에 대해 "서배나시 인근 브라이언 카운티의 2,923에이커(약 357만 평) 규모 부지 내에 들어선다"며 "이 부지는 조지아주 역사상 가장 큰 규모의 '메가 사이트'로, 조지아주가 기업 유치를 위해 작년 5월 땅을 매입해 조성한 곳"이라고 말했다.

여러 장점 중에서도 가장 핵심적인 경쟁력은 무엇인가?

조지아주에는 기업이 필요한 인력을 대신 교육해주는 '퀵스타트' 프로그램이 있다. 기업 투자가 결정되면 주 정부가 곧바로 공장 준공 시 투입할 인력을 교육하고 채용까지 연결해준다. 교육 프로그램은 퀵스타트 사무소 직원들이 기업과 논의해 같이 만들지만, 교육 과정의 소유권은 기업에 넘겨 다른 해외 공장에서도 활용할 수 있도록 해준다. 1999년 조지아주에 비디오테이프 공장을 지었던 SKC의 경우, 공장 준공 후 풀가동 하기까지 다른 곳에선 1년이 걸렸는데 퀵스타트 덕분에 6개월 만에 가동에 들어갔다. 기아를 비롯해 최근 조지아주에 투자한 한국 기업들 모두 이런 지원을 받았다. 정상 매출이 빨리 발생하면 기업 입장에서 엄청난 이익이다.

피터 언더우드 조지아주 한국사무소장이 조지아주의 매력에 대해 다음과 같이 설명하고 있다. "조지아주는 상대적으로 여건이 좋다. 일단 인구가 1,100만 명이다. 미국에서 기업 하기 좋은 곳으로 부상한 미 동남부 선벨트 지역 중 플로리다주에 이어 둘째로 많다. 노인 인구가 많은 플로리다와는 달리 조지아주 평균 연령은 36세다. 조지아텍과 에모리대학 같은 뛰어난 대학이 있다. 산업 인력을 양성하는 전문대학(테크놀로지 칼리지)도 조지아주 159개 카운티에 1개씩 세운다는 목표로 건립 중이다. 기업이 조지아주 어디서든 필요한 인력을 구할 수 있도록 한다는 의지다. 미국 대부분의 주는 기업 유치를 위해 거액의 현금 보조금을 지원하지만 조지아주는 현금 지원은 없다. 그런데도 기업들이 오는 것은 필요한 인력을 손쉽게 구할 수 있기 때문이다."

그는 "조지아주 경제개발청은 총 32국 언어를 구사할 수 있는 인력을 확보해 기업을 지원한다"고 말했다. 그는 "특히 자체 환경법이 엄격한 캘리포니아주와 달리 주 정부가 정하는 환경법이 따로 없다"며 "조지아주 환경청은 규제를 위한 조직이 아니라 기업들이 어떻게 하면 합법적으로 사업할 수 있는지 도와주는 조직"이라고 말했다.

표 3-16 조지아주가 유치한 주요 한국 기업

위치	한국 기업
돌턴	한화큐셀 태양광 셀, 모듈 공장
커머스	SK온 미국 배터리 1, 2공장
웨스트포인트	현대차그룹 기아공장
브라이언카운티	현대차그룹 전기차공장

전기차 관련 일자리만 2만 개 창출

최근엔 전기차 관련 투자를 대거 유치했다. "전기차 분야에서만 최근 5년간 약 20개 기업을 유치했고, 2만 개 일자리 창출을 약속받았다. 조지아주는 2009년 기아가 공장을 지으면서 자동차 산업이 크게 발달했다. 주요 부품 생태계가 갖춰진 것이다. 기아가 조지아주 공장 가동을 시작했을 당시 주민들은 기아를 '신이 준 선물'이라고 했다.

LG에너지솔루션도 2022년 미국 미시간주에 25GWh 규모의 전기차 배터리 공장 건설을 발표했다.

미시간주 홀랜드시 의회는 LG 투자에 대해 20년간 대부분의 지방세와 주 세금을 감면해주기로 했다. 투자액이 2조 원에 이르고, 증설 뒤 공장 규모가 대규모인 점을 감안하였을 것으로 보인다. 반면 한국의 기업규제법, 노동 및 산업안전 규제, 강성 노조의 존재는 기업 환경을 어렵게 만들 수 있다. 정부 부처 간 칸막이 규제, 환경단체 반대 등 많은 어려움이 존재한다. 송전선 건설 문제로 삼성전자 평택 공장 투자가 5년 지체된 것은 물론, SK하이닉스의 용인공장도 주민 설득, 인 · 허가 지연으로 토지 매입이 늦어져 3년째 착공도 못하고 있다. 경쟁이 치열한 글로벌 IT 산업에서 미국과 같은 나라와 달리 한국에선 수년을 기다려도 공장 하나 못 짓는 게 안타까운 현실이다.

한국, 기업 유치하려면 '노동유연성' 절실

한국이 투자 유치를 늘리려면 어떻게 해야 할까? 투자 환경을 고쳐야 한다. 한국에 가장 필요한 것은 '고용 유연성'이다. 마음대로 해고할 수 있게 하라는 뜻이 아니라, 정당한 이유가 있으면 해고할 수 있는 제도가 있어야 한다는 의미다. 최근 한국 중견기업 임원인 지인의 운전기사가 여직원 성추행이 적발돼 해고됐는데 노동부에서 다시 고용하라는 결정을 내렸다는 이야기를 들었다. 경영학에서는 '해마다 직원 5%는 정리하라'는 말이 있다. 그래야 기업이 계속 100% 업그레이드된다는 의미다. 지금 한국 노동법은 균형이 맞지 않는다. 부당하게 해고하지 않게 하는 법도 있어야 하지만, 목표 달성을 못하면 내보낼 수 있는 법도 있어야 한다.

한국은 강성 노조 문제도 있다. "우리나라 노조는 이제 정말 바뀌어야 한다. 1980~1990년대 노동자들의 권리가 억눌려 있었을 때의 투쟁은 충분히 이해한다. 하지만 지금은 시대가 완전히 달라졌다. 시대에 따라 변화할 줄도 알아야 한다. 조지아주는 노조 가입률이 4%대로 낮다. 오히려 노조 가입을 강제하는 것을 금지하고, 노조가 파업을 결정하더라도 근로자 개개인이 '일할 권리(right to work)'를 법으로 보장한다."

한국은 규제 왕국이라는 말도 듣는다. 주 52시간제가 대표적이다. 공정거래법도 너무 복잡하다. 한국은 문제가 생기면 규제 위에 또 다른 규제를 또 만든다. 특정 제품군의 30%는 중소기업이 만들어야 한다는 식이다. 법은 정말 복잡한데 실제 공정한 거래는 이뤄지지 않는다. 공정위가 공정 거래 감독만 잘했다면 그런 법은 필요 없었을 것이다. 외국 기업들은 한국이 기업 간 내부 거래, 아는 사람끼리의 거래가 너무 많다고 느낀다. 이것도 투자를 저해하는 한 요인이다.

멸종되는 '한국산(made in korea)' 자동차

미국 제너럴모터스(GM)가 한국 공장 '고사(枯死) 작전'에 돌입한 듯싶다. GM의 2인자 스티브 키퍼 사장이 이달 초 방한하면서 한국 공장에서도 전기차를 생산할 수 있을까 싶었지만, 터무니없는 기대였다. 전기차는커녕 추가 생산 물량을 약속하지도 않았고 오히려 국내에 출시할 신차를 모두 수입해 판매한다는 계획을 밝혔다.

부평과 창원에 있는 한국GM 공장은 연간 60만 대 이상을 생산할 수 있는 능력을 갖췄지만, GM은 공장에 일감을 주지 않는 방식으로 절반 이상의 설비를 녹슬게 하고 있다. GM은 지난 2018년 산업은행으로부터 8,000억 원을 지원받는 대가로 10년 동안 공장을 유지한다고 약속했는데, 이 상태로라면 GM은 약속된 2028년이 되면 미련 없이 공장을 철수할 것으로 보인다.

부산 경제의 큰 버팀목인 르노삼성의 처지도 다르지 않다. 르노그룹은 지난해 9월에야 유럽 수출용 'XM3' 생산을 부산공장에 맡겼지만, 생산량은 한창때의 절반에도 미치지 못한다. 그러면서 부산공장을 세계 르노그룹 생산기지 중 수익성이 가장 낮은 곳으로 지목하며 철수 가능성을 암시하고 있다.

GM과 르노는 외국 기업이지만, 창원, 부평, 부산에 조립공장을 세우면서 해당 지역을 먹여 살려 왔다. 공장에 직접 고용된 인원과 부품 협력사 일자리만 수십만 개이고 이를 기반으로 삶을 꾸려나가는 지역 소상공인은 훨씬 많다. 매년 수십만 대의 차가 '메이드인 코리아' 제품으로 수출되면서 우리 경제가 상당한 득을 본 것이다.

10년 뒤에도 이 공장들이 해당 지역을 먹여 살리고 있을까? 불행히도 아닐 가능성이 커 보인다. 최악의 경우 몇 년 뒤엔 '메이드인 코리아' 완성차를 판매하는 업체가 현대자동차 단 한 곳만 남는 상황이 발생할 수도 있다.

전 세계 도로를 달리는 한국산 자동차가 줄면 가장 먼저 지역 경제가 무너진다. 공장이 멈추고 난 뒤에는 갖은 노력을 해봐야 이전의 영광을 되찾기 쉽지 않다는 것을, 우리는 앞서 지역 기반 산업이 몰락한 곳곳에서 확인했다.

그동안 외국 기업들이 임금이 싼 중국 대신 한국에 공장을 세운 이유는 높은 품질 때문이었다. '메이드인 코리아'라면 믿고 구매하는 세계 소비자들이 많은 덕분에 높은 생산비를 감내하고 국내에 공장을 세웠다. 그런데 파업을 정기적으로 반복하는 강성 노조의 행태가 고품질이라는 한국 경쟁력을 덮어버리는 상황이 됐다. 그동안 GM과 르노 본사는 한국이 수익성과 비용 생산성을 높일 수 있다는 사실을 보여달라고 국내 공장에 끊임없이 요구해왔다. 하지만 한국 공장은 매번 이를 증명하는 데 실패했다.

그나마 손 써볼 시간이 남아있는 상황에서 이제는 정부가 적극적으로 나서야 한다. 한국에도 노조의 파업이 없는 공장을 세울 수 있다는 것을 전 세계 기업에 보여줘야 한다. 파업하지 않는 근로자가 고품질 자동차를 생산하는 스마트공장 시범단지를 조성하거나, 일정 인원을 고용하면 유연한 형태로 고용하도록 하는 시험도 고려해볼 만하다.

* 자료: 멸종되는 한국산 (made in Korea) 자동차, 조선비즈, 2021.11.19
한국기업 120곳 들어섰다.. 美 조지아주에 투자 몰리는 이유, 조선일보, 2022.6.20

토의과제

01 조지아주에 최근 5년간 투자한 한국기업 중 두 곳으로 찾아, 업종, 규모, 투자 동기별로 어떤 특징이 있는지 조사해 보시오.

02 조지아주의 인구는 2022년 기준 미국 50개 주 중에서 8위 (1,100만 명)이고 특히 캘리포니아 인구의 1/4 정도이다. 또 가구당 소득 기준 29위 (82,406 달러)이다. 많은 주가 조지아주보다 시장 규모도 크고 소득도 높다. 이러한 조지아주에 왜 많은 한국기업이 진출하였을지 대기업과 중소기업으로 나누어 설명해 보시오.

03 만약에 GM Korea가 한국에서 철수를 결정한다면 어떠한 파장이 예상되는지 분석해 보시오.

04 귀하가 만약 한국 정부의 외국인 투자 담당 부처 직원이라면 향후 GM의 더욱 많은 투자를 유치하기 위해서 GM 경영진과 노조에 어떠한 정책을 제안하겠는가?

주요 용어

해외직접투자	독점적 우위이론	절충이론
해외간접투자	내부화이론	과점적 대응이론

연습문제

01 세계 해외직접투자의 과거 20년간 특징을 투자국과 피투자국으로 나누어 설명하시오.

02 1990년 이후 한국 해외직접투자의 변화추이를 설명하고 변화 이유를 설명하시오.

03 해외직접투자가 수출입에 미치는 영향을 정리해 보시오.

04 한국의 해외직접투자가 역수입을 초래하여 국제수지의 악화만을 초래한다는 비판적인 시각에 대해 의견을 피력해 보시오.

05 해외직접투자가 최근 많이 증가한 이유가 무엇인지 설명하시오. 예를 들어, 전자산업의 경우 해외직접투자가 폭발적으로 많이 증가한 이유는 무엇인지 설명하시오.

06 외국 비용이란 무엇인지 설명하시오.

07 여러분이 생각하는 한국의 가장 대표적인 기업을 예로 들어 그 기업의 독점적 우위는 무엇인지 구체적으로 설명하시오.

08 독점적 우위 이론과 내부화 이론의 공통점과 차이점을 비교 · 설명하시오.

09 해외직접투자 이론 중에서 하나를 이용하여 한국기업의 해외직접투자 현상을 설명하시오.

10 국제화 단계 해외직접투자 이론이 한국의 중소 수출기업자들에게 시사하는 바는 무엇인가?

11 네트워크 해외직접투자 이론이 잘 적용되는 산업과 잘 적용되지 않은 산업은 예를 들어 설명하시오.

CHAPTER 4

전략적 제휴와 국제계약 사업

도입사례

아마존의 한국 시장 진출전략

세계에서 가장 큰 전자상거래(e-commerce) 업체인 미국의 아마존의 2021년 매출액은 전 세계적인 공급망 문제와 높은 인플레이션의 영향에도 불구하고 사상 최대액인 4,698억 달러로 2020년 3,861억 달러 대비 22%의 엄청난 성장을 이뤘다. 또 영업이익도 8.7% 증가한 249억 달러를 기록했다.
그러나 2021년 아마존 매출의 66.8%(3,140억 달러)는 미국 본국 시장에서 발생하여 다른 글로벌 빅테크 다국적기업에 비하면 해외시장 매출 비율이 낮다. 애플의 경우 미국 내 판매 비중이 38% 수준이고 구글과 마이크로소프트는 각각 46%, 50% 수준이다. 따라서 향후 아마존의 성공적인 해외 진출은 글로벌시장에서의 지속적인 성공을 위해서는 필수적이다. 현재 아시아 시장에서 아마존은 일본을 제외하고는 현지 이커머스 업체들에 밀려 고전을 면치 못하고 있다. 특히 아시아의 최대 전략시장이라고 할 수 있는 중국과 인도 시장에서 많은 어려움을 겪고 있다.

일본 시장으로의 진입

아마존은 일본 시장에 2000년에 진출한 이래 나름대로 성공을 거두고 있다. 아마존은 진출 당시 이미 일본 시장에서 가장 큰 온라인 서적 판매회사로 일본 소비자들에게 좋은 브랜드 이미지를 가지고 있어 초기 진입 시 수월했다. 이후 점차 서적 외 많은 상품을 일본 소비자들에게 온라인 플랫폼(Amazon.co.jp) 에서 판매하면서 크게 성장했다.
특히 아마존은 소위 FBA(fulfillment by Amazon)라는 서비스를 B2C 시장에서 상품을 팔려는 회사들에 제공하고 있다. 이 서비스는 고객사들이 소비자들로부터 주문받으면 즉시 주문품을 포장하고 소비자들에게 발송하는 서비스를 아마존이 대행하는 제도이다. 심지어는 반품 처리 서비스도 아마존이 수행해준다. 이러한 방식으로 일본에서 성공하여 2022년 5월 이커머스 시장점유율은 23%로 1위 업체로 성장했고 점유율 18.5%를 차지하고 있는 2위 업체인 라쿠텐을 앞서고 있다.

중국, 인도 시장으로의 진입

그러나 아마존은 중국과 인도 시장에서는 실패하여 철수하거나 고전을 면치 못하고 있다. 아마존은 2004년 중국 시장에 현지 온라인 서적 판매업체인 Joyo.com을 7,500만 달러에 인수하여 진출했다. 당시 중국의 온라인 B2C 시장은 큰 성장기를 맞이하고 있었다. 현지 소매업체인 JD.com도 2004년에 온라인 플랫폼을 구축했고 알리바바의 Tmall도 2008년부터 Single's Day(11월 11일)를 시작하면서 온라인 사업에 박차를 가했다. 아마존은 중국 온라인 시장이 크게 성장하고 있었음에도 Tmall이나 JD.com 같은 현지업체에 계속 경쟁에서 밀리고 드디어는 2019년 4월 중국 시장에서 철수하게 된다. 철수하기 직전인 2018년 4분기 Tmall과 JD.com의 점유율은 61.5%, 그리고 24.2%였으나 아마존의 중국 B2C 시장점유율은 0.6%에 불과했다.

무엇보다도 아마존의 가장 큰 실패 원인은 중국 소비자들에 대한 전반적인 이해가 부족한 점을 들 수 있다. 또 중국 내 다양한 지역별 소비자의 차이나 선호하는 취향을 간과했고 결과적으로 상품구성, 소비자들과 의사소통 등 많은 사업 운영 측면에서 적절한 현지화를 꾀하지 못했다. 또 경쟁기업들은 끊임없이 과감한 자본투자와 인프라 확대를 꾀했으나 아마존은 이도 따라가지 못했다.

다국적소매기업들의 직접적인 영업을 법적으로 금하고 있는 인도 시장에서 아마존은 우회 진입방식을 시도했다. 2019년 현지 상품권 발행업체인 Future Coupons 사의 49% 지분을 2억 달러를 지급하고 매입하기로 합의하여 인도 소매시장에 간접적으로 진출하고자 했다. 그러나 현지 최대 유통업체인 릴라이언스가 퓨처 쿠폰의 본사인 퓨처 리테일을 인수하는 돌발변수가 생기면서 3년째 상기 합의가 이행되지 못하고 있다. 현재는 릴라이언스와 퓨처 쿠폰의 인수를 놓고 법정 분쟁 중이다. 반면 월마트는 2018년 인도 현지 e-commerce 업체인 플립카트의 지배 지분을 160억 달러에 인수하면서 인도 시장을 우회하여 진입한 바 있었다.

이처럼 주요 아시아 시장에서 성공과 실패를 경험했던 아마존은 2021년 8월 한국 시장에도 11번가와 협업하여 해외 상품을 국외에서 직접 사고자 하는 소비자들을 대상으로 본격적인 사업을 시작하게 된다. 그 결과 국내업체인 네이버, 쿠팡과의 직접 경쟁이 가속화되리라 예상된다. 그 의미를 다음 관련 자료를 통해 자세히 살펴보자.

한국 시장 진입방식과 목표시장

SK텔레콤 자회사이고 이커머스 기업인 11번가는 2021년 8월 31일부터 국내 소비자가 자사 사이트 내에 개설되는 '아마존 글로벌 스토어'를 통해 미국 아마존의 직매입 상품을 쉽게 구매할 수 있게 된다고 25일 밝혔다. 아마존이 현지 사업자와 제휴해 해외에 진출하는 것은 한국이 처음이다. 11번가와 아마존은 한국 서비스의 강점으로 배송비용 절감과 이용 편의성 향상을 내세웠다.

2020년 11월 양사가 협업을 발표한 이후 약 10개월 만이다. 국내 고객에게 미국 상품 직접구매의 편의성을 높이겠다는 구체적인 사업 형태로 연 4조 원으로 성장한 직구 시장을 겨냥했다. 쿠팡의 미국 뉴욕증권거래소(NYSE) 상장과 국내 전자상거래 1위 네이버의 이마트 · CJ대한통운 지분교환, 이베이코리아 매각 등 올해 유례없는 합종연횡의 시기를 거친 한국 전자상거래 시장에 아마존과 SK텔레콤 연합이 또 한 번 충격을 줄지 관심이 쏠리고 있다.

이번 '아마존 글로벌 스토어'에서는 책, 디지털 기기, 패션, 뷰티, 리빙 관련 수천만 개의 상품이 판매된다. 백화점에서 명품 옷을 입어 보고 해외 직구를 통해 옷을 싸게 사는 소비자가 더 늘어날 수 있다. 11번가 경영진은 25일 기자간담회에서 "기존 해외 직구 대비 압도적 스케일의 상품 수를 경험할 수 있을 것"이라고 말했다. 11번가를 통해 구매할 수 있는 제품은 아마존 미국이 직매입해 판매하는 상품 중 통관에 문제가 없는 대부분의 상품이다. 화기, 탄약 등 위험물이나 정치적 · 종교적 문제가 발생할 수 있는 상품을 제외하면 아마존에서 판매하는 수천만 종에 달하는 모든 상품을 구매할 수 있다는 의미다. 구매 후 평균 6~10일 이내 배송을 목표로 하고 있다. 관세법에 따라 구매 금액이 200 달러(약 23만 원 상당) 이하일 경우 관세 · 부가세 없이 구매할 수 있다. 이 중 한국 고객이 선호하는 상품 16만 개는 따로 추려 '특별 셀렉션'으로 구성해 판매한다. 해당 상품은 미국 서부의 아마존 물류센터에서 국내로 발송돼 배송 기간이 최대 4일까지 줄어든다. 한국 고객이 선호하는 상품을 중심으로 정보기술(IT) 기기, 의류, 화장품, 생활용품, 도서 등을 특별 셀렉션으로 소개할 계획이다.

특히 아마존은 한국 소비자들이 해외 직구를 좀 더 쉽게 하는 데 주력했다. 통계청에 따르면 2020년 국내 해외 직구 거래액은 4조 677억 원으로 2019년(3조 6,360억 원)보다 11.9% 늘었지만 여전히 많은 소비자는 언어, 배송비 문제로 직구를 꺼리고 있다.

아마존 글로벌 스토어를 통한 구매는 11번가에서 구매하는 것과 같은 방식으로 이뤄진다. 11번가는 미국 아마존에 남긴 소비자들의 상품평도 한글로 제공해 언어 장벽을 없앴다. 기존 직구에서 가장 큰 부담이었던 배송비에서 파격적 혜택을 제공한다. SKT의 새로운 구독 상품인 '우주패스'(월 4,900원 또는 9,900원)에 가입하면 구매 금액과 무관하게 무제한 무료배송(카펫 등 일부 상품 제외)이 가능하다. 월 회원에 가입하지 않더라도 2만 8,000원 이상 구매하면 무료다. 배송 기간은 일반 상품 기준 6~10일이다.

개인통관고유번호는 한번 입력해 두면 이후 자동 생성되고 결제 단계에서 통관대행 수수료 등이 함께 빠져나간다. 반품 · 환불 과정에서의 지원을 위해 전담 고객센터도 마련했다.

또 아마존 스토어를 이용하는 한국 소비자는 아마존이 미 현지에서 실시하는 할인과 프로모션 혜택도 받을 수 있다. 월정액으로 원하는 서비스를 주기적으로 받을 수 있는 '구독상품'에 가입하면 횟수와 상관없이 구매 상품을 무료로 배송받을 수도 있다. 해외직구의 최대 장벽이던 언어, 배송, 반품 문제가 한꺼번에 해소됨에 따라 국내 유통업계에 지각변동이 일어날 것으로 업계는 보고 있다. 아마존의 국제 리테일 담당 임원은 "한국 소비자들이 수천만 개의 아마존 제품을 빠르게, 무료로 받아볼 수 있게 할 것"이라며 "이것은 시작에 불과하다"고 말했다.

세계 최대 이커머스 기업인 아마존이 11번가와 제휴해 국내 직구 시장에 진출한 것은 기업의 활동 영역을 제한해 온 물리적, 시간적 경계가 무너지면서 유통시장에 무한 경쟁이 시작됐음을 보여준다. 글로벌 기업과 소비자가 모두 오프라인에서 온라인으로 이동하는 격변기지만 한국은 복합 쇼핑몰에 월 2회 휴무를 강제하는 오프라인 중심의 규제에 발목이 잡혀 있다. 이런 규제로 스스로 경쟁력을 갉아먹는 것 아니냐는 우려가 나온다.

아마존이 현지 업체와의 제휴 형태로 해외 시장에 진출한 것은 한국이 처음이다. 국내 이커머스 시장 침투율이 이미 높아진 데다 네이버(17%), 쿠팡(13%), 이베이코리아(12%) 등 절대 강자 없이 치열한 경쟁이 펼쳐지고 있는 만큼 현지 사업자와 제휴해 리스크를 최소화하려 했다는 분석이다.

국내 이커머스 시장 경쟁에서 밀렸던 11번가는 아마존을 통해 승부수를 띄울 수 있게 됐다. 직구 무료 배송 등을 통해 유입된 소비자들을 다른 공산품 소비 등으로 확대할 경우 경쟁력을 강화할 수 있다는 분석이다. 이커머스 업계 관계자는 "어떤 업체도 선보이지 못한 '아마존 무료배송'을 무기로 시장 구도에 균열을 내려는 선택"이라고 말했다.

11번가는 향후 글로벌 스토어 성과에 따라 개별 판매자들의 제품으로까지 상품군을 확대할 수도 있다는 입장이다. 이번 발표에서는 아마존 미국의 직매입 상품만 서비스 대상이 됐다. 아마존 알리바바 이베이 등 글로벌 기업과 네이버 쿠팡 등 국내 기업이 이커머스 시장을 두고 무한 경쟁 중인 반면 정부의 유통시장 규제는 시대에 뒤떨어져 있다는 지적이 적지 않다.

일각에서는 아마존 진출의 파장이 그리 크지 않을 것이라는 분석도 나온다. 쿠팡과 G마켓 등이 이미 한국어 직구 서비스를 하는 데다 '퀵커머스'라 불릴 정도로 빠른 배송에 익숙한 국내 소비자들에게는 매력이 떨어질 수 있다는 것이다. 아마존이 11번가를 통해 한국에 진출하면서 국내 전자상거래 업계는 향후 판도 변화 가능성에 관심을 보이고 있다. 다만 국내 시장 직접 진출이 아닌 미국 현지 상품의 판매에 편중됐다는 점에서 업계에는 아마존 진출이 국내 전자상거래 시장에 주는 파급력이 크지 않을 것이라고 보는 견해가 많다. 특히 미국 블랙프라이데이, 중국 광군제 등 세계적인 쇼핑 행사를 계기로 해외 직구 상품 구매를 위한 구조가 충분히 마련돼 있어 아마존이 내세우는 미국 상품 직구가 기대만큼 큰 효과를 거두기 어려울 것이라는 예상도 나온다.

* 자료: '韓 상륙' 아마존, 해외직구 장벽 낮춰 … 네이버-쿠팡과 무한경쟁, 동아일보, 2021.08.26
11번가서 아마존 상품 산다 … 더 뜨거워지는 4조 직구시장, 매일경제, 2021.08.25

토의과제

01 아마존의 한국진입 시 100% 지분전략 대신 전략적 제휴 방식을 선택한 이유는 무엇일까?

02 그리고 왜 국내 많은 이커머스 사업체 중 11번가를 파트너로 선택했을까?

03 아마존의 중국 시장 실패 경험을 토대로 한국 시장에서의 어떤 마케팅 전략이 필요할지 제안해 보시오.

04 네이버나 쿠팡의 대응 전략을 수립해 보시오.

I 전략적 제휴의 개념

1 전략적 제휴의 정의 및 성격

1. 전략적 제휴의 의미

오늘날 글로벌 경쟁환경에서 다국적기업이 기업의 부가가치 활동 모든 부문을 전 세계적으로 투자할 수 있는 자원이 있는 경우는 극히 드물다. 따라서 기업들은 다른 기업과 협력을 추구한다. 국제 경영활동에 있어서 **광의의 전략적 제휴는 직접 수출이나 100% 지분 해외직접투자 방식을 제외한 여타 모든 기업 간 협력 형태**를 총괄적으로 지칭한다. 이때 기업은 나름의 전략적 의도를 가지고 때로는 라이슨싱과 같은 계약 형태의 협력 방식을 택할 것이고 또 다른 경우에는 합작투자와 같은 지분 방식의 협력 방식을 택할 것이다. 기업의 구체적인 전략적 제휴의 형태는 시장 확대나 기술개발 같은 구체적인 전략적 의도에 따라 달라질 것이다.

한편 **협의의 전략적 제휴는 전통적인 국제 경영활동 방식, 즉 100% 지분 해외직접투자와 라이슨싱과 같은 정형화된 계약 방식을 제외한 기업 간 협력**을 의미한다. 예를 들면, 다양한 업무제휴나 지분제휴 등이 여기에 속한다. 본 장에서는 편의상 전반부에서 협의의 전략적 제휴 활동에 대해 살펴본다. 그리고 후반부에서 계약 방식의 국제 경영활동을 협의의 전략적 제휴와 구분하여 별도로 구분하여 살펴보겠다.

표 4-1 광의 및 협의의 전략적 제휴

<table>
<tr><th colspan="2">지분 방식</th><th colspan="3">비지분 방식</th></tr>
<tr><td>100% 지분
해외직접투자</td><td>지분 제휴</td><td>업무 제휴
(비정형화됨)</td><td>국제계약사업
(정형화됨)</td><td>수출</td></tr>
<tr><td>해외직접투자</td><td>프로젝트합작투자
(일시적)</td><td>기술제휴</td><td>국제라이슨싱</td><td>직접수출</td></tr>
<tr><td>M&A(지분 전체)</td><td>합작투자(지속적)</td><td>생산제휴</td><td>국제프랜차이징</td><td rowspan="4"></td></tr>
<tr><td>내부화</td><td>지분참여(비투자성)</td><td>조달제휴</td><td>국제경영관리계약</td></tr>
<tr><td rowspan="3"></td><td>M&A(지분 일부)</td><td>마케팅제휴</td><td>턴키계약 프로젝트</td></tr>
<tr><td colspan="2">→ 협의의 전략적 제휴(외부화) →</td><td>국제하청생산
(간접수출)</td></tr>
<tr><td colspan="3">→ 광의의 전략적 제휴(외부화) →</td><td>내부화</td></tr>
</table>

2. 전략적 제휴와 국제계약 사업

[표 4–2]는 오늘날 빈번히 기업 간에 이루어지는 다양한 전략적 제휴의 주요 형태와 국제계약 방식을 나타낸 것이다. 국제계약 사업 방식은 대체로 계약이 표준화되어 있고 산업에 따라 선호하는 계약 방식이 달라진다. 예를 들어, 외식산업인 경우 프랜차이징 계약이 보편화되어 있고 호텔산업의 경우는 국제 경영관리계약이 널리 사용되고 있다. 턴키 계약의 경우 건설산업과 밀접한 관련이 있다. 하청생산인 경우는 의류 봉제, 신발, 완구 등 노동집약적 산업이나 가전제품 같은 표준화된 소비재산업에 많이 적용된다.

반면 업무제휴 방식은 국제계약 사업과 달리 정형화되어 있지 않다. 즉, 동일한 산업 내에서도 제휴기업에 따라 협력 내용과 강도가 크게 달라질 수 있다. [표 4–2]에서 비교적 단기적인 성격을 보이는 **업무제휴**는 다양한 형태가 있으나 대략 기술제휴, 생산 제휴, 조달 제휴 및 마케팅 제휴 등으로 구분해 볼 수 있다.

반면 제휴당사자 간의 참여가 높고 장기적인 성격을 갖는 것은 지분제휴이다. **지분제휴**에도 지분 참여, M&A, 프로젝트 합작투자 및 합작투자 등의 여러 형태가 있다.

표 4-2 전략적 제휴 및 국제계약사업의 개념

국제경영활동			정의
전략적제휴	업무제휴	기술제휴	기업 간에 기술의 공동개발과 상호교환
		조달제휴	기업 간에 범세계적으로 원재료 및 생산부품을 공동조달하여 비용절감
		생산제휴	생산비 절감을 위해 공동부품생산이나 생산품목 상호 조정 및 교환
		마케팅제휴	유통망 공유, 제품 공동기획, 공동브랜드 사용 등 수익증대를 위한 제반 공동노력
	지분제휴	프로젝트 합작투자	둘 이상의 국제기업들이 특정 프로젝트(예: 자원투자)를 위해 제휴계약 후 프로젝트사업을 끝낼 때까지 별도법인을 한시적으로 설립/운영하는 것
		합작투자	둘 이상의 국제기업들이 별도 법인을 설립 지속적으로 운영하는 것으로 해외진출 시 합작투자, 100% 해외직접투자와 같이 가장 빈번히 일어나는 협력의 형태
		지분참여	통상 상대방의 20% 미만의 소수지분을 서로 교환함으로써 기존 여러 제휴사업이나 관계가 원활히 되도록 함
		M&A(지분 일부)	국제기업이 다른 기업의 주식을 취득하여 자회사로 두는 것

국제계약사업	라이슨싱	기술제공기업(licensor)이 일정 기간 기술도입기업(licensee)에게 브랜드나 기술을 이전하여 주고 로열티(사용료)를 제공받는 계약
	프랜차이징	본사(franchisor)가 다른 개인이나 가맹점(franchisee)에게 상표나 상호의 사용권 및 원료 및 관리시스템까지 일괄 제공하고 프랜차이징 수수료를 받는 계약
	경영관리계약	외국경영회사가 현지국 소유기업에게 일상적인 영업활동에 대한 경영서비스를 제공하고 경영관리수수료를 받는 계약
	턴키계약 프로젝트	국제기업이 해외에 시설이나 건물 등을 시공하고 이를 가동 직전단계에서 발주자에게 넘겨주는 방식
	하청생산	다른 기업에게 제품 생산에 대한 명세와 경우에 따라서 기술, 원료까지 공급해주고 생산을 위탁하는 계약으로 보통 OEM(주문자상표 부착) 생산 방식으로 수탁하는 기업입장에서 보면 간접수출임

3. 국제업무제휴

업무제휴는 기술제휴, 조달 및 생산 제휴, 마케팅제휴로 분류할 수 있다. 업무협약 제휴에 따른 목적과 특성은 [표 4-3]과 같다.

표 4-3 업무협약 제휴의 형태

구분	목적	특성
기술제휴	기술의 공동개발과 상호교환	• 자사의 부족한 기술에 대해 타기업의 기술, 특허, 노하우를 도입, 공유하여 기술격차 해소 • 신기술, 제품의 공동개발추진 – 생산, 판매제휴로 발전하기도함
조달제휴	범세계적 조달활동으로 비용절감 및 조달 원활화	• 전 세계적 차원에서 공동부품조달 제휴 • 동일 물류 물류네트워크 공유
생산제휴	생산비 절감	• 각사의 경영자원 등을 상호공급, 공동생산, OEM 및 생산위탁, 수탁을 통해 생산비 절감, 생산에서 판매까지 지속되는 경우가 많음(합작기업)
마케팅제휴	상대국 시장접근 및 판매강화	• 판매능력을 활용, 자사품목의 상호공동판매 • 위탁판매 또는 공동규격 설정 • 판매지역이나 제품에 대한 Cross Marketing
복합제휴	협력을 다각적으로 가속화	• 기술, 조달 및 생산, 마케팅 등의 분야 중 2개 이상의 부분에 동시 제휴를 하는 경우

1) 기술제휴

기술 업무제휴는 대개 기술개발 비용이 막대하고 기술변화 속도가 큰 반도체, 자동차, 항공우주, 통신·IT산업, 컴퓨터 등의 분야에서 많이 이루어지고 있고 이종 업종 간 또는 동종업종 간의 기술제휴가 증가하고 있다. 이종 업종 간 제휴의 한 예로 2017년 6월 현대자동차가 중국 최대 인터넷서비스업체인 바이두와 손잡고 '사물인터넷(IoT) 자동차'로 불리는 커넥티드카 개발을 위해 기술제휴를 한 것을 들 수 있다. 양사는 우선 공동 개발한 통신형 내비게이션 '바이두 맵오토'와 대화형 음성인식 서비스인 '두어 OS 오토'를 신차에 적용하기로 했다. 현대자동차는 바이두와 함께 스마트홈 서비스, 자동차 음성인식 서비스, 자율주행 등 커넥티드카와 관련한 전 분야에서 협업하여 중국 인공지능 자동차시장에 신속히 진출하려는 전략을 가지고 있다.

2012년 삼성전자와 보잉사가 비행기 내 엔터테인먼트와 커뮤니케이션 기술 개선을 연구·개발하기 위한 프로젝트를 들 수 있다. 양사는 고급 디스플레이와 여객 엔터테인먼트 및 기내 통신에 대한 무선 네트워킹 기술을 공동 개발하기로 하는 제휴에 합의했다.

동종산업 간 사례로 미국의 스텔란티스(Stellantis, 2021년 1월 프랑스 PSA(푸조, 시트로엥 등 복수 브랜드 소유 기업)와 미국 FCA(피아트 크라이슬러 자동차사)간 합작사)는 2024년까지 앞차와 간격 유지뿐 아니라 교통신호까지 파악해 스스로 달리는 소위 레벨3 자율주행 기능 도입을 위해 개발 중이다.

자동차산업의 경우에는 본사와 업무적으로 관련이 많은 부품공급업체나 하청업자를 기술개발 과정부터 참여시키는 소위 게스트 엔지니어링 방법도 사용되기도 한다. 이러한 과정을 통해 신제품 컨셉 개발 과정부터 협력업체의 기술진을 참여시킴으로써 부품설계 및 개발을 더욱 신속하게 수행시킨다.

2) 조달 및 생산제휴

조달 및 생산에서도 제휴가 점차 증가하고 있다. 특히 생산 및 공급 로지스틱스가 가치 활동에서 중요한 부분을 차지하는 항공, 자동차산업 등에서 활발히 이루어지고 있다. 시장선도자인 보잉에 대응한 Airbus는 설립된 1970년 당시에는 유럽기업 간 생산 제휴 컨소시엄 형태였다. 오늘날 많은 글로벌기업이 비용 절감을 위해 공동생산, 부품 공동사용 등 생산 제휴 활동을 강화하고 있다. 세계 TV 시장 점유율 1위 삼성전자는 OLCD 패널을 그동안 대만, 중국 등 중화권 생산업체로부터 공급받아 왔었다. 그런데 삼성전자가 삼성디스플레이의 퀀텀닷(QD)-OLED 패널 탑재 TV 출시를 서두르면서 최근 TV용 OLED 패널 수요가 늘었는데 기존 공급처에 대한 의존도가 높아져 가격협상력이 낮아질 수 있다는 판단하에 2022년 하반기부터 처음으로 경쟁사인 LG디스플레이로부터 OLCD패널을 공급받을 계획이다.

2011년 삼성전자, LG디스플레이에 뒤이어 LCD패널 세계 3위 업체인 대만 전자제품업체 치메이와 세계 5위인 일본 샤프사는 TV용 LCD패널 생산을 제휴키로 했다. 샤프는 치메이에 LCD TV 전력 소비량을 줄일 수 있는 핵심기술과 40인치 이상의 패널을 제공하고 대신 치메이에 20～39인치 LCD 패널 생산을 위탁해 중형 패널을 조달하기로 했다.

사례 4-1 삼성과 퀄컴 간 생산 및 판매 제휴 (복합 제휴) 사례

미국 퀄컴의 모바일 칩 스냅드래곤 8 1세대는 삼성전자 파운드리에서 생산돼 삼성전자 스마트폰 갤럭시 등에 적용된다. 퀄컴이 삼성전자의 주요 매출처에 처음으로 이름을 올리면서 두 회사의 끈끈한 관계가 부각되고 있다. 삼성전자와 퀄컴은 서로에게 고객이면서 동시에 협력사인 물고 물리는 관계로, 업계는 삼성전자와 퀄컴 동맹이 애플 · TSMC의 가장 강력한 대항마가 될 것으로 분석한다.

2022년 1분기 삼성전자 분기 보고서에 따르면 1분기 주요 매출처는 애플(IT기업)과 베스트바이(가전유통사), 도이치텔레콤(통신사), 퀄컴, 슈프림일렉트로닉스 등이다. 이 회사들의 매출액은 삼성전자 1분기 전체 매출액의 14%를 차지했다.

퀄컴은 미국 통신사인 버라이즌을 밀어내고 삼성전자 주요 매출처에 처음 포함됐다. 퀄컴의 최신 모바일 칩인 스냅드래곤 8 1세대를 삼성전자 파운드리(반도체 위탁생산)가 생산한 덕분으로 보인다. 삼성전자는 퀄컴의 최신 5세대 이동통신(5G) 모뎀칩인 스냅드래곤 X65도 생산하는데, 이 역시 1분기 매출에 잡힌 것으로 여겨진다.

업계에서는 삼성전자와 퀄컴의 관계는 여전히 공고하다고 본다. 삼성전자의 주요 고객이 퀄컴인 것처럼 퀄컴의 가장 큰 고객사도 삼성전자이기 때문이다. 파운드리 수율 문제로 이 관계가 깨질 우려는 전혀 없다는 것이다.

실제 삼성전자의 주요 스마트폰과 태블릿PC 등 모바일 기기 다수에는 퀄컴 칩이 공급되고 있고, 대부분은 수익률이 높은 플래그십(최상위) 모델이다. 가장 최근에 출시된 갤럭시 S22 시리즈와 갤럭시탭 S8 시리즈에는 스냅드래곤 8 1세대가 장착된다. 또 삼성 스마트폰의 볼륨 모델인 A시리즈(A23 · A73)에도 스냅드래곤 680과 778G가 사용된다. 인도 시장 주력 모델인 갤럭시 M23에는 퀄컴 스냅드래곤 750G가 쓰인다. 올해 출시가 예정되는 폴더블폰 갤럭시Z 시리즈에도 퀄컴 칩 적용이 유력하다.

삼성전자는 지난해 2억 8,500만 대 판매로 글로벌 스마트폰 시장 1위(출하량 기준)를 기록했다. 또 태블릿PC도 3,000만 대를 판매, 애플의 뒤를 이었다. 퀄컴으로서는 놓칠 수 없는 고객사라는 이야기다. 이 때문에 퀄컴은 한국을 중국, 북미와 함께 주요 시장으로 분류한다.

삼성전자와 퀄컴의 관계는 통신칩 시장 구도에서도 중요하다. 퀄컴은 구글 안드로이드 진영의 삼성전자와 iOS(아이폰 운영체제) 진영의 애플에 모두 통신칩을 납품해 왔는데, 애플이 2023년부터 자체 통신칩을 개발해 쓰기로 했다. 퀄컴 입장에서는 iOS 시장을 통째로 잃게 되는 셈이다. 이런 상황에서 안드로이드 진영의 대표회사이자, 애플의 대항마인 삼성전자와의 관계가 틀어진다는 것은 퀄컴이 바라는 그림은 아니라는 게 업계 설명이다. 물론 변수는 있으나 최근 애플과 TSMC가 가까워진 것을 고려하면 향후 삼성전자와 퀄컴의 물고 물리는 관계도 더 돈독해질 가능성이 더 커질 것으로 보인다.

* 자료: 삼성–퀄컴, 끈끈해지는 밀월 관계… TSMC–애플 대항마로 부각, 조선비즈, 2022.05.20

3) 마케팅제휴

제휴의 또 다른 형태는 마케팅, 특히 유통 분야에서의 제휴이다. 한 기업이 생산된 제품을 다른 기업의 유통채널을 이용하여 판매하게 하는 형태이다. 많은 경우 글로벌 기업들이 상호 자사의 유통망을 허용함으로써 두 기업 모두 손쉽게 시장 확대를 꾀하는 경우이다. 이러한 경우는 유통망 구축에 많은 고정비가 드는 소비자 제품산업에서 쉽게 볼 수 있다. 예를 들면, 미국의 스타벅스는 미국 내 반즈 앤 노블과 제휴하여 반즈 앤 노블 서점매장에서 커피 매장을 연 것처럼 한국에서도 이마트와 같은 대형 슈퍼마켓 매장 내에서 커피 판매장을 운영하고 있다. 한 단계 더 나아가서 일부 기업들은 공동브랜드나 공동광고 또는 공동판매촉진을 하는 경우도 빈번해졌다. 항공산업에서 기업 간 제휴는 보편화되고 있다. 예를 들어, 대한항공의 경우 2000년부터 아에로멕시코, 에어프랑스, 델타와 함께 스카이 팀(Sky Team)이라는 글로벌 제휴 네트워크에 창립 회원사로 가입 운영하고 있다. 스카이팀은 2022년 18개 항공사가 참여하고 있고 대한항공은 본 제휴로 운항 범위가 과거 29개국 78개 도시에서 2022년 170개국 1,036개 도시로 확대되었고 과거보다 승객들이 해외 중간지점에서 연결 편을 더 편하게 선택할 수 있고 요금도 더욱 경쟁력을 갖게 되었다.

[표 4–4]는 세계 3대 주요 국제항공사 제휴 연맹(Sky Team, One World, Star Alliance)와 아시아 저가 항공사 간 제휴 U–Fly Alliance, Value Alliance에 대한 현황을 보여주고 있다. 3대 주요 국제항공 제휴 회원사들은 상호 코드쉐어링(항공편 코드 공유) 편의를 제공하면서 코드세어링하고 있다.

마이크로소프트와 온라인 경매업체 이베이는 전자상거래 관련 전략적 제휴를 체결했다. 이들은 우선 전 세계적으로 마이크로소프트의 웹사이트에 이베이의 온라인 마켓 플레이스를 통합

표 4-4 국제항공 제휴 현황

	회원사	주요 현황	주요 서비스
One World (1999년 설립)	14개 회원사 (케세이퍼시픽, 일본항공, 아메리카항공)	취항 도시 : 1,012개 지역 취항 국가 : 157개 국 일간 항공편 : 약 13,000대 연 승객수 : 약 4억 9,000만 명	• 코드쉐어링, 회원사 통합 마일리지 적립 가능 • 프리미엄 공항 라운지 이용 가능
Sky Team (2000년 설립)	18개 회원사 (대한항공, 델타항공, 에어프랑스)	취항 도시 : 1,036개지역 취항 국가 : 177개 국 일간 항공편 : 약 15,700대 연 승객수 : 약 6억 7,600만 명	• 코드쉐어링, 원활한 환승 • 20개 회원사 통합 마일리지 발급 • 전용 라운지를 이용하여 비행 전 휴식 가능
Star Alliance (1997년 설립)	26개 회원사 (아시아나항공, 루프트한자, 유나이티드)	취항 도시 : 1,290개 지역 취항 국가 : 195개 국 일간 항공편 : 약 19,000대 연 승객수 : 약 7억 6,200만 명	• 코드쉐어링, 골드 회원: 우선 체크인 및 탑승, 공항 라운지 이용 • 실버 회원: 대기 예약 우선권, 대기 탑승 우선권
U-Fly Alliance (2016년 설립)	4개 (이스타항공, Lucky Air)	취항 도시 : 149개 지역 취항 국가 : 18개 국 일간 항공편 : 약 168대 연 승객수 : 약 2,360만 명	• 적은 운임으로 아시아 여러지역 관광을 가능하게 하는 서비스 제공
Value Alliance (2016년 설립)	5개 (제주에어, 세부퍼시픽)	취항 도시 : 160개 지역 취항 국가 : 17개 국 일간 항공편 : 약 176대 연 승객수 : 약 4,700만 명	• 비행기 환승시 원스톱 예약 가능

* 자료: 각 사 홈페이지 등 여러 자료 정리

하여 소비자들이 다수의 마이크로소프트 웹사이트를 통해 이베이의 경매 서비스에 접근할 수 있게 되었다. 또 SK매직(동양매직)과 대우위니아(만도공조)가 주력상품인 가스오븐레인지와 에어컨을 상호 교환 판매해 왔다. SK매직과 대유위니아는 각각 생산 품목이 다양하지 않은 데다 제품의 계절성이 강해 비수기 대처가 어려운 점을 극복하기 위해 이 같은 교환 판매를 진행해 왔다.

4) 국제지분제휴

국제지분제휴는 통상 두 제휴회사가 신규사업을 위해 또는 기존의 협력관계를 공고히 하기 위해, 출자하여 합작법인을 신규로 설립 운영하거나 기존 기업을 인수·합병하기 위해 상대방 회사의 지분을 취득하는 것을 말한다. 유대관계가 공고해질 때 전략적 제휴의 성공 가능성이 커지며 제휴에 대한 파트너의 관심도 높아진다. 국제지분제휴에는 프로젝트 합작투자, 합작투자, 지분 참여, 국제 M&A를 들 수 있다. 여기서 지분 참여는 실제 경영 참여 목적으로 지분을 취득하기보다는 상징적인 차원에서의 지분획득이 많아 보통 20% 이하의 지분 참여가 많으며 이러한 지분 참여가 정도가 향후 더욱 높아지면 M&A 형태가 된다. 국제합작 투자와 M&A는 다음 절에서 다루겠다.

실제로 POSCO와 신일본제철이 2000년부터 상대방의 주식을 각각 2.5%, 3.3%씩 인수하여 양사의 기존 제휴 관계를 공고히 해왔다. 필요시 양사는 상호 필요한 물량을 먼저 공급하는 등 협력을 해 왔고 2008년 10월 POSCO 베트남에 신일본제철은 15%의 지분 참여로 합작 계약을 맺기도 했다. 그러나 2012년 양사 간의 전기강판 특허 분쟁이 있었지만 2022년까지 계속 지분제휴 관계를 유지하고 있다. 삼성중공업은 2008년 브라질 아틀란티코 사에 기술지원을 하고 받은 로열티로 지분 10%를 인수한 바 있다. 당시 지분제휴는 향후 있을 현지 대형 프로젝트 입찰에서 유리한 고지를 선점하기 위한 사전 조치 성격의 제휴였다.

2 전략적 제휴의 이점

이렇게 기업 간 전략적 제휴 활동이 다양한 형태로 활발히 진행되고 확대되어 온 이유는 다음과 같은 전략적 제휴의 이점이 있기 때문이다. 전략적 제휴의 기대효과는 크게 비용 및 위험감소 효과, 자원의 상호보완적 효과, 정부 규제 장벽회피, 경쟁우위의 신속한 확보, 규모의 경제, 학습효과 등이 있다.

1. 비용 및 위험감소

기본적으로 제휴를 통해서 기업은 기술개발, 생산, 마케팅, 유통 등에서 투자 비용 및 사업위험을 크게 줄일 수 있다. 유럽의 에어버스는 1970년 프랑스, 독일 간에 제휴사업으로 시작했고 영국, 스페인이 참여하여 유럽 4국 간의 컨소시엄 형태의 제휴사업으로 발전했다. 이들 유럽 국가들은 제휴를 통하여 생산뿐만 아니라 연구개발 등 여러 기능에 걸쳐 비용을 급격히 감소시킬 수 있었다. 이러한 제휴 효과를 보다 극대화하기 위해 컨소시엄 형태의 느슨한 조직에서 2001년 완전히 통합된 독립법인으로 변신했다.

2. 기술 등 경쟁우위의 상호보완

전략적 제휴는 많은 경우, 경쟁 면에서 필요한 기술 등의 경쟁우위 요소를 외부 기업으로부터 손쉽게 획득하기 위해 행해진다. 이러한 형태의 전략적 제휴는 기술이나 영업노하우를 제공받거나 공유함으로써 기업 간에 시너지효과를 거두는 것이 목적이다. 한 예로 만약 한 자동차제조회사가 전기차 생산을 위해 굴지의 전기차 배터리제조회사와 협력한다면 자체적으로 전기차 배터리를 생산하는 것보다 기술적으로 안정된 배터리를 장기적으로 공급받을 수 있고 배터리 제조회사도 안정적으로 판매처를 확보할 수 있는 장점이 있을 것이다.

또 다른 예를 들면, 완구제조업체가 패션의류업체와 제휴를 함으로써 인형 제조에 패션성을 가미할 수 있게 되었다. 자동차 업계와 인터넷통신업계 간 제휴를 통하여 사물인터넷(IoT) 최첨단 운항정보시스템을 승용차에 설치할 수 있게 되었다.

3. 생산 합리화와 규모의 경제

기업은 제휴를 통하여 규모의 경제와 학습효과를 꾀한다. 학습효과에 의한 단위 비용 절감 효과를 이루어 보다 경제적인 생산구조를 갖게 된다. 예를 들면, 서로 다른 자동차회사가 수많은 부품 중에서 일부를 공동 생산하기로 협력한다면 생산원가가 낮아질 것이다. 또 한 걸음 더 나아가 두 회사가 제품라인의 폭을 각자 비교우위가 있는 품목에 한정하고 집중적으로 생산한 다음 이 중 일부를 상호 교환하여 판매한다면 생산비용은 더 한층 감소할 것이다.

4. 정부 정책 및 문화적 장벽

다국적기업이 해외시장에서 현지 기업과 전략적 제휴하기 위한 현실적인 동기 중의 하나는 정부 정책에 순응하기 위해서이다. 일부 개발도상국이나 사회주의국가에서는 100% 직접투자를 법률로 제한하고 있다. 따라서 이러한 시장에 진출하기 위해서는 현지 기업과 합작투자나 국제계약 방식을 통해서만 가능하다. 예를 들면, 국가방위산업, 통신 그리고 금융사업은 현지국 정부에 의해 제한되는 경우 전략적 제휴를 통해서만 현지 시장에 진입할 수 있다. 또한 인도와 같이 현지법으로 다국적기업의 현지 유통시장 진입이 허용되지 않는 경우 월마트나 아마존의 경우처럼 현지유통 관련회사와 제휴나 M&A를 하는 방식으로 간접 진출할 수도 있을 것이다.

5. 성장산업에서의 선점

전자 및 통신, 방송 관련 산업의 기술은 빠르게 변화하고 있고 시장은 급속히 확대되고 있다. 기업들은 이러한 산업환경에서 시장 선점을 목적으로 전략적 제휴한다. 특히 많은 경우 산업표준이 확립되지 않은 상태에서 글로벌 제휴네트워크 간 경쟁도 치열해지고 있다. 예를 들어, 세계 스마트폰 70%가 구글 안드로이드 모바일 운영체제를 사용하게 되자 이를 견제하기 위해 삼성전자, 인텔, 버라이존사 들은 공동으로 타이젠이라는 독자 OS 개발에 나섰다.

6. 후발 기업들의 경쟁우위 확보

후발 기업들은 제휴를 통하여 선진 다국적기업들의 경영자원을 공유할 수 있고 때에 따라서는 선진기업들이 만들어 놓은 국제기술 표준도 공유할 수 있다. 결과적으로 제휴를 통하여 후발기업들은 신속하게 경쟁우위를 확보할 수 있다. 일반적으로 기업의 규모가 작은 기업이 단독으로 해외에 진입하는 경우 비용도 많이 들며 다국적기업과 경쟁도 해야 하므로 어려운 상황에 직면할 수 있다.

또 많은 경우, 작은 규모의 기업은 해외 경험이 부족하기 때문에 경험이 많은 파트너에게 의존하게 된다. 이러면 기업은 제휴 파트너와 수직적 통합을 통해 경쟁력을 증가시킬 수 있다. 따라서 전략적 제휴는 이러한 기업에 상당한 해외 경험을 습득할 수 있게 하고 해외 진출에 시간을 절약하게 해준다.

Ⅱ 국제합작 투자

1 국제합작 투자의 성격

국제합작 투자는 국제기업 사이에 가장 빈번히 일어나는 협력 형태로 라이슨싱과 같은 계약 방식 제휴나 업무제휴의 경우보다 더 강력한 제휴 형태이다. 국제합작 투자는 일반적으로 **국적이 다른 둘 이상의 기업이 출자하여 별도의 법인을 설립·운영하는 것**을 의미한다. 기업 간 합작투자는 기계, 설비 등 **유형자산뿐만 아니라 상표, 기술, 제조공정, 관리노하우 등의 무형자산의 결합**을 통해 이루어진다. 국제합작 투자 중 일부는 특정 프로젝트를 수행하기 위한 한시적인 합작투자도 있다. 예를 들면, 자원개발을 위한 합작투자의 경우 일정 자원개발 기간까지 존속하기로 계약을 맺고 합작법인을 설립하는 경우이다. 또는 국제기업 간에 영화제작이나 이벤트를 준비하기 위해 한시적으로 운영하는 경우도 있다. 그러나 이러한 특수한 경우를 제외하고는 대부분 국제합작 투자는 계속기업으로 지속성을 갖고 운영된다.

2 국제합작 투자의 동기

1. 신속한 해외 진출

국제화 경험이 적은 국내기업은 해외시장진출 시 경험이 많은 글로벌회사보다 높은 진출위험을 감수해야 한다. 현지 소비자들에 대한 이해 부족, 현지 법규 체제 등 시장에 대한 전반적인 이해 부족으로 해외직접투자 방식의 진출은 시장진입에 많은 준비 작업을 거쳐야 하는 문제가 있다. 또 최근 전 세계적으로 급성장하고 있는 산업의 경우 신속한 해외시장진출은 매우 중요하다. 예를 들어, 통신 시장의 경우 현재의 시장환경과 3～5년 후 시장환경과는 큰 차이가 있을 것이다. 이러면 현지 기업과 합작투자 형식으로 진출하게 되어 현지 파트너 기업의 경험을 적절히 이용하면 단독 투자 시보다 현지 목표시장에 비교적 신속하고 효과적으로 진입할 수 있다.

2. 정치 · 문화적 장벽

합작투자 방식은 현지국의 정치·문화적 장벽을 해소하는 데 큰 도움이 된다. 그리고 통신산업처럼 많은 국가에서 법률적으로 100% 해외직접투자가 금지된 경우에는 합작투자 방식이 유일한 대안이 된다. 또한 사회주의국가와 개발도상국일수록 현지 파트너 기업의 대외적인 평판이나 경영자의 개인적인 대인관계 등이 중요한 역할을 하므로 영향력 있는 파트너 기업과 합작을 고려해야 한다.

3. 기업의 내부 자원 한계

오늘날 기업 중에는 규모는 작지만 높은 기술력을 가지고 있는 기업들이 많다. 기술벤처 중소기업들이 뛰어난 아이디어와 우수한 상품을 갖고 있으나 적극적으로 해외시장에 진출할 내부자원을 갖고 있지 못하는 경우 현지 기업이나 다른 국내기업과의 합작투자가 좋은 국제화 대안이 된다. 이러한 합작투자는 경험과 자본, 조직력이 부족한 상태로 해외에 자체 진출할 때 겪게 되는 투자위험을 크게 줄일 수 있다.

4. 투자 비용 및 위험감소

정치적 위험이 높은 사회주의국가나 시장위험이 높은 선진국에 진출 시 합작투자를 통해 기업은 투자위험을 많이 감소시킬 수 있다. 또한 기업은 현지국의 합작선을 통해 자신이 갖지 못한 경영자원을 확보할 수 있게 되어, 비용을 감소시킬 수 있다.

현대자동차와 LG에너지솔루션이 2021년 9월 세계 전기차 시장 주도권 확보를 위해 인도네시아 내 배터리셀 합작공장 건립을 시작했다. 2023년 상반기 완공하여 2024년 상반기부터 전기차 배터리 15만 대 이상에 탑재 가능한 연간 10GWh(기가와트시) 규모 배터리셀이 생산될 전망이다. 양사는 지분을 절반씩 보유하는 방식으로 총 11억 달러(약 1조 1,700억 원)를 투자하기로 했다. 미국 3위 완성차 업체 스텔란티스(구 크라이슬러, 피아트 등의 새 이름)가 LG에너지솔루션과 연간 40GWh(기가와트시) 규모의 북미 전기차 배터리 합작법인 설립을 2022년 발표했다. 또 SK이노베이션과 미국 포드 자동차사는 2021년 미국에 합작법인 '블루오벌SK'를 설립하고 양사는 10조 5,000억 원을 투자해 테네시(1공장), 켄터키(2공장, · 3공장) 등 총 3개 합작공장을 세우기로 했다. 3개 공장의 양산 능력은 총 126기가와트시(GWh)로 매년 고성능 전기차 120만 대 이상을 생산할 수 있는 수준으로 한국 전기차 배터리 제조사

사례 4-2 **오리온, 인도네시아 진출. 현지 1위 제과업체와 합작법인**

오리온이 인도네시아에 합작법인을 설립하고 현지 시장에 본격적으로 진출한다. 오리온은 지난 11일 인도네시아 1위 제과 기업 델피(Delfi)와 현지 합작법인 설립 계약을 체결했다고 12일 밝혔다. 오리온과 델피는 각각 50%의 지분을 투자해 오는 7월 '델피-오리온'(가칭)이라는 합작법인을 세우고 오리온이 생산하는 제품을 판매한다는 계획이다. 먼저 초코파이, 카스타드 등 경쟁력을 갖춘 파이 제품을 중심으로 선보여 시장에 조기 안착한다는 방침이다. 이후 스낵, 비스킷류로 제품군을 확대할 예정이다.

인도네시아 제과 시장은 약 5조 원 규모로, 2010년 이후 5년간 연평균 4%씩 성장하고 있다. 현지 기업들이 시장의 80%를 차지하고 있고, 내륙 운송 비용이 많이 들어 영업망 확대가 어려운 시장으로 평가받는다. 델피는 1984년 페트라푸드(Petra Foods)로 설립됐으며 올해 사명을 변경했다. 시장점유율이 50%에 가까운 초콜릿을 비롯해 음료, 아침 대용식 등을 주력으로 하고 있어 파이, 스낵, 비스킷, 껌을 중심으로 하는 자사와 윈윈 효과가 기대된다고 오리온은 설명했다. 허인철 오리온 부회장은 "이번 합작법인 설립은 현지 기업과 손을 잡고 진출하는 오리온의 첫 사례"라며 "오리온의 제품력과 델피의 유통 · 마케팅 경험이 시너지를 창출할 것으로 기대한다"고 말했다.

* 자료: 오리온, 인도네시아 간다…현지 1위 제과업체와 합작법인, 한경뉴스, 2016.05.12

들이 미국 완성차 업체와 합작법인 설립을 통해 초기 투자 비용과 위험도 줄이고 고정 고객 확보의 이점도 누릴 수 있게 되었다.

5. 규모의 경제

경쟁회사 간에 합작법인을 만들어 생산시설을 통합함으로써 규모의 경제효과를 누릴 수 있다. 2002년 한국의 현대자동차와 중국의 베이징차 두 기업이 합작법인을 설립했다. 중국 내 다른 중국업체들과 합작한 선진업체들(GM, 폭스바겐, 도요타, 혼다)과의 시장경쟁이 치열했음에도 불구하고, 2006년 합작법인 내 연구소를 만들고, 2008년 연산 30만 대 규모의 제2공장 준공과 동시에 첫 현지 전략형 모델인 중국형 아반떼 '위에둥' 신차를 발표했다. 이러한 중국 현지 기업과의 합작을 통해 중국 내 직접 고용효과와 현지 경제 활성화에 기여했으며, 코로나19 전까지만 해도 중국 생산량이 100만 대를 넘어 규모의 경제를 달성하면서, 현대자동차의 판매량과 시장점유율 제고에 크게 기여한 바 있다.

3 국제합작 투자의 관리

합작투자는 마치 남녀 간의 결혼생활에 비유된다. 서로 다른 가치관과 문화를 가진 기업 간의 지속적인 공동노력이 요구되고 기업들은 합작투자 시에 많은 관리 및 조정 노력과 비용이 예상된다. 일반적으로 기업 간 합작 관계가 지속해서 성공을 이루기 위해서는 다음 몇 가지 기본적인 조건들이 만족하여야 한다.

1. 합작 목표의 일치성 및 장기지향성

합작기업들은 기본적으로 다른 회사와의 일시적인 협력인 경우가 많아 시간의 흐름에 따라 합작기업 간 중시하는 사업목표가 달라질 수 있다. 예를 들어, 한 파트너는 시장 확대를 중시할 수도 있고, 다른 파트너는 단기 이윤 창출에 더 큰 관심을 가질 수 있다. 또한 합작당사자들이 지나치게 단기적인 기업 목표에 집착하다 보면 분쟁이 발생할 확률이 높다. 따라서 가급적 신기술개발, 신시장 개척 규모의 경제, 범위의 경제 등을 통한 경쟁우위 창출 등 보다 장기적인 목표를 가질수록 합작기업 간 협력관계가 원만해진다.

2. 상호 신뢰 구축 및 학습 과정

합작투자 과정은 일련의 신뢰 구축 또는 학습 과정으로 볼 수 있다. 따라서 합작사업은 가급적 단계적으로 실시하는 것이 상대방과의 마찰을 줄이고 신뢰 형성에 효과적이다. 따라서 가급적 처음에는 상호 이해관계 일치도가 높고 규모가 작은 사업부터 공동으로 시행하는 것이 좋다.

3. 조정 및 커뮤니케이션 기능

합작투자 당사자 간 의사결정 과정에서 일어날 수 있는 조정 과정을 원활히 하고 의견을 조율할 수 있는 조직체계가 필요하다. 예를 들면, 기존의 업무체계와는 별도로 공동위원회 등을 정기적으로 운영한다.

4. 파트너 간의 기여와 책임의 공유

합작파트너들이 기여할 부분을 명확히 정하고 아울러 합작사업 결과에 대한 성과도 일정 기준에 따라 배분하는 것을 명확히 하는 것이 바람직하다. 합작투자 관계가 장기적으로 지속되기 위해서는 파트너 기업들이 모두 합작법인이나 합작프로젝트의 경쟁우위에 나름대로 기여해야 한다.

5. 최고경영층의 지원과 관심

합작투자의 목적을 달성하기 위해서는 당사자들이 자금, 기술, 인력 등의 경영자원을 지속해서 투입해야 한다. 이를 원활히 하기 위해서는 최고경영층의 지원과 관심이 요구된다.

Ⅲ 국제 M&A

1 국제 M&A의 현황

해외직접투자(FDI)는 신규로 자회사를 설립하는 소위 **그린필드(Greenfield)** 방식과 기존의 현지 회사를 인수하는 M&A 방식으로 나눌 수 있다. [그림 4-1]의 UNCTAD World Investment Report 자료에 의하면 전 세계적으로 경기침체로 2008년 이후 최근 수년간 다국적기업들의

M&A 활동은 크게 다소 감소했다.

그린필드 FDI의 경우, 금액으로 보면 2008년 1조 3,000억 달러에 육박하다 글로벌 금융위기 이후인 2009년부터 급격히 감소해 2012년에는 약 3,610억 달러에 머물렀다. 이후, 2013년 약 8,310억 달러 수준으로 늘어났고 코로나19 직전 해인 2018년엔 약 9,820억 달러까지 증가했다. 그러나 코로나19 시기에 많이 감소했다가 2021년 6,600억 달러 수준까지 회복했다.

다음으로 국제간 M&A 금액을 보면 2008년 주식 및 금융시장침체로 자본조달의 어려움으로 인하여 연간 최대 금액 기록을 세웠던 2007년 1조 달러에 비해 약 30%가 감소하여 2008년 6,180억 달러 규모에 그쳤다. 2012년에는 각각 320억 달러 수준으로 많이 감소했다. 그러나 다시 규모가 증가하여 2016년엔 약 8,690억 달러의 수준으로 회복했다. 그러나 코로나19 시기에 역시 많이 감소했다가 2021년 7,280억 달러 수준까지 회복했다.

대체로 국제 M&A 활동의 증감은 세계경기 여부에 따라 그린필드 FDI 보다 훨씬 민감하게 작용하는 것을 볼 수 있다. [그림 4-2]는 2020~2021년 기간 세계 해외직접투자의 산업별 현황을 보여주고 있다. 2021년의 경우 그린필드 FDI의 53% 정도가 그리고 국제 M&A 방식의 경우 63%가 금융, 보험 등 3차산업인 경우를 볼 수 있다.

그림 4-1 연도별 FDI 추세(2006~2021)

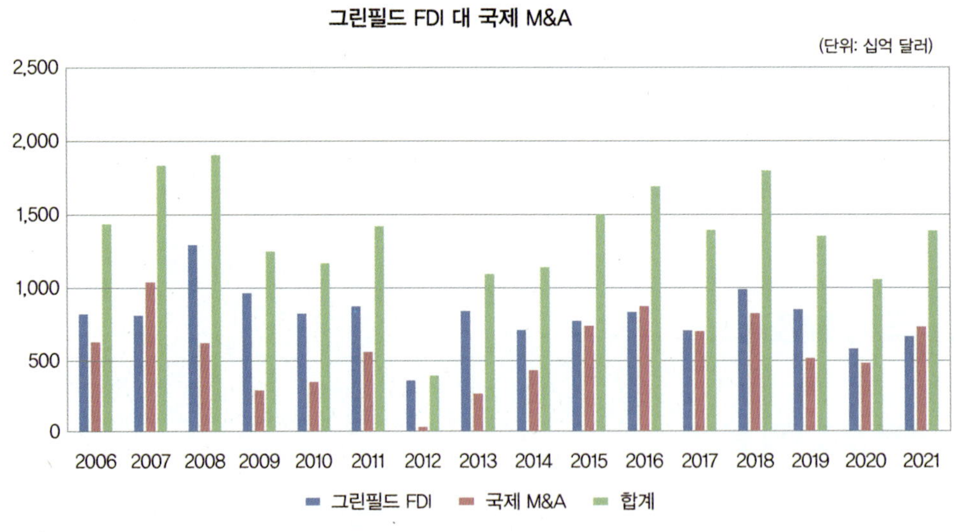

* 자료: UNCTAD World Investment Report 2022

그림 4-2 산업별 FDI 비율(2020~2021년)

(단위: 십억 달러)

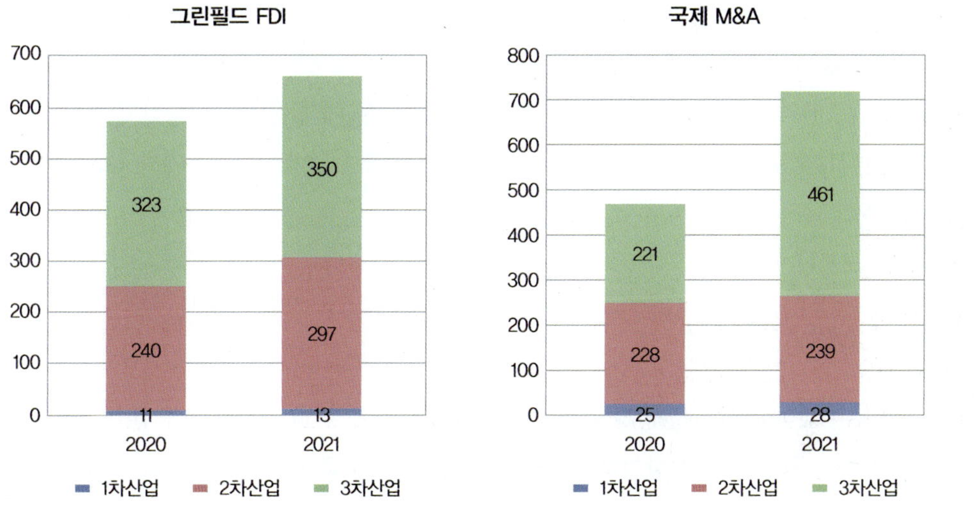

표 4-5 그린필드 FDI 및 국가별 국제 M&A 상위 10개 산업

(단위: 십억 달러, %)

산업	그린필드 FDI			산업	국제 M&A		
	2020	2021	증가율		2020	2021	증가율
전체	575	659	15	전체	475	728	53
전기, 전자	47	120	156	정보, 통신	80	136	69
정보, 통신	85	104	23	제약	56	73	31
전기, 가스업	103	90	−13	금융, 보험	28	72	157
건설	33	49	49	무역	18	63	255
자동차	33	34	3	운송, 보관	7	53	651
운송, 보관	27	33	25	자동차	17	42	144
화학	40	28	−30	전문서비스	11	41	268
무역	23	24	4	전기, 전자	40	38	−4
식음료, 담배	18	19	9	부동산	22	35	57
제약	15	19	26	행정서비스	6	28	413

* 자료: UNCTAD World Investment Report 2022

[표 4-5] 그린필드 FDI와 국제 M&A가 주로 이루어지는 상위 10개 산업을 표시하고 있다. 그린필드 FDI의 경우 전기, 전자 산업, 정보, 통신업 등의 산업에서 주로 실행이 되었고 2021년 이러한 사업에서 전년 대비 상당한 투자금액 증가를 보이고 있다. 반면 국제 M&A의 경우 정보, 통신업, 제약, 금융, 보험업, 무역, 운송 및 보관업 등 여러 산업에 나타났고 특히 운송 및 보관업에서 가장 높은 증가율을 보이고 있고 무역업, 전문 서비스업 부문에서도 큰 증가를 보이고 있다.

2 국제 M&A의 개념

국제 M&A는 기업합병(merger)과 기업 인수(acquisition)를 합친 개념으로서 인수기업과 피인수 기업의 주 활동 국가가 상이한 경우를 뜻한다. 광의의 국제 M&A는 협의의 기업의 인수와 합병 이외에도 기업분할, 매각처분, 기업 간의 자본제휴에 따른 합작투자 등 기업지배권(corporate control)에 영향을 미칠 수 있는 일련의 행위를 포괄하지만 여기서는 협의의 국제 M&A에 초점을 맞추고자 한다.

1. 기업합병

기업합병(merger)이란 둘 이상의 회사가 청산절차를 거치지 않고 하나의 회사로 합치는 것을 말하며, 흡수합병과 신설합병이 있다. 흡수합병이란 합병에 따른 소멸회사의 권리 및 의무가 존속회사에 포괄적으로 이전되는 것을 말한다. 즉, 합병기업의 상호와 법인격이 남고 피합병 기업은 사라지게 되며 피합병 기업의 자산, 부채, 자본은 합병기업으로 이전된다. 예전 국내 사례로 신한은행과 조흥은행 간의 합병이나 하나은행과 서울은행, 하나은행과 외환은행 간의 합병이 여기에 해당한다.

그러나 신설합병은 합병에 따라 두 기업의 상호 및 법인격 자체가 완전히 소멸되고 새로운 신규 설립회사에 자산, 부채, 자본이 이전되는 것을 말한다. 미국 석유회사인 Conoco사와 Philips사는 합병하여 신설회사인 ConocoPhillips라는 회사로 통합되었다.

2. 기업인수

반면 기업 인수(acquisition)는 인수기업이 주식매매와 자산 매매를 통해 실질적으로 대상기업의 기업지배권을 넘겨받는 것을 말한다. 법률적으로 인수기업과 피인수 기업은 개별적인 법인체로 독립성이 유지되며 인수와 관련된 계약서에서 권리와 의무에 관한 별다른 사항이 없는 한, 인수기업은 피인수 기업의 권리나 의무를 승계하지 않는다는 특징이 있다.

주식인수(stock acquisition)는 가장 일반적으로 일어나는 M&A로서 인수기업이나 인수기업의 지배주주가 피인수 기업의 지배주주로부터 직거래를 통해 주식을 취득하거나 불특정 다수의 주주로부터 공개매수 방법을 통해 피인수 기업의 주식을 취득해 기업을 지배하는 방법을 말한다. 주식인수의 경우 피인수 기업이 인수 후에도 인수기업과 독립적인 법인으로 존재하며 단지 모자회사나 관계회사와 같은 지배 및 피지배 기업의 관계를 맺게 된다.

LG전자는 1995년 미국 지너스(Zenith)전자의 주식 55%를 매입하여 경영권을 인수했고 이후 1999년 100% 지분을 확보하여 전문 연구개발 자회사로 재편했다. 인수 초창기에는 구조조정 후 어려움이 많았으나 1998년부터 확보하고 있었던 미국 디지털 방송의 원천기술 대가로 디지털TV나 셋톱박스를 파는 업체들로부터 특허료를 받아 연 1억 달러 규모의 특허료를 받았다.

자산인수(asset acquisition)는 인수기업과 피인수 기업의 경영진 간에 영업권 양도·양수 계약을 체결해 피인수 기업의 주식이 아닌 유형자산을 포함한 영업권을 양수·양도함으로써 피인수 기업의 주요 자산 전부 또는 일부에 대해 지배권을 인수하는 방법을 말한다. 내용 면에서 흡수합병과 매우 유사한데, 차이점은 흡수합병의 경우 소멸회사의 권리와 의무가 포괄적으로 존속기업에 이전되지만, 자산인수는 계약서상 이러한 내용이 포함되는 경우에만 의무를 부담한다. 실제로 자산인수는 주식 일부 인수와 함께 부분적으로 이루어지기도 한다. 예를 들면, 포스코에너지가 2012년 인도네시아 광업회사인 Indonesia Cemerlang사가 칼리만탄에 소유한 유연탄 광산의 지분 7.5%를 인수하면서 동시에 2019년까지 채굴될 석탄 600만 톤까지 판매 공급받을 수 있는 권리도 갖게 되었다. 이 경우처럼 소수지분을 투자하면서 동시에 생산된 제품의 해외판매권리나 장기공급권리를 보장받는 경우가 적지 않다.

3 국제 M&A의 동기

기업이 국제 M&A를 계획하는 것은 여러 가지 동기에서 출발한다. 가장 공통적인 동기를 꼽으라면 기업확장(expansion)을 들 수 있다. 기업을 인수하게 되면 내부적으로 기업을 확장하는 방법보다 훨씬 빠르게 기업의 규모를 키울 수 있다. 또한 피인수 기업으로부터 시너지효과를 기대할 수 있게 된다. 이러한 시너지효과는 개별기업에서는 얻기 어려운 높은 생산성과 부가가

사례 4-3 주인이 7번 바뀐 우여곡절 대명사, 쌍용의 구조조정

쌍용차의 모태는 1954년 설립된 하동환 자동차 제작소다. 1972년 동아자동차로 사명을 변경한 뒤 1986년 쌍용그룹에 인수되면서 1988년 쌍용차로 새 출발 했다. 당시 대표 모델은 코란도훼미리였다. 승승장구하던 쌍용차는 1997년 외환위기를 거치며 흔들렸다. 쌍용그룹이 경영난에 빠지면서 1998년 대우그룹에 넘어갔다. 1999년에는 대우그룹마저 해체돼 쌍용차는 2000년 채권단 관리를 받게 됐다. 2004년 중국 상하이자동차에 다시 팔렸지만 내리막길을 피할 수 없었다. 2008년 글로벌 금융위기가 닥치자 이듬해인 2009년 상하이차는 법원에 쌍용차의 법정관리(기업회생절차)를 신청했다. '기술만 빼먹고 회사를 버렸다'는 '먹튀' 논란이 사그라지지 않았다. 당시 뼈를 깎는 눈물의 구조조정을 겪었다. 1,900여 명이 희망 퇴직했고, 450여 명이 무급휴직에 들어갔다. 이때 77일간 '옥쇄파업' 사태가 벌어지기도 했다.

상하이차는 인수 당시 1조 2,000억 원을 쌍용차에 투자해 대주주의 책임을 다한다고 선포하고 차량 30만 대 생산을 약속했다. 하지만, 4년간 투자 약속은 제대로 이행되지 않았고, 연간 차량생산은 15만 대에서 9만 대로 뒷걸음질 쳤다. 일각에서는 상하이차가 처음부터 기술만 빼가고 철수하려는 먹튀 시나리오를 구상했다는 지적도 나왔다. 통상 신차 개발비가 3,000억 원임을 고려하면 상하이차가 1조 2,000억 원 가치가 있는 신차 4대의 기술을 빼돌렸다는 주장이다. 2009년 쌍용차 법정관리 당시 채권단은 당시 어려움에 처한 쌍용차의 회생계획안을 부결했지만, 법원은 강제인가 결정을 내렸다. 이후 2010년 인도의 마힌드라라는 새로운 투자자의 등장으로 회생절차가 종료될 수 있었다.

그러나 마힌드라는 2016년 티볼리 플랫폼으로 만든 XUV300을 인도 시장에 출시하며 2019년 4만 대 이상을 판매하는 실적을 냈음에도 미래를 위한 투자에는 소극적이었다. 2020년 1월 쌍용차 흑자 전환 계획의 일환으로 2천 300억 원을 신규 투자한다고 산업은행에 약속했지만, 3개월 만에 철회하기도 했다. 2021년 마힌드라는 쌍용차를 인수한 지 11년이 지났지만, 흑자 전환이라는 경영 정상화를 이뤄내지 못했고 2차례 유상증자를 통한 1천 300억 원 투입 외 신차 개발 등의 지원은 하지 않은 것으로 알려졌다.

2016년을 제외하고 쌍용차의 적자가 지속됐지만, 마힌드라가 구조조정이나 대규모 투자는 물론 매각에도 나서지 않은 점을 보면 쌍용차의 미래에 애초부터 관심이 없었던 것이 아니겠냐는 지적도 나온다. 특히 코로나19 위기가 시작된 2020년 4월 새 투자자가 나오면 지분율을 50% 미만으로 낮출 것이라며 대주주로서의 위치를 포기한다는 의사를 밝혔고 2021년 3월 쌍용차 대주주인 인도 마힌드라그룹이 쌍용차 지분을 현재 75%에서 25% 이하로 낮추는 방안에 대해 인도중앙은행 승인을 받아 쌍용차 대주주가 바뀔 수 있는 법적 조건을 갖추었다.

쌍용차의 두 번째 회생절차는 12년 전을 떠올리게 한다. 쌍용차는 2009년 유가 급등과 미국발 금융위기로 인한 경영난에 시달렸다. 이번에는 신종 코로나바이러스 감염증(코로나19) 여파로 매출이 급감하며 맞은 유동성 위기에 2021년 4월 회생절차를 밟게 됐다.

두 번째 회생절차가 2009년 때와 '판박이'라는 점에서 위기가 닥치면 회사를 처분하고 떠나는 글로벌 외국 자본의 '먹튀' 논란까지 다시 생길 것으로 보인다. 외부 요인으로 인한 위기 상황에서 대주주가 쌍용차를 포기하는 점과 대주주의 경영 실패가 경영난을 불러왔다는 점은 2009년과 비슷하다.
회생절차가 승인되어 매각 절차를 진행하였는데 국내 소규모 전기차 회사인 에디슨모터스는 2021년 10월 쌍용차 M&A 우선협상대상자로 지정되었다. 그러나 이후 자금난으로 2022년 4월 인수 대금 잔금을 못 내 계약이 해제됐다. 이후 우여곡절 끝에 2022년 7월 결국 KG모빌리티가 3,355억 원에 쌍용자동차 인수자로 선정됐다. 하지만 3,355억 원은 회생에 턱없이 부족하여 5,645억 원을 추가 투입할 계획이다. 결국 9,500억 원으로 쌍용차의 대주주가 되는 셈이다.
12년 전과 비슷한 상황에 닥친 쌍용차가 그때처럼 법정관리를 통해 기업 청산 위기에서 벗어나 재기의 발판을 마련할 수 있을지에도 관심이 쏠린다. 이런 가운데 중형 SUV 토레스 돌풍이 만만치 않다. 새로운 주인에 맞춰 판매 대박 조짐도 보인다. 티볼리 이후 마땅한 주력 제품이 없었던 쌍용차로선 모처럼 공장이 활기를 띠고 있다. 향후 쌍용자동차가 드디어 안정적으로 흑자전환을 이루면서 회생할 수 있을지 많은 관심이 쏠리고 있다.

* 자료: 에디슨모터스, 쌍용차 인수 포기 안했다…대법에 '특별항고', 한국경제, 2022.04.05
12년 전 상하이차처럼…경영 실패 뒤 쌍용차 떠나는 마힌드라, 연합뉴스, 2021.04.15

치를 창출하게 해준다.

또한 재무적인 요소가 국제 M&A의 동기가 될 수도 있다. 가령 피인수 기업이 잠재 가치보다 저평가되어 있으면 적은 자본으로 인수한 후에 정상화되어 기업이 현금흐름을 증대시킬 수 있게 되면 재매각하여 자본이득을 실현할 수 있다. 마지막으로 조세 절감 효과가 있는데 이것이 국제 M&A 의사결정에 결정적으로 작용하기도 한다.

1. 기업확장의 목적

시간이 지남에 따라 다국적기업은 기업내부자원의 활용에 의한 성장은 한계를 느끼게 된다. 기업의 목적인 지속적인 성장을 위해서 경영다각화나 사업진출 등 외적 성장전략을 모색하게 되면서 현재의 사업 분야보다 수익성이 있는 사업으로 진출하는데 M&A를 이용하게 된다. 스위스 식품 다국적회사인 네슬레(Nestle)사는 2012년 낙농제품 관련 기술 선도기업인 미국의 화이자 뉴트리션(Pfizer Nutrition)사를 119억 달러를 주고 인수하여 사업확장을 꾀한 바 있다. 국내에서도 2011년 11월 SK텔레콤이 하이닉스 주식 20.01%를 인수하여 반도체 사업으로도 다각화했고 SK 하이닉스사는 2021년 매출액 기준 글로벌 3위 반도체 기업으로 발돋움했다. Philip Morris나 R. J. Reynolds와 같은 글로벌 담배 제조회사들도 오래전부터 더욱 성장성이 높은 해외시장으로의 진출이나 식품 사업 같은 타 산업으로 다각화를 꾸준히 추진하고 있다. 또 한화솔루션은 2021년 10월 프랑스 재생에너지 개발업체인 'RES프랑스' 지분 100%를 약 7억 2,700만 유로(약 9,843억 원)에 인수했다. 이로써 RES의 개발·건설관리 부문과 약 5GW(기가와트)의 태양광·풍력 발전소 개발 사업권(파이프라인)을 가져오게 된다. 또 한화솔루션은 '토털 에너지 솔루션' 기업으로 확장할 것으로 예상된다.

2. 경영효율의 극대화

다국적기업은 전략적으로 비효율적인 사업 부문은 매각하고 우수한 자원을 가진 기존 기업을 합병하거나 인수하여 적절한 경영전략과 전술을 구사하여 장기적 관점에서 기업의 이익을 극대화하려고 한다. 특히 경영자의 능력 부족이나 조직의 비능률 및 비효율성 때문에 저평가된 기업이 있는 경우 이러한 기업을 인수하여 우수한 인력을 투입하고 조직을 활성화하여 기업을 성장시킨다면 자원의 효율적 배분 측면에서 유익하게 될 것이다.

3. 첨단기술의 도입

현재의 기업환경은 기술개발의 속도가 빨라지고 제품의 수명주기가 짧아지기 때문에 기업이 독자적인 연구개발을 통해 시장에서 경쟁력을 유지하고 이익을 실현하기 위해서는 막대한 비용과 시간이 소모된다. 따라서 우수기술을 보유한 기업이나 첨단기술을 가진 기업을 인수·합병하면 기술경쟁력 향상에 효과적일 수 있다. 앞에서 언급한 1995년 LG전자의 미국 지너스(Zenith)사 인수를 예로 들 수 있다. 2017년 3월 삼성전자가 세계 최대 전장업체 하만을 국내 기업 해외 M&A 최대 금액인 9조 2,000억 원을 주고 인수했다. 이 인수로 삼성전자는 단숨에 프리미엄 자동차 브랜드와 거래하게 됐다. 하만은 메르세데스벤츠, BMW, 아우디, 폴크스바겐, 피아트, 도요타, 할리데이비슨 등 프리미엄 자동차, 모터사이클 제조사에 부품을 공급하고 있는데 하만은 2016년 기준 인포테인먼트(차량용 오디오와 내비게이션) 점유율 1위(24%), 카오디오 1위(41%), 텔레매틱스(자동차용 통신모듈) 분야는 2위(10%)를 차지하는 등 글로벌 전장사업의 리드 업체다.

CJ제일제당은 2021년 11월 네덜란드 바이오 위탁 개발 생산 기업 '바타비아 바이오사이언스'

지분 76%를 2,677억 원에 인수했다. 바타비아는 유전자 전달 물질 생산 핵심 기술과 제조 역량을 갖춘 업체인데 이번 인수로 CJ제일제당은 유전자 치료제 위탁 개발 생산(CDMO·Contract Development & Manufacturing Organization) 시장에 본격 진출했다.

4. 시장지배력의 확대

동종업종끼리 수평적 결합을 하게 되면 기존 기업이 보유한 전문경영인, 고객 관계, 판매망을 동시에 획득하게 되고 시장구조를 독점화하게 된다. 국제 M&A를 통하여 시장점유율과 시장지배력을 강화하고 확대하게 됨으로써 이익을 증대하고자 하는 것이다. 대표적인 사례가 철강산업에서 1위 기업이었던 미탈(Mittal)사와 2위 업체인 아르세르(Arcelor)사간의 인수합병이다. 미탈은 2006년 경쟁업체인 아르세르를 330억 달러를 주고 인수하여 세계 단숨에 시장점유율 10% 가까이 확보했다.

한 예로 중국의 빅테크 중 하나인 바이두는 중국의 지리자동차와 합작으로 지두자동차(Jidu Automobile)를 설립했고 2022년 가을 첫 차 출시를 예정하고 있다. 양사는 장기적으로 자율주행차 시장에서의 지배력 확대를 염두에 두고 있다.

5. 규모와 범위의 경제

동종업종끼리 M&A를 하게 되면 기업규모의 대형화로 일관된 생산설비 등을 이용할 수 있어서 생산, 판매와 관련되는 고정생산비와 유통경비 및 판매관리 등 각종 경비를 줄일 수 있는 경제적 효과를 누릴 수 있다. 1997년 외환위기 이후 간헐적으로 지속된 국내 금융업계 인수합병의 가장 큰 동기는 규모의 경제효과를 실현해 비용을 낮추고 경쟁력을 높이는 데 있었다. 일본에서도 마찬가지 동기로 정체된 일본의 철강 및 조선 산업에서 기업 간 인수합병이 이어졌다.

2022년 2월 롯데지주는 일본 이온그룹으로부터 한국미니스톱을 3,134억 원에 인수했다. 롯데지주가 이미 대지주로 소유하고 있는 세븐일레븐 매장 11,100개에 2,600개 미니스톱 매장을 더 하면 13,700개로 늘어나 규모의 경제 효과를 꾀하고 국내시장에서의 시장지배력 확대가 예상된다. 편의점 1, 2위 업체인 GS나 CU와 점포 수 격차도 기존 4,000여 개에서 1,400개 안팎으로 줄어들게 된다.

6. 시장진입의 시간 단축

국제 M&A를 하게 되면 현지 시장에 진입하는 데 보다 시간을 단축할 수 있게 된다. 신규 설립을 하게 되면 현지 시장에 새로운 브랜드나 유통망 등을 구축하는 데 많은 시간이 소요되지만 현지시장에 존재하고 있는 기업을 인수하게 되면 이러한 문제점을 해소할 수 있다. 또한 기술개발 속도가 가속화되고 산업이 급변함에 따라서 신규사업에 투자하는 것보다 M&A를 통해서 신속히 시장에 진출함으로써 제품의 생산과 시장 선점의 시간을 단축하는 것이 과거보다 더 많은 이점을 제공하고 있다. 실제로 이러한 이유로 오늘날 다국적 금융회사들은 새로운 시장에 진출할 때 주로 신규 투자 방식보다는 현지 금융기관을 인수하여 진출하는 방법을 선호하고 있다. 한 예로 중국 지리그룹 산하 지리 Automobile Holdings 사가 2022년 5월 르노코리아 지분 34%를 르노그룹으로부터 인수하여 2대 주주가 되어 국내시장 진입을 준비하고 있는 사례를 들 수 있다. 지리자동차는 볼보와 합작사인 폴스타를 통해 2022년 1월 사전 예약 형태로 국내 전기차 시장에 1주일 만에 4,000대를 판매한 적이 있다. 아울러 지리자동차는 국내 자동차 부품회사인 명신그룹과 전기차 합작 계약을 맺어 한국 맞춤형 소형 1.5톤 전기 트럭을 2023년 6월부터 군산에서 생산하기로 했다.

7. 위험 분산 효과

국제 M&A를 통하여 합병한 두 기업이 현금흐름의 상관관계가 적다면 M&A 자체가 현금흐름을 원활히 할 수 있게 해주고 재무위험을 감소시켜주는 효과를 줄 수 있다. 즉, M&A가 포트폴리오 위험 분산 효과를 가지고 있다. 이는 급격한 경제환경 변화에 적응할 수 있게 해주고 경영위험을 줄여준다.

8. 자금조달능력의 확대

부채비율이 낮고 기술 가치가 큰 기업을 인수하게 되면 양호한 재무구조를 활용할 수 있게 되어 자금조달능력을 높일 수 있다. 이는 조달에 따른 비용도 절감시켜 주는 효과가 있다.

9. 자본이득의 실현

상대적으로 저평가되고 자산이 적절히 이용되지 못하고 있는 기업을 적은 자본으로 인수한 후에 정상화해 기업이 현금흐름을 증대시킬 수 있게 되면 재매각하여 자본이득을 실현할 수 있다.

10. 조세 절감 효과

피인수 기업의 입장에서 M&A를 통해서 보유주식을 매각함으로써 상대적으로 적은 양도소득세를 부담하고 보유주식을 현금화하는 것이 가능하므로 상속세, 증여세를 부담하는 것보다 유리할 수 있다.

위와 같이 기업들이 해외기업과 다양한 동기로 국제 M&A를 시도하고 있는데 대규모 국제 M&A의 경우 당사자 기업 간 협약에 의해 이루어지지만 때로는 각국 규제당국의 승인을 필요로 하는 경우도 적지 않다. 글로벌 IT 분야에서 기업 간 국제 M&A 계약을 체결하였으나 해당 국가의 반 독점규제기관에 의해 성사되지 못한 사례도 몇몇 있다. ARM은 일본 소프트뱅크 자회사로 영국에 본사를 둔 반도체 설계 기업으로 스마트폰 애플리케이션프로세서(AP) 등 모바일 칩 설계 분야에서 글로벌 시장 점유율이 90%에 이르는 기술력을 갖고 있었다. 모회사인 소프트뱅크는 2020년 9월 미국 반도체 기업 엔비디아와 ARM을 매각하기 위한 양해각서를 체결했으나 이후 미국 등 여러 규제당국의 반대로 무산됐다.

국제 M&A는 이러한 여러 가지 동기로 인하여 활발하게 이루어지고 있으며 글로벌전략의 한 방법으로 사용되고 있다. 각 산업에 따라 어떠한 동기로 국제 M&A가 이루어지고 있는지는 [표 4-6]을 통하여 알아보자.

표 4-6 산업에 따른 국제 M&A 동기

산업	국제 M&A 동기
정유	규모의 경제추구, 설비과잉투자, 규제완화, 수평 · 수직적 통합
철강	설비과잉투자, 가격교섭력 약화, 정부보조금 금지, 개도국 수요확대
자동차	설비과잉투자, EU 통합, 신시장 확보경쟁, 환경규제
통신	설비과잉투자, 역내 무역간 유 · 무선 간 규제완화
은행	소매금융의 부상, e-business 등장, 겸업화
광고	고객맞춤형 산업, 고객의 원스톱 서비스 니즈 확대, 글로벌 과점화
제약	R&D 비용과다, 관련제도변화, 신약 · 구약 간 경쟁
컴퓨터	모듈화, 시장포화, 중국기업의 등장, IT서비스화
반도체	반도체 수요 증가, 정부규제
가전	제조 · 마케팅기능의 분리, 서비스화, 표준선점경쟁

사례 4-4 스타트업 회사의 국제 M&A를 통한 해외 진출

한국은 K팝 못지않게 K뷰티로 대표되는 미용 강국이다. 2012년 7월 설립된 힐링페이퍼사는 2015년 1월 메디컬뷰티 플랫폼 '강남언니'라는 스마트폰용 앱을 출시했다. 창업자 홍승일 대표는 의사 출신으로 평소 정보기술(IT)과 창업에 관심이 많았다. 그는 의대 본과 3학년 때인 2012년 친구들과 당뇨, 고혈압 등 만성질환자들의 건강관리를 제공하는 스타트업 힐링페이퍼를 창업했다. 환자가 앱에 식사량, 운동량, 혈당 수치 등 생활 습관을 기록하면 주치의가 이를 보고 환자에게 적합한 처방을 내리도록 도와주는 서비스였지만 만성질환자 대부분이 고령자로 앱을 사용하는 것에 익숙지 않아 성공을 거두지 못했다. 두 번째로 30대 여성들이 주로 걸리는 갑상선질환을 관리하는 앱을 개발 시도했으나 이것도 잘 안됐다. 환자들이 날마다 상황을 기록하며 관리하는 앱을 만들었으나 실제 환자들이 기록하는 것을 힘들어하면서 이 앱도 성공하지 못했다.

두 번의 실패를 교훈 삼아 2015년에 20대 이하를 겨냥한 성형수술 앱을 만들었다. 성형 분야에 집중한 이유는 이용자에 대한 확신과 의료법 제약이 적은 분야이기 때문이다. 미용 의료는 시장은 작지만 이용자들이 앱을 잘 사용하는 10대 후반에서 20대들을 타깃을 할 수 있었다. '강남언니'라는 앱 이름도 이용자층과 지역적 특성을 감안해서 지었다. 20대 이하 이용자들에게 잘 아는 언니에게 물어보라는 개념으로 접근했다. 처음에는 성형수술에 대한 견적을 비교하는 서비스를 제공했다. 의사들은 이용자가 늘자 견적을 내주는 일에 시간을 많이 빼앗겼고 견적만 받고 병원을 찾지 않는 이용자들에게 불만이었다. 이용자들도 의사들의 견적 제공이 소홀해지자 덩달아 불만이 커졌다.

홍 대표는 견적 비교 대신 이용자들이 몰리는 이용 후기 기능에 집중했다. 성형수술 이용자들은 최저가보다 후기를 중요시한다. 홍 대표는 여러 사이트를 분석해 이용 후기를 차별화했다. 포털 블로그나 카페 등에 중구난방으로 올라오는 후기들과 달리 표준 양식을 정해서 이용자들이 중요하게 여기는 정보를 한눈에 볼 수 있도록 했다. 가격대, 병원 장비, 대기 시간과 이용자 만족도 등 병원의 친절 정도까지 반영할 수 있도록 양식을 만들었다. 또 수술 후 만족도까지 점수로 표시했다.

홍 대표는 15명의 점검 인력을 따로 두고 정보의 사실 여부를 꼼꼼하게 확인한다. 견적과 다른 비용을 받지 않는지, 추가로 이것저것 선택사양(옵션)을 붙여서 수술비를 올리는 업세일링을 하지 않는지, 상담원은 친절한지 등을 모니터링팀에서 수술 환자들에게 전화해 확인한다. 이용자들은 이렇게 올라온 병원 정보와 이용 후기를 수술 부위별로 세분화해서 찾아볼 수 있다. 이 점이 강남언니의 경쟁력이다. 이를 위해 홍 대표는 전체 직원 약 100명 가운데 30명이 개발자일 정도로 개발에 중점을 두고 있다.

덕분에 강남언니의 월 이용자 숫자가 200명 미만에서 2017년 3월부터 6만 명으로 뛰었다. 현재 강남언니 앱을 내려받은 이용자는 280만 명, 월간 활성 이용자는 30만 명에 이른다. 이 같은 성장성을 인정받아 지금까지 총 230억 원을 투자받았다. 3년 동안 0원이었던 매출이 2019년 85억 원을 기록했다. 다만 2020년에는 코로나19의 영향으로 연 매출이 120억 원으로 두 배 성장을 기록하지 못했다. 주요 매출은 500개 이상 병원이 개설한 이벤트 페이지에서 이용자들이 상담 신청을 할 때마다 광고비를 과금해 올린다. 또 앱에 실리는 병원 광고비는 별도로 받는다.

홍 대표가 코로나19 상황을 타개하기 위해 꺼내든 카드는 해외사업과 앱 기능의 강화다. 일본어 앱을 통해 성형을 원하는 일본 이용자들을 국내 병원에 유치하는 사업이다. 합법적으로 국내 병원에서 외국 환자 유치에 따른 소개비를 받을 수 있게 된 것이다. 그런데 코로나19로 제동이 걸렸다. 급기야 홍 대표는 일본 현지 병원을 연결해주는 것으로 사업 방향을 틀었다. 국내에서와 달리 일본은 합법적으로 병원 소개비를 받을 수 있다. 강남언니는 일본에서 병원 정보 앱 가운데 1, 2위를 다툴 정도로 인기가 높다. 일본 이용자만 25만 명이다. 지난해 10만 건의 이용 후기를 가진 2020년 8월 일본 2위 서비스 루쿠모를 인수하고 일본 병원 350곳을 고객사로 확보하면서 사업을 확장한 덕분이다. 루쿠모는 2017년 9월 출시한 일본 미용 의료 서비스로, 시술 후기 10만 건과 사용자 18만 명을 보유하고 있다. 현재 강남언니는 일본 입점 병원 수 기준으로 업계 1위 사업자가 됐다. 힐링페이퍼에 따르면 지난 6월 기준 강남언니에 입점한 일본 피부과 · 성형외과는 1년 전과 비교해 3배 증가한 900곳으로 늘었다. 강남언니를 통해 한국과 일본 병원을 선택한 일본 사용자도 17배 늘었다. 가토 유타 힐링페이퍼 일본법인 대표는 "일본에서의 강남언니 인지도와 한국 병원 정보를 찾는 수요가 빠르게 늘어나고 있다"며 "지난 3월 유튜브 설문조사에 응답한 도쿄 지역 일본인 12만 명 가운데 절반 이상이 강남언니를 알고 있다는 결과가 나왔다"고 전했다.

한편 강남언니는 2020년 4월 글로벌 벤처캐피털(VC) 레전드캐피털 등으로부터 185억 원의 투자를 유치하며 전 세계 확장 가능성을 인정받았다. 현재 한국과 일본에 미용 의료 병원 1,600곳이 입점해 있으며, 100만 건의 시술 후기를 보유하고 있다. 일본 이용자는 약 40만 명으로, 전체 이용자 380만 명 중 10% 이상을 차지하고 있다.

새로운 의료서비스 모델로 인정받아 2020년 7월 서울시 '서울형 강소기업' 선정되기도 했으며 12월에는 중소벤처기업부 '예비 유니콘 특별보증 지원기업'으로 선정되어 성장 가능성을 보여주고 있다. 홍 대표는 올해 중국 싱가포르 홍콩 등으로 서비스를 확장할 계획이다. 중국 최대 성형 정보 플랫폼 신양(So Young), 2위 업체 건메이 등과 손잡고 중국 사업을 하기 위해 논의 중이다.

* 자료: '강남언니'로 예비 유니콘 된 힐링페이퍼, 한국일보, 2021.04.13
미용 의료 플랫폼 '강남언니' 일본환자 韓 유치 시동, 매일경제, 2022.07.03

사례 4-5 **텐센트의 한국 M&A 확대 전략**

중국 1위 게임 회사 텐센트가 한국에 내놓은 모바일 게임 신작 '천애명월도M'이 출시 일주일만인 지난 1일 구글플레이 매출 순위 10위에 올랐다. 2020년 중국에서 먼저 선보였던 게임인데, 텐센트는 해외 첫 출시국으로 한국을 택하고 20여 명의 번역가와 4명의 감수 인력을 동원했다. 게임 광고 모델로 태연 · 모니카 등 한국 유명 연예인을 기용하고 더빙은 한국의 정상급 성우들에게 맡겼다.

텐센트가 한국 시장에 공을 들이고 있다. 작년 8월 중국 정부가 청소년 게임 규제를 강화하고 텐센트의 신규 판호(게임 허가증) 발급을 1년째 차단하자 '출해(出海 · 해외 진출) 강화' 차원에서 한국에 대한 공세를 강화하고 있다. 중국 게임의 해외 매출 중 9%를 차지하는 한국은 미국 · 일본에 이은 3위의 중국 게임 소비 시장이다.

텐센트는 한국 신생 게임사로도 투자를 확대하고 있다. 2022년 2월 신생 게임사 로얄크로우에 177억 원을, 3월에는 앤유에 수십억 원을 투자했다. 두 회사 모두 첫 게임을 출시하지도 않은 곳이다. 텐센트는 크래프톤의 2대 주주(지분율 13.53%), 넷마블의 3대 주주(17.52%)이자 넥슨 · 스마일게이트 · 펄어비스의 간판 게임을 중국에서 유통하고 있다. 이제 소규모 한국 게임 회사까지 손을 뻗치고 있다. 게임 전문 투자 회사 관계자는 "과거 텐센트는 한국의 대형 게임사들에만 투자를 집중했지만, 이제는 타깃을 중소 규모 게임사와 한국 소비자들까지 확대하고 있다"고 했다.

설립 11년째인 텐센트 한국지사는 회원사가 72개에 이르는 한국게임산업협회 가입도 추진하고 있다. 가입이 이뤄지면 중국 업체로선 1호가 되는 것으로, 한국 업체들의 동향을 더 손쉽게 파악할 수 있게 된다. 텐센트 한국지사는 지난해 홍보 · 마케팅 인력도 충원한 것으로 알려졌다. 게임 업계 관계자는 "중국 게임사들이 주력하는 다중접속역할수행게임(MMORPG)과 전쟁 게임이 한국에서도 인기인데다 텐센트의 자본과 인력이 압도적이어서 향후 국내 시장 점유율을 빠르게 높일 가능성이 크다"고 했다.

* 자료: 중국 게임, 한국 시장 야금야금…상위 오르고 수백억 투자, 조선일보, 2022.07.04

Ⅳ 국제라이슨싱

1 국제라이슨싱의 증가 배경

일반적으로 라이슨싱 계약은 **기술 또는 상표의 제휴**를 의미한다. 그러나 오늘날 다국적기업 간의 국제라이슨싱 계약의 범위는 매우 넓다. 국제라이슨싱이란 다국적기업이 현지 기업에 기술 특허권, 제조기법, 영업기법, 상표권, 상호, 브랜드명, 디자인의 사용, 관리기법, 정보 사용권, **지식, 교육 등의 기업 특유의 무형자산을 제공하는 것을 내용으로 하는 국제기업 간 계약을 의미**한다. 이때 계약의 당사자인 현지 도입기업(licensee)은 통상적으로 이러한 무형자산에 대해 소유권을 이전 받는 것이 아니라 일정 기간 사용권을 받게 된다. 반면 무형자산의 제공기업(licensor)은 빌려주는 **대가로 로열티, 수수료** 등을 현지 도입기업(licensee)으로부터 받게 된다. 이러한 국제라이슨싱이 증가하는 배경을 살펴보면 다음과 같다.

1. 정보통신 · IT기술 관련 산업의 확대

세계 경제에 새로운 산업 분야가 많아졌다. 특히 정보기술(information technology)과 통신 관련 산업은 하루가 다르게 급속도로 성장하고 있다. 이러한 과정에서 기술 선도기업이라 하더라도 모든 부문에서 기술우위를 점하는 것은 더 이상 가능하지 않다. 따라서 많은 글로벌기업이 주로 핵심기술의 지속적인 개발에만 주력하고 개발된 기술의 시장 제품화는 국제라이슨싱 방식을 시도하고 있다. 세계에서 현재 라이슨싱으로 최대의 수입을 올리는 기업은 바로 마이크로소프트이다. 마이크로소프트는 소프트웨어 제품들의 개발에 주력하고 대부분의 개발된 소프트웨어 제품들을 라이슨싱 방식으로 전 세계에 판매하면서 막대한 이익을 얻고 있다. 또 미국의 퀄컴은 1995년 세계 최초로 CDMA(코드분할다중접속)라는 휴대폰 기술을 개발, 상용화하면서 삼성전자 등 전 세계 휴대폰 제조업자들과 국제라이슨싱 계약을 맺어 기술을 제공하고 있다. 2008년 도입된 3G iPhone 제품에 원천기술을 가진 퀄컴은 전 세계 스마트폰 애플리케이션 프로세서 시장에서도 약 50%의 시장을 점유하고 있고 이 제품에 대한 로열티만 스마트폰 제조업체로부터 평균 판매액의 3% 수준에 이르는 것으로 예상된다.[1]

2. 투자위험 증가와 기술의 상품화

국제라이슨싱 방식은 정상적인 수출 활동이나 해외직접투자를 할 때보다 해외시장 위험도가 상당히 낮기 때문에, 자본회수 불능위험이 있는 지역에서는 전략적으로 국제라이슨싱을 활용하고 있다. 또한 오늘날 기술은 언제든지 사고팔 수 있는 재화처럼 상품화되고 상품교류와 더불어 기술자 교류도 이루어지고 있다. 이에 따라 이익이 발생할 수 있는 것이면 유형재는 물론 무형재인 서비스나 아이디어, 기술, 교육 등도 거래의 대상이 됨으로써 오늘날 국제라이슨싱의

---

1 Forbes, ARM Holdings and Qualcomm: The Winners in Mobile, 2/28/2013

범위는 과거에 비해 크게 확대되었다.

3. 기술개발과 기술 상업화의 분리

과거에는 기술 개발기능과 기술상업화기능을 같은 회사에서 수행하는 경향이 있었다. 그러나 이 두 기능은 점차 분리되고 있다. 그 이유는 기술 경쟁이 심해지고 기술개발 비용이 크게 늘고 있기 때문이다. 또한 이러한 신기술을 이용한 제품이 글로벌시장에서 성공하는 것이 과거보다 쉽지 않기 때문이다.

국내 제약사의 경우 신약 초기 개발비용도 많이 들고 또 초기에 신약 개발에 성공했다 하더라도 임상 실험단계까지 성공에 대한 보장이 없기 때문에 시간, 비용 등 많은 위험부담이 있다. 실제로 우수한 기술력을 보유했다 하더라도 제품출시는 되지 않은 상태에서 추가적인 기술개발 비용이 계속 들어가게 돼 적자가 발생하는 경우도 빈번하다. 따라서 많은 국내 제약사들은 글로벌제약사에게 신약후보물질에 대해 수출과 라이슨싱을 결합한 형태의 기술수출(licensing out)을 하여 기술의 상업화를 도모하고 있다. 기술수출을 통해 투자 리스크와 비용을 크게 줄일 수 있고 기술이전을 통해 최초 기술료와 임상 단계별 성공에 따른 개발단계별 기술료를 받을 수 있고, 실제로 기술 상업화에 성공하여 신약 출시가 이루어지는 경우 경상 로열티 수입도 지속해서 기대할 수 있다. 또 다른 장점은 단순히 기술이전으로만 끝나지 않고 글로벌제약사와 공동협력 개발로 그들의 기술개발 경험을 배울 수 있으며, 제품출시 후 해외시장별 판매권도 나눠 가질 수도 있을 것이다. 2021년의 경우 한국제약바이오협회 데이터에 따르면 국내 제약사들의 기술수출이 33건, 12조 3,720억 원으로 전년 대비 3배 증가했다.

4. 제품수명주기상의 성숙기 표준화 제품

성숙기에 진입한 많은 제품의 기술이 표준화되면서 경쟁기업 간의 생산기술 면에서 격차는 점차 줄게 된다. 그러나 마케팅, 특히 브랜드 인지도 측면에서는 많은 차이를 갖게 된다. 예를 들어, 한국의 LG패션 의류사업부와 영국의 DAKS 사의 의류제품의 생산 면에서 기술격차는 그리 크지 않다. 그러나 일부 소비자들은 LG패션 신사복과 DAKS 사의 신사복과는 큰 격차가 있다고 인식하고 값이 훨씬 비싸더라도 DAKS 신사복 제품을 선호한다. 따라서 한국의 LG패션 의류사업부는 DAKS와 같은 글로벌 브랜드를 국내시장에서 라이슨싱 계약을 맺고 DAKS의 고급이미지를 활용하여 국내 판매를 늘리고자 한다. DAKS 사의 입장에서도 한국이라는 해외시장에 직접투자를 하여 현지생산·판매하기보다는 브랜드 라이슨싱 계약을 맺어 큰 위험 부담 없이 추가적인 수익을 올리고자 할 것이다.

표 4-7 국내 제약사의 2021년 기술수출(Licensing-out) 실적

일자	개발사	계약상대(국가)	제품/적응증/기술	계약규모(달러)
1. 29.	GC녹십자셀-아티바	MSD (미국)	고형암에 쓰는 CAR-NK 세포치료제 3종(공동개발)	약 2조 900억 원 (약 18억 6,600만 달러)
2. 18.	제넥신	KG바이오 (인도네시아)	GX-17(코로나19 치료제와 면역항암제로 개발 중)	약 1조 2,000억 원 (약 11억 달러)
3. 31.	펩트론	치루제약 (중국)	표적항암 항체치료제 MUC1 타깃 암 치료용 항체 후보 약물-접합체 (ADC) 'PAb001-ADC'	약 6,340억 원 (약 5억 3,900만 달러)
4. 28.	LG화학	트랜스테라 바이오사이언스(중국)	자가면역질환 치료 후보물질 'LC510255'	비공개
6. 8.	대웅제약	뉴로 가스트릭스 (미국)	'펙수프라잔'위식도역류질환 치료제	약 4,800억 원 (약 4억 3,000만 달러)
7. 20.	동아에스티	인타스(다국적제약사)	스텔라라 바이오시밀러 'DMB-3115'의 글로벌 라이선스 아웃 계약	약 1,200억 원 (총 1억 500만 달러)
10. 12.	올릭스	한소제약(중국)	GalNAc-asiRNA 기반 기술 관련신약후보물질 2종	5,368억 원 (약 4억 5,100만 달러)
10. 14	에이프릴바이오	룬드벡(덴마크)	자가면역 질환 치료 후보물질 APB-A1	약 5,370억 원 (4억 4,800만 달러)
11. 4	한미약품	앱토즈 바이오사이언스 (캐나다)	급성골수성 백혈병(AML) 치료 신약 'HM43239'	약 4,961억 원 (4억 2,000만 달러)
11. 11	SK바이오팜	이그니스테라퓨틱스 (중국)	세노바메이트 등 6개 CNS 신약	약 2,180억 원 (1억 8,500만 달러)
11. 17	보로노이	피라미드바이오사이언스 (미국)	MPS1 타깃 고형암치료제(VRN08)	약 1조 원 (8억 4,600만 달러)
11. 17	레고켐바이오	소티오바이오텍(체코)	항체약물접합제(ADC) 플랫폼 기술	약 1조 2,127억 원 (10억 2,750만 달러)

* 자료: 2021년 국내 제약기업 기술수출 현황(제약협회 제공)

5. 브랜드 이미지가 강한 제품

패션의류제품의 경우와 같은 소비자 제품의 경우 제품의 브랜드 이미지가 제품선택에 매우 중요한 역할을 한다. 실제로 브랜드는 엄청난 가치를 갖는다. 예를 들면, 1998년 미국의 질레트는 국내 굴지의 건전지업체 '로케트'의 이름 사용 값으로 660억 원을 내놓았다. 미국의 오렌지주스 판매회사인 썬키스트(Sunkist)사는 다른 회사들이 수백 가지 제품에 자사 브랜드를 쓰게 하고 라이선싱 로열티로 연간 1,000만 달러 이상의 수익을 올리고 있다.[2] 브랜드 이미지와 관련하여 최근 국제라이선싱을 많이 하는 산업들이 화장품산업과 캐릭터산업이다. 이 두 산업의 공통적인 특징은 부가가치가 높고 브랜드 이미지가 매우 중요한 산업이다. 화장품산업의 경우 최근 수년간 국내에 외국 전 세계 화장품회사가 다 한국 시장에 진입했을 정도로 많다. 현재 수백 개의 외국 화장품이 국내에 상표 라이선싱 방식으로 판매되고 있다.

영화, 어린이 TV 만화, 컴퓨터게임 등에서 등장하는 캐릭터 등은 완구, 학용품 등 다른 용품에 쉽게 사용이 된다. 닌텐도사의 캐릭터 포켓몬스터, 디즈니사의 미키마우스, 미니마우스, 도널드 덕, 플루토 등은 세계적으로 인기가 높아 완구, 아동용 의복, 신발, 문방구, 액세서리 제품, 컴퓨터 소프트웨어, 전자 용품 등에까지 광범위하게 사용되고 있다.

6. 제휴기업의 글로벌 전략의 적합성

다국적기업 간에 상이한 국제 경영전략을 수행하면서 라이선싱이라는 방법을 통해 각자의 이익을 추구할 수 있다. 예를 들면, 삼성전자가 1982년 반도체산업을 본격적으로 시작했을 때 당시 64K DRAM 반도체 기초기술을 습득하고자 TI, Motorola, NEC, Hitachi 등 당시의 기술성도 기업에 라이선싱 요청하였으나 이들은 잠재적 경쟁자가 될 수 있는 삼성전자에 기술협약요청을 거절했다. 결국 이때 삼성전자는 당시 소규모 창업기업으로 1981년 64K DRAM을 시장에 출시하기 시작한 Micron Technology 사로부터 64K DRAM 디자인 기술에 대한 라이선싱 계약을 체결하는 데 성공했다. 이때 기술력은 뛰어났지만, Micron 사는 경영진의 개인금융까지도 동원할 정도로 금융상의 어려움을 겪고 있어 라이선싱 계약을 통해 안정적인 수입원을 확보하는 것은 재정적으로 큰 도움이 되는 일이었다. 즉, 당시 삼성전자와 Micron은 서로 다른 국제 경영전략 목표와 내부 자원을 가지고 있었지만, 라이선싱이라는 방법을 통해 두 회사는 각자 시급한 문제를 해결할 수 있었다.

---

2 서울경제, 대한민국 인류브랜드: 브랜드는 돈이다, 2002.12.30

사례 4-6 **마스터 라이선싱을 이용한 카카오의 중국 진출**

카카오가 중국 Alibaba Digital Media & Entertainment Group의 알리피시(Alifish)와 마스터 라이선싱 계약을 체결하여 카카오프렌즈 상품들을 중국 내에서 유통, 마케팅 등에 대한 권한을 알리피시가 위임받게 된다. 이번 라이선싱 계약을 계기로 알리피시는 중국 내 타오바오, 티몰, 알리익스프레스 등 모회사인 알리바바의 전자상거래 플랫폼을 통해서도 다양한 종류의 카카오프렌즈 상품들을 유통할 계획이다. 2021년에는 카카오프렌즈 슈퍼 IP데이, 왕홍 라이브 등을 앞두고 있으며, 6.18 쇼핑 축제, 국경절, 광군제 등 중국 최대 쇼핑 축제를 비롯해 중국 3대 뮤직 페스티벌에도 참가할 예정이다.

한편 카카오프렌즈는 지난 12월 2일부터 중국 저장성 항저우시의 알리바바 본사에서 개최된 '알리피시 파트너 컨퍼런스(Alifish Partner Conference)'에 메인 파트너로 참가했다. 카카오프렌즈는 지난 2018년 중국 법인 설립 이래 상하이, 대만 등에 플래그십 스토어, 팝업 스토어를 운영하며 현지 시장을 개척해왔다. 고디바(GODIVA), KFC 등의 글로벌 브랜드와의 협업을 통해 다양한 상품을 선보였으며, 2021년 1월에는 코스타(COSTA)와의 협업을 앞두고 있다. 알리피시와의 라이선싱 사업 협력은 중국 시장 내 카카오프렌즈의 인지도와 경쟁력을 한층 높이고, IP 사업 확장의 새로운 발판을 마련하는 계기가 될 것으로 예상된다.

* 자료: 카카오, 국내 기업 최초 '알리바바 계열사'와 마스터 라이선싱 계약, 월요신문, 2020.12.04

7. 기술보호를 위한 라이선싱

글로벌 브랜드들을 가진 기업이 신규 해외시장진출 시 자사의 기술이나 브랜드에 대해 현지 기업들의 무단복제 또는 도용 등으로부터 보호하기 위해 견실한 현지 기업과 라이선싱 계약을 체결하기도 한다. 이러한 사례는 브랜드 이미지가 소비자의 제품구매에 영향을 미치는 패션의류, 지갑, 개인 장신구 산업에서 많이 볼 수 있다. 또 특허나 지식재산권에 대한 법적 보호제도가 미흡한 개발도상국 진출 시 이러한 사례가 많다. 예를 들어, SK글로벌사는 2002년 12월 미국의 토미 힐피거(Tommy Hilfiger)사와 패션브랜드 국내 독점판매권에 대한 라이선싱 계약을 체결했다. 토미 힐피거사는 한국 시장에서 자사 브랜드의 불법 도용을 억제할 수 있고 동시에 안정적인 라이선싱 로열티 수입을 얻게 되었다. SK글로벌도 2003년 하반기부터 토미힐피거 제품을 백화점을 통해 판매하여 상당한 추가수익을 올렸다.[3]

3 머니투데이, 2002.12.04

2 국제라이슨싱의 장 · 단점

1. 국제합작투자와 기술 라이슨싱 비교

국제합작 투자와 기술 라이슨싱은 국제 경영활동에서 가장 오래된 사업 형태들이다. 전통적으로 국제합작 투자와 기술 라이슨싱의 형태적 차이는 신규합작법인의 설립 여부를 기준으로 구별하여 왔다. 그러나 합작법인 설립 여부 이외에도 두 방식은 많은 차이가 있다. 국제합작 투자와 기술 라이슨싱과의 차이점은 [표 4-8]과 같다.

표 4-8 **국제합작투자와 기술 라이슨싱 비교**

구분		합작투자	기술 라이슨싱
자원투입과 이익배분	자원투입	본사: 주로 경영, 자본, 기술 및 무형자산 현지파트너: 주로 인적 · 물적자본, 현지시장 정보	제공자: 기술 도입자: 인적 · 물적자본, 현지시장 정보
	이익배분	본사: 지분에 따른 이익배당 현지파트너: 지분에 따른 이익배당	제공자: 기술이전료(로열티) 도입자: 사업이익 = 총이익 – 기술이전료
경영의사결정	원칙	본사, 현지파트너: 지분에 따른 공동의사결정	제공자: 경영 불참여 도입자: 독립경영
	실행	다양한 공동참여 방식(예: 공동결정, 단독결정 및 사후감독)	제공자: 계약 내 제한규정으로 도입자의 의사결정 유도
조직구성	조직구성	신규합작 법인설립, 이사회 공동구성	도입자: 기존 사업 연장 (예외: 기술도입을 위한 신규법인 설립)
	연장	계속기업, 상호합의에 의한 재계약 (예외: 프로젝트 합작투자)	계약기간 후 종료, 재계약 보장 어려움

2. 국제라이슨싱 계약의 장점

국제라이슨싱 계약은 해외직접투자나 합작투자 방식에 비해 기술 제공자, 기술도 입자 모두에게 낮은 계약위험과 높은 신축성을 제공하고 있다. 상대적으로 낮은 위험과 계약 비용에 비해 당사자들은 단기적으로 신속한 수익의 발생을 예상할 수 있다. 기술제공자는 일정 수준의 로열티를 기대할 수 있고 기술도입자는 도입된 기술을 이용하여 품질경쟁력의 향상을 기대할 수 있다. 브랜드 도입 시에는 향상된 브랜드 이미지를 당장 활용할 수 있어 매출 증대를 기대할 수 있다.

라이슨싱 방법으로 현지 시장진출 시 기술 제공자 입장에서는 현지국의 경기변동, 정치적 위험 등의 현지 기업 환경변화에 덜 노출되는 이점이 있고 독점금지법, 수입 장벽, 외국 투자 제한 조치 등 현지 법률체계를 우회할 수 있는 장점이 있다. 또한 라이슨싱 계약을 통하여 향후 본격적인 현지 투자 시 필요한 파트너를 사전에 개발할 기회를 얻는다.

3. 국제라이슨싱 계약의 단점

다국적기업이 국제라이슨싱 계약을 체결하기 위해서는 잠재적인 고객의 흥미를 끌 수 있는 기술, 상표 등의 무형자산을 소유하고 있어야만 한다. 그리고 국제라이슨싱 계약은 다음과 같은 단점을 지닌다. 상표 라이슨싱의 경우 브랜드 도입자에게 발생할 수 있는 중대한 문제점으로 소비자가 라이슨싱 계약으로 생산된 제품에 대해 품질이 떨어진다고 인식할 가능성이 존재한다. 게다가 기술 제공기업에 발생할 수 있는 또 다른 문제점은 기술 도입기업이 계약 종료 후보다 더 나은 기술력을 갖추어 경쟁자로 대두될 위험이다. 즉, 이러한 부메랑 현상이 실제로 발생할 수 있으므로 기술제공기업은 라이슨싱 기술 수준과 계약서 작성에 주의를 기울여야 한다.

표 4-9 국제라이슨싱 계약의 장·단점

구분	기술제공자의 입장	기술도입자의 입장
장점	• 투자 및 위험부담 감소 • 신속한 외국시장진출 및 선점 • 안정적 추가수익의 확보 • 외국시장의 경험 및 시장테스트 • 기술제공과 연계된 관련 부품의 신규공급	• 기술개발 자금 부담과 위험의 회피 • 새로운 사업의 창출 • 기술제공자의 명성과 브랜드의 공유 • 품질향상
단점	• 기술도입자의 잠재적 경쟁자 가능성 • 소비자의 품질저하 인식 • 시장개발이익 공유됨 • 장기 현지시장전략 파트너와 불일치 가능성	• 기술가치에 대한 적절한 평가의 어려움 • 기술제공기업에 의존성 • 시장진출 및 제품개발제한

V 국제프랜차이징

1 국제프랜차이징의 개념 및 성격

1. 국제프랜차이징의 개념

국제프랜차이즈 형태의 국제계약 사업은 원래 맥도날드, KFC, 피자헛, 도미노피자, 써브웨이, 하디스 등 글로벌 외식산업에 주로 사용되었으나 최근에는 미용, 건강, 유통, 기술, 교육 **서비스 등 다양한 산업으로 확산하고 있다. 국제프랜차이징은 보통 가맹점 형태의 국내 프랜차이징 사업을 해외로 진출하여 운영하는 것을 의미**한다. 국제프랜차이징이란 **사업 본사인 프랜차이저(franchisor)가 해외에 있는 다른 기업, 즉 프랜차이지(franchisee)에게 상표의 사용권, 제품의 판매권, 기술 등을 제공하고 그 대가로 가맹금, 보증금, 프랜차이징 수수료 등을 받는 방식**을 의미한다. 보통 많은 가맹점을 두고 운영하게 되므로 일종의 네트워크 사업조직체 모습을 띠게 된다.

2. 국제프랜차이징과 국제라이슨싱과의 비교

국제프랜차이징과 국제라이슨싱은 유사한 점이 매우 많다. 일반적으로 두 형태 모두 지분이 수반되지 않은 순수한 계약 형태의 국제경영활동이다. 그리고 비교적 적은 위험과 비용으로 국제사업을 한다는 점에서 공통점을 갖는다. 그러나 국제프랜차이징 방식은 다음과 같이 많은 점에서 라이슨싱과는 다르다. 계약 내용을 보면 국제프랜차이징은 특정 기술이나 제품뿐만 아니라 사업 전반에 걸친 운영체계를 사업본부로부터 가맹점에게 이전한다. 따라서 가맹점들은 지역이나 국가에 관계없이 표준화된 사업모델을 가지고 있는 반면 국제라이슨싱의 경우 기술도입자들에 따라 상이한 사업 형태를 가질 수 있고 기술제공자와의 관계도 달라질 수 있다.

국제프랜차이징의 경우 본사와 가맹점 간 현재 및 향후 사업 목표에 대한 일치 정도가 높은 데 반해 라이슨싱의 경우는 기술제공자와 기술도입자 간에 반드시 일치하지는 않는다. 따라서 국제프랜차이징의 경우 비교적 두 파트너 간의 관계가 장기적이고 지속적인 데 반해 국제라이슨싱의 경우는 상대적으로 단기적이고 가변적이다.

표 4-10 국제프랜차이징과 국제라이슨싱 비교

구분	국제프랜차이징	국제라이슨싱
계약내용	영업노하우, 지적소유권, 상표, 경영자원 등을 포함하는 사업전반에 관한 지속적인 지원 계약임	특정 제품의 생산기술이나 브랜드 사용에 관한 계약임
대가	가맹점 간 표준화된 프랜차이징 수수료	도입자 교섭력에 따라 로열티 수준이 달라짐
기업설립	계약을 통해 사업이 처음 시작됨	이미 설립되어 있는 기업이 기술도입자가 됨
계약기간	보통 5~10년이며, 갱신이 가능함	도입기술의 특허기간을 넘지 않음
파트너 선정	전적으로 사업본사가 가맹점을 선정하며, 교체에 대한 통제권이 있음	기술제공자, 기술도입자 선정 양측의 역할이 모두 큼
신기술 제공	가맹점은 계약의 일부로서 사업본사의 신상품, 신영업 방식을 꾸준히 제공받을 수 있음	기존 계약 기술만이 이전의 대상이 되며, 새로 개발되는 기술은 이전되지 않음
해당산업	일반적으로 식당, 학원 등 소비자 서비스업에 집중되어 있음	제품주기상 성숙기의 표준화된 제품이나 브랜드 이미지가 높은 소비자제품

2 국제프랜차이징의 장 · 단점

국제프랜차이징 사업은 빠르게 성장하는 시장 상황에서 사업 본사와 해외가맹점 모두에게 적은 자본투자와 위험 분산이라는 큰 이점을 제공한다. 또한 사업 경험이 없는 개인 창업자들에게 독립적으로 사업을 시작하는 것에 비해 안정적으로 사업에 임할 수 있기 때문에 매력적인 사업 대안으로 각광을 받고 있다. 그러나 이러한 프랜차이징 사업에도 여러 가지 문제점들이 있다. 국제프랜차이징 사업이 사업 본사와 가맹점에게 미치는 장·단점을 살펴보자.

1. 국제프랜차이징의 장점

프랜차이징 사업 본사 입장에서 가장 큰 장점은 **소자본으로 해외시장에 신속히 진출할 수 있다는 점**이다. 보통 **본사의 기업이미지**가 가맹점에게 가장 큰 매력으로 작용한다. 또한 표준화된 마케팅전략과 운영 노하우를 통해 정치적 위험이 높은 현지 시장에도 비교적 적은 투자위험으로 진출을 할 수 있다. 또 해외 여러 국가에 프랜차이징 시스템을 표준화된 방식으로 이전하기 때문에 진출국 수가 많을수록 국가당 평균 진출 비용은 급격히 낮아진다. 그리고 해외 이전 투자위험이 매우 높은 사회주의국가인 경우라도 유력한 현지 기업과 **마스터 프랜차이징**(master franchising) 계약을 체결하거나 별도의 합작법인을 만들어 공동으로 프랜차이징 사업을 한다면 현지국에서의 외국기업에 대한 거부감을 크게 낮출 수 있다.

농림축산식품부의 '2020 외식기업 해외 진출 실태조사 자료'에 따르면 국내 프랜차이즈 외식기업 4,106개 중 134개 기업(6.0%)이 총 47개 브랜드를 이용하여 48개국에서 3,722개 매장을 운영하는 것으로 나타났다. 진출 48개국 중 상위 5개국은 중국(1,368 매장), 미국(528), 베트남(462), 필리핀(246), 및 대만(137)으로 전체 매장 3,722개 중 2,741개(73.6%)로 조사되었다. 해외 진출방식은 71.9%가 마스터 프랜차이징으로 가장 높게 나타났으며 직영점 진출(11.9%), 기술 전수(8.1%), 개별 프랜차이징(5.5%) 순으로 나타났다.

프랜차이징 가맹점의 입장에서도 많은 이점이 있다. 보통 프랜차이징 사업본부가 강한 브랜드 이미지와 제품공급 그리고 광고 측면에 높은 경영 능력을 가지고 있고 지속적인 경영지도를 해줄 수 있으므로 사업에 대한 위험부담을 크게 줄일 수 있다. 따라서 자본이나 사업 경험이 적은 업주들이 쉽게 창업을 할 수 있는 장점이 있다. 또 대부분 사업을 시작하기 전 단계에서부터 점포 입지 선정, 종업원 교육, 장비 및 설비구입 등 전반적인 창업지원과 경영지도를 받는다.

일단 사업이 시작되면 가맹점은 프랜차이징 사업 본사가 행하는 광고나 판촉 활동의 이익을 직접 누리게 되고 제품 원재료공급에서도 프랜차이징 네트워크의 대량구매력의 이익을 누린다. 그뿐만 아니라 새로운 신제품개발이나 시장정보, 다른 가맹점에서의 성공사례 등을 이용할 수 있다. 마스터 프랜차이징 계약체결 시에는 큰 자본투자 없이 **서브 프랜차이징(sub franchising)** 계약을 통해 사업을 여러 지역으로 확장할 수 있다.

2. 국제프랜차이징의 단점

기본적으로 국제프랜차이징 사업은 다른 해외시장진입 방법에 비해 **제한된 이익**만을 누릴 수 있다. 그리고 가맹점들은 기본적으로 독립적인 운영주체기 때문에 **경영통제의 한계**가 있다. 사전에 계약된 내용 이외의 경영통제나 영향력을 끼치는 데 어려움이 있다. 사업 본사는 고객에게 제공되는 제품의 품질이나 서비스 기준이 모든 가맹점에서 잘 지켜지는지 항상 감시해야 한다. 프랜차이징 사업의 성공요건 중의 하나는 본사가 얼마나 지속해서 가맹점들이 원하는 사업시스템을 제공할 수 있는가 하는 점이다. 일반적으로 현지 가맹기업은 어느 정도 경험을 축적하게 되면 본사의 통제 없이 스스로 독립하려는 경향이 있다. 따라서 본사에서는 끊임없이 제품의 개발, 구매 원가절감, 마케팅프로그램, 사업노하우 등을 개발하여 가맹점에게 제공할 필요가 있다. 또한 마스터 프랜차이징 방식으로 현지 시장에 진출하는 경우 사업의 성공은 전적으로 현지 프랜차이징 계약파트너에 의존하게 된다. 따라서 사업자질, 재무 능력, 신용도 등을

표 4-11 국가별 해외 진출 업체 및 매장

(단위: 개)

국가	업종구분	대표 진출 브랜드
중국 (1,919)	한식	놀부부대찌개&철판구이(9), 죽이야기(36), 본가(42), 서래갈매기(60)
	비한식(치킨, 피자)	미스터피자(122), 뽕뜨락피자(4), BBQ(50), 페리카나(17), 투다리(110)
	비한식(디저트)	아봉(2), 토프레소(4), 핸즈커피(16)
미국 (546)	한식	죽이야기(4), 백정(6), 본죽&비빔밥(7), 비비고(8)
	비한식(치킨, 피자)	본촌치킨(80)), 또래오래(8), BBQ(10), 페리카나(11)
	비한식(디저트)	레드망고(131), 뚜레쥬르(50), 요거베리(16)
베트남 (330)	한식	본가(4), 두끼(15), 신전떡볶이(5)
	비한식(치킨, 피자)	롯데리아(143), 돈치킨(30), BBQ(14)
	비한식(디저트)	뚜레주르(40), 파리바게트(13)
필리핀 (313)	한식	꿀삐닭강정(6), 불고기브라더스(7)
	비한식(치킨, 피자)	BBQ(11), 피자투어(12), 본촌치킨(190)
	비한식(디저트)	카페띠아모(15), 탐앤탐스커피(10), 레드망고(9), 뚜레주르(21)
태국 (177)	한식	설빙(27), 나이스투미츄(5)
	비한식(치킨, 피자)	본촌치킨(34), 투다리(11), 피자투어(31)
	비한식(디저트)	탐앤탐스커피(21), 할리스커피(12), 레드망고(5)
인도네시아 (164)	한식	신마포갈매기(20), 본가(10), 롯데리아(24)
	비한식(치킨, 피자)	BBQ(4), 교촌치킨(7)
	비한식(디저트)	뚜레쥬르(44)
말레이시아 (123)	한식	신마포갈매기(6), 팔색삼겹살(7)
	비한식(치킨, 피자)	BBQ(16), 교촌시킨(17), 네네치킨(10)
	비한식(디저트)	이삭토스트(5)
대만 (104)	한식	두끼(11), 봉구스밥버거(1)
	비한식(치킨, 피자)	처갓집양념치킨(20)
	비한식(디저트)	이삭토스트(7), 카페베네(11)
일본 (90)	한식	소공동뚝배기집(22), 설빙(5)
	비한식(치킨, 피자)	피자투어(22), 굽네치킨(5)
	비한식(디저트)	19TEA(2)
홍콩 (76)	한식	더컵(12), 신마포갈매기(5), 서래갈매기(4)
	비한식(치킨, 피자)	피자마루(2), 메드포갈릭(3), 네네치킨(5)
	비한식(디저트)	아붕(4)

* 자료: 농림축산식품부, 한국농수산식품유통공사

사례 4-7 K-치킨으로 무장한 본촌, 2025년 美 상장 추진

VIG파트너스의 포트폴리오 회사인 본촌은 글로벌 시장에 330개 매장을 운영하고 있으며, 이 중 100개가 미국에 있다. 나머지 매장은 동남아시아(필리핀 170개, 태국 50개 등)에서 영업하고 있다. 한국식 프라이드치킨을 무기로 본촌은 5년 내 미국에서 400개 이상의 매장을 낸다는 목표를 갖고 있다. 공격적 매장 확대가 이뤄지는 오는 2024~2025년에는 미국 증시 상장도 기대된다. VIG파트너스는 지난 2018년 12월 본촌을 인수했다. VIG파트너스와 서진덕 창업자 가족은 본촌인터내셔날의 지분을 각각 55%와 45%를 보유하고 있다.

2006년 설립된 본촌은 초기에 소스만 만들었다. 소스가 미국 현지 한인식당에서 호평을 받자 서진덕 창업자는 직접 미국으로 건너가 맨하튼에 매장을 냈다. 매장에는 아시아 국가에서 온 유학생도 많이 찾아왔다. 그러다가 본촌은 태국의 젊은 두 유학생과 태국 마스터 프랜차이즈 계약을 체결했다. 얼마 지나지 않아 필리핀 유학생과도 마스터 프랜차이즈 계약을 맺었다. 비슷한 시기에 서진덕 창업자는 미국에서도 매장을 확장하기 시작했다.

VIG파트너스는 본촌을 인수한 뒤 윙스톱 CMO(Chief Marketing Officer)를 CEO로 끌어들였다. 시가총액 4조 5,600억 원을 기록하는 윙스톱은 치킨윙 프랜차이즈다. 역시 새로 영입된 CDO(Chief Development Office)도 TGI프라이데이 등 글로벌 프랜차이즈에서 경험을 쌓았다. 이 두 핵심 멤버는 미국 팀을 이끌고 있다. 염브랜즈 출신의 신종훈 대표는 글로벌 CFO와 아시아 총괄 대표를 맡고 있다. 그는 동남아시아의 마스터프랜차이즈를 관리하는 역을 맡고 있다. 이들은 초기부터 IT 투자에 큰 관심을 뒀다.

그러다가 코로나19 사태가 닥쳤다. 2020년 3월과 4월 평균 매출은 전년 대비 13.9%와 8.4% 감소했다. 한영기 VIG파트너스 상무는 “코로나19 사태가 닥치면서 위기감을 느꼈지만, 지금은 큰 기회로 보고 있다”고 전했다. 그 배경엔 IT 투자가 있다. 본촌은 빠르게 배달 분야를 강화했다. 우버이츠, 도어대쉬 등 배달 전문 앱과의 연동을 빠르게 추진하면서 동시에 자체 온라인 앱을 개발했다. 줄어든 매장 방문 고객 수를 배달로 극복하기 위한 조치였다. 5월 이후 본촌 매장의 평균 매출은 다시 성장세로 전환됐다. IT 투자와 이를 바탕으로 한 빠른 전환은 본촌이 큰 위기에 대응할 수 있게 해주었다.

본촌의 무대는 동남아시아, 그리고 미국이다. 동남아시아는 마스터프랜차이즈 계약을 통해 사업이 이뤄지고 있는 반면, 미국 시장은 본촌 본사에서 직접 공략하고 있다. 매장 숫자로 봤을 땐 동남아시아가 더 크지만, 미국 시장의 매출 기여도는 70%에 달한다. 본촌은 미국 시장에서의 폭발적인 성장을 위해 스토어 포맷(Store format)에 변화를 주고 있다. 일반 식당 느낌의 캐주얼 다이닝(Casual Dining)을 패스트 캐주얼 다이닝(Fast Casual Dining, FCD) 형태로 전환하고 있다. FCD는 일반 프랜차이즈 패스트푸드 시스템과 레스토랑의 분위기를 조합한 매장을 말한다. 여기에 본촌은 델코(DELCO, Delivery & Carry Out) 모델을 추가하고 있다. 델코는 배달과 테이크아웃 전문 매장을 말한다. 이들은 배달에 최적화된 모델이다. 한영기 상무는 "자본투자(CAPEX)가 많이 필요한 캐주얼 다이닝 모델보다 FDC와 델코 모델은 빠른 매장 확장이 가능하다"고 설명했다. 본촌은 2020년 상반기 146억 원의 매출을 기록했다. 영업이익은 48억 원으로 영업이익률은 33%다. EBITDA는 59억 원 수준이다.

* 자료: K-치킨으로 무장한 본촌, 2025년 美 상장 추진, PAXNet news, 2020.09.23

종합적으로 판단하여 사업 유형에 맞는 파트너 선택을 해야 한다. 그리고 또 다른 문제는 현지 사업 파트너가 향후에 본사의 잠재적인 경쟁자가 될 수 있다. 특히 향후에 인접 타 국가 진출 시 갈등이 빚어질 수 있다.

프랜차이징 가맹점 입장에서도 여러 문제가 제기될 수 있다. 사업본부에게 최초의 가맹비 이외에도 프랜차이징 수수료 등을 정기적으로 지급해야 한다. 가맹점 입장에서는 프랜차이징 사업 본사의 평판과 경영 능력을 고려하여 파트너 선택에 신중을 기해야 할 것이다. 또 사업의 운영에 있어서 프랜차이징 본사로부터 경영통제를 받는데 특히 가맹점의 특수한 상황이나 해당 시장의 특수성을 감안하지 않는 경우 마찰을 빚을 수 있다. KFC회사가 1988년 중국에 최초 진출 시 현지 종업원과의 마찰을 빚은 이유 중 하나가 본사의 높은 QSC(quality, service, cleanliness) 기준과 종업원 근무 수칙 기준을 획일적으로 중국점포에 적용하려고 했었기 때문이었다. 따라서 사업 본사와 현지가맹점 간의 원활한 의사소통이 이루어지도록 하고 특수한 현지 사정이 어느 정도 본사의 표준 업무 방식에 반영되도록 해야 할 것이다. 경우에 따라서는 프랜차이징 본사나 다른 가맹점의 문제로 인해 자신의 노력과 관계없이 매출에 직접적으로 악영향을 받게 되는 문제도 발생한다.

결국 국제프랜차이징 사업은 프랜차이징 사업본사, 현지 프랜차이징 운영회사 그리고 개별 가맹점들이 상호 노력을 바탕으로 서로 긴밀히 협력하여 **동반자적 관계를 유지**하는 것이 성공의 관건이 될 것이다.

Ⅵ 기타 국제계약 사업

1 국제하청생산 계약

1. 국제하청생산 계약의 개념

국제하청생산 계약이란 주문기업이 **해외기업(하청기업)에 생산에 필요한 원재료, 기술 등을 라이슨싱 등의 방식으로 제공하고 주문명세대로 생산케 하여 공급받는 계약생산**을 의미한다. 국제하청생산 계약을 통해 제품을 생산하게 되면 현지에 공장시설투자를 하지 않고 현지에서 생산하는 효과를 누릴 수 있다. 투자자본위험뿐만 아니라 노사분규와 같은 경영위험도 원천적으로 회피할 수 있는 탄력적인 생산 방식이다. 공급받은 제품은 현지 시장에 주문자 상표를 부착하여 판매할 수도 있고 해외 제3시장에 수출할 수도 있다. 실제로 한국기업들이 1970년~1980년대까지 다국적기업들의 하청생산 파트너로 수출물량을 크게 확대할 수 있었다. 그러나 최근에는 오히려 한국기업들이 중국, 동남아지역으로 하청생산기지를 찾아 나서고 있다.

다국적기업 중 국제하청생산 계약에 의존하는 대표적인 회사가 나이키나 리복과 같은 스포츠화 판매 기업들이다. 이들은 한국, 중국, 인도네시아의 전용 하청생산기지 네트워크를 형성해 놓고 모든 주문제품에 대해 적당한 하청공장을 선택하여 이들로 하여금 생산토록 한다. 이들 기업은 자체 공장은 전혀 소유하지 않고 마케팅활동에만 전념하는 마케팅 전문회사이다.

국제하청생산 방식의 문제는 제품의 품질 유지를 위해서 해외 생산기업들에 대해 적정한 생산관리와 경영지도가 반드시 뒷받침되어야 하고 이들 생산기업과 밀접한 관계가 유지되어야 한다. 본질적으로 이들 현지 생산기업들은 독립적인 기업이므로 경영 목표와 이해가 주문기업과 다를 수 있다. 따라서 많은 경우 중요한 제품생산은 주로 오랜 기간 상호 동반자 관계를 유지해 온 현지 생산기업을 통해 생산한다. 이들 장기적인 파트너 하청기업들에는 먼저 주문량이 배정되고 신제품이나 신 생산기법 등에 대한 지도와 지원을 하게 된다. 실제로 나이키는 하청생산 공장을 직원들이 일일이 정기적으로 방문하여 하청기업과의 유대관계를 유지하고 생산성 향상을 위한 각종 제안을 한다.

주문회사의 입장에서 국제하청생산 방식의 이점은 무엇보다도 **최소한의 자본과 경영자원을 투입하여 현지국의 저임금을 이용할 수 있다는 점**이다. 아울러 경기변동에 따라 **신속하게 생산량을 조정**할 수 있는 이점이 있다. 동시에 경영자원을 마케팅이나 기술개발에 집중시킬 수 있다. 또한 투자위험이 높은 북한, 동유럽 등 사회주의 국가에 시험적으로 진출하고자 할 때 적절히 사용될 수 있는 대안이다. 하청기업에도 많은 장점을 제공한다. 해외에 마케팅 능력이 부족할 때 생산에 특화하면서 해외시장에 수출을 확대할 수 있다. 특히 초기 단계에서는 주문회사가 필요한 기술 지도와 원재료를 공급해 주기 때문에 사업위험이 적다.

반면에 국제하청생산은 계약 **상대방에게 의존**해야 하는 구조적인 문제점이 있다. 따라서 일반적으로 많은 기업이 핵심적인 제품의 생산은 자사 공장에서 하고 부가가치가 낮은 제품에 대해 하청생산을 하는 경우가 많다. 그러나 자동차나 전자산업의 경우처럼 많은 중간재나 부품생산을 하청업체에 구조적으로 의존해야 하는 경우 기업들은 **독점적인 하청업체 네트워크를 개발·유지**하고 있다. 대부분의 경우 주문기업 입장에서 현지에 적합한 하청기업을 발굴하고 동반자 관계로 발전시킬 때까지 많은 노력이 필요하다. 또 하청업체 입장에서도 해외시장이나 마케팅에 대한 통제력을 갖고 있지 못하기 때문에 해외 수출성장에 한계가 있다는 단점이 있다. 다음은 하청생산 방식 중에서 완제품을 생산하여 주문자의 브랜드들 부착하여 공급하는 소위 OEM(original equipment manufacturing)방식의 생산과 이와 비슷한 ODDM(original development & design manufacturing)방식을 살펴보자.

2. 주문기업상표부착 방식

하청업체가 생산한 제품은 주문기업의 상표를 부착하는 경우와 하청기업의 고유상표를 부착해서 자체적으로 해외 마케팅을 하는 두 가지 방법이 있는데, 보통 하청생산에서는 주문기업상표를 부착하여 주문기업에 납품하게 된다. 따라서 OEM 방식의 생산은 신발, 의류, 가전제품들과 같이 브랜드가 필요한 완제품 생산에 보통 이용된다. 마케팅에 관한 의사결정은 주문기업하고 하청기업은 생산만 한다. 하청기업의 입장에서 OEM 생산의 장단점은 다음과 같다.

1) OEM 방식의 장점

① 고유상표와 같은 무형자산의 개발에 자원을 많이 투입하지 않고도 생산능력만으로도 해외시장에 진출할 수 있어서, 생산 부문의 기술 수준이 높고 생산성이 높은 중소기업들에 적합하다.

② 생산 부문에 집중할 수 있으며 생산기술의 학습이 급격하게 이루어져 향후 제품개발과 디자인 분야로의 역량을 축적할 수 있다.

2) OEM 방식의 단점

① OEM 방식은 단가가 낮아 채산성에 한계가 있다. 생산기업 입장에서는 변동비 이상의 단가만 되어도 주문에 응해야 하는 경우가 적지 않다. 또한 타지역 경쟁업체를 활용하려는 주문기업들의 생산단가 인하 압력으로 마진이 시간이 갈수록 서서히 낮아질 수 있다.

② 생산업체의 경우, OEM 방식에만 오랜 기간 의존하다 보면 자체적으로 제품개발, 디자인, 마케팅, 유통 등의 능력을 개발하지 못한다. 특히 향후 OEM 바이어들이 갑자기 공급선을 바꾸어 버리면 기존의 OEM 방식 업체는 급격한 쇠퇴를 맞게 된다.

③ OEM 방식으로 인해 해외시장에서 OEM 바이어인 주문기업 제품으로 인해 하청기업의 고유상표 제품이 경쟁에서 어려움을 겪을 수도 있다.

3) 자체 개발주문생산 방식

OEM으로 성장한 일부 기업들은 생산뿐만 아니라 제품개발력과 기술력, 디자인 능력 등도 갖춘 국제기업으로 성장했다. 이들 기업은 단순한 하청기업의 역할만 하는 것이 아니라 주문기업에 오히려 신제품을 개발하여 역 제안하기도 한다. 주문기업들은 하청기업에게 주문 시 제품명세에 대해 간단한 가이드라인만 제시하면 구체적인 제품과 디자인 개발은 하청업체들이 자체적으로 수행하여 생산하는 경우이다. 오늘날 많은 한국과 대만의 의류 봉제, 완구생산업체들이 여기에 해당된다. 특히 동대문 패션의류업체들은 뛰어난 디자인 능력으로 세계패션의 흐름에 맞는 의류를 신속히 개발하여 해외 바이어들에게 먼저 선보이기도 한다. 자체 개발주문방식의 경우 상기 주문기업상표부착방식에 비해 더 높은 단가를 요구할 수 있고 하청업체들 주문기업에 대해 상대적으로 더 놓은 교섭력을 가질 수 있다.

2 국제 턴키계약

1. 국제 턴키계약의 개념

국제 턴키계약(turnkey project)이란 특정 해외프로젝트와 관련해서 **엔지니어링, 기자재구매, 시공, 설치 등 공사 전 과정을 끝내고 설비가 가동되는 상태로 공사발주자에게 인도키로 하는 일괄수주계약**이다. 이러한 의미에서 턴키계약은 일명 '시공·설계 일괄계약', '일괄수주계약', 'BOT(build, operate, transfer) 방식 계약' 또는 'EPC(engineering, procurement, construction)' 등의 여러 용어가 사용된다.

주로 건설 관련 대형업체들이 해외의 발주자를 위하여 발전소, 정유소, 화학공장, 고속도로, 공항, 항만, 고속철도, 공단, 댐, 대규모 수로, 해양석유 시추시설 등을 설치하고 이를 가동 직전의 단계에서 발주자에게 넘겨주는 방식이다. 또 국제 턴키계약이 주로 대규모 **공장이나 시설물 설치와 관련이 있어 플랜트수출이라고도 한다. 발전소나 화학공장 등은 공사 완료** 후 일정 기간이 필요하고 이 기간에 관리 요원들이 새로운 시설에 대해 충분히 이해하고 운영할 수 있도록 교육훈련이 필요하다. 이러면 시설물의 건설 완료 후 현지 종업원들에게 이러한 교육훈련까지 제공하는 턴키 플러스(turnkey plus) 계약도 있다. 때에 따라서는 이러한 교육훈련과 시설물의 유지·보수를 위해 별도의 기술 라이선싱계약을 체결하기도 한다.

2. 국제 턴키계약의 특징

1) 계약당사자

국제 턴키계약은 주로 건설 및 엔지니어링 관련 다국적기업과 현지국의 정부 기관이나 국영기업 간에 계약이 체결된다. 턴키베이스 공사발주자가 주로 정부나 대규모 국영기업체인 관계로 계약조건이 까다롭다. 예를 들어, 특정 기자재를 현지 시장에서 조달 생산하도록 요구하기도 한다. 그러나 턴키프로젝트는 [표 4-12]에 있는 것처럼 보통 수천만 달러에서 수억 달러까지의 대규모 사업인 경우가 많아서 참여기업들에게 높은 수익을 보장해 주기도 한다. 세계 각국의 사회간접자본 확충과 산업시설 기반 확대에 발맞추어 오늘날 국제 플랜트 건설시장은 크게 증가하고 있는 추세이다. 국제공사입찰에서 기업이 보다 많은 턴키프로젝트의 수주를 위해서는 저가의 공사비도 중요하지만 국제공사의 경험과 시공 및 설계에 대한 기술력, 프로젝트 파이낸싱능력, 관리능력 등도 매우 중요하다.

기업이 국제 플랜트 건설시장에 참여하는 방법은 크게 두 가지로 나누어진다. 주 계약자 입장에서 일괄수주의 턴키 방식으로 참여하는 방법과 주계약자의 하청업체로 참여하는 방법이 있다. 턴키베이스로 수주를 하는 경우 수주업체가 설계, 자재구매, 시공, 시운전 등을 총괄 시행하게 되므로 하청업체로 참여하는 방식보다 훨씬 높은 이윤이 보장된다. 최근 한국기업들은 그동안 축적한 시공 노하우와 향상된 설계기술 등을 경쟁우위로 기존의 많은 하청 형태에서 벗어나 턴키계약의 주계약자 자격으로 국제 플랜트시장에 적극 진입하고 있다.

표 4-12 한국기업의 국제 턴키계약 사례

계약내용	금액	공사기간
GS건설 싱가포르 Land Transport Authority(LTA)사와 지하철/철도 인프라구축 계약	2,509억 원	2016.03~2024.02
LS전선 방글라데시에서 가공(架空) 케이블 수주	670억 원	2017.11.16~2020.06
쌍용건설 두바이 로얄 아틀란티스 호텔 직원숙소 공사 2건(Atlantis Management & Staff Accommodation, Residential Building on Plot No.22-024 at Dubai Silicon Oasis) 수주	1,500억 원	2017.08~2021
쌍용건설 Andaz호텔 단독 수주	700억 원	2018.07~
쌍용건설 말레이시아 복합 빌딩Oxley Towers 단독 수주	3,500억 원	2018.08~
쌍용건설 두바이 1(one)레지던스와 적도기니BATA국제공항 공사 단독 수주	4,200억 원	2019.05~
LS전선 바레인 관광섬 25km 연결 해저 케이블 수주	1,000억 원	2020.03.03~2021.09
쌍용건설 두바이 Deira Waterfront Development Phase 1-Plot 12수주	720억 원	2020.03~
LS전선 대만 5GW 해상 풍력 단지에 케이블 공급	8900억 원	2020~2022
현대건설 카타르 루사일 프라자 타워 플롯(PLOT)4공사를 수주	6,130억 원	2020.01~2022.10
현대건설 싱가포르 풍골 스포츠센터 건설	1900억 원	2020.01~2023.01

* 자료: 각사 홈페이지에서 종합 정리

2) 계약 내용

국제 턴키계약 과정은 여타 일반 국제경영 계약에 비해 절차가 복잡하다. 또 협상 과정도 복잡하고 시간과 비용이 많이 든다. 중요한 계약 내용으로 단계별 프로젝트 공정 진행상의 당사자간 의무와 책임 조항, 대금지불 및 파이낸싱 조건, 불가항력과 계약위반의 사유, 분쟁해결절차 등이 포함된다.

국제 턴키계약은 대부분 현지국 정부 또는 국영기업체와 체결하게 되므로 계약조건 자체뿐만 아니라 계약취소 조건도 엄격하여 다른 국제 경영활동에 비해 정치적 위험이 높다. 또 발주자인 현지국 정부는 계약과 함께 입찰, 선지급, 하자 및 이행에 대한 보증으로 일급 은행의 보증을 요구하고 있기 때문에 막대한 금융비용이 뒤따른다. 따라서 많은 경우 입찰 시 평판이 좋은 다른 관련 기업과 컨소시엄을 형성하기도 한다.

사례 4-8 세계 1위 인천공항 통째로 수출한다

국토교통부에 따르면 인천국제공항공사와 한국공항공사는 올해 필리핀, 베트남, 파라과이, 사우디아라비아 등에서 총 8,666억 원 규모의 '공항 BOT(건설–운영–양도) 사업'을 추진한다. BOT 사업은 사업자가 공항 설계 및 시공과 일정 기간 운영까지 도맡은 뒤 발주처에 공항을 넘겨주는 방식이다. 공사비 이외에 공항을 장기간 운영하면서 유지 관리에 필요한 사업으로 수익을 올릴 수 있다. 이번에 수출이 성사되면 한국이 해외에서 벌이는 첫 공항 BOT 사례가 된다.

표 4-13 정부가 추진 중인 주요 해외 공항 사업

(단위: 원)

국가	사업	발주처	사업자	사업비
필리핀	바콜로드 · 일로일로 · 다바오 · 라긴딩간 · 보홀 등 5개 지방공항 사업	필리핀 교통통신부	인천국제공항공사	미정
베트남	롱탄 신국제공항 사업	베트남 공항공사	인천국제공항공사	약 245억 7,000만 원
파라과이	아순시온 공항 사업	파라과이 교통부	한국공항공사	약 1,521억 원
사우디아라비아	타이프 공항 사업	사우디 항공청	한국공항공사	약 6,900억 원

* 자료: 국토교통부, 사업비는 협의 과정에서 변경될 수 있음

인천국제공항공사는 우선 필리핀 교통통신부가 올해 발주할 바콜로드 · 일로일로 · 다바오 · 라긴딩간 · 보홀 등 5개 지방 공항의 BOT 사업 입찰에 참여할 예정이다. 공사는 이미 필리핀의 대형 기업인 산미겔과 20% 대 80%의 지분으로 컨소시엄을 구성했다. 공사를 따내면 국내 건설사들에 건설을 맡길 예정이다. 이 사업에는 금호산업 등 한국에서 공항 건설 경험을 쌓은 대형 건설사들이 관심을 보이고 있다. 공사 측은 시공, 운영 등을 30년간 책임지게 된다. 김학철 인천국제공항공사 해외 사업1팀장은 "산미겔이 인천국제공항의 공항 운영 시스템을 필리핀 공항에 도입하길 원해 함께 참여했다"고 말했다.

인천국제공항공사는 베트남 공항 공사가 발주하는 2,100만 달러(약 245억 7,000만 원) 규모의 롱탄 신국제공항 사업도 BOT 방식으로 진행할 예정이다. 베트남 정부는 현재 호찌민 떤선 국제공항이 포화 상태가 될 것으로 보고 롱탄 국제공항을 짓기로 했다. 이 공항은 연간 1억 명이 이용하는 글로벌 허브 공항을 목표로 하고 있다.

한국공항공사는 파라과이 교통부가 발주하는 1억 3,000만 달러(약 1,521억 원) 규모의 아순시온 공항 사업을 BOT 방식으로 20년간 진행할 예정이다. 사우디아라비아에서는 사우디 항공청이 같은 방식으로 발주하는 타이프 공항 사업(약 6,900억 원)에 뛰어들 계획이다. 이 사업은 올해 1월 입찰자격 사전심사(PQ)를 통과했다.

* 자료: 세계1위 인천공항 통째로 수출한다, 동아일보, 2016.05.17

3) 공사기간 및 대금지불

턴키프로젝트는 보통 공사 기간이 적게는 2년 길게는 5~7년씩 진행된다. 또 현지국의 정치적 상황이 악화되어 일방적인 계약취소나 중단, 강압적인 재협상, 추가적인 은행 보증 요구, 대금지불 중단 등 예기치 못한 상황이 발생되기도 한다. 따라서 이러한 정치적 위험이 계약 내용에 반영되도록 해야 한다. 또 중재나 불가항력조항의 포함, 보험 가입, 컨소시엄 형성 등을 통해 위험을 분산시킬 필요가 있다.

대금지불은 발주자 자체 자금으로 하는 경우도 있지만 많은 경우 계약당사자인 설비공급자 기업이 자기신용으로 자금 부담을 떠안는 **'파이낸싱 공여 방식'**(project financing)으로 이루어지기도 한다. 따라서 기업이 국제은행과 파이낸싱계약을 체결해야 하는 부담이 따르기도 한다. 이러한 부담 때문에 때로는 몇몇 기업이 같이 컨소시엄을 형성해 입찰에 응하기도 한다. 턴키공사계약에 따른 대금지불은 착공 시, 중간단계 및 시공 완료 시 또는 공사진척도에 따라 몇 단계로 나누어 이루어진다. 대부분 장기계약 기간 중 환율이나 물가 변동의 위험에 노출되게 된다. 이러면 물가상승률에 따라 계약액을 조정하는 규정을 계약에 포함하기도 한다.

4) 복합 당사자

많은 경우 턴키계약은 여러 당사자의 다양한 국제 경영활동을 결합하여 이루어지는 경우가 많다. 예를 들어, GS건설은 설계, 구매, 시공함으로써 공사를 직접 진행하고, 이 과정에서 많은 하청업자가 참여하게 된다. 동시에 LG상사는 금융 조달(project financing) 및 제품구매 알선 업무를 담당함으로 공사를 간접적으로 지원할 수 있을 것이다. 실례를 들어보면 2002년 포스데이타가 캄보디아 국립직업훈련원 정보화 구축사업계약을 시너지 비전 회사, 대한상공회의소, 우송대학교와 함께 산학연 컨소시엄을 구성하여 턴키 방식으로 수주했다. 2004년 10월에 완공된 캄보디아 국립직업훈련원 프로젝트에서 포스데이타는 기자재 및 인프라 설비와 교육에 필요한 정보시스템을 구축하고, 시너지 비전은 사업 관련 컨설팅을 맡았다. 또한 대한상공회의소는 직업훈련원 운영에 관한 기술교육을 담당할 인력을 육성하며, 우송대학교는 연수와 교재개발을 담당하는 등 여러 당사자가 역할을 분담했다.

3 국제경영관리계약

1. 개념

국제 경영관리계약(international management contract)이란 특정 국가의 **기업(경영회사)이 일정 기간 다른 국가의 기업(소유회사)의 경영업무를 대신 맡아 관리하고 경영관리 수수료를 소유회사가 경영회사에 지급**하는 것을 의미한다. 경영회사는 소유회사의 일상적인 경영 전반에 걸쳐 관리한다. 그러나 투자, 장기차입, 배당, 소유권 이전 등 전략적 의사결정 등에 대해서는 통상 경영회사에 위임되지 않는다. 이러한 경영관리계약은 **호텔, 레스토랑, 병원 등의 서비스산업이나 공항서비스, 부동산관리, 전산 업무관리 등 특정 서비스 기능**에 주로 활용된다. 예를 들어, 호텔산업의 경우 소유회사는 자산관리에만 전념하고 경영회사가 호텔경영에 관한 전권을 행사하여 소유와 경영이 분리된다. 즉, 소유회사는 토지와 건물을 출자하여 호텔을 건설하고 소유한다. 그리고 경영회사는 자산관리를 제외한 인사, 구매, 경리, 영업 등 모든 경영활동에 대해 책임을 진다. 따라서 경영회사의 상호가 사용되고 표준화된 경영기법들이 예약, 객실 관리, 식당, 마케팅 등 여러 부문에 도입된다. 그리고 대부분 경영회사에서 직접 직원을 파견하여 호텔 업무를 관리한다. 따라서 프랜차이징 계약에 비해 계약당사자 간에 보다 강한 관계를 갖는다. 세계 최고의 호텔 체인 중 하나인 메리어트(Marriott) 그룹은 74개국 내 3,700개 호텔 대부분을 경영관리계약을 통해 운영하고 있고 계속 경영관리계약을 통해 체인을 확대하고 있다.

호텔산업 이외에도 경영관리계약이 많은 부문에서 사용되고 있다. 즉, 광업, 석유, 제조업, 농업, 임업, 서비스 및 공공사업 등에서 사용되기도 한다. 특히 개발도상국이 특정 기업을 관리하기 위한 경영기법을 갖지 못한 경우나 현지 기업이 경영상 난관에 봉착할 때 선진기업을 초청하여 경영관리계약을 맺는 경우도 있다. 또 경영관리계약은 현지 정부가 외국 다국적기업의 소유 지분을 제한할 경우 다국적기업이 자사의 관리 기술과 자원을 활용하여 적은 위험부담으로 부가적인 수익을 올리고자 할 때 사용된다.

2. 계약 내용

[표 4-14]는 소유회사와 운영회사 간에 협상을 통해 국제 경영관리계약을 체결할 때 고려해야 하는 여러 항목을 1980년대와 최근 추세를 비교하여 보여주고 있다. 대체로 과거에 비해 경영회사보다는 소유회사에 유리하게 계약조건이 이루어지고 있는 것을 볼 수 있다. 주요 계약항목들은 다음과 같다.

표 4-14 국제경영관리계약 내용 예시(호텔산업)[4]

계약조건	정의	1980년대	최근추세
Management	호텔소유주가 운영자에게 지급하기로 한 보수	기본: 총수익의 2.5~3.5% 인센티브: 총영업이익의 8~14%	기본 총수익의 1~2% 인센티브: 총영업이익의 6~12%
Contract term	계약기간	15~20년의 최초기간, 이후 1~3년의 연장옵션	8~12년의 최초기간 이후 5~10년의 연장기간
System reimbursable charges	광고, 구매, 교육훈련, 예약과 관련하여 운영자에게 주어지는 비용에 관한 사항	총 객실수의 2% 및 예약당 5~10 달러	총 객실수익의 1% 및 예약당 4~8 달러
Technical assistance fees	호텔의 배치, 디자인, 건축과 관련해 운영자에게 지급되는 기술적 비용에 관한 사항	객실당 1,000~1,500 달러 및 비용	객실당 1,000~1,500 달러 및 비용
Pre–opening expenses	운영자의 호텔영업 이전에 인력 훈련, 마케팅, 시설의 준비와 관련된 비용에 관한 사항	원가기준	원가기준

관리 수수료(management fees)는 소유회사가 경영회사에 개장 전의 지원과 개장 후 기술적인 서비스, 일상적인 호텔 관리, 지원에 대해 지급하는 수수료를 말하는데 기본 관리 수수료와 인센티브 관리 수수료로 나누어 지급하고 있다. 마케팅 공헌(marketing contribution) 수수료는 경영회사의 마케팅 능력을 통해 소유회사 호텔의 영업능력을 향상할 경우 소유회사가 경영회사에 지급하는 수수료를 말한다. 성과 규정(performance clause)은 일반적으로 경영회사가 관리 수수료를 받기 위해 최소한으로 달성해야 할 성과기준에 관한 조항을 말하는 것이다. 주로 총영업수익(gross operating profits)에 비례하는 경향이 있다. 그리고 계약파기조항(termination clauses)은 일방이 계약 준수를 하지 못하는 경우나 일방의 파산 등과 관련된 계약 파기 조건을 명시하고 있다.

4 Goddard, P. and Standish–Wilkinson, G., "Hotel Management Contract Trends in the Middle East," *Journal of Leisure Property*, 2(1), p. 70.

마감사례

아 · 태 하늘길 선점하라. 韓美 vs 美日 동맹 격돌

대한항공과 델타항공은 2017년 7월 18일 국토교통부와 미국 교통부에 각각 양사의 조인트 벤처 (JV) 시행 관련 서류를 제출했다고 밝혔다. 양사는 올해 3월 29일 양해각서(MOU)를 체결한 이후, 6월 23일 정식 협정(Agreement)을 체결한 바 있다. 이번 시행 서류 제출은 이 같은 일련의 절차들의 후속 조치다. 두 항공사 간의 합작투자법인의 배경과 경쟁합작법인인 JAL · 아메리칸 JV에 대해 분석해 보기 전에 먼저 항공기 산업의 일반적 특성을 살펴본다.

정부규제와 보호

모든 국가는 자국의 항공산업에 대해서 강력한 규제와 보호정책을 가지고 있다. 기본적으로 여객 및 화물운송 항공시장에 대해 운항 루트, 스케줄, 공항 이착륙뿐만 아니라 제반 항공기 관련 안전, 승무원 자격, 공항 이용 등에 많은 기준을 요구하고 항공사가 이를 준수하도록 하고 있다. 많은 개발도상국의 경우 항공사들이 국영기업으로 시작되는 경우가 많다.

표 4-15 세계 각국의 국영 항공사

국가	국영 항공사
루마니아	TAROM
말레이시아	말레이시아 항공
방글라데시	비맘 방글라데시 항공
사우디아라비아	사우디아 항공
스페인	이베리아 항공
아랍에미리트	두바이 로얄 에어윙
	아부다비 아미리 플라이트
에티오피아	에티오피아 항공
이탈리아	알리탈리아 항공
인도네시아	가루다 인도네시아 항공
인도	에어 인디아
북한	고려항공
중국	중국국제항공
카타르	카타르 항공
쿠바	쿠바 항공
포르투갈	TAP 포르투갈 항공
폴란드	LOT 폴란드 항공

높은 고정비 구조

항공산업은 타 산업에 비해 고가의 비행기를 구입하거나 임대하여 운항을 해야 하기 때문에 높은 고정비 투자가 뒤따른다.

항공산업에서 가장 중요한 것은 안전이라 할 수 있다. 모든 항공사는 항공기 운항에 따른 자국의 안전 및 정비규정뿐만 아니라 전 세계 117국 270여 항공사가 가입해 있는 국제 항공 운송 협회(International Air Transportation Association)의 안전 기준에도 부합되어야 하기 때문에 항공사 규모에 관계없이 일정 수준의 정비시스템을 구축하고 있어야 한다.

유가영향

항공기 산업의 가장 큰 원가 부분은 항공 유류비이다. 국제유가 수준이나 개별회사의 원가구조에 따라 조금씩 다를 수 있으나 항공사들의 유류비용은 통상 총원가의 30~35% 수준이다. 최근의 지속적인 글로벌 저유가 기조에 힘입어 많은 항공사가 과거보다 비용을 줄일 수 있어 수익을 내고 있다. 기본적으로 국제유가의 등락에 따라 항공사들의 수익성과 주가가 민감하게 반응한다.

그림 4-3 국제 유가 가격 동향

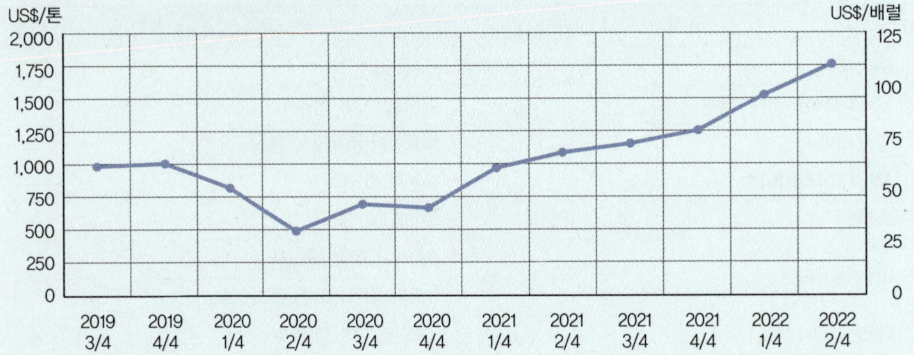

서비스 산업

제조공산품 산업과 달리 항공여객산업의 경우 제품(서비스)을 보관할 수 없다. 즉 재고품이 존재하지 않는다. 특정일 특정 노선에 투입된 항공기의 빈 좌석은 운항 시간이 지나면 수익을 창출할 수 없다. 따라서 항공사들은 공급한 좌석 수 대비 탑승 승객률 (load factor) 제고에 많은 노력을 기울이고 있다. 따라서 각 항공편의 탑승률을 최대한으로 끌어올리기 위해 티켓 판매에 있어 많은 판매촉진 활동을 하게 되는데 같은 항공편이라 하더라도 구매 시점과 구매경로, 성수기 비수기 여부, 주말 평일 여부 등에 따라 가격이 천차만별이다.

경쟁심화

항공기산업은 해외 휴가 여행객 및 비즈니스여행객의 증가에 따른 항공 수요에도 불구하고 과거보다 더 높은 경쟁환경에 처해 있다. 각국의 항공사들은 가격과 기내서비스, 운항 스케줄 및 연결편 편리성 등 여러 측면에서 타사와 경쟁하고 있다. 고객 충성도를 제고하기 위해 다양한 마일리지 프로그램 혜택을 제공하고 있으며 신용카드사 등과 같이 타 업종에 있는 회사들과 제휴하여 고객 유치에 노력하고 있다.

경제상황이나 자연재해

여객 운송 항공산업의 경우 타 산업에 비해 전반적인 경기 상황에 매우 민감하다. 만약 경기침체가 아시아 시장에 지속해서 예상되는 경우 항공 수요는 많이 감소하게 될 것이다. 예를 들어 2001년 911사태나 2008년 글로벌 금융위기 때는 해외 여행자 수가 급감하여 항공사들은 운항 편수를 조정하거나 심지어는 면허를 받은 취항 항로에 대한 운항을 잠정 중지하는 경우도 있었다.

대한항공과 델타항공의 아시아 북미노선 합작투자

한미 최대 항공사인 대한항공과 델타항공은 2017년 7월 23일 아시아 북미 노선 JV 운영 협정을 체결했다. 2000년부터 양사는 Skyteam 항공연맹의 초창기 회원사로 서로 협력해 왔는데 이번 합작투자법인 설립으로 협력관계가 더 한층 심화되고 양사의 강점을 합쳐 시너지효과를 내어 각 사에 더 높은 경영성과를 가져오기를 기대하고 있다. 인천 일본 홍콩 등 아시아 주요 지역과 미국을 잇는 24개 노선이 대상이 될 것으로 분석된다. 대한항공 · 델타항공은 JV를 통해 미주 290여 곳, 아시아 80여 곳의 도시를 연결하여 고객들에게 더 다양한 여행지 및 스케줄 대안을 줄 것으로 예상하고 있다. 합작투자법인을 통해 양사가 기대하는 협력사업 내용은 다음과 같다.

- 아시아 북미 노선에 기존의 양사 간 코드쉐어링 확대
- 아시아와 미국 시장에서 공동 판매 및 마케팅 협력 확대
- 승객 환승 및 수화물 연결 등 일원화된 서비스를 제공하기 위해 양사 핵심 거점 공항에 공동사무소 운영
- 고객들에게 대한항공의 SKYPASS 및 델타의 SkyMiles 계정에 자유롭게 마일리지 적립하고 사용할 수 있도록 프로그램 혜택 확대
- 아시아 북미 항공시장에서 경쟁력 강화를 위해 양사 전략적 노선 확대
- 여객기 화물 탑재 공간(Belly Cargo Space)을 이용한 태평양 노선 항공화물 협력 강화

두 회사 간 합작투자 발표 이전에 양사는 한국 미국 간 항로 증설을 발표했다. 대한항공은 인천 LA 간 기존 2회 직항스케줄에 1회를 추가하여 매일 3회 왕복하도록 했고 인천 샌프란시스코 구간도 기존 1

회 스케줄에 1회를 추가하여 매일 2회 왕복 운항하도록 했다. Delta 항공도 대한항공의 인천 애틀랜타 직항에 추가로 애틀랜타 인천 직항을 운항하기로 했다.

표 4-16 대한항공과 델타항공의 협력관계

1969년 1월	대한항공 설립
2000년 6월	델타항공과 같이 SKYTEAM 항공 동맹 결성
2016년 9월	델타항공과 협력 확대 발표
2017년 3월	델타항공과 합작사업의향서 서명
2017년 6월	합작계약서 서명
2018년	합잡사업 실시

표 4-17 대한항공과 델타항공 합작 대상 노선

대한항공 (12개)	하와이~도쿄(나리타), 애틀랜타~인천, 댈러스~인천, 하와이~인천, 워싱턴~인천, 휴스턴~인천, 뉴욕~인천, 라스베이거스~인천, LA~인천, 시카고~인천, 시애틀~인천, 샌프란시스코~인천
델타항공 (12개)	시애틀~홍콩, 애틀랜타~도쿄(나리타), 디트로이트~나고야, 디트로이트~도쿄(나리타), 하와이 도쿄(나리타), LA~도쿄(하네다), 미니애폴리스~도쿄(하네다), 포틀랜드~도쿄(나리타), 시애틀~도쿄(나리타), 애틀랜타~인천, 디트로이트~인천, 시애틀~인천

* 정부 인허가에 따라 변동 가능성 있음

JV는 특정 지역 노선을 함께 운영하며 비용과 수익을 나누는 가장 높은 수준의 협력 관계다. 공통 노선을 운항하는 항공사끼리 서로 비행기 좌석을 나눠 판매하는 낮은 단계의 협력(코드셰어링)과 마일리지 · 라운지 등을 공유하는 항공 동맹을 넘어 '운명 공동체'를 결성한다는 포석이다. 각국 대표 대형사가 잇달아 혈맹을 맺는 것은 LCC 도전이 심해졌기 때문이다. 최근 아 · 태 지역 LCC가 대대적으로 손잡고 근거리 '우물'에서 벗어나 중장거리 노선까지 손대고 있다.

아 · 태 노선 메뉴가 다양화되면 한국을 경유하는 인천공항 환승 수요도 크게 늘어날 전망이다. 동시에 두 개의 대형 항공사가 단일화한 서비스를 제공하면서 환승 시간도 줄어들 것으로 보인다. 아 · 태 노선을 이용하는 승객은 대한항공 · 델타항공 간 마일리지 · 라운지 등도 똑같이 사용할 수 있다. 조 회장은 "양사 협력에 이어 올해 말 인천공항 제2터미널이 개장하면서 인천공항 환승 수요가 더 크게 증가할 것"이라며 "인천공항이 동북아시아 허브 공항으로 경쟁력을 갖추며 국내 항공산업 발전에도 기여할 수 있을 것으로 본다"고 말했다. 배스천 CEO도 "양사 네트워크가 결합해 미국과 아시아를 잇는 편리한 스케줄을 제공할 수 있게 됐다"며 "고객, 임직원, 주주를 위한 강력한 파트너십을 구축한다"고 강조했다.

항공시장 측면에서는 종전 저가항공사(LCC)의 위협에 시달렸던 대형 항공사가 LCC가 따라올 수 없는 장거리 고수익 노선 '아성'을 쌓기 시작했다는 점에서 의미가 있다. 최근 국적 LCC는 중국 · 동남아 업체와 항공동맹을 맺으며 중거리 시장에 공격적으로 진입하고 있다.

Delta 입장에서 대한항공과의 합작투자의 동기는 한국 북미 간 시장에만 국한되는 것은 아니다. Delta 항공은 세계에서 가장 큰 항공 시장으로 발전할 중국 시장에 매우 관심이 많다. 2015년에 중국 국영회사인 동방항공의 주식 3.6%를 4억 5,000만 달러를 주고 인수하고 동방항공과 코드쉐어링, 스케줄링, 티켓 판매, 마일리지 프로그램 측면에서 협조하고 있다.

대한항공의 경우 중국을 비롯한 아시아 대부분 지역에 많은 노선을 가진 장점이 있어 아시아 시장을 확대하려는 Delta의 의도와 어느 정도 맞아떨어졌겠다고 판단된다. 또한 대한항공은 인천공항을 핵심 거점 공항으로 활용하고 있는 항공사인데 인천공항이 2017년 말 제2 터미널이 완공되면 활주로가 3개로 늘어나고 현재는 연 4,400만 여객처리 능력을 가지고 있는데 여객처리 능력도 연 6,200만 수준으로 많이 늘어날 것으로 보여 공항 경쟁력이 크게 향상될 것으로 보인다.

주요 경쟁자로 대한항공 Delta 합작투자 법인보다 규모가 다소 작은 JAL AA 합작투자 법인 그리고 ANA UA 합작투자 법인 등 세 법인 간 치열한 경쟁을 벌일 것으로 보인다. 2017년 현재 아시아 북미 항공시장 내 시장점유율은 대한항공 Delta가 14%, ANA United가 15%, 그리고 JAL AA 가 10% 정도 차지하고 있는 것으로 예상된다.

표 4-18 합종연횡 나선 아·태 지역 항공사

제휴 형태(시기)	내용
대한항공 델타항공(2017년 6월)	태평양 노선 조인트벤처(JV) 본계약 체결
일본항공 · 아메리칸항공(2017년 6월)	태평양 노선 조인트벤처(JV) 연장 추진
이스타항공 · 유플라이 얼라이언스(2016년 7월)	중국계 LCC와 항공동맹 체결
제주항공 · 밸류 얼라이언스 (2016년 5월)	아 · 태 지역 7개 LCC와 항공동맹 체결

상기 구간 중 뉴욕, LA, 시카고, 달라스 등은 미국에서 인구수가 가장 많은 상위 4개 도시지역이다. AA 사는 JAL과의 공동운항으로 고객들에게 일본 내 또는 일본 밖 아시아 도시까지 더 편리하게 연결편을 사용할 수 있도록 할 수 있게 되었다. 이 협약을 통해 공동으로 특가 프로모션, 체크인 절차, frequent flyer 프로그램 내용도 통합 운영하고 있다.

그동안 재정적인 어려움을 겪었던 JAL항공사에는 이 합작투자 사업이 큰 도움이 될 것으로 보인다.

JAL 사는 2010년 3분기 960억 엔의 적자를 낸 이후 방만한 사업과 과도한 채무 등으로 부도 신청을 했다. 이후 250억 달러나 하는 채무를 줄이기 위해 향후 3년간 적극적인 강도 높은 구조조정을 했다. 전체 직원의 1/3인 15,700명을 줄이고 운항 항공기의 40%를 줄이면서 해외 노선의 15%, 국내 노선의 25%를 줄였다. 그뿐만 아니라 호텔, 골프장, 식당, 쇼핑센터, 신용카드 비즈니스 등 비핵심사업을 과감히 매각했다. 정부 주도의 3년간 구조조정 프로그램에 의해 80억 달러의 채무를 탕감받았고 110억 달러의 긴급자금을 수혈받았다. 이러한 어려운 상황에서도 JAL은 AA 사와의 제휴를 통하여 향후 3년에 걸쳐 기존 아시아 북미노선에서 15~20억 달러의 수익을 기대할 수 있었다. 또 JAL은 AA로부터 미국식 관리방식을 일부 도입 실시하기로 했고 계량화된 이익예측모형을 사용하기로 했다. 또 양사는 서로 상대회사의 데이터베이스 공동활용, 정비, 운항계획, 정보기술 관련 best practices를 적극 활용하기로 했다. 그리고 운항스케줄, 코드쉐어링, 통합조정 서비스를 확대하기로 했다. 예로 양사의 홈페이지에서 상대 회사 예약 및 체크인이 가능토록 했다. 아시아 북미 항로 고객들의 약 40%가 연결편을 사용하는 것으로 나타나 상호 상대국의 대도시 허브공항을 사용하여 편리하게 연결편을 이용할 수 있도록 운항 스케줄을 조정했다.

예를 들어 JAL 항공기편의 시카고 오헤어 국제공항 출발시점 전 AA연결편을 기존 22 연결편수에 22편을 새로 추가 운영하여 40개 도시에서 시카고를 거쳐 일본으로 갈 수 있도록 했다. 즉 미국 각 도시에서 일본, 한국, 중국, 동남아로 가는 승객들이 더 많이 더 편리하게 JAL 항공편을 이용할 수 있도록 출발시점 3시간 이내 시카고 도착 AA 연결편수를 대폭 늘리고 마찬가지로 동경에서 출발하여 시카고행 JAL 항공편이 도착하는 시점 이후 2시간내 타 도시로의 AA 연결편을 확대 운영하여 더 많은 아시아 승객들이 보다 쉽게 다양한 북미 지역으로 연결될 수 있도록 했다. 결과적으로 고객들에게 더 많은 지역으로 연결편이 가능해졌고 더 편리한 연결스케줄이 제공될 수 있었다.

양사가 합작투자로 비용과 수익을 분담하기 때문에 상기 전략의 핵심은 시카고 오헤어 공항과 나리타 공항을 미국에서 아시아로, 또 아시아에서 미국으로 향하는 전략적 거점공항으로 집중적으로 활용하고 양사의 역량과 자원을 총동원하여 아시아 북미 간 운송 승객 수를 최대한 늘리고자 하는 전략이다.

코드쉐어링 프로그램도 더 확대했다. 더 많은 미국 내 도시로 가는 AA 항공편에 JAL 코드를 추가했고 마찬가지로 일본 하네다 출발 싱가포르나 홍콩 도착 JAL 항공기 편에도 AA 코드를 포함했다.

* 자료: 매일경제 2017.6.27, 2017.6.24, 데일리한국 2017.7.18 등 자료 인용 및 정리

토의과제

01 항공기산업의 일반적인 특징은 무엇인가? 항공산업에 주요 경쟁자 그룹들은 누구이며 이들의 특징은 무엇인가?

02 대한항공과 델타항공이 아시아 북미노선 합작 투자사업을 통해 각각 의도하고 있는 이점은 무엇인지 정리해 보시오.

03 향후 대한항공과 델타항공의 아시아 북미노선 합작 투자사업이 JAL American Airlines 사간 합작 투자 사업에 비해 더욱 더 잘 경쟁하기 위해서는 어떤 전략이 필요한가?

04 대한항공과 델타항공의 아시아 북미노선 합작 투자사업이 지속해서 잘 성공을 이루기 위해서는 어떤 조건들이 만족하여야 하는지 토의하시오.

주요 용어

전략적 제휴
국제계약 사업
지분제휴
국제합작투자
업무제휴
마케팅제휴
국제 M&A
국제라이슨싱
국제프랜차이징
국제하청생산계약(OEM, ODDM)

연습문제

01 전략적 제휴의 개념과 이점에 대하여 설명하시오.

02 전략적 제휴의 유형에 대하여 설명하시오.

03 국제합작 투자의 동기와 성공조건에 대하여 설명하시오.

04 국제 M&A의 개념과 동기에 대하여 설명하시오.

05 국제 M&A의 이론적 배경에 대하여 설명하시오.

06 국제계약 사업의 개념과 유형을 설명하시오.

07 국제라이슨싱의 개념과 장 · 단점을 설명하시오.

08 국제하청생산의 개념과 OEM과 ODDM의 개념을 설명하시오.

09 국제 경영관리계약의 개념을 설명하고 적합한 산업들을 예시하시오.

PART 3

국제경영환경

5 | 국제문화환경

6 | 국제무역 투자환경

7 | 국제금융환경

5장 요약

본 장에서는 다국적기업이 해외 진출을 할 때 접하는 사회 · 문화적 환경에 대해 검토한다. 우선 문화의 개념을 살펴보고 문화적 요소인 문화상징물, 제도 및 의식, 그리고 가치관에 대해서 검토하고 문화 모델과 이들의 경영시사점을 자세히 분석한다. 마지막으로 현지마케팅, 일의 중심성, 행동 기준, 동기부여 및 갈등 해결 등에 문화가 어떤 영향을 끼치는지 정리한다.

6장 요약

본 장에서는 다국적기업이 현지국에 미치는 경제적 · 정치적 효과에 대하여 살펴본다. 그리고 기업이 현지국에서 직면하는 다양한 정치적 위험의 종류와 이를 어떻게 관리할 수 있는지에 대해서 설명한다. 또한 지역공동체의 종류 및 경제적 효과와 한국의 자유무역협정 현황을 살펴본다. 아울러 EU, USMCA(구 NAFTA), ASEAN, MERCOSUR 등 세계 주요 공동체의 연혁을 서술했다.

7장 요약

본 장은 다국적기업의 금융환경에 관한 내용이다. 먼저 외환의 개념에 대해 살펴보고 다양한 외환거래의 종류를 이론적으로 정리한다. 그리고 환율의 개념 및 표시 방법, 환율제도, 환율 결정과 관련된 제반 이론들을 각각 검토한다. 끝으로 기업의 입장에서 환위험관리를 어떻게 해야 하는지에 대해 실례를 통하여 설명한다.

CHAPTER 5

국제문화환경

Ⅰ. 자연, 인구특성 및 사회적 요인

Ⅱ. 문화의 개념과 구성요소

Ⅲ. 문화모형

Ⅳ. 문화와 국제경영

도입사례

베트남 내 1위 외국인투자국은?

한국과 수교한 지 30년이 된 베트남은 한국기업에 매우 중요한 시장이다. 특히 중국의 사드 보복 사태 이후 중국에 투자를 많이 했던 한국 대기업 대부분은 중국 이외 또 다른 전략 시장을 찾고 있는데 베트남이 그 후보자 중 하나로 주목받고 있다. 1992년 양국 간 수교 이후 경제적, 사회 문화적 관계가 계속 가까워지고 있다. 베트남은 2022년 기준 인구 1억 명의 큰 시장으로 한국 인구의 2배 규모이다. 국토 면적은 남한의 3.3배이고 세계은행에 따르면 명목환율 기준 인당 GDP는 2022년 약 3,800 달러 또는 구매력 기준 12,000 달러로 예상된다. 그리고 지역에 따라 소득 격차가 크다.

베트남 기획투자부 발표에 따르면 2022년 4월 현재까지 유치한 총 외국인직접투자 누계와 금액은 3만 4,891건, 4,246억 달러에 달했다. 국가별 누적투자 순위를 보면 한국이 투자액 787억 달러(18.5%)로 1위를 기록하고 있다. 2위는 싱가포르 684억 달러(16.1%), 그리고 일본, 대만, 그리고 홍콩이 3~5위 순으로 발표되었다. 즉 한국기업들의 베트남 내 투자활동이 지속해서 매우 활발한 것을 볼 수 있다. 한국의 입장에서도 베트남은 미국, 중국, 홍콩에 이어 제4위 투자 대상국으로 매우 중요하다.

그림 5-1 한국과 베트남의 연간 교역액

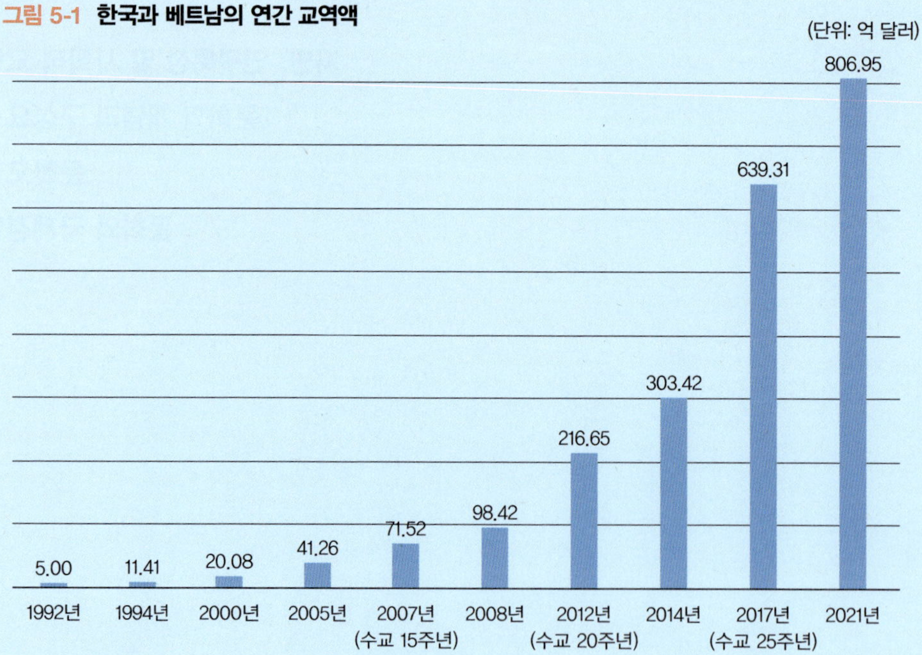

* 자료: 한국무역협회

표 5-1 베트남에 투자한 주요 한국 기업

(단위: 억 달러)

기업(분야)	누적 투자액
삼성전자(휴대폰 · 디스플레이)	176
LG전자(가전 · 액정)	71
효성(스판덱스)	23
롯데(부동산 · 유통)	21.6
포스코(철강 · 냉연강판)	21
현대차그룹(자동차 · 조선)	17
대우(부동산 개발 · 버스)	14.7
경남건설(부동산건설)	9.7
GS(부동산 개발 · 유통)	5.5
두산(중공업 · 발전)	3.5

* 자료: 코트라

2021년 한국의 국가별 수출 규모를 보면 대 베트남 수출 금액은 1위 중국/홍콩(2,004억 달러, 총 수출 대비 28.5%), 2위 미국(959억 달러, 13.6%)에 이어 3위(567억 달러, 8.1%)를 차지하여 4위 일본(301억 달러, 4.3%)보다 중요한 수출 시장이 되었다. 2021년 기준 대 베트남 수출 규모는 유럽의 독일, 영국, 프랑스 3국에 대한 한국 수출합계(216억 달러, 3.1%)의 2배보다 더 큰 금액이다. 그리고 동남아의 말레이시아, 인도네시아, 필리핀, 태국 등 4개국에 대한 수출합계(279억 달러, 5.6%)보다도 더 큰 금액이다. 2002년 한국의 대 베트남 수출이 불과 22억 달러(1.4%)였던 점을 감안하면 지난 20년 동안 베트남은 한국 경제와 기업들에게 매우 중요한 해외시장으로 부상하였고 베트남기업들은 한국기업들에게 중요한 고객이자 사업파트너가 되었다. 특히 한국의 대 베트남 투자가 본격화한 2010년 이후엔 철강과 무선통신기기가 주요 수출품이었지만, 2020년 이후부터는 반도체, 평판 디스플레이, 무선통신기기가 3대 수출품으로 자리 잡았다. 4차 산업혁명 기반 고부가가치 품목의 교역이 증가한 셈이다. 특히 이들 3대 수출품이 차지하는 비중도 총수출의 50%를 넘어섰다. 또 한국과 베트남은 상호 관세 및 비관세 장벽을 철폐하기 위해 한 · 아세안 FTA(Free Trade Agreement, 자유무역협정 2007년), 한 · 베트남 FTA(2015년), 역내 포괄적 경제동반자협정(RCEP · 2022년) 등을 체결하여 실시하고 있다. 다음은 베트남에서 사업을 하는 한국기업들이 알아야 할 비즈니스 예절과 현지 문화를 살펴보고 아울러 변화하는 베트남 소비자 트렌드를 확인하자.

기본 예절 및 현지인 성향

- 예의 바른 태도가 매우 중요하며 지위 고하를 막론하고 연장자에게는 공손하게 대하는 것이 좋다.
- 분노를 겉으로 드러내는 행위는 서투른 태도로 받아들여지므로 상황을 파악해 조용하나 단호하게 의견을 표현하는 것이 좋다
- 여러 사람 앞에서 특정인의 체면을 손상하게 되면 그 사람은 오랫동안 원한을 품게 되고 후에 복수할 수도 있다.
- 직선적으로 표현하기보다는 에둘러 말하며 남을 배려하는 것이 좋다.
- 직원들이 실수했을 때는 조심스레 다루어야 한다. 베트남에서는 전통적으로 실수는 직접적으로 말하지 않는 편이다. 그러나 바로 잡아야 할 실수는 현장에서 감정적인 대응을 하기보다는 개인 면담을 하면서 잘못된 사항을 차분히 지적하고 왜 잘못된 것이었는지 설명을 하는 것이 좋다. 이때 직원들의 실수나 잘못은 구두가 아닌 서면으로 받아 추후 인사고과 등 자료로 활용한다.
- 공동체 사회로 체면을 중시하며 손님 접대에 각별하다.
- 모두 다 균등하거나, 평등한 것을 좋아하며 누가 유난히 돋보이는 것을 좋아하지 않는다.
- 서로의 관계에서 법보다는 풍속을, 논리보다는 정감을 우선시한다.
- 선물 주고받기는 관심의 표현이며 귀한 정감의 표현으로 간주된다.
- 설날, 결혼식, 장례식 등 특별한 날과 명절은 주변 부하직원이나 손아랫사람들에게 배려하는 것이 좋다. 설날에는 행운의 돈인 Lì xì를 아이들이나 아랫사람에게 세뱃돈으로 주는 것이 전통이다. 빳빳한 새 돈으로 준비해 빨간 봉투에 넣어서 준다. 돈의 액수는 적어도 주는 사람에게는 행운의 상징이 될 수 있고 받는 사람에게는 가깝게 생각한다는 뜻도 될 수 있다.
- 숫자 9(9는 찐으로 발음)를 좋아한다.
- 베트남인은 수천 년 동안 농경 촌락공동체를 형성하여 살아왔기 때문에 단결성이 강하다. 따라서 공동체를 중시하며, 직장에서도 가족적인 분위기를 선호한다.
- 직장에서 직급에 따른 호칭보다는 Anh(형, 오빠) 또는 Bác(삼촌, 아저씨) 이라는 호칭을 많이 사용한다.
- 공동체를 우선시 하는 사고가 베트남 속담에도 담겨있다. Lá lành dùm lá rách(성한 잎이 찢어진 잎을 가려준다, 상부상조하며 단결한다는 의미), Phép vua thua le làng(왕의 법이 촌락의 관습을 이기지 못한다, 마을의 관습이 왕의 법보다 우위에 있다는 의미)
- 이로 인한 특성으로, 장점은 민주적이며, 단결성이 강하다. 또 체면을 중시하고 섬세하다. 그러나 단점으로는 개인보다는 공동체를 중요시하며 공동체에 의존적이지만 타 공동체에 대해서는 배타적이다.
- 고온 다습한 기후, 하천 지형 등 베트남인은 전통적으로 낮은 가옥 구조에서 살고, 채식과 수분이 많은 음식을 주로 먹고 잔잔한 음악을 듣고, 정을 중요시한다.

- 성격적으로는 안정적이고 조화를 이루는 것을 좋아하며 여성을 존중한다. 고위직 여성도 적지 않다.
- 이와 관련된 속담, Nhất vợ, nhì trời(첫째는 아내요 둘째는 하늘, 여성의 지위가 그만큼 높다는 뜻), Một bồ cái lý không bằng một tí cái tình(백 가지 이치도 작은 정만 못하다, 이성보다 정(情)을 중시하는 여성적 성향을 보여줌)
- 여성은 가정에서 경제권을 갖고 있으며 자녀 교육을 담당하고 남성과 동등하고 때론 남편 이상의 사회적 직위를 갖는 경우도 적지 않다.

기피하는 관행

- 새해에는 3일간 집 먼지를 쓸지 않고 쓰레기를 버리지 않는다. 새해 3일간 집 먼지를 쓸면 행운과 돈이 들어오지 않는다고 믿는다.
- 빨간색, 금색, 노란색은 새해에 행운을 가져온다고 믿으며, 흰색은 죽음과 장례를 뜻하며 흰 리본을 하지 않는다.
- 큰 상(喪)을 당했을 때는 결혼식에 가지 않는다. 장례식에 참석할 때는 빨간 옷을 입지 않는다
- 임신한 경우에는 장례식이나 결혼식에 참석하지 않는다.
- 술을 마실 때 잔을 뒤집어 놓고 병을 거꾸로 흔드는 것은 취한 것으로 간주하기 때문에 하지 않는다.
- 과일을 던지지 않는다. 던진 과일을 먹으면 배가 아프다고 믿는다.

* 자료: 주 호치민총영사관에서 현지진출 기업대상 교육자료

베트남에서 사실상 소비를 이끄는 지역은 베트남 최대 경제도시인 호찌민과 수도 하노이다. 국가 전체 인당 명목 GDP는 3,800 달러이나 베트남 제1의 경제도시인 호찌민은 베트남에서 1인당 GDP가 가장 높은 도시이자 외국인 투자 기업이 가장 많이 진출해 있는 지역이며, 최대 소비시장을 보유하고 있다. 하노이는 베트남 수도이자 한류 영향력이 가장 큰 도시이다. 호치민에 비해 하노이 소비자들은 절약 정신이 강하지만 겉모습을 중시해 고급 제품을 선호하는 경향이 있으며, 선호 브랜드에 대한 충성도가 높은 특징이 있다. 도시를 중심으로 베트남의 트렌드를 알아보자.

소셜미디어의 일상화

KOTRA 해외시장 뉴스 자료에 의하면 2021년 베트남 인구의 약 3분의 2에 해당하는 6,872만 명이 인터넷 사용자이다. 모바일 인터넷 사용자는 2025년에 약 8,200만 명에 달할 것으로 전망된다. 인터넷 보급률은 70.3%로 16~64세 성인 베트남인의 일평균 인터넷 사용 시간은 전년 대비 17분이 증가한 6시간 47분이었다. 평균적으로 베트남인은 일평균 2시간 40분 TV를 시청하고 2시간 21분 동안 페이스북, 인스타그램, 잘로(현지 SNS) 등의 소셜네트워킹서비스를 이용하며 1시간 57분 동안 인터넷 신문을 읽고 1시간 9분 동안 음악감상을 하는 것으로 조사되었다. 또한 조사 대상 베트남인의 97.6%는 비디오 콘텐츠를 선호하고 61.2%는 브이로그 비디오, 73.2%는 라이브 스트리밍 음악,

44.4%는 온라인 라디오 청취, 37.9%는 팟캐스트를 선호하는 것으로 나타났다.

2021년 1월 기준 가장 많이 사용하는 플랫폼은 유튜브(92.0%)와 페이스북(91.7%)이다. 그리고 이어 현지 SNS 매체인 잘로(76.5%), 인스타그램(75.8%), 틱톡(47.6%) 순으로 나타났다. 18~65세의 유튜브 이용자를 대상으로 구글이 분석한 통계를 보면 접속자의 63%는 컴퓨터로, 37%는 모바일기기로 접속했다. 이용자의 41.4%는 여성이고, 58.6%는 남성이며 유튜브 시청 연령대는 25~34세가 34.8%로 전체 중에서 비율이 가장 높고 18~24세는 19.3%, 35~44세는 16.7%로 뒤를 잇는다.

베트남 소비자들이 많이 사용하고 있는 소셜미디어는 연령대별로 다소 차이를 보이고 있다. 16~24세의 젊은 청년층 Z세대들은 페이스북(90%), 유튜브(88%), 잘로(78%), 틱톡(71%) 등을 골고루 많이

그림 5-2 베트남의 유튜브 사용자 현황

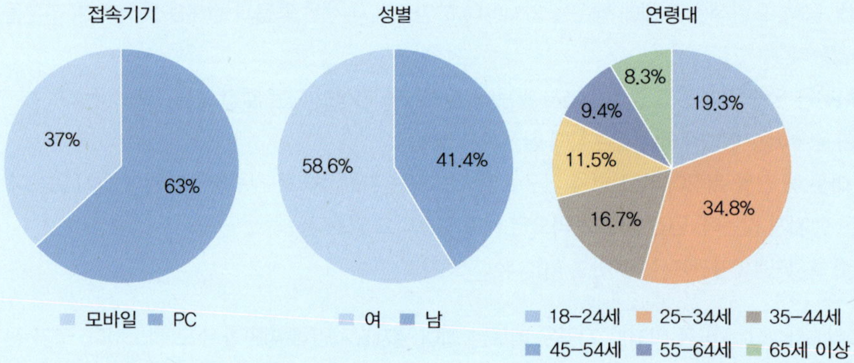

그림 5-3 베트남의 연령대별 SNS 이용 현황

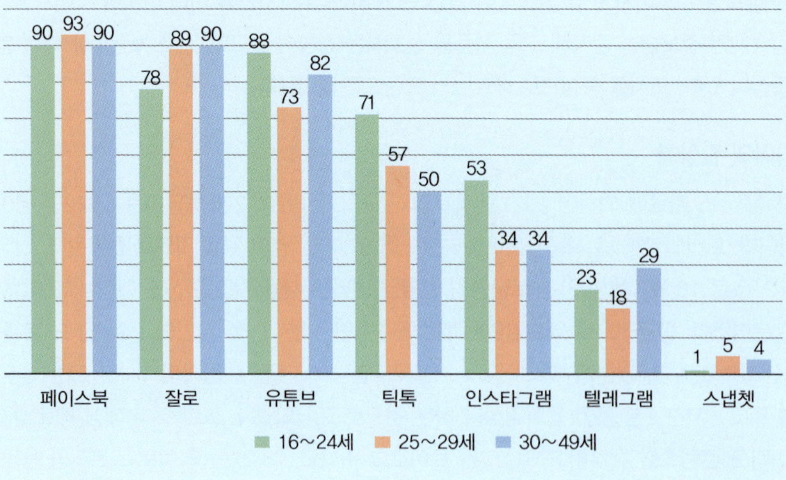

사용하여 여가를 보내고 있는데 반해 25~29세, 그리고 특히 30~49세 연령층일수록 틱톡 사용 비율이 훨씬 낮았다.

고속 성장하는 전자상거래시장

2021년 장기간 지속된 봉쇄로 전통 재래시장과 식료품점은 시장 진입이 제한됐고 모든 비필수 오프라인 상점이 한때 문을 닫아야만 했다. 이에 온라인 구매 수요는 급증했고 이러한 성장세에 힘입어 2022~2025년 베트남 전자상거래 성장률은 연평균 17.4%씩 성장, 2025년에는 232억 달러에 달할 전망이다.

그랩(Grab), 고젝(GoJek), 비앤배민(Bee & Baemin)과 같은 차량 공유 서비스가 음식 배달 및 택배 등 온라인 배송 서비스의 주축을 이뤘고 티키(Tiki), 쇼피(Shopee), 라자다(Lazada), 센도(Sendo)와 같은 베트남 전자상거래 플랫폼과 빈마트(VinMart), 빅씨(BigC), 롯데마트(Lotte Mart)와 같은 주요 슈퍼마켓 체인 모두 생활용품에 대한 방문 배송을 실시했다. 소규모 기업의 경우 전자상거래로의 전환은 초기에는 상당한 도전이기도 했지만 불안정한 팬데믹 상황에서 오프라인 매장을 유지 관리하는 재정적 부담을 대폭 줄이고 점차 판촉 확대, 고객 서비스 개선 등을 통해 수익 증대에 기여하게 되었다. 대기업 역시 이러한 추세에 맞춰 온라인 판매 전략 확대를 도모하고 있다.

무조건 싼 것보다는 '가성비' 중요

베트남 소비자들이 스마트폰 구입 시 가성비 좋은 중국의 '오포 F1' 제품을 선호하고 있고 이 모델은 매장 최다 판매를 기록했다. 최저가보다는 중저가 스마트폰이 인기를 끌고 있다. 2015년 한 해 판매된 스마트폰의 평균 가격이 420만 동(200 달러)에서 2016년 500만 동(250 달러)으로 증가하였고 이제는 더 이상 300만 동(150 달러)선의 최저가 스마트폰은 소비자들에게 큰 관심을 끌지 못한다.

한식의 베트남화, 'Mi Cay'

Mì Cay(미 까이)는 2015년 하반기부터 현지인들 사이에서 유행하고 있는 음식이다. 한국의 부대찌개와 매우 유사한 이 면 요리는 '한국'과 '눈물 나게 매운 음식'이라는 키워드로 현지화된 한식이다. 이 음식이 시장에 등장한 초기, 판매자들은 단계별(총 7단계) 매운맛에 도전하는 대회와 우승 상품으로 소비자들의 도전 욕구와 호기심을 자극하며 이목을 끌었는데 보통 한 그릇당 3~4만 동(1,500~2,000원)선으로, 베트남인들이 끼니로 즐겨 찾는 쌀국수와 가격이 비슷하다.

주 내용물은 라면과 햄, 해산물이며, 김치를 곁들여 요리하는 곳도 흔하게 찾아볼 수 있다. 김치는 동네 마트에서 유통될 정도로 현지인들에게 친숙하고 보편화된 한식 중 하나이다. 아울러, 이 음식을 담는 그릇은 베트남의 전통 뚝배기나 일반적인 국수 그릇이 아닌, 한국의 것을 고집하고 있다.

토의과제

01 한국 수출 중 대 베트남 수출이 최근 많이 증가한 이유는 무엇인가? 또 베트남 내 · 외국인직접투자 중 한국기업들의 투자가 미국, 일본, 및 유럽 국가들 투자보다 왜 많은지 이유를 설명해 보시오.

02 한국 문화와 베트남 문화 간 공통점과 차이점을 조사 비교해 보시오.

03 한국 자동차 소비자와 베트남 자동차 소비자와는 어떤 차이가 있을지 연령, 전형적 소비자 프로파일, 선호 차종, 차 구입 시 중요시하는 요인 등 여러 관점에서 비교해 보시오.

04 베트남 내 하노이 지역 주민과 호찌민 지역 주민 간 문화 성향상 어떤 차이가 있는지 비교해 보시오.

I 자연, 인구특성 및 사회적 요인

1 자연 및 인구특성

1. 지형과 기후

현지국의 지형이나 기후와 같은 자연적 요인들은 독특한 현지 시장구조를 형성하게 된다. 예를 들어, 캐나다의 땅 면적은 매우 큰 나라이지만 기후 여건상 전체 인구의 약 95% 이상이 미국 국경선 100마일 이내에 살고 있다. 호주도 지리적 여건상 인구 대부분이 사막 지역인 내륙 대신 해안가에 살고 있다. 또 인구가 몇 개의 주요 도시에 집중되어 있다. 예를 들어, 다국적기업이 호주 시장에 새로 진입하는 경우 시드니, 브리스베인, 멜본 등 몇 개의 도시에만 집중해도 호주 전체 인구의 50% 이상을 목표로 할 수 있다. 반면에 인도네시아나 필리핀은 국토 면적이 호주나 캐나다보다 크지 않으나 섬으로 이루어진 국가이어서 지방으로의 원자재나 상품 배송문제는 신속히 이루어지기 어렵다. 따라서 주요 공단지역이 아닌 지역에 저임금 매력 때문에 공장을 세워 운영하는 것은 신중해야 한다.

또 동남아지역은 1년 기후가 보통 건기와 우기로 나눠진다. 대부분 하수시설이 잘 발달되어 있지 않고 평야 지대에 대도시가 있는 경우가 많아 우기 때만 되면 도시의 많은 지역이 침수된다. 신규로 공장 부지를 선정한다든지 공장을 지을 때 이런 점도 고려해야 한다. 베트남 현지에 투자하는 회사는 위치선정에 신중해야 한다. 남부 호치민시티(구 사이공)에서 생산해서 북부의 수도 하노이지역까지 판매를 계획한다는 것은 막대한 물류 부문 투자가 선행되지 않고서는 쉽지 않다. 이 두 도시를 연결하는 가장 빠른 특급기차도 약 이틀이 걸린다. 또 베트남 북부와 남부는 기후도 다르다. 남부는 열대 몬순 기후로 비가 많지 않은 건기(11~4월)와 열대성 스콜 현상이 많은 우기(5~10월)로 구분된다. 그러나 북부는 아열대 기후로 사계절이 나타난다. 이 두 지역은 지리적으로도 멀리 떨어져 있지만 문화적으로도 상당히 차이가 있다. 베트남 남부는 개방적이고 새로운 변화에 대해 비교적 능동적인 데 반해 북쪽은 보수적이고 민족주의적 성향이 강하다.

2. 인구특성 변수

[표 5-2]는 선진국 및 개발도상국 여러 나라의 인구분포 현황을 보여주고 있다. 싱가포르와 한국의 경우 20세 미만이 2021년 기준 각각 14.2%, 16.4%로 개발도상국뿐만 아니라 여타 선진국에 비해서도 매우 낮다. 일본과 독일은 각각 16.2%, 18.4%로 표본 국가 중 20세 이하 비율이 역시 매우 낮게 나타났다. 반면에 필리핀, 인도, 인도네시아, 베트남은 모두 30%를 상회하고 있다. 이들 국가는 30세 미만이 전체 인구 중 50~60% 수준으로 인구가 젊은 층에 집중되어 있다. 반면 선진국들은 60대 이상 인구 비중이 상대적으로 높다. 특히 일본은 지난 2001~2021년 동안 60세 이상 비율이 11.5% 증가하여 급속한 노령화 현상을 엿볼 수 있다. 한국도 같은 기간 동안 60세 이상 비율이 11.2%에서 24.3%로 급속한 속도로 증가함을 볼 수 있다. 반면 20세 미만 인구의 비율은 29.6%에서 16.4%로 무려 13.2% 감소하여 선진국 중에서 가장 빠르게 젊은층 인구가 감소하고 있다.

필리핀, 베트남, 인도네시아 등 동남아시아 소비재시장 진입 시 가능하면 젊은 층을 목표로 제품 및 광고전략을 수립하는 것이 효과적일 것이다. 또 중국 대도시지역의 인구변수 특징 중의 하나가 2015년까지 시행해 온 1가구 1자녀이다. 2명 이상 자녀를 낳으면 여러 가지 사회적인 불이익이 있었기 때문에 40대 미만의 대부분의 가정에서 자녀가 1명밖에 없다. 따라서 이들 자녀에 대한 부모들의 관심과 교육열은 한국 이상으로 높다. 아동과 청소년들을 대상으로 한 제품과 서비스 시장은 소득수준에 비해 시장기회가 매우 크다. 예를 들어, 학생들의 문방구류, 완구, 학습지, 외국어 교재나 아동용 패션의류 등의 시장 성장성이 매우 높다.

표 5-2 2021년 주요국의 인구 연령층 비율 분포

(단위: %)

	선진국						개발도상국					
	한국	일본	싱가포르	미국	독일	영국	중국	인도	인도네시아	베트남	태국	필리핀
0~19	16.4 (29.6)*	16.2 (20.5)	14.2 (25.7)	24.4 (28.4)	18.4 (21.2)	23.3 (25.3)	22.1 (32.4)	34.6 (43.8)	34.1 (40.8)	30.2 (43.4)	22.4 (29.0)	39.1 (46.2)
20대	13.3	10.1	12.8	13.5	11.5	12.7	13.2	17.2	16.0	14.6	13.7	17.8
30대	13.6	10.9	14.9	13.7	13.1	13.3	15.2	15.6	14.8	16.4	13.1	14.3
40대	15.8	14.2	17.5	12.2	12.1	12.5	14.3	12.5	13.9	14.0	15.4	11.3
50대	16.5	13.6	17.1	12.6	16.0	13.6	16.5	9.6	10.8	11.7	15.4	8.6
60대 이상	24.3 (11.2)	35.0 (23.5)*	23.5 (11.3)	23.7 (16.5)	28.9 (23.6)	24.6 (20.2)	18.6 (10.2)	10.6 (7.1)	10.4 (7.3)	13.0 (7.4)	20.0 (12.2)	8.9 (6.2)
계	100	100	100	100	100	100	100	100	100	100	100	100

* 자료: https://www-portal-euromonitor-com-ssl.oca.korea.ac.kr/portal/magazine/homemain/
* 괄호( )안 자료는 비교목적으로 2001년 연령대별 비율 표시

사례 5-1 기저귀로 성장한 일본 다국적기업 유니참(Unicharm)

거품경제 붕괴 이후 30여 년. 저성장 · 저출산 · 고령화 현상이 겹치면서 일본 사회 전체가 젊음을 잃고 늙어가는 시간이었다. 성장은 멈췄고 많은 기업의 시가 총액은 반 토막으로 내려앉았다. 이런 환경에서도 기업의 시장가치를 비약적으로 늘린 회사들이 있다. '잃어버린 30년'을 '성공의 30년'으로 바꾼 일본 회사 중 하나가 유니참(Unicharm)이다. '저출산'이라는 재앙에 직면한 이 기저귀 회사는 아이러니하게도 지난 30년 동안 고속 성장해 왔다.

일본에선 유아(0~4세)가 2000년 590만에서 2022년 446만으로 144만 명이나 줄었다. 기저귀 회사의 고객 기반이 와해된 시간이었다. 하지만 유니참은 같은 기간 매출을 약 4배 가까이 성장시켜 2021년 7,830억 엔으로 사상 최대 연간 판매액을 기록했다. 시가 총액도 2006~2021년 기간 5.4배 증가했다. 모든 것은 아버지 회사를 물려받은 고지식한 후계자에서 시작됐다. 다카하라 다카히사(高原豪久) 유니참 사장이 들려준 저출산 국가의 기저귀 회사 성공전략은 다음과 같다.

1961년 설립된 유니참은 자신의 사업을 '베이비케어(baby care)', '페미닌(feminine)케어', '헬스(health)케어', '페트(pet)케어', '그린(green) & 플래시(flash)' 등 5개로 분류하고 있다. 이름은 화려해 보이지만, 품목은 종이 기저귀 · 생리대 · 마스크 · 애완동물 사료 · 물휴지 등 친숙하고 간단한 것들이

다. 이들 5개 분야에서 유니참 제품의 90%가 P&G, 킴벌리클라크, 가오, 다이오(大王)제지를 누르고 일본 시장 1위를 달리고 있다. 세계시장에서도 유니참은 P&G, 킴벌리클라크에 이어 점유율 3위다.

그림 5-4 유니참의 매출 및 영업이익 추이

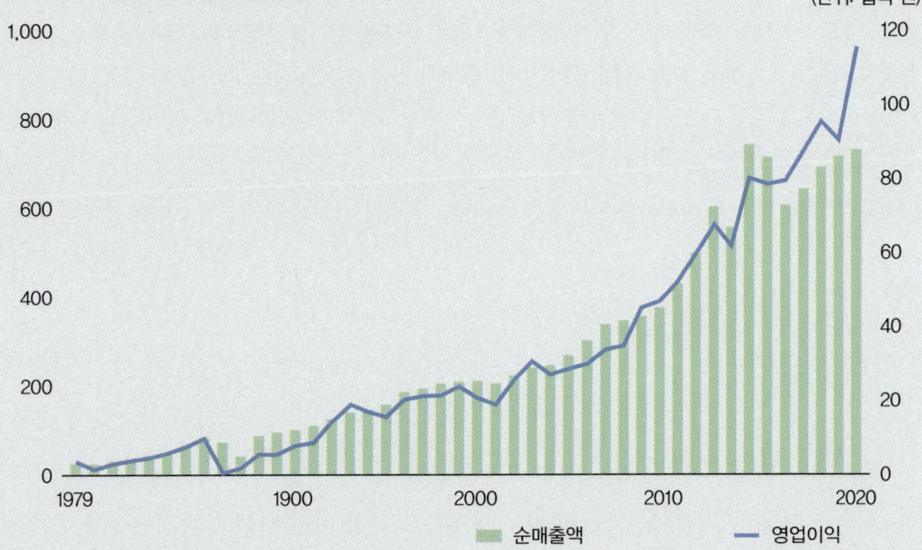

당시 그가 내세운 구호는 '본업(本業) 다각화, 전업(專業) 국제화'. 본업을 유아용 종이 기저귀에서 성인용 기저귀로 확대하고, 전업(유아용 기저귀)을 중국과 동남아시아, 인도 시장으로 확장한다는 내용이다. 노인 시장과 신흥시장을 기저귀의 신천지로 개척하기 시작한 것이다. "기저귀를 사용한다는 것을 노인들이 부끄러워할 때였어요. 하지만 노인의 배설도 인간의 존엄이지요. 종이 생리대가 여성을 해방했듯이 종이 기저귀가 노인을 공포에서 해방한 것입니다. 시장을 만든 것이지요." 당시 그는 모태 사업인 건자재, 아버지가 시작한 관광, 결혼 소개 서비스, 유아 교실 등은 모두 중단했다.

2021년 기준 일본 인구 중 65세 이상은 무려 35%이다. 이들 중 성인용 기저귀가 필요로 하는 소비자는 대략 800~1,000만 명에 달한다. 유아(0~4세) 인구 446만 명의 두 배 수준이다. 현재 유니참의 성인용 기저귀 매출은 유아용 기저귀 매출에 육박하는 규모로 성장했다. 1991년 40억 엔에 불과했던 글로벌 매출은 2020년 기준 110배 가까이 늘어나 전체 매출의 60%를 차지한다. 다카하라 사장은 '기업 애국주의'에 가치를 두지 않는다. 그의 원칙은 '지산지소(地産地消)'로 요약된다. 현지에서 파는 상품은 현지에서 생산한다는 것이다. 그래서 유니참은 한국, 중국, 인도네시아, 사우디아라비아 등 진출하는 곳마다 공장을 세우고 있다.

유니참은 가장 유능한 인재를 해외로 보낸다. 해외 공장장에는 국내 공장장을 거친 엘리트만 파견한다. "현지에는 여러 제약이 있습니다. 100의 능력을 갖춘 사람을 보내면 현지에선 능력이 80이 되거나 75가 돼요. 그래서 120을 보내야 합니다. 일본에선 120이 자리를 비우면, 100이 금방 120이 됩니다. 사람은 훌륭한 사람을 만나야 훌륭해지지요. 엘리트를 보내야 현지 사원이 큽니다." 그는 "중국 시장이 일본 시장보다 커지는 날, 본사를 중국으로 옮기겠다"고 말했다. 일본과 중국의 매출 비중은 40대 13 정도. 지금 속도라면 10년 후 중국 매출이 일본 매출을 앞지를 전망이다. "혼마루(本丸 · 일본 성곽의 지휘부, 수성전의 최종 거점)는 비즈니스 규모가 가장 큰 곳에 두는 게 당연하지요." 다카하라 사장은 "그때 일본 본사는 '유니참 일본 법인'이 된다"며 "유니참이 일본기업이 아니라 아시아 기업 소리를 들었으면 좋겠다"고 말했다.

* 자료: 조선일보 2011.6.11 기사 일부 발췌 및 Unicharm 홈페이지 2021 Integrated Report 등 참조

2 사회적 요인

1. 가구 형태 및 도시화

[표 5-3]은 선진국 및 개발도상국들의 가구 구조를 포함한 여러 사회적 환경변수에 대한 정보를 보여주고 있다. 먼저 각국의 가구 구조는 대체로 상이한 것으로 나타났다. 독일, 영국, 미국, 일본, 한국 등은 평균 가구원 수가 2.6명 이하다. 특히 독일의 경우 2.0명으로 표본 국가 중 가장 낮다. 한국은 2.5명으로 아시아권에서 일본 다음으로 낮다. 반면 인도는 가구당 평균 가구원 수가 4.6명으로 가장 많다. 그 뒤를 이어 필리핀(4.2), 말레이시아(4.0), 인도네시아(4.0), 베트남(3.6), 싱가포르(3.2), 태국(2.8), 중국(2.6), 순으로 가구원 수가 많다.

또 흥미로운 사실은 1인 독신가구 비율이 독일(42.0), 일본(35.9), 영국(31.0) 등이 전통적으로 높았는데 한국(31.2)도 급격하게 1인 가구 비율이 증가하고 있다. 이들 중 많은 사람은 소위 SSWD(Single, Separated, Widowed, and Divorced) 그룹에 해당되거나 독거노인이 여기에 해당된다. 이들 1인 가구 소비자들은 소비패턴에 있어서 전통적인 다인 가족 가구 (예: 부부와 1~2명 자녀 가구)와 크게 다르다. 반면 6명 이상 같이 한 가구를 구성하는 비율은 인도(25.0), 필리핀(23.8), 인도네시아(15.2), 말레이시아(14.3) 등이 매우 높다.

또 도시 거주 비율을 보면 선진국에서는 도시 거주율이 80% 이상으로 매우 높다. 반면 인도(35.4), 베트남(37.4)에서는 도시 거주율이 상대적으로 매우 낮아 아직도 많은 소비자가 도시지역보다 시골 지역에 사는 것을 알 수 있다. 중국도 10여 년 전까지만 해도 시골에 거주하

는 소비자들이 많았으나 경제성장에 따른 빠른 도시 집중 현상으로 도시 거주 비율이 61.5%에 이르고 있다. 도시 거주율이 높을수록 일반 생활용품, 가전제품 등 소비재시장이 커지는 경향이 있고 소비성향도 높아진다. 그러나 농촌지역일수록 일반적으로 소비재제품의 시장진입이 늦어진다.

표 5-3 사회적 환경변수

(2021년 기준, 명, %, 시간)

국가	가구구조			도시거주비율	주당 근무시간	실업률
	평균 가구원 수	1인 가구 비율	6명 이상 가구 비율			
독일	2.0	42.0	0.9	77.6	34.0	3.6
미국	2.6	28.6	4.5	82.6	34.7	5.4
영국	2.4	31.0	2.5	84.2	35.3	5.1
일본	2.3	35.9	2.1	91.9	39.2	2.8
한국	2.5	31.2	1.3	81.4	41.3	3.7
말레이시아	4.0	10.7	14.3	78.4	43.6	4.6
싱가포르	3.2	17.2	6.7	100.0	44.3	2.7
태국	2.8	27.9	4.9	52.2	40.2	1.9
베트남	3.6	9.1	10.0	37.4	42.4	3.1
인도	4.6	4.8	25.0	35.4	48.0	7.8
인도네시아	4.0	7.0	15.2	57.9	43.0	6.3
중국	2.6	19.1	4.4	61.5	46.0	4.0
필리핀	4.2	9.1	23.8	53.3	41.7	7.8

* 자료: https://www.portal.euromonitor.com

2. 근로 시간

[표 5-3]에 따르면 아시아의 거의 모든 국가에서 평균 40주 이상을 근무하고 있어 여전히 근면하게 일하는 것으로 조사되었다. 아시아의 다른 나라처럼 중국 사람들도 많은 시간을 일하는 것으로 조사되었다. 한국 사람들은 2021년 기준으로 주 평균 41.3시간을 일하는 데 반해 중국 사람들은 평균 46.0시간을 일하는 것으로 나타나 기존에 중국문화를 나타냈던 '만만디'라는 표현은 더 이상 적절치 않은 것으로 보인다. 그러나 중국은 큰 나라이고 농촌지역과 도시지역 간

에 많은 사회적 환경과 일에 대한 강도가 매우 다르기 때문에 지역에 따라 많은 차이가 있을 것이다. 일본을 제외한 선진국들은 상대적으로 근무 시간이 적다. 아마도 주 5일 근무제를 오래 전부터 시행해 왔고 다양한 휴가제도 때문일 것이다.

3. 실업률

실업문제는 대체로 개발도상국일수록 심각한 것으로 보인다. 독일은 통일 이후 한때는 실업문제가 심각한 사회문제로 남아 있었으나 최근에는 다른 선진국에 비해 실업문제가 많이 개선된 것으로 보인다. [표 5-3]의 자료는 코로나19가 한창인 2021년 기준 자료로 이 시기는 예외적인 기간으로 볼 수 있으나 대체로 인도와 필리핀, 인도네시아 등은 높은 실업률을 기록하면서 경제에 큰 어려움을 겪고 있는 것으로 보인다. 반면 태국, 베트남, 말레이시아 등은 비교적 안정적인 취업구조로 되어 있다.

4. 소비지출 패턴

소비지출 패턴은 현지 시장과 현지인들의 라이프스타일을 이해하는 데 매우 중요한 정보이다. [표 5-4]의 의식주에 관련된 비용지출이 필리핀의 경우 수입의 57%를 지출하고 있다. 인도, 중국, 인도네시아 등도 소득의 50% 이상을 의식주에 관련하여 지출하고 있다. 주거비용 비율은 사회주의 체제인 베트남과 태국이 9~10% 수준으로 비교적 낮다. 그러나 흥미롭게도 사회주의 국가인 중국은 한국보다 주거비용 비율이 높다. 선진국의 주거비용 비율은 대략 16~27% 수준으로 개발도상국의 경우보다 높다.

TV 등 가전제품을 포함한 가정용 제품 및 서비스에 대한 지출 비중은 비교적 국가 간 큰 차이는 없으나 독일(7%)이 높게 나타났고 베트남(8%)도 높은 지출 수준을 나타내고 있다. 통신 관련 비용을 보면 말레이시아(8%), 인도네시아(6%)가 매우 높다. 여행, 취미활동 관련 여가 부문 지출 비율은 싱가포르 11%, 영국 10%, 독일 10% 순으로 높게 나타났다. 교육 관련 지출은 중국 6%, 베트남 6%, 인도 및 한국 5% 순으로 나타나 이러한 지역의 교육 관련 서비스 제품에 대한 높은 수요를 보여주고 있다. 전반적인 소비지출 패턴을 보면 선진국들과 개도국 간의 절대 소비지출액의 차이는 있겠지만 상대적인 지출 비율로 보면 많은 유사점도 발견하게 된다. 특히 개발도상국들의 의식주비용 비율이 선진국보다 10~20% 높은 상황에서, 가정용 소비재제품 및 서비스, 통신, 여가, 교육 부문에 선진국과 유사한 비율로 지출한다는 사실은 다국적기업에 시사하는 바가 크다고 하겠다.

표 5-4 총 가처분소득 중 항목별 지출 비율

(2021년 기준, %)

국가		의식주			의식주 소계	가정용 제품 및 서비스	건강제품, 의료 서비스	교통	통신	여가	교육	기타	총계
		음식	의복	주거									
선진국	미국	9	3	18	30	5	21	10	2	9	2	21	100
	독일	14	4	25	43	7	5	14	2	10	1	18	100
	영국	13	5	27	45	6	2	11	2	11	3	20	100
	일본	18	3	25	46	4	4	10	4	7	2	23	100
	한국	14	6	18	38	3	6	11	5	7	5	25	100
	싱가포르	9	3	16	28	5	8	14	2	11	4	28	100
개발도상국	중국	23	6	23	52	5	9	9	3	6	6	10	100
	말레이시아	23	3	15	41	5	3	12	8	6	2	23	100
	태국	26	4	9	39	4	4	14	2	6	1	30	100
	베트남	33	4	10	47	8	7	13	2	2	6	15	100
	인도	30	6	14	50	3	5	17	2	1	5	17	100
	인도네시아	40	4	11	55	2	3	17	6	2	4	11	100
	필리핀	44	1	12	57	3	3	11	3	2	4	17	100

* 자료: https://www.portal.euromonitor.com

Ⅱ 문화의 개념과 구성요소

1 문화에 대한 이해와 개념

1. 문화의 개념

문화란 한 마디로 일목요연하게 정의하기가 쉽지 않은 포괄적이고 다면적인 개념이다. 대부분 국가는 각기 독특한 문화적 특징을 가지고 있다. 한국 사람들은 집단의식이 강하고 민족주의 성향이 강한 반면, 타문화에 대한 수용이 약한 특징을 갖고 있다. 반면 미국 사람은 개인주의적 사고방식을 갖고 있고 한국과 같은 민족주의적 개념은 약하다. 많은 이민자 그룹들로 이룬 국가이기 때문에 타 문화에 대한 포용력이 강하다. 산업심리학자인 홉스테드(G. Hofstede)는 문화는 **한 그룹과 다른 그룹을 구별시켜주는 집단적인 정신적 프로그래밍(collective mental programming)**이라고 정의하고 있다. 보통 문화는 몇 가지 속성이 있다.

첫째, 문화는 **그룹 차원의 특성**을 갖는다. 한국 사람, 중국 사람, 일본 사람, 영국 사람 등 그룹에 따라 문화를 구별할 수 있다. 물론 말레이시아처럼 한 국가가 다민족으로 구성된 경우에는 문화 단위와 국가 단위가 꼭 일치하지는 않겠지만 편의상 문화 그룹을 국가 단위로 인식한다. 또한 각 개인은 성격과 성장배경은 다 다르겠지만 공통적인 사고방식을 공유하고 있다. 프로그래밍이라고 하는 용어를 쓰는 이유는 컴퓨터의 프로그램처럼 어떤 상황에서 같은 집단에 속해 있는 사람들은 대개 자동으로 유사한 반응을 보인다는 의미이다. 예를 들면, 한국 사람들은 대부분 아는 사람을 우연히 마주칠 때 고개를 약간 숙이고 '안녕하세요?'라는 말을 자기도 모르게 하게 된다. 따라서 문화는 사회구성원 행위를 조정하는 규범 및 가치체계이고 인간의 모든 사고, 행동, 느낌 등에 영향을 미치는 정신적 소프트웨어라 할 수 있다.

둘째, 문화는 **지속적인 특징**이 있다. 한번 학습되면 굳어져 쉽게 변화되지 않는다. 빠른 경제성장이나 정치적인 변혁을 겪으면서 한 사회의 문화가 변화될 수는 있으나 이 변화 과정은 서서히 일어난다. 또 문화는 우월, 열등의 절대적인 기준으로 판단될 수 있는 개념이 아니다. 문화는 단지 서로 다를 뿐이다. 한국 사람은 한국문화가 더 편하고 미국 사람은 미국문화가 더 편할 것이다. 문화는 상대적인 개념이다.

셋째, 문화는 **한 집단의 구성원들이 공통으로 갖고 있고 후천적으로 학습**된다. 예를 들면, 미국으로 이민한 한국인 부모 밑에서 태어난 자녀들은 인종적으로는 한국 사람이지만 문화적으로는

그림 5-5 사회·문화적 요소와 영향 분야

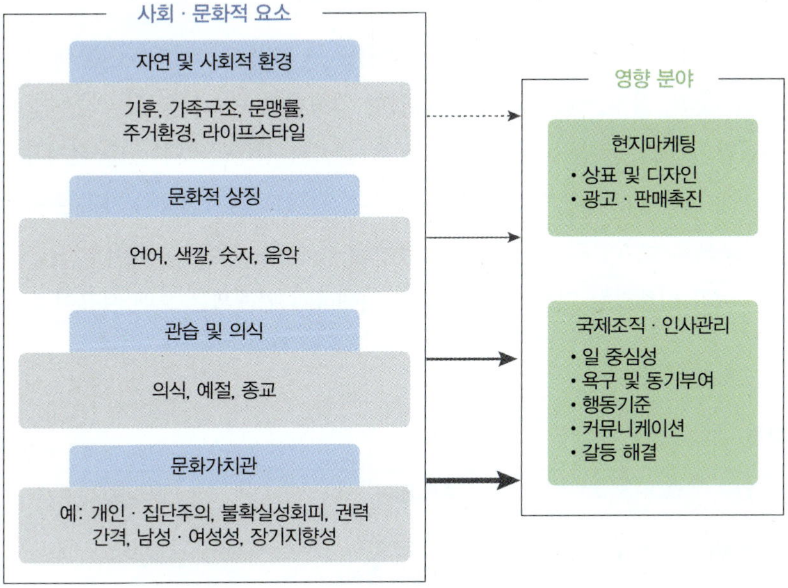

미국 사람이다. 문화학습 과정은 보통 아주 어렸을 때부터 이루어진다. 일반적으로 유아 시절과 초·중등학교 시절에 문화습득이 거의 이루어진다. 따라서 가정생활과 학교생활은 개인의 문화 및 가치관 형성에 중요한 역할을 하고 있다. 성년이 되어서는 이미 배운 문화적 관습에서 벗어나기 어렵고 다른 문화를 습득하기도 쉽지 않다. 한국 사람이 성인이 되어 해외로 이민하여서 현지에서 30~40년간을 살아도 문화적으로는 계속 한국적 사고와 가치관을 갖는 경우가 많다.

기업이 해외 진출 시 본국 문화와는 다른 새로운 현지 문화를 접하게 된다. 파송인 관리자들도 오랫동안 몸에 젖어온 본국 문화나 본사 조직문화 때문에 부임 초기 현지 문화에 대한 이해는 생각보다 쉽지 않다. 한국과 가까운 일본문화도 우리와 다른 점이 많은데 역사와 언어, 종교가 전혀 다른 동남아, 북미, 유럽, 남미 등 다른 국가에서는 더욱 많은 문화 차이가 있다. 현지 문화에 대한 정확한 이해는 성공적인 국제화 전략에 매우 중요하다. 문화요인들은 현지에서 제품판매, 광고 등 마케팅활동뿐만 아니라 현지인 인사노무관리, 본사 파견인 관리 등 기업 전반적인 운영에 광범위하고 깊숙이 영향력을 끼치고 있다. [그림 5-5]는 사회·문화적 요소와 영향 분야를 나타낸다. 이하에서 각 요소를 간략히 설명한다.

2 문화적 요소

문화적 환경에는 크게 **문화적 상징물, 관습·의식** 그리고 **가치관** 세 가지 요소가 있다. 첫째 문화적 상징물은 언어, 색깔, 숫자, 음악, 댄스, 그림 등 다양한 외형적인 요소이고 외국인들이 문화적 차이를 쉽게 인식할 수 있는 부분이다. 관습·의식은 문화적 상징물보다는 덜 현저하게 드러난다. 그리고 외국인이 이해하는 데 다소 시간이 걸린다. 그리고 현지인들의 가치관은 문화의 가장 핵심적인 부분으로 현지인의 사고방식 및 행동을 이해하는 데 가장 중요한 요소가 된다. 그러나 외국인이 이를 이해하는 것은 쉽지 않고 잘 이해하기 위해서는 오랜 시간이 소요된다.

표 5-5 세계 주요 문화권

(단위: 억 명, 1조 달러)

문화권	인구	GDP(명목)	주요 언어	주요 종교
극동 (FAR EASTERN)	16.59	25.5	한국어, 중국어, 일본어(한자 공용)	유교, 불교, 기독교, 도교
동남아시아 (SOUTH EASTERN)	6.74	3.6	말레이어, 인도네시아어, 중국어, 태국어, 타갈로그어 등	불교, 이슬람교, 천주교, 기독교, 힌두교
인도(INDIA)	14.17	3.2	힌디어, 영어	힌두교
근동아시아 (NEAR ESTERN)	1.84	1.4	이란어, 터키어, 그리스어	이슬람교, 그리스정교
아랍(ARAB)	4.53	2.4	아랍어	이슬람교
앵글로색슨 (ANGLO–SAXON)	4.86	30.8	영어	기독교
라틴 유럽 (LATIN EUROPEAN)	2.11	8.2	불어, 이태리어, 스페인어, 포르투갈어	천주교
독일(GERMANIC)	1.01	5.6	독일어	기독교
노르딕(NORDIC)	0.27	1.8	덴마크어, 스웨덴어	루터교
라틴 아메리칸 (LATIN AMERICAN)	4.50	2.8	스페인어	천주교
브라질(BRAZIL)	2.15	1.6	포르투갈어	천주교

* 자료: World Bank, IMF 등

1. 문화 상징물

가장 외형적인 문화 요소는 구성원 간 공유하는 상징적인 요소이다. **현지인들이 선호하는 또는 기피하는 언어, 의상, 음악, 색깔, 숫자 등 외형적인 상징 요소**를 의미한다. 예를 들어, 중국 사람들은 문화적으로 빨간색을 좋아하고 숫자 중에서는 8을 좋아하고 4를 싫어한다. 반면에 미국 사람들은 7을 좋아하고 13을 기피한다. 일부 고층 건물에는 아예 13층을 표시하지 않는 경우도 있다. 문화 상징물에 대한 정보는 외국인이라도 책 등을 통해 쉽게 배울 수 있고 이러한 차이에 쉽게 적응할 수 있다.

2. 관습 · 의식

문화의 두 번째 요소는 **제반 사회적 의식 및 절차**이다. 우리는 일상생활에서 많은 크고 작은 의식과 절차를 겪으면서 살아가고 있다. 이 부분은 예식이나 예절에 관한 사항이다. 예를 들면, 크게는 결혼식, 회갑연, 장례식과 같이 공식적인 행사에서부터 작게는 인사법, 손님 접대, 식사 예절, 주도(酒道) 등이 모두 문화의 영향을 받고 있다. 이러한 크고 작은 의식들을 행하는 데 문화적으로 각기 다른 절차와 특징이 있다. 예를 들면, 문화에 따라 상대방을 처음 만났을 때 행하는 인사법은 조금씩 다르다. 한국 사람은 사람을 처음 만났을 때 비교적 정중하고 공식적인 자세가 요청된다. 자리에 앉을 때도 자리 배치에 대해 서로 배려한다. 말을 할 때 경어로 신중히 하고 상대방을 존중하는 의미에서 많은 덕담을 주고받는다. 상담할 때는 당사자들이 상담내용 자체를 처음부터 이야기하는 경우는 드물고 회사 이야기나 당사자들이 평소 알고 있는 개인 친분 등 다른 화제를 많이 하고 본론에 들어간다. 그리고 상담할 때도 일반적으로 한 번 만남으로 끝나는 경우는 드물며 계속된 친분과 상호 신의를 쌓는데 이 과정도 시간이 걸린다. 또 중요한 사업 상담인 경우에는 제3자의 소개나 추천받는 경우가 일반적이다.

반면에 미국 사람들은 처음 사람을 만났을 때 오랜만에 다시 만난 친구처럼 서로 격의 없이 대한다. 이름 소개가 끝나면 Mr. Mrs. 등의 경칭이 아니라 first name(이름)만 부르고 대화를 하는 경우가 많다. 말을 할 때는 상대방의 시선을 보면서 이야기한다. 대화 내용은 개인적인 친분관계를 이야기하는 경우는 매우 드물고 날씨, 스포츠, 취미생활 등에 대해 대화를 주고받는다. 그러나 상담할 때는 곧바로 본론에 들어가면서 협상을 열심히 한다. 브라질 사람들은 처음 사람을 만날 때 인사로 가끔 포옹한다. 격의 없이 대화하면서 때로는 서로 감정 기복이 심하다. 이러한 의식과 절차에 대한 것들을 외국인이 현지국에 와서 이해하고 현지국 문화에 민감해지기 위해서는 문화적 상징물을 이해하는 것보다 더 큰 노력과 시간이 걸린다.

그림 5-6 위치로 보는 세계 주요 문화권

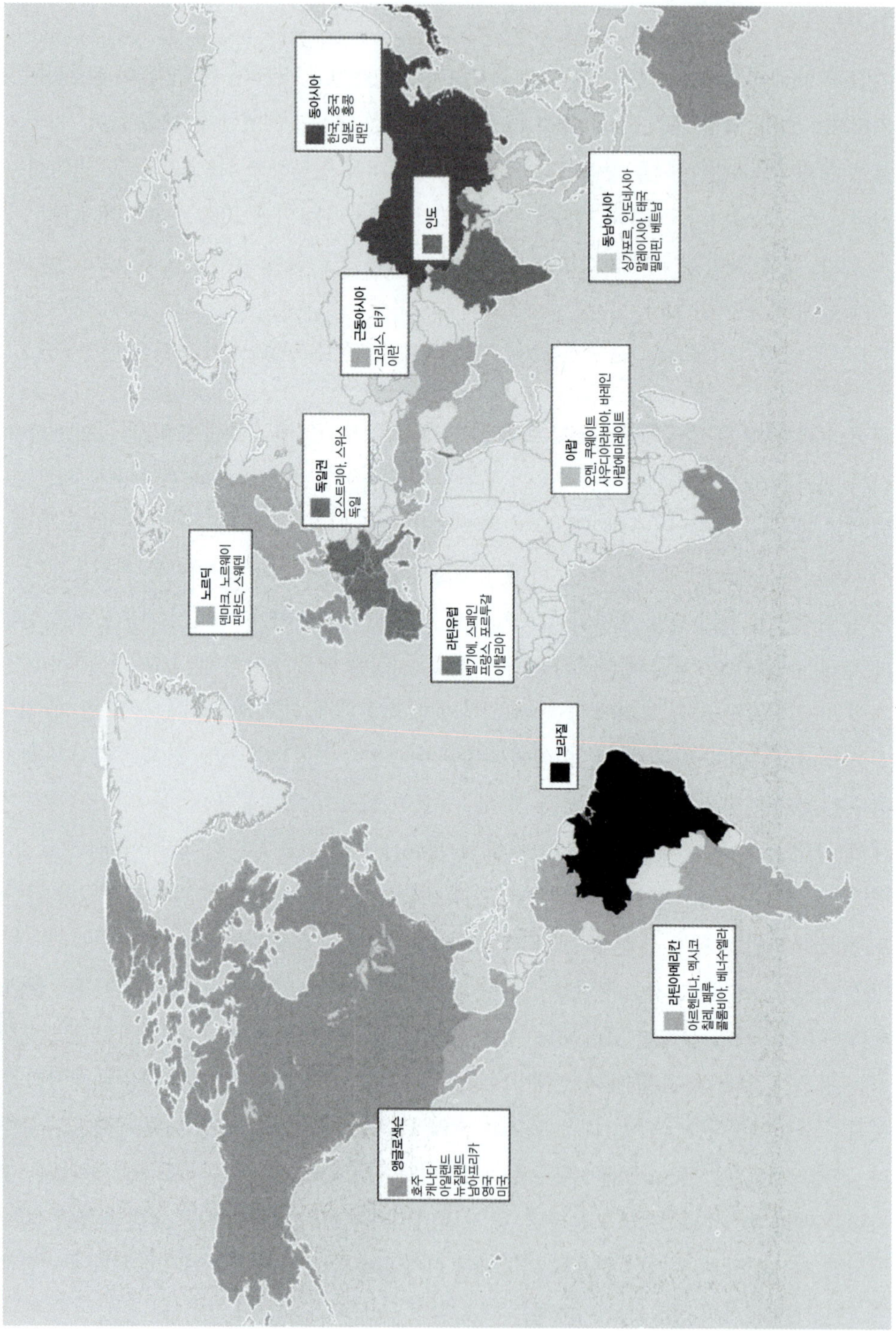

사례 5-2 인도네시아 비즈니스 예절

① 쇼핑 시즌과 선물

인도네시아 최대 명절은 라마단 금식 기간이 끝나는 '르바란' 인데 이때 한국의 설날처럼 민족 대이동이 일어나며 일가친척을 방문하고 선물을 한다. 기업들도 르바란에 선물을 하는 것이 관행처럼 되어 있어 소비재인 경우 이때가 가장 큰 구매 시즌이며 최근에는 서구화의 진전으로 연말 크리스마스 전후, 또 화교계를 중심으로 한 설날 전후도 특별 대목이다. 인도네시아인들은 선물을 주고받는 것을 무척 좋아하는데 인삼차, 홍삼차, 홍삼정 등 인삼 관련 제품이 한국적 선물로 무난하다. 한편 인도네시아 여성들에게 선물 시 한국산 스타킹, 마스크팩, 화장품도 인기가 좋은 선물이다.

② 업무복장

인도네시아에서는 무더운 기후로 일상적인 업무 시 넥타이와 상의 재킷을 입지 않고 셔츠만 입고 근무하는 경우가 많다. 또한 인도네시아 전통 복장인 바틱(Batik) 의 경우도 현지 문화를 존중하는 비즈니스 복장이 될 수 있다. 실제로 많은 기업에서 매주 금요일을 '바틱 데이(Batik Day)'로 지정하여 바틱 착용을 권장하고 있는 경우도 있다. 여성의 경우에는 이슬람 문화의 영향으로 노출이 심한 복장은 삼가하고 대부분 히잡을 착용하나 이슬람교를 믿지 않는 사람들(외국인 포함)에게 착용을 강제하지는 않고 있다.

③ 인사

인도네시아어 인사말은 영어와 같이 아침, 점심, 저녁에 따라 다르다.

- Selamat Pagi; 슬라맛 빠기; 좋은 아침
- Siang; 시앙; 점심 인사
- Sore; 소레; 오후 인사
- Malam; 말람; 저녁 인사

현지에서 비즈니스 시 다음과 같은 인사말은 상대방에게 좋은 인상을 준다.

- Senang bertumu anda; 스낭 버르뜨무 안다; 만나서 반갑습니다.
- Terima kasih; 뜨리마 까시; 감사합니다.
- Sampai jumpa lagi; 삼빠이 줌빠 라기; 또 만나요.

인도네시아어에는 존칭을 잘 챙기는 것이 좋다. 예를 들어 Mr. Kim, Ms. Kim과 같이 영어식으로 상대방을 호칭 하거나 Pak. Kim (빡 김 / 김선생님 – 남자), Ibu. Kim (이부 김 / 김여사님 – 여자) 와 같이 현지 호칭을 불러주면 보다 친근하고 격식이 있는 표현이 될 수 있다.

④ 식사

이슬람교의 영향으로 대부분 돼지고기를 먹지 않으므로 메뉴 선택에 유의해야 한다. 실제로 식당 메뉴판에 돼지고기 포함 유무를 명확히 표기하는 것이 대부분이며 돼지고기를 파는 식당은 흔하지 않다. 격식이 있는 자리에서는 대부분 포크, 수저 등을 사용하나 일부 현지식의 경우 각자 음식을 덜어 손으로 먹는 경우도 있다. 이 경우 왼손은 불결하다고 생각하기 때문에 반드시 오른손을 사용해야 한다. 음주의 경우 보수적인 이슬람 문화의 영향으로 공공장소에서 대놓고 마시지는 않고 실제 주류를 판매하는 식당도 드물고 판매하더라도 맥주 정도의 주류만 판매한다. 그러나 일부 현지인의 경우 비공식적으로 음주를 즐기는 경우도 있으므로 충분히 친해진 다음에 음주에 관한 사항을 사전에 체크하여 불필요한 오해를 줄일 필요가 있다. 반면 흡연의 경우 상당히 관대한 편으로 성인 남성의 흡연율이 상당히 높은 편이다. 또 많은 식당에서 흡연을 허용하고 있다.

⑤ 약속

상대방이 약속 시간을 지키지 못하는 경우가 많으며 상대방이 늦게 도착 시 불쾌한 표정을 짓는 것은 피해야 한다. 자카르타와 같은 대도시에서 교통 체증 및 기도 시간으로 10분 거리가 1시간 이상 걸리는 경우도 많다. 자카르타 시내는 특히 월요일과 금요일, 비가 오는 날은 차량 정체가 매우 심하므로 상대방이 약속 시간을 지키지 못하더라도 넓은 마음으로 이해할 필요가 있다. 또 상대방을 방문할 경우에는 충분한 시간적 여유를 두고 출발하는 것이 바람직하다.

⑥ 업무 처리

인도네시아인들은 일반적으로 서둘러 일처리하는 것을 좋아하지 않는다. 비즈니스 협상도 충분한 시간을 가지고 진행되며 간혹 사전에 철저한 계획을 세워서 일을 처리하지 않는 경향이 있다. '일처리를 잘해주세요'라는 의미로 'Pelan-pelan saja(쁠란쁠란 사자)'라는 표현을 사용하는데 원래의 의미는 '천천히 하라'는 뜻이다. 한국의 '빨리 빨리'를 인도네시아 파트너에게 강요하면 오히려 역효과가 나타날 수 있는데, '빨리빨리'는 일의 정확성과는 관계없이 대충 처리해도 된다는 뜻으로 받아들여질 수 있기 때문이다. 따라서 인도네시아 비즈니스는 단기 이익보다는 장기적인 관점에서 인내심을 가지고 추진하는 것이 바람직하다.

* 자료: 성공적인 비즈니스를 위한 글로벌 비즈니스 에티켓 (신만수 감수), 롯데 E&C, 65~68쪽 인용

3. 가치관

세 번째 문화요인은 가치관이다. 가치관이란 사람 심리의 가장 밑바닥에 자리 잡고 있어 잘 드러나지는 않지만, **사람의 행동, 사고방식, 의견 등에 직접적인 영향을 주는 중요한 부분**이다. 가치관이란 한 개인이 살아가는데 행동과 생각의 기준이 되는 중요한 덕목들이다. 따라서 가치관의 결과로 특정 사물, 아이디어, 태도, 행위 등에 긍정적 또는 부정적인 감정이 분명해진다. 예

를 들면, 인간관계에서 어떤 문화에서는 조직체 구성원 간의 관계를 중요시하는 집단주의 성향이 강한 경우도 있겠고, 어떤 경우에는 구성원 간의 관계보다는 개인의 감정이나 욕망을 먼저 생각하고 행동하는 개인주의 성향이 강한 문화도 있다. 이러한 가치관들은 외형적인 문화상징 요소나 의식 및 절차보다도 더 근본적인 문화 요소이고 한 번 습득하면 변화하기 어려운 부분이다. 문화상징 요소나, 의식 및 문화절차는 비교적 쉽게 배울 수 있고 이해할 수 있다. 그러나 세 문화 요인 중에 현지 소비자나 현지 종업원을 가장 잘 이해하기 위해서는 가치관을 잘 이해해야 한다. 왜냐하면 가치관은 매우 광범위하게 현지 종업원 관리 분야에 직접적인 영향을 끼친다. 다음은 여러 학자에 의해 제시된 문화 가치관 모형들을 중심으로 문화 가치관에 대해 보다 깊이 있게 살펴본다.

Ⅲ 문화모형

1 클로크혼(F. R. Kluckhohn)과 스트로드백(F. L. Strodbeck) 문화모형

[표 5-6]과 같이 클로크혼 모형은 상이한 문화를 비교하기 위하여 인간의 여섯 가지 기본 문제에 대한 질문을 제시하여 각 질문 항목에 대한 답변을 제시했다.

표 5-6 클로크혼의 문화지향성

문화요소	행위 및 사고 차원	경영시사점
인간의 본성	• 기본적으로 선 • 기본적으로 악 • 선과 악의 혼합	• Theory Y, 참여적 경영 선호, 신뢰 • Theory X, 동료와 부하에 대한 불신 • 중개자의 역할 강조
인간과 자연의 관계	• 자연을 지배 • 자연과의 조화 • 자연에 복종	• 계획을 강조, 조직문화 변화에 긍정적인 반응 • 작업장에서의 공개적인 마찰 회피성향, 타인의 존중 • 외부통제 수용성이 높음, 조직문화 변화에 부정적 반응
인간관계	• 개인주의적 • 집단주의적(수평적 관계를 중시) • 권위주의적(수직적 관계를 중시)	• 그룹의 이익보다는 개인의 이익과 목적을 중시, 경쟁을 강조 • 그룹 내 관계가 상호 의존적이나 수평적 관계 중시, 전원합의체 의사결정 • 권위에 대한 존중, 연공서열, 위계적 의사소통

활동양식	• 동적 • 통제적 • 정적	• 성과를 중시함, 높은 일의 중심성 • 자기통제를 강조, 본인 주도로 점진적으로 업무수행 • 계획과 성과를 덜 중시, 지위는 선천적으로 결정됨, 본인 선호 사상, 가치관 중시
시간지향성	• 미래지향적 • 현재지향적 • 과거지향적	• 과거 성과보다 미래 계획이 우선시됨, 변화와 훈련을 중시 • 현재의 안건이 우선시됨 • 과거 성과를 기초로 한 계획수립, 과거의 전통 중시
공간지향성	• 사적 • 공 · 사 혼합 • 공적	• 개인적 소유를 중시, 격리된 장소에서의 미팅이 보통 • 공사의 구분 • 공개회의를 선호, 장소공유 선호

1. 인간의 본성

인간의 본성은 기본적으로 선한 것인가 악한 것인가? 또 인간의 본성은 변할 수 있는 것인가, 아니면 절대 불변하는 것인가? 이 두 질문에 대한 답에 따라 인간의 본성에 대해 다른 가정을 하게 될 것이다. 대부분 미국 사람들은 열심히 일하면 원하는 것을 성취할 수 있고 인간의 본성은 변할 수 있다고 믿는다. 그러나 갈등을 법률에 의존하여 해결하는 경향은 인간의 본성에 대한 비관적인 면을 보여주고 있어 인간의 본성이 선과 악의 혼합으로 보는 문화로 가정하고 있다.

2. 인간과 자연의 관계

인간과 자연과의 관계를 어떻게 인식하는가 하는 문제이다. 미국인들은 역사가 불과 250~300여 년에 불과하지만 신대륙을 개척하면서 **자연을 지배**할 수 있다고 믿고 있다. 반면에 아랍문화나 인도의 힌두문화는 재앙을 피하거나 자연을 지배할 수 있는 인간의 능력에 회의적인 견해를 가지고 있다.

3. 인간관계

인간관계가 개인주의적인가, 집단주의적인가 또는 권위주의적인가 하는 문제이다. 서구인들은 개인적인 성취를 중시하고 개인의 기회와 능력의 극대화를 가치 있는 것으로 여긴다. 반면 유교권 동양적인 문화는 인간관계가 집단적이라고 가정한다. 또 유교권 문화에서는 인간관계에서 위계질서와 권위를 존중한다.

4. 활동양식

사람의 활동 양식은 정적인가, 동적인가 하는 문제에 있어서 미국인들은 설정된 목표에 대해 측정할 수 있는 업적을 강조한다. 그리고 끊임없이 목표에 대한 도달 여부를 평가하고 개인들은 목표 달성을 위해 끊임없이 노력하는 동적인 사회이다. 반면 정적인 문화는 일, 특히 성과에 대한 동기부여를 그다지 중요시하지 않는다.

5. 시간 지향성

사람의 **시간 지향성은 과거인가? 현재인가? 미래인가?** 미래지향적인 미국인들은 보다 나은 미래를 위해 철저한 계획이 필요하다고 믿는다. 반면 상대적으로 동양인들은 미국인들보다는 과거의 전통과 역사적인 교훈을 강조하고 이를 토대로 의사결정을 하는 과거지향적 문화이나 예외도 많다. 예를 들어 오늘날 한국기업문화는 오히려 미래지향적이라 볼 수 있다. 그러나 과거의 업적과 역사를 강조할수록 그 문화는 과거지향적이라고 볼 수 있다.

6. 공간 지향성

사람은 **물리적 공간을 사적으로 이용하는가 또는 공적으로 이용하는가 하는 문제**이다. 미국인은 통상 중요한 회의를 폐쇄적인 장소를 이용하여 방해받지 않고 은밀한 진행을 선호하고 개인사무실도 가급적 독립공간을 선호한다. 반면 한국이나 일본 등에서는 사무실 공간을 같은 부서 직원들끼리 공유한다.

클로크혼 문화모형은 일반적인 문화 특성을 설명하고 이해하는 데는 좋은 모델이 될 수 있다. 그러나 객관적이고 계량화할 수 있는 기준이 제시되지 않아 여러 문화를 동시에 비교를 하는 데에는 한계가 있다.

2 할(E. T. Hall)의 문화모형

상이한 문화에 속하는 구성원은 특정 상황에 관해 상의하게 반응한다. Hall은 각국의 문화를 의사소통 방식에 따라 **고배경문화**(high-context culture)와 **저배경문화**(low-context culture)로 구분하고 있다. 고배경문화는 의사소통이 대화 내용 자체보다는 배경(context), 즉 **대화 시 외부 환경, 상황, 비언어적 표현**(non verbal expression) 등에 의존해서 이루어지는 문화를 말한다.

따라서 고배경문화 구성원은 의사소통 상황에서 '배경'에 대한 암묵적 의미를 해석하는 방법을 습득하게 된다. 반면 저배경문화에서 외부환경과 비언어적인 행위는 상대적으로 중요하지 않다. 대신 주로 대화 내용 자체를 중요시하며 의사소통하게 된다. 또 문서화된 계약 내용을 중시한다.

고배경문화에서는 책임과 신뢰가 중요한 가치 덕목으로 여겨지고 있어 법률적인 서류보다 때로는 개인의 말이 더욱 확실한 보증이 된다. 반면 저배경문화에서는 명확한 정보의 교환으로 의사소통이 이루어지고 개인의 서명이 포함된 문서나 법률적인 서류가 보증서 역할을 한다. 고배경문화인 한국, 중국, 일본에서는 협상에 서명한 후에라도 추후 변경을 요구하는 것이 가능하나 저배경문화인 미국에서는 이러한 요구는 받아들여지지 않을 것이다. 즉, 동양권에서는 많은 계약에서 상황이 변한다면 재협상 될 수 있다는 조항을 포함하고 있다. 조직의 실패에 대한 책임소재를 고배경문화에서는 최고위층에 두지만, 저배경문화에서는 실무자에 둔다. 일본, 한국, 중국, 베트남과 다른 아시아 국가들이 고배경문화에 속하고 미국, 독일, 스칸디나비안 국가들이 저배경문화 국가에 속한다.

표 5-7 고배경문화와 저배경문화

특징	고배경(high-context)문화	저배경(low-context)문화
법, 변호사	덜 중요하다.	아주 중요하다.
개인의 말	그 개인에 대한 보증이다.	신뢰되지 않으며, 서면으로 남겨둔다.
공간 개념	서로 어울리는 공간을 중요시한다.	개인적 공간을 중요시하며 침해받기 싫어한다.
실패에 대한 책임	조직의 최고위층이 진다.	조직의 하위층(실무자)으로 돌려진다.
시간개념	시간구분이 분명하지 않다.	시간은 돈이며, 매사는 한 번에 하나씩 처리된다.
협상	협상은 오래 걸린다. 협상의 목적은 당사자들을 서로 아는 데 있다.	신속하게 진행된다.

3 홉스테드(G. Hofstede) 및 GLOBE 연구 문화모형

홉스테드는 미국 IBM의 본사 및 해외 50여 개 자회사에 근무하는 11만 명 이상의 종업원을 대상으로 직무 관련 가치 성향에 대한 연구를 1970년 초부터 수년간 수행한 결과, 각 국가의 문화 특성을 일목요연하게 나타낼 수 있는 네 문화 차원을 도출했다. 즉, 개인·집단주의, 권력간격, 불확실성 회피, 남성·여성문화이다. 그리고 이후 다른 연구자에 의해 도출된 장기지향성을 도입 추가했다. 2004년 책으로 연구 결과가 종합 발표된 GLOBE(Global Leadership and Organizational Behavior Effectiveness Research Program) 문화연구는 Robert J. House 교수와 수십 명의 연구팀이 1994년부터 1997년까지 62개 국가 및 지역의 17,370명의 중간관리자를 대상으로 한 설문을 기초로 수행되었다. 기본적으로 홉스테드의 문화 차원을 포함한 9개 차원에 대한 국가별 비교를 시도했다. 두 연구 간 각 문화 차원을 측정하는 세부 항목들과 방법은 다소 다르나 기본적인 개념은 유사하고 포함된 표본 국가들이 상당수 중복되어 두 연구 결과를 큰 무리 없이 비교해 볼 수 있을 것이다. 다만 비교 시 두 연구 시점이 크게 차이가 나고 구체적인 지수 도출 방법에 차이가 있다는 점을 감안할 필요가 있다.

1. 개인 · 집단주의

개인주의(individualism)는 **집단의 이익보다 개인에게 주어지는 시간적 자유나 자기 이익을 중요시하는 가치 성향**을 반영한다. 즉, 개인주의 성향이 높은 사회에서는 구성원들은 자신의 이익을 집단의 이익보다 우선시한다. 그리고 각자 자신의 이익을 추구함으로써 개인 간의 구속력이 느슨한 사회구조로 되어 있다. 집단주의(collectivism)적 성향이 높은 사회에서는 반대로 구성원들이 각자가 속해있는 조직에 대한 귀속감이 강하여 자기 이익보다도 집단의 이익을 더 중요시한다. 홉스테드의 연구에 따르면 미국, 영국, 호주 그리고 네덜란드 등은 매우 개인주의적인 국가들이고, 대만, 인도네시아, 한국 등은 매우 집단주의적인 국가들이다. 인도, 오스트리아, 스페인 등은 양자의 중간에 위치하는 국가로 나타났다. GLOBE 연구 결과도 비슷한 모습을 보인다. 대부분의 서구 국가들은 개인주의 성향이 강하고 필리핀, 인도를 비롯한 여러 아시아 국가는 집단주의 성향이 높은 것으로 나타났다.

2. 권력 간격

권력 간격(power distance)이 높은 문화의 조직구성원들은 **조직 내에 존재하고 있는 부와 권력의 불평등에 대하여 쉽게 용인하는 태도**를 가진다. 반면 권력 간격이 낮은 문화에서는 구성원들이 권력의 불평등을 해소하려고 노력한다. 권력 간격에 대한 사회구성원의 태도를 통하여 구성원들의 권위주의적 성향과 집권화에 대한 선호 정도를 비교할 수 있다. **권력 간격이 클수록 권위주의적 성향이 강하고 집권화된 조직구조를 선호**한다. 연구 결과 필리핀, 말레이시아, 멕시코, 인도 등은 권력 간격이 가장 큰 국가군에 속하는 것으로 나타났으며, 반면에 스웨덴, 네덜란

표 5-8 Hofstede 및 GLOBE 연구 문화지수[1]

	개인 · 집단주의[2]		권력간격		불확실성회피		남성 · 여성성[3]		장기지향성	
미국	91	4.25	40	4.88	46	4.15	62	3.34	29	4.15
호주	90	4.17	36	4.74	51	4.39	61	3.40	31	4.09
영국	89	4.08	35	5.15	35	4.65	66	3.67	25	4.28
캐나다	80	4.26	39	4.82	48	4.58	52	3.70	23	4.44
네덜란드	80	3.70	38	4.11	53	4.70	14	3.50	44	4.61
이탈리아	76	4.94	50	5.43	75	3.79	70	3.24	–	3.25
프랑스	71	4.37	68	5.28	86	4.43	43	3.64	–	3.48
스웨덴	71	3.66	31	4.85	29	5.32	5	3.84	33	4.39
독일	67	4.27	35	5.40	65	5.19	66	3.08	31	4.11
인도	48	5.92	77	5.47	40	4.15	56	2.90	61	4.19
일본	46	4.63	54	5.11	92	4.07	95	3.19	80	4.29
아르헨티나	46	5.51	49	5.64	86	3.65	56	3.49	–	3.08
이집트	38	5.64	80	4.92	68	4.06	53	2.81	–	3.86
브라질	38	5.18	69	5.33	76	3.60	49	3.31	65	3.81
필리핀	32	6.36	94	5.44	44	3.89	64	3.64	19	4.15
멕시코	30	5.71	81	5.22	82	4.18	69	3.64	–	3.87
슬로베니아	27	5.43	76	5.33	88	3.78	21	3.96	–	3.59
말레이시아	26	5.51	104	5.17	36	4.78	50	3.51	–	4.58
홍콩	25	5.32	68	4.96	29	4.32	57	3.47	96	4.03
칠레	23	–	63	–	86	–	28	–	–	–
싱가포르	20	5.64	74	4.99	8	5.31	48	3.70	48	5.07
태국	20	5.70	64	5.63	64	3.93	34	3.35	56	3.43
한국	18	5.54	60	5.61	85	3.55	39	2.50	75	3.97
대만	17	5.59	58	5.18	69	4.34	45	3.18	87	3.96
인도네시아	14	5.68	78	5.18	48	4.17	46	3.26	–	3.86
중국	–	5.80	–	5.04	–	4.94	–	3.05	118	3.75

1) Hofstede 문화지수는 대체로 지수가 0~100 사이에 분포되도록 통계처리를 하여 국가 간 문화 차이를 쉽게 파악할 수 있도록 했고 GLOBE Project의 지수는 1~7 리커트 수치의 평균치임

2) Hofstede의 개인 · 집단주의 지수는 높을수록 개인주의 성향이 강함을 의미하나, GLOBE Project의 개인 · 집단주의 지수는 높을수록 집단주의 성향이 강함을 의미

3) Hofstede의 남성 · 여성성 지수는 높을수록 남성성 성향이 강함을 의미하나, GLOBE Project의 남성 · 여성성 지수는 높을수록 여성성 성향이 강함을 의미

그림 5-7 권력간격과 개인·집단주의

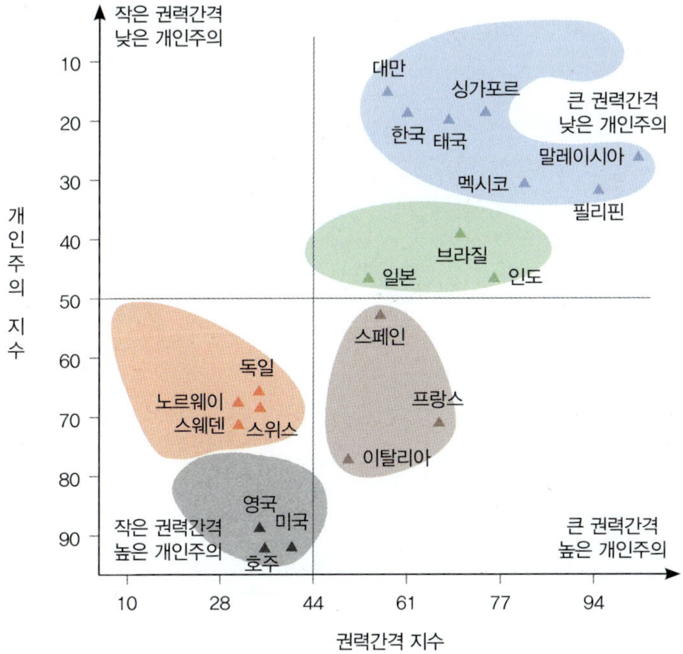

드, 호주 등은 권력 간격이 가장 작은 국가군으로 나타났다. 그러나 GLOBE 연구 결과는 국가별로 다소 차이를 나타내고 있다. 즉, 전체적으로 보면 많은 서구국가가 상대적으로 낮은 권력 간격 수준을 보이고 있고 아시아 국가들이 높은 권력 간격을 보이기는 하나 예외적인 국가들도 나타나고 있다. 말레이시아의 경우 홉스테드 연구에서 가장 높은 수준의 권력 간격을 보였으나 GLOBE 연구에서는 중간 정도 수준의 권력 간격을 보인다. 반면 유럽 국가 중 독일의 경우 홉스테드 연구와 달리 높은 권력 간격 수준을 보인다.

3. 불확실성 회피

불확실성 회피(uncertainty avoidance) 차원은 **사회 또는 조직구성원들이 미래의 불확실성이나 모호함을 어떻게 받아들일 것인가**를 나타낸다. 불확실성 회피가 강한 사회에서는 불안 등이 뚜렷하게 나타나며 **불확실성을 줄이기 위해 각종 법적·제도적 장치**를 만든다. 또 조직구성원들의 행동은 비교적 적극적이고 활동적이며, 공격적인 성향을 보인다. 반면 불확실성 회피가 약한 사회에서는 미래의 불확실성에 대해 크게 위험을 느끼지 않는다. 불확실성 회피 성향이 높은

그림 5-8 권력간격과 불확실성 회피

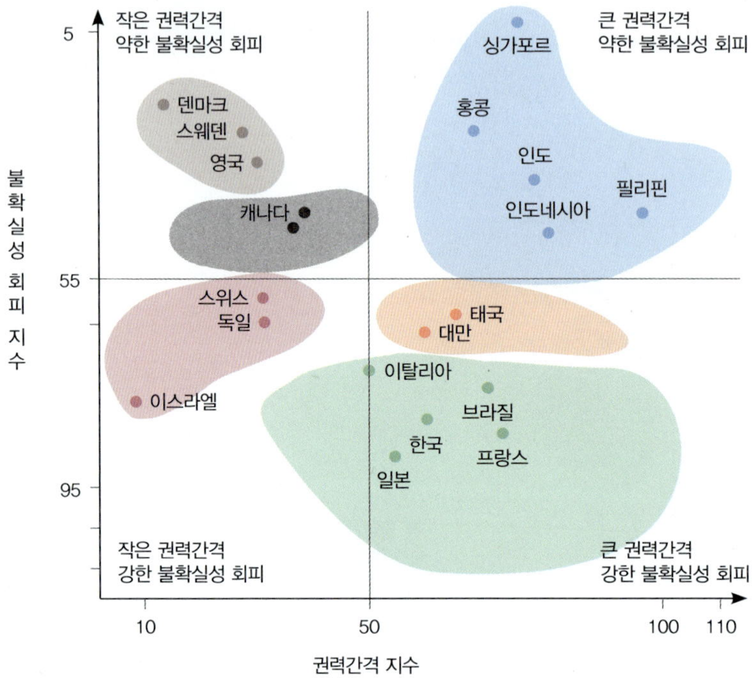

국가로는 일본, 멕시코, 아르헨티나 등이 포함되며 불확실성 회피 성향이 낮은 국가로는 싱가포르, 덴마크, 오스트리아 등이 해당한다. 불확실성 회피 차원에서 홉스테드 연구와 GLOBE 연구를 비교해 보면 국가별로 상당히 많은 차이를 나타내고 있다. 불확실성 회피 성향이 낮게 나타났던 싱가포르, 스웨덴의 경우 GLOBE 연구에서는 반대로 불확실성 회피 성향이 상당히 높게 나타났다. 반대로 불확실성 회피 성향이 높게 나타났던 일본, 아르헨티나, 멕시코의 경우 GLOBE 연구에서는 중간 또는 낮은 불확실성 회피 수준을 보인다. 한국의 경우도 흥미롭게도 GLOBE 연구에서는 불확실성 회피가 상당히 낮게 나타났다. 이러한 차이는 두 연구조사에 사용되었던 구체적인 설문 항목의 차이에 기인한 것으로 보인다.

4. 남성성과 여성성

남성성(masculinity)과 여성성(femininity) 차원은 사회나 조직구성원들이 **남성과 여성의 사회적 역할을 얼마나 분명하게 구분**하는지를 나타낸다. 남성은 가족부양을 위해 밖에서 경제적인 생활을 해야 하고 여성은 집에서 육아해야 한다는 견해에서처럼 남성과 여성의 사회적 역할이

그림 5-9 불확실성과 남성·여성

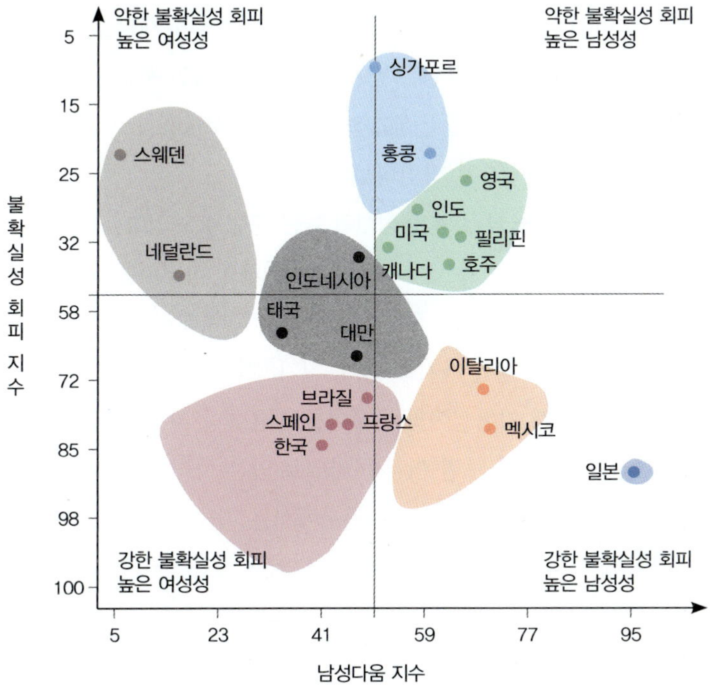

명확하게 구분되는 사회를 '남성적 문화'로 보고 상대적으로 불분명하게 구분되는 사회를 '여성적 문화'로 본다. 남성성이 높은 사회에서 남성은 자기주장이 강하고 거칠고 물질적인 성공을 중요시한다. 반면 여성성이 높은 사회일수록 남성과 여성이 모두 겸손하고 부드러우며 물질적인 성공보다는 상호의존적인 관계를 중요시하고 삶의 질 등을 강조한다. 남성문화가 높은 사회로는 일본, 베네수엘라 등이 있고, 여성성 경향이 높은 사회로는 덴마크, 스웨덴, 노르웨이 등이다. GLOBE 연구 결과를 보면 대체로 서구국가들이 상대적으로 낮은 남성성을 보이고 있고 아시아 및 개발도상국 국가들은 높은 남성성을 보인다. 홉스테드의 연구에서 여성성이 높게 나타났던 한국의 경우도 GLOBE 연구에서 남성성이 가장 높게 나타났다. 일본의 경우는 중간 정도의 남성성을 갖는 것으로 나타나 홉스테드 연구와 차이를 보였다.

5. 장기지향성

Michael Bond(1987)는 중국학자들의 도움으로 개발된 '중국 가치조사'(Chinese Value Survey: CVS) 설문지를 통해 22개국 대학생들을 대상으로 연구를 수행한 결과 몇 가지의 가치 차원을 도출했다. 홉스테드는 기존의 문화 척도가 너무 지나치게 서구가치를 바탕으로 하고 있다는 약점을 보완하기 위해 Bond의 연구 결과에서 도출된 장기지향성을 새로운 문화 차원으로 그의 기존 문화 모델에 추가 도입했다. 이 차원은 끈기, 절약, 개인적인 꾸준함, 전통에 대한 존중 등 4가지 동양적 가치 항목들로 구성되었고 **유교적 역동성**(Confucian dynamism) 또는 **장기지향성**(long-term orientation) 차원으로 명명되었다.

장기지향성이 높은 사회는 절약과 저축률, 참을성 및 희생정신이 높은 경향을 보인다. 반면 단기지향적인 사회는 소비지향적이며 저축률이 낮고 투자에 대해 빠른 결과를 기대하는 성향을 나타낸다. 이렇게 분류한 이유로는 끈기나 절약은 상대적으로 장기적이고 미래지향적인 가치로 볼 수 있고 반면 소비지향적인 것은 현재지향적인 가치로 볼 수 있기 때문이다.

GLOBE 연구에서는 장기지향성 대신 미래 지향성이라는 용어를 사용했다. 미래 지향성 차원에서 홉스테드 연구와 GLOBE 연구를 비교해 보면 역시 국가별로 많은 차이를 보인다. 장기지향성이 매우 높게 나타났던 중국, 한국의 경우 GLOBE 연구에서는 미래 지향성이 중간 이하로 나타났다. 반면 장기지향성이 낮게 나타났던 캐나다, 영국 등 서구 국가들의 경우 미래 지향성이 높게 나타났다.

6. 홉스테드 문화모형에 대한 평가

홉스테드의 중요한 학문적 기여는 그의 문화 차원들을 경영학 분야에서 중요하게 여기는 **리더십, 조직 유형, 동기부여 등의 개념과 관련하여 고찰**한 데 있다. 예를 들어, 리더십은 개인주의와 권력 간격과 가장 깊은 연관이 있다고 보았다. 미국 등과 같이 개인주의적 성향이 강하고 권력 간격이 낮은 국가들의 경우에는 참여적인 의사결정 방식과 자유방임적인 리더십이 선호된다. 그러나 집단주의 성향이 강하고 권력 간격이 높은 한국, 일본의 경우에는 전제적 리더십이 적합하다고 보았다.

조직구조는 권력 간격, 불확실성 회피의 차원들과 관련이 깊다고 보았다. 홉스테드에 따르면 권력 간격이 큰 문화일수록 권한의 불평등이 쉽게 용인이 되고 계층적인 조직구조를 선호하게 된다. 반면에 권력 간격이 낮은 문화일수록 수평적인 조직구조를 선호하게 된다. 불확실성 회피 정도가 높을수록 조직에 높은 규제와 통제를 가져오게 된다. 동기부여 측면에서도 개인주의와 집단주의 차원과 관련이 있다고 보았는데, 집단주의 성향이 높은 문화일수록 종업원은 개인이나 가족보다는 회사 또는 조직 생활에 더 큰 비중을 두게 된다. 즉, 집단주의적 성향이 강한

표 5-9 홉스테드 네 문화 차원의 시사점

작은 권력간격 사회	큰 권력간격 사회
• 조직계층은 역할의 불균등 의미 • 부하직원과 협조 기대 • 민주적 리더	• 계층은 실존적인 불균등 • 부하직원은 지시를 받을 것으로 기대 • '좋은 아버지' 리더
집단주의 사회	**개인주의 사회**
• 그룹 구성원 여부에 따라 다른 가치기준 적용 • 관계가 직무보다 우선 • 종업원–경영자 규범적 관계	• 동일한 가치적용 • 직무가 관계보다 우선 • 계산적 관계
여성문화	**남성문화**
• 자신을 내놓지 않음 • 생활의 질 강조 • 직관, 느낌	• 자신을 지나치게 과시 • 직장, Career • 의사결정능력
약한 불확실성 회피	**강한 불확실성 회피**
• 규칙에 대해 싫어함 • 비공식화, 비표준화	• 규칙선호 • 공식화, 표준화

* 자료: Hofstede, G., Cultures and Organizations: Software of the Mind, London, McGraw–Hill, 1990(세계의 문화와 조직, 차재호 외 역)

국가들일수록 각 구성원이 조직에 대한 충성도나 의무감이 강하게 작용하고 있고 또 내부 집단 구성원들과의 관계에서도 체면을 중요하게 여기는 경향이 강하다고 보고 있다. 그리고 마지막으로 남성문화 성향이 강할수록 남성·여성 간의 역할 차이를 강조하고 또 과정보다는 결과를 중시하는 조직 분위기기를 선호하게 된다.

홉스테드의 연구는 많은 이론적 및 실무적 유용성에도 불구하고 많은 문제점도 내포하고 있다. 논쟁의 초점은 홉스테드가 제시한 개인·집단주의, 권력 간격, 불확실성 회피, 남성성과 여성성 등 보편적인 네 문화 차원이 과연 세계 각 문화에 보편적으로 존재하는가 하는 점이다. 이에 대해 일부 연구들은 회의적인 결과를 보여주고 있다. 그뿐만 아니라 네 문화 차원이 존재한다고 가정하더라도 네 문화 차원 지수가 오늘날에는 1970년대 자료를 이용한 홉스테드의 최초 연구 결과와 더 이상 일치하지 않는다고 주장되고 있다. 이러한 주장이 위에서 간단히 살펴본 GLOBE 연구에서 일부 지지가 되고 있다. 위에서 언급된 대로 홉스테드 연구와 GLOBE 연구 간에는 개인·집단주의 차원을 제외하고는 적지 않은 차이를 보인다. 아마도 이러한 두 연구 간의 큰 차이는 아마도 불확실성 회피 차원을 측정하는 설문 문항의 차이와 표본의 비대칭성, 그리고 두 연구 시점 간의 차이 등이 발생하였으리라고 판단된다.

Ⅳ 문화와 국제경영

현지 투자국의 사회·문화적 환경이 기업경영에 미치는 영향은 광범위하다. 특히 문화에 의해 다음 두 가지 영역에 직접적인 영향을 끼친다. 첫째, **다국적기업의 현지 및 글로벌 마케팅 관련 전략**에 많은 영향을 끼친다. 다국적기업의 상표, 디자인전략, 가격전략, 유통전략, 광고 및 판매촉진 전략 등이 문화에 많은 영향을 받는다.

그리고 둘째, 문화에 의해 영향을 받는 영역은 **국제조직 및 인사관리 부문**이다. 현지 종업원의 욕구 및 동기부여, 조직몰입, 커뮤니케이션 패턴 등은 매우 핵심적인 경영관리의 이슈이다. 현지 문화를 잘 이해해야만 현지 종업원들과 원만한 관계를 유지할 수 있고 효율적으로 그들을 관리할 수 있다. 또 한국기업이 성공적으로 해외 자회사를 운영하기 위해서는 현지에 적합한 경영 및 인사관리 제도의 확립이 요구된다. 예를 들어, 연공 서열, 인화 및 장기고용제도 등을 중시했던 전통적인 한국식 경영 방식이 과연 어느 정도 해외 현지 자회사의 현실과 현지 가치관에 적용될 수 있는지 알기 위해서는 현지 문화에 대한 이해가 필수적이다. 이하에서는 문화가 국제경영에 끼치는 영향에 관하여 살펴본다.

1 문화와 현지마케팅

지금까지 다양한 문화 요소와 문화모형을 살펴보았다. 이들 문화가 영향을 끼치는 중요한 부분 중의 하나가 현지마케팅 부문이다. 문화와 관련이 많은 제품은 특히 의·식·주 관련 제품이다. 의·식·주 관련 제품에 대해서는 국제간 차이가 크므로 이들과 관련된 제품전략에 대해서는 각별히 신경을 써야 한다. 한국 사람들은 뜨거운 국물이 있는 식사를 해야 잘 먹었다고 생각한다. 한국에서는 라면 제품을 바쁠 때 끓여 먹는 식사 대용 제품으로 인식하고 있다. 그러나 미국 등 서구에서는 라면을 마시는 간식 대용 수프 제품으로 인식한다. 따라서 봉지 라면은 한국에 비해 상대적으로 인기가 없다. 1980년대 중반 일본에서 처음으로 컵라면 제품이 국내시장에 도입이 되었을 때 초반에는 큰 성공을 거두지 못했다. 컵 용기가 뜨거운 물에 쉽게 녹는 기술적인 결함도 있었지만, 더 큰 실패 요인은 문화적 차이 때문이었다. 당시에 이 제품을 도입한 한 라면회사는 일본에서 잘 팔리는 제품을 한국 시장의 문화적 여건을 고려하지 않고 그대로 한국에서 판매했다. 용기는 컵 모양의 소형용기를 썼고 매운맛을 사용하지 않았다. 당시 한국 소비자들은 라면은 식사 대용이라는 생각이 강했고 소형 용기에 거부감을 가졌다. 양이 적었을 뿐만 아니라 식사라고 생각해 온 라면 제품을 손에 들고 먹어야 한다는 사실이 거부감을 가져왔다. 한국의 문화와는 다르게 일본 사람들은 식사할 때 작은 밥그릇을 손에 들고 먹는다. 물론 그 이후에 다른 회사가 컵라면 아이디어를 한국 시장에 맞게 현지화하여 뚝배기 모양의 용기부터 컵 모형의 다양한 용기를 사용하였고 라면 양도 대폭 늘렸다. 또 맛도 매운맛을 첨가했다. 미국의 패스트푸드 기업들도 해외시장에서 현지 문화에 맞는 메뉴를 많이 내놓고 있다. 맥도날드는 동양인이 많이 사는 하와이주에서 햄버거 외에 컵라면을 팔고 있다. 한국에서는 불고기버거를 내놓고 한국인 식성에 맞추어 현지화를 시도하고 있다.

미국의 코카콜라 제품도 각국 문화적인 요인에 맞추어 조금씩 현지화를 하고 있다. 첫째로 콜라의 용기를 지역에 따라 차별화하고 있다. 미국의 경우 캔 용량은 355ml인데 반해 아시아지역에서는 이보다 작은 250~300ml 용기가 널리 사용되고 있다. 또 대형 청량음료 플라스틱 용기도 미국 시장에서는 주로 2L용으로 사용하지만, 아시아 시장에서는 냉장고의 공간 등을 고려하여 이보다 적은 1.5L의 작은 용기를 널리 사용하고 있다. 월마트가 아시아 시장에 진입하면서 최초에 많은 어려움을 겪었다. 예를 들면, 인도네시아 자카르타에 개장한 월마트는 거리의 소규모 가게들과 경쟁에서 고전을 했다. 인도네시아의 가정주부들은 물건을 살 때 가게주인과 값을 흥정하면서 주인과 대화를 나누는 데에 익숙해 왔었다. 반면 월마트의 매장에는 에어컨이 나오고 깨끗한 매장이었지만, 상품진열대에는 가격표만 붙어 있고 값을 흥정하거나 대화할 수 있는 점원이 없어 주부들은 큰 매력을 느끼지 못했다. 길거리 소규모 가게들은 값도 흥정해주고 과일 등은 월마트의 제품보다 더 신선한 것을 팔고 있었다. 1998년 한국에 진출하여 2006년 철수한 월마트도 경쟁업체에 비해 매장 입지 전략 등에 문제가 있었지만, 문화적 요인 때문에도 고전을 많이 했다. 예를 들면, 한국의 경쟁업체 식품 매대에서는 손님이 붐비는 주말에 젊은 직원이 마이크를 잡고 짧은 시간 동안 특정 품목에 대해 반짝 세일하고 손님 호응도에 따라 값을 적절히 조정하면서 짧은 시간에 많은 판매를 하고 재고도 줄인다. 반면 한국 월마트의 경우 이러한 현지에 적합한 판매전략에 한국 경쟁업체에 비해 크게 뒤떨어졌다. 또 당시 월마트 본사의 경쟁우위는 원래 식품류 판매가 아닌 의류, 신발 등 값싼 생활용품 판매였다.

다국적기업들이 현지시장에서 사소한 용어 한마디 사용하는데 문제가 되어 큰 손실을 본 적이 적지 않다. 현지의 언어, 속어, 역사 및 문화적 특성에 비추어 문제가 없는지 신중해야 한다. 예를 들어, 한국말로 '대영(大榮)'이라는 말은 과거에 흔한 상호나 상표였다. 그러나 영어로 옮길 때는 신중해야 한다. 만약 무심히 Dae-young(발음 시 die young을 연상)이라는 상표로 해외에 수출을 한다면 바이어들이 고개를 갸우뚱거릴 것이다. GM, 도요타 두 자동차회사가 1984년 캘리포니아에 대규모 합작생산법인을 만들고 만든 첫 모델이 Nova라는 소형자동차였다. 이 차는 1985년 출시되어 미국 시장과 중남미시장에 판매되었는데 이름이 큰 문제가 되었다. 왜냐하면 Nova라는 말은 스페인어로 '가지 않는'의 의미로 소비자들의 호응을 얻지 못하고 결국 1988년 출시 3년 만에 생산이 중단되었다. 'Accenture'사의 전신인 Andersen사는 2000년 회계 전문 Arthur Andersen에서 독립하기 위한 방편으로 새 이름을 찾았다. 최초에는 무려 5,500개 이름을 선정하고 이후 500개로 압축한 뒤 기존의 회사 등록상표와 어울리면서도 지사가 있는 48개국에서 문제가 없는 이름을 선택했다. 이 회사는 이런 식으로 10개 이름을 선정하였고 기존 회사명을 상기시키면서 미래(future)로 접근 (access)한다는 뜻을 가진 'Accenture'로 최종 선정했다. 이처럼 회사의 상호나 상표를 정하는 것은 현지 문화적 요인을 충분히 고려해야 한다.

사례 5-3 농심의 '할랄(Halal) 후라면' 이슬람 공략 성공

농심이 이슬람 소비자들을 겨냥해 출시한 할랄(halal) 인증 신라면 판매를 확대하고 있다. 이슬람 소비자들 특성에 맞춰 라면수프의 소고기 원료를 식물성으로 대체한 점도 매출을 늘린 요인으로 작용했다. 이슬람권에선 도축된 돼지고기 등 육류를 식품에 사용하는 것을 금지하고 있다. 이런 식재료를 배제한 할랄 식품시장은 약 6,500억 달러 규모로, 전 세계 식품시장의 약 20%를 차지한다. 농심은 매운맛과 할랄로 사업 영토를 확대하고 있다. 농심 라면 제품은 인도네시아 할랄 인증기관 리폼 무이(LPPOM MUI)로부터 할랄 인증을 받았다. 할랄은 아랍어로 '먹어도 되는 식품'으로 이슬람 율법에 따라 생산, 도축, 처리, 가공된 식품과 공산품에 부여하는 기준이다. 무슬림은 식음료 제품을 선택할 때 할랄 인증을 반드시 확인하므로, 이슬람 국가나 동남아시아 국가 진출 시 필수 인증이다.

이번에 인증된 농심 제품은 비건용 채식라면 순라면, 신라면, 신컵누들, 너구리우동, 뚝배기라면 등이다. 비건용 채식라면 순라면은 농심의 수출 전용 제품이다. 육류와 생선이 전혀 들어가지 않은 비건 라면임에도 불구하고 양파와 마늘 등 7가지 야채로 개운한 맛을 낸 것이 특징이다. 튀기지 않은 건면을 사용해 열량도 낮다. 신라면은 오리지널 신라면 외 신라면 김치, 새우맛, 매운버섯맛 등 4종 모두 LPPOM MUI로부터 할랄 인증서를 획득했다. 이외에 신컵 누들과 너구리 우동, 뚝배기도 할랄 인증을 받았다. 농심이 간판 라면 제품에 대해 할랄 인증을 받으면서 이슬람 국가와 동남아시아 시장 확대에 탄력을 받을 것으로 보인다.

또 다른 판매 확대 비결은 이슬람 전통문화 '라마단'을 겨냥한 맞춤형 마케팅에 있었다. 라마단은 이슬람력(曆)으로 아홉 번째 달을 뜻한다. 이 기간에 무슬림은 일출부터 일몰까지 금식(禁食)한다. 하지만 역설적으로 이때 이슬람 지역에서는 식품 소비가 많이 증가하는 경향이 있다. 금식이 끝나 밤이 되면 낮 동안 굶주렸던 사람들이 평소보다 더 많은 식료품을 사기 때문이다. 라마단이 시작되기 며칠 전부터는 미리 식료품 사재기를 하기도 한다. 농심은 "라마단 기간 전후에 식품 소비가 많아진다는 이슬람 문화권의 특징을 고려해 이 기간 현지 유통망 확대와 판촉 행사에 집중하고 있다."고 했다. 농심 관계자는 "요즘엔 할랄 식품이 종교적인 의미를 떠나 '안전한 먹을거리', '웰빙 푸드'로 주목받고 있기 때문에 할랄 신라면 수출국과 매출 규모를 지속해서 확대해 나갈 방침"이라고 말했다. 2011년 4월 최초로 할랄 인증 신라면을 출시한 농심은 현재 부산에 별도로 준공한 생산 라인을 통해 인도네시아, 사우디아라비아, 카타르 등 40여 국가에 할랄 신라면을 수출하고 있다.

* 자료: 농심 '할랄 후라면' 이슬람 공략 성공, 조선비즈, 2013.07.08
농심 라면, 인도네시아 할랄 인증 … 동남亞 확대 기반, 더구루, 2021.04.18

2 문화와 행동 기준

1. 윤리적 기준

경영활동 수행과 관련된 윤리적 규범에 대한 인식도 문화에 따라 조금씩 다르다. 윤리란 어떤 행동이 도덕적(moral)인가 하는 문제에 관한 인식이다. 일반적으로 윤리에 대한 가치판단 기준으로 다음 몇 가지를 생각해 볼 수 있다.

- 명문화된 국가법률 및 제도
- 회사나 조직의 명문화된 또는 비 명문화된 규칙과 문화
- 종교기관의 규율
- 가족관계

이러한 기준들은 개인의 행동에 많은 영향을 준다. 예를 들면, 서구인들은 명문화된 국가 법률이나 회사 내규를 기준으로 개인의 행동이 위반을 하였는지 적법하였는지를 판단하게 될 것이다. 반면 한국이나 중국 등의 동양권에서는 이러한 명문화된 법규나 규칙보다는 비 명문화

된 조직문화나 가족관계에서 판단을 하려는 경향이 있다. 한국 사회에서는 '법감정' 또는 '국민감정'이란 용어가 있다. 법감정이란 특정 위법 사안에 대해 상황을 감안한 주관적인 해석이다. 즉, 상대방이 누구인지, 또 어떤 배경에서 그러한 행위를 하였는지 등을 참작하여 판단하는 것을 의미한다.

2. 공평성

행동과 사고의 기준으로 공평성 개념도 중요하다. 공평성에 대한 문화 간 차이의 한 예로 과거 일본에 진출했던 미국의 프로야구 선수들이 사용하였던 'expanding strike zone'이란 용어를 들 수 있다. 이는 야구 시합에서 일본 심판이 미국 선수들이 타자로 들어섰을 때 일본 선수보다 더 넓은 스트라이크 존을 적용하여 심판을 보는 행위를 일컫는 말이다. 일본 선수보다 체구가 크고 타율도 좋은 외국 선수들에게는 당연히 더 까다로운 기준을 적용하는 것이 일본 심판뿐만 아니라 관중들 정서에는 공평(fair)하다고 느끼기 때문이다. 즉, 공평성의 개념은 일본인들에게는 상대적인 개념이다. 반면 미국인들은 공평성을 객관적인 개념으로 이해한다. 요즘처럼 많은 스포츠게임에서 심판과 선수 간의 분쟁이 있을 때 비디오 판독함으로써 심판의 주관적인 판단의 여지는 크게 줄었지만, 여전히 올림픽과 같은 대규모 국제경기에서도 심판의 주관적 판단 개입의 여지는 존재한다.

3. 체면

유교 문화에서 가족은 매우 중요한 의미를 가진다. 가족 구성원의 신뢰와 의무와 관련된 가치는 행동의 기초가 된다. 따라서 집단주의 문화에서는 가족이나 조직의 체면을 손상하거나 관계를 훼손시킬 수 있는 행동은 심각한 문제로 인식되고 있다. 한국 등 아시아권에서는 당사자 간에 이해관계 충돌이 있을 때 법원에서 분쟁을 해결하기보다는 협상과 중재를 통해 조용히 해결하는 방법을 선호한다. 왜냐하면 아시아 문화권에서는 법원에서 상대방과 다툼을 벌이는 일은 극단적인 일이고 체면을 손상할 수 있는 큰 위험이 있기 때문이다. 소송 결과와 관계없이 소송에 말려든 것 자체가 바람직하지 못하다고 인식한다. 특히 소송에서 진 패소자 측은 엄청난 체면 손상(losing face)을 입게 된다. 체면이란 개념은 동양권 문화에서는 매우 중요한 의미가 있다. 체면 때문에 간혹 우리는 원하지 않는 행동을 할 때가 많다. 한국처럼 집단주의 문화권에서는 체면이 더욱 중요하다. 나의 잘못이나 혼자만의 문제가 아니라 자칫 잘못하면 우리 가족,

회사, 학교의 체면을 손상케 된다는 의식이 있다. 반면 서양에서는 체면이란 개념이 매우 약하다. 이러한 체면은 아시아 문화권에서는 구성원의 행동에 많은 제약을 가한다.

4. 종교적 가치

아랍인들은 경제, 사회, 정치적인 가치 덕목보다는 종교적인 가치를 더 중요하다고 보고 있다. 한 예로 이슬람 국가에서는 길에서 교통사고가 나면 경찰이 누가 과실이 있는지를 따지기도 하지만 쌍방 중 누가 더 경제적으로 여유가 있는지 등을 따져 과실 여부와 손해 책임 등을 결정하는 사례가 많다. 설령 과실이 없더라도 경제적으로 여유가 있는 사람이 병원 치료비 등 경제적 책임을 부담한다. 이슬람교의 종교적 기준으로 보면 잘 사는 사람이 못사는 사람의 처지를 생각하고 도와주는 것은 당연하다. 또 도움을 받는 측도 특별히 고마워하는 것보다는 당연히 도움을 받는다는 의식이 존재한다. 반면 미국인은 종교, 사회적 가치보다는 경제, 법률적인 가치나 기준을 더 중요한 것으로 인식한다. 문화에 따라 개인의 행동과 의사결정의 기준은 매우 다를 수 있다.

3 문화와 동기부여 및 갈등 해결

1. 문화와 커뮤니케이션

문화마다 커뮤니케이션 방식이 상이하다. 예를 들면, 미국의 경우 단도직입적인 커뮤니케이션 방식을 선호한다. 그러나 이러한 커뮤니케이션 방식이 모든 문화에서 효율적인 것은 아니다. 일본에서는 체면을 손상하거나 실례가 될 수 있는 언어사용을 회피한다. 예를 들면, 유교권 문화에서는 '아니오(No)'라는 용어는 대화 중 극히 자제된다. 반면 서구인들은 자유롭게 본인의 반대 의사를 표명한다. 자기의 의사를 명확하게 표현하는 것이 나뿐만 아니라 상대방도 위하는 길이라고 생각한다. 우회적인 커뮤니케이션 방식은 고배경문화에서 두드러진다. 또 구성원들이 이러한 우회적인 커뮤니케이션 방식을 얼마나 적절히 사용하는가가 중요한 의사소통 능력의 한 부분이 된다. 일반적으로 다른 문화권에 있는 사람들 간에 효율적인 커뮤니케이션을 하기 위해서는 메시지의 적절성도 중요하지만, 비언어적 표현에 특히 유의해야 한다. 비언어적 커뮤니케이션(non-verbal communication)은 문화에 따라 의미가 달라진다.

■ **자세**

대화 시 자세는 문화에 따라 상이한 의미를 전달한다. 일반적으로 엉덩이에 손을 올리고 서 있는 자세는 비공식적인 분위기를 나타낸다. 그러나 인도네시아 사람은 기분 나쁘다는 신호로 여긴다.

■ **제스처**

제스처는 언어적인 메시지를 더 잘 전달하거나, 대체하기 위해 손, 머리, 어깨 등을 사용하는 방법을 의미한다. 많은 문화권에서 사람을 만나 인사를 할 때 통상 악수를 하게 된다. 그러나 라틴문화에서는 공개적으로 포옹하는 등 신체적 접촉을 한다. 대체로 아시아 문화권에서는 낯선 사람과의 강한 신체적 접촉은 피하고 있다.

■ **눈 움직임**

한국 사회에서는 연장자와 대화 시 상대방 눈을 직접 응시하는 것이 때로는 실례로 여겨진다. 반대로 미국에서는 대화 시 상대방 시선을 회피하는 것은 무엇인가를 숨긴다는 오해를 받는다. 전통적인 인도 여성은 관계가 없는 남성의 눈을 응시하는 것을 극도로 회피한다. 반면 이집트인은 타인의 눈을 가까이에서 응시하는 것이 보통이다. 이 두 문화 모두 하급자는 상급자와 의사소통할 때 응시하는 것을 피하는 경향이 있다.

■ **목소리**

문화마다 대화 시 목소리 크기, 템포는 상이한 의미를 가진다. 라틴아메리카에서 음의 고저는 논의하고 있는 주제에 대한 몰입을 의미한다. 동양에서는 반대로 목소리 고저가 심하면 정서적 불안 상태라고 가정한다. 한국과 일본에서는 높은음보다는 단조롭고 낮은 음을 선호한다.

2. 동기부여

욕구와 동기부여(motivation)도 문화에 많은 영향을 받는다. **매슬로우(Maslow)의 욕구 5단계설**은 매우 영향력 있는 동기부여 이론이다. 그는 **생리적욕구, 안전욕구, 사회적욕구, 존경욕구 그리고 자아실현의 욕구**라는 다섯 가지의 욕구를 계층적으로 설명했다. 생리적, 안전, 사회적 요구들은 음식, 돈, 타인으로부터의 칭찬과 같이 외부적인 결과에 의해 만족될 수 있는 기본적 욕구이다. 반면에 존경욕구와 자아실현욕구는 성취감과 같은 개인 내부적인 성과에 의해 만족된다.

매슬로우에 따르면 생리적욕구는 기본적 의식주나 휴식 등과 관련된 욕구인데 사람들은 이러한 욕구가 충족이 된 상태에서 다음 단계인 안전 욕구를 추구한다. 조직 생활에서 살펴보면 좋은 임금이나 보너스, 많은 휴식 시간, 물리적 작업환경 등이 생리적욕구를 충족시키는 예가 될 것이다. 안전욕구는 더욱 안정적인 직장이나 안전한 작업장을 선호하는 욕구이다. 예를 들면, 계약제보다는 정년보장제 고용 형태를 선호하거나 일당제 임금보다는 월급제를 선호하는 것이 안전욕구와 관련이 있다. 사회적욕구는 주변 사람들과 좋은 인간관계를 갖는 것을 원하는 욕구이다. 존경의 욕구는 주변 사람들로부터 인정과 존경을 받기를 원하고 리더로서 대접받기를 원하는 욕구이다. 회사에서 높은 직급으로 승진해서 대접받거나 상장이나 표창받기를 희망할 때, 또 조직 내 오피니언 리더로 인정받기를 원하는 경우도 존경의 욕구와 관련이 있다. 마지막 자아실현욕구는 개인이 원하는 목표나 비전을 성취하고자 하는 욕구이다. 일에 흥미를 느껴 자신과 일을 동일시한다거나 새로운 것을 도전정신을 가지고 배우려 하는 것은 자아실현의 욕구 때문이다. 본래 이 이론은 서구 선진국을 가정하고 개발되었다. 만약 이러한 모델을 동양권 문화나 개발도상국에 적용하려면 몇 가지 변화가 필요할 것이다.

첫째, **다섯 욕구는 동일한 정도의 크기를 갖는다고 보기 어렵다.** 아마도 개발도상국에서는 생리적인 욕구가 다른 어떤 욕구보다 훨씬 중요한 부분이 될 것이다. 반대로 자아실현이나 존경 욕구는 상대적으로 그렇게 중요하지 않다. 특히 공장 근로자인 경우에는 임금 상승이나 작업장 개선 등이 매우 효과적인 동기부여 방법이 될 수 있다. 실제로 베트남에 진출한 한 완구업체 공장은 작업장의 조명을 크게 개선하고 작업 시에 여종업원들이 좋아하는 음악을 틀어 일에 대한 만족도도 높이고 생산성을 높인 사례도 있다.

둘째, **욕구의 우선순위에 대한 문제**이다. 중국 근로자의 경우 사회체제 특성상 직장은 정부에서 기본적으로 제공하기 때문에 안전욕구는 상대적으로 덜 중요하다고 느낄 수 있다. 대신 주변 사람들과 좋은 관계를 맺는 사회적욕구가 더욱 중요하다고 느낄 수도 있을 것이다.

셋째, **특정 욕구가 개별 문화에 적합한지의 여부**이다. 미국에서 자아실현욕구를 통해 매우 효과적인 동기부여를 할 수 있지만, 운명에 순종하는 성향이 강한 일부 아시아권 문화에서는, 또 개인 발전의 기회가 공평하게 주어지지 않는 대부분의 개발도상국에서는 자아실현욕구는 큰 의미가 없을 수도 있다. 오히려 안전욕구를 충족시켜 주는 것이 더 효과적인 동기부여책이 될 수 있다.

그림 5-10 **매슬로우의 욕구 5단계**

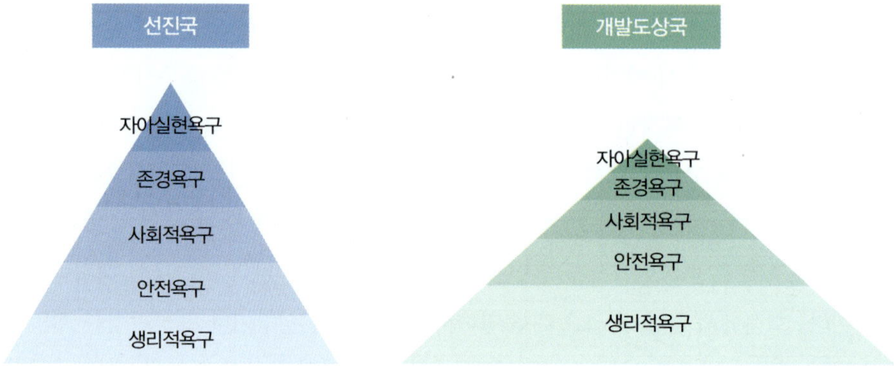

3. 갈등해결

문화에 따라 갈등 해결(dispute resolution)을 위한 접근 방법은 상이하다. 집단주의 문화에서는 직접적인 갈등을 회피하고 조화를 유지하려고 한다. 반면 개인주의 문화에서는 갈등을 피하기보다는 자신의 의견을 관철하는 것을 중요하게 여긴다. 높은 불확실성 문화에서는 조직에서의 갈등은 바람직하지 않다. 반면 낮은 불확실성 회피 문화에서 조직에서의 갈등은 자연스러운 것이며 종업원 간 경쟁은 정당한 것으로 여긴다. [그림 5-11]은 갈등 관계에 있는 양 당사자의 단호한 정도와 협력 정도에 따라 5가지 기본적인 갈등 해결 방안을 보여준다.

지배전략은 상호 협력 정도가 낮은 상태에서 상대방에게 자신의 해결 방안을 일방적으로 강요하는 방안이다. 자신의 지위가 상대방보다 우월하다고 판단될 때 가능한 전략이다. **협상전략**은 양 당사자의 요구를 통합하여 해결책을 찾는 방안이다. 당사자들은 상호 수용할 수 있는 해결책을 찾기 위해 협력한다. **타협전략**은 성과를 50 대 50으로 배분하기 위해 이익과 손해를 서로 주고받는 경우이다. **철회전략**은 기본적으로 갈등을 회피하는 전략이다. **양보전략**은 상대방의 요구를 수용하고 받아들이는 전략이다. 이 해결 방안은 갈등을 원하지 않는 경우에 사용된다.

문화에 따라 각기 다른 갈등 해결전략을 선호한다. 예를 들면, 한국, 일본 등 아시아권 문화는 타협과 합의로 갈등을 해결하려는 경향이 있다. 즉, 위 모델에게 지배, 철회보다는 협상, 타협, 양보 전략을 선호한다. 무역 관련 계약에서도 엄격한 계약준수기준을 설정하는 것을 피한다. 또 다른 예로 한국이나 일본의 프로야구시합에서 양 팀이 연장전까지 가서 3시간 반 동안 무승부게임을 했다면 팬들은 아쉽지만 양 팀에 대해 칭찬을 아끼지 않을 것이다. 두 팀 모두 열심히 했고 어느 팀도 지지 않았으며 체면도 손상되지 않았기 때문에 선수들은 이긴 게임 이상으로 만족해 할 것이다. 반면에 무승부 게임은 미국이나 영국 같은 앵글로 문화권에서는 별로 칭찬받을 일도 아니고 달가운 일이 아니다. 앵글로 문화에서는 갈등에 대해 적극적인 자세를 중시한다. 철회, 양보와 같은 비공격적인 전략은 패배를 인정하는 것으로 여긴다. 회피와 양보는 일시적인 어려움에 대처하는 데는 도움이 될지 모르나 기본적인 문제를 해결할 수 없다고 생각하기 때문이다.

그림 5-11 갈등해결 대안

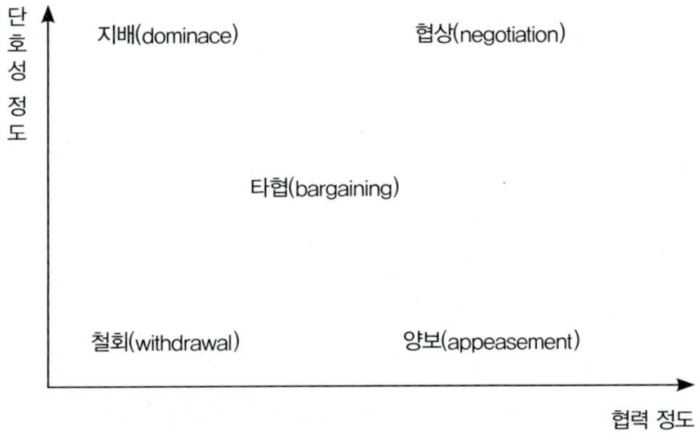

* 자료: Gladwin, T., and Walter, I., Multinational Under Fires: Lessons in the Management of Conflict, New York, John Wiley and Sons,1980에서 인용 및 재구성

마감사례

Easibag(이지백) Vietnam사의 노사분규

이지백 베트남 현지법인장인 박경식 씨는 지난 3일 전부터 일어난 노동자들의 갑작스러운 파업사태에 큰 충격을 받았다. 그는 법인장으로 부임한 지난 3년 동안 회사 성장을 위해 열심히 일해왔다고 자부해왔다. 엔지니어 출신인 그는 현지 엔지니어와 작업자를 교육, 육성하는 데 큰 힘을 쏟아 왔고 그 결과 베트남 법인의 생산 효율을 크게 개선했다. 지난 3년간 공장 불량률도 10%대 수준에서 2~3% 대로 크게 낮아졌다.

2019년 5월 박 법인장이 베트남 이지백에 처음 부임 당시 공장 규모는 현재의 절반에 불과한 약 350명 수준이었고 그는 현지 관리자는 물론 라인 생산직원들과도 긴밀한 인간관계를 구축하려고 나름대로 많은 노력을 했다. 특히 매일 아침 공장 라인을 돌면서 현장 관리자와 종업원들에게 작업 지시도 직접 내리면서 이들과 그때 그때 소통하는 것을 중요하게 생각했다. 지난 3년간 공장 생산이 안정화되면서 해외 바이어 주문도 크게 늘어났고 이에 따라 설비 증설이 계속 이루어지면서 직원 수도 720명으로 늘어났다. 한편 법인의 수익성 제고를 위해 국내에서 파견된 엔지니어 주재원 수는 3년 전 8명에서 2022년 6월 현재 4명으로, 한국 관리자 수도 법인장 자신을 포함하여 5명에서 3명으로 줄이면서 주재원 관련 인건비를 대폭 절감할 수 있었다.

박 법인장은 현지 직원들에 의해 창사 이래 처음 파업이 발생한 사실에도 놀랐지만 특히 이번 파업이 1년 중 가장 바쁜 성수기에 이뤄졌기 때문에 일본과 유럽의 주요 바이어들의 주문 중 일부가 제때 선적되지 못할 수 있다는 생각에 큰 위기감을 느꼈다. 만약 선적이 늦어질 경우 클레임이 발생할 수도 있고 그동안 쌓아온 고객과의 신뢰에 손상을 입을 수 있다고 생각했다. 만약 노동자들이 일주일 이상 파업을 지속한다면 이지백 베트남의 현지 이미지도 크게 훼손될 것이 분명했다. 1년 전 인근 대만 신발 공장에서 대규모 파업이 있었는데 당시 박 법인장은 이지백에서는 절대 일어나지 않을거라고 생각하면서 회사의 인사노무관리의 여러 현안에 대해 좀 더 세심하게 고려하지 못한 것을 후회했다.

파업은 2022년 6월 2일 이틀째에 접어들었다. 전체 근로자 720명 중 약 400명이 파업에 가담했다. 현지 노동법에 따르면 근로자들이 파업을 할 때는 사전에 경영진에 통보한 후에야 가능한데 이러한 절차 없이 불법으로 파업을 했다. 일단 파업이 시작되자 노동부, 경찰, 언론 관계자들이 회사에 방문하기 시작했다. 6월 3일 오후에는 베트남 노동부 관계자들이 찾아와 노동자 대표와 박 법인장과 각각 회담을 하고 평화적으로 파업을 타결할 것을 독려했다. 이날 오후 박 법인장은 근로자 대표들과 파업 후 첫 회담을 하였고 근로자 대표들은 박 법인장에게 다음 네 가지 이슈에 대한 원만한 해결방안을 요구했다. 즉 취업 3달 미만의 견습생에 대한 최저임금 보장, 연 200시간 이상 초과근로할 경우 근로자의 사전동의, 노동조합 결성권, 그리고 최근 벌어진 한국 공장관리자의 현지 중간관리자에 대한 폭언사태에 공식 사과 등을 회사에 요구하였고 이에 대해 향후 1주일 이내 회사가 적절한 타협방안을 제시하겠다고 약속하고 파업을 즉시 중단하기로 합의했다.

박 법인장은 다른 직원들이 퇴근한 저녁 시간에 상기 현안에 대해 한국인 인사 노무 담당 이사와 함께 어떤 대안을 제시하는 것이 파업을 해결하고 회사에 도움이 될 수 있을지 다각적으로 검토하기 시작했다.

Easibag Vietnam 사의 현황

1996년 현 김영수 회장이 이지백 주식회사를 자본금 10억 원으로 경기도 안산에서 설립했다. 그 이후 현재까지 미국, 유럽, 일본 등 약 10여 국에 있는 50여 해외바이어들에게 다양한 가방 제품을 OEM 방식으로 제조 수출해왔다. 전체 매출액은 연간 약 350억 원 정도이고 본사 직원은 관리직 및 생산직 인원을 다 포함하여 120명 정도이다. 베트남 현지법인은 이지백사의 유일한 해외투자 생산법인이다. 이지백 베트남 사는 2010년 호치민시에서 북서쪽으로 약 60km 정도 떨어진 구찌(Cu Chi) 지역에 100% 지분 제조법인으로 설립되었다. 베트남 투자 이유는 당시 인건비가 한국의 약 7분의 1 정도였고 이 지역에 많은 외국인 투자 공장들이 진출해 있었고 타지역에 비해 인력수급도 잘 되고 도로망과 같은 기본 인프라도 괜찮았기 때문이었다.

이지백 베트남 법인은 그동안 꾸준히 생산 및 매출 규모를 확대하여 현재 매출 규모는 대략 월 150만 달러, 연간 1,800만 달러 수준이다. 생산 원자재의 3분의 2는 대부분 한국에서 수입되고 약 5분의 1은 대만과 홍콩에서 수입하고 있다. 나머지 부분은 현지에서 조달하고 있다. 한국에서 원자재 조달을 위해 매달 40피트 컨테이너당 평균 5만 달러의 원재료를 수입하는데 매달 컨테이너 10개 정도를 구매하고 있다. 또 부산에서 베트남 호치민시까지 40피트 컨테이너당 약 3,000 달러의 운송 비용이 소요되고 있다.

이지백 베트남 법인은 유럽과 일본 등 해외 바이어들에게 다양한 종류의 가방을 수출하고 있다. 중, 고등 및 대학생들의 백팩에서부터 등산용 백팩, 노트북백, 또 직장인들의 캐주얼 백팩 등을 생산 판매하고 있다. 이지백 베트남 법인은 최근 증가하는 해외 바이어 수요에 대응하기 위해 수년 전부터 자체 생산 이외에도 인근 10여 개 베트남 중소기업과도 하청계약을 체결하여 수출 생산에 도움을 받고 있다.

파업 전 상황 및 베트남의 최저임금제도

한 달 전쯤 한국 본사의 김영수 회장이 약 2년 만에 베트남 법인을 방문했다. 코로나19로 그동안 많은 어려움을 겪은 베트남 임직원을 격려하고 또 한편으로는 코로나19 회복기에 해외 주문이 빠르게 증가하는 상황에 대해 어떻게 잘 대응해야 하는지 논의하기 위해 방문했다. 논의 결과 일단은 앞으로 3개월 기간은 부득이 초과근무를 늘려 생산을 확대해야 한다고 판단하게 되었다. 지금까지는 직원들이 통상적으로 일주일에 두 번, 하루에 1~2시간 정도 초과 근무를 해왔는데 향후 3개월 기간은 주 3회, 그리고 하루에 2시간 정도 초과근무를 할 필요가 생겼다. 이러한 판단 아래 박 법인장은 약 2주 전에 현지 생산 과장들에게 추가 초과 근무의 필요성을 설명하고 이를 6월 10일부터 실시하도록 통보했다.

베트남 최저임금제도는 각 지역을 1 지역부터 4 지역으로 구분하여 시행되는데 호치민시, 하노이 등 대도시 및 인근지역은 1 지역으로 구분되어 최저임금 수준이 가장 높다. 구찌 같은 1지역의 2021년 최저임금 시급(2021년 7월부터 2022년 6월 말까지 시행)은 21,250 VND(Vietnamese dong)이고 이를 월급으로 환산 시 442만 VND(약 200 달러 또는 26만 원 수준)이다. 2021년 최저임금은 코로나 19 영향으로 2020년 수준으로 동결하였으나 2022년 7월 1일부터 시행되는 새로운 최저임금 시급은 약 6%가 올라 1 지역의 경우 시급으로 22,500 VND, 월급으로는 468만 VND (약 $212 또는 27만 6,000원 수준)으로 예고되어 있다. 그러나 호치민시 당국의 조사에 따르면 외국기업을 포함한 전체 기업의 약 5분의 1이 최저임금제도를 제대로 준수하지 못하고 있는 것으로 나타났다.

현재 이지백 베트남 생산라인 노동자들은 근무 연차에 따라 기본급으로 월 200~240 달러, 그리고 초과근무 수당을 포함하면 평균 240 달러를 받고 있다. 다만 예외적으로 3개월 미만의 견습직원들에게는 기본급으로 월 180 달러를 지급하였으나 이들도 초과근무수당을 포함하면 평균 210 달러를 지급받고 있다. 그런데 만약 회사에서 향후 3개월간 해외바이어의 주문 증가에 따라 추가 초과 근무를 실시한다면 종업원들은 기존의 임금에서 1인당 한 달에 15~20 달러를 추가로 더 받을 것으로 예상되었다.

신입사원 채용 및 베트남 근로자 성향

이지백 베트남 법인의 신입사원 채용 절차는 매우 간단하다. 예비 지원자는 간단한 직무 테스트를 통과해야 하며 신체검사를 받고 입사가 허용된다. 공장 생산직 직원의 경우 입사 후 처음 3개월 동안은 견습직원(apprentice employee)으로 발령받고 근무하게 된다. 이 기간에 이들에게 단순한 업무가 주어지는데 특히 처음 한 달간은 회사가 다양한 현장 교육과 기초 기술교육을 제공한다.

일부 베트남 근로자는 근면하다고 여겨지지만, 많은 현지 근로자는 사회주의 체제의 편안한 근무 환경에 익숙해져 있기 때문에 강한 노동 윤리 의식은 보여주지 않고 있다. 한국 관리자들은 생산성을 높이려면 더 집중적이고 효율적으로 일을 해야 한다고 생각하지만 이들을 열심히 일하도록 동기 부여 시키는 것은 쉽지 않다. 또 생산성 저하에 기여하는 다른 요인은 날씨이다. 덥고 습한 열대성 날씨에 쉬지 않고 일하는 것은 피곤한 일인데 특히 오후에 작업 능률이 현저히 떨어지게 된다.

현지 중간관리자와 갈등

근로자들이 요구한 것 중에 하나가 한국 관리자의 현지 중간관리자에 대한 사과 건이었는데 이 문제의 발단은 한국 생산관리자와 현지 중간관리자 간의 마찰이었다. 회사 규정에 따르면 현지 중간관리자가 한 생산라인에서 2명 이상의 작업자가 평소보다 일찍 조퇴를 요청할 경우 한국 엔지니어의 승인 아래 이를 허용해야 하는데 이날 베트남 중간관리자는 한국 관리자의 승인 없이 이를 시행한 일이 드러났다. 이를 알게 된 상급자인 한국 관리자는 해당 베트남 관리자를 다음 날 아침 간부 조회 시간에 회사 규정을 왜 지키지 않았느냐고 영어로 따지게 되었는데 현지 관리자가 설명을 잘 듣지 않고 변명을 하면서 제대로 된 답변을 회피했다. 정중한 사과를 기대하였던 한국 관리자는 화가 나서 질책을 넘어 급기야 회의 중 폭언하게 된 사건이었다.

표 5-10 2022년도 베트남 지역별 최저임금

(단위: 베트남 동, %)

지역구분	제1 지역	제2지역	제3지역	제4지역
2020년 최저월급	4,420,000 (약 244,868 원)	3,920,000 (약 217.168 원)	3,430,000 (약 190,022 원)	3,070,000 (약 170.078원)
2022년 최저월급	4,680,000 (약 259,272원)	4,160,000 (약 230,464원)	3,640,000 (약 201,656원)	3,250,000 (약 180.050원)
인상액	260,000 (약 14,404원)	240,000 (약 13,296원)	210,000 (약 11,634원)	180,000 (약 9,972원)
인상률	5.88	6.12	6.12	5.86
2022년 최저시급	22,500 (약 1,247원)	20,000 (약 1.108원)	17,500 (약 970원)	15,600 (약 864원)

* 자료: 세계법제정보센터

베트남 노사 갈등에 대한 시각

구찌 지역에서는 많은 해외 투자기업이 있는데 간혹 외국기업 고용주와 직원 간의 갈등이 발생했다. 3년 전에는 독일 여성 의류 공장에서 종업원들이 임금 인상과 사회 보장 규정 준수를 요구하며 부분적 파업을 한 적이 있었고 작년에는 대만 투자기업에서도 비슷한 사태가 벌어지기도 했다. 파업의 원인은 대부분 최저임금, 초과근무 문제, 현지 직원과 주재원 관리자 간의 문화 충돌, 현지 직원의 충동적인 결정 등이었다.

또 다른 문제는 외국인 투자기업에서 파업이 발생될 때마다 현지 언론이 쉽게 현지 직원 편을 들어 외국 기업에 대한 부정적인 평판으로 이어졌다는 점이다. 베트남 정부와 일반 대중은 파업이 발생하는 외국 기업을 문제기업으로 호도하는 경향이 있고 일부 현지 유튜버들에 의해서 그 기업의 모국에 대해서조차 좋지 않은 감정을 부추기는 상황도 발생하고 있어 파업은 민감한 문제라 볼 수 있다.

이러한 외국기업에서의 노사 갈등은 서로의 언어와 문화를 잘 모르는 상태에서 소통이 미흡하고 또 너무 많은 것을 기대하다 보니 갈등이 쌓이게 되어 파업이라는 심각한 상태로까지 확대되는 경우가 많다고 볼 수 있다. 또 임금 문제, 초과 근무 불만 및 가혹한 대우와 같은 표면적이고 직접적인 문제도 있지만 이보다 더 근본적인 구조적 문제가 노사 갈등의 원인이 될 수 있다.

이런 서로 다른 시각을 과거 베트남에서 사업체를 운영해 본 경험이 있는 한 한국 사업가는 다음과 같이 설명한다. “외국 회사에서 일하는 현지인들은 더 많은 수입과 더 나은 대우를 기대하고 외국 회사에서 근무하기를 희망하나 막상 입사하게 되면 맡은 일에 최선을 다하지 않고 회사에 대한 애착도 높지 않습니다. 다른 회사에서 조금이라도 더 높은 급여를 제공하면 아주 쉽게 이직을 결정합니다. 반면에 외국계 기업은 베트남 직원들에게 현지업체에 비해 당연히 더 높은 급여와 의료보험 등 다양한 복리후생제도를 제공한다고 생각하는데 그만큼 종업원들이 기대에 부응하지 못한다고 생각하고 있습니다. 또 베트남 노동자들은 자기들 임금 수준이 여전히 낮고 잔업을 하여 초과근무 수당을 받는다 해도 기본적으로 생활의 큰 차이가 없다고 생각하는 직원들이 꽤 있습니다. 이들은 직장에서 초과근무를 가급적 피하고 대신 저녁 시간에 가족이나 친구들과 사적인 시간을 갖기를 원하기도 하고 일부는 회사 일과 후 다른 곳에서 일하는 경우도 있습니다.”

이지백 베트남사의 박 법인장은 일단은 파업사태를 해결하기 위해 노동자대표에게 약속한 대안을 제시하여 협상을 잘 진행해야 하고 또 한편으로는 이러한 노사 갈등의 근본적인 문제를 해결하기 위한 장기적인 과제가 무엇인지 또 이에 대한 해결점은 무엇인지 처음부터 하나하나 생각을 정리하기 시작했다.

토의과제

01 이지백 베트남 사 파업에 대한 다양한 이유를 설명하시오.

02 박경식 법인장이 1주 안에 근로자들을 설득할 수 있고 동시에 회사에 도움이 될 수 있는 해결방안을 제시하시오.

03 향후 이러한 안타까운 파업사태를 방지하기 위해서는 어떤 노력을 회사가 취해야 된다고 생각하는가?

04 상기와 같은 중소기업의 베트남 해외직접투자를 가정하고 이들에 맞는 장기적인 노사 관리 대안을 중기 및 장기적인 관점에서 개발해 보시오.

주요 용어

사회적 요인
가치관
클로크혼 문화모형
고배경문화
저배경문화
개인 · 집단주의
권력간격
불확실성 회피
남성 · 여성문화
장기지향성
윤리성의 기준
체면과 문화

연습문제

01 다국적기업의 사회적 환경요인들은 구체적으로 어떤 요인이 있는가?

02 국가 간 소비지출 패턴은 어떻게 다른가? 그 이유는 무엇인가?

03 국내 외국기업에 영향을 미치는 한국의 문화상징물과 문화 관련 의식은 무엇이 있는지 예를 들어 보시오.

04 한국문화를 클로크혼 문화모형으로 설명해 보시오.

05 홉스테드의 네 문화 차원의 개념은 상호 어떻게 다른지 비교해 보시오.

06 아시아 국가에서 홉스테드의 개인 · 집단주의와 장기지향성은 어떻게 변화되고 있는가?

07 권력 간격 문화 차원과 조직구조는 어떤 관계가 있는가?

08 문화와 제품 브랜드명과의 관계를 설명하시오.

09 고배경문화와 저배경문화 개념을 이용하여 커뮤니케이션과 연결하여 설명하시오.

10 일의 중심성의 개념은 무엇이고 어떻게 측정될 수 있는가?

11 매슬로우의 욕구 5단계 설과 문화와의 관계는 무엇인가?

CHAPTER 6

국제무역 투자환경

도입사례

코로나19로 인한 상하이 봉쇄와 국제경영

중국 정부는 제로 코로나 정책의 일환으로 2022년 3월28일부터 인구 2,500만의 중국 최대 도시인 상하이를 전면 봉쇄시켰다. 이는 중국 정부의 방역 방침인 소위 '칭링'(淸零 · 제로 코로나)과 '펑청'(封城 · 도시봉쇄) 정책의 일환이었다. 코로나19 오미크론 변이가 확산되면서 상하이 신규 확진자수는 4월 2만 7,000명을 넘는 등 절정을 찍다가 5월 29일 최초 100명 이하로 떨어지면서 6월 1일 일부 고위험 · 중위험 구역으로 지정된 곳을 제외하고 두 달간의 봉쇄를 풀어 주민들이 서서히 일상으로 돌아왔다. 미국의 정치 리스크 컨설팅 회사인 Eurasia Group사는 2022년 글로벌 10대 지정학적 리스크 중 첫번째로 중국 제로코로나 실패를 들 정도로 상하이 도시 봉쇄는 많은 기업들에게 큰 어려움을 주었다.

초유의 봉쇄 사태로 주민들은 주택 단지 밖으로 나올 수 없었고, 버스, 지하철, 택시 등의 대중 교통 운영도 중단되었다. 기업과 관공서는 재택 근무를 했다. 봉쇄해제와 함께 지하철, 택시, 자동차, 오토바이 등의 운행이 점차 허용되고 2,500만 명 상하이 주민 가운데 통제 지역 주민을 제외한 2,250만 명의 주민들의 자유로운 이동도 가능해졌다. 기업들과 자영업자들도 다시 정상적인 경제활동을 할 수 있게 되었다. 그러나 2달 간의 봉쇄 정책으로 현지인, 현지기업들은 물론 한국기업을 포함한 다국적 기업들의 활동에 큰 지장을 초래했다.

코로나19로 인한 중국 내 외국 기업들의 어려움

이러한 혼란은 개인들뿐만 아니라 기업들에게도 마찬가지였다. 봉쇄로 테슬라 자동차 공장을 포함한 많은 공장들이 가동 중단이 되었고 러시아-우크라이나 전쟁으로 야기된 글로벌 물류공급망 문제를 더욱 악화시켰다. 상하이항은 연간 4,700만 TEU(Twenty Equivalent Unit, 길이 20 feet 컨테이너)를 취급할 수 있는 세계 최대 규모의 선적항으로 부산항의 화물처리규모의 2배가 넘고 중국 수출입물량의 18%를 처리해 왔다. 상하이항 선적 및 하역작업이 늦어지면서 수출입활동이 크게 위축되었고 출입 트럭기사들의 격리조치로 내륙운송도 차질을 빚었다. 화물 처리 능력이 크게 떨어지면서 상하이항 바깥에서 대기 중인 선박 수가 한 때 300척을 넘어서기도 했다. 선적 대기 시간이 기존 1일에서 1주일로 증가하였고 대체 항구 수요 폭증으로 해운 운임도 급등하였으며 항공 운송 수요도 크게 증가하였다. 그러나 화학물질과 같은 제품은 특성상 항공운송이 허용되지 않아 관련 산업의 물류 공급망은 크게 영향을 받았다. 예를 들어 SK하이닉스의 중국 내 우시 공장의 경우 원부자재로 쓰이는 화학물질을 제때 수입하지 못해 생산에 큰 차질이 빚었다. 또 다른 예로 현대차 캐스퍼를 하루 평균 200대 위탁 생산하는 광주글로벌모터스(GGM)는 2022년 4월 18일 오후부터 20일까지 처음으로 생산 라인 가동을 멈추기도 했다. 중단 이유는 중국에서 생산해 수입해온 '에어백 컨트롤 유니트(ACU)' 공급이 끊기고 재고까지 바닥났기 때문이다.

대외경제정책연구원(KIEP) 분석에 따르면 중국산 부품 수입 비중이 높은 산업일수록 큰 영향을 받을 것으로 예측했다. 2021년 한국의 전기차 배터리 산업의 수입액의 80.2%, 반도체 산업 수입액의 30.6%, 그리고 자동차 산업 수입액의 12.3%를 중국이 차지했다. 특히 자동차와 휴대전화 부문은 상하이로부터의 부품 수입 비율이 각각 11.2%, 14.3%로 높아 상하이항 봉쇄로 큰 타격을 입었을 것으로 예상된다.

표 6-1 국내 주요 산업 분야의 중국산 수업 의존도(2021년 기준)

배터리	반도체	휴대전화	자동차
80.2%	30.6%	25.0%	12.3%

다국적기업들도 많은 영향을 받고 있다. 애플은 2022년 2분기 매출이 상하이항 봉쇄로 인해 80억 달러 감소할 것으로 예측하고 있다. 애플은 아이폰, 아이패드, 맥북 등 주요 제품의 부품들은 미국, 인도, 베트남, 일본 등 전 세계에서 조달하고 있지만 조립은 주로 중국내 여러 공장에서 이뤄지고 있다.

표 6-2 상하이 봉쇄로 인한 국내·국외 업체의 피해사례

구분	업체	피해사례
국내	삼성전자	중국산 부품 수급 문제로 노트북 생산 차질
	한국GM	중국산 부품 수급 문제로 국내 공장 주력 차종 생산량 감소
	아모레퍼시픽	상하이 공장 가동 일시 중단
	농심	상하이 공장 생산 일시 중단, 재고 제품으로 영업
국외	애플	2022년 2분기 아이폰 · 맥북 출하량 30~40% 급감 예상
	테슬라	상하이 공장 전기차 생산 두 차례 중단
	폴크스바겐	상하이 합작 공장 부품 조달 차질로 가동 일시 중단
	마쓰다	상하이 공장 가동 중단, 일본 공장도 부품 수급 문제로 가동 일시 중단
	TSMC	상하이 공장 직원 2,000여 명 폐쇄식 근무

* 자료: 상하이 부품이 안온다 '퍼펙트 스톰' 공포, 조선경제, 2022.4.18

또 이러한 상하이항 봉쇄로 인해 한국 기업들의 중국 수출도 크게 영향을 받았을 것으로 예상된다. 당장 해상 운임의 급격한 상승으로 수출 단가가 크게 높아졌다. 한국에서 출발해 중국으로 가는 수출 컨테이너의 40 TEU(40피트짜리 컨테이너)당 평균 운임은 2022년 5월 126만 7,000원으로 3월(114만 8,000원)보다 10.4%, 1년 전(90만 2,000원)보다는 40.5% 올랐다.

표 6-3 중국 정부의 제로 코로나 정책으로 인한 매출 감소율(중국 내 한국 기업 177곳 대상)

50% 이상~100%	31.4%
10% 이상~50% 미만	60.2%
0~10% 미만	5.8%
영향 없음	2.6%

표 6-4 중국 정부의 제로 코로나 정책에 대한 향후 대책(중국 내 한국 기업 177곳 대상)

기존 계획 유지	35.9%
사업 축소	24.8%
제3국으로 대체	11.1%
중국에서 철수	8.0%
사업 잠정 중단	7.6%
사업 확대	7.3%
한국으로 이전	3.8%

* 자료: 한국무역협회

또 2022년 6월 23일 발간된 한국무역협회의 '중국 코로나19 방역정책 관련 중 한국기업 경영환경 조사'에 따르면 중국에 진출한 설문 응답기업 177개사의 88.1%가 중국의 코로나19 방역정책으로 경영활동에 피해나 부정적 영향을 받았다고 응답했다. 또 피해를 받은 분야로 판매 및 영업이32.9%를 기록했으며, 뒤이어 유통(18.2%), 생산(13.5%), 재무(13.2%) 순으로 나타났다. 2022년 상반기 매출이 감소했다고 응답한 기업이 97%에 이르렀고 매출 감소율이 50%를 넘었다는 기업이 전체의 31.4%를 차지했다.

중국 정부의 코로나19 방역조치에 대한 향후 대책에 대해서는, 응답자의 35.9%가 별다른 대책이 없거나 기존 사업계획을 유지할 것이라 답변하였고 향후 사업 축소(24.8%), 제3국 대체지 모색(11.1%), 사업 철수(8.0%), 사업 잠정 중단(7.6%), 한국으로 이전(3.8%) 등 중국 내 사업에 대한 부정적 답변이 전체 응답의 55.3%를 차지했다.

토의과제

01 상하이항구 봉쇄조치라는 중국 정부 조치가 국내외 한국기업 중 특히 어떤 기업에 많은 부정적인 영향을 끼쳤을지 정리해 보시오.

02 상하이항구 봉쇄조치로 많은 한국 기업들이 매출 감소 등 많은 부정적인 영향을 받고 있다고 조사되고 있다. 이러한 어려움을 타개하기 위한 회사차원에서의 대응 방안을 세워 보시오. 특정 산업이나 기업의 경우를 예로 들어 설명하시오.

03 상기 어려움에 처한 중국 진출 한국투자기업에 한국 정부가 어떻게 도움을 줄 수 있을지 논의해 보시오.

I 다국적기업과 현지국

다국적기업은 현지 투자국에 다양한 경제적·정치적 효과를 미치고 있다. 1절에서는 다국적기업이 현지 투자국에 미치는 경제적 효과로서 자원 이전 효과, 고용 및 성장 효과 그리고 국제수지효과를 살펴본다. 그리고 2절에서는 다국적기업이 현지 투자국으로부터 영향을 받는 부분 중 정치적 위험을 중심으로 설명한다.

1 자원 이전 효과

자원 이전 효과는 다국적기업이 현지국의 경제발전을 위하여 행하는 순기능이다. **자본, 기술 및 경영기법 등 경제개발에 필수적으로 소요되는 희소자원을 현지국에 이전시킴으로써 현지국의 경제성장에 도움**을 준다. 자원 이전 효과의 기능은 다음과 같다.

첫째, 다국적기업은 **최초 또는 추가적인 자본투자로 현지국 내의 부족한 투자 자본을 공급**할 수 있다. 이러한 기능은 비단 다국적기업에 의한 직접적인 자본 공여뿐 아니라 현지의 다른 기업들에도 매력적인 투자 기회를 제공한다. 그리고 선진국과 국제기구들로부터의 추가 원조를 가능하게 하는 등의 간접적인 유인 효과를 모두 포함한다.

그러나 다국적기업활동을 비판적으로 바라보는 시각에 의하면, 순자본이전 효과가 그다지 크지 않으며, 또한 다국적기업의 자본 이전기능을 어느 정도 인정한다고 하더라도 그들의 자본수익률이 국제자본시장의 장기평균 이자율을 크게 상회하고 있어 현지국의 입장에서는 매우 비싼 자본을 사용하고 있다고 주장하는 견해도 있다. [그림 6-1]은 국가별 해외직접투자 유치 잔액의 GDP 비중이다. UN 무역 개발협의회(UNCTAD)는 각국의 GDP 대비 해외직접투자 잔액을 발표해왔다. 125개 국가에 대한 UNCTAD의 2021년 국가별 해외직접투자 유치 잔액 비교에 의하면 한국은 GDP 대비 해외직접투자 잔액 비율이 14.4% 정도에 그쳤다. 반면, 싱가포르와 네덜란드는 529.6%와 255.6%라는 매우 높은 비율을 기록했다. 세계 최대 경제 규모인 미국의 경우 59.4% 비율로 전 세계 평균 수치인 47.9%보다 높게 나타났다. 이는 미국이 전 세계 수많은 국가로부터 많은 해외직접투자를 유치하고 있는 것을 의미한다. 그러나 일본의 경우에는 다른 선진국에 비해 크게 낮은 5.0%에 그치고 있다.

그림 6-1 국가별 GDP 대비 해외직접투자 유치 잔액 비중(2021년 기준)

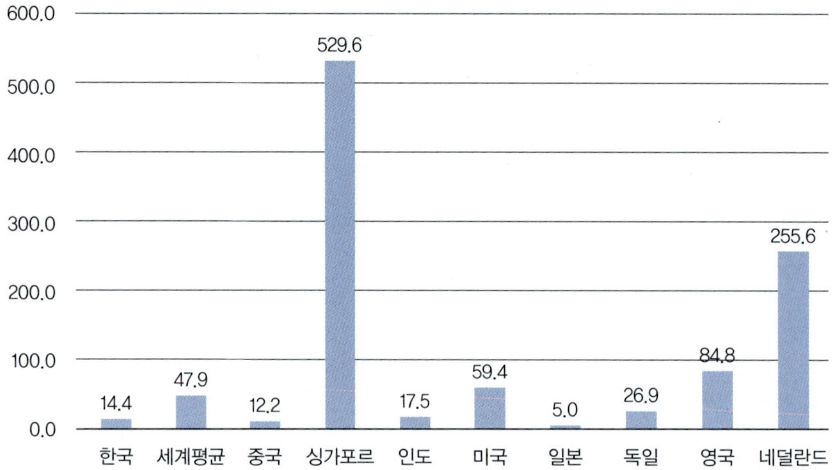

둘째, 다국적기업은 **최신의 기업가정신이나 현대적인 경영기법 등을 현지국에 이전**한다. 다국적기업은 해외직접투자를 통해 개도국 경제개발에 있어서 가장 심각한 저해요인 중의 하나인 경영 관리능력의 부족을 극복할 수 있게 해준다. 다국적기업의 이러한 이전 기능은 다국적기업이 고용하여 훈련한 내국인이 향후 독립하여 독자적으로 기업을 경영하거나 혹은 타 업체나 국내 공급업체들로 이전 시 큰 효과를 발휘할 수 있다. 예를 들어, 한국에 진출한 외국기업 중 특히 씨티은행과 IBM 출신의 전문경영인들이 한때 관련 산업뿐만 아니라 다른 산업에서도 많은 활약을 한 바 있다. 그러나 이러한 경영기법의 이전 효과에 관해서도 일부 비판적 시각이 있다. 외국인 투자기업의 최고경영진이나 고급전문 직종의 대부분이 실제로는 본사 파견 관리자들에 의하여 독점되어 있다고 비판한다. 그리고 외국인 기업들이 사용하고 있는 현대적 경영기법도 대규모의 복잡한 경영을 하는 다국적기업에 적합한 기법들로 중·소규모의 개도국 기업들에는 적합하지 않다는 비판도 있다.

셋째, 다국적기업의 자원 이전 효과 중 현지국의 경제개발과 관련하여 가장 중요한 것으로 **기술이전 기능**을 들 수 있다. 기술은 자본과 더불어 현지국의 경제개발에 절대적으로 요구되는 필수조건이라고 할 수 있다. 다국적기업은 이러한 기술을 개발하고 또한 이전시킴으로써 현지의 경제개발 노력에 결정적인 역할을 수행할 수 있다. 특히 오늘날 기업이 필요한 기술의 자체 개발은 통상적으로 높은 위험과 엄청난 비용, 그리고 오랜 시간이 소요된다. 그뿐 아니라 현지 개도국 입장에서는 현실적으로 고도 기술의 자체 개발이 처음부터 불가능한 경우가 많기 때문에 기술이전을 통한 다국적기업의 역할은 현지국 정부 입장에서는 매우 중요하다. 이전 기술의 적정성 문제와 관련해서도 선진국과 개도국 사이에 입장 차이가 있다. 선진국 다국적기업의 기술은 비교적 자본 집약적 기술이 대부분이다. 그러나 개도국은 심각한 고용 문제를 해결하기 위하여 선진국의 자본 집약적 기술보다는 숙련 및 비숙련노동자를 많이 흡수할 수 있는 노동집약적 기술의 이전을 선호하는 경향이 있다.

2 고용 및 성장 효과

현지국의 낙후된 지역에 해외 다국적기업이 진출함으로써 그 지역사회의 고용기회는 확대된다. 그리고 사회 인프라, 즉 전기, 수도, 통신, 도로 등의 **사회간접자본이 확충**되므로 지역경제의 개발을 한층 더 촉진한다. 그러나 한편으로는 현지 기업이 경쟁 측면에서 저해를 받을 수도 있다. 왜냐하면, 다국적기업들은 현지 기업들보다 일반적으로 자본력과 기술력 측면에서 훨씬 우세한 경쟁력을 가지고 있기 때문에 현지 기업과의 경쟁에 있어 유리한 입장에 있다. 따라서 외국투자기업들은 현지기업을 대체하거나 또는 유치단계에 있는 현지 기업들의 성장을 저해하여 이들이 시장경쟁에서 탈락하게 만드는 부정적인 영향을 미칠 수도 있다.

3 국제수지효과

다국적기업활동이 현지국의 국제수지상에 미치는 효과는 국제수지의 구성요소에 따라 다음과 같이 수출입을 통한 **무역 수지상의 효과와 자본유입 효과**로 나누어 생각할 수 있다.

국제수지 순효과 = (수입감소효과 + 수출증대효과) + 자본유입

여기서 **수입 감소 효과**는 다국적기업의 직접투자로 인하여 그동안 수입해 오던 제품을 국내 생산으로 대체하게 되어 발생하는 수입대체총액에서 현지생산에 드는 장비, 원료, 부품 등의 추가적인 수입액과 해외 투자유입에 따른 국민소득의 증가로 인한 수입 증가액을 뺀 현지국의 순수입 감소 효과를 나타낸다. **수출증대 효과**란 다국적기업이 현지 생산한 제품 일부 또는 전부를 해외에 수출함으로써 발생한 수출증가액을 의미한다. 따라서 수입 감소 효과와 수출증대 효과는 결국 다국적기업이 현지국의 무역 수지상에 미치는 순효과이다.

한편 **자본유입 순효과**는 다국적기업에 의한 최초 및 추후의 투자자본 유입의 크기와 투자이익의 송금 및 기술료 지급 등과 같은 무역외 수지상 자본유출의 크기에 따라 결정된다. 자금 유출의 형태가 배당금이나 기술료 이외의 이자, 수수료, 부품 및 원료의 판매대금 지급 등 다양한 방식의 수익 회수 방법이 존재하기 때문에 다국적기업에 의한 자본유입 순효과를 정확히 추정하기는 방법론상 매우 어렵다. 다국적기업은 현지 하청업체나 납품업체 등에 기술 및 경영기법의 현지 이전을 통하여 장기적으로 국내기업들의 효율성을 증대시킨다. 즉, 이들 기업의 경쟁력 향상을 통해 이들의 수출 활동을 촉진할 수 있는 소위 외부효과도 생각할 수 있다. 그러나 이러한 외부효과를 계량적으로 측정하여 국제수지상의 순효과에 포함하는 것도 역시 방법론상 매우 어려운 과제라고 하겠다.

[표 6-5]은 다국적기업의 국제수지효과를 정리한 것이다. 다국적기업은 단기적으로는 현지국의 국제수지에 긍정적 영향을 미칠 수 있으나 장기적 관점에서는 국제수지를 악화시킬 수도 있다. 다국적기업의 송금액이 최초 투자액을 상회하거나 본사·자회사 간의 내부거래를 통한 이전가격 조작 등으로 인해 이익을 본국으로 집중시킬 때 국제수지에 악영향을 끼친다. 또 현지의 자회사가 해외로부터 관련 원자재나 기자재를 과도하게 수입함으로써, 국제수지를 악화시킬 수도 있다.

표 6-5 다국적기업의 국제수지상의 효과분석

국제수지분류	흑자요인	적자요인
무역수지	기존 수입감소, 신규 수출증대	원료, 부품 등의 수입증대, 경쟁 국내업체 수출 대체
무역외수지		배당금, 기술료 등 투자수익의 유출, 본사 대여금에 대한 과도한 이자지급
자본수지	최초 및 추가적인 투자자본 유입	투자 회수 및 철수

4 한국 내 외국인 투자 현황과 경제적 효과[1]

1. 외국인 투자 현황

다음은 국내 외국인 투자 현황과 이들이 한국경제에 미치는 효과를 살펴보자. 먼저 산업통상자원부 자료에 의하면 연간 외국인 투자 금액은 신고기준으로 2002년 91억 달러(2,411건)에서 2021년 295억 달러(3,088건)로 많이 증가했다. 그러나 투자 금액 추이는 연도에 따라 큰 차이를 보인다. 1997년 아시아 외환위기 이후인 1999년~2000년 기간 동안 외국기업들의 한국 내 투자가 급격히 늘었으나 2001년 9월 11일 뉴욕 세계무역센터 테러 사건 여파로 3년간 주춤거리다 2004년 다시 증가세를 보였다. 그러나 그 이후 2005~2009년 사이에는 매년 110억 달러 내·외 수준에 머물렀다. 2010년부터는 최근까지 대체로 증가세를 보였다. 다만 2013년에는 전년 대비 다소 감소하였고 2019~2020년 기간에는 코로나19로 인해 국내 외국인 투자는 급감하다 2021년 다시 회복했다.

그림 6-2 국내 외국인투자 유입 추이

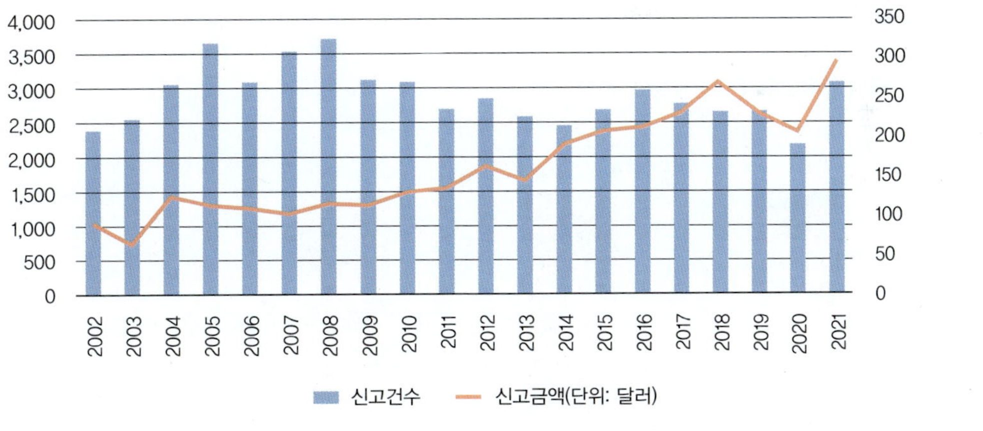

* 자료: 산업통상자원부

그러나 OECD 국가별 투자유입액 통계자료를 보면 한국의 투자유입 규모는 다른 나라에 비해 매우 낮다. OECD 38개국 중 2020년 연도별 투자유치 순위를 보면 15위(69억 달러)이

1 매일경제, 외국계기업 한국경제 기여도, 2008.6.8., 조선일보, OECD 꼴찌로 굴러 떨어진 외국인직접투자, 2008.7.8.

고 투자 잔액 기준으로는 17위(2,325억 달러)에 그치고 있다. 이는 한국의 투자 매력도가 경쟁국에 비해 여전히 매우 낮음을 보여주고 있고, 최근 수년간의 정부의 외국인 투자 유치 노력도 상대적으로 큰 성과가 없음을 보여주고 있다. 이러한 저조한 유입액 실적은 UNCTAD의 2022년 World Investment Report 통계자료를 보더라도 확인될 수 있다. 이 자료에 의하면 2021년 기준 한국의 투자유입액은 168억 달러로 세계 21위에 그쳤다. 같은 아시아권의 홍콩(1,410억 달러, 3위), 싱가포르(990억 달러, 4위)와는 엄청난 격차를 보이고, 인도(450억 달러, 7위), 멕시코(320억 달러, 10위)보다도 저조하다. 향후 한국 국내경제 발전과 고용 창출 등 국가경쟁력 향상을 위해서 보다 적극적인 외국인 투자 유치 정책 수립이 매우 중요한 현안으로 등장하고 있다.

외국인 국내 투자를 2001~2007년과 2008~2014년, 2015~2021년 시기로 나누어 비교해 보면, 업종 비중이 다소 변한 것을 알 수 있다. 2007년 이전에는 대략 제조업 32%, 일반서비스업 62%였으나 2015~2021년에는 제조업이 28%에 그치고 대신 서비스업이 69%로 늘어났다. 전반적으로 제조업보다는 금융업을 포함한 서비스업 투자가 많이 증가한 것을 볼 수 있다. 금융업을 제외한 일반서비스업에서 주요 투자 업종은 도소매업, 통신업, 정보처리 관련 서비스업, 부동산업 등으로 비교적 다각화되어 있다.

그림 6-3 국내 외국인투자 업종 비교

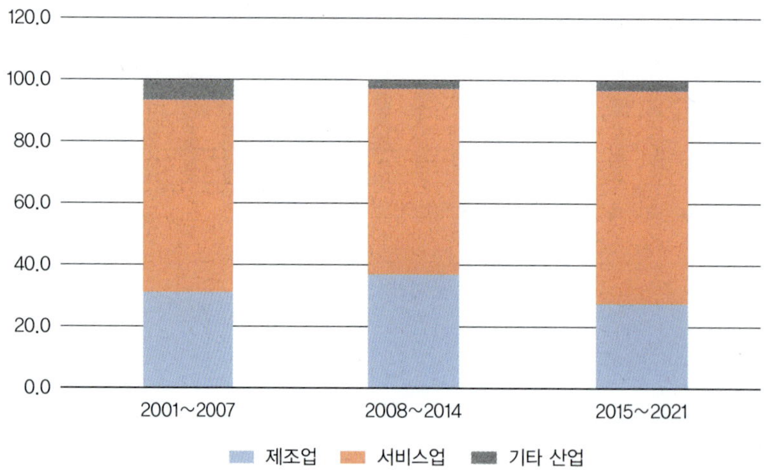

* 자료: 산업통상자원부

2. 외국인 투자가 국민경제에 미치는 영향

전반적인 외국인 투자 감소추세에도 불구하고 외국인 투자 기업들이 국내경제에서 차지하는 위상과 역할은 점차 증대되어 왔다. 산업통상자원부의 통계에 의하면 1962년부터 2021년 12월 말까지 신고기준으로 외국인 투자 건수와 금액은 잔고 기준 총 80,243건, 4,082억 달러에 이르고 도착 기준(실제 투자) 업체 수와 금액으로는 40,106건, 2,601억 달러에 달하고 있다. 신고 기준 국가별 비교를 보면 미국(13,304건, 952억 달러), 일본(15,036건, 480억 달러), 네덜란드(1,846건, 331억 달러), 싱가포르(3,179건, 277억 달러), 영국(2,032건, 203억 달러), 홍콩(3,433건, 191억 달러), 중국(13,228건, 187억 달러), 독일(2,272건, 176억 달러) 순으로 국내에 많은 투자를 행했다.

이러한 외국인 투자의 증가와 함께 이들 기업은 한국경제에 여러 가지로 영향을 끼치고 있다. 거시경제 측면에서 외국인 투자 기업은 매출, 고용, 수출 등 국내경제에서 차지하는 비중이 커지며 한국경제 성장의 견인차 구실을 담당하고 있다. 대략 외국인 투자기업의 매출 비중은 국내 전체 기업 매출의 11~13% 수준인데 특히 제조업 부문에서는 15~18% 수준으로 더 큰 기여를 하고 있다. 고용 측면에서는 외국인 투자기업 비중이 전체적으로는 5.6% 수준인데 제조업 부문에 한해서 보면 9% 수준으로 많이 증가하고 있다. 즉 국내 제조업 근로자의 약 1/11은 외국인 투자기업에서 근무하고 있다. 수출 비중은 대략 16~20% 수준으로 기여도가 더욱 높다. 제조업 안에서도 자동차, 전자 등 외국인 투자가 집중된 주요 산업에서의 기여도는 특히 높다.

표 6-6 외국인투자기업의 경제적 성과 지표

(단위: 조 원, 명, 십억 달러, %)

분석항목	산업	외국인 투자기업			국가 전체 중 비중		
		2015년	2017년	2019년	2015년	2017년	2019년
매출(조 원)	전 산업	458.7	428.0	475.4	12.8	11.0	10.8
	제조업	308.2	260.0	282.7	18.2	15.0	14.4
	비제조업	150.5	168.0	192.6	8.0	7.8	7.9
고용(명)	전 산업	544.1	706.7	772.4	5.6	5.5	5.6
	제조업	265.4	322.2	321.1	8.6	9.0	9.0
	비제조업	238.9	350.8	416.3	3.9	3.9	4.2
	금융보험업	39.8	33.7	35.0	10.1	7.3	7.2
수출(십억 달러)	전 산업	102.6	93.8	100.7	19.5	16.4	18.6

* 자료: 산업통상자원부 '2019 외국인투자기업 경영실태조사분석' 및 '2018 외국인투자기업 경영실태조사분석'

표 6-7 외국인투자기업의 주요 경영 성과 지표

(단위: %)

		외국인 투자 기업(A)		국가 전체(B)		외투/국가전체기업 비율(A/B)	
		2017년	2019년	2017년	2019년	2017년	2019년
성장성	• 매출액 증가율	8.9	2.3	9.2	0.4	1.0	5.8
	• 총자산 증가율	7.2	5.8	7.6	6.1	0.9	1.0
수익성	• 매출액영업이익률	4.0	3.3	6.1	4.2	0.7	0.8
안정성	• 부채비율	171.3	150.2	114.1	115.7	1.5	1.3

* 자료: 산업통상자원부 '2018, 2019년 외국인투자기업 경영실태조사분석'

외국인 투자기업의 경영 성과를 [표 6-7]에서 살펴보면, 이들은 성장성 지표에서 양호한 경영 성과를 거둔 것으로 평가된다. 2019년 기준 매출 증가율은 국가 전체보다 5.8배였다. 그러나 매출액영업이익률은 국가 전체에 비해 다소 낮고(0.8) 부채비율의 경우, 외국인 투자기업의 부채비율(150.2%)이 국내기업(115.7%)보다 높게 나타났다.

KOTRA가 조사한 '2019년 외국인 투자기업 경영환경 애로 조사'에 따르면, 외국인 투자기업의 경영활동에 몇 가지 특징과 애로사항이 있는 것으로 나타났다. 외국인 투자기업들이 국내 사업을 하면서 가장 중요시하는 경영환경요인으로는 노무 환경, 세무 환경, 규제환경 및 금융 환경요인들이다. 노무 환경 중 구체적 애로사항을 보면 높은 임금수준, 인력수급, 지방에서 인력 채용 어려움, 노조 관련 이슈, 해고 경직성 등이 설문 결과 많이 언급되었다. 세무 환경 관련 주요 애로사항으로는 세무조사, 빈번한 세법 개정, 조세제도에 대한 정보 부족, 높은 조세 부담 등이 언급되어 이 부분들에 대한 정책적 개선이 요구된다.

Ⅱ 정치적 위험

1 정치적 위험의 개념과 종류

기업이 해외에 진출하여 사업을 할 때 국내에서 사업을 수행할 때 비해 많은 정치적 위험에 직면하게 한다. 정치적 위험은 기업이 정상적인 시장 활동으로 인해 야기되는 위험 이외의 비시장 요인에 의해 발생하는 위험을 말한다. 비시장 요인 위험은 크게 **협의의 정치적 위험과 광의**

의 정치적 위험 두 가지로 나눠볼 수 있다.

협의의 정치적 위험은 예기치 않은 정치적 사건이나 현지 정부의 정책 변화로 인해 발생한다. 아프리카의 일부 국가와 같이 정치적으로 불안정한 개발도상국에서는 빈번한 정권교체로 정부 정책이 자주 바뀌어 다국적기업이 현지 사업 시 높은 정치적 위험에 직면하게 된다. 그러나 광의의 정치적 위험은 정치적 요인뿐만 아니라 경제적·사회적 요인까지 포함되며 이들은 기업의 재무적 또는 전략적 위치에 영향을 미친다. 예를 들면, 국가부채 문제, 외환 문제, 자산의 수용, 몰수 등과 같은 현지국 내 문제 및 사건뿐만 아니라 국제 테러 사건, 국제협약 등 국외 사건들도 다국적기업활동에 영향을 준다.

정치적 위험은 현지국 내 대부분의 산업과 기업에 영향을 끼치는 **거시적 위험**과 특정 산업이나 기업에 한정하여 영향을 미치는 **미시적 위험**으로 나눌 수 있다. 거시적 위험은 대부분 기업이 영향을 받는 큰 위험을 말한다. 한국의 예를 들면 북한과의 핵 문제, 북한 미사일 발사, 국

표 6-8 정치적 위험의 분류

<table>
<tr><th colspan="2">구분</th><th>현지국 내부 발생</th><th>현지국 외부 발생</th></tr>
<tr><td rowspan="4">거시적인 정치적 위험</td><td>정부 관련 요인</td><td>국유화, 몰수, 외국인 투자제한, 송금제한, 정부 효율성, 인프라효율성</td><td>국가 간 통상협약, 국제조약</td></tr>
<tr><td>정변 · 전쟁 · 테러요인</td><td>혁명, 쿠데타, 내전, 인종 · 종교 갈등, 게릴라전, 테러</td><td>전쟁, 국경분쟁, 국가 간 게릴라전, 국제테러, 국가몰락</td></tr>
<tr><td>경제적 요인</td><td>금융 및 외환위기, 정부예산적자, 국제수지적자, 인플레이션, 국가 부채, 단기채무문제</td><td>인근국가 경기침체, 세계오일쇼크, 세계금융외환 위기, 세계경제침체</td></tr>
<tr><td>사회적 요인</td><td>전국적 파업, 반정부데모, 특정 국가 상품불매 운동, 빈부격차, 범죄율</td><td>특정 국가에 대한 국제적 상품불매 운동, 반 세계화 추세</td></tr>
<tr><td rowspan="4">미시적인 정치적 위험</td><td>정부 관련 요인</td><td>제한적 국유화, 투자조건 재협상요구, 차별적 정책(조세, 정부구매, 가격, 정부규제 및 산업 무역정책 등)</td><td>현지국과 다른 국가와의 외교적 갈등, 제한적 통상마찰 및 무역협정</td></tr>
<tr><td>정변 · 전쟁 · 테러요인</td><td>제한적 테러</td><td>특정 지역에 국제 테러집단 출몰 (예: 이라크 내 IS)</td></tr>
<tr><td>경제적 요인</td><td>해당 또는 관련 산업의 시장침체</td><td>해당 또는 관련 산업의 해외시장 침체</td></tr>
<tr><td>사회적 요인</td><td>제한적 파업, 자사 상품불매운동, 국내 NGO의 활동</td><td>국제적 자사 상품불매행동, 국제 NGO의 활동</td></tr>
</table>

사례 6-1 **미국 520억 달러 '반도체법' 상하원 통과 … 삼성,SK 등 반도체 기업에 25% 세액공제**

미국 하원이 2022년 7월 28일 중국을 견제하고 미 반도체 산업을 육성하기 위해 2,800억 달러(약 364조 원)를 투자하는 '반도체 칩과 과학(CHIPS and Science Act)' 법안을 가결했다고 CNN 등이 전했다. 상원 통과 하루 만으로 조만간 조 바이든 미 대통령이 서명하면 법안이 시행된다. 미국 내 생산 시설을 확대하고 있는 삼성전자와 SK하이닉스도 세액 공제 등 상당한 수혜를 볼 것으로 보인다. 이 법안은 미국 내 반도체 시설 건립 지원(390억 달러), 연구개발(110억 달러), 국방 관련 반도체칩 제조(20억 달러) 등의 직접 투자를 골자로 한다. 특히 미 20개 주에 걸쳐 지역 기술센터를 건립하고 미 국립과학재단을 통해 인재를 양성하는 등 반도체 육성을 위한 토대를 닦는 데 2,000억 달러를 투입한다.

또 미국에 반도체 공장을 짓는 기업에 25%의 세액 공제를 적용해 각각 남부 텍사스주와 서부 애리조나주에 공장을 짓고 있는 삼성과 대만 TSMC 등이 혜택을 볼 가능성이 크다. 신규 반도체 시설 투자 기업은 최대 30억 달러(약 3조 9,000억 원)의 보조금도 받는다. 한국이 입법을 추진 중인 반도체 특별법이 대기업 시설투자의 8~12%를 세액공제해주는 걸 고려하면 훨씬 유리한 조건이다. 앞서 26일 바이든 대통령과 화상 면담을 가진 최태원 SK그룹 회장 역시 미 신규 투자 계획을 밝힌 터라 SK의 수혜도 예상된다. 미 워싱턴포스트(WP)는 향후 10년간 반도체업계 전체가 세액 공제로 약 240억 달러(약 31조 3,200억 원)의 효과를 볼 것으로 추산했다.

사실상 세계 반도체 시장에서의 중국 배제가 목적인 만큼 이 법안을 통해 돈을 받는 기업은 향후 10년간 중국 등 우려 국가에 대한 투자를 제한받는 '가드레일 조항'의 적용 대상이 된다. 다만 최신 기술이 아니어서 미 국가 안보에 큰 영향을 주지 않는 '전통 반도체(Legacy Chip)'는 이 규제를 적용받지 않는다. 한국 기업이 강점을 지닌 메모리반도체, 28나노 이상의 시스템반도체 등이 전통 반도체로 분류될 것으로 보인다. 그러나 중국에서 반도체 공장을 운영하는 한국 기업들이 앞으로 시설을 업그레이드하는 데 문제가 생길 수 있다. 미국이 반도체 투자의 블랙홀이 되면서 한국 첨단 분야 일자리 창출에도 부정적 영향이 미칠 수 있다.

한 로펌 관계자는 "'상당한 수준의 투자'나 '전통 반도체'의 의미가 모호해 결국 해당 기업과 미 상무부 간 협의를 통해 자금 지원 및 대중 투자 규제의 강도가 결정될 것으로 보인다"고 진단했다.

더욱이 미국 정부는 대만, 일본에 이어 한국도 '칩4 동맹'에 참여하라고 재촉하고, 중국은 노골적으로 반발하고 있다. 이에 대해 최태원 SK그룹 회장은 "정부가 잘 다룰 것이고, 결국은 가장 유리한 쪽으로 선택하게 될 것"이라고 했다. 정부와 기업은 완벽한 '2인3각 체제'를 통해 한국의 국익과 반도체 산업의 미래를 지킬 최적의 전략을 준비해야 한다.

* 자료: 동아일보, 2022.7.30

내 정치제도의 급격한 변화, 미국과 같은 전략 교역국과의 FTA 실행 또는 재협상 등을 들 수 있다. 미시적 위험은 거시적 위험과는 반대로 몇몇 기업이 특정 환경의 변화 때문에 영향을 받는 것을 말한다. 구체적인 예를 들면 2013년 북한의 개성공단 폐쇄 조치다. 남북합작사업의 일환으로 2005년부터 시작된 개성공단 사업이 2013년 4월 8일 북한 측이 일방적으로 5만 4,000명의 북한 근로자를 철수시킴으로 8년 만에 중단되었다. 이 사태로 개성공단에 입주한 123개 업체는 생산중단으로 직접적인 손해를 보았고 이들 기업과 관련된 하청업체나 납품업체들도 아울러 피해를 보았다. 그 이후 잠시 재가동이 이루어지기는 했으나 2016년 2월 북한 장거리 미사일 발사 등으로 남북관계가 경색되어 한국 정부가 개성공단에서 철수 조치를 명령함으로써 다시 폐쇄되어 입주 중소기업체뿐만 아니라 5,000여 협력업체들에 직접적으로 큰 어려움을 안기고 있다. 또 다른 미시적 위험의 예로 중국 정부의 한국 내 사드 보복 조치를 들 수 있다. 2017년 7월 한국과 미국 정부가 사드 배치를 공식 발표한 이후 중국 정부는 중국에 진출한 한국기업에 대해 교묘한 방법으로 정책적 보복을 가하고 한국에 오는 중국 관광객을 제한하여 중국 투자 한국기업들과 국내 호텔, 면세점 업체 등에 고통을 안겨주었다. 특히 롯데마트의 경우 경북 성주 사드 배치에 토지를 제공했다는 이유로 중국 내 112개 매장 중 77%인 87곳이 소방 점검 등의 구실로 영업정지를 당해 7,000억 원 이상의 막대한 손실을 겪으면서 롯데마트는 결국 2017년 9월 중국 사업 매각 철수를 발표했다. 정치적 위험은 정부 관련 요인, 정변·전쟁·테러요인, 경제적 요인, 사회적 요인 및 기타 요인 등 광범위하게 영향을 받게 된다. 경영자들은 이러한 위험 요소들에 대한 관리를 잘하기 위해 정치적 위험에 대한 이해와 평가를 체계적으로 해야 할 필요가 있다.

1. 정부 관련 요인

대체로 현지국의 정치제도, 정치권력 그룹, 정책 등의 변화가 빈번히 발생할 때 정치적 위험은 커진다. 일반적으로 정부 정책에 관한 위험은 크게 **소유위험**(ownership risk), **운영위험**(operation risk), 그리고 **이전위험**(transfer risk)의 세 가지로 나눌 수 있다.

소유위험은 본사의 소유 지분에 대해 현지 정부가 일방적으로 제한을 가하는 경우 발생한다. 예를 들어, 과거 현지국이 쿠데타와 같은 정치적 불안정 상황에 직면하였을 때 다국적기업의 자산 몰수는 흔히 일어났다. 1960~1980년도 사이에 79개의 개발도상국에 있는 276개의 정권 중에서 25개의 정권이 자국 내 금융, 천연자원, 서비스, 제조 부문에 걸쳐 자국 내 외국투자기업을 몰수했다. 좌파 성향의 정부가 들어선 베네수엘라, 볼리비아 등 일부 남미국가에서도 2006

년 이러한 극단적인 사태가 발생했다.

운영위험은 다국적기업이 일상적으로 가장 많이 경험하고 있는 정치적 위험이다. 예를 들어, 생산량의 일정 부분을 반드시 수출하게 한다든지, **현지조달 규정을 두어 원자재의 일정 부분을 현지에서 구매토록 하는 경우**이다. 또는 이사회의 일정 인원을 반드시 현지인으로 고용토록 하거나, 외국기업에 차별적인 세금을 내도록 하는 경우나, 중국 정부의 불공정한 사드 보복 조치 일환으로 사용된 소방 점검, 세무조사 등도 운영위험의 예로 볼 수 있다. 또 정부 관련 요인으로 반 덤핑관세 부과 등 현지국의 다양한 통상압력을 들 수 있다.

이전위험은 **본국으로 이윤이나 자금을 자유롭게 송금하지 못하게 되거나 아예 현지 화폐를 달러 등의 국제통화로 환전하지 못하게 되는 위험**이다. 이러면 수입에 지장을 초래하여 현지 자회사는 원활한 수입을 하지 못하게 되고 수출용 수입 원자재를 사용하는 경우 수입에 지장을 초래하여 수출에도 영향을 받게 된다. 아르헨티나 정부는 2001년 금융 외환위기 초기에는 낮은 외환보유고에도 불구하고 고정환율제도를 유지하려 했었다. 그러나 점차 아르헨티나의 많은 기업과 국민들이 페소 대신 달러를 보유하려 하자 달러 환전을 금지해 현지의 다국적기업들이 많은 어려움을 겪었다.

사례 6-2 중국 눈치 보는 애플…부품에 '메이드 인 타이완' 표기 금지

중국이 낸시 펠로시 미국 하원의장의 대만 방문에 강하게 반발하는 가운데 애플이 대만 협력 업체들에 '대만산' 표기 수정을 지시했다고 외신들이 보도했다. 일본 영문매체 닛케이아시아와 미국 경제전문 매체 블룸버그 등에 따르면 애플은 중국으로 가는 대만 업체의 제품이나 부품의 원산지를 '대만, 중국'(Taiwan, China) 또는 '중화 타이베이'(Chinese Taipei)로 표시했는지 신속히 검토하고 그렇지 않으면 수정을 지시했다고 전했다. 애플의 원산지 표기 단속은 펠로시 의장이 지난 2일 대만을 방문한 뒤 중국과 대만, 미국과 중국의 갈등이 최고조에 이른 상황에서 나왔다.

중국은 대만을 독립국이 아닌 자국 일부로 간주하는 '하나의 중국' 원칙을 내세워 미국 의전서열 3위 펠로시 의장의 대만 방문에 크게 항의했다. 과거에도 중국은 대만을 중국의 일부로 보지 않는 각국 정부나 기업에 보복을 가한 바 있다. 대만은 중국으로 보내는 수출품의 원산지를 '대만' 또는 '중화민국'으로 표기할 것으로 요구하고 있다. 이에 따라 제품 상자나 수입신고서에 '대만산'(Made in Taiwan) 또는 대만의 공식 명칭인 '중화민국'(Republic of China · ROC)이 들어가면 중국 당국의 제재를 받을 수 있다. 중국은 이미 2015년 이 같은 규정을 발표했지만 그동안 엄격하게 시행하진 않았다. 니케이아시아는 대만산 표기가 붙을 경우 중국이 최고 4,000위안(약 77만 원)의 벌금을 부과하거나 최악의 경우 운송을 거부할 수 있다고 보도했다.
일각에서는 애플의 이번 조치로 아이폰14가 중국과 인도에서 동시에 출하될 것으로 보고 있다. 애플 전문 분석가인 궈밍치 TF인터내셔널증권 연구원은 트위터를 통해 "최근 조사에 따르면 올 하반기에 처음으로 인도 폭스콘 공장이 중국 공장과 거의 동시에 신규 6.1인치 아이폰14를 출하할 예정"이라며 "과거에 인도 공장은 (중국 공장보다) 1분기나 그 이상 늦게 출하했다"고 말했다. 애플은 이미 중국에 대한 의존도 줄이기에 나섰지만 중국의 보복성 경제조치가 단행될 경우 이 시기를 앞당길 것으로 보인다.
애플은 2017년 위스트론의 인도 벵갈루루 공장에서 아이폰SE 제조를 시작했으며 이후 폭스콘 첸나이 공장에서 아이폰11과 아이폰12, 아이폰13을 생산하고 있다. 카운터포인트 리서치에 따르면 2020년 1.3%에 그쳤던 인도 내 아이폰 생산량은 2021년 3.1%로 늘었으며 올해에는 최대 7%로 늘어날 것으로 전망된다.
애플의 최근 이같은 기조는 아이폰 조립업체인 대만 페가트론의 한 고위 임원이 차이잉원 대만 총통이 주최한 오찬에서 펠로시 하원의장을 만난 다음 날 중국이 페가트론의 중국 쑤저우 공장을 점검한 뒤 나왔다. 중국을 주요 시장으로 삼는 애플은 예전부터 중국의 심기를 건드리지 않기 위해 저자세를 자주 보여왔다. 일례로 애플은 중국 정부의 기조에 따라 지난해 10월 '쿠란 마지드'앱 등 무슬림과 관련한 어플리케이션(앱)을 애플 앱스토어에서 삭제했다. 이는 신장 지역의 무슬림 소수민족 위구르를 겨냥한 중국의 탄압과 관련이 있는 것으로 해석돼 논란이 뒤따랐다. 애플은 2017년에도 중국 19차 당 대회를 앞두고 해외 인터넷 우회접속 프로그램인 가상사설망(VPN) 앱을 앱스토어에서 삭제했다. 이는 중국의 정보통제와 검열에 힘을 보탠 것으로 해석돼 서방 언론과 시민단체들 비판을 받았다.

* 자료: 한경닷컴, 2022.8.8.

2. 정변, 전쟁, 테러 요인

IS(Islamic State, 수니파 극단주의 무장단체 이슬람국가)는 2014년 이라크 북부 최대 도시 모술을 점령하면서 국가로 선포했다. 이후 이라크를 포함한 주변 이슬람 국가들과 갈등을 야기시키고 유럽 서방국가들에 대해서도 테러를 감행하기 시작했다. 이라크 정부군은 이에 대항해 시아파 민병대와 쿠르드 지방정부군으로 구성된 국제동맹군을 규합했다. 그 결과, 2016년 10월부터 2017년 7월까지 9개월에 걸친 포위전 끝에 IS의 핵심 거점 모술을 점령하였고 수니파 극단주의 무장단체 이슬람국가와의 전쟁은 끝났다고 공식 선포했다. 이 과정에서 해당 지역의 경제활동은 많이 축소되었고 외국인 투자 기업은 큰 손해와 위험을 감수해야 했다. 또 이스라엘은 레바논 및 주변 이슬람국가와의 갈등 관계에 있는데 이 지역으로의 외국인 투자 활동은 당분간 활성화되기 어려울 것이다. 2022년 2월 24일 발발한 우크라이나-러시아 전쟁으로 맥도날드, 스타벅스 등 많은 다국적기업이 러시아로부터 철수하였고 이 두나라에 대한 외국인투자는 당분간 기대하기 어려울 것이다.

3. 경제적 요인

외환 사태는 1931년의 금본위제도, 1971년 브레튼우즈제도뿐만 아니라, 현행의 변동환율제도하에서도 발생하고 있다. 외환 사태는 보통 한 통화제도에서 다른 통화제도로 급히 전환될 때 발생하게 된다. 또는 외부 경제 상황의 급격한 변화로 국내에 있는 기업이나 외국 투자자본들이 국내통화에서 외국통화로 대규모로 바꿀 때 외환위기가 발생한다. 이러한 상황에서는 일명 편승 효과가 발생하여 문제를 더 악화시킬 수 있다. 즉, 한 기업이 외국통화로 바꿀 때 다른 기업들도 따라서 하는 경우이다. 이 경우 외화보유액이 급격히 감소하게 된다. 물론 그 나라가 충분한 외환을 보유할 때는 문제가 되지 않지만, 대부분의 개발도상국은 충분한 외환을 보유하고 있지 않다. 이러한 외환위기가 발생하면 초기에는 자국 통화의 가치가 급격히 하락하게 된다. 그래도 문제가 해결되지 않으면 정부에서 외환통제를 하게 된다. 따라서 그 나라에서 영업하던 다국적기업들은 외국과의 정상적인 자본거래를 더 이상 하지 못하게 된다.

금융위기는 국내은행과 해외은행 간 대규모 자본거래에서 발생할 수 있다. 해외은행이 현지국 국내은행에 단기자본을 공여하다 만기가 되어 연장하지 않는 경우 국내은행은 심한 유동성 문제를 겪을 수 있다. 이러면 다른 은행이나 중앙은행에서 임시로 돈을 빌릴 수도 있겠지만 다른 은행도 같은 위험에 처한 경우 큰 문제가 된다. 이러한 상황에서 개인 예금자들이 대규모로 예금을 인출하는 경우 은행이 예금 지급을 거절하거나 심한 경우 은행파산 사태도 생길 수 있다. 이러한 은행 사태를 막기 위해서는 은행들이 자금을 차입할 때 한 은행에서 모든 자금을 조달하기보다는 여러 은행에서 자금을 빌리거나, 단기금융 방식보다는 장기금융 방식으로 조달하면 위험은 분산될 수 있을 것이다.

1973, 1979년 발생하였던 글로벌 오일쇼크는 오늘날에도 발생할 수 있다. 현재 세계 경제가 소비하고 있는 석유의 50% 이상이 중동의 걸프만에서 생산되고 있다. 만약 이러한 석유공급이 중단되거나 혹은 가격이 오른다면 경제에 엄청난 타격을 주게 된다. 감산 등 석유 수출국들의 자체적인 정책 결정으로 인한 유가 변동도 있지만 중동의 국제정세의 악화, 중국 등 신흥개발도상국의 꾸준한 에너지 수요 등으로 유가가 여전히 높게 유지되고 있다. 그러다 2022년 2월 우크라이나-러시아 전쟁으로 한때 120 달러 수준까지 올라갔다 2022년 8월 현재 다시 90 달

러 수준에 머무르고 있는 등 등락폭이 확대되었다.

4. 사회적 요인

남미국가 중에서 콜롬비아, 베네수엘라는 많은 경제·사회 문제를 안고 있었다. 베네수엘라는 2002년 말부터 2003년 2월 초까지 무려 63일간 반정부 파업과 시위를 하여 국가 경제를 위기로 몰아넣었다. 콜롬비아, 파키스탄 등도 매우 높은 사회적 불안 위험이 있는 국가이다. 콜롬비아는 오래된 내전, 높은 범죄율, 낮은 치안, 빈번한 요인납치, 특정 소수민족들의 유전개발 반대 등의 이유로 사회적으로 불안하고 신변안전 위험이 높다. 파키스탄의 경우도 낮은 치안, 이슬람 극렬분자, 지역 간 갈등 등으로 사회적으로 불안하다. 일부 이슬람 국가에서는 미국제품에 대한 불매운동이 일고 있고 현지 거주 미국 민간인에게 신변 위협을 가하고 있다. 반면 중남미 국가 중 코스타리카는 상대적으로 경제적 안정을 유지하고 있다.

[표 6-9]는 여러 가지의 정치적 위험들을 종류별로 분류하여 위험지수를 보여주고 있다. PRS Group이 매달 발표하는 이 자료에 따르면, 스위스는 정치적·재무적·경제적 위험 요소들을 종합적으로 분석하였을 때 2021년 1월 기준 가장 높은 점수를 받으며 세계 1위(87.0)에 올랐다. 즉 정치적·재무적 및 경제적 위험 수준이 가장 낮은 국가로 평가되었다. 한국의 경우, 전체 순위는 10위(78.3)지만 정치적 위험 요소 중 정부 안정성, 외국과 갈등, 부정부패에 상대적으로 낮은 점수를 받았고, 재무적 위험 요소 중 총외채/GDP 부분에서도 상대적으로 낮은 점수를 기록했다. 중국(37위, 70.5)과 비교했을 때 정치적·경제적 위험에서는 높은 점수를 받았지만, 재무적 위험에서는 중국보다 낮은 수치를 나타냈다. 중국은 정치적 위험요소 중, 사회·경제적 조건과 투자 현황, 국내 소요, 외국과 갈등, 부정부패 부분 등에서 상대적으로 낮은 점수를 기록하였지만, 재무적 위험 요소 측면에서는 1위인 스위스보다도 안정적인 재무 상태를 가지고 있다고 평가되었다. 일본의 경우 재무적 위험 중 총외채/GDP, 그리고 경제적 위험 부문에서는 실질 GDP 성장률이 매주 낮아 한국보다 전체적으로 낮은 순위인 21위(75.3)로 평가되었다. PRS Group의 국가 위험 지수는 다른 나라들과 구체적으로 비교하는데 용이하고 또 기준시점과 비교 시점을 비교하여 구체적으로 어떤 측면에서 위험도가 높아졌는지 또는 개선되었는지 분석해 볼 수 있는 장점이 있다.

표 6-9 PRS Group사의 2021년 1월 기준 국가 위험 (Country Risk) 지수

분류	위험의 종류	비중	스위스(1위)	한국(10위)	일본(21위)	중국(37위)
정치적위험 (50%)	정부 안정성	12	8.5	6.5	6.0	9.0
	사회 경제적 조건	12	10.0	9.0	9.0	8.5
	투자 현황	12	10.5	10.0	11.0	7.5
	국내 소요	12	12.0	10.0	10.0	9.0
	외국과 갈등	12	10.5	8.5	9.5	8.0
	부정부패	6	5.0	4.0	4.0	2.0
	군부의 정치 세력화	6	6.0	4.0	5.0	2.5
	종교 갈등	6	4.5	6.0	5.5	3.5
	법과 사회질서 체계	6	5.0	5.0	5.0	3.0
	인종갈등	6	4.0	6.0	5.5	3.5
	민주적 제도	6	6.0	5.5	5.0	1.5
	관료주의 효율성	4	4.0	3.0	4.0	2.0
정치적 위험 계		100	86.0	77.5	79.5	60.0
재무적위험 (25%)	총 외채/GDP	10	6.0	7.0	3.0	9.0
	외채 원리금 부담/수출	10	10.0	9.0	10.0	10.0
	경상수지 적자/수출	15	13.5	13.0	13.0	12.5
	외환보유액으로 수입 결제 가능한 개월 수	5	5.0	3.5	5.0	5.0
	환율 안정성	10	10.0	10.0	10.0	10.0
재무적 위험 계		50	44.5	42.5	41.0	46.5
경제적위험 (25%)	1인당 GDP	5	5.0	4.0	4.5	2.5
	실질 GDP 성장률	10	8.0	4.0	0.0	6.5
	인플레이션	10	10.0	10.0	10.0	9.0
	재정적자/GDP	10	6.0	5.5	2.5	4.5
	경상수지 적자/GDP	15	14.5	13.0	13.0	12.0
경제적 위험 계		50	43.5	36.5	30.0	34.5
총점		200	174.0	156.5	150.5	141.0
전체 위험지수 (100%로 환산)		100	87.0	78.3	75.3	70.5

2 정치적 위험의 관리

1. 회피 및 위험감소전략

정치적 위험을 관리하는 방법은 **해외투자 이전과 이후**로 나누어 볼 수 있다. 일반적으로 투자 전 단계에서 기업은 더욱 다양한 선택 대안을 가질 수 있다. 진출하고자 하는 시장이 예상보다 높은 정치적 위험을 보인다면 가장 간단한 대안은 **현지 시장진출 자체를 포기하거나 연기**하는 방법이다. 또는 **투자 규모를 계획보다 훨씬 축소하여 진출하는 방안**도 고려해 볼 수 있다. 또 다른 방법은 현지에 적합한 사업파트너를 물색하여 위험을 공유할 수 있다. 특히 현지의 유력한 기업이나 **국영기업체를 파트너로 영입**한 경우 정치적 위험의 상당 부분을 경감시킬 수 있을 것이다. 위험이 높음에도 그 지역에 진출할 매력이 큰 경우 **현지 정부와 적극적으로 협상**을 하여 보다 유리한 조건을 얻어낼 수도 있을 것이다.

2. 해외투자보험

사업 단위가 큰 경우 한국무역보험공사의 해외투자보험이나 세계은행 산하 MAGI (Multilateral Investment Guarantee Agency)의 투자보험을 들어 위험을 외부화할 수 있다. 한국무역보험공사가 제공하는 해외투자보험은 해외투자를 한 후 투자상대국의 수용, 전쟁, 송금위험, 약정 불이행위험 등으로 인하여 해외투자의 원리금, 배당금, 이자 등을 회수할 수 없게 되거나 해외 현지법인에 대한 보증채무이행으로 입게 되는 경우 손실을 보상해 주고 있다. 보험금액은 통상 해외사업 소요자금의 100%까지 정할 수 있다. 실제 보험금은 보험금액 한도 내에서 현지의 정치적 위험으로 인해 발생한 손실액을 지급받게 된다.

3. 투자 후 대응전략

기업이 일단 투자를 행한 후에 예상하지 못했던 정치적 위험이 발생하였을 때 기업의 전략 대안은 투자 전에 비해 적다. 특히 현지국 정부의 정책 변화로 야기된 정치적 위험의 경우는 대부분 순응하는 경우가 일반적이다. 그러나 정부의 새로운 정책들이 기업 존립에 상당한 영향을 주는 경우 다국적기업은 예외나 철회를 요청하기 위해 정부와 협상을 시도해 볼 수 있을 것이다. 이때 기업의 교섭력은 고용, 수출, 기술개발 등의 측면에서 기업이 현지에 얼마나 기여를 하고 있는지에 따라 달라질 것이다. **기업이 현지에 독특한 기여를 할수록 보다 유리한 협상** 위치를 차지할 수 있을 것이다.

그러나 중요한 것은 평소 다국적기업이 이러한 위험을 감소시킬 수 있는 운영 방안들을 적극적으로 대비하고 모색해야 한다. 예를 들면, 진출 시 가능한 많은 **현지 자본과 현지금융을 이용**하거나 명망 있는 국제금융기관의 자본과 같이 투자하여 **투자자본을 다각화**하는 것도 한 대비책이 될 것이다. 또 구조적으로 현지 자회사에서 생산된 물품을 현지국 시장에 **독점 공급**하거나 또는 생산된 완제품을 독점 수출하는 구조를 갖는 경우에는 정부에 대해 강한 교섭력을 갖는다. 정치적 위험을 근본적으로 낮추는 기본전략 방안은 **다각화전략**이다. 사업을 정치적 위험이 높은 한 곳에 모두 집중시키기보다는 위험이 낮은 여러 곳으로 분산시키는 것이 안전하다. 그리고 현지 자회사에서 본사나 다른 자회사로 물품을 공급하는 경우 대체 또는 **복수 조달처**를 확보하는 것이 중요하다. 정치적 위험이 높은 국가의 자회사 한 곳에 전적으로 의존하는 것은 바람직하지 않다. 또 다른 기본전략은 **선량한 기업 시민으로서 현지에서 역할을 성실히 수행**하는 것이다. 즉, 정부에 낼 세금을 떳떳하게 다 내고 현지 지역사회 발전을 위해 적절한 투자를 하면서 종업원, 고객 등 다양한 이해관계자집단과 원만한 관계를 유지하는 것이 장기적으로 정치적 위험을 줄이는 효과적인 방법이 될 것이다.

Ⅲ 경제통합과 세계 경제의 블록화

1 경제통합의 정의 및 형태

1948년부터 2022년까지 각 국가가 WTO(World Trade Organization)에 신규 발효 예정 또는 중지되었다고 보고된 지역무역협정(RTA: Regional Trade Agreement 또는 PTA: Preferential Trade Agreement) 누적 건수는 전 세계적으로 799건이다. 이중 매년 신규 발효 예정으로 보고된 협정 누적 건수는 578건이었다. 그러나 [그림 6-5]에 있듯이 그 중 현재 실제 발효 중인 건수는 전 세계 전체 354건으로 나타나 있다. 즉, 발효 예정으로 보고되었지만 실제로 자국 내 비준 절차 등 여러 가지 이유로 발효되지 않거나 발효되었다가 협정 만기일 이후 갱신되지 않아 중지된 지역무역협정 건수가 적지 않은 것으로 보인다. 그러나 전체적으로 보면 최근에도 계속 많은 지역무역협정이 국가 간에 협정되고 새롭게 발효되고 있는 것을 알 수 있다. 현재 발효 중인 자유무역협정 분포를 보면 주로 유럽, 동아시아 지역에 많이 집중된 것을 볼 수 있다.

그림 6-4 세계 지역무역협정(RTA) 추이(1948~2022)

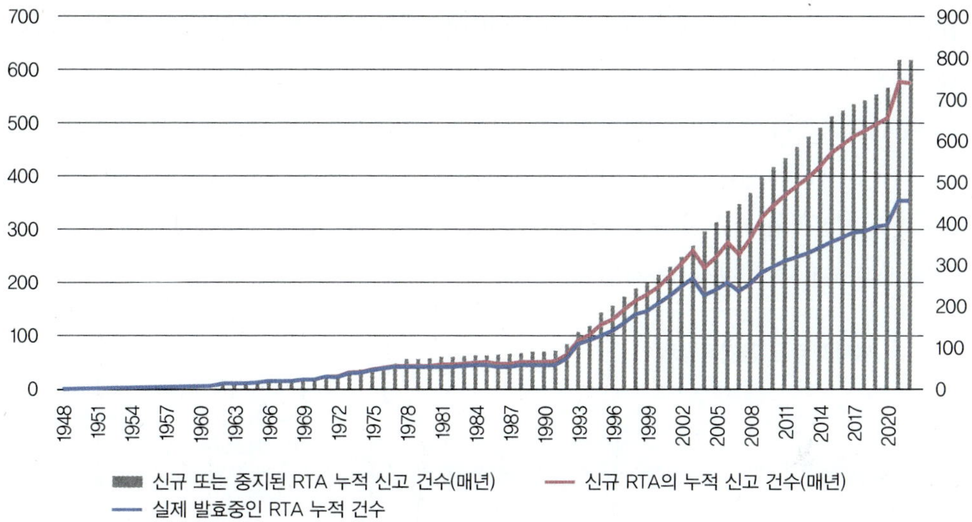

그림 6-5 지역별 발효지역무역협정(RTA) 건수(2022년 기준)

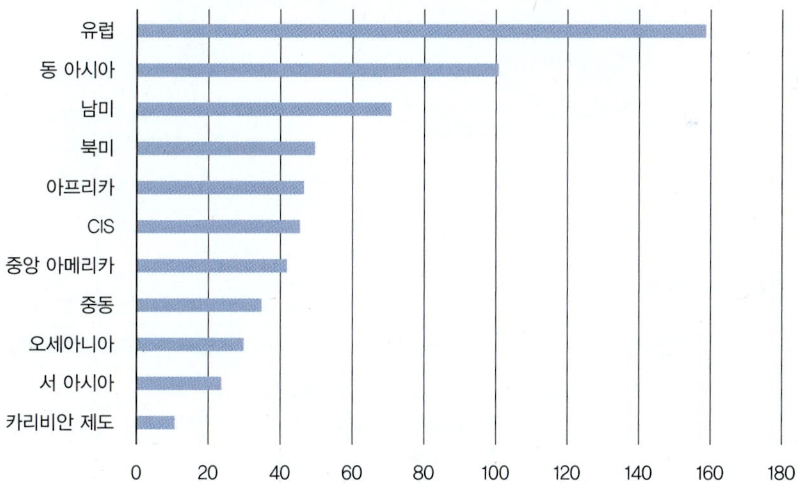

* 자료: WTO

2022년 현재 한국은 **2004년 칠레와 최초로 자유무역협정을 실행**하였고, 이후 2006년부터 싱가포르 및 유럽의 EFTA와, 2007년부터 ASEAN 국가들과 자유무역협정을 실행 중이다. 그리고 인도(2010년 발효, CEPA, 포괄적 경제동반자 협정), EU(2011), 페루(2011), 미국(2012), 튀르키예(구 터키, 2013), 호주(2014), 캐나다(2015), 중국(2015), 뉴질랜드

(2015), 베트남(2015), 콜롬비아(2016), 코스타리카, 엘살바도르, 온드라스, 니카라과, 파나마 등 중미 5국(2021), 영국(2021), RCEP(역내 포괄적 경제동반자협정, 2022) 등이 추가되어 총 58개국과 FTA를 발효 중이다.

그러나 현재 증가하는 자유무역협정 추세에 비추어 한국정부는 보다 많은 나라와의 협력 가능성을 적극 모색해야 된다. 그리고 기업도 경제 블록화 시장 추세에 대비하기 위해 해외 직접투자나 현지 기업과의 제휴 활동을 통하여 이를 대비해야 한다. 먼저 지역경제공동체의 개념과 효과를 살펴보고 주요 경제공동체를 살펴보자.

그림 6-6 세계의 주요 경제공동체

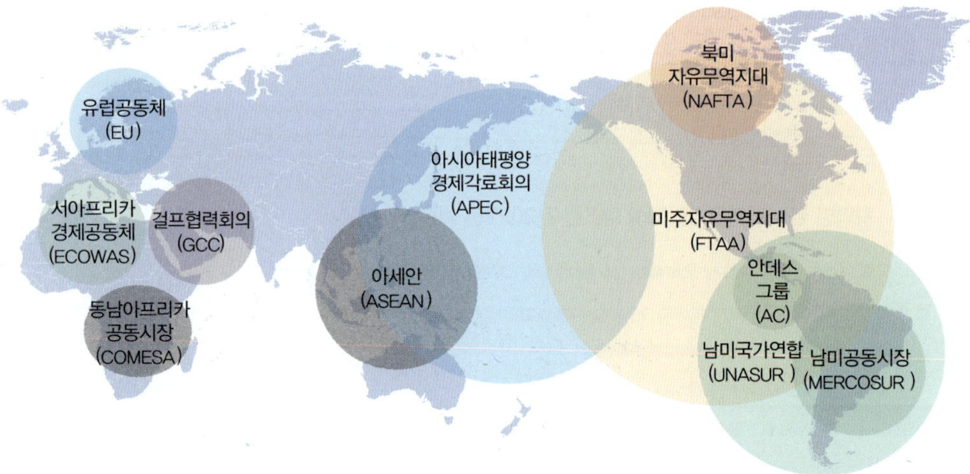

표 6-10 세계 주요 경제공동체 현황

(단위: 백만 명, 10억 달러)

지역 공동체	설립 년도	국가	인구	경제규모(GDP)
ASEAN(Association of Southeast Asian Nations)	1967	인도네시아, 말레이시아, 싱가포르, 라오스, 태국, 미얀마, 베트남, 캄보디아, 브루나이, 필리핀 등 10개국	700	2,555
APEC(Asia Pacific Economic Cooperation)	1989	대한민국, 중국, 일본, 홍콩, 대만, 미국, 캐나다, 멕시코, 인도네시아, 태국, 말레이시아, 필리핀, 싱가포르, 베트남, 브루나이, 파푸아뉴기니아, 호주, 뉴질랜드, 칠레, 페루, 러시아 등 21개국	2,832	43,764
RCEP(Regional Comprehensive Economic Partnership)	2012	중국, 한국, 일본, ASEAN 10개 회원국, 인도, 호주, 뉴질랜드 등 16개국(협의 중)	3,576	22,697

TPP(Trans–Pacific Partnership)	2015	일본, 브루나이, 칠레, 뉴질랜드, 싱가포르, 호주, 페루, 베트남, 말레이시아, 멕시코, 캐나다 등 11개국(협의 중)	470	9,065
EU(European Union)	1957	독일, 프랑스, 영국, 아일랜드, 벨기에, 네덜란드, 룩셈부르크, 덴마크, 스웨덴, 핀란드, 오스트리아, 이탈리아, 스페인, 포르투갈, 그리스, 체코, 헝가리, 폴란드, 슬로바키아, 리투아니아, 라트비아, 에스토니아, 슬로베니아, 키프로스, 몰타, 불가리아, 루마니아, 크로아티아 등 28개국	510	18,495
EAEU(Eurasian Economic Union)	2015	아르메니아, 벨라루스, 키르기스스탄, 카자흐스탄, 러시아 등 5개국	184	1,485
USMCA(US Mexico Canada Agreement)	2020	미국, 캐나다, 멕시코 등 3개국	478	20,731
FTAA(Free Trade Area of the Americas)	1994	쿠바를 제외한 북미 · 중미 · 남미 34개국	850	25,000
UNASUR(Union of South American Nations)	2008	아르헨티나, 브라질, 파라과이, 우루과이, 볼리비아, 콜롬비아, 에콰도르, 페루, 칠레, 가이아나, 수리남, 베네수엘라 등 12개국	419	4,894
MERCOSUR(Southern Common Market)	1995	브라질, 아르헨티나, 파라과이, 우루과이 등 4개국	289	4,171
AC(Andean Community)	1995	볼리비아, 콜롬비아, 에콰도르, 페루 등 4개 국	101	394
GCC(Gulf Cooperation Council)	1981	쿠웨이트, 카타르, 오만, 사우디, 바레인, 아랍 에미레이트 등 6개국	51	715
ECOWAS(Economic Community of the West African States)	1975	코트디브와르, 가나, 기니, 세네갈 등 15개국	349	675
COMESA(The Common Market for Eastern and Southern Africa)	1994	앙골라, 부룬디, 코모로, 지부티, 이집트, 에티오피아, 케냐, 말라위, 짐바브웨, 모리셔스, 모잠비크, 잠비아, 나미비아, 루안다, 우간다, 수단, 탄자니아, 스와질란드, 콩고민주공화국, 마다가스카르, 에리트리아 등 총 21개국	350	153

* 자료: 각 기관 홈페이지, IMF(2016)

1. 경제통합의 형태

발라사(Balassa)에 의하면 경제통합은 다음과 같은 형태들이 있으며, 대체로 순서대로 통합의 정도는 진전된다.

1) 자유무역지대(Free Trade Area)

가맹국 간의 교역에 부과되는 모든 장벽(관세 및 비관세조치)은 철폐하되 비가맹국에 대해서 각국 간의 독자적인 무역정책의 실시가 가능한 경제통합의 형태이다. 다음의 관세동맹과는 달리 역외국에 대해서는 상이한 관세율을 적용하기에 저 관세국으로 수입된 제3국 상품이 고관세부과국으로 간접수입이 될 단점이 존재한다. 자유무역지대의 대표적인 예로는 2004년 한국과 칠레 간 자유무역협정과 1983년 시작된 호주와 뉴질랜드 간 CER(Closer Economic Relations) 자유무역협정을 들 수 있다. 이 외에도 1967년 시작된 ASEAN의 Free Trade Area(AFTA), 1994년 시작된 미국, 캐나다, 멕시코 간의 USMCA(US Mexico Canada Agreement), 1960년에 창설된 EFTA(European Free Trade Area) 등과 같은 지역무역협정(Regional Trade Agreements: RTA)도 포함된다.

2) 관세동맹(Customs Union)

가맹국 사이의 무역에 대해서 자유무역지역과 마찬가지로 관세 및 기타 무역장벽을 제거·철폐하여 자유무역을 실시하면서 비가맹국 간에 대해서도 공동의 무역정책들(예를 들어, 공동관세율 부과)을 실시하는 형태를 말한다. 관세동맹의 예로는 남미의 MERCOSUR, Andean Community, Southern African Customs Union 등이 해당된다.

3) 공동시장(Common Market)

관세동맹에서 더 발전된 형태로서 각 가맹국 사이에 노동과 자본 등의 자유로운 이동을 허용하는 경제통합 형태를 나타낸다. 공동시장의 궁극적 목표는 각 가맹국의 상품 및 생산요소의 자유로운 이동을 통하여 국내시장과 동일한 거래 형태를 보장하는 것이라 할 수 있다. 한 예로 1973년 자메이카 등 4개국으로 시작되어 현재 15국으로 구성된 The Caribbean Community Single Market(CARICOM)을 들 수 있다. 또 사우디아라비아 등 6개국 중동국가들이 1981년 시작한 Gulf Cooperation Council도 2008년부터 공동시장으로 성장·발전했다.

4) 경제동맹(Economic Union)

공동시장 형태에서 더욱 발전시킨 단계로서 각 가맹국 간의 금융 및 재정정책을 조화시키거나 단일화시키는 형태로 공동통화를 사용하는 공동시장을 말한다. 각 가맹국 간의 상호협조와 유대관계를 통해서 재정, 금융, 통상, 노동 등의 정책에 있어서 조정을 함으로써 공동보조를 취하는 경우라 할 수 있다. 현재 경제동맹의 예로 EU 국가 중 Euro를 사용하고 있는 소위 Eurozone 국가들을 들 수 있다. 2022년 현재 독일, 프랑스 등 EU 27개국 중 19개 국가가 유로를 사용하고 있고 모나코, 산마리노, 바티칸시티, 안도라, 코소보, 몬테네그로 등 소형 6개 국가를 합치면 모두 25국에서 사용되고 있다.

5) 완전경제통합(Complete Economic Integration)

경제통합 형태 중 최후의 단계로서 역내 국가들을 동일시장으로 간주하는 형태이다. 제반 경제정책에서 공동보조를 취하는 데 그치지 않고 금융·재정·사회정책에서의 일관된 정책을 추구하는 초국가적 기관 설립을 목표로 한다. 이런 상태에서는 경제면뿐만 아니라 사회·정치적 통합까지도 추구하는 형태라 할 수 있다. 이와 같은 단계별 경제통합 형태를 요약·정리하면 [표 6-11]과 같다. 향후 EU 국가들이 완전경제통합 단계로 나아가기 위해 계속 노력할 것으로 예상된다.

표 6-11 경제통합 형태별 특징

	자유무역지대	관세동맹	공동시장	경제동맹	완전경제통합
역내관세 폐지	O	O	O	O	O
공동대외관세	X	O	O	O	O
생산요소 자유로운 이동	X	X	O	O	O
경제정책조정	X	X	X	O	O
초국가기구 설립	X	X	X	X	O

2 경제통합의 효과

1. 경제적 효과

1) 무역창출효과

무역 창출은 그동안 관세가 부과되던 **수입 물품이 관세 없이 수입되어 수입 가격의 하락과 이에**

따른 수입 물량(수출국 입장에서는 수출물량)의 증가 효과를 의미한다. 자유무역을 실시하면 결국 자유무역 가맹국 중 생산비가 가장 싼 국가로 생산이 대체된다.

2) 무역전환효과

자유무역 실시 전 **역외국 중의 최적 생산국으로부터 수입하던 제품이 자유무역 실시로 역내국 내 최적 생산국으로 수입선이 바뀌는 현상**을 무역전환효과(trade diversion effect)라 한다. 이는 역외국에 대한 차별관세의 부과로 수입선이 가장 효율적으로 생산하는 역외국가에서 역내의 생산비가 싼 나라로 대치되는 현상을 말한다. 이러한 무역 대체의 결과 세계 경제 전체적으로는 생산상의 왜곡 효과가 발생될 수 있으며, 수입국의 입장에서는 역외국에 대한 관세부과로 얻었던 과거의 재정수입이 사라지는 결과를 가져온다.

2. 장기효과

1) 규모의 경제효과

국내시장이 협소한 경우 대규모의 공장을 설립하는 데에는 한계가 있을 수 있으나 경제통합으로 시장이 확대되면 대규모의 공장설립을 통하여 규모의 경제효과를 달성할 수 있게 된다.

2) 경쟁 강화 효과

시장통합의 결과 각 가맹국 내부의 기업 간 경쟁이 강화되게 된다. 경쟁의 강화는 결국 생존을 위한 새로운 제품의 생산과 기술개발 노력을 증가시킬 것이며, 이로 인한 후생 증대 효과를 가져온다.

3) 경제 효율성 증대

경제통합은 자본과 노동의 자유로운 이동을 보장하여 역내 기업들에게 보다 효율적인 자본 이용을 가능케 하고 역내 국가들에게 보다 빠른 경제적 성장을 이룩하게 해준다.

3 경제블록화의 현황

1. 한국의 자유무역협정

한국 경제성장 발전에 큰 부분을 차지한 것은 활발한 대외교역이었다. 또한 앞으로의 지속적인 경제발전을 위해서 지금보다 더 활발한 교역이 필요하다. 세계적으로 자유무역협정이 확대되어가고 있고, 한국도 확대된 시장접근을 위해 보다 많은 그리고 유리한 자유무역협정을 맺어야 한다. 한국은 2002년 10월 칠레와 FTA를 처음으로 타결 2004년 4월 발효 실시했다. 이후, 동시다발적으로 FTA를 추진한 결과 싱가포르(2006. 3. 2 발효), EFTA(2006. 9. 1), ASEAN(2007. 6. 상품협정), 인도(2010. 1. CEPA, 포괄적 경제동반자협정), EU(2011. 7. 1), 페루(2011. 8. 1), 미국(2012. 3. 15), 튀르키예(구 터키, 2013. 5. 1), 호주(2014. 12. 12), 캐나다(2015.1. 1), 중국(2015. 12. 20), 뉴질랜드(2015. 12. 20), 베트남(2015. 12. 20), 그리고 콜롬비아(2016. 7. 5), 코스타리카, 엘살바도르, 온드라스, 니카라과, 파나마 등 중미 5국(2021. 3. 1), 영국(2021. 1. 1), RCEP(역내 포괄적 경제동반자협정, 2022. 2. 1) 등이 추가되어 총 58개국과 FTA를 발효 중이다.

그리고 인도네시아, 이스라엘, 캄보디아와는 서명이 완료되었고 필리핀과도 협정이 타결되어 국회 비준 등의 절차를 거쳐 발효를 앞두고 있다. 또 현재 한, 중, 일 사이 자유무역협정과 남미 MERCOSUR, 러시아, 말레이시아, 에콰도르, 우즈베키스탄 등과 협상이 진행 중이다. 또 멕시코, GCC(사우디아라비아, 쿠웨이트, 아랍에미레이트, 카타르, 오만, 바레인) 등과도 협상이 진행 중이다.

그림 6-7 한국과 FTA 발효 국가(2022년 8월 기준)

* 자료: www.fta.go.kr

표 6-12 대 베트남 무역의 FTA 효과

(단위: 백만 달러, %)

구분	對 베트남					한국의 對 세계 수출입 전체
	발효 전 1년 (2015.01~2015.12)	발효 후 1년 (2016.01~2016.12)		발효 후 2년 (2017.01~2017.12)		
		교역액	년 증가율	교역액	년 증가율	
수출	27,771	32,630	17.5	47,749	46.3	573,717
수입	9,805	12,495	27.4	16,176	29.5	478,414
총 교역액	37,576	45,125	20.1	63,925	41.7	1,052,131
수지	17,966	20,135	12.1	31,573	56.8	95,303

2015년 한·베트남 FTA 발효 후 1년을 보면 한국 대 베트남 수출은 17.5%, 수입은 27.4% 증가하였으며, 총교역액은 20.1% 증가했다. 수출 부문에서 한국 대 베트남 수출 증가율은 세계 수출 증가율(15.8%)보다 높았다. 발효 2년 후인 2017년 자료를 보면 한국·베트남 간 교역은 계속 급성장함을 알 수 있다. 수출은 발효 전과 비교했을 때 1.7배 가까이 증가하였으며, 전체 교역액 역시 1.7배 이상 증가하였음을 나타내고 있다. 무역수지 부분에서도 발효 전과 비교를 했을 때 1.8배 이상 증가했다.

2. EU(European Union : 유럽연합)[2]

1) 유럽연합의 발전단계

유럽연합(구 EC)은 1957년 3월 로마조약에 의해 창설된 경제통합체로 지금까지 가장 성공을 거둔 것으로 평가되고 있다. 로마조약 이래로 50년 이상 지속되어온 유럽연합의 심화 과정은 크게 4 단계로 요약할 수 있다. 제 1 단계는 역내 관세장벽을 철폐하는 공동시장(common market)단계이며, 제 2 단계는 비관세장벽까지 철폐하여 역내 재화, 서비스, 노동, 자본의 이동을 자유화하는 단일시장단계, 제 3 단계는 마스트리히트조약으로 상징되는 유럽연합단계이다. 그리고 제 4 단계는 공동화폐사용 등 본격적인 완전경제통합 단계로의 진입이다.

2) 유럽연합의 확대를 가져온 주요 협약

유럽연합의 첫 번째 확장은 1973년 6월에 그동안 EFTA 회원국이었던 영국, 아일랜드, 덴마

2 http://europa.eu.int

크가 당시 EC에 가입하면서부터라고 할 수 있다. 그동안 EFTA의 주도적 역할을 해오던 영국의 가입은 EC의 위상을 높이는 데 커다란 역할을 했다. 이후 유럽지역 국가들의 단일 유럽을 위한 구체적인 노력은 마침내 1985년 6월에 단일유럽법을 향한 여정에서 시작되었다. 이후 1986년 2월에 EC 법을 설정한 다음 최종적으로 유럽 단일법(Single European Act)을 제정하고, 1987년 7월 1일부터 효력이 발생했다.

유럽 단일법의 실행 이후 본격화된 유럽통합은 1992년 5월 2일 EC 12개국과 EFTA 7개국이 포르투갈에서 당시 3억 8천만 인구의 서유럽을 세계무역의 45%에 달하는 가장 큰 단일시장이 될 유럽경제지역(EEA)으로 만드는 조약에 서명(스위스 불참 결정)함으로써 단일유럽의 출범은 가시화되었다. 그리고 마침내 1993년 11월 마스트리히트조약(덴마크만이 비준 거부)의 체결은 진정한 유럽연합으로 나아가기 위한 시작이 된 것이라 할 수 있다. 이와 같은 EU 통합의 추진실적 및 세부 계획을 간단히 표로 정리하면 [표 6-13]과 같다.

유럽연합은 2004년 4월 사이프러스와 체코공화국, 에스토니아, 헝가리, 라트비아, 리투아니아, 말타, 폴란드, 슬로바키아, 그리고 슬로베니아 등 총 1억의 인구를 가진 10개국이 신규 가입했다. 2007년 불가리아와 루마니아의 가입, 2013년 크로아티아 가입과 2020년 1월 영국의 탈퇴로 인해 2022년 8월 현재 27개국 회원국이 참여하고 있다. 현재 가입신청을 해놓은 터키 등 국가들이 추가로 정식회원이 된다면 보다 광범위하게 유럽을 통합하는 경제공동체가 될 것이다. 그러나 또 한편으로는 영국이 2017년 3월 28일 EU 탈퇴를 공식적으로 선언하고 2020년 1월 31일 공식적으로 탈퇴가 완료됨으로써 지금까지의 EU 위상에 다소 영향이 있을 것으로도 예상된다.

EU의 발전단계에 있어서 중요한 것 중 하나가 단일화폐사용이다. 단일화폐사용은 과거 각 회원국 통화 사용 시 발생하였던 환율변동 문제를 근본적으로 제거한 획기적인 발전이었다. EU에서 단일통화의 이름은 유로(Euro)로 명명했다. 유로는 2002년 1월부터 12개국이 사용하였고 현재 19개 EU 회원국을 포함하여 25개국이 유로를 사용하고 있다. 단일통화 사용으로 각국 간의 재정정책이나 금융정책에서도 통일화를 꾀할 수 있어 유럽연합의 본격적인 경제통합이 확고해질 것이다.

표 6-13 유럽연합의 발전 과정과 미래

제4단계(향후): 완전경제 통합	2018년 현재 28개 회원국(영국의 탈퇴협상 중) 2007년 회원국 중 15개국 EU헌법 조약 비준 2004년 폴란드 등 10개국 신규가입 • 터키 등 가입신청 심사 중 • 단일시장 및 유로화 확대 • 지역개발강화, 환경보호 • 유럽시민권 제도도입 • 역내 사법, 내무기능 업무협조
제3단계: 마스트리히트 조약, 1993	• 목표: 유럽연합(European Union) – 경제 · 사회적 통합 – 공동통화정책, 단일통화도입추진 – 공동외교 및 안보정책 – 개인의 자유로운 이동
제2단계: 유럽단일법 1987	• 12개국(영국, 덴마크, 아일랜드, 그리스, 포르투갈, 스페인 가입) • 목표: 공동시장 – 재화, 서비스, 노동, 자본의 자유이동 – 국경통제 철폐(회사설립, 자격인정, 공공조달계약 개방, 운송, 통신 서비스 제공의 자유, 기술적 장벽제거) – 소비세와 부가세 세율의 통일화 – 제품규격 및 인증절차의 조화 및 상호승인 – 대외공동통상정책 도입 – 보조금정책에 대한 강력한 통제
제1단계: 로마조약 1957	• 6개국(독일, 프랑스, 이태리, 네덜란드, 벨기에, 룩셈부르크) EEC(유럽공동체), EUROATOM(유럽원자력 공동체) 설립 • 목표: 관세동맹 – 모든 재화의 역내 무관세무역 – 역외 공동관세 – 공동노동시장 – 역내 반덤핑관세 및 보조금정책 철폐

사례 6-3 RCEP 발효로 우리 기업 원산지 규정 혜택, 지재권 보호 강화 기대

우리나라 中企 77.3%, RCEP 발효 시 무역장벽 완화에 따른 수출 증가 기대

약 8년간의 협상을 거쳐 지난 2020.11월 타결된 역내 포괄적 경제동반자협정(RCEP, Regional Comprehensive Economic Partnership Agreement)이 2022년 2월 1일 한국에서 정식 발효되었다. RCEP은 아세안 10개국 (브루나이, 캄보디아, 인도네시아, 라오스, 말레이시아, 미얀마, 필리핀, 싱가포르, 태국, 베트남)과 한국, 중국, 호주, 뉴질랜드, 일본 5개국이 참여하는 거대 FTA다. 역내 인구는 22억 6천만 명으로 전 세계 인구의 30%에 달하고, 무역 규모도 연간 5조 4,000억 달러로 전 세계 교역의 29%를 차지한다. 그간 한국과 FTA를 체결하지 않았던 일본과도 신규로 FTA를 체결하는 효과가 발생한다.

유엔무역개발회의(UNCTAD)는 RCEP 발효 시 역내 국가의 총무역액은 420억 달러 정도 늘어나고, 한국의 역내 무역액은 약 70억 달러 증가할 것으로 내다봤다. 이는 일본(200억 달러)이나 중국(110억 달러)의 증가분에는 못 미치지만, 한국은 RCEP 가입 15개국 중 3위 수혜국이 될 것으로 예상된다. 중소기업들의 반응도 긍정적이다. 중소기업중앙회 조사 결과, 중소기업의 85.3%가 RCEP 발효 시 경영상 도움이 될 것이라고 응답했고, 77.3%가 무역장벽 완화에 따른 수출 증가를 기대했다. 한국 총수출의 절반가량을 차지하는 RCEP 회원국이 시장을 추가로 개방했고, 이로 인해 국내 기업의 해외진출 여건이 개선된 만큼 RCEP 협정을 잘 이해하고 전략적으로 이용할 필요가 있다.

첫째, 원산지 규정 혜택을 받을 수 있다. RCEP 협정문 제3.4조에 따르면 회원국 간 원산지 누적 기준을 적용받아 다른 RCEP 참여국에서 생산된 중간재를 사용해 최종 제품을 만들 경우에도 자국산으로 인정돼 역내 공급망 강화를 기대할 수 있다. 그간 한 · 베트남 FTA에서는 국내 기업이 중국산 원재료를 사용하면 한국산으로 인정받지 못했지만, RCEP을 활용하면 중국산 원재료를 활용하더라도 한국산으로 인정받을 수 있게 된다. 또한 지금까지는 여러 국가와 각각 FTA를 체결할 경우 다양한 원산지 규정을 파악하는 데 많은 인력과 시간이 투입돼 기업들이 불편을 겪어왔다. 하지만 RCEP에서는 국가별로 상이했던 원산지 기준을 통합함으로써 동시다발적 FTA로 발생할 수 있는 비효율성을 최소화했다. 인증수출자의 원산지 증명절차도 더욱 간소화된다. 원산지 자율증명 방식이 적용되면 원산지 인증 시 첨부서류 제출이 간소화되는 등 편의성이 높아진다.

둘째, 관세 철폐 등 무역장벽 완화로 가격경쟁력을 높일 수 있게 됐다. RCEP은 기존 한 · 아세안 FTA의 관세 철폐 수준을 품목 수 기준 79.1~89.4%에서 91.9~94.5%로 높였다. 자동차, 철강, 석유화학, 섬유 등 우리나라 주요 수출품목에 대한 관세도 추가로 철폐했다. 물론 일부 우려의 목소리도 있다. 한국의 세 번째 교역상대국이자, 상위 5대 교역국 중 유일하게 무역수지 적자를 보고 있는 일본과의 거래다. 그러나 다행히 이번 협정에서는 일본에 대한 개방 수준을 낮추고, 민감품목에 대한 관세 철폐도 제한적 수준에서 장기적으로 이뤄지도록 함으로써 중소기업이 시간적 여유를 두고 기술경쟁력을

향상시킬 수 있는 여건을 만들었다.

기업들이 제도 활용에 어려움을 겪지 않도록 우수 활용 사례 발굴 등 정책적 지원이 필요하다.

셋째, 역내 경합산업의 경우 국가 간 세율차이를 이용한 수출 확대가 가능하다. 국가별 양허세율이 다른 품목에 대해 국내 기업들이 가격 측면에서 우위를 점할 수 있게 된다. 일본의 경우 합성필라멘트사 직물 수입 시 한국산은 0%, 중국산에는 9.1%의 관세를 부과하고 있고, 차량용 안전유리에도 한국산은 0%, 중국산에는 3.5%의 관세를 부과한다. 이러한 점을 활용하면 일본시장에서 중국과 경합하는 우리 제품이 상대적인 가격경쟁력을 지닐 수 있게 된다.

마지막은 지식재산권에 대한 보호규정 강화다. RCEP에는 총 83개의 지식재산권 조항이 구체적으로 규정돼 있다. 그동안 법적 보호를 받기 어려웠던 K팝 등 한류 콘텐츠에 대한 보호도 가능해진다. 이를 통해 중국과 아세안 지역에서의 지식재산권 분쟁이 줄고, 그간 문제가 됐던 역내국의 상표도용, 무분별한 한류 편승 등이 줄어들 것으로 예상된다.

RCEP 발효는 우리 중소기업에는 위기이면서 동시에 기회다. 거대 시장에 편입된 만큼 경쟁은 더욱 치열해질 것이고, 코로나19 이후 변화하는 통상환경 속 기업 전략의 빠른 변화도 요구된다. 선진국과 개도국이 모두 포함된 협정인 만큼 기술과 가격경쟁력 제고를 위한 개별 기업 스스로의 자구노력도 중요하다. 정부도 중소기업이 RCEP을 적절히 활용해 긍정적인 효과를 극대화시킬 수 있는 환경을 조성해야 한다. 특히 중소기업들이 제도 활용에 어려움을 겪지 않도록 우수 활용 사례를 발굴하고 지속적으로 홍보하는 등 정책적 지원도 뒤따라야 한다.

* 자료: 나라경제, CEP 발효로 우리 기업 원산지 규정 혜택, 지재권 보호 강화 기대, 2022년 03월호

3. USMCA(US Mexico Canada Agreement)

USMCA는 기본적으로 기존의 NAFTA(북미자유무역협정)을 기반으로 트럼프행정부가 캐나다, 멕시코와 재협상을 하여 2020년 7월 발효한 3국간 새 무역협정이다. 기존의 NAFTA는 미국과 캐나다, 멕시코 간의 관세 및 비관세장벽의 철폐, 투자, 금융 등의 서비스 부문과 지적 소유권보호 및 환경 문제를 포괄하는 자유무역협정이었다. 그런데 트럼프 행정부는 그간 NAFTA의 미비함이 미국 노동자들의 일자리를 빼앗고 무역 적자를 악화시킨다고 주장해왔다. 새로 체결한 USMCA에서 원산지 규정은 물론 노동·환경·지재권 등에 대해서도 기존 NAFTA보다 더 높은 기준을 요구하고 있다. 예를 들어 핵심 자동차부품 수출 시 역내 원산지 생산비율 규정을 기존 62.5%에서 75%로 강화했다. 따라서 적어도 2023년까지는 부품에서 4분의 3에 해당하는 양을 북미 내 생산분으로 조달해야 하며, 자동차 생산에 사용되는 철

강과 알루미늄의 70% 이상을 북미산으로 조달해야 하기 때문에 한국기업의 입장에서는 종전보다 더 까다로운 규정을 만족시켜야 역내 무관세 혜택을 받게 된다. 기존에 존재하는 미국과 캐나다와의 자유무역 협정을 멕시코를 포함한 북미경제협의체로 확대한 것이라 할 수 있으며, 1994년 1월 1일부터 발효되었다. 주요 협정내용은 섬유, 자동차 등 대부분의 산업의 관세를 10년 동안에 걸쳐 폐지하기로 했다. 또 이 지역에 투자한 외국기업들을 포함한 모든 기업자에게 역내 생산부품사용 비율을 의무화했다.

USMCA의 타결은 북미 시장의 확대로 인한 새로운 경제권을 형성함으로써 유럽연합과 아시아지 역에 대응할 수 있는 공동체를 체결했다는 정치적 의미도 포함하고 있다. USMCA 체결로 인한 나라별 시사점을 찾아보면 다음과 같다. 먼저 미국은 자국의 비교우위 요소인 자본과 기술을 캐나다의 풍부한 자원과 멕시코의 노동력과 결합하여 세계시장에서 경쟁력을 강화하는 계기로 삼았다. 멕시코는 자국의 강력한 수출시장이며, 많은 양을 수입하면서 절대적인 경제관계를 맺고 있는 미국과의 관계 강화를 도모했다. 멕시코는 무엇보다도 미국이라는 수출시장을 안정적으로 확보했다는 데서 그 의의를 찾고 있고, 가장 큰 수혜국이라는 평가받고 있다.

4. MERCOSUR와 UNASUR

남미공동시장(MERCOSUR: Mercado Comun del Sur, Southern Common Market)은 남미지역에서의 자유무역과 관세동맹을 목표로 결성된 경제블록으로 지난 1995년 1월 공식 출범했다. 현재 회원국은 브라질, 아르헨티나, 파라과이, 우루과이, 베네수엘라 총 5개국이고 칠레, 볼리비아, 콜롬비아, 페루, 가이아나, 수리남, 에콰도르를 준회원국으로 두고 있다. MERCOSUR는 현재 총인구 2억 9천, 총 국내 생산 4조 1,710억 달러 규모의 중남미지역 대표적인 경제블록이다.

지난 2009년 7월 아순시온에서 개최된 남미공동시장(MERCOSUR) 정상회의에서 4개국 정상은 2008년 10월부터 브라질-아르헨티나 간에만 운영되는 자국 통화 무역 결제 시스템을 2010년 말부터 우루과이와 파라과이로 확대하는 데 합의했다. 이 제도의 도입으로 회원국 간 무역 거래비용이 종전보다 3~4% 감소할 것으로 기대되는데, 이는 MERCOSUR의 금융통합을 진전시켜 궁극적으로는 단일통화 도입을 앞당기는 계기로 작용할 것으로 전망된다.

남미국가연합(UNASUR: Union de Naciones Suramericanas, Union of South American Nations)은 남미공동시장 4개국(브라질, 아르헨티나, 파라과이, 우루과이), 안데스공동체 5개국(볼리비아, 콜롬비아, 에콰도로, 페루, 베네수엘라), 칠레, 가이아나, 수리남 등 12개국 정상이 2008년 5월 브라질리아에서 창설에 합의했다. UNASUR는 남미 최초의 단일지역기구로 GDP 경제 규모 4조 9,000억 달러, 인구 4억 2,000만 명으로 미국, EU, 일본, 중국에 이어 세계 5위 거대시장이고 설립 목표를 "남미지역의 정치, 경제, 사회, 안보 통합기구로 교육, 보건, 에너지, 인프라, 금융, 환경 등을 향상시키고 사회경제통합을 이루어내고 남미지역의 위상을 제고한다"라고 설정했다. 이 기구는 관세장벽 철폐를 꾀하고 향후 통합의회, 안보기구, 역내 자유로운 이동 등을 규정하는 등 장기적으로는 EU와 같은 형태로 나아갈 것을 계획하고 있다. 그러나 이 지역의 경제적 및 정치적 불안정, 국가 간 빈부격차 등의 많은 현실적인 문제로 계획대로 이행되기에는 많은 난관이 있을 것으로 예상된다.

5. AFTA와 ASEAN+3

아세안자유무역지대(AFTA)는 1967년 형성된 동남아국가연합(ASEAN)의 경제협력 구상으로 1993년부터 전자 등 15개 역내 상품에 대해 공동 특혜관세를 적용해 2008년까지 관세 5% 이하의 목표를 설정하였고 현재 10개 회원국 중 말레이시아, 인도네시아, 싱가포르, 필리핀 및 태국 간 실시하고 있다.

아세안 10개국과 한국, 중국, 일본이 참석하는 아세안+3 정상회의가 정례화되고 있다. 외환위기 가 발발한 1997년 아세안이 정상회의에 3국을 초청하면서 출범하게 되었다. 현재 세계 경제의 블록화와 함께 ASEAN+3은 동아시아협력의 매개체가 되고 있다.

6. APEC(Asia Pacific Economic Cooperation)

APEC이 출범한 것은 1989년으로 아·태지역 역내 경제협력과 자유무역을 증진하기 위한 정부 차원의 각료회의를 개최하면서부터이다. 이후 1991년 APEC의 목적이 배타적 경제블록을 형성하는 것이 아니며 역외국가에 대해서도 자유무역을 허용하는 개방적 지역주의(open regionalism)를 천명함으로써 다른 지역주의와의 차별성을 명시했다. 출발 초기에는 역내국간 정보 및 의견교환과 역내 자유무역을 증진하기 위한 정부 간 협의체로 출범하였으나 1994년 APEC을 상설기구화함으로써 공식적인 국제협력 기구로 발전했다. APEC은 아시아·태평양 공동체의 달성을 장기 비전으로하여 이 지역의 경제 성장과 번영을 목표로 삼고 있다. 이를 위해 선진국은 2010년, 개도국은 2020년을 시한으로 하여 무역 및 투자 자유화를 달성하기로 하였으며, 2020년 이후에는 보고르 목표 달성을 위한 후속 작업 논의를 계획하고 있다.

2008년 11월에는 제16차 APEC 정상회의가 페루 리마에서 '아 · 태지역 발전을 위한 새로운 다짐'이라는 주제로 개최되어 세계적 금융위기 해결 방안, 지역 경제통합, 기업의 사회적 책임, 기후 변화 대응 등에 대해서도 논의되었다. 제22차 APEC 각료회의가 2017년 11월에 베트남 냐짱에서 개최되어 역내 경제통합 심화, 지속 가능 · 혁신적 · 포용적 성장 진전, 디지털 시대 소상공인 · 중소기업 경쟁력 및 혁신 강화, 기후 변화에 대응한 식량안보 및 지속 가능한 농업 발전이라는 4대 핵심 의제로 협력 회의를 진행한 바 있다. 그리고 2022년 11월 제29차 APEC 회의가 예정되어 있다. 이처럼 APEC의 경우 역내 경제통합 문제뿐만 아니라 다양한 국제경제 및 협력사업을 추진하고자 하는 목표를 갖고 있어 역내 경제통합이라는 구체적인 주제에 집중하는 다른 경제공동체보다는 결속력이나 구속력이 느슨하다고 볼 수 있다.

마감사례

한국기업의 2022~2023년 글로벌 비즈니스 리스크와 대응방안

심각한 인플레이션 위기를 겪고 있는 미국 경제가 2022~2023년 동안 2년 연속 마이너스(−) 성장을 할 수 있다고 미국 연방준비제도(Federal Reserve Board, Fed)는 예상했다. 연방준비제도는 2022년 6월 17일 보고서에서 "미국 경제 전망이 이전보다 상당히 비관적으로 변했다"며 2022년과 2023년 성장률 전망치를 각각 −0.6%, −0.5%로 제시했다. 지난 3월에는 이 두 해의 성장률이 각각 0.9%, 1.2%에 이를 것으로 내다봤지만 불과 3개월 만에 각각 1.5%포인트, 1.7%포인트씩 낮췄다. 또 올해 미 경제가 연착륙할 가능성이 10%에 불과하다고 예상했다. 1990년대와 비슷한 경착륙을 할 가능성은 80%에 달하는 것으로 봤다.

그림 6-8 한국은행 기준금리 변동 추이

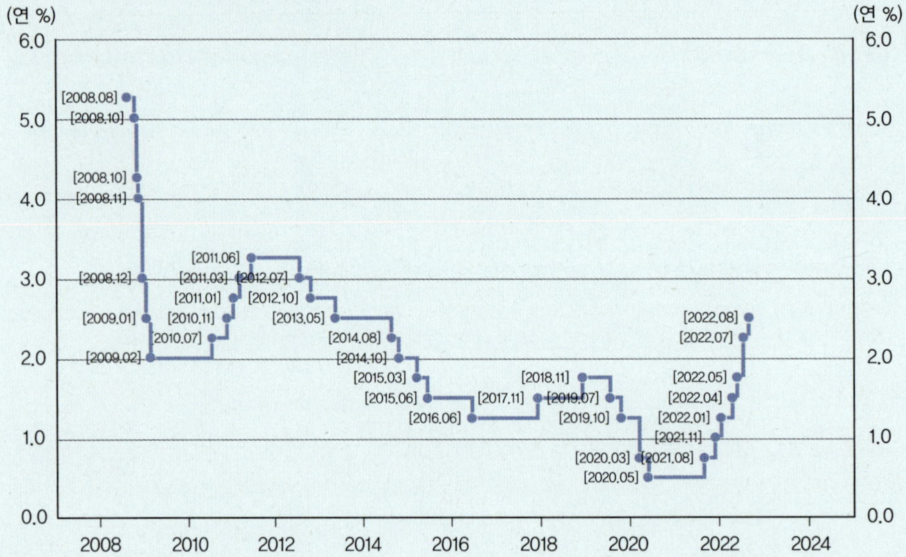

한국정부는 고물가에 대응하기 위해 연말까지 유류세 인하 폭을 법정 최고 한도인 37%로 확대하기로 했다. 하반기에 예정됐던 전기 · 가스요금 인상은 최소화하기로 했다. 추경호 경제부총리 겸 기획재정부 장관은 19일 비상경제장관회의를 열어 유류세 인하 폭을 연말까지 현행 30%에서 37%로 높이고, 경유 유가연동보조금 기준단가를 리터당 1,700원으로 50원 낮춰 지급액을 늘린다고 밝혔다. 또 철도 · 도로 통행 · 우편 · 상하수도 등 공공요금은 하반기 동결을 원칙으로 하고, 전기 · 가스요금은 인상을 최소화하겠다고 했다. 정부는 고유가에 따른 대중교통 이용 촉진 및 서민 부담 경감을 위해 하반기 대중교통 신용카드 소득공제율을 현행 40%에서 80%로 높인다.

글로벌 복합 위기로 인한 세계경제 침체 위기가 가시화되자 한국 기업들도 비상경영 체제를 대비하고 나섰다. 삼성, SK, 현대자동차, LG 등 수출 비중이 높은 한국 대기업은 경기 침체 가능성이 심각하다고 보고 대응책 마련을 서두르고 있다. 삼성전자는 2022년 하반기(7~12월) 전략회의에서 고물가 · 고환율 · 고금리 등의 위기 상황 대처 방안을 집중 논의한다. 재계 관계자는 "공급망 위기, 유가 및 환율 불안, 소비 침체가 잇따르면서 기업들이 코너에 몰리고 있다"고 했다.

글로벌 경기 침체 우려 속에서 국내 기업들의 위기 신호가 감지되고 있다. 글로벌 공급망 위기, 원자재값 및 유가 급등, 환율 불안 등에 이어 소비 침체까지 대형 악재가 연이어 덮치고 있어서다.

표 6-14 현대차그룹 북미 시장 판매량 증감률

1월	2월	3월	4월	5월
3.1%	6.4%	−14.8%	−16.7%	−30.0%

* 자료: 현대자동차그룹

글로벌 소비 침체는 수출 중심인 국내 기업들에 직격탄이 될 수밖에 없다. 삼성전자는 지난달 미국 유럽 등 주요 글로벌 시장 일부에서 전자제품 판매 실적이 전월 대비 약 28% 떨어진 것으로 전해졌다. 지난달 북미 시장 전체 자동차 판매량은 전년 동월 대비 29.8%나 빠졌다. 4월의 −16.7%의 2배에 가까운 수치다. 현대자동차그룹도 5월 판매량이 전년 동월 대비 30.0%나 줄었다. 수출 기업들이 원-달러 환율 상승기에 일정 부분 '환율 특수'를 본다는 건 예전 얘기다. 유로화 가치 급락 등 불안정한 금융시장으로 인해 달러에서 환율 효과를 보더라도 다른 지역에서 상쇄돼 버리고 있기 때문이다. 투자 부담도 커진다. 국내에 생산설비를 짓더라도 미국 등 해외에서 장비를 들여오는 경우가 많아 환율 변동에서 자유롭지 않다. 국내 5대 그룹의 한 최고경영자(CEO)는 "우리가 10조 원을 투자한다고 했을 때 환율이 10% 오르면 가만히 앉아서 1조 원을 추가 부담해야 하는 상황"이라고 전했다.

공급망 위기는 나아질 기미가 없다. 메르세데스벤츠의 올라 켈레니우스 CEO는 유럽 경영환경에 대해 "척박한 산업 환경"이라고 표현했다. 이 부회장은 출장 기간 중 유럽 현지 법인들로부터 소비 침체와 공급망 불안 등을 보고받고 대책을 논의한 것으로 알려졌다. 이 부회장은 "한국에서는 못 느꼈는데 유럽에 가니까 러시아와 우크라이나 전쟁이 훨씬 더 실감나게 느껴지더라"고 했다. 특히 러시아는 지난달 말부터 비우호적 국가에 대해 반도체 제조 등에 사용되는 '희(稀)가스' 수출 제한을 시작했다는 보도가 나오고 있다. 러시아의 수출 제한이 본격화하면 삼성전자와 SK하이닉스는 큰 타격을 입을 수 있다. 기업들은 복합 위기를 벗어나기 위한 대책 마련을 서두르고 있다. 삼성전자는 2022년 6월 21~28일 모바일, 가전, 반도체 등 주요 사업부서별로 글로벌 전략회의를 연다. SK도 17일 최태

원 그룹 회장 주재로 각 계열사 CEO들이 모인 확대경영회의를 열었다. LG도 지난달 말부터 계열사별 전략보고회를 진행하면서 중장기 전략은 물론이고 위기 대처 솔루션을 찾고 있다.

표 6-15 국내 기업을 위협하는 글로벌 경영환경

공급망 위기	코로나19, 러시아-우크라이나 전쟁 장기화로 반도체 등 핵심 부품 공급망 붕괴돼 생산 차질
환율 불안	원-달러 환율 급등으로 시설투자 비용 증가, 유로화 가치 하락으로 수출기업 환율 효과 상쇄
원자재가 상승 및 고유가 지속	제품 생산비용이 급격히 오르면서 기업 이익과 투자 여력 동시 하락
소비 침체	수요 위축으로 자동차, 스마트폰, TV, 가전 등 핵심 수출상품 시장 축소
미국과 중간 간 패권전쟁	양국 간 지속된 정치 경제적 갈등으로 인한 현지 기업환경 악화

글로벌 기업 76%가 "올해 또는 내년 침체"

글로벌 기업 경영자들은 미국뿐 아니라 세계 경기 침체 가능성을 높게 보는 것으로 나타났다. 2022년 6월 17일 미 비영리 경제조사기관 '콘퍼런스보드'에 따르면 글로벌 기업 CEO와 고위 임원 등 750명을 대상으로 한 설문조사 결과 설문에 응한 세계 주요 기업 최고경영자(CEO) 중 76.1%가 "이미 경기 침체에 접어들었거나 내년 말까지 경기 침체가 일어날 것"으로 전망했다.

글로벌 경기 침체의 시기에 대해 설문에 참여한 CEO 중 15.0%는 '이미 진행 중'이라고 답했다. '2022년 중반'과 '2022년 말'이 각각 12.3%, 31.0%였다. '2023년'이라는 답변(17.8%)까지 더하면 76.1%가 적어도 2023년까지는 침체가 온다고 답한 셈이다. 콘퍼런스보드는 "하나의 심각한 악재 또는 여러 개의 작은 악재가 결합해서 세계 경제를 침체로 빠뜨릴 수 있다"고 경고했다.

* 자료: 원자재값 오르고 환율 불안 … "10조 투자계획, 부담 1조 늘어날 판," 동아일보, 2022.6.20

토의과제

01 한국 다국적기업들에게 2022~2023년 예상되는 글로벌 비즈니스 리스크는 무엇인지 정리해 보시오. 이들 중 제조업 다국적 기업과 서비스 다국적 기업 중 각각 하나씩을 선택하여 예상되는 글로벌 비즈니스 리스크가 어떻게 다른지 비교해 보시오.

02 특히 글로벌 소비 시장이 위축될 것으로 기대되는데 각자 위에서 선택한 한국 제조업 다국적 기업에 적절한 대응 전략은 무엇일지 논의해 보시오.

03 많은 한국 기업이 중국에 투자하여 현지 사업을 진행하고 있다. 대 중국 사업과 관련하여 향후 어떤 대안이 필요할지 단기 (3년 이내), 장기 (3~5년)로 나누어 대안을 개발해 보시오.

주요 용어

국제수지효과	관세동맹	EU
정치적 위험	공동시장	NAFTA
WTO	경제동맹	MERCOSUR
도하(Doha)협상	완전경제통합	AFTA
경제통합	무역창출효과	ASEAN+3
자유무역 지대	무역전환효과	APEC

연습문제

01 다국적기업이 현지국 경제에 미치는 여러 가지 영향에 대하여 설명하시오.

02 한국 내 외국인 투자 기업의 경제기여도에 대해 설명하시오.

03 정치적 위험의 여러 종류와 관리 방안을 설명하시오.

04 WTO 체제의 출발에 따른 국제경제환경 변화를 설명하시오.

CHAPTER 7

국제금융환경

Ⅰ. 외환시장

Ⅱ. 환율

Ⅲ. 환위험관리

도입사례

Big Mac지수

맥도날드에서 파는 Big Mac은 우리에게 친숙한 메뉴이다. 조리법이 통일되어 있어 세계 어느 나라의 맥도날드에 가도 비슷한 맛을 느낄 수 있다. 이러한 점에 착안하여 유명 경제 전문지인 '이코노미스트'는 Big Mac 지수를 환율평가 자료로 발표하고 있다. Big Mac 지수는 구매력평가설을 기반으로 한다. 구매력평가설이란 같은 돈 $1를 가지고 전 세계 어디에서나 동일한 물건을 살 수 있다는 가정에서 출발한다. Big Mac 지수는 세계 여러 나라에서 '동일한 Big Mac을 얼마에 파느냐'를 계산하여 각국의 환율을 도출한다.

세계 각국의 Big Mac 가격

[표 7-1]은 세계 주요 국가에서 판매되는 Big Mac의 가격을 보여주고 이에 입각한 구매력평가 지수와 실제 환율을 비교하고 있다. 이 표를 통해서 우리는 어느 통화가 과대평가 되었는지 또는 과소평가 되었는지를 알 수 있다. 먼저 표의 첫 번째 열은 2022년 7월 기준 각국의 화폐로 표시한 Big Mac의 가격이다. 미국에서 Big Mac의 가격은 $5.15이다. 두 번째 열은 각국의 화폐로 표시된 Big Mac 가격을 당시 환율로 나누어 달러화로 표기한 값이다. 한국에서 Big Mac의 가격은 4,600원으로 당시 환율인 1,313원/$로 나누면 $3.50와 같다. Big Mac이 가장 싼 경우 $2.28에 불과한 한편, 가장 비싼 스위스는 $6.71에 달한다. 세 번째 열은 각국의 화폐로 표시된 Big Mac 가격을 미국의 $5.15으로 나눈 구매력평가지수이다. 예를 들어, 한국 원화의 구매력평가지수는 한국의 Big Mac 가격인 4,600원을 미국의 Big Mad 가격으로 나눈 893원/$이다. 즉, 893원/$의 Big Mac 지수는 구매력평가설에 입각한 균형환율이다. 이 구매력에 의한 환율을 2022년 7월의 환율인 1,313원/$와 비교해보면, 한국의 원화는 달러와 비교해 약 32% 과소평가 된 상태라는 것을 보여준다. 이는 한국 원화가 2008년 중반부터 시작한 글로벌 금융위기 이후, 원화가 대폭으로 평가절하된 사실을 반영한다. 따라서 현재 원화가 실제 구매력에 비해 달러화에 대해 평가절하되어 있다면 장기적으로는 원화가 달러화에 대해 평가 절상될 것으로 기대할 수 있다.

다른 화폐의 구매력평가지수를 보면 중국의 위안화는 약 31%나 과소평가 되어 있고, 스위스 프랑은 약 30% 과대평가 되어 있으며, 일본의 엔화는 약 45% 과소평가, 유로는 약 7.5% 과소평가 되어 있다는 사실을 보여준다.

표 7-1 Big Mac지수

국가	자국화	표시가격	달러화 가격	구매력 평가지수	실제환율	환율의 과대/과소 평가율
United States	USD	5.15	5.15			
Argentina	ARS	590	4.57	114.56	129.12	−11.3

Australia	AUD	6.7	4.63	1.30	1.45	−10.2
Brazil	BRL	22.9	4.25	4.45	5.39	−17.5
Britain	GBP	3.69	4.44	0.72	0.83	−13.8
Canada	CAD	6.77	5.25	1.31	1.29	2.0
Chile	CLP	3,400	3.66	660.19	928.44	−28.9
China	CNY	24	3.56	4.66	6.75	−30.9
Colombia	COP	14,950	3.48	2,902.91	4,295.10	−32.4
Costa Rica	CRC	2,650	3.91	514.56	678.11	−24.1
Croatia	HRK	27	3.68	5.24	7.33	−28.5
Czech Republic	CZK	95	3.97	18.45	23.92	−22.9
Egypt	EGP	46	2.43	8.93	18.95	−52.9
Euro area	EUR	4.65	4.77	0.90	0.98	−7.5
Guatemala	GTQ	26	3.36	5.05	7.73	−34.7
Honduras	HNL	89	3.62	17.28	24.62	−29.8
Hong Kong	HKD	21	2.68	4.08	7.85	−48.1
Hungary	HUF	1,030	2.65	200.00	389.05	−48.6
India	INR	191	2.39	37.09	79.95	−53.6
Indonesia	IDR	35,000	2.34	6,796.12	14,977.50	−54.6
Israel	ILS	17	4.95	3.30	3.44	−4.0
Japan	JPY	390	2.83	75.73	137.87	−45.1
Jordan	JOD	2.3	3.24	0.45	0.71	−37.1
Kuwait	KWD	1.3	4.23	0.25	0.31	−17.9
Malaysia	MYR	10.9	2.45	2.12	4.45	−52.4
Mexico	MXN	70	3.43	13.59	20.41	−33.4
Moldova	MDL	60	3.11	11.65	19.30	−39.6
New Zealand	NZD	7.1	4.43	1.38	1.60	−14.0
Nicaragua	NIO	139	3.87	26.99	35.89	−24.8
Norway	NOK	62	6.26	12.04	9.90	21.6
Oman	OMR	1.42	3.69	0.28	0.39	−28.4
Pakistan	PKR	700	3.16	135.92	221.75	−38.7
Peru	PEN	13.9	3.57	2.70	3.89	−30.7
Philippines	PHP	155	2.75	30.10	56.27	−46.5
Poland	PLN	16.68	3.59	3.24	4.65	−30.3
Qatar	QAR	13	3.57	2.52	3.64	−30.7
Romania	RON	11	2.28	2.14	4.82	−55.7
Saudi Arabia	SAR	17	4.53	3.30	3.76	−12.1
Singapore	SGD	5.9	4.24	1.15	1.39	−17.7
South Africa	ZAR	39.9	2.34	7.75	17.04	−54.5
South Korea	KRW	4,600	3.50	893.20	1,313.45	−32.0
Sri Lanka	LKR	1,340	3.72	260.19	360.00	−27.7
Sweden	SEK	57	5.59	11.07	10.20	8.5
Switzerland	CHF	6.5	6.71	1.26	0.97	30.3
Taiwan	TWD	75	2.51	14.56	29.91	−51.3
Thailand	THB	128	3.50	24.85	36.61	−32.1
Turkey	TRY	47	2.68	9.13	17.57	−48.0
UAE	AED	18	4.90	3.50	3.67	−4.8
Uruguay	UYU	255	6.08	49.51	41.91	18.1
Vietnam	VND	69,000	2.95	13,398.06	23,417.00	−42.8

* 자료: Economist, 2022년 7월 기준

Big Mac 지수만을 가지고 각국의 환율변동을 파악하는 건 분명 한계가 있다. 나라마다 무역장벽, 규제, 세금, 임대료 등 변수가 있기 때문이다. 그런데도 많은 경제학자는 복잡한 계산법보다 간단한 Big Mac 지수가 활용도 높다는 점을 인정하고 있다.

* 자료: 글로벌 경영 10판, 장세진, pp.93~96. Big Mac 지수를 Economist, 2022년 7월 자료로 업데이트

토의과제

01 [표 7-1]의 한국 Big Mac가격을 가지고 구매력 평가지수와 환율의 과대/과소 평가율을 계산해 보시오.

02 한국 원화가 달러화에 대해 평가절하되어 있는 이유는 무엇이라고 생각하는가?

I 외환시장

1 외환시장의 개념

1. 외환의 개념

1) 외환의 의미

외환(foreign exchange)이라는 말은 크게 두 가지 의미를 가진다. 첫 번째 의미는 다른 경제주체들 사이의 거래를 위한 지급수단으로 외화증권 및 외화채권 그리고 외국통화 등을 말한다. 두 번째 의미는 국내 거래와는 달리 원격지로 인한 현금거래의 어려움을 해소하기 위한 방안으로써 국제 거래 당사자 사이에 발생하는 외환(지급수단)의 교환행위를 말한다. 거래 방식도 직접 당사자 간의 직접거래가 아닌 은행을 통한 거래이다.

국내가 아닌 국가 간 거래에 있어서는 현금결제보다는 은행을 통한 환거래가 일반적이다. 대규모 금액이 수반되고 직접적인 현금 수송이 어렵기 때문이다. **환이란 직접 현금을 송부하지 않고 원격지 간의 송금이나 자금의 수수, 그리고 채권·채무의 결제를 수표나 어음 등 일정한 신용 수단을 이용하여 금융기관을 통해 행하는 방법**을 말한다.

2) 외환의 특성

앞에서 살펴본 외환의 기본 성격은 내국환과 같다고 할 수 있다. 그러나 외환은 내국환과는 다음과 같은 점에서 차이가 있다. 첫째, 내국환과는 달리 채권자와 채무자가 일반적으로 멀리 떨어진 다른 국가에 있게 되고 이에 따라 적용 법률의 차이 등 국제법률상의 문제가 발생할 수 있다. 둘째, 결제 시간이 국내 거래보다 길어지고 거래금액이 대규모이기에 양 당사자 간의 금리 문제가 발생할 수 있다. 셋째, 국제 거래 시 보통 두 개 이상의 외국통화가 개입된다는 것은 환율 문제가 발생할 수 있다는 것을 시사한다. 셋째, 환율급변은 양 당사자 간의 무역 및 금융거래의 불안을 가중할 수 있다. 넷째, 외국통화가 부족한 국가들과 거래할 경우 이들 국가의 외환통제로 말미암아 거래 규모가 제한될 수 있다.

2. 외환시장의 성격

1) 외환시장의 특징

외환시장이란 국가 간의 경제거래에 필요한 외국통화를 사고파는 거래가 이루어지는 장소나 거래 메커니즘 자체를 지칭한다. 일반적인 재화 시장이 유·무형의 재화를 매매 대상으로 하는 것에 비하여 외환시장에서는 매매 대상이 외국통화를 대상으로 한다. 외환시장만이 갖는 독특한 특징을 살펴보면 다음과 같다.

① 범세계적 시장

각국의 자본 및 외환 규제의 완화와 더불어 자본이동의 증가에 따른 각종 새로운 외환거래기법과 전자통신기술의 급격한 발전은 외환시장의 거래 규모를 대형화할 수 있었고 거래 장소를 세계 여러 지역에 위치할 수 있게 했다. 또한 외환시장은 모든 시장정보의 확산과 가격결정이 인터넷망을 통해서 전 세계에서 거의 동시에 같은 가격으로 이루어지고 있다. 즉, 외환시장은 하나의 세계시장으로서의 성격을 강하게 나타내고 있다. 외환거래 규모 기준으로 세계 주요 외환시장을 보면 런던, 뉴욕, 도쿄, 싱가포르, 취리히, 홍콩, 시드니, 파리 등이 있다.

② 24시간 운영

외환시장은 대부분의 국내시장처럼 어느 한 시장의 파장이 다른 시장의 파장과 겹치는 것이 아니라 각 시장 간에 중복(지역 간 시차 차이로 한 시장의 파장은 다른 시장의 개장으로 연결)되어 연결됨으로써 24시간 거래가 가능하게 된다.

③ 장외시장

외환의 거래는 한국증권선물거래소 같은 특정 장소에서 외환거래자 상호 간의 개별적 접촉과 협상에 의해 외환거래가 이루어지는 직접거래 시장(no broker market)도 있지만 대부분 중개 기관인 은행과 딜러, 서울외국환중개주식회사 등을 통해 외환거래가 이루어지는 장외시장(over the counter market)의 특징을 가지고 있다. 그 밖의 특징으로는 외환거래의 45~50%가 국내 외국환은행 간 거래로 이루어진다.

2) 외환시장의 참가자

외환시장은 각국 통화를 대상으로 통화를 필요로 하는 당사자 간의 거래가 발생하는 장소라 할 수 있다. 이런 점에서 볼 때 외환시장의 참가자는 특정 외국통화가 있어야 하는 개인 및 기업체, 금융기관(국내 및 해외), 국가기관 등으로서 각자의 거래 목적을 달성하기 위해서 참가하게 된다. 외환시장의 참가자들을 구체적으로 살펴보면 다음과 같다.

① 외환의 수요자 또는 공급자

외국환은행과 거래하는 모든 고객층을 들 수 있다. 고객은 수출입을 행하는 무역회사들뿐만 아니라 여행이나 투자목적으로 외국통화가 있어야 하는 개인이나 기업도 포함된다. 또 재정차관의 경우에는 정부도 포함된다. 한편 외환 가격의 지역적 차이나 시간 차이를 이용하는 투기 기관도 고객이라 할 수 있다.

② 외국환은행

외환거래는 국가 간 통화의 거래가 이루어진다는 의미에서 각국 통화의 자금 결제를 중개하는 외국환은행이 반드시 참가하게 된다. 외국환은행은 외화가 필요한 개인이나 기업의 요구에 따라 각종 통화를 교환해 주는 단순한 매매 중개행위에서부터 자본이득이나 환 차이를 이용하기 위한 적극적인 시장참가자의 역할도 담당하고 있다. 은행 간 시장은 외국환은행 딜러 간에 직접 거래하는 직접거래시장과 외환브로커(중개회사)를 통한 거래로 나눌 수 있다. 한국의 은행 간 시장은 선진국의 외환시장과는 달리 외환브로커를 경유하는 거래가 직접거래보다 많은 것이 특징이다.

③ 외환브로커 및 외환 중개회사

외환시장에 참가하는 당사자로 외환 중개회사에 근무하는 외환브로커를 들 수 있다. 이들은 통상 외국환은행 간에 또는 외국환은행과 고객 사이에 발생하는 각국 통화의 거래행위를 중개해주는 역할만을 하고 중개수수료를 목적으로 시장에 참가하게 된다. 외환딜러는 은행 등 금융기관에서 외환거래를 담당하는 전문인력을 말한다. 브로커와 딜러의 차이는 거래행위에 따른 책임소재와 위험부담 여부에 달려 있다. 딜러는 자기의 책임하에 스스로 거래행위를 담당하며 거래상의 위험도 자기가 부담한다. 반면 브로커는 단지 거래의 중개만 담당하기에 거래에 따른 위험부담이 전혀 없다.

한국 외환시장에는 금융결제원에서 독립한 서울외국환중개주식회사(SMBS)[1]가 2000년 5월에 설립되어 외국환의 매매 및 원화 자금의 거래를 중개하고 있다. 현재 이 회사는 국내 전체 외환 거래량의 약 2/3를 중개하고 있다. 또 120개 금융기관의 출자로 설립되었던 한국자금 중개주식회사(KMB)도 2000년부터 외환 중개 기능을 수행하고 있다. 그리고 2012년 인가받은 KIDB 자금 중개와 IPS 외국환 중개 이외에도 국내에서 영업 중인 외국환 중개사는 Tullet Prebon Korea 외국환 중개, ICAP 외국환 중개, GFI Korea 외국환 중개, Nittan 캐피탈 코리아 외국환 중개, Tradition Korea 외국환 중개, BGC 캐피탈 마켓 외국환 중개 등 6개 외국계 회사들이 있다.

④ 각국의 정부 당국

투기나 재정거래 등을 위한 단기자금이동이나 그 밖의 외환시장 교란 요인에 따른 자국 환율의 급변 방지나 안정을 유지하기 위해서 각국의 중앙정부나 통화당국이 개입하게 된다. 특히 환율의 변화가 자국 경제에 미치는 영향이나 국제수지상의 안정을 유지하기 위해서 정부가 개입하게 된다. 세계적으로 환율제도가 고정환율제도에서 변동환율제도로 전환된 이후 개입 정도나 횟수가 증가하고 있다.

3) 외환시장의 기능

① 국제상거래의 청산(clearing) 및 결제

외환시장의 가장 기본적인 기능으로서 각국 통화의 거래를 통해 수요와 공급을 일치시켜서 외환시장의 안정된 균형을 유지하는 기능을 말한다. 예를 들어, 외환시장 내에서 특정 통화에 대한 수요와 공급의 불일치가 발생하게 되면 환율이 변동하게 되고 이러한 환율변동은 곧 특정 통화에 대한 수급불균형을 해결하는 방향으로 작용하게 된다.

② 헤징(hedging)

헤징이란 일반 무역 거래 당사자들이 계약 후 물품 인도 또는 인수 시점(대부분 선적 완료 시점)과 대금 영수 또는 지급 시점과의 시간 차이로 인한 환율변동의 환위험을 외환시장

---

1 2000년 5월 금융결제원에서 독립한 별도법인(http://www.smbs.biz)

에서 감소시키려는 행위를 말한다. 일반적으로 국제무역 거래에 참여하고 있는 수출기업들은 급속하게 변화하는 환율의 변동으로 인하여 자신이 소유하고 있는 외화표시 매출자산의 가치가 변동하는 위험에 항시 직면하게 된다. 이러한 위험에 대하여 기업들은 자기의 능동적인 행위를 통하여 외화표시자산의 보유에 따른 위험을 줄이려 노력하게 된다.

예를 들어, 자동차를 수출한 한국기업이 수입상에게 외화표시자산(예를 들어, 외국통화)으로 대금을 받았다고 하자. 이 경우 한국수출상의 입장에서는 외화표시자산이 증가하게 되며 현행 변동환율제하에서의 급변하는 환율변화로 인해 경제거래와 관계없이 자사 외화표시자산의 원화 가치가 변동하게 되는 위험에 직면하게 된다. 이러면 한국기업의 입장에서는 자사 보유 외화표시자산의 자산가치 변화에 대한 하나의 대응 방안으로 외환시장을 이용하여 환위험을 최소화하려고 노력하게 된다. 결국 헤징이란 기업이 보유하고 있는 외화자산의 자산가치 변화에 대응하기 위한 기업의 환위험 억제행위를 지칭한다.

③ 투기(speculation)

각국 통화의 교환가치인 환율이라는 것은 고정된 것이 아니라 수요와 공급의 조건 등에 따라 변화하게 되며 이에 대한 정확한 예측은 어렵다. 따라서 이러한 환율변동의 예측에 따라 외환거래를 행하려는 개인이나 기업이 투기목적으로 외환시장을 이용할 수 있다.

투기자란 일반적으로 미래의 환율변화에 대한 자기의 계산과 예측하에 환율변동을 하나의 이윤 창출의 기회로 보고 외화를 선택적으로 매매하는 자를 지칭한다. 즉, 투기자들은 특정 화폐가 장래의 시점에 가치가 인상된다고 생각하면 외환시장에서 해당 화폐를 매입하게 된다. 반대로 화폐의 가치가 인하된다고 생각하면 해당 화폐를 매각하는 행위를 하게 된다.

④ 환재정 및 이자율 재정(exchange and interest arbitrage)

일반적으로 재정거래(arbitrage)란 동일 재화나 자산의 시장별 가격 차이를 이용한 거래를 지칭한다. 동일 재화라 하더라도 거래의 장소나 시간의 차이로 인하여 시장 간에 거래가격의 차이가 존재하게 된다. 따라서 이러한 가격 차이를 이용한 거래가 행해지게 되며 가격이 낮은 시장에서 매입한 다음 높은 시장에서 매각함으로써 차액의 이익을 추구하게 된다.

환재정(exchange arbitrage)이란 외환시장 간의 환율 차이가 있을 때 환거래를 통해 이익을 추구하는 것을 지칭한다. 이러한 환재정에는 양국 간의 환율 차이를 이용하는 직접재정과 세 나라 통화 사이에 성립하는 환 차이를 이용하는 간접재정 등이 있다.

이자율 재정(interest arbitrage)이란 양국 사이의 환율이 결정된 현시점에서 일정 시점까지의 양국 간 이자율 차이와 예상되는 환율변동을 고려하여 환차익을 노리는 행위를 지칭한다. 즉, 각국 시장에서의 이자율과 환율의 차이를 이용하여 이익을 얻고자 행해지는 거래를 지칭한다.

2 외환거래의 종류

외환거래는 크게 전통적인 외환 매매와 외환 파생상품 거래 두 가지로 나뉜다. 전통적인 외환매매는 **현물환계약(spot)**, **선물환계약(outright forward)**, 그리고 **외환 스왑(FX swap)** 등 세 가지로 세분된다. 반면 외환 파생상품 거래에는 크게 **통화스왑**, **통화옵션**, **통화선물** 등의 통화 관련 파생상품 거래가 있고 **이자율스왑**, **이자율 옵션**, **이자율 선물** 등의 이자율 관련 파생상품이 있다.

표 7-2 외환거래의 종류

구분	내용
1. 외환매매	현물환(spot)
	선물환(outright forward)
	외환스왑(FX swap)
2. 외환파생상품거래	통화 관련: 통화스왑, 통화옵션, 통화선물
	이자율 관련: 이자율스왑, 이자율옵션, 이자율선물

1. 외환 매매

1) 현물환계약과 선물환계약

외환거래에서 계약 일자와 결제 일자(실제로 계약통화가 상호 인수, 인도되는 일자)의 일치 여부와 거래 완료의 기간에 따라 일반적으로 현물환계약(spot contract)과 선물환계약(forward contract)으로 구분할 수 있다. 현물환계약이란 결제 일자를 계약 후 2영업일 이내, 혹은 거래와 동시에 결제가 완료되는 외환거래를 지칭한다. 2영업일 이내라는 것은 거래 당사국의 어느 한 은행이라도 법정 휴무일이 거래일자에 속하게 되면 그다음 날짜로 거래가 이전되는 특징을 가진다.

이에 비해 선물환계약이란 계약일로부터 2영업일 이후 특정 일자에 일정 금액의 통화를 미리 정한 환율에 의하여 매매할 것을 약정하는 매매계약을 의미한다. 선물환의 경우 거래일자는 현재이지만 실제 결제 일자는 쌍방이 결정한 특정 일자가 된다. 즉, 선물환계약에서는 현시점에서 거래 당사자끼리 특정 거래 통화에 대하여 미리 환율을 결정하여 특정 날짜에 거래할 것을 약정한다. 결제일이 되면 미리 결정된 환율로 외환을 인도, 인수한다. 선물환계약에서는 선물환율, 선물환의 결제 일자, 거래 통화의 종류 및 계약 금액 등을 현재 시점에서 사전에 결정하게 된다.

[표 7-3]은 주요 통화의 환율을 달러 기준으로 볼 때 직접표시 방법과 간접표시 방법으로 구분하여 제시하고 있다. 이 표에서 선물환율이 일본 엔, 유로, 영국 파운드 등에 대해 표시되어 있는데 **선물환 할인(forward discount)은 직접표시환율 방식에서 선물환율이 현물환율을 하회할 때의 두 환율 간의 차이**를 말한다. 마찬가지로 **선물환 할증(premium)은 선물환율이 현물환율을 상회할 때 그 차이**를 말한다. 이 차이인 선물환 할인이나 할증은 이론적으로 두 국가통화의 본국에서의 이자율 차이와 일치한다.

유로화의 대미 달러 현물환 시세가 $1.004/₵이고 한 달 선물환율은 $1.00589/₵이라고 가정하자. 두 환율을 비교해 보면 선물환율이 약간 크다. 이것은 유로가 미국 달러에 비해 향후 가치가 상승하리라는 것을 의미한다. 그 상승 폭이 선물환 할증(프리미엄)이다. 만약 유로화의 선물환율이 현물환율보다 적었다면 그 하락 폭은 선물환 할인(디스카운트)이다. 선물환 할증 또는 할인의 구체적인 크기는 다음 공식으로 계산된다.

여기에서 12/N을 곱하는 이유는 해당 기간 두 환율 차이(spread)를 연이율로 표시하기 위한 것이다. 그리고 100을 곱하여 %를 구한다. 할증의 경우에는 계산값이 정(+)의 %를 나타낼 것이고 할인인 경우에는 부(–)의 %를 보일 것이다.

이 경우를 계산해 보면 유로화는 달러에 대해 2.2547% 선물환 할증이 있는 것을 알 수 있다. 즉 많은 시장 참여자들은 달러에 비해 유로화가 향후 1년 후 2.2547% 정도의 가치 상승이 있을 것이라고 예측한다.

반대로 달러는 유로화에 대해 그만큼 가치 하락이 예상된다. 실무적으로 이 선물환 할인(할증)을 외환스왑레이트라 부르고 이론적으로는 양 통화 각국에서의 국내 금리 간 차이와 일치한다. 즉 상대국보다 높은 국내 이자율을 갖는 국가의 통화는 상대 통화에 비해 이자율 차이만큼 선물환 할인을 보여 시장의 균형을 유지한다.

표 7-3 국제 환율표

(2022년 8월 19일 기준)

국가	직접표시 (IN US$)	간접표시 (PER US$)	국가	직접표시 (IN US$)	간접표시 (PER US$)
Americas			**Europe**		
Argentina peso	0.0073	136.1577	Bulgaria lev	0.51335	1.948
Brazil real	0.1934	5.1699	Croatia kuna	0.1336	7.4837
Canada dollar	0.7695	1.2996	Czech Rep. koruna	0.04075	24.538
Chile peso	0.001059	944.5	Denmark krone	0.135	7.4077
Colombia peso	0.000228	4387.33	Euro area euro	1.004	0.9961
Ecuador US dollar	1	1	1 month forward	1.00589	0.9941
Mexico peso	0.0496	20.161	3 month forward	1.01035	0.9897
Uruguay peso	0.02472	40.445	12 month forward	1.02982	0.9710
Asia-Pacific			Hungary forint	0.00248379	402.61
Australian dollar	0.6878	1.4539	Iceland krona	0.007125	140.36
China yuan	0.1467	6.8171	Norway krone	0.102	9.8059
Hong Kong dollar	0.1275	7.8454	Poland zloty	0.2114	4.7313
India rupee	0.01251	79.92275	Romania leu	0.2056	4.8631
Indonesia rupiah	0.0000674	14838	Russia ruble	0.01681	59.5
Japan yen	0.0073	136.93	Sweden krona	0.0944	10.5933
1 month forward	0.0073	136.857	Switzerland franc	1.0424	0.9593
3 month forward	0.0073	136.849	Turkey lira	0.0553	18.0866
12 month forward	0.0073	136.807	Ukraine hryvnia	0.0272	36.75
Kazakhstan tenge	0.0021	476.71	U.K. pound	1.1831	0.8452
Macau pataca	0.1236705	8.086	1 month forward	1.18342	0.8450
Malaysia ringgit	0.2234	4.4765	3 month forward	1.18492	0.8439
New Zealand dollar	0.6173	1.62	12 month forward	1.18703	0.8424
Pakistan rupee	0.00465	214.93	**Middle East / Africa**		
Philippines peso	0.0179	56.017	Bahrain dinar	2.6525	0.377
Singapore dollar	0.7188	1.3913	Egypt pound	0.0522	19.1563
South Korea won	0.0007486	1335.74	Israel shekel	0.3053	3.2751
Sri Lanka rupee	0.0027778	360	Kuwait dinar	3.2501	0.3077
Taiwan dollar	0.0332	30.12	Oman sul rial	2.59737	0.39
Thailand baht	0.02796	35.76	Qatar rial	0.2746	3.6417
Vietnam dong	0.00004273	23405	Saudia Arabia riyal	0.2663	3.7558
			South Africa rand	0.0588	16.9986

* 자료: Wall Street Journal

$$선물환\ 할인(할증) = \frac{F-S}{S} \times \frac{12}{N} \times 100$$

단, F, S, N는 각각 선물환율, 현물환율, 개월 수

외환거래의 참가자들이 선물환을 이용하는 동기로는 실물거래 결제 과정에서 발생되는 환위험을 회피하기 위해서 사용할 수도 있고, 환율변화의 예측에 의한 환투기의 목적에서 사용할 수도 있다.

선물환 계약은 원칙적으로 만기에 계약 원금과 외화를 상호 인수·인도해야 되는데 차액결제 선물환(NDF, Non Deliverable Forward) 계약은 만기일 도래 시 약정환율(contract rate, NDF 환율)과 만기일의 현물환율(지정환율, fixing rate, 실제는 만기일 제2영업일 전일자 매매기준율) 차이만을 정산하는 거래이다. 이 외환거래는 원래 원화처럼 국제적 유동성이 제한된 통화에 대한 환리스크 헤징 목적으로 홍콩, 싱가포르, 뉴욕 등의 역외 국제외환시장에서 국내 외국은행 및 해외투자자(비거주인)에 의해 시작되었다.

국내 외국인 금융투자 확대로 원화 변동성이 높아지자 해외금융기관들이 원화 투자에 따른 원화 헤징 필요성이 대두되었고 1999년부터 국내 외국환은행과 비거주자와의 선물환거래가 허용되면서 거래량이 더욱 증가했다. NDF는 역외시장에서 거래되며 주로 외국은행이나 외국인 투자자가 환헤지나 환투기 목적으로 거래에 참여한다. 결과적으로 원화를 대상으로 한 차액결제선물환은 지정통화를 달러로 하여 거래 당사자들이 원화 없이 한국 금융당국 법규와 규제를 거의 받지 않으면서 외국의 금융시장에서 주로 국내 외국환은행과 거래를 한다.

2) 외환스왑

외환스왑(foreign exchange swap)이란 거래 방향이 서로 반대되는 현물환거래와 선물환거래(spot-forward swap) 또는 선물환거래와 또 다른 선물환거래(forward-forward swap)를 동시에 행하여 환위험을 제거하는 외환거래를 의미한다. 일반적으로 스왑거래는 현물환시장에서 외환을 매입(매도)하고 동시에 선물환시장에서 매도(매입)하는 spot-forward swap 거래가 많다.

예를 들어, 기업이 100만 달러를 오늘 수입대금으로 결제해야 하고 1주일 후에 100만 달러를 수출대금으로 받을 예정인 경우, 오늘 100만 달러 매입현물환계약을 체결하고 1주일 후 100만 달러 매도선물환계약을 별도로 체결하는 환거래를 할 수 있다. 그러나 보다 효율적인 방법

은 이 두 거래를 묶어서 하나의 spot(buy)-forward(sell) swap 계약으로 체결하는 것이다. 반대로 수출대금을 오늘 받고 수입 대금결제 예정인 기업은 spot(sell)-forward(buy) 계약을 체결할 수 있을 것이다. 또 기업이 만약 100만 달러를 한 달 후 결제해야 하고 3개월 후에 100만 달러를 받을 예정이라면 1 month forward(buy)-3 month forward(sell) swap 계약이 적합하다. 즉, 이 경우에는 기업이 100만 달러 선물환(예: 한 달 후 결제 선물환)을 매입하고 동시에 타 선물환(예: 3개월 후 결세 선물환)을 매도하는 선물환거래를 체결하여 환위험을 억제하게 된다.

이러한 외환스왑거래는 은행 간에도 빈번하게 일어나는데, 특정 통화의 일시적인 유동성 부족을 환리스크 부담 없이 해결하기 위해서 또는 다른 선물환거래의 만기일 결제에 대비하여 사용하는데 보통 1년 이하의 단기거래에 이용한다. 이러한 점에서 외환스왑은 외국환은행 간에 또는 외국환은행과 고객 간에 단기로 외화를 빌린다고도 볼 수 있다. 다만 이자를 교환하지 않고, 이자에 해당하는 금액을 환율에 반영하여 거래한다고 볼 수 있다.

예를 들어, '가' 외국은행이 달러당 1,060원 약정환율로 1개월 후에 '나' 국내 외국환은행에 100만 달러를 매도하는 NDF 계약을 체결했는데 1개월 후 환율이 상승하여 현물환율이 1,070원이 되었다고 가정하자. 이때 '가' 은행은 약정환율과 현물환율의 차이에 해당하는 9,345.79달러 [(현물환율-NDF약정환율)*약정금액/현물환율]를 '나' 은행에 지급하게 된다. 반대로 한 달 후 환율이 하락하여 현물환율이 1,040원이 되었다면 이번에는 '나' 은행이 '가' 은행에 19,230.77 달러를 지급하게 된다. 원/달러 환율하락(원화 강세)에 대한 기대심리가 강할 경우 외국인투자자는 원/달러 NDF 매도(달러 매도·원화 매입 포지션)를 통해 국내은행에 달러를 매도하고자 한다. NDF 환율은 외국인투자자의 원/달러 환율에 대한 전망을 대표하는 지표로 인식되고 있고, 국내 원/달러 환율에 상당한 영향을 미치고 있다.

2. 외환 파생상품 거래

1) 통화스왑

원래 통화스왑(currency swap)은 국가 간의 자본통제의 어려움을 회피하기 위해 시작되었다. 두 거래 당사자가 **계약일에 약정된 환율에 따라 두 개의 다른 통화를 현물환율로 계산된 동일한 금액만큼 일정 기간 상호 교환하고 만기가 되면 다시 역교환하는 외환거래**이다. 당사자들은 이 기간에 발생하는 원금에 대한 이자도 교환한 통화로 상호 지급한다. 통화스왑은 앞에서 언급한 외환스왑에 비해 기간이 1년 이상인 중·장기거래이고 금액이 큰 경우에 이용된다.

예를 들어, 미국기업이 한국금융시장에서 원화로 대출받기를 희망하고 한국기업이 미국금융시장에서 달러화로 대출받기를 희망한다고 가정하자. 이때 한국기업은 한국 시장에서 돈을 빌릴 때 미국기업보다 유리한 조건으로 빌릴 수 있고 미국기업도 미국시장에서 돈을 빌릴 때 유리하게 빌릴 것이다. 이러한 상황에서 한국기업이 한국에서 유리한 조건으로 돈을 빌려 미국기업에 제공하고 미국기업도 미국시장에서 싸게 빌려 한국기업에게 제공할 수 있다면 상호 득이 되고 또한 환위험도 회피할 수 있을 것이다. 이와 같이 **통화스왑은 단기적인 환위험헤징보다는 주로 중·장기적인 환위험에 대한 헤징 수단**으로 이용되고 있다. 아울러 통화스왑은 차입비용을 절감할 수 있는 장점도 있다.

오늘날 국가 간에도 환율급변 시 외환보유고 부족 사태에 대비하기 위해 중앙은행 간 상호 통화스왑계약을 체결한다. 통화스왑은 한 국가의 중앙은행이 외환 또는 금융위기 발생 시 유동성을 공급하기 위해 자국 통화를 상대 중앙은행에 맡기고 상대방 통화를 사전 약정한 교환 비율과 한도 안에서 빌려오는 것을 의미한다.

2) 통화선물

통화선물(currency futures)계약은 향후 특정일에 약정된 환율로 외국통화를 사거나 팔 수 있는 표준화된 계약으로 세계 주요국의 선물거래소에서 거래가 이루어진다. 외형적으로는 최저계약단위가 정해진 점을 제외하고는 위의 선물환계약(forward contract)과 비슷하다. 그러나 많은 점에서 이 두 거래는 상호 다르다. 먼저 선물환계약은 전화나 텔렉스 등을 통해 장외시장에서 이루어지고 통화선물계약은 선물거래소에서 상장되어 매도·매수가 이뤄진다. 또 선물환거래는 주로 은행 간 거래가 많은데 신용위험이 따르고 거래금액이 매우 커서 중소기업이 시장에 참여하려면 담보 설정이 요구된다. 또 선물환계약의 경우 거래금액, 기간 등의 거래조건이 그때그때 달라질 수 있다. 그러나 약정기간 전에 결제액의 중도 청산이 어렵고 약정기간이 되어서만 외환의 실물 인도가 이루어진다는 점에서는 비탄력적 계약이라 할 수 있다.

반면에 통화선물계약인 경우 규모는 작지만 주식시장처럼 많은 시장참여자가 있어 기업들이 이용하기에는 보다 신축성이 있다. 특히 작은 증거금을 통해 큰 금액을 계약할 수 있다. 신용위험이 없고 약정기간 이전이라도 계약의 중도 청산이 자유로우며 실제로 만기일에 외환을 사고파는 계약보다는 대부분 환율변동으로 인한 이익 목적으로 거래에 많이 참여하고 있기 때문에 많은 경우 실제 외환의 인수·인도를 일으키지 않고 차액 정산 방법으로 거래가 종료된다.

부산의 한국거래소(KRX) 이외에 시카고의 선물거래소(Chicago Mercantile Exchange) 안의 IMM(International Monetary Market), 런던의 LIFFE(London International Financial Futures Exchange), 싱가포르의 SIMEX(Singapore Monetary Exchange) 등이 주요 선물시장이다.

3) 통화옵션

통화옵션(currency option)이란 계약에 의해 특정 외화를 옵션 기간 내에 약정된 가격(strike price)으로 사거나 팔 수 있는 권리를 의미한다. 선물환계약이나 통화선물계약인 경우, 계약체결 시 당사자들은 만기에 계약대로 외화를 인수·인도할 의무를 가진다. 하지만 통화옵션인 경우 이러한 의무가 없고 자기에게 유리할 경우에만 권리를 행사할 수 있다. 외화를 사는 경우를 call option이라고 하고 파는 경우를 put option이라고 한다. 옵션거래에서는 선물환계약에서처럼 환위험도 회피할 수 있고 경우에 따라서는 이익도 기대할 수 있다.

예를 들어, 한국의 미국 현지법인이 100만 파운드가 한 달 후에 필요할 수도 있다고 판단되어 100만 파운드만큼의 한 달 만기 call option 계약을 행사가격(strike price) $1.60/£에 체결했다고 하자. 한 달 후에 실제 현물환율이 £1.62/$가 되었다고 하면 이 회사는 100만 파운드를 행사가격인 £1.60/$에 살 수 있다. 그러나 만약 현물환율이 £1.58/$로 행사가격보다 낮으면 이 현물환율로 100만 파운드를 살 수 있다. 또 만약 한 달 후에 100만 파운드의 자금이 필요치 않은 경우에는 매입 권리를 아예 포기할 수도 있다. 반면 100만 파운드를 파는 put option 계약인 경우 행사가격과 실제 현물환율과 비교해서 비싼 가격으로 판매할 수 있다. 따라서 옵션은 일종의 보험이라고 볼 수 있다.

옵션계약에는 보통 각각의 통화별로 최소 계약 크기, 거래시간, 최소가격변동폭 등에 대한 규정이 있다. 예를 들어, 필라델피아 선물거래소의 경우, 유로, 영국 파운드, 캐나다 달러, 호주 달러 등 모든 통화에 대해 1계약의 크기는 10,000단위로 되어 있으나 일본 엔화는 1,000,000단위로 되어 있다.

4) 한국의 외환파생상품시장

한국에서 원화 대 외국통화 간 선물환거래는 1980년 7월부터 허용되었다. 초기에는 거래의 위험성, 외환 및 국내 금융시장에의 영향 등을 감안하여 대상거래, 선물환율, 계약기간 등이 엄격히 제한되었다. 초기에는 대고객 선물환거래는 무역 거래만으로 한정하였고 선물환율도 외환시장 운영협의회가 정하는 예시율의 일정 범위 내로 제한되었으며, 계약기간 및 대상 통화도

3개월 이내 및 미국 달러화로 한정했다. 선물환거래 이외의 파생금융거래는 1987년 10월 환율변동 헤징 거래로서 통화선물, 통화옵션 및 통화스왑이, 금리변동 헤징 거래로서 이자율선물, 이자율옵션 및 선도금리계약이 도입되었다.

1999년 4월 1단계 외환자유화조치 시행에 따라 파생금융거래에 대해 엄격히 요구되었던 실수요 원칙이 폐지되고 외국환업무 취급기관을 통한 파생금융거래를 원칙적으로 자유화했다. 한편 금융 및 외환 자유화 진전에 따른 환율 및 금리 변동성 증가에 대한 헤지 수단 제공을 위해 1999년 4월 23일 개장된 한국선물거래소(KOFEX)가 2005년 1월 27일 증권거래소, 선물거래소, 코스닥위원회, ㈜코스닥증권시장 등 기존 4개 기관과 함께 한국증권선물거래소로 통합되었으며, 2009년 ㈜한국거래소(KRX)로 변경되었다. 동 거래소에는 미국 달러선물, 미국 달러옵션을 포함하여 CD금리선물, 금선물, 국고채선물, 국고채선물옵션, 코스피200선물, 코스피200옵션 등의 상품이 상장되었다.

예를 들어 미국 달러선물은 미래의 일정 시점에 인수 또는 인도할 미국 달러화를 현재 시점에서 미리 매수하거나 매도하는 계약이다. 또 **미국달러옵션이란 미리 정한 환율로 최종 거래일에 달러화를 매수 또는 매도할 수 있는 권리를 매매하는 것**이다. 매입할 수 있는 권리를 콜옵션, 매도할 수 있는 권리를 풋옵션, 미리 정한 환율을 옵션의 행사가격이라 한다.

Ⅱ 환율

1 환율의 개념

1. 환율의 표시 방법

환율의 의미를 살펴보면 다음과 같다. 첫째, 재화의 거래 시에는 가격을 통한 거래가 이루어지듯이 각국 통화의 거래에도 거래의 기준이 되는 가격이 존재하게 되는데 이를 환율이라 할 수 있다. 즉, **환율이란 어느 일국의 통화를 타국의 통화와 교환할 때 결정되는 매매가격 혹은 양국 통화의 대내·외적인 교환 비율**이라고 할 수 있다. 둘째, 각국의 통화를 하나의 상품으로 취급한다면 환율이란 '각국 통화에 대한 수요와 공급에 따라 결정되는 그 해당 통화의 대외적인 가격'이라고 할 수 있다. 환율을 표시하는 방법에는 직접표시 방법과 간접표시 방법이 있다.

1) 자국 통화표시 방법(직접표시 방법, Direct Quotation)

이 방법은 외국통화 1단위에 대한 자국 통화의 교환비율을 나타내는 방법으로써 한국을 기준으로 할 때 미국의 1달러에 대한 한국 원화 가격, 즉 1,050원(₩1,050/$ 또는 $1=₩1,050)과 같이 표시하는 방법을 말한다. 그러나 달러 기준으로 보면 직접표시 방법은 $0.00095/₩(1/1,050)이 된다.

2) 외화표시 방법(간접표시 방법, Indirect Quotation)

외화표시 방법이란 반대로 자국 통화 1단위에 대한 외국통화의 교환 비율을 나타내는 방식을 지칭한다. 영국은 전통적으로 다른 통화에 대한 표시를 이 방법으로 나타내고 있다. 예를 들면, 영국의 자국 통화인 1파운드 가치를 미국의 1.30 달러($1.30/£ 또는 £1=$1.30)와 같이 표시하는 방법을 말한다.

3) 환율의 표시 방법과 등락

환율변동은 환율의 상승이나 하락 또는 평가절하 또는 평가절상 등의 결과를 가져온다. 예를 들어, **환율상승이라는 의미는 1달러당 1,000원에서 1,050원으로 변경되는 것을 말한다.** 이것은 원화가 달러에 비해 구매력(가치)이 하락하는 것, 즉 **원화의 평가절하를 의미한다.** 이와는 달리 **환율하락은 1달러당 1,000원에서 950원으로 수치가 떨어지는 것을 말한다.** 결과적으로 원화가 달러에 비해 상대적으로 구매력(가치)이 상승하는 것, 즉 **원화의 평가절상을 의미한다.**

2. 환율제도

환율제도를 간단히 표현하면 환율이 결정되는 메커니즘을 지칭하며, 크게 고정환율제도와 변동환율제도로 구분할 수 있다.

1) 고정환율제도

고정환율제도란 정부에서 사전에 환율을 일정한 수준에 고정하는 제도이다. 환율의 변동을 인정하지 않는 엄격한 고정환율제도와 기준환율에서 상·하의 소폭변동을 인정하는 고정환율제도로 구분할 수 있다. 이러한 환율제도는 환율의 안정을 통해 환위험을 줄이고 국제상거래를 촉진할 수 있다는 이점이 있다. 그러나 단점으로는 국제수지불균형 시 변동환율제도와는 달리 자동조정 능력이 없다는 점을 들 수 있다. 즉 변동환율제도에 비해 국외 경제의 여파가 국내경제에 직접적으로 영향을 줄 확률이 높다.

사례 7-1 달러와 위안화의 경쟁

중국 위안화가 2016년 10월 1일 국제통화기금(IMF) 특별인출권(SDR) 바스켓 통화 편입과 함께 세계 기축통화로서 첫발을 내디디면서 미국 달러화와 본격적으로 맞붙게 된다. 미국 대선을 앞두고 대선후보들이 미국 무역적자의 원인으로 중국을 지목하고 있는 가운데, 중국이 기축통화 편입을 계기로 통화 굴기에 나선다면 통화를 둘러싼 양국 간 갈등은 더욱 고조될 것으로 우려된다.

미국은 중국이 수출 촉진을 위해 의도적으로 위안화 가치를 절하한다고 주장하는 반면, 중국은 유럽연합(EU)과 일본 등 주요국의 통화가 미국 달러화 대비 큰 폭으로 절하되면서 위안화는 실질적으로 절상됐다는 논리를 편다. 위안화가 부상하면 미국은 달러화를 바탕으로 누렸던 패권을 방어하기 위해 상당한 노력을 기울일 것으로 보인다. 국제통화기금(IMF)은 작년 11월 30일 집행이사회에서 편입 결정을 내린 지 10개월 만에 위안화를 SDR 기반 통화로 편입한다. 위안화의 SDR 기반 통화 편입 비율은 10.92%로 미국 달러화(41.73%), 유로화(30.93%)에 이어 3번째로 크다. 중국 위안화가 SDR 편입을 계기로 세계 기축통화에 본격 편입되게 되면 달러화, 유로화와 함께 세계 3대 통화로 부상하게 된다.

중국은 이미 세계 2위 경제 대국의 위상에 걸맞게 위안화의 위상을 높여, 미국이 좌지우지하는 국제금융 질서에 본격 도전을 예고하고 있다. 아시아개발은행(ADB)에 대항하는 아시아인프라투자은행(AIIB) 창설에 이어 달러화가 절대적 우위를 차지하는 체제를 양분하는 게 목표다. 그동안 미국이 달러화 보유국으로 발권 능력을 과도하게 이용하고, 자국 경기 부양을 위해 달러화 약세를 추구해 아시아나 유럽, 제3세계 국가들은 중국을 응원하는 분위기가 있다.

물론 기축통화로서 위안화의 위상은 아직 미미한 수준이다. 국제은행간통신협회(SWIFT)에 따르면 위안화는 지난 8월 기준으로 국제결제에서 차지한 비중이 1.86%에 불과하다. 미국 달러(42.5%)와 유로화(30.17%), 파운드화(7.53%), 일본 엔(3.37%)에 이어 5위다. 글로벌 금융시장에서 올해 4월 기준 거래 비중도 총합 200% 기준으로 달러 88%, 유로 31%, 엔 22%, 파운드 13% 등과 격차가 큰 4%에 불과하다고 국제결제은행(BIS)이 집계했다. 하지만 장기적으로는 브렉시트(영국의 유럽연합 탈퇴)와 맞물려 글로벌 금융허브가 중화권으로 이동하는 결과가 나올 수도 있다는 게 전문가들의 분석이다.

IMF를 좌지우지하는 미국이 위안화의 SDR 기반 통화 편입을 용인한 것은 위안화 국제화 과정에서 중국 자본시장의 개방과 이 시장에서 미국의 영향력 확대, 미국 투자자의 수익 창출을 기대하기 때문으로 풀이된다. 하지만 미국은 동시에 국제금융시장에서 기축통화로서 달러화 패권을 바탕으로 누리는 효과가 축소될 것을 우려하고 있다. 미국은 기축통화인 미국 달러화로 인해 무역 및 재정 불균형에도 대외 지급 능력과 부채 상환능력을 유지하고 있기 때문이다.

그림 7-1 **패권을 두고 경쟁하는 달러와 위엔화**

현대경제연구원 한재진 연구위원은 “위안화의 SDR 바스켓 통화 편입으로 중국 경제는 자본시장 개방 등 금융시장 개선 효과를 볼 뿐 아니라 내수 주도형 경제로 전환해도 힘을 받을 수 있을 것”이라며 “브렉시트와 맞물려 글로벌 금융허브가 중화권으로 이동할 가능성도 커질 전망”이라고 내다봤다. 중국 외환교역센터에 따르면 고시 위안화 가치는 연초부터 이달 28일 사이 2.69% 떨어졌다. 중국 당국은 올 1월과 6~7월 두 차례에 걸쳐 위안화를 크게 절하했다. 1월 초에는 일주일 새 위안화를 1%가량 절하했다가 헤지펀드 세력의 약세 베팅으로 역외시장에서 된서리를 맞았다. 연초부터 1월 6일까지 역외시장 내 위안화 가치는 2.17% 떨어졌다.

이후 중국 당국은 절상과 절하를 반복하면서 환율이 과도하게 한 방향으로 쏠리지 않도록 주의를 기울여왔다. 6~7월 사이 고시 위안 값을 절하할 수 있었던 것은 브렉시트 덕이 컸다. 파운드화, 유로화 가치가 폭락하는 와중에 시장의 주목을 사지 않고 위안화 가치를 끌어내렸다. 7월 19일에는 위안화 가치가 연초 대비 3.13%까지 떨어졌다. 시장은 다음 달 SDR 바스켓 통화 편입으로 위안화가 강세로 돌아설지에 주목하고 있다.

원론적으로는 기축통화로서의 기반을 다진 위안화에 투자 수요가 몰리면서 위안화 가치가 올라야 한다. 하지만 당장 위안화가 강세로 돌아서기는 힘들 것이라는 분석이 많다. 미국의 기준금리 인상 가능성 때문이다. 미국이 금리를 인상하게 되면 달러화가 강세를 띠면서 상대적으로 위안화는 약세가 된다. 이 때문에 미국 금리 인상 우려가 해소될 때까지 위안화에 자금이 몰릴 가능성이 작다는 것이다.

경제전문가들은 위안화가 기축통화로 부상하면 한국 원화를 비롯한 아시아 통화에 대한 영향이 점차 확대될 것이라고 내다봤다. 위안화 가치는 단기적으로는 약세를 이어가겠지만, 중장기적으로 보면 기축통화로 자리매김하면서 상승할 가능성이 크다는 전망도 나왔다. 현대경제연구원 한 연구위원도 “중국 경제에 대한 의존도가 높아지면서 위안화와 원화의 영향력이 점점 확대되고 있다”면서 “원 위안 직거래도 본격화될 것이기 때문에 외환시장의 변동성 확대 위험을 점검할 필요가 있다”고 말했다.

한편, 투자은행들은 중국 위안화의 SDR 기반 통화 편입으로 각국 중앙은행과 해외펀드들의 위안화 자산 수요가 앞으로 5년간 최대 6,000억 달러(약 660조 원)에 달할 것으로 전망하고 있다. 위안화가 외화보유액으로 인정되는 국제 보유통화(reserve)의 지위를 확보하게 돼 각국 중앙은행과 국부 펀드들은 위안화 표시 자산을 확대할 것으로 예상되기 때문이다. AXA인베스트먼트는 전 세계 정부가 외화보유액 중 위안화 자산을 매년 1%씩 늘릴 경우 향후 5년간 6,000억 달러가 유입될 수 있다고 내다봤다. 모건스탠리는 전 세계 외화보유액 중 위안화의 비중이 5년 내 5%까지 확대될 것이라고 전망했다.

* 자료: 中위안 10월1일 IMF 특별인출권 바스켓 편입 … '세계화폐'로 첫발, 연합뉴스, 2016.09.22
[위안화 기축통화] 美 · 中 통화경쟁시대 오나 … 세계경제 영향에 촉각, 한국경제, 2016.09.29

사례 7-2 급변하는 위안화의 입지

2016년 국제통화기금(IMF)의 특별인출권(SDR) 통화바스켓에 중국 위안화가 정식 편입됐다. 신흥국 통화 가운데 처음으로 준비통화로 인정받은 것이다. 그러나 위안화가 기축통화 반열에 오르려면 국제통화 조건을 충족해야 한다. 위안화의 무역 결제를 허용하고 자본시장 개방을 확대해야 한다. 환율 자유화도 필요하다.

그런데 SDR 편입 5개월여 만인 3월 11일 중산(鐘山) 중국 상무부장은 "일부 기업의 맹목적이고 비합리적인 투자에 대한 감독을 강화하겠다"고 엄포를 놨다. 중국 전국인민대표회의(전인대) 브리핑에서다. 중국 당국은 잉여 현금을 달러로 바꿔 해외 인수합병(M&A)에 사용하는 것을 위안화 약세의 주된 원인 중 하나로 판단했다. 중산 상무부장의 엄포는 위안화 약세를 방치할 수 없다는 뜻을 담고 있는 셈이다.

뉴욕타임스(NYT)는 "위안화 가치를 올리기 위해 중국 당국은 지난 2년 반 동안 1조 달러 이상 지출했다. 대규모 자본 유출은 중국 정부의 중산층 확대 계획에도 부합하지 않는다"고 지적했다. 중국 정부가 위안화 국제화와 환율 안정 사이에서 골머리를 앓고 있다. 위안화를 국제화하려면 무역 · 재정수지 적자를 용인하면서 위안화를 전 세계에 퍼뜨려야 한다. 그러려면 위안화 약세를 감수해야 한다. 그러나 국제통화로서 위안화의 가치를 떨어뜨릴 수는 없다는 게 중국의 입장이다. 기축통화국으로서 1960년대 미국이 겪었던 '트리핀 딜레마(Triffin dilemma)'를 중국도 맛보고 있는 셈이다. 트리핀 딜레마는 기축통화국이 통화 패권을 유지하려면 해외에 끊임없이 유동성을 공급해야 하지만 그럴수록 통화가치는 떨어지는 현상이다.

3일 일본 니혼게이자이신문에 따르면 중국의 전체 무역 결제에서 위안화가 차지하는 비중은 올 1분기 14%를 기록했다. 2015년의 27%에 비해 절반 수준으로 떨어졌다. 유학자금 송금 등 국제결제(자본거래) 규모도 상하이를 기준으로 1분기 4,413억 위안(약 72조 4,085억 원)으로 지난해 같은 기간에 비해 23% 쪼그라들었다. 2015년 3분기 1조 위안에 달했던 것과 비교하면 큰 폭의 감소다. 국제결제 시장에서 위안화가 사용되는 비중도 2015년 8월 2.8%에서 올 3월 1.8%로 낮아졌다. 순위는 4위에서 미국 달러 · 유로 · 파운드 · 엔 · 캐나다 달러에 이어 6위로 처졌다.

위안화 사용이 1년 새 급격히 줄어든 것은 중국 당국의 외환시장 규제 때문이다. 중국 정부는 2009년부터 위안화 결제를 허용했다. 위안화 직거래시장 개설 등 위안화 국제화에 발 벗고 나섰다. 한국도 지난해 4분기 전체 결제 가운데 2%, 대중국 수출의 6.7%가 위안화 결제였다. 그러나 위안화 사용이 늘면서 위안화 가치가 급격히 떨어졌다. 이렇게 되자 중국 당국은 2015년부터 규제 강화에 나섰다. 현재는 500만 달러(약 56억 원) 이상 해외로 송금하거나 환전하면 당국의 사전 승인을 받아야 한다.

또 위안화 가치의 지속적인 하락은 대중국 교역 기업의 환차손으로 이어져 위안화 결제를 위축시키는 요인으로 작용했다. 위안화 최대 유통시장인 홍콩의 3월 말 위안화 예금 잔액은 6년 만에 가장 낮은 5,072억 위안으로 집계됐다. 중국으로 되돌아간 위안화가 다시 나라 밖으로 나오지 않고 있다는 뜻이기도 하다.

니혼게이자이신문은 "중국 당국의 환율 안정과 자본유출 억제 정책이 원래 정책 목표인 위안화 국제화를 희생시키고 있다"며 "4월 들어 해외 송금 규제를 일부 완화하는 등 인민은행도 자본 규제의 부작용을 의식하고 있다"고 분석했다. 그러나 이런 행보는 중국이 기축통화국으로서 신뢰를 얻는 데 악영향을 줄 전망이다. 국제신용평가사 피치는 1일 보고서에서 "해외 송금에 대한 조사와 외환 매입 등 중국 당국의 통제는 위안화의 국제화를 저해할 가능성이 있다"며 "위안화는 IMF의 SDR 통화바스켓에 포함돼 있음에도 국제통화로 나아가기 위한 노력은 지난 2년 동안 되레 줄었다"고 지적했다.

* 자료: 달러 넘어 기축통화 되겠다더니 4년 만에 거꾸로 간 '위안화 굴기', 중앙일보, 2017.05.04

2) 변동환율제도

환율이 정부에 의해서 결정되는 것이 아니고 외환시장에서 외환에 대한 수요와 공급에 의해서 자율적으로 결정되는 제도를 말한다. 변동환율제도의 장점으로는 국제수지불균형의 해소가 외환의 수요와 공급에 의해서 자동으로 조정[2]됨으로써 정부의 개입 노력이 불필요하다는 것이다. 단점으로는 잦은 환율변동으로 인한 국제 거래 규모가 축소될 수 있으며, 환율변동을 이용한 환투기가 성행할 수 있다는 것이다.

---

2 국제수지가 적자라는 의미는 수입(외환 수요요인)이 수출(외환 공급요인)보다 많다는 것을 의미한다. 따라서 외환수요가 공급을 초과하게 되어 환율은 오르게 되고 오른 환율은 수출을 촉진하고 수입을 억제하는 역할을 해 최초의 국제수지 적자폭은 줄게 된다. 이러한 자동조정 과정이 현실에서는 제한적으로 나타나는 이유는 교역물품의 가격탄력성이 다 같지 않기 때문이다.

3) 한국의 환율제도

한국은 대외경제 여건 변화에 따라 환율제도가 여러 번 바뀌었다. 1945년부터 1964년 5월까지는 고정환율제도를 시행해오다 1964년 5월부터 1980년 2월까지 단일변동환율제도를 시행하게 된다. 그 이후 1980년 2월부터 1990년 3월까지 복수통화 바스켓제도를 시행해 오다 1990년 3월부터 1997년 12월까지는 시장평균환율제도를 도입하게 된다.

1990년 3월부터 도입된 시장평균환율제도하에서 환율은 다소간 시장원리에 따라 결정되기는 하였으나 1997년 외환위기를 겪으면서 한국은 외환 수급의 심한 불균형을 경험했다. 그리고 1997년 12월부터 환율의 가격기능 제고와 외환시장 활성화를 위하여 본격적인 자유변동환율제도를 시행했다. 현행 자유변동환율제도하에서의 환율구조는 다음과 같다.

① 기준환율(또는 매매기준율)

기준환율은 서울외국환중개주식회사를 통해 전 영업일 거래된 은행 간 원/달러 및 원/위안화 현물환 거래환율을 거래량으로 가중평균하여 산출된 시장 평균환율을 의미한다. 원화의 대미 달러 기준환율과 대중국 위안화 기준환율은 매 영업일(월~금) 아침 8시 30분경 서울외국환중개㈜가 고시하고 있다. 외국환은행들은 통상 이 기준환율을 바탕으로 해당 업무를 취급하기 위한 비용과 리스크를 반영하여 고객과의 거래 시 적용되는 매매기준율을 산정 고시하게 되고 하루에도 수시로 변하는 외환 시장환경을 감안하여 각 외국환은행은 자율적으로 하루에도 여러 차례 자체 매매기준율을 변경·고시할 수 있다.

② 재정된 매매기준율

재정된 매매기준율(재정환율)은 미국 달러화, 중국 위안화 이외 통화와 원화 간의 환율로서 기준환율을 주요 국제금융시장에서 형성된 미국 달러화와 해당 통화 간의 환율(cross rate)로 나누어 산출된다. 매일 서울외국환중개㈜가 일본 엔화, 유로화, 영국 파운드화를 비롯하여 41개 통화에 대한 재정환율을 고시하고 있다. 달러, 위안화 이외의 기타 통화에 대해 직접환율이 사용되지 않고 재정환율이 사용되는 이유는 세계 외환시장과는 달리 국내외환시장에서는 미국 달러화, 중국 위안화를 제외한 기타 통화와 원화 간의 상호 외환거래가 많지 않아 시장이 형성되지 않기 때문이다.

2 환율의 결정

1. 외환의 수요와 공급

일반적으로 외국통화에 대한 가격결정은 재화나 서비스의 수요와 공급과 마찬가지로 특정 통화의 수요와 공급에 의해서 결정된다고 할 수 있다. 즉, **특정 통화에 대한 수요가 공급보다 많으면 그 통화에 대한 가치가 올라가며, 공급이 더 많게 되면 그 통화의 가치는 떨어지게 된다.**

외환의 수요와 공급 요인은 국제수지표상의 항목들과 관련이 많다. 즉, 국제수지표상의 항목 중에서 외국통화의 유입을 가져오는 요인은 외국통화의 공급요인이 되며, 외국통화의 유출을 가져오는 요인은 외국통화의 수요요인이라 할 수 있다. 이렇게 볼 때 결국 **외국통화의 공급요인으로는 재화와 서비스의 수출, 이전수입[3] 그리고 자본유입**(대외채권의 매도나 외국인 국내직접투자나 증권투자 등) 등을 들 수 있다.

반면에 **수요요인으로는 재화와 서비스의 수입, 이전지출 그리고 자본유출**(대외채권의 구입이나 한국기업의 해외직접투자나 증권투자) 등이 있다. 이와 같은 외국통화에 대한 수요와 공급요인을 구분하면 다음과 같다.

표 7-4 외환의 수요와 공급 요인

외국통화의 공급요인	외국통화의 수요요인
재화와 서비스의 수출 이전수입 자본유입	재화와 서비스의 수입 이전지출 자본유출

그리고 이들 요인 중 환율변화에 민감한 요소는 재화나 서비스의 수출·입이 주가 된다고 할 수 있다. 즉, 이전수입이나 이전지출의 경우는 환율이나 경제적 요인에 의한다기보다는 주로 비경제적 요인에 의하여 결정되며, 자본의 유출과 유입은 환율변화에만 의존하기보다는 이자율이나 인플레이션율 등의 복합적 요인에 의해 결정되기 때문이다.

이하에서는 논의의 단순화를 위해 세계 경제가 단 두 나라(한국과 미국)로 구성되어 있다고 가정하기로 한다. 즉, 일국의 수출은 타국의 수입이 되며, 일국 내의 특정 재화의 수요는 자국

3 이전수지란 거주자와 비거주자 사이에 무상으로 주고받는 거래수지의 차이를 말한다. 이전수입은 예를 들면, 해외교포가 국내 친지에게 보내는 개인송금, 해외 자선단체의 기부금이나 구호자물이고, 이전지출은 반대로 국내 종교단체가 해외기관에 보내는 성금이 해당된다.

에서의 재화 생산량과 외국에서의 수입량에 의해서만 충족이 된다고 가정한다.

1) 외국통화의 수요곡선

일반적으로 수요곡선은 가격변화에 따른 소비자들의 수요량의 변화를 나타낸 것이라 정의할 수 있다. 즉, 특정 재화의 가격과 그 재화에 대한 수요량의 변화를 곡선으로 나타낸 것으로 일반적으로 가격이 오르면 수요량은 감소하여 우하향하는 특성을 보이게 된다.

이와 같은 특성은 외국통화에 대한 수요곡선에도 그대로 적용된다. 2국(한국과 미국) 모형에서의 특정 재화에 대한 국내 수요는 자국 내에서의 생산량과 외국으로부터의 수입량에 의해서 결정된다. 이런 상황에서 환율의 상승이 일어났다고 한다면 국내에서의 외국통화(미국 달러)에 대한 수요는 어떻게 변화되겠는가? 먼저 외국 수출업자의 경우를 살펴보면, 환율의 변화 자체는 자국 통화로 받는 수출액에 아무런 영향도 미치지 않는다고 할 수 있다. 이에 비해 국내수입업자는 환율의 상승으로 인하여 외국통화로 계산 시에는 동일한 액수지만 국내 통화로 환산할 경우 지불할 금액이 상승하게 된다. 따라서 환율의 상승은 외국 재화의 수입을 감소시키게 되는 요인이 된다.

결국, **환율의 상승은 수입량의 감소를 가져오며, 이는 다시 수입에 필요로 하는 외국통화의 수요를 줄이는 역할을 하게 된다.** 따라서 환율변화에 대한 외국통화의 수요함수는 환율의 가치상승으로 인한 수요 감소함수로서 [그림 7-2]와 같이 표시할 수 있다.

그림 7-2 외환의 수요·공급곡선

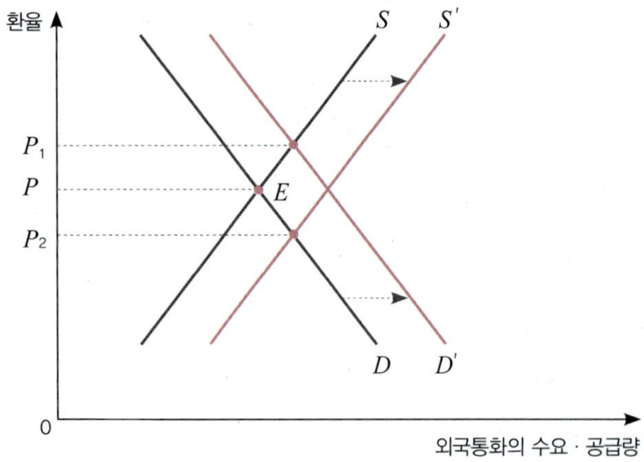

2) 외국통화의 공급곡선

일반적으로 공급곡선이란 가격변화에 따른 공급업자들의 공급량의 변화를 표시한 곡선으로써 우상향하는 특성이 있다. 외국통화의 공급요인으로는 국내 재화의 수출을 들 수 있다. 어떤 시점에서 환율의 상승이 일어났다면 외국통화의 공급은 어떻게 변화하겠는가? 먼저 외국에서의 변화를 살펴보면 다음과 같다. 즉, 외국 수입업자의 경우 환율의 상승은 자국 통화로 계산할 경우 지급 금액에 하등의 변화요인도 생기지 않기에 재화의 수입에 아무런 변동도 없게 된다. 이에 비해 국내 수출업자의 경우를 살펴보면 환율의 상승 결과 국내 통화로 환산할 경우 환율변동 전에 비해 더 많은 금액을 받을 수 있기에 수출을 늘리려고 노력하게 된다. 즉, 환율의 상승은 국내 수출업자의 수출증대 노력으로 외국통화의 공급은 증대하게 되므로 우상향하는 형태를 띠게 될 것이다.

3) 균형환율의 결정

[그림 7-2]에서 확인할 수 있듯이 외국통화에 대한 균형환율은 수요와 공급곡선이 교차하는 점(E)에서 결정된다. 이와 같은 균형점은 일단 해당 시점에서의 수요와 공급이 일치하는 환율이다. 그럼 수요곡선이나 공급곡선이 변화되는 경우는 어떻게 균형점이 이동될 것인가를 살펴보자. 예를 들어, 국내의 소득증대로 인해 수입이 증가한다면 외화의 수요곡선에 변화를 가져오게 된다. 이 경우는 [그림 7-2]에서 외화의 수요곡선이 우측으로 이동하게 되며 공급곡선이 변화가 없다면, 새로운 가격, 즉 P1으로 환율이 상승(자국 통화의 평가절하)하게 된다. 즉, 외화에 대한 수요 증가는 외화의 가치상승과 자국 통화의 상대적인 가치하락을 유도하게 된다.

이와 반대로 공급곡선이 변화되는 경우, 즉 국내의 수출 증가를 가져오는 경우를 살펴보자. 이러한 경우는 외국의 소득이 증가한 경우나 국내 수출재의 상대적인 가격하락으로 수출이 늘고 이에 따라 외국통화의 국내 공급이 증가하는 경우이다. 이와 같은 공급곡선의 증가는 공급곡선의 우측 이동에 따라 환율이 하락(P2)하게 된다. 외화의 공급증대에 따라 국내 통화의 가치상승, 즉 평가절상이 나타나게 된다.

2. 환율의 평가이론

1) 기본가정

환율평가이론이란 국제금융시장의 장기 균형은 기본적으로 환율, 금리, 물가 간의 평가 관계(parity relation)로서 형성된다는 이론이다. 이들 이론의 전개에 필요한 기본가정들을 간단히 살펴보면 다음과 같다. 첫째, 금융시장의 완전성이다. 금융자산의 거래나 자본이동이 아무런 규제 없이 자유롭게 이루어진다는 것으로 거래비용이나 조세 효과는 고려하지 않는다. 둘째, 상품시장의 완전성이다. 국제간의 상품교역이 자유로우며 조세나 거래비용이 존재하지 않는다. 셋째, 단일의 동질 소비재의 존재이다. 국가 간 상품교역에서 단일의 동질 상품이 존재하며 이들 상품이 교역된다. 마지막으로, 완전 예측성이다. 미래에 대한 예측이 확실하며 예측이 오차 없이 실현된다는 것을 가정하고 있는 것으로 선물환율이 미래 현물환율과 일치하게 된다.

2) 구매력평가설(Theory of Purchasing Power Parity 또는 PPP 이론)

구매력평가설이란 균형환율의 결정과 환율의 변화를 양국 간 화폐의 구매력 차이로 설명하려는 이론이다. 예를 들어, 지난 1년 동안 한국의 물가가 미국보다 더 많이 올랐을 때 동일한 물품을 구입하기 위해선 한국에서 상대적으로 더 많은 돈을 지불해야 한다. 이러한 구매력의 차이는 외국물가의 동등한 변화가 없는 한 자국 통화(원화)의 평가절하로 나타나게 된다. 이 이론의 근거 및 주요 내용을 살펴보면 다음과 같다.

① 일물일가의 법칙

일물일가의 법칙이란 동일한 시점에서 자산 또는 상품의 시장가격은 전 세계적으로 하나만 존재하게 되는 현상을 지칭한다. 즉, 국가와 관계없이 같은 재화의 가격은 동일하다는 법칙이다. 이러한 일물일가의 법칙은 금융자산거래에 대한 규제 조치가 전혀 없고 상품교역도 자유롭고 모든 정보가 완전히 자유로이 이용될 수 있는 시장을 전제로 성립된다고 할 수 있다. 일물일가의 법칙을 수식으로 표현하면 다음과 같다.

$$Pi = S \times Pi^*$$

여기서, Pi는 i재화의 국내가격, Pi^*는 i재화의 외국가격, S는 환율(직접표시)

공식에서 만약 Pi와 Pi^*를 알 수 있다면 일물일가의 법칙에 맞는 이론적인 환율을 계산해 낼 수 있다. 예를 들어, 대표적인 글로벌 상품인 맥도날드의 빅맥에 대해 일물일가의 법칙을 적용해 보면 각국 환율의 적정수준을 판단해 볼 수 있다.

② 절대적 구매력평가설

일물일가의 법칙은 특정 재화의 국제간 가격이 환율을 통해 같아진다는 이론이다. 이러한 주장은 모든 재화를 포함하는 전체 바스켓 차원에서도 적용될 수 있다. 즉, **개별재화의 가**

격을 가중치한 합계를 전체 물가지수로 본다면 국제간 물가지수들이 환율을 통해 같아진다는 이론이 절대적 구매력평가설이다. 다음 수식처럼 한 나라의 전체 물가지수는 외국의 전체 물가지수와 환율과의 곱으로 표시될 수 있다.

$$P = S \times P^*$$

여기서, P는 국내물가지수, P^*는 외국물가지수, S는 환율(직접표시)

이와 같은 절대적 구매력평가설에 의한 환율 결정은 양국 간의 물가가 동일하고 물가지수 산정에 있어 각 재화의 구성이나 가중치가 같은 경우에는 항상 성립하게 된다.

그러나 현실 상황에서는 이와 같은 절대적 구매력평가설이 성립하지 않게 되고 괴리 요인이 존재하게 된다. 이의 원인으로는 해당 재화의 수출입 시 거래비용이 높은 경우와 무역장벽의 존재로 인한 재화의 차이, 또 국내와 해외의 물가지수 산정에 투입되는 대표 재화 구성이 다를 경우나 각 구성재화의 가중치가 상이한 경우를 들 수 있다.

③ 상대적 구매력평가설

이 이론은 환율의 예상되는 변화율은 양국 간 예상 물가상승률의 차이와 같아져야 한다고 주장하고 있다. 즉, **어느 일국의 인플레이션율이 타국보다 높다면 이러한 물가의 차이로 그 나라 통화의 가치가 떨어지게 된다는 주장**이다. 이러한 관계를 다음 수식으로 확인해 보자.

$P = S \times P^*$(기준시점 물가수준) $\qquad$ $P_t = S_t \times P_t^*$(t시점 물가수준)

$$① \frac{P_t}{P} = \frac{S_t \times P^*}{S \times P^*} \quad \Rightarrow \quad ② \frac{S_t}{S} = \frac{P_t/P}{P_t^*/P^*} = \frac{1+\pi}{1+\pi^*} \quad \Rightarrow$$

$$③ \frac{S_t}{S} - 1 = \frac{1+\pi}{1+\pi^*} - 1 \quad \Rightarrow \quad ④ \frac{S_t - S}{S} = \frac{\pi - \pi^*}{1+\pi^*} \cong \pi - \pi^*$$

단, P, P^*, S는 각각 기준시점에서 본국 물가수준, 외국 물가수준, 현물환율,
P_t, P_t^*, S_t는 각각 t시점에서 예상되는 본국 물가수준, 외국 물가수준, 미래환율
π, π^*는 각각 본국 예상 물가상승률, 해외 예상 물가상승률

여기에서 t 시점의 물가수준을 기준시점의 물가수준으로 나누면 식 ①대로 표시할 수 있고 이를 식 ②로 전환시킬 수 있다. 여기에서 분자(P_t / P)는 본국의 예상 물가상승률을

의미하고 분모(Pt^*/P^*)도 외국의 예상 물가상승률을 나타낸다. 따라서 분자, 분모를 각각 $(1+\pi)$와 $(1+\pi^*)$로 표시하여 식 ③으로 다시 표시할 수 있다. 여기서 좌·우변을 각각 1을 빼서 변화율로 표시한다면 식 ④ 형태로 나타낼 수 있다. 그런데 식 ④의 분모 부분 $(1+\pi^*)$에서 (π^*)부분은 매우 작은 수치이므로 분모를 1로 간주한다면 예상 환율변화율 $[(St-S)/S]$은 양국 간 인플레이션율의 차이인 $(\pi-\pi^*)$로만 표시할 수 있다.

예를 들어, 한국과 미국의 현물환율이 $1 = ₩1,000이라고 하자. 이 경우 향후 1년간 만약 한국의 인플레이션율이 미국보다 2% 정도 높게 나타날 것으로 가정한다. 원화 가치가 달러보다 물가 상승분의 차이만큼 가치가 하락하게 되어 1년 후에는 $1 = ₩1,020으로 변화될 것으로 예상된다. 즉, 양국 간 인플레이션 차이인 2%만큼 한국 원화의 가치가 하락하게 되어 양국 통화 간 환율은 균형을 이루게 된다. 만약 1%만큼만 평가절하되어, 즉 $1 = ₩1,010이 되었다면 한국의 소비자들은 한국제품 대신 상대적으로 1% 싼 미국제품을 수입해서 쓰려고 할 것이다. 이때 달러의 수요가 증가하여 환율은 결국 ₩1,020 수준까지 오를 것이다.

3) 피셔효과

피셔효과(Fisher Effect)는 **인플레이션율의 차이와 이자율 차이에 대한 이론으로 한 국가의 인플레이션율이 상대적으로 높은 국가의 경우 이자율도 상대적으로 높게 된다는 주장**이다. 먼저 명목이자율은 기본적으로 기대 인플레이션율과 실질이자율의 합으로 이루어진다. 그리고 각 국가의 명목이자율은 다 다르지만 금융시장이 효율적이라고 가정한다면 실질이자율은 모두 같아진다고 할 수 있다.

① $i=r+\pi$, (i, r, π는 각각 본국의 명목이자율, 실질이자율, 기대 인플레이션율)

② $i^*=r^*+\pi^*$ (i^*, r^*, π^*는 각각 외국의 명목이자율, 실질이자율, 기대 인플레이션율)

위 ①식에서 ②식을 빼면 $i-i^*=(r-r^*)+(\pi-\pi^*)$가 된다. 실질이자율인 r, r^*은 같다고 가정했기 때문에 $(r-r^*)$은 0이 된다. 따라서 $i-i^*=(\pi-\pi^*)$가 되어 이자율 차이가 인플레이션 차이와 같게 된다.

예를 들어, 한국과 일본의 명목이자율이 각각 2%와 0.5%이고 한국의 2%는 실질이자율 0.5%와 기대 인플레이션율 1.5%의 합으로 구성되었고, 일본의 0.5%는 실질이자율 0.5%와 기대 인플레이션율 0%의 합으로 구성되었다고 가정하자. 만약 실질이자율이 두 국가 간에 달라져 한국이 1.5% (즉 한국 명목이자율이 3%인 경우)이고 일본이 원래대로 0.5%라면 즉각적으로 차익거래를 위한 자본이동이 일본에서 한국으로 발생한다. 자본이동 결과 자본이 풍부해진 한국은 이자율이 떨어지게 되고 자본이 희소해진 일본은 이자율이 오르게 된다. 피셔효과는 두 나라 간의 명목이자율 차이는 두 나라 간의 기대 인플레이션율 차이와 같아지게 된다는 주장이다.

4) 국제피셔효과

국제피셔효과(International Fisher Effect)는 미래 환율에 대한 예상 변화율은 국내·외의 명목이자율 차이와 같아져야 한다고 주장하고 있다. 즉, 상대적으로 이자율이 낮은 국가의 통화는 이 낮은 이자율을 충분히 보상할 수 있는 정도로 통화의 평가절상이 이루어져야 시장의 균형이 유지된다는 것이다. 미래 환율과 이자율 차이와의 관계가 만약 이렇게 균형적으로 이루어진다면 국가 간 차익거래를 통해 이익을 얻을 가능성은 없을 것이다. 즉, 현재 가지고 있는 돈을 국내에서 1년 동안 투자한 후 얻을 원리금이나 오늘 돈을 외국통화로 환전해서 현지에 1년간 투자한 원리금을 다시 원화로 재환전했을 때의 금액이나 동일해질 것이다. 이 관계를 수식으로 살펴보자.

$1+i$(국내투자 후 원리금), $\frac{1}{S}\times(1+i^*)\times S_t$(환전 후 일정 기간 외국투자 후 원리금 재환전)

① $(1+i)=\frac{1}{S}\star(1+i^*)\times S_t$ ⇒ ② $\frac{(1+i)}{(1+i^*)}=\frac{S_t}{S}$ ⇒

③ $\frac{(1+i)}{(1+i^*)}-1=\frac{S_t}{S}-1$ ⇒ ④ $\frac{(i-i^*)}{(1+i^*)}=\frac{S_t-S}{S}$

단, i, i^*, S는 각각 기준시점에서 본국이자율, 외국이자율, 현물환율

S_t는 S시점에서 예상되는 미래현물환율

여기에서 국내 투자 시 금액과 해외투자 시 금액이 t 시점에서 같다는 가정하에 식 ①과 같이 표시할 수 있고 이를 식 ②로 조정할 수 있다. 여기에서 변화율을 도출하기 위해 좌·우변을 각각 1씩 빼면 식 ④ 형태로 나타낼 수 있다. 그런데 식 ④의 분모 부분 $(1+r^*)$에서 r^*부분은 매우 작은 수치이므로 분모를 1로 간주한다면 양국 이자율의 차이 $i-i^*$는 예상 환율변화율 $\{(St-S)/S\}$과 같음을 알 수 있다.

예를 들어, 한국의 이자율이 미국의 이자율보다 연 1% 높다면 미국 달러화의 저금리를 보상하기 위해 1년 후에 달러화는 원화 대비 1%의 가치상승이 일어나야 시장의 균형이 이루어질 것이다.

5) 이자율평가설

이자율평가설(Interest Parity Theory)은 **국내·외의 금리차가 선물환프리미엄 또는 선물환디스카운트와 동일**하다는 것이다. 여기서 선물환프리미엄이란 외국환거래 시 선물환율이 현물환율을 상회할 때의 두 환율 간의 차이를 의미한다. **디스카운트란 외국환거래 시 선물환율이 현물환율을 하회하고 있을 경우, 그 차이**를 말하고 통상 연이율로 나타낸다. 선물환프리미엄 또는 디스카운트는 양 통화 간의 이자율 차이를 반영하여 결정되며 이자율이 낮은(높은) 통화에 선물프리미엄(디스카운트)이 붙어 이자율 차이를 해소시킨다는 이론이다. 이 이론의 수식 과정은 위의 국제피셔효과의 경우와 같다. 다만 예상 미래현물환율 대신 선물환율로 바꾸어서 동일한 수식 과정을 거치면 된다.

예를 들어, 미국의 이자율이 영국보다 1% 높다면 이자율이 높은 만큼 미국 달러화의 가치하락을 가져오며 이는 달러선물환의 디스카운트로 나타나게 된다. 이자율평가설은 국제피셔효과와 같이 이자율의 차이가 바로 환율과 직결된다는 것에서는 같으나 적용환율에 있어 차이점이 있다. 즉, 국제피셔효과에서는 미래 예상현물환율이 적용되며 이러한 현물환율은 단순기대치로서 장래에 그대로 실현된다는 확증이 없다. 그러나 이자율평가설에서는 오늘 확정된 미래의 선물환율이 사용된다. 따라서 이자율평가설의 예측대로 균형 관계가 깨지면, 즉 선물환디스카운트 크기와 두 국가 이자율 차이가 달라지면 선물환율로 현재에 미리 장래의 환율을 결정해 놓기 때문에 환율불확실성이 제거(cover)된 이자율 재정거래가 발생할 수 있다.

6) 불편추정치(Unbiased Predictor)로서의 선물환평가

선물환율이 미래의 현물환율과 동일하여 **선물환율이 미래환율의 불편추정치**가 될 수 있다는 것이다. 즉, 이러한 결과는 앞의 기본 가정이 성립된다는 점을 전제로 하여 선물환율이 바로 미래의 현물환율과 같게 된다는 것이다. 이와 같은 환율평가이론을 그림으로 나타내면 [그림 7-3]과 같다.

그림 7-3 환율, 이자율 및 인플레이션

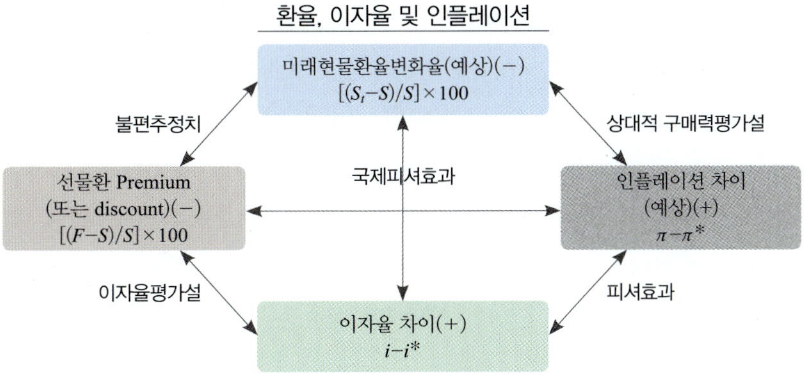

Ⅲ 환위험관리

1 환위험의 개념

환위험(foreign exchange risk)이란 **환율의 변동으로 인해 외화로 표시된 자산, 부채, 수익 또는 비용 등의 원화 환산 가치가 변동하여 이익 또는 손실이 발생할 수 있는 위험**을 의미한다. 대부분의 수출입기업, 기타 해외영업 또는 해외투자를 하는 기업의 경우 외화로 표시된 자산, 부채, 수익 및 비용 등이 존재하기 때문에 환위험에 직면하게 된다.

예를 들어 수출을 많이 하는 기업의 경우 환율상승이 이루어지면 이익이 발생할 수 있고 반대로 환율하락이 발생하는 경우 손실이 발생한다. 수입업체의 경우는 반대 상황이 된다. 예를 들어, 환율이 ₩1,050/$ 때 1,000만 달러를 수출하는 기업은 105억 원을 수출대금으로 받을 수 있는데 만약 환율이 ₩1,100/$으로 올랐다면 이제는 같은 1,000만 달러를 수출하고서도 원화로 110억 원을 받는 결과가 되어 이익이 발생한다. 마찬가지로 ₩1,050/$ 때 해외자회사에 달러 금액으로 대출한 자본거래의 경우 환율상승 시 환차익이 발생하나 해외차입의 경우는 반대로 손실이 발생한다. 예를 들어, 10억 엔을 환율이 ₩1,000/JP¥100 때 일본 금융기관을 통해 차입하는 기업의 경우, 만약 환율이 1년 후 ₩1,100/JP¥100으로 변동되었다면 차입금이 원화로 애초 100억 원에서 110억 원이 되어 10억 원만큼 손실(환차손)이 발생한다.

환노출(foreign exchange exposure)은 환율변동에 따라 이익이나 손실이 발생할 수 있는 외화 순

자산, 순부채의 규모를 의미하거나 **환율변동에 의해 기업의 수익성이나 순현금흐름 등의 변화 정도를 측정한 것으로 외화포지션(환포지션)이라 한다.**

간단한 예로 어느 기업이 외화표시 자산이 1,000만 달러가 있고 외화표시 부채가 400만 달러가 있다면 외화 순자산 규모가 600만 달러(1,000만 달러 - 400만 달러)가 되고 이 금액이 환노출 규모이다. 오늘날 국제재무관리자들의 중요한 역할 중의 하나가 기업의 순현금흐름이나 수익성, 시장가치 등을 극대화하기 위해 환노출을 측정하고 이를 적극적으로 관리해 나가는 것이다. 먼저 환위험의 세 가지 형태를 이해해보자. [그림 7-4]는 환위험을 시간의 흐름에 따라 환산 환위험, 거래 환위험, 그리고 경제적 환위험(영업 환위험) 등 크게 세 가지로 구분하고 있다.

그림 7-4 환위험의 개념적 비교

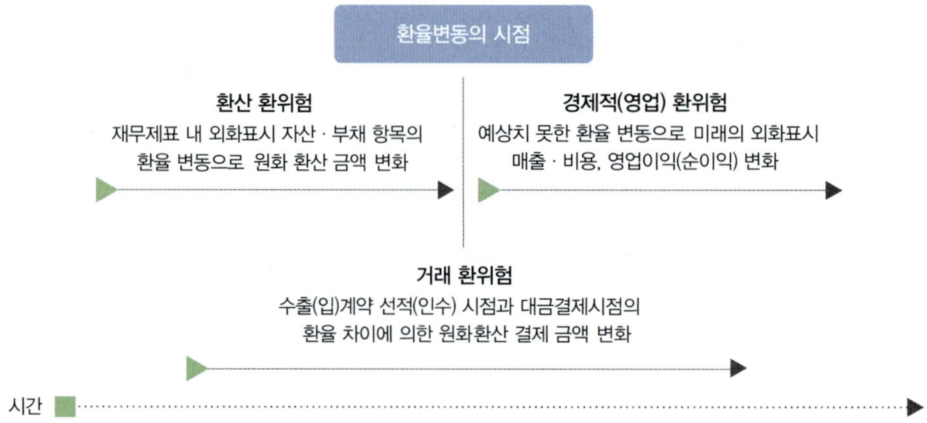

사례 7-3 KIKO(Knock-in, Knock-out) 제도의 문제

KIKO 제도란 환율변동에 따른 위험을 방지하기 위하여 등장한 파생금융상품의 일종이다. 환율이 일정 범위 내에 있을 경우 시장환율보다 높은 지정환율로 외화를 팔 수 있는 통화옵션이다. 만약 환율이 지정된 범위의 하단 이하로 내려가게 되면 계약이 무효(knock-out)가 되고, 반대로 지정된 범위의 상단 이상으로 올라가면 계약 금액의 2~3배를 시장환율보다 낮은 지정환율로 팔아야(knock-in) 하기 때문에 기업이 손해를 보게 된다. 여기서 녹인(knock-in)은 덫에 걸려드는 것, 녹아웃(knock-out)은 계약 관계 종료를 의미한다.

예를 들어 어떤 수출기업이 향후 3개월 후 받을 수출 금액 100만 달러에 대한 환위험을 회피하기 위해 은행과 지정환율 970원, 유효구간 940~1,000원, 만기 6개월인 100만 달러(knock-in시 2배)짜리 녹인 녹아웃 계약을 체결했다고 가정해 보자. 이 경우 시장환율이 만기일까지 유효구간 내에서 변동한다면 만기일에 기업은 100만 달러를 지정환율인 970원에 팔 수 있는 옵션(선택권)을 갖게 된다. 따라서 시장환율이 970원 이하인 950원이라면 옵션을 행사하여 은행에 달러를 팔면 달러당 20원씩의 환차익을 얻게 되고, 970원을 넘어 990원이 되었다면 옵션을 포기하고 시장에 팔아 달러당 20원씩의 환차익을 얻을 수 있다. 그렇지만 만약 만기일까지 시장환율이 한번이라도 940원(하한) 이하로 내려가면 계약은 무효가 되어 버리고, 반대로 시장환율이 한번이라도 1,000원(상한) 이상으로 올라가면 은행이 약정 금액의 2배인 200만 달러를 지정환율에 수출기업으로부터 살 수 있는 권리를 행사하게 되는데 이때 기업은 수출대금 100만 달러 이외 별도로 100만 달러를 비싼 환율로 매입하여 은행에 양도하게 되어 결국 큰 손실을 보게 된다.

이처럼 키코(녹인 녹아웃)는 환율이 일정범위 내에서 변동할 때만 환위험을 회피할 수 있고 일정 범위를 벗어나면 오히려 위험이 배가될 수 있어서 가입 시 주의해야 한다. 수수료는 일반 선물환거래에 비해 저렴하다.

업계 전문가들은 국내에 키코 상품이 처음 도입된 시점을 2005~2006년쯤으로 보고 있다. 한국씨티은행이 가장 먼저 상품을 내놓았고, 곧이어 12개 다른 시중은행들도 가세했다. 키코 상품은 선물환 거래 등 전통적인 방식에 비해 싼 비용으로 환헤지를 할 수 있다는 게 가장 큰 장점이었다. 정남기 중소기업연구원 연구위원은 "키코 판매가 2007년 은행들 사이에 붐을 이뤘다"며 "장외파생상품의 50%를 키코 상품이 차지하기도 했다"고 말했다.

8개 시민사회단체와 키코(KIKO) 피해기업 임직원들은 2017년 21일 정부서울청사 금융위원회 앞에서 '키코(KIKO)사태 진상조사 촉구' 시민사회단체 공동 기자회견을 개최했다.

2008년 한국에서 환율이 급등했을 때 은행과 키코 계약을 맺은 중소기업들이 큰 손실을 입어 견실한 중견 기업체가 환차손으로 흑자 도산한 사례도 있다. 키코 공동대책위원회에 따르면 피해 조사에 응답한 58개 키코 피해 업체의 키코 피해 금액은 9,642억 원이었으며 이에 따른 이자 비용이 2,911억 원으로 집계됐다. 코스닥시장에서만 IDH와 사라콤, 모젬, 모보, 우수씨엔에스 등이 상장 폐지됐다. 업계 관계자에 따르면, 키코로 인해 큰 손해를 입은 종목은 100여 개가 넘는다. 또한 키코 사태로 인한 계약 취소 및 거래 지연 등으로 인한 2차 피해 금액도 4,868억 원에 달하는 것으로 나타났다.

2017년 12월 20일 금융행정혁신위원회는 키코(KIKO) 사태의 재조사를 권고했다. 동시에 앞으로 키코 사태와 유사한 사건이 일어날 경우 고객 피해를 최소화하기 위해 해당 금융상품 판매를 긴급히 중지시키는 '판매중지명령권' 제도를 도입하라고 제안했다. 윤석헌 혁신위원장은 "키코의 사기성에 대해서는 어제까지도 혁신위 내부에서 가장 뜨거운 공방이었다"면서 "대법원 판결이 난 사안이지만, 은행들이 상품에 대한 정확한 정보를 알려주지 않은 것도, 이를 감독해야 할 감독 당국에도 책임이 있다는 점에서 감독 당국의 역할에 초점을 맞췄다"고 설명했다.

시민사회단체는 금융행정혁신위원회의 상기 최종 권고안 중 키코 사태 재조사 권고와 키코 계약에 대한 사기성 여부에 있어서 일부 사기성을 인정한 것에 대해 환영했다. 하지만 대법원 판결(민사) 피해기업은 제외해 심각한 유감을 표명했다. 시민단체들은 최종구 금융위원장이 금융행정혁신위원회가 키코 사태를 재조사해야 한다고 권고했음에도 '전면 재조사는 어렵다'는 부정적인 입장을 밝힌 것에 대해 성토했다. 금융소비자연맹 조연행 회장은 키코는 사기 상품이며 소비자들을 등친 것이라고 규정했다. 은행은 상품 구조를 잘 알고 있고, 중소기업들은 을의 입장이기 때문에 가입할 수밖에 없다고 설명했다. 또한 키코 사태 해결과 재발 방지를 위해, 금융감독당국의 키코 사태에 대한 반성과 사죄, 진상조사위원회 구성과 철저한 진상규명, 위기에 처한 수출기업에 대한 지원 대책, '금융상품에 대한 판매중지 명령권 제도' 도입 등 4대 과제를 요구했다.

* 자료: 8개 시민사회단체, "키코 사기사건 즉각 진상조사 하라", 뉴시스, 2017.12.21

2 환위험의 종류

1. 환산 환위험

환산 환위험은 회계 환위험이라고도 하는데, 다국적기업의 해외자산 및 영업활동과 관련된 재무제표 내 회계 계정 금액을 본사의 자국 통화로 추정할 때 발생하는 환노출이다. 즉, 재무상태표상에 **외화로 기록된 현금, 받을어음, 지급어음, 차입금과 같은 외화자산과 외화부채 및 외화로 표시된 수익, 비용 등을 자국통화가치로 환산할 때 환율이 변동함으로써 발생하는 환위험**을 말한다.

예를 들어, 환율이 $1=₩1,100일 당시에 한국에서 영업활동을 하는 미국기업 국내 법인이 시중은행 여러 곳에 현금 총 110억 원을 예금하고 있다고 가정하자. 이때 미국 국내 법인 대차대조표에는 외화 현금 ₩11,000,000,000로 기재되고 미국 본사 연결제무재표에는 자국 통화인 달러로 환산하여 현금 $10,000,000로 계상될 것이다. 그러나 연말 결산 시점 환율이 $1=₩1,110으로 원화가 예상치 않게 평가절하되었다면, 그 시점 본사 재무제표에는 $10,000,000이 아니라 이제는 $9,909,909.91로 재기입되어 미국 본사 입장에서 보면 장부상으로 $90,090.09의 환산 손실을 보게 되는 것이다.

2. 거래 환위험

거래 환위험은 일반적으로 외화표시 영업 거래나 자본거래에 있어 계약의 체결 시점과 결제 시점이 다르기 때문에 발생한다. 거래 시점에서 예상된 환율이 결제 시점이 도래하기 전에 변하게 될 경우, 결제금액의 가치는 변하기 때문이다. 이러한 거래 노출은 가격이 외화로 표시된 상품 및 용역의 외상 매입 또는 외상 매출, 외화로 결제가 이루어지는 차입 및 대출에서 발생한다.

예를 들어, 한국의 한 회사가 미국 수입상에게 상품 수출계약을 체결하고 대금 100만 달러는 선적 후 60일 후에 받는 조건으로 합의했다고 가정하자. 선적일 당일 환율을 $1=₩1,110으로 가정하면 60일 후 받을 수출대금은 11억 1,000만 원이 될 것이다. 그런데 향후 60일 동안 환율이 변하지 않는다면 한국의 수출기업은 예상대로 11억 1,000만 원을 받을 수 있겠지만 환율은 60일 동안 변할 것이다. 만약 60일 후 환율이 $1=₩1,120으로 변하면 수출대금은 11억 2,000만 원을 받게 되는 셈이 되어 이익(환차익)을 볼 것이다. 반면에 환율이 ₩1,080으로 변하면 수출대금은 10억 8,000만 원만 받게 되어 3,000만 원의 손실(환차손)이 발생할 것이다. 이렇게 수출 금액이 환율변동으로 인해 변동될 가능성이 있으므로, 이 회사는 60일간 100만 달러에 대해 환위험에 노출되어 있다.

3. 경제적(영업) 환위험

경제적 환위험은 예기치 않은 환율의 변동으로 기업의 미래 영업 관련 매출 금액이나 비용 금액이 변동하고 그 결과 영업이익 및 순이익도 변동되는 위험이다. 기대 현금흐름의 순현재가치(net present value)가 변화할 가능성이다. 환산 환위험과 거래 환위험이 이미 이루어진 기업 영업활동에 관련된 회계 계정 또는 개별 거래에 미치는 환위험인 데 반해 경제적 노출은 환율 변동이 미래 기업활동 및 이익에 영향을 미친다는 점에서 다르다.

경제적 노출은 그것이 기업의 장기적인 건전성에 영향을 미친다는 점에서 환산노출이나 거래 노출보다 중요하다고 할 수 있다. 그러나 미래 현금흐름을 추정해야 하는 것이기 때문에 다소 주관적이다. 따라서 경제적 노출은 회계 과정에서 일어나는 것이 아니라 경제적 분석상에서 도출된다. 그리고 경제적 환위험의 경우 미래 장기간의 영업 및 기대 현금흐름 변동치를 산출해야 하므로 특정 시점(본사 연말 결산 시점 또는 거래대금 결제 시점)의 환율 수치를 기준으로 미래현금흐름을 추정하기보다는 미래 일정 기간의 평균 예상 환율 수치로 추정하는 것이 적절하다.

예를 들어, 한국 의류생산업체가 매년 미국 백화점에 1,000만 달러 수출한다고 가정하자. 작년 환율이 $1 =₩1,100였다가 올해 $1 =₩1,000으로 원화가 예상치 않게 평가절상되었다면 작년 손익계산서에는 매출액 110억 원으로 계상되었으나 올해는 100억 원으로 계상될 것이다. 따라서 환율변동으로 10억의 경제적(영업) 환위험이 발생할 것이다.

또 다른 예로 중국 투자법인이 의류를 생산하여 미국 백화점에 수출하는 경우 만약 중국 위안화가 예상치 못하게 평가절상되는 경우 대 미국 수출 매출량이 감소하고, 현지에서의 원자재, 판매 비용의 증가 등으로 중국법인의 현금흐름과 수익성에 부정적인 영향을 끼칠 것이다. 만약 중국 위안화가 향후 5년간 지속해서 평가절상된다고 가정하면 중국법인의 영업이익이나 순이익은 향후 5년간 계속 감소할 것이고 중국법인의 경제적 가치는 지금보다 줄어들 것이다. 이렇듯 환율의 변화로 인하여 미래 영업활동과 관련한 환위험이 발생하는데, 이를 경제적 환위험이라 한다.

상기 환위험의 크기는 크게 세 가지 요인에 의해 결정된다. 즉 환율 변동성 크기, 환노출(외화표시 자산과 외화표시 부채의 차이) 크기, 그리고 환노출 기간이다. 환율 변동성은 기업 내부적으로 통제할 수 있는 변수는 아니나 여러 가지 방법을 통한 미래 환율에 대한 정확한 예측은 환위험관리에 도움을 준다. 그리고 가급적 외화표시 자산과 부채의 크기를 맞추는 노력이 필요하고 환노출 기간을 가급적 최소화하는 것이 필요하다. 다른 조건이 같다면 수출입 거래 관련 거래 환위험 크기는 선적(인수) 시점과 대금결제 시점 간 시간 차이가 길수록 증가한다.

3 환위험관리

때때로 기업이 예기치 않은 환율변동으로 환차익을 얻는 경우도 있다. 그러나 기업은 기본적으로 적절한 환관리를 통하여 환위험을 줄여 재무제표의 건전성을 유지하고 미래의 안정적인 현금 흐름을 도모함으로써 목표이익을 달성하는 것이 바람직할 것이다. 적지 않은 한국의 중소중견기업들이 2008년 세계 금융위기 이후 겪었던 환율 급변기에 적지 않은 영업이익을 기록하였음에도 불구하고 환차손 때문에 적자 또는 도산을 경험한 바 있다.

1. 환산 환위험관리

환산 환위험을 관리하는 기법에는 대차대조표 헤지와 전통적 관리기법이 있다. 먼저 대차대조표 헤지는 일종의 소극적 환위험 관리전략으로서 **동일한 외화로 표시된 화폐성 자산(현금, 외상매출금, 금융상품, 선급금 등)과 화폐성 부채(외상매입금, 차입금, 선수금, 미지급금 등)의 규모를 일치시키는 방법**을 사용한다. 즉, 환율변동으로 인한 외화자산의 평가손실(이익)을 외화부채의 평가이익(손실)으로 상쇄시켜 환위험을 제거하는 방법이다. 그렇게 되면 순환산 노출액이 0이 되어 그 특정 외국통화의 가치가 변한다고 할지라도 환손실이나 환이익이 발생하지 않게 된다.

한편 전통적 관리기법은 **향후 강세가 전망되는 통화에 대해서는 자산을 늘리고 부채를 줄이며, 이와 반대로 약세가 전망되는 통화에 대해서는 자산을 줄이고 부채를 늘리는 방법이다.** 만약 환율이 예상대로 변동하면 이익을 얻을 수 있는 적극적 전략이다. 그러나 환율이 예상과 반대로 변동하면 손실을 입게 된다.

2. 거래 환위험관리

거래 환위험에 대한 관리 방법은 크게 **대내적 환위험관리 방법과 대외적 환위험관리 방법**으로 나눌 수 있다.

대내적 환위험관리 방법이란 환위험을 본원적으로 감소 및 제거시키기 위해 기업 내부적으로 사용하는 방법으로 네팅(netting), 매칭(matching), 리딩(leading)과 래깅(lagging), 가격정책(pricing) 등을 말한다.

- 네팅이란 다국적기업의 본사 및 현지 자회사 간에 발생하는 채권과 채무의 차액만을 일정한 기간마다 결제하는 방법을 말한다.
- 매칭은 다국적기업의 사내 거래뿐만 아니라 제3자와의 거래에도 이용할 수 있는 것으로서 통화별로 현금흐름의 수취 및 지급 금액 및 시기를 의도적으로 일치시키는 방법을 말한다.
- 리딩과 래깅이란 대금 지급 시기를 앞당기거나 지연시키는 것을 말한다. 예를 들어, 한국 본사가 미국 자회사로부터 수입 후 대금 지급을 해야 되는 경우 원화 가치 하락이 예상되면 한국 본사에서 미국 자회사에게 대금 지급을 앞당기고, 반면 원화 가치 상승이 예상되면 대금 지급을 늦추는 전략이 적절할 것이다.

가격정책은 환율변동에 따라 수출입 가격을 조정하는 가격조정정책과 수출입 대금표시 통화를 조정하는 가격표시정책이 있다. 예를 들어, 원·달러 환율이 하락이 예상되어 낮아질 원화 환산 수출대금을 상쇄시키기 위해 수출가격 인상을 꾀할 수 있다. 또 이렇게 원화강세가 예상된다면 달러 대신 원화로 계약체결을 요구할 수 있다. 이러한 가격정책도 현실적으로 본사나 자회사 간이나 오랜 거래관계를 가진 고객사만 실시할 수 있을 것이다. 이러한 내부적 관리기법의 장점은 무엇보다 외부적 관리기법에 수반되는 거래비용 절감을 들 수 있다.

단점은 내부적 관리기법을 잘 활용하기 위해서는 외환시장에 대한 이해와 예측 능력이 필요하고 상황을 적절히 모니터하면서 상기 기법들을 종합적으로 최적 실행할 수 있는 선진 환율 대응 시스템 개발이 필요하다는 점이다. 그리고 또 다른 단점으로 각 회사의 사업 및 해외 영업구조, 거래 상대방과의 관계 등 여러 요인 때문에 상기 관리 방법을 실시하는 데 많은 어려움이 있다는 점을 들 수 있다.

예를 들어, 리딩과 래깅 기법 자체는 간단한 원리이지만 거래상대방의 협조 없이는 실행할 수 없다. 한국수입업자 입장에서는 원화 가치 상승이 예상되어 대금지급을 늦추고 싶지만 거래상대방은 반대로 빨리 대금결제를 해주기를 희망할 수도 있을 것이다. 따라서 상기 내부적인 방법만으로 환위험을 관리하는 데는 한계가 있다고 할 수 있다.

대외적 환위험관리 방법이란 외환시장 및 국제금융시장을 통한 거래를 행함으로써 환위험을 제거하는 방법을 말하며 그 대표적인 예로 선물환거래, 통화선물거래, 통화옵션거래, 환변동보험 등이 있다. 환변동보험과 관련해서는 한국무역보험공사에서 중소·중견기업들을 대상으로 환위험을 억제할 수 있는 보험상품을 판매하고 있는데 이를 이용할 수 있다.

중견·중소기업의 경우 이러한 환변동보험에 가입하여 비교적 낮은 거래비용으로 환위험을 헤지할 수 있다. 선물환이나 통화선물 같은 일반적인 파생상품과 달리 이 보험은 수출, 수입하는 무역업체의 수출입 거래에 수반하는 거래환위험을 대상으로 보장하는 것으로, 예를 들어 수출거래 시 환율하락의 손실은 보상하지만 환율상승 시에는 이익을 회수하는 보험상품이다. 국제통화 중 미국 달러, 일본 엔, 유로 및 중국 위안화에 한정하여 보험에 가입할 수 있다.

상기 다양한 대내외거래 환위험 관리기법이 존재하는데 대규모 수출입거래, 해외직접투자, 본사 해외자회사 간의 빈번한 외환거래를 하는 대기업의 경우 대내적 관리기법과 선물환거래를 이용한 환위험관리가 필요하다. 이러한 관리기법을 환율 상황에 따라 적절히 운용하기 위해서는 내부적으로 환위험관리 전문 인력개발과 전담 부서가 필요하다.

가장 이상적인 환위험 대응 방법은 이러한 전담 부서에서 회사 실정에 맞는 환율변동 대응 관리시스템을 개발해 놓고 내부적 관리기법과 외부적 관리기법을 적절히 혼합 사용하는 것이다. 그러나 수출 또는 수입 업무를 주로 하는 중소기업의 경우 비교적 거래비용이 저렴하고 관리가 용이한 통화선물 방식이나 환변동보험을 적극 활용하여 환위험을 관리하는 것이 적절하다. 특히 환변동보험은 중소·중견업체의 환위험관리를 지원하기 위해 정책적으로 개발한 보험상품이므로 거래비용이 다른 대안에 비해 낮다.

3. 경제적(영업) 환위험관리

경제적 노출을 관리하는 목적은 예상치 못한 환율변동이 기업의 미래 영업활동에 따른 현금흐름과 향후 영업이익 등에 미치는 효과를 예측하여 이에 적절히 대응하는 데 있다. 그러기 위하여 기업의 경영진은 시장에서 환율 불균형 상태가 지속해서 발생하는 경우 이것을 즉시 발견하여 적절한 대응을 할 수 있도록 준비하고 있어야 한다. 이러한 목적을 달성하기 위한 한 가지 효과적인 방법은 기업의 **영업활동 및 자금조달 원천을 국제적으로 다변화**시켜 위험을 분산시키는 것이다. 영업활동의 국제적 다변화는 판매, 생산시설의 위치, 원료공급원 등을 국제적으로 분산시키는 것을 말하며, 자금조달 원천의 국제적 다변화는 여러 국가의 자본시장에서 여러 가지 통화로 자금조달을 하는 것을 말한다.

기업의 영업활동이 국제적으로 다변화되어 있는 경우에는 기업에 포트폴리오효과를 준다. 즉, 생산, 원료 및 부품구입, 판매 등을 국제적으로 분산시키게 되면 환율변동으로 인한 기업의 현금 흐름의 변동성 정도는 크게 줄어들게 된다. 왜냐하면 여러 지역에서의 환율변동은 여러 시장에서 발생하는 현금흐름 간에 서로 상쇄 효과가 나타날 수 있기 때문이다. 따라서 영업활동의 국제적 다각화를 통하여 기업은 경제적 노출을 상쇄시킬 수 있게 된다.

그러나 이러한 다각화전략은 국제 재무관리 측면에서는 좋은 대안이 될 수 있으나 국제 생산 또는 국제마케팅 관리 측면에서는 비효율적인 방법이 될 수 있다. 생산 또는 마케팅 측면에서는 적절한 규모의 경제가 요구되는데 지나친 분산화 정책은 오히려 기업의 현지 경쟁력을 떨어뜨리는 역할을 할 수 있다. 따라서 기업은 전체적인 관점에서 다각화전략의 득과 실을 신중히 비교해야 한다.

해외사업 초기부터 지나치게 생산과 영업의 다각화를 추구하는 것은 어려움이 있기 때문에 효율성을 위해 집중화전략을 사용하더라도 항상 경제적 환위험을 염두에 두고 현지 통화의 급격한 상승 등의 환위험 변동이 예상되는 국가의 사업에 대해서는 비상시 일부라도 다른 국가로의 대체 생산 가능성을 염두에 두고 사업전략을 수립 시행할 필요가 있다.

마감사례

외환시장에서 '환율 동조화'는 왜 발생할까?

외환시장에서 결정되는 양국 통화 간 교환 비율인 환율의 가격 결정은 수급이나 경제의 펀더멘털(기초체력)에 기초해 항상 결정되지는 않는다. 통화 간 동조화 현상에 의해 우리나라 원화처럼 한 국가의 통화 움직임이 기초여건을 반영한 가격에서 이탈하며 가격 결정이 왜곡되는 현상이 간간이 발생하고 있다.

그러면 원화와 거래되는 많은 통화 중에 어떤 통화의 영향이 동조화에 주요하게 영향을 미치고 있고, 왜 이러한 현상이 발생할까? 이를 통해 '어떻게 원화의 체질을 강화할 수 있는 토대를 형성할 수 있을까?' 하는 점을 고민해 볼 수 있다.

표 7-5 환율변동 요인

거시경제정책	• 통화정책(금리인상 → 자본유입 → 환율하락) • 재정정책(재정지출 증가 → 경기부양기대 → 환율하락)
중장기요인	• 국제수지(국제수지 적자 → 외환의 초과수요 → 환율상승) • 물가수준 변동(물가상승 → 통화의 상대적 구매력 하락 → 환율 상승) • 생산성(생산성 증가 → 생산비용 절감 → 재화가격 하락 또는 수출증가 → 환율 하락)
단기요인	• 기대심리 • 주요 교역국 환율변동 • 뉴스 • 은행의 외환포지션 변동 • 위험선호 혹은 회피

동조화의 정의와 원리

사전적으로 외환시장에서의 동조화(Co-movement)란 기축통화인 달러를 중심으로 하나의 통화에 대해 비교 대상 통화가 같은 방향성의 움직임을 보이는 것을 뜻한다. 즉, 달러에 대해 원화가 약세를 보일 때 상대 통화 역시 약세를 보이면서 그 강도가 강해지는 것이라 할 수 있다. 이에 대한 반대 또한 동조화가 될 것이다.

이러한 동조화 현상은 일반적으로 두 통화가 같이 움직이는 정도인 상관계수로 측정된다. 상관계수는 −1과 +1 사이에 값으로 +1에 가까울수록 같은 방향으로 동일한 크기만큼 움직이는 것이고, −1은 반대 방향으로 동일한 크기만큼, 0은 무상관 관계에 있음을 의미한다.

동조화에서 상관관계만을 논하면 동조화에 과연 어떤 변수가 원인이 되어 상대 변수가 같은 방향으로 움직이는지에 대한 명확한 설명을 할 수 없다. 그래서 동조화를 논할 때 상관관계와 더불어 두 통화 변수 중 어느 나라의 통화가 원인이 되어 다른 통화가 같은 방향으로 움직이게 된 것인지 알아내야 진정한 동조화에 대한 의미가 부여될 것이다.

원화와 위안화의 동조화

원화와 통상적으로 상관관계가 높은 통화로써 동조화 현상을 보이는 위안화를 표본으로 하겠다. 글로벌 금융위기 이후 팬데믹을 거치며 원화와 위안화의 동조화에 대한 언급이 자주 언론에 기사화됐다. 원화와 위안화의 동조화가 심화된 시기는 2015년 3월 중반 중국 인민은행이 3거래일 사이에 위안화를 큰 폭으로 절하 고시하고, 여기에 원화도 급격한 가치 하락을 보이며 두 통화의 동조화가 심화됐다. 2010년부터 현재까지 보면 원 · 위안화의 상관관계는 0.286이고, 2015년 3월 이전만 보면 0.262였다가 그 이후 현재까지 0.308로 높아졌다. 미국 트럼프 대통령 집권기 미국과 중국 사이 무역 갈등 초기였던 2018년 4월부터 9월까지는 0.330으로 크게 높아졌다. 최근 팬데믹 발생이 있었던 2020년 3월 이후로도 3개월간은 0.336으로 높은 수준을 유지했다.

원 · 위안화 동조화는 초기에만 보면 위안화 약세기에만 원화와의 상관관계가 높은 비대칭적 구조였지만, 미국과 중국의 무역 갈등이 심화된 이후로 현재의 코로나 위기 시점까지 그러한 비대칭적 구조는 점차 사라진 경향을 보이고 있었다.

원 · 위안화의 움직임을 상관관계로만 보면 같은 방향으로 움직임의 정도가 세지며 동조화 정도가 강해졌음을 알 수 있다. 그런데 더 중요한 것은 같은 방향으로 같은 정도의 움직임이 발생하게 된 원인이 과연 어디에 있는가를 파악하는 것이다.

동조화 현상의 이유

사실 우리나라 원화가 원인이 되어 위안화가 쫓아오는 동조화라면 원화의 입장에서 인과성을 분석할 유인은 거의 없을 것이다. 하지만 그 반대의 경우라면 원화의 가격구조 왜곡에 따라 우리 경제가 타격받을 수 있다는 점에서 깊이 있는 분석이 필요하다. 인과관계 분석은 논의 전개를 넘어서는 부분이라 다소 경험적 측면에서 접근했을 때, 위안화 움직임에 원화가 동조화된다고 보는 것이 현재로선 다수가 동의할 수 있기 때문에 왜 위안화의 움직임에 원화가 쫓아가는가에 대해 그 원인을 찾아보자.

위안화 움직임의 영향이 원화에 전이되는 이유 중 첫 번째는 우리 경제의 수출의존도가 높기 때문이다. 중국은 2000년 들어 경제 대국으로 부상하며 국내총생산(GDP)에서 일본을 제치고 미국 다음 2위를 차지하고 있었다. 이에 중국 자체적인 글로벌 경제에 대한 영향력 증가와 함께 지리적으로 인접한 우리나라의 경제에도 커다란 영향을 미치고 있었다. 중국은 2003년부터 우리의 수출 대상 1위 국가로 부상했고, 2006년 이후로는 수출 · 수입을 합쳐 미국과 일본을 제치고 교역 1위의 국가 자리를 지키고 있다. 특히, 1위의 교역 관계에 있으면서도 첨단산업 분야에서의 수출경합도가 크게 높아진 점에서 한국경제에 미치는 중국의 영향력이 통화에 대한 방향성을 통해 원화에도 영향을 미치는 것으로 보인다.

두 번째 이유는 위안화 가치의 방향성을 원화 가치 향방을 결정하는 참고 변수로 생각하는 외환시장 참가자들 인식에서 찾아볼 수 있다. 이는 동조화의 첫 번째 원인을 외환시장 참가자들이 비중 있게 고려하는 상황에서 위안화에 대한 대외적 충격 요인을 원화에도 즉각적으로 반영시키려고 하기 때문으로 볼 수 있다.

통화 간 동조화가 한 국가의 통화 가격 결정에 왜곡을 심화시킨다면 그 나라 경제에도 충격을 주는 요인이 된다. 원화 가치의 가격 발견에 위안화의 향방이 원인이 되는 핵심 요인이라면 가격 왜곡과는 다른 접근이 필요하겠지만, 기축 통화 대비 원화에 미치는 다양한 영향 요인들을 고려하면 위안화와의 동조화는 가격 발견과는 다소 괴리가 있을 수 있다.

그러면 위안화와의 동조화에 따른 원화 가치 왜곡 현상을 어떻게 일부나마 완화할 수 있을까? 중국에 대한 수출의존도를 타지역으로 다변화하는 전략을 추구하고, 이를 통해 외환시장 참가자들의 참고 변수로써 위안화의 위상을 다소 약화하는 것이 필요하다고 판단된다. 물론 거대 수요 시장인 중국 수출시장을 다변화하는 것은 쉽지 않은 일이다. 하지만 경제에 대한 의존도가 커지면 커질수록 통화시장 왜곡뿐 아니라 금융시장 전반, 더 나아가 이미 사드 도입을 통해 경험했듯이 경제와 외교 · 안보적 측면에서 우리나라의 근간이 위협받을 수 있는 문제로까지 발전할 수 있음을 상기한다면 장기적이지만 전략적으로 나아가야 할 방향이라고 판단한다.

* 자료: 외환시장에서 '환율 동조화'는 왜 발생할까?, 한국경제 21.09.02

토의과제

01 통상적으로 원화와 상관관계가 높은 통화로써 위안화 움직임의 영향이 원화에 전이되는 이유가 무엇인지 토의하시오.

02 위안화와의 동조화에 따른 원화 가치 왜곡 현상을 어떻게 완화시킬 수 있을지 토의하시오.

주요 용어

외환
환율
고정환율제도
변동환율제도
외환의 수요와 공급
구매력평가설
환율평가이론
국제피셔효과
이자율평가설
외환시장
헤징(hedging)
환재정
외환스왑
통화스왑
통화선물
통화옵션
환위험

연습문제

01 외환시장의 기능을 설명하시오.

02 외환시장의 참가자에 대해 논하시오.

03 외환시장의 특징에 대해 논하시오.

04 환율의 종류에 대해 논하시오.

05 환율의 두 가지 표시 방법의 차이점을 설명하시오.

06 환율평가이론 중 국제피셔효과와 이자율평가설을 비교 · 설명하시오.

07 환율결정이론 중 구매력평가설에 대해 설명하시오.

08 환율제도의 유형에 대하여 간단히 설명하시오.

09 환위험이란 무엇인지 설명하시오.

10 환산 환위험의 개념과 대처 방법을 설명하시오.

11 거래 환위험의 개념과 대처 방법을 설명하시오.

12 경제적 환위험의 개념과 대처 방법을 설명하시오.

PART 4

현지경영전략 및 관리

8 | 해외시장 선택과 진입전략

9 | 현지마케팅

10 | 현지 인사 · 노무, 생산, 구매

8장 요약

본 장에서는 해외시장 선택과 진입전략을 위해 먼저 현지국 환경평가를 설명한다. 그리고 해외시장 선택을 위해 고려할 사항을 알아본다. 마지막으로 해외시장진입 방법을 어떻게 결정할 것인가를 설명한다.

9장 요약

본 장에서는 현지마케팅을 위한 전략 수립, 즉 목표시장 선택과 포지셔닝, 표준화와 적응화전략에 관해 살펴본다. 그리고 현지법인의 관점에서 마케팅 믹스활동, 즉 제품, 가격, 촉진, 유통관리를 어떻게 효과적으로 수립 · 운영할 것인가에 관해 알아본다.

10장 요약

본 장에서는 현지생산에 따르는 현지인의 채용과 교육훈련 그리고 동기부여, 평가보상, 복리후생, 노무갈등해결 등에 대하여 알아본다. 이어 현지생산의 성공요인 및 공장입지결정에 대해 토의한다. 또한 현지에서의 생산계획 및 생산성 향상, 품질관리 방법도 살펴본다. 마지막으로 현지에서의 생산활동에 따른 글로벌 소싱, 공급자 관계관리에 대하여도 살펴본다.

CHAPTER 8

해외시장 선택과 진입전략

도입사례

현대차, 동남아 전기차 시장의 판을 뒤집는다

현대자동차그룹이 인도네시아 공장에서 전기차 전용 플랫폼 'E-GMP'를 적용한 아이오닉5 등을 양산하기로 하며 동남아시아 시장 공략에 나섰다. 동남아 국가가 전기차 보급 정책을 강화하는 것을 염두하고 그동안 일본 자동차 업체가 장악해 온 동남아 시장의 판을 뒤집기 위해 움직이는 모습이다.

정의선 현대차그룹 회장은 인도네시아 자카르타에서 열린 '미래 전기자동차 생태계 구축 방안' 발표회에 초청받아 조코 위도도 인도네시아 대통령과 만났다. 현장에는 인도네시아 정부 관료들과 정 회장을 비롯해 현대자동차, 기아, LG에너지솔루션, 현대모비스 등 한국 기업 관계자들이 참석했다.

정 회장은 현대차그룹 전용 전기차 플랫폼 'E-GMP'를 활용한 전기차를 인도네시아에서 양산한다는 계획을 내놨다. 정 회장은 "전기차 양산을 앞두고 있다. 인도네시아 전기차 생태계를 활성화시키고 충전 인프라 개발 및 폐배터리를 활용한 기술 분야에 적극 참여하고 협력하겠다"고 말했다. 현지에서는 양산 모델로 아이오닉5가 유력하다는 전망이 나오고 있다.

행사에 앞서 정 회장은 조코위 대통령에게 현장에 전시된 전기차 플랫폼과 아이오닉5, 제네시스 G80 전기차 모델 등을 직접 소개했다. 정 회장은 아이오닉5를 소개하던 중 즉석에서 "직접 타보시라"며 대통령에게 권유한 뒤 함께 타 차 기능 등을 5분여 동안 설명하기도 했다. 대통령은 "훌륭하다. 가격은 얼마인가" 등의 질문을 던지며 큰 관심을 보였다. 인도네시아는 발리에서 열리는 주요 20개국(G20) 정상회의 공식 의전 차량으로 G80 전동화 모델을 채택했다.

현대차의 동남아시아 진출 현황

현대차그룹은 인도네시아를 발판 삼아 아세안 지역에 전기차를 포함한 완성차 판매를 확대할 계획이다.

표 8-1 현대자동차그룹의 동남아시아 시장 진출 현황

국가	내용
베트남	• 현지 업체와 합작해 적극적으로 시장을 공략하며 판매량 확대
싱가포르	• 싱가포르 글로벌 혁신센터 건립 • 전기차, 자율주행, 로봇, UAM 등 미래 사업 실험 기지로 육성
인도네시아	• 연내 현대차 인도네시아 공장 준공 및 생산 시작 • 2022년 전기차 생산 시작

현대차그룹은 전기차 패러다임 전환 시대를 맞아 시장 판도를 뒤집겠다는 목표를 갖고 있다. 인도네시아는 일본 차의 점유율이 높은 곳이다. 하지만 인도네시아 정부가 신차의 20%를 전기차로 전환한다는 정책을 내놓으면서 현대차는 인도네시아 전기차 전체 판매량의 약 90%(511대)를 차지하게 됐

다. 현대차그룹은 LG에너지솔루션과 합작해 인도네시아 카라왕 산업단지에 배터리셀 생산 공장을 짓는 등 인구 약 2억 7,000만 명의 인도네시아에 전기차 생산 체계를 구축한다는 계획을 갖고 있다.

인도네시아 외의 아세안 국가들에서도 의미 있는 판매량을 확보하기 위한 투자를 진행하고 있다. 현대차그룹은 싱가포르에 2022년 11월 준공을 목표로 스마트팩토리 '싱가포르 글로벌 혁신센터'를 짓고 있다. 이곳은 전기차를 비롯해 자율주행, 로보틱스, 도심항공모빌리티 등 미래 사업을 위한 실험 기지 역할을 한다.

베트남에서는 현대차가 현지 기업 탄콩그룹과 합작한 '현대탄콩'이 도요타를 제치고 2021년 1~9월 현지 판매량 1위(4만 4,327대)를 차지했다. 자동차 업계 관계자는 "베트남에서의 성공에 이어 인도네시아에서도 의미 있는 성과를 내게 되면 태국 등 일본 완성차 업체가 장악한 주변국에도 긍정적 영향이 있을 것"이라고 말했다.

* 자료: 현대차 동남아 전기차 시장 판 뒤집는다, 동아일보 2021.10.26

토의과제

01 현대자동차는 왜 동남아에서 베트남, 싱가포르, 인도네시아 전기차 시장으로 진출했는지 그 이유에 대해 토의하시오.

02 동남아시아 시장은 일본기업들이 선발자 우위(first-mover advantage)를 점하고 있는 시장이다. 향후 현대차 그룹이 동남아 전기차 시장에서 꾸준히 성장해 나가기 위한 전략을 제시해 보시오.

I 해외시장 진입절차 및 전략 요소

기업이 해외시장 진출 시 사전적으로 다양한 요인을 검토·분석해야 하고 이를 토대로 많은 중요한 의사결정을 해야 한다.

1) 해외시장과 제품(사업) 평가 및 선택

진출하고자 하는 **국가를 선택**해야 하고 또 그 국가 내에서 초기에 집중적으로 목표로 하고자 하는 **시장 세그먼트**를 결정할 필요가 있다. 아울러 현지 시장에 진출하고자 하는 **제품 또는 사업** 범위를 확정해야 한다.

2) 시장 진입 목표 설정

목표시장 세그먼트 결정 후 기업이 이 시장 진입 후 이루고자 하는 중요한 **진입 목표**를 설정해야 한다. 진입 목표는 지나치게 추상적으로만 제시되는 것보다 계량화할 수 있는 지표와 함께 구체적으로 목표 설정하는 것이 필요하다. 예를 들어, '시장진입 후 5년 내 매출 300만 달러 달성' 등과 같이 구체적일수록 좋다.

3) 핵심 성공 요소(KFC) 분석

현지 시장 진입 후 사업 운영 시 성공하기 위해 필요한 **핵심 성공 요인**(key success factors, KFC)이 무엇인지 분석해야 한다. 이 핵심 성공요인 중 일부는 해당 사업수행 시 진출 국가와 관계없이 전 세계적으로 공통으로 해당되는 요인도 있으나 현지국가 또는 시장 내 사업 수행 시에만 적용될 수 있는 현지국 고유의 핵심 성공 요인도 존재하고 있다.

4) 경영 기능 / 진입 방법

먼저 해외로 이전되는 경영기능을 어디까지 할지 판단하고 결정해야 한다. 이는 네 번째 단계인 진입 방식과 연결된 의사결정이다. 수출이나 현지사무소 설립 방식의 경우처럼 단순히 판매기능만 이전하는 경우도 있지만 100% 지분투자 방식으로 공장을 설립하여 현지시장 판매를 계획하는 경우 생산과 판매를 동시에 하는 경우도 있다. 이때 현지생산에 필요한 원·부자재를 현지에서 조달한다면 생산, 조달, 판매 기능을 복합적으로 이전하게 된다. 또한 해외법인 설립 방식으로 신규 설립 방식과 인수·합병 방식이 있다.

5) 파트너 선택 및 협상

다양한 해외시장 진입 방식 중 기업은 현지 사업에 대하여 원하는 통제 수준과 감내해야 할 투자위험 부담 수준 등을 고려하여 최적의 진입방식을 결정해야 한다. 또한 현지의 다양한 사업 파트너에 대한 평가 및 선택하고 이들과 구체적인 협력 내용에 대해 원만한 협상을 끌어내야 한다.

6) 해외법인 투자 계획

그다음 여섯 번째 단계에서는 구체적인 해외법인 투자계획에 대해 세밀한 검토를 한다. 지금까지의 모든 고려사항을 **투자계획서** 문서에 정리하여 항목별 세심한 검토가 필요하다. 투자계획서의 여러 내용 중 특히 현지 사업전략 부분이 매우 중요하다. 예를 들어 B2C 사업으로 현지 소비자들에게 제품을 판매하는 경우 어떠한 제품, 가격, 유통 및 판매촉진 전략으로 현지 소비자들에게 구매를 유도하고 지속해서 커뮤니케이션할 분석이 필요하다.

7) 해외 법인 설립

일곱 번째 단계는 현지국에서 **해외법인 설립**과 관련한 **정부관련 인·허가** 과정이다. 외국인 투자 허가 신청서와 기타 필요한 서류를 제출하고 현지 정부에 외국인 투자업체로 허가 또는 등록을 마치고 현지에서 사업할 수 있도록 제반 준비를 마친다. 곧이어 현지 사업에 필요한 인원을 본사에서 선발 파견하고 일부 인원은 현지에서 채용한다. 또 필요한 투자 금액을 송금하고 본격적으로 사업을 시작하게 된다. 그러나 지금까지의 일련의 해외시장 진입절차는 진출 전 일회성 분석과 결정이 아니라 진출 후에도 주기적으로 사업 결과 분석내용을 지속적으로 점검하고 필요에 따라 현지 사업전략을 수정·보완하는 등 지속적인 검토가 필요하다.

그림 8-1 해외시장 진입절차 및 전략 요소

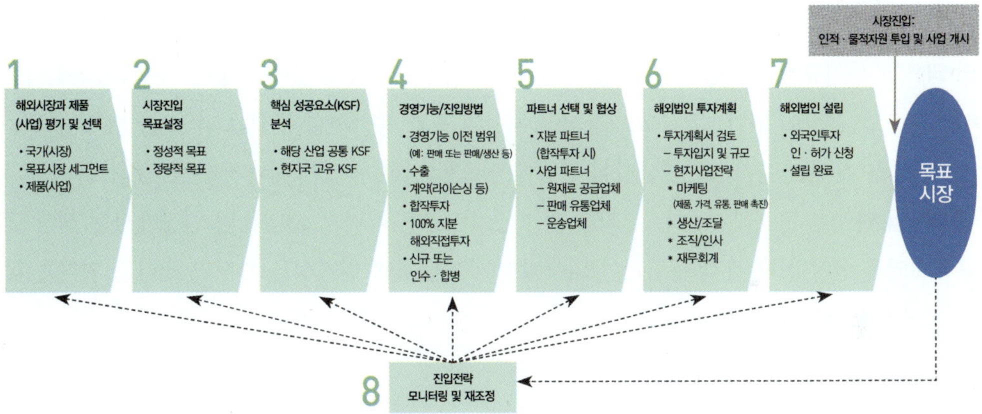

Ⅱ 해외시장과 제품의 평가 및 선택

기업이 해외시장을 선택하고 진입전략을 수립하기 위해서는 우선 진입하려는 현지국의 제반 환경을 평가하는 과정을 거쳐야 한다. 본 절에서는 기업이 해외시장을 선택한다는 것이 무엇인가를 이해하고 그 선택에 영향을 미치는 요소들과 선택 절차에 관해 살펴본다. 그리고 해외시장 선택기법들을 설명한다.

1 해외시장 선택의 개념

1. 시장 선택의 의미

시장 선택이라는 것은 인적자원이나 기술, 자본 등의 제한된 자원을 가진 기업이 자신들이 보유하고 있는 경영자원을 가지고 어떤 시장에 참여할 것인가를 결정하는 것이다. 이는 구체적으로 다음과 같은 의미를 가지고 있다.

1) 판매시장 및 생산기지의 선택

기업활동 및 자원의 국제적 배치, 자사의 판매시장 및 생산지역의 선택 문제이다. 즉, 주된 판매시장을 어디로 할 것이며, 판매제품의 생산지역을 어디에다 선택할 것인가의 문제이다. 이들 생산 및 판매지역의 결정은 별개의 문제가 아니며 상호연계성을 지니고 있다. 예를 들어, 정부의 과도한 무역규제나 운송비 부담 등의 문제는 기업이 생산 및 판매 활동을 특정 지역에 집중하게 만드는 경향이 있다. 그리고 특정 지역에서의 초과 생산시설 문제는 기업자들에게 새로운 판매시장을 찾게 만든다. 또 생산시설 건립에 필요한 자본 규모가 지나치게 큰 경우에는 그 지역에서의 판매를 포기하게 하는 결과를 가져올 수 있다. 따라서 기업들의 입장에서는 생산 및 판매지역을 선정할 때 각각 독립적인 의사결정이 아닌 상호연계성을 가지고 있다는 인식을 갖는 것이 중요하다.

2) 경쟁자와 경쟁 범위의 결정

해당 참여 시장의 선택은 기업 스스로 자사와의 **경쟁기업**들을 선택하는 것을 의미한다. 즉, 자사가 특정 지역으로 진입한다는 것 자체는 그 지역에서 이미 활동 중인 기업들과의 경쟁을 선포하는 것과 같은 의미이기 때문이다. 따라서 기업이 해외시장을 선택할 때는 **그 시장의 잠재력뿐만 아니라 그 시장의 경쟁구조와 잠재적 및 현재의 경쟁기업들과 자사의 경쟁 위치를 고려**해야 한다. 그리고 자사의 시장 선택에 따르는 경쟁기업들의 반응을 고려해야 하는 등 다양한 요인들을 신중히 판단하여 시장 선택 과정이 이루어져야 한다.

3) 글로벌 시장 확대 전략의 수립

시장 선택에 있어서 또 하나의 중요한 사항은 자사의 범세계적 네트워크와 국제시장의 동태적 변환 과정을 고려해야 한다. 즉, **해당 지역에서의 잠재적인 판매 가능성만을 고려하는 것이 아니라 자사의 범세계적 네트워크를 고려**하여 생산 및 판매지역을 선정하는 것이 필요하다. 또한 시장 선택에 있어서는 지금의 시장 상황뿐 아니라 미래의 시장 간 상호연계성도 고려해야 한다. 그리고 향후 시장의 진전 및 통합 정도와 시장 내 다양화를 고려한 동태적인 시장 선택이 기업의 성공 여부에 결정적인 동인이 된다고 할 수 있다. 그리고 투자지역의 결정에 있어서 중요한 것은 환경조건과 위협 및 기회 요인들의 변화를 항상 염두에 두어야 하며, 이러한 환경 변화에 대응하기 위한 동태적인 시장 선택기준의 도입이 필요하다. 즉, 해당 지역에서의 생산조건 변화나 수요의 감퇴에 따른 생산 및 판매지역의 전략적 조정이 항상 가능하다는 탄력적인 사고를 유지하는 것이 중요하다.

2. 시장선택에 영향을 미치는 변수들

기업의 시장 선택에는 많은 요인이 영향을 미치게 된다. 현지국의 시장잠재력과 현지 사업의 용이성 및 적합성, 전략시장 여부, 기업의 시장 진출 비용과 진입목적, 시장의 위험과 불확실성, 그리고 현지국에서의 경쟁환경 등이 있다.

1) 시장잠재력

시장 선택에 영향을 미치는 변수 중 가장 중요한 변수로는 해당 국가의 시장 규모와 시장성장률이다. 시장잠재력을 측정하기 위해서는 GDP나 1인당 국민소득, 경제성장률, 중산층의 규모, 소득분배, 도시화지수 등의 각종 2차 자료를 이용할 수 있다. 시장잠재력을 평가하는 데 있어서 기업이 고려해야 할 것은 현재의 잠재력뿐만 아니라 미래의 잠재력을 고려하여 투자지역을 선정하는 것이 필요하다.

시장잠재력의 평가에 있어서 해당 제품의 소비에 대한 사회 전체의 분위기를 간과하는 경우가 많은데 이들 요인 역시 고려해야 한다. 예를 들어, 아이스크림, 피자, 햄버거 등 고열량 음식의 경우 현지 소비자들의 비만에 대한 인식 등을 고려해야 한다. 일회용 기저귀의 경우 현지국의 신생아 출산율과 환경운동에 대한 관심 사항 등을 고려해야 하며, 모피코트 회사의 경우는 현지국의 기후와 동물보호 운동 분위기, 사치성 소비재에 대한 세율, 모피코트 착복에 대한 태도 등을 고려해야 한다.

2) 사업의 용이성과 적합성

사업환경과 문화가 상이한 외국시장으로 진출할 때 기업들은 위협과 불안감을 느끼게 된다. 따라서 해외시장으로의 진출을 꾀하는 기업들의 입장에서는 자국과 가까이에 있는 국가나 언어가 비슷한 국가, 1인당 국민소득과 인구가 많은 시장에 먼저 진입하게 된다. 지리적으로 근접한 국가일수록 해외 자회사에 대한 통제 및 기업관리가 편리할 것이며, 같은 언어를 사용할수록 기업 운영에 있어서 편리성을 기할 수 있다는 장점이 있기 때문이다. 그리고 소비자들의 관심 사항이나 구매특징이 비슷한 국가에 먼저 진출할 수 있는데, 이는 상이한 국가임에도 불구하고 동일한 소비자그룹을 형성할 수 있게 함으로써 같은 전략을 활용할 수 있기 때문이다. 이 밖에도 유통체제나 제품 및 광고에 대한 규제정책 등의 마케팅 하부구조의 유사성 역시, 마치 하나의 국가와 같은 특성을 보이게 된다. 이는 기업들이 동일한 마케팅전략을 활용할 수 있게 함으로써 보다 쉽게 진출할 수 있게 한다.

3) 전략시장 여부

전 세계적 시각에서 다음과 같은 특징을 지닌 전략 국가시장으로의 진출도 중요한 요인이 된다. **매출과 이익 면에서 중요한 시장**으로 진출하는 것이다. 특정 지역 내에서 가장 규모가 큰 국가시장으로 진출함으로써 수익성의 증대 및 규모의 경제 가능성을 높일 수 있다는 장점이 있다. 또한 전 세계적으로 사업 활동을 영위하는 기업고객에게 효과적인 서비스를 제공하기 위한 방편으로 이들 **고객의 주요 전략시장**으로 진출한다. 한편, 글로벌 경쟁기업의 주력 시장에 진출하여 이들의 동향 파악과 적절한 견제를 통하여 기업 목적 달성에 이바지할 수 있다. 그리고 **글로벌 경쟁기업의 모국시장**에 진출함으로써 이들 경쟁기업에 대한 기술이나 경영기법 및 신제품 정보를 수집할 수 있으며, 이들 시장에 대한 성공적인 공략을 통하여 경쟁사의 경쟁력을 약화할 수 있는 장점도 있기 때문이다. 이러한 전략의 예로는 글로벌 자동차기업들의 한국 시장 공세를 들 수 있다. 이들의 한국 시장에 대한 적극적인 진출과 마케팅전략은 현대자동차나 기아자동차의 해외시장전략에 효과적인 견제로 작용할 수 있다.

4) 기업의 목적

기업의 입장에서는 단순한 생산비용 최소화의 원칙 이외에도 다양한 해외 진출목적에 따라서 시장을 선택할 수 있다. 예를 들어, 북미지역에 공장설립을 계획했던 BMW 자동차사의 경우 멕시코지역이 가장 생산비가 싼 지역인데도 불구하고 북미 소비자가 갖는 국가 이미지를 고려하여 결국 미국을 생산지역으로 선정한 경우나, 일본의 Sharp사가 유럽지역에 대한 원활한 수출유통망을 형성하기 위하여 말레이시아에서 미국으로 마이크로웨이브 조립공장을 이전한 경우를 들 수 있다. 그리고 회사의 전략적 동기, 즉 현지 판매가 목적인가 혹은 수출품 생산이 목적인가에 따라 시장 선택은 달라진다.

5) 비용

시장 선택에 있어서 또 하나의 변수는 생산원가를 최소화할 수 있는 지역을 선택하는 것이다. 생산에 필요한 자원들인 노동력과 투입원자재들, 그리고 기술 등의 비용뿐만 아니라 이들 자원들의 이동에 따르는 비용과 세금 등을 고려하여 최소비용 생산이 가능한 시장을 선택하는 것이 필요하다.

6) 위험과 불확실성

대부분의 기업이 투자에 따르는 불확실성과 위험을 줄이려고 노력하며 위험이 증가할수록 투자수익률은 높아야 한다고 생각하게 된다. 따라서 투자 대상 지역의 선정에 있어서는 현지 소비자들과 경쟁 대상기업, 그리고 정부의 규제나 입법 활동 등에 대한 정확한 평가를 통해 가급적 불확실성과 위험이 낮은 지역을 선택하게 된다. 그리고 환경요인들의 변화 가능성이 높은 지역에 진출하기 위해서는 위험의 증가에 대비하여 수익성이 높지 않으면 그 국가에 진출하는 것을 꺼리게 된다.

7) 경쟁환경

진입지역의 선정에 있어서 영향을 미치는 또 하나의 요인은 산업구조와 경쟁자의 전략이다. 첫째, 자동차산업과 같이 소수의 다국적기업이 시장을 지배하는 글로벌 과점산업이라면 해외 진출을 모색하는 기업은 진입하고자 하는 국가 내 현지 기업뿐만 아니라 이 산업에서의 주된 글로벌경쟁자들의 반응도 예상하여 진입지역을 선정해야 한다. 반대로 해당 산업의 경쟁 정도가 국가 단위별로 제한되어 있으며 다수의 중·소기업이 경쟁하고 있는 소위 다국적 산업이라면 해당 국가 내 기업들의 경쟁력이나 전략적 요인이 시장 선택에 많은 영향을 미친다.

둘째, 경쟁자들의 전략적 반응을 고려한 동태적인 진입 시장의 선택이 요구된다. 즉, 기업들의 입장에서는 투자지역의 선정에 있어서 투자 대상 산업의 구조 및 경쟁자의 전략적 반응 정도를 예상한 투자지역의 선택이 필요하다. 이상의 영향변수들을 고려한 진입 시장 및 국가의 선택 과정은 [그림 8-2]와 같다.

그림 8-2 진입국가 및 시장의 선택 과정

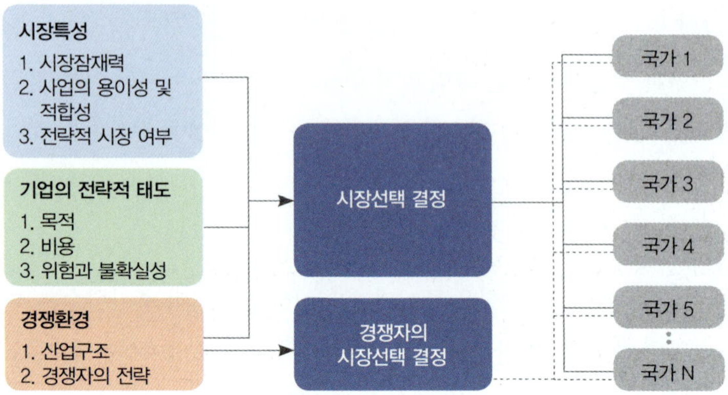

3. 해외시장 선택 절차

기업정책, 시장잠재력 및 정보자료 등을 고려한 국가시장 선택에 관한 일반적 절차를 제시하면 [그림 8-3]과 같다.

그림 8-3 해외시장선택 절차

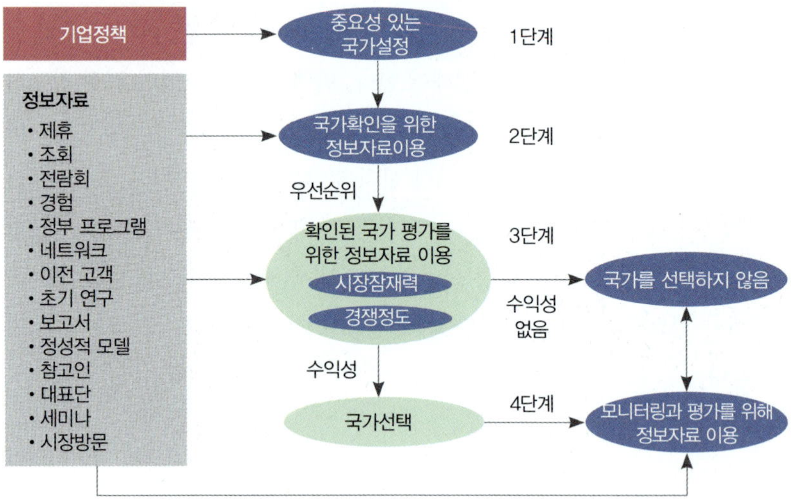

1단계로 기업의 정책에 바탕을 둔 실현 가능성 있는 국가를 설정한다. 2단계로 기초 정보자료를 활용하여 현지국을 전략적(중요한) 국가와 그렇지 못한 국가로 구분한다. 중요한 국가로 인식이 되면 다음 3단계에서 확인된 중요 국가를 대상으로 추가적인 상세한 정보자료를 이용하여 수익성이 있다고 판단되는 경우 시장에 진출한다. 수익성은 시장잠재력과 경쟁 정도를 고려하여 평가한다. 그리고 선택된 국가시장에 대해서는 꾸준한 모니터링과 재평가를 위하여 항상 데이터를 유지 및 업데이트해야 한다.

2 해외시장 선택기법

1. 시장기회 · 위험요인 평가기법

시장기회·위험요인 평가기법은 해외시장 선정에 필요한 몇 가지 중요한 요인들을 먼저 선정한 다음 이들 요인에 대한 종합점수를 계산하고 이들 평가점수가 높은 국가시장에 먼저 진출하는 방법이다. 이러한 기법에서 중요한 것은 수많은 국가 중에서 일차적으로 탈락할 수 있는 국가들을 구별할 수 있는 기본조건들을 먼저 선정하여 평가 대상 국가들을 줄여 나가는 작업이 필요하다. 그다음에는 나머지 국가들에 대하여 평가자가 중요하다고 생각하는 요인들에 대해 평가 후 점수를 합계한 다음 가장 좋은 평가점수를 받은 국가에 먼저 진입하는 방법이다. 이러한 과정에 참여하는 평가자는 일반적으로 해당 사업 분야의 전문가들과 국가(지역) 전문가들로 구성한다. 국가시장 선정에 영향을 미치는 요인들에 대한 평가 방법과 그 예를 살펴보면 [표 8-2]와 같다.

잠재 평가 대상국의 선정에 있어서 먼저 고려해야 할 것이 해당 국가에 대한 진입 가능과 불가능의 판단이다. 예를 들어, 진입하려는 회사가 해외시장 진출 시 반드시 100% 지분 방식으로 한다고 가정하자. [표 8-2]에 따르면 국가 1은 100% 지분 단독 투자를 허용하지 않기 때문에 일차적으로 진입 불가능한 국가이다. 그다음으로 진입할 수 있는 국가 2, 3, 4, 5에 대하여 기회요인과 위험요인들에 대한 평가점수 총계를 고려하여 최종 국가를 선정하게 된다. [표 8-2]에 따르면 국가 2가 기회요인은 높으며 위험은 낮은 것으로 조사되어 가장 시장 매력도가 높은 국가로 평가되었다. 이 기법은 변수가 많아지면 많아질수록 평가가 복잡해진다는 단점은 있으나 해당 제품과 기업의 목적 및 상황에 따라 변수를 달리함으로써 사전 타당성 조사를 하는 데 유용하게 이용할 수 있다는 장점이 있다.

표 8-2 시장기회·위험요인 평가 기법

영향요인들	가중치	진입 예상국가들				
		1	2	3	4	5
1. 진입가능(가), 진입불가능(불)						
① 100% 소유권 인정 여부	–	불	가	가	가	가
② 라이슨싱이나 다수소유권 인정 여부	–	가	가	가	가	가
2. 시장기회요소(숫자가 높을수록 선호)						
① 필요한 투자 규모	0–5		4	3	3	3
② 직접비용	0–3		3	1	2	2
③ 조세율	0–2		2	1	2	2
④ 현재 시장규모	0–4		3	2	4	1
⑤ 3~10년 후 시장규모	0–3		2	1	3	1
⑥ 현재 및 2년 후의 시장점유율	0–2		2	1	2	1
⑦ 3~10년 후 시장점유율	0–2		2	1	2	1
총계			18	10	18	10
3. 위험요소(숫자가 낮을수록 선호)						
① 3~10년 후 시장점유율 감소예상비율	0–4		2	1	3	2
② 환율문제	0–3		0	0	3	3
③ 정지척 불안정 가능성	0–3		0	1	2	3
④ 현재의 경영관련 법률	0–4		1	0	4	3
⑤ 3~10년 후 경영관련 법률	0–2		0	1	2	2
총계			3	3	14	13

2. 시장기회 · 위험 매트릭스 기법

진입 예상 국가에 대한 기회요인을 수평축에 놓고 위험요인을 수직축에 위치시킨다. 그런 다음 상기 이들 요인에 대한 평가점수의 합계를 구한 다음 매트릭스 내에 각 국가의 해당 점수를 도표화하는 방법이다. 이들 지표에 대한 평가에 있어서 여러 가지 요인이 포함될 수 있으며 평가자에 따라 각각의 요인들에 대하여 다른 가중치를 부여함으로써 평가의 정확성을 높일 수도 있다. 그리고 이들 지표의 평가에 있어서 또 하나의 고려요인은 지금의 위치뿐만 아니라 미래의 위치를 같이 평가함으로써 시장의 선정과 시간 흐름에 따른 동태적인 평가도 가능하다는 장점이 있다.

각 국가에 대한 위험 및 기회요인을 고려하여 해당 국가의 위치를 평가하는 방법을 예를 들어 보자. 먼저 현지국의 위험 정도를 몰수위험 가능성, 외환통제 가능성, 폭동 및 반란 가능성, 환율변화 정도 등 4개의 요인으로 평가하고 각각의 요인에 대하여 별도의 가중치(총 100%)를 부여하는 경우를 살펴보자. 현지국의 몰수위험 가능성에 대해서는 40%를 부과하며, 외환통제 가능성에 대해서는 25%, 그리고 시민의 폭동 및 반란 가능성에는 20%, 마지막으로 환율변화 정도에는 15%를 부여한다고 하자.

표 8-3 위험요인 가중치 평가 예시

몰수위험 가능성	40%
외환통제 가능성	25%
시민의 폭동 및 반란 가능성	20%
환율변화	15%

그리고 진입 예상 국가 각각에 대해서는 1에서 10점까지 부여하며 점수가 높을수록 그 분야에서 발생 가능성이 낮은 것이며, 점수가 낮아질수록 발생 가능성은 높다고 평가한다고 하자. 예를 들어, 어느 특정 국가에 대해서는 몰수위험에 대한 평가가 10점 중 8(높은 점수는 상대적으로 낮은 발생 가능성)이라고 한다면 이때 점수가 $8 \times 0.4 = 3.2$가 된다. 그리고 나머지 위험요인들에 대한 점수를 합하여 최종적인 위험요인에 대한 누적 점수로서 위험요인을 수직축에 표시하면 된다.

기회요인 또한 비슷한 방법으로 계산할 수 있다. 먼저 현지국의 기회요인을 시장 규모, 시장성장률, 시장점유율, 자원획득 가능성 등 4개의 요인으로 평가하고 각각의 요인에 대하여 또한 별도의 가중치(총 100%)를 부여할 수 있다. 현지국의 시장 규모에 대해서는 30%를 부과하며, 시장성장률에 대해서는 25%, 시장점유율에는 25%, 마지막으로 자원획득 가능성에는 20%를 부여한다고 하자. 기회요인 점수가 높을수록 그 분야에서 시장 기회 정도가 높은 것이며, 점수

표 8-4 기회요인 가중치 평가 예시

현지국의 시장규모	30%
시장성장률	25%
시장점유율	25%
자원획득 가능성	20%

가 낮아질수록 기회 정도가 낮다고 평가한다고 하자.

예를 들어, 어느 특정 국가에 대해서 시장 규모에 대한 평가가 10점 중 6이라고 한다면 이때는 점수가 6×0.3=1.8이 된다. 그리고 위험요인들과 마찬가지로 기회 요인들에 대한 점수를 합하면 최종적인 기회요인에 대한 누적 점수로서 기회요인을 수평축에 표시할 수 있다.

예를 들어, 한 회사가 현재 해외시장 네 곳에서 자회사를 두고 영업활동을 하고 있고 향후 신규 진출하기 위해 두 진입 예상 국가를 놓고 검토 중이라고 가정하자.

그림 8-4 기회–위험 매트릭스

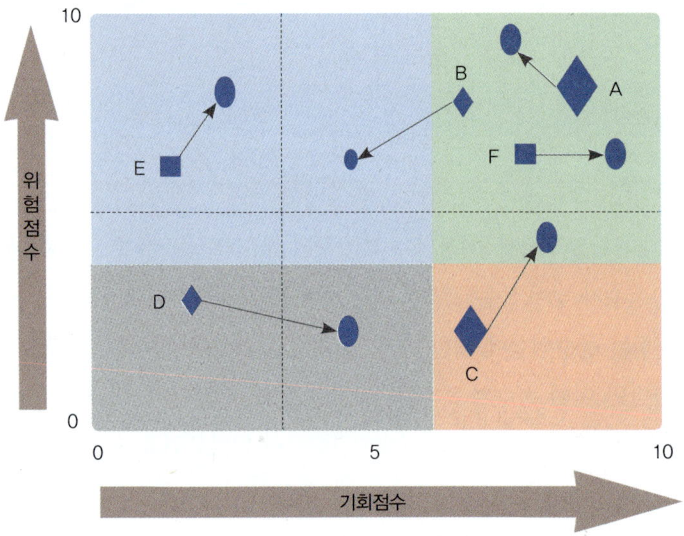

1. 마름모꼴은 지금 현재 운영 중인 국가(크기는 기업운영규모로서 클수록 규모가 큼)를 표시한 것임.
2. 정사각형은 지금은 운영 중이지 않지만 신규 진입 고려 국가를 표시한 것임.
3. 원형은 미래 향후 5년 후 예상되는 국가위치를 표시한 것임.

상기 기회요인 및 위험요인에 대한 평가를 각 기존 네 자회사(A, B, C, D)와 진입 예정 국가(E, F)별로 하고 최종 누적 기회 점수, 위험점수를 토대로 기회–위험 매트릭스에 같이 표시할 수 있을 것이다. 또 마찬가지 방법으로 상기 6개 국가에 대해 향후 5년 후 미래의 위치도 추정해 볼 수 있을 것이다. 이렇게 계산된 수직축의 위험요인과 수평축의 기회요인을 [그림 8–4]에 표시된 것처럼 향후 진입 예상 국가의 위치를 현재위치뿐만 아니라 향후 미래 위치까지 좌표로 표시할 수 있어 보다 동태적인 분석이 가능하다.

3. 시장 매력도 · 경쟁력 평가기법

시장 매력도·경쟁력 평가모형은 여러 시장에서 사업을 하는 기업이 한정된 자원을 각 시장에 어떻게 효율적으로 배분할 것인가를 판단하기 위해 시장포트폴리오 기법을 다국적기업이 신규 해외시장 진입 상황을 가정하여 적용한 모형이다. 이 모형을 통해 **진출 예정국별 매력도와 자사의 현지 시장에서의 예상되는 경쟁력**을 기준으로 각 개별국가시장에서의 전략적 위치를 파악·평가할 수 있다. 이를 바탕으로 **국가시장별로 진출 여부, 참여 수준, 진출 속도, 진입 방식 등을 결정**하는 데 사용하게 된다.

[그림 8-5]는 다국적기업의 신규 진입 고려 시장을 염두에 두고 국가 매력도와 자사의 경쟁력을 토대로 개발한 아홉 가지 기본 전략 유형을 제시하고 있다.

그림 8-5 시장매력도·경쟁력 매트릭스

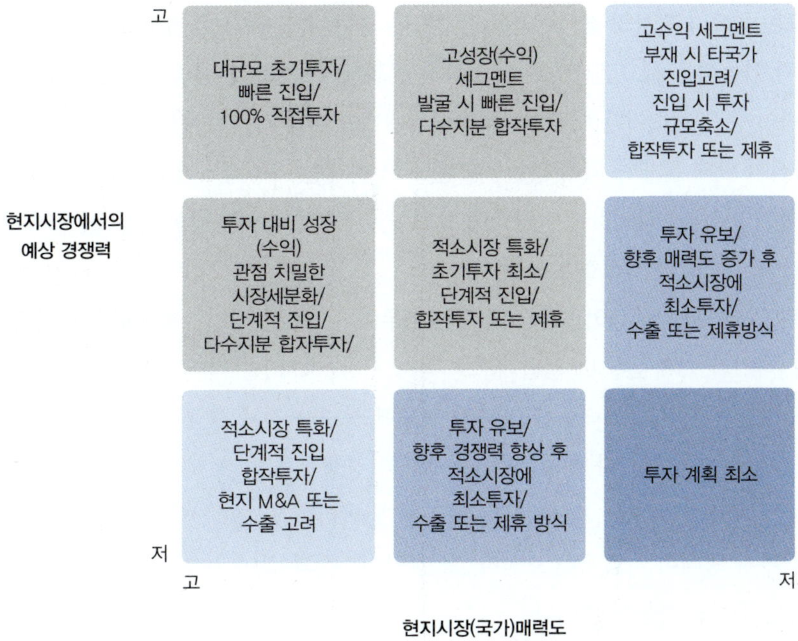

첫째는 **시장 매력도와 자사의 경쟁력 정도가 모두 높은 시장의 경우**이다. 신규로 진입할 국가가 도표상의 이 지역에 있다고 판단되면 현지 시장으로의 적극적이고 즉각적인 진출전략 실행이 바람직하다. 그리고 진입 방식도 가장 적극적인 형태인 100% 지분 직접투자 방식이 적합할 것이다.

둘째는 **시장 매력도는 중간 정도이나 자사의 경쟁력이 높은 경우**이다. 이런 시장에서는 일단 고성장이나 고수익을 보장해 줄 수 있는 세그멘트가 있는지 확인해 볼 필요가 있다. 만약에 이러한 고성장 또는 고수익 세그멘트 시장이 존재한다면 상기 첫 번째 경우에 비해 투자 규모는 작아지겠지만 마찬가지로 빠른 시장진입이 요구된다. 그리고 지분 방식은 예를 들어 70(자사 지분비율):30(합작사 지분비율) 또는 80:20 등의 다수지분 합작투자 방식이 적절해 보인다.

셋째는 **시장 매력도는 낮으나 자사의 경쟁력이 높은 경우**이다. 다국적기업이 시장 규모가 작거나 개발도상국처럼 아직 시장개발이 이루어지지 않은 시장에 진출을 고려하는 경우이다. 일단은 현지 시장에서 자사의 강한 경쟁력으로 고수익을 창출할 수 있는 세그멘트가 존재하는지 확인해 볼 필요가 있다. 만약 그러한 고수익 세그멘트가 존재한다면 투자 규모를 낮추어서라도 합작이나 현지기업과 제휴 방식으로 진출을 모색해 볼 수 있을 것이다. 그러나 그러한 세그멘트가 존재하지 않는다면 현지 시장을 포기하고 타시장 진입을 모색하는 것이 바람직해 보인다.

넷째는 **시장 매력도는 높으나 자사의 경쟁력이 중간 정도인 경우**이다. 이 경우에도 투자 대비 성장 가능성이나 수익 가능성을 세그멘트별로 세밀하게 분석해 볼 필요가 있다. 시장 전체적으로는 자사의 경쟁력이 중간 정도이나 시장 내 개별 세그멘트에 따라서는 자사의 강점을 최대한 활용할 수 있고 약점이 크게 문제가 되지 않는 세그멘트가 존재할 가능성이 있다. 이러한 세그멘트를 찾아 단계적인 진입을 하는 것이 바람직해 보인다. 지분 방식에 관해서는 두 번째의 경우처럼 다수지분 합작투자 방식이 적절해 보인다.

다섯째는 **시장 매력도와 자사 경쟁력이 모두 어중간한 경우**이다. 이 경우 일반적으로 뚜렷한 전략적 시사점을 제시하기가 쉽지 않으나 일반적으로 적소 시장(niche)을 찾아 특화하는 전략이 요구된다. 이 적소 시장은 시장의 매력도나 자사의 경쟁력 정도가 전체 평균적인 매력도나 경쟁력보다 높은 세그멘트이다. 그러나 시장 규모나 자사의 경쟁력 정도가 첫 번째의 경우보다는 제한적이므로 초기의 투자 규모는 가급적 최소화하는 것이 바람직하고 진입 방식도 50 : 50 또는 소수지분 합작투자 방식이 바람직해 보인다. 또는 라이슨싱과 같이 지분을 수반하지 않고 현지업체와 제휴하는 방식도 가능할 것이다.

여섯째는 **시장 매력도는 낮고 자사 경쟁력은 중간 정도인 경우**이다. 일반적으로 당장은 투자를 유보하고 향후 현지국의 경제성장과 소득 증가로 시장 매력도가 증가하는 경우에 적소 시장을 찾아 최소규모로 투자해 볼 수 있을 것이다. 또는 투자 대신 현지업체와 라이슨싱과 같은 제휴 방식도 적극 모색해 볼 수 있을 것이다. 시장의 잠재력이 확인되기 전까지는 투자 시점을 기다리면서 일단은 사업위험이 적은 수출 방식으로 현지 시장을 활용하는 것이 타당해 보인다.

일곱째는 **시장 매력도는 높으나 경쟁력이 낮은 경우**이다. 이 경우에도 적소 시장을 찾아 특화하되 단계적 진입을 물색하는 것이 필요하다. 만약 가용자원이 풍부한 다국적기업이나 대기업인 경우 자사의 약점을 보완해 줄 수 있는 현지업체를 M&A하여 현지 진출을 모색해 볼 수도 있을 것이다. 그러나 그렇지 않은 경우 일단은 간접수출 방식으로라도 현지의 높은 시장기회를 활용하는 것도 한 방법이다.

여덟째는 **시장 매력도도 중간 정도이고 자사의 경쟁력도 낮은 경우**이다. 이 경우에는 여섯 번째의 경우처럼 일단은 투자를 유보해야 한다. 그리고 향후 자사의 경쟁력이 지금보다 향상된 시점 이후에 투자를 모색하는 것이 좋을 것이다. 그 시점에서 적소 시장을 찾아 최소 투자 방식이나 제휴 방식으로 시작하는 것이 적절해 보인다. 그 시점까지는 현지업체를 통한 간접수출 방식으로 현지 시장에 진출할 수는 있을 것이다.

아홉째는 **시장 매력도도 낮고 자사의 경쟁력이 낮은 경우**이다. 이 지역으로의 투자계획을 취소하고 다른 시장을 모색하는 것이 적절하다. 상기 논의는 시장 매력도와 경쟁력 상황에 따른 다양한 상황과 이에 따른 적절한 전략 대안을 논의할 수 있다는 장점이 있다. 그러나 물론 시장 매력도 · 경쟁력 모델의 예측과 부합되지 않는 예외가 현실적으로 얼마든지 발생할 수 있다.

4. 시장 매력도 및 경쟁력 판단 시 유의할 점

상기 모형의 또 다른 한계는 시장 매력도와 예상되는 자사의 현지 경쟁력 두 차원을 구성하고 있는 제반 요인이 적정하게 포함되어야 하고 요인별 판단이 객관적으로 이루어져야 한다는 가정이 만족하여야 한다는 점이다. 만약 두 차원을 구성하는 요인이 시장 매력도와 현지 경쟁력에 크게 관련이 없든지 또는 중요한 요인이 제대로 포함이 되지 않았는지 확인이 필요하다. 아울러 각 평가요인 간에 비중을 차별적으로 두어 평가할 수 있는데 이러한 비중이 적정하게 배정되었는지 확인이 필요하다.

한 가지 평가항목의 적절성을 담보하기 위한 방법 중의 하나는 현지 시장과 해당 산업에 정통한 외부전문가집단을 대상으로 항목개발을 하는 소위 파이로트 서베이(pilot survey)를 사전적으로 함으로써 항목의 객관성을 확보할 수 있을 것이다. 시장 매력도와 자사의 경쟁력을 구성하는 구체적인 평가항목은 현지 국가와 산업에 따라 달라질 수 있다. 일반적으로 시장 매력도를 반영하는 항목으로는 기본적으로 시장의 기회요인과 위협요인에 따라 평가하게 되는데, 예를 들면 시장의 및 성장 정도, 현지 사회간접시설 발달 정도, 정부의 산업정책, 정부 규제, 시장진입장벽, 초기 최소 투자 금액, 이익 회수 기간 등을 들 수 있다.

반면 자사의 현지 경쟁력은 주로 현지법인의 예상되는 강점과 약점과 관련된 항목으로 제품의 질, 가격경쟁력, 제품차별화 능력, 예상 생산능력, 회사 브랜드 또는 기술 이미지, 가용 자원 정도, 규모의 경제, 고객과 정부와의 관계 등을 예로 들 수 있다. 가전제품처럼 소비재산업의 경우 일반적으로 제품의 질과 가격경쟁력, 브랜드 등이 중요한 요인이 되겠으나 석유화학제품 같은 산업의 경우 현지 정부의 정책과 현지 고객사나 정부와의 관계 등이 매우 중요한 요인이 될 수 있다. 또한 각 요인의 평가 시 평가자의 자의성이 최소화될 수 있도록 가급적 복수 평가를 하여 평균하는 방법으로 객관성을 유지하는 것이 필요하다.

Ⅲ 시장진입 목표 및 핵심 성공 요소

1 시장진입 목표설정

기업이 현지 시장과 제품 및 세그먼트를 선택하고 현지 시장에서의 진입 목표를 설정해야 한다. 진입 목표는 매출 확대나 이익률 제고 등 막연하고 추상적인 목표가 아니라 구체적으로 달성하고자 하는 목표이다.

첫째, **진입 목표는 본사나 지역 본사 차원의 목표가 아니라 현지법인의 사업 목표**다. 본사 차원에서 최고경영층의 의지나 장기적인 목표가 나름대로 있을 수 있으나, 본 절에서는 현지법인 차원에서 진입할 목표시장 세그멘트와 사업과 관련해 이루고자 하는 사업에 대한 목표이다.

둘째, 진입 목표에는 다양한 배경이 있다. 진입 목표는 주로 매출 규모, 매출 성장, 이익에 관한 것이 대부분이지만 시장진입 동기에 따라 시장에서의 선도적 위치 확보, 자원 획득, 학습, 파트너십 확보, 기술개발, 시장 테스트 및 경험 등 다양하다. 그리고 진입 목표는 이들 여러 목표를 결합한 형태도 가능하다. 시장진입 목표는 일반적으로 **진출 초기(예: 1~5년), 이후 성장기(5~10년), 그리고 사업 안정기(10년 이후) 등으로 구분하여 설정**하는 것이 바람직하다. 그리고 일반적으로 진입 초기 단계에서는 가급적 단순한 시장진입목표가 바람직하고 시간의 흐름에 따라 성장기 및 사업안정기에 이를수록 복합 동기를 추진할 수 있다.

셋째, 진입 목표는 크게 **정성적 목표(goals)**와 **정량적 목표(objectives)**로 구분한다. 정성적 목표는 장기적으로 기업이 달성하고자 하는 성과 목표로 대체로 포괄적으로 설정된다. 예를 들면, '진입 5년 시점까지 베트남 가전 제품시장에서 상위 3위 회사로 발돋움하는 것' 또는 '중국 상하이지역에서 커피 전문 체인사업에서 진출 5년 내 소비자 인지도 상위 5위 확보' 등이다.

정량적 목표는 정성적 목표를 보다 구체화하고 계량화한 시장진입 목표이고 하나의 정성적 목표 달성을 위해 복수의 정량적 목표를 설정할 수 있다. 예를 들어, 베트남 가전 시장에서 상위 3위 회사가 되기 위해 '프리미엄 TV 및 냉장고 시장에서 시장점유율 각각 15% 확보', '온라인 및 홈쇼핑 판매 시장점유율 30% 확보', '가전 A/S 서비스 센터를 하노이, 호치민시 등 인구 100만 이상의 대도시 지역에 인구 10만 명당 1개 이상 확보' 등을 설정할 수 있다.

2 핵심 성공 요소 분석

현지 사업이 정상적으로 궤도에 올라 장기적으로 성공을 위해서 필요한 핵심 성공 요소(key success factor)에 대한 사전 분석이 필요하다. 핵심 성공 요소는 크게 산업 전반적으로 공통으로 적용될 수 있는 **산업 공통 핵심 성공 요소와 현지국 특유의 핵심 성공 요소**로 나눌 수 있다.

1) 산업 공통 핵심 성공 요소

롯데마트나 이마트 등의 대형할인점 유통산업의 경우 산업 공통 핵심 성공 요소로 낮은 가격, 규모의 경제, 안정적인 구매 체인 네트워크 확보 등을 들 수 있다.

해외 진출을 꾀하는 기업이 산업 공통 핵심 성공 요소를 갖추지 못했다고 판단되는 경우 현지 진출하여 성공할 가능성은 매우 낮기 때문에 이러한 능력을 자체적으로 갖출 때까지 진출을 연기하는 것이 바람직하다. 그런데도 현지 진출을 시도한다면 이러한 능력을 갖춘 현지의 다른 기업을 인수하여 진출할 수는 있겠지만 서두르지 않고 매우 신중히 접근할 필요가 있다. 실제로 현지 진출을 시도하는 대부분의 기업은 이러한 산업 공통 핵심 성공 요소에 대해서는 자체적으로 분석 능력을 갖추고 있으나 현지국 특유의 핵심 성공 요소에 대한 분석과 대응은 미흡한 편이다.

2) 현지국 특유의 핵심 성공 요소

현지국 특유 핵심 성공 요소로는 현지 소비자나 문화에 적합한 사업 및 판매전략을 들 수 있다. 판매제품의 구색, 제품, 광고 등의 현지 문화 적합성 등은 국가에 따라 크게 달라질 수 있다. 예를 들면, 아시아권 시장에서는 가족 및 지인들의 권유, 입소문 등이 매우 중요하고 소위 유명인사(celebrity)의 광고 영향력이 크다.

현지국 특유 핵심 성공 요소는 크게 현지국의 사회, 인구, 문화적인 측면, 법률 및 제도적인 측

사례 8-1 동남아서 '국민기업' 뿌리내린 한국 중견기업: 락앤락

풍부한 천연자원과 따뜻한 기후, 값싼 노동력과 잠재 소비력, 다른 나라와 인접한 좋은 입지 등이 동남아의 매력이라고 기업들은 입을 모은다. 한류로 인해 한국에 대한 긍정적인 인식까지 있어 발전 가능성이 크고, 사드(고고도 미사일방어체계) 등 정치적 리스크가 큰 중국보다 안정적이다. 김준일 락앤락 회장은 매달 두세 차례 베트남을 찾는 등 락앤락의 '포스트차이나' 전략을 진두지휘하고 있다.

락앤락이 베트남 호찌민시 신흥 부촌인 푸미흥에 처음 매장을 낸 것은 2008년이다. 판매대를 고급스럽게 꾸미고 가격은 한국보다 15% 비싸게 책정해 프리미엄 전략을 폈다. 첫해에만 13곳에 매장을 여는 등 공격적으로 나섰다. 때마침 한류 열풍까지 불었다. 베트남 진출 8년 만에 매출은 열 배 늘었고 베트남 주방용품시장 1위가 됐다.

락앤락처럼 동남아에 진출한 국내 중견기업들이 현지에서 '국민기업'으로 통하고 있다. 말레이시아의 경력 단절 여성 2,000여 명을 채용한 코웨이, 인도네시아 국적기에 그릇을 납품하는 젠한국, 미얀마와 캄보디아의 기간산업을 접수한 아주산업과 베트남에 아시아 최대 규모의 가구용 자재공장이 있는 동화기업 등이 대표적이다.

베트남은 임금수준 및 노동의 질 관점에서 여전히 매력적인 생산거점일 뿐만 아니라 지난 몇 년간 글로벌 경기침체 속에서도 지속적인 경제성장을 기록하며 소비시장으로서의 가능성도 보여주고 있다. 베트남 시장은 락앤락 전체 매출액 4,251억 원 중 368억 원(8.7%)을 차지하고 있다. 락앤락은 2009년 동나이 연짝 생산공장, 2011년 붕따우 유리공장과 2012년 쿡웨어 공장을 설립하면서 포스트 차이나로 부상하고 있는 베트남에서 글로벌 생산기지 구축과 동시에 현지 시장 확대를 꾀하고 있다. 2009년 연짝 공단에 완공된 플라스틱 사출 공장은 가격 경쟁력과 지리적 이점을 바탕으로 아세안 국가, 유럽, 북미에 이어 중요한 글로벌 생산기지로 발돋움하고 있다. 쿡웨어 공장은 코팅과 피막 공정을 동시에 갖춘 최신식 설비로 다양한 소비자 니즈에 맞춘 하드앤라이트와 이쿡 등과 같은 고급 브랜드 제품을 생산하고 있다. 락앤락은 한국, 중국, 베트남 이외에도 인도, 인도네시아, 태국에도 시장진출을 하고 있다.

사례 8-2 동남아서 '국민기업' 뿌리내린 한국 중견기업: 코웨이

말레이시아에 '정수기 렌털 서비스'를 처음으로 선보인 코웨이는 정수기 시장 1위다. 한국처럼 가정을 방문해 정수기를 관리해 주는 서비스가 이곳에서도 인기를 끌었고 고객 계정은 48만 개를 넘었다. 코웨이가 '코디(코웨이레이디 · 현장 서비스 인력)'로 채용한 현지 여성이 2,000명이 넘자 말레이시아 국제통상산업부는 코웨이에 '기업의 사회적 책임(CSR) 우수기업' 장관상을 줬다.

2016년 코웨이 말레이시아 법인 매출은 1,430억 원으로, 전년 대비 46.2% 증가했고 관리계정 수(판매 대수)가 43만 대를 초과했다. 지난 2015년 말레이시아 정수기 시장 1위에 올라선 이후로, 현지 법인이 할랄 인증 획득 등을 통한 현지 시장 공략에 성공하면서 폭발적인 성장세를 기록 중이다. 특히, 2017년 1분기 매출도 437억 원으로 전년 동기보다 48.5%나 늘었다. 관리계정 수는 48만 4천 대로 늘어났다. 코웨이 측은 2017년 말레이시아 법인 관리계정 수 목표를 60만 대로 설정했다.

코웨이 측은 말레이시아 법인의 성장 요인에 대해 현지 문화와 관습에 따른 맞춤형 전략 구사 및 렌탈 · 코디 등 특화된 서비스 도입이 효과를 나타냈다고 설명했다. 지난 2006년 말레이시아 법인을 세운 코웨이는 2010년 정수기 업계 최초로 말레이시아에서 '할랄 인증'을 획득해 이슬람 고객 시장 확대를 꾀했다.

2013년에는 말레이시아 여성들에게 취업 기회를 제공해 지역 사회 고용 활성화에 기여한 공로로 말레이시아 국제통상산업부로부터 'CSR 우수기업' 장관상을 받기도 했다. 2016년 3월에는 말레이시아 렌탈 코디들이 물 전문가로서의 입지를 확고히 하고자 'The Water Specialist' 브랜드 마케팅 활동을 강화하기도 했다. 또 2016년 5월 건강 마라톤 행사인 'Coway Run'을 개최한 바 있다.

코웨이는 또 말레이시아 법인 성장 요인으로 렌탈 시스템 및 코디 서비스를 들었다. 이미 국내에서는 1997년부터 코디 서비스를 시작해 고도화된 상태였고, 이를 현지 시장에 맞게 안착시키는 것이 문제였다. 말레이시아 현지 소비자들은 제품의 정기적인 관리에 대해 필요성을 느끼는 상태였고 코웨이는 코디 서비스를 도입해 경쟁력 우위를 선점할 수 있었다.

코웨이 관계자는 "말레이시아는 다채로운 인종과 문화가 공존하고 있는 국가로, 각 인구구성원에 따라 다양한 생활방식과 취향을 가지고 있어 현지 기업의 중요한 경쟁력 중 하나가 인종, 문화별 차별화된 사업방식"이라고 설명했다. 이어 "말레이시아 법인의 경우 사업 초반부터 인구구성비를 반영한 판매, 코디 서비스 조직을 운영하고 있으며, 이를 통해 말레이시아 전국을 커버할 수 있는 역량을 갖추고 사업을 운영 중"이라고 덧붙였다.

사례 8-3 동남아서 '국민기업' 뿌리내린 한국 중견기업: 젠한국, 동화기업, 아주산업

한국도자기 창업주 김종호 회장의 막냇동생인 김성수 젠한국 회장은 일찌감치 동남아에 주목했다. 도자기는 온도에 민감한데, 1년 내내 따뜻하고 천연자원까지 풍부한 인도네시아가 적격이었다. 저렴한 인건비도 매력적이었다. 1991년 인도네시아에 세계 최대 규모의 도자기 생산공장을 지었다. 모두가 무모한 짓이라고 말렸다. 지금 이 공장에선 매년 도자기 2,200만 개를 생산해 세계로 보낸다. 국적기인 가루다인도네시아항공의 1등석 및 비즈니스석에선 젠한국의 세인트 제임스 식기를 쓴다. 김성수 회장은 "예전에는 일본 명품 도자기 노리다케를 사용했는데 얼마 전 우리 제품을 2,000만 달러어치 납품했다"고 설명했다. 김 회장은 공장 인근에 유치원과 초 · 중 · 고교를 지었고 국립대에 한국문화 과정도 개설했다. 젠한국은 인도네시아의 '국민 도자기회사'가 됐다.
젠한국은 인도네시아를 거점으로 세계 30국에 연간 2,200만 개의 도자기 제품을 생산 판매하는 기업이다. 국내 매출은 업계 3위권이지만, 수출에선 독보적인 1위다. 젠한국의 글로벌 생산기지인 인도네시아 공장은 수도 자카르타에서 서쪽으로 40여 km 떨어진 탕그랑(Tangerang) 지역에 있다. 350명으로 시작한 현지 공장에는 현재 980여 명이 일하고 있다. 연면적 2만여 평으로 단일 공장으로는 세계 최대 규모다. 김성수 회장은 "도자기 생산에는 많은 세공 인력과 저렴한 에너지 공급이 필수적인데, 2억 5,000만 명의 인구와 천연가스가 풍부한 인도네시아는 최적지"라고 말했다.
동화기업은 소재산업, 하우징사업, 미디어 사업 크게 세 사업 부문으로 다각화되어 있다. 특히 전체 매출의 73%를 차지하고 있는 건축 관련 소재산업 관련 베트남에 큰 투자를 해오고 있다. 호찌민 인근에 지은 MDF(Medium Density Fiber 합판, 파티클 보드) 공장은 아시아 최대 규모다. 서울 네 배 크기 고무나무 조림지를 보유하고 있어 원재료 조달이 편리하다. 베트남에서 현지와 외국 자본 합작으로 MDF를 생산하는 곳은 동화기업이 유일하다. 생산 3년 만에 매출 1,000억 원을 넘어섰다. 베트남 법인의 매출과 이익이 증가하면서 동화기업은 2016년 2분기에 사상 최고 실적을 기록하기도 했다. 2017년 2분기 영업이익은 281억 원으로 전년 대비 6.9% 증가했다.
아주산업은 베트남과 캄보디아에 고강도콘크리트(PHC) 파일 공장을 보유하고 있다. 건설 붐이 한창인 동남아 전력망 시장에 고강도 콘크리트 전신주를 공급하며 시장을 확대하고 있다. 최근 미얀마 경제는 개방정책 이후 8%대의 높은 경제성장률을 유지하면서 고성장 중이다. 미얀마 정부도 경제성장을 뒷받침하기 위해 경제특구 조성 등 인프라 투자에 적극 나서고 있어 미얀마 건설경기가 계속 성장할 것으로 예상된다. 이와 관련하여 아주산업은 2017년 4월 미얀마에 PHC 파일 생산공장 착공에 들어갔고, 2018년 초부터 연간 20만 톤 규모의 PHC파일을 생산할 예정이다.

* 자료: 연구인력만 150명, 그게 우리 그룻의 경쟁력, 조선일보, 2017.03.22
동남아서 '국민기업' 뿌리내린 한국 중견기업들, 한국경제, 2017.07.14
아주산업, 미얀마 PHC파일 공장 착공, 헤럴드경제, 2017.04.03

면, 그리고 국가의 규모 등 지형적인 측면들과 관련이 많다. 예를 들면, 홍콩, 싱가포르, 대만, 한국과 같이 국토 면적이 작은 국가에서 외국 기업이 대형할인점 사업을 하는 경우 매장 입지 선택, 입지 구매 시점 등과 관련된 부동산 지식은 매우 중요하나 미국과 같이 큰 국가의 경우 이 부분은 상대적으로 덜 중요하다고 볼 수 있다.

자체 분석 결과 현지국 특유의 핵심 성공 요소를 충분히 갖추지 못한 경우로 판단되는 경우 성급히 투자하기보다는 이러한 부족한 요인을 보완할 방법을 모색해야 할 것이다. 이 경우 일반적으로 가장 선호되는 해결 방안이 이러한 현지국 특유 핵심 성공 요소를 갖춘 현지 기업과의 합작투자 또는 제휴이다. 또는 이러한 현지 핵심 성공 요소를 충분히 학습하여 습득할 때까지 시간이 필요하다면 초기 투자를 최소화하면서 점차 투자 규모를 확대하는 것도 또 다른 대안이 될 것이다.

Ⅳ 경영 기능 및 해외시장진입 방법

1 경영 기능 이전 범위

해외 진출을 시도하는 기업은 진출 시 해외로 이전하고자 하는 경영기능을 선택·결정해야 한다. 기업이 수행하는 다양한 활동을 정리하면 몇 가지 주요한 경영 기능 활동으로 요약할 수 있다. 즉, 연구개발, 디자인, 구매, 제조, 마케팅, 판매, 유통, 고객서비스 등이다. 이러한 **다양한 경영 기능 중 해외 진출 시 이전하고자 하는 활동의 범위를 확정**해야 한다. 국제화 경험이 적은 중소·중견기업이 해외 영업사무소, 지점 또는 판매법인을 세우는 경우 판매 또는 마케팅 기능을 해외로 이전한다고 볼 수 있다. 반면 대기업이 판매법인과 해외공장을 동시 설립하는 경우 생산과 마케팅 기능을 이전한다고 볼 수 있다.

대체로 기업은 해외 진출 시 영업 및 판매 기능부터 우선 이전하고 점차 시간이 지남에 따라 생산기능도 이전한다. 그리고 연구개발기능은 가급적 본사에서 집중적으로 관리하는 경향이 강하다. 따라서 연구개발기능의 해외 진출은 다른 경영기능에 비해 더디고 규모가 작다. 또한 지역별로 해외로 이전되는 경영기능이 다소 다른 것을 볼 수 있다. 예를 들어, 중국 지역으로 이전되는 경영 기능 중에는 생산법인이 큰 비중을 차지하는 반면 유럽지역에는 타지역에 비해 판매법인 수가 많다.

2 해외시장진입 방법 선택

기업이 해외시장에 진입하는 방법은 이미 살펴본 바와 같이 **수출, 해외직접투자, 국제계약 사업, 사업제휴** 등 크게 네 가지 형태로 나눌 수 있다. 기업은 그중에서 가장 적합한 진입 방법을 선택해야 하는데 이를 위해서는 각 진입 방법의 장단점을 이해하는 것이 필요하다. 또한 선택에 영향을 미치는 환경 요소들과 진입 방법을 선택하는 기업을 이해하는 것이 필요하다.

1. 간접수출과 직접수출의 장 · 단점

간접수출이란 무역상사, 수출대행업자, 수출조합 또는 국내에 거주하고 있는 외국 상인 등을 통하여 수출함으로써 수출 관련 업무와 기능을 제조업자가 스스로 수행하지 않으면서 제품을 해외에 판매하는 방법이다. 이에 반해, **직접수출은 제조업자가 본사의 수출 전담부서나 계열 무역회사를 통해 수출과 연관된 제반 업무와 기능을 타인에게 위임하지 않고 직접 수행하는 수출 방법**이다. 오늘날 거의 모든 국내 대기업은 간접수출보다 직접수출에 의존하고 있으며, 해외시장 경험과 무역실무에 대한 지식이 어느 정도 보편화됨에 따라 중소규모의 제조업체들도 상당수가 직접수출을 하고 있다. [표 8-5]는 간접수출과 직접수출의 장·단점을 요약한 것이다.

표 8-5 간접수출과 직접수출의 비교

	간접수출	직접수출
장점	• 수출업무가 안정적이다. • 분쟁위험을 피하기 쉽다. • 자금 부담이 적다.	• 간접수출보다 수출판매량이 크다. • 유통경로에 통제력이 강화된다. • 마케팅에 대한 노하우가 축적된다.
단점	• 해외시장에서 통제력이 약화된다. • 시장기회포착이 어렵다. • 마케팅 노하우의 축적이 어렵다. • 이미지 훼손이 이루어질 수 있다.	• 수출경비가 많이 든다. • 현지마케팅 노력 및 비용이 요구된다.

2. 해외직접투자의 장 · 단점

해외직접투자의 장점으로는 기업의 경영자원을 피 투자국에 총체적으로 이전함으로써 자본·기술·마케팅·재무 등의 측면에서 기업이 보유하고 있는 경쟁적 우위를 보다 효율적으로 활용할 수 있다는 점이다. 이에 반해, 해외직접투자의 단점으로는 본질적으로 다른 진입 방법에 비해 더 많은 경영자원의 투입이 요구되므로 그만큼 높은 위험이 따르게 된다. [표 8-6]은 해외직접투자의 장단점을 요약한 것이다.

표 8-6 해외직접투자의 장·단점

장점	단점
• 원가절감을 통한 공급가격의 하락 • 생산 및 마케팅에 대한 통제력 강화 • 현지 매출확대로 수익증대효과	• 투자에 따른 위험이 증가 • 현지국의 정치적 위험에 노출

3 해외시장진입 방법 결정요인

해외시장진입 방법 결정요인은 현지국 영향요인과 기업 내부 및 본국 요인에 의해 크게 영향을 받는다. 이하에서는 이들 요인이 진입 방법에 어떻게 영향을 미치는가에 대해 살펴본다.

1. 현지국의 물리적 · 사회적 요인

① **생산요소의 가용성**: 질(quality)과 부존량(quantity) 및 가격(price) 등 생산요소의 가용성이 낮을 경우 해외직접투자는 불리하고 수출이 유리하다.

② **경제하부구조**: 경제하부구조가 잘 정비되어 있을 경우 현지 생산비용 감소로 해외직접투자가 가능하다.

③ **정부정책과 규제**: 높은 관세율, 수량제한과 기타 무역장벽이 존재하는 경우 기업은 수출보다는 해외직접투자 등 다른 진입 방법을 선호한다.

그림 8-6 해외시장진입 방법 결정요인

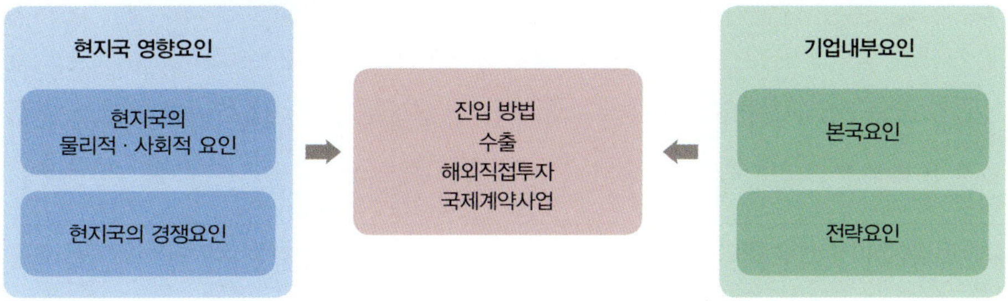

④ **지리적 거리**: 진출대상국이 지리적으로 멀리 떨어져 있는 경우 일반적으로 운송비 부담으로 수출을 통해서는 경쟁에서 불리하다. 이러한 경우 대기업은 현지에 직접투자하여 조립 생산하는 것이 유리하다.

⑤ **정치적 위험**: 정치적 불안정, 몰수위험 등 정치적 위험도가 높을 경우 기업은 현지투자보다는 현지국에 대한 개입 정도가 상대적으로 낮은 수출 등 다른 진출 방법을 선호한다.

2. 현지국의 경쟁요인

① **시장 규모**: 대규모 시장에서는 직접수출이나 현지직접투자 등이 선호되고 소규모시장에서는 간접수출이나 라이스싱 등의 계약 형태의 진입 방식이 선호된다.

② **경쟁구조**: 완전경쟁, 과점, 독점 등 현지국 시장의 경쟁구조에 따라 진입 방법을 달리하고 있으며, 완전경쟁시장에서는 독과점시장보다 상대적으로 수출이 유리하다. 반면, 독과점시장에서는 해외직접투자가 유리하다.

③ **마케팅 하부구조**: 현지에 믿을만한 대리점 또는 유통업체가 존재하지 않거나 경쟁기업에 선점당하고 있는 경우에는 단순 수출보다 지점이나 현지 자회사를 설립하는 것이 유리하다.

3. 본국 요인

① **시장 규모**: 국내시장의 규모가 클수록 기업은 국내지향적이 되며 해외시장에 대한 적극적인 자원투입을 꺼리고 수출을 선호한다.

② **경쟁구조**: 국내시장에서 과점상태의 기업은 경쟁기업의 행동을 모방하여 한 기업이 해외투자 시 다른 경쟁기업들도 선도기업을 따라 해외로 진출하는 경우가 많다. 완전경쟁 상태에 있는 기업은 수출을 통한 해외 진출을 선호한다.

③ **높은 생산비용**: 본국에서의 생산비용이 증대될수록 수출보다는 현지생산이나 라이스싱 같은 계약 형태의 진출전략을 선호한다.

4. 전략요인

① **차별성**: 뛰어난 기술적 우위를 바탕으로 제품이 차별화되어 있을수록 수출 방법을 선호하며, 제품차별화의 정도가 낮을수록 라이스싱이나 해외직접투자가 유리하다.

② **사전, 사후관리의 필요성**: 사전 또는 사후 서비스를 필요로 하는 서비스 집약적 제품의 경

우에는 적기에 서비스를 제공하기 위해 현지 자회사를 통한 직접수출이나 현지생산 같은 진입 방식이 선호된다.

③ **제품의 형태**: 기업제품이 건설, 광고, 관광 등 무형의 서비스인 경우에는 프랜차이징, 턴키계약 등과 같은 계약 형태의 진출전략이 빈번하게 활용된다.

④ **기업자원과 해외시장에 대한 태도**: 경영, 자본, 기술 등의 기업자원이 풍부하고 우수할수록 그리고 자원투입 의지가 높을수록 해외직접투자 방식을 선호한다.

4 현지 사업 통제 수준 결정요인

해외시장에 진출한 기업에 있어 통제권이란 그들의 향후 경영활동에 매우 중요한 영향을 미친다. 통제권 없이는 경영활동을 관여하거나 조정하기 불가능하며, 특히 합작투자의 경우에는 두 파트너 간의 이해 상충 요인을 해결하는 데 어려움을 겪을 수 있다. 그러나 높은 통제권의 행사는 해외시장의 많은 자원투입과 불확실성으로 인해 그만큼 위험과 책임을 동반한다. 그러므로 적절한 통제 수준을 결정하기 위해서는 특정 국제 거래에 따른 거래비용 측면과 협상력 측면을 고려하는 것이 필요하다.

1. 거래비용접근법(transaction cost approach)

기업이 국제사업에 참여하여 통제권을 행사하려면 그에 따른 거래비용이 발생하기 마련이다. 거래비용이란 해외시장에서 적합한 파트너 또는 대리인을 찾는 데 따르는 탐색비용, 협상에서 사업 개시까지의 계약 비용, 자산의 국제관리에 따르는 관리비용, 그리고 파트너의 기회주의적 행동으로 야기된 손실과 이를 방지하기 위한 감독비용 등이 포함된다. 통상적으로 기업이 해외시장진출 시 다음의 요인들에 의해 나타나는 거래비용을 최소화하기 위해 높은 통제 수준을 선택한다.

1) 거래특유자산

거래특유자산(transaction-specific asset)이란 기업이 파트너 또는 대리인과 거래 시 수반되는 **자산의 독특성 또는 특유성(specificity)**을 지칭하는 것으로써 **해당 기업 고유의 우위 자산**을 말한다. 거래특유자산은 암묵적이고 특유해서 파트너 혹은 대리인 간 지식 이전이 매우 어려워 이를 해결하기 위한 추가적인 거래비용이 증가하게 된다. 따라서 기업은 거래특유자산의 정도가 높을수록 내부화를 통해 통제 수준을 높이는 경향을 보인다. 즉, 완전소유자회사(wholly-owned subsidiary)를 통한 진입 방법을 선택한다.

그림 8-7 **거래비용접근법에 따른 통제수준 결정요인**

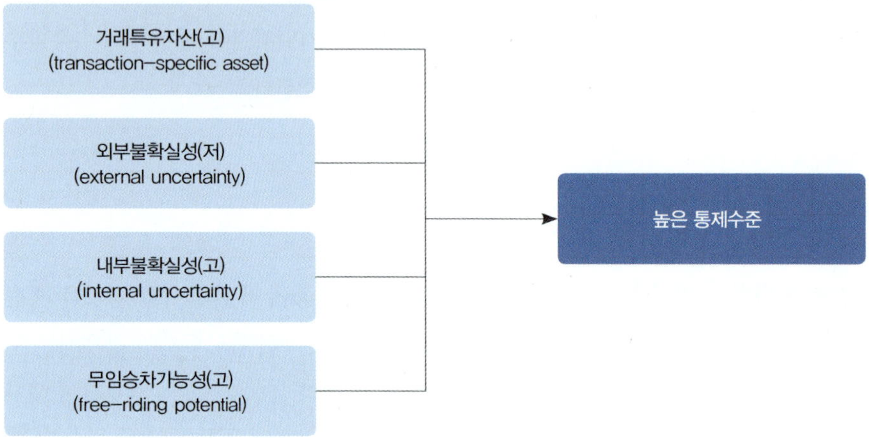

또한 시간이 흐름에 따라 거래 특유의 자산이 상당한 가치로 합작법인에 축적되면 파트너의 기회주의적 행동으로 야기되는 손실과 이를 방지하기 위한 감독비용이 증가하게 된다. 따라서 기업은 이러한 거래비용을 최소화하기 위해서 높은 통제 수준이 효율적이다. 즉, 거래특유자산의 정도가 높을수록 높은 통제 수준이 요구된다.

2) 외부불확실성

외부불확실성(external uncertainty)은 **기업환경의 예측 불가능성**을 말한다. 외부불확실성이 높은 경우 높은 통제력보다는 낮은 통제력을 통한 시장진입 방법을 고려해야 한다. 외부불확실성은 기업의 유연성(flexibility)을 제약하기 때문이다. 따라서 통제 수준을 높이는 것은 삼가야 한다.

3) 내부불확실성

내부불확실성(internal uncertainty)은 기업이 실질적으로 이용 가능한 **산출물(output)에 대한 대리인의 성과를 객관적으로 정확히 평가할 수 없을 때 발생**한다. 기업이 성과를 확인하거나 쉽게 측정할 수 없을 때는 투입물을 모니터링 함으로써 성과를 파악할 수 있다. 따라서 사회문화적 거리감이 큰 시장인 경우 객관적인 내부 성과평가를 상대적으로 어렵게 만드는 다양한 거래비용이 발생함으로 이를 최소화하기 위해 높은 통제 수준의 진입 방법을 실행하는 것이 효율적이다.

4) 무임승차 가능성

무임승차 가능성(free-riding potential)은 다른 한쪽의 노력에 대하여 일방이 언제나 비용에 대한 대가 없이 이익을 취하는 경우에 발생한다. 따라서 거래 비용접근에서 살펴볼 때 다른 조건이 동일하다면 **파트너 혹은 대리인의 무임승차 가능성이 높은 경우 기회주의 비용이나 이를 감독해야 하는 비용이 발생**함으로 이러한 거래비용을 최소화하기 위해 높은 통제 수준이 더욱 효율적이다.

2. 협상력접근법

협상력접근법(bargaining power approach)은 **해외시장진입 방식 및 통제 수준은 다국적기업과 해당 국가 간의 협상력에 의하여 결정**된다고 보는 접근법이다. 다국적기업은 기업 목적을 이루기 위해서 다양한 정부조직·관료들과 협상을 해야 한다. 협상력접근법에서는 기업은 해외시장진입에 있어서 높은 통제를 할 수 있는 방식을 선호한다는 것을 가정한다. 다만 이것은 현지국정부에 비해 기업이 높은 협상력을 가질 때 가능하다. 반면 기업이 현지국정부보다 낮은 협상력을 가지고 있을 경우에는 낮은 통제 수준을 통한 진입 방식을 선택하게 된다. 피투자국정부의 기본적인 협상력 원천은 시장접근을 통제할 수 있는 능력과 투자에 있어서 인센티브를 제공하는 능력에서 비롯된다. 다음과 같은 요인이 다국적기업과 피투자국정부의 협상력에 영향을 미치며 이는 결국, 기업의 통제 수준을 결정함에 있어 중요한 요인으로 작용한다.

1) 현지정부의 관심

피투자국정부가 다국적기업의 투자에 특별한 관심과 유인정책을 많이 가질수록, 협상력의 우위는 기업에 있어 결국, 기업은 그들이 원하는 대로 단독 투자를 통해 통제 수준의 정도를 높일 가능성이 크다.

2) 현지국의 위험성

현지국의 위험성이 크다는 것은 그만큼 해외 다국적기업이 해당 시장에 진입을 주저한다는 의미를 내포한다. 따라서 피투자국정부의 입장에서는 해외기업들을 유치하기 위해 다양한 인센티브와 많은 유인정책을 제공하려는 경향이 크게 나타난다. 이때 협상력의 우위는 피투자국정부보다는 기업들에게 있어 그들이 해외시장진입 시 높은 통제 수준을 선택하는 경향이 있다.
특히, 이러한 결과는 동양과 서양의 기업 간 결과의 차이가 존재한다. 일본과 같은 동양의 다국적기업은 협상력을 수단으로 현지국에서의 사업 활동의 위험이 높을수록 다른 조건이 같다고

그림 8-8 거래비용, 협상력접근법에 따른 통제수준 결정요인 정리

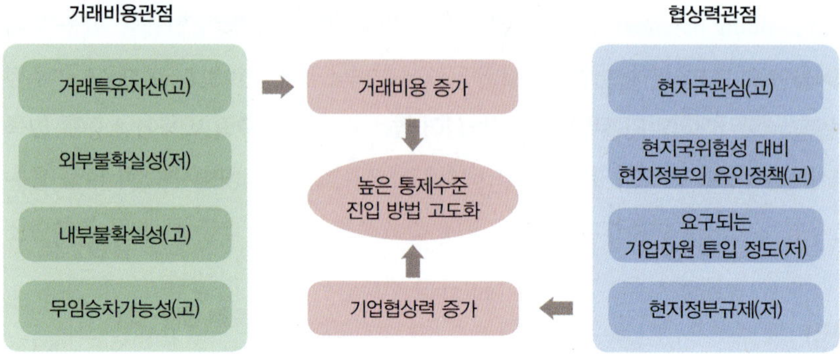

가정할 때 높은 통제 수준이 가능한 진입 방식을 선호하는 경향이 있다. 이러한 이유 중 하나는 일본기업이 해외시장진입 시 단기적 이익보다는 장기적인 시장 성장성을 우선시하기 때문에 높은 위험에도 불구하고 높은 통제 수단이 가능한 방법을 선호하기 때문일 수도 있다. 반면에 서구의 다국적기업은 위험한 해외시장에서 낮은 통제 수준을 선택하여 자원의 개입을 줄이는 방법을 선호한다.

3) 기업자원의 투입 필요 정도

기업자원의 투입 필요 정도란 다국적기업이 현지 시장 진입 시 요구되는 자원의 투입 정도를 의미한다. 즉, 현지 시장에 진입 시 많은 자원의 투자가 필요한 성격의 투자일수록 기업의 피투자국정부에 대한 협상력은 일반적으로 증가한다. 결국, 다국적기업은 높은 통제 수준을 가진 진입 방식을 선호하게 된다.

4) 현지정부의 규제

현지정부의 외환규제, 소유권 등에 대한 규제가 강할수록 다국적기업에 비해 현지국정부의 협상력이 증대된다. 따라서 다국적기업은 높은 통제 수준의 진입 방식보다 낮은 수준의 진입 방식을 선호하게 된다.

5 진입 방법의 선택모형

기업국제화이론에 따르면 기업의 해외시장진입은 보편적으로 점진적 과정을 거치는 것으로 알려져 있다. 즉, 해외시장에 진입하는 기업은 처음에는 수출과 같이 상대적으로 위험부담이 낮

은 방법으로 출발하여 해외시장에 대한 지식이 늘고, 자본 및 경영 능력이 축적되면 높은 위험이 있어야 하는 해외직접투자도 가능해진다는 것이다. 그러나 모든 기업자에게 이러한 전개 과정이 일률적으로 적용되는 것은 아니다. 또한 어느 정도 해외시장 경험이 축적된 기업에는 앞에서 살펴본 다양한 해외시장진입 방법이 모두 선택할 수 있는 대안이 된다. 여기서는 수출·라이슨싱·해외직접투자 등의 세 가지 대표적인 해외시장진입 방식 중에서 어느 방식을 선택할 것인가에 관한 기본적인 모형을 소개하기로 한다.

1. 단순모형

대부분의 기업은 해외시장진입 방법의 선정에 있어 [그림 8-9]와 같이 비교적 단순한 모형을 사용한다. 즉, 기업은 우선 위험이 낮고 별다른 자원투입을 요하지 않는 방식인 수출을 통한 진출 가능성을 모색한다.

그림 8-9 **단순모형**

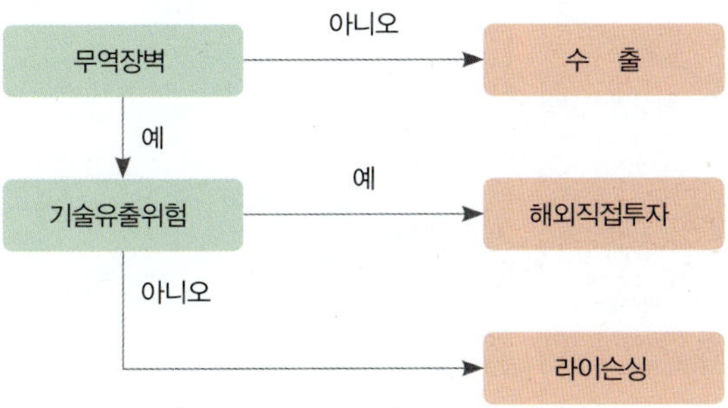

그러나 높은 무역장벽으로 수출이 불가능할 경우 비로소 라이슨싱이나 해외직접투자 등의 다른 대안이 활용될 수 있는가를 알아본다. 이때 기업이 특히 관심을 갖는 것은 기술의 유출위험인데, 만약 기술이 유출되어 경쟁우위를 잠식당할 가능성이 크지 않다면 위험이 낮은 라이슨싱을 하게 되고, **기술이 유출될 위험**이 높다면 상대적으로 많은 자원의 투입이 요구되더라도 해외직접투자를 감행하게 된다. 이러한 단순 모형의 장점은 우선 간편하고 신속한 의사결정이 가능하다는 점이다. 이는 다른 진출 대안에 대한 정보를 수집하고 평가할 때 소요되는 비용과 시간을 줄일 수 있기 때문이다. 그러나 단순 모형의 근본적인 약점은 목표 해외시장에서의 사업기회에 대한 기업의 능력을 가장 잘 발휘할 수 있는 적극적인 진입 방법을 찾지 못하고 소극적인 해외시장진출 수준에 머무르게 할 수도 있다는 점이다.

2. 점진적 학습과정모형

기업의 국제화는 일반적으로 점진적 학습 과정을 따른다. 이는 해외 영업에 따르는 높은 불확실성과 해외시장 지식 또는 사전경험의 부족으로 국제화에는 일정한 학습과정을 필요로 하기 때문이다. 기업은 해외시장에 개입한 이후 시간이 지나고 해외시장에 대한 경험과 지식이 축적되면 높은 수준의 위험이 수반되는 진입 방식도 채택할 수 있게 된다는 것이다. 일반적으로 한 기업은 위험도가 가장 낮은 간접수출에서 시작해서 직접수출을 거쳐 해외판매자회사 설립, 합작투자 생산자회사 설립, 단독투자 생산자회사 설립의 순서로 해외시장진입 방식을 고도화시켜 가는 것으로 알려져 있다. [그림 8-10]은 기업의 해외 활동을 위험도와 통제 정도에 따른 해외시장진입 방식의 변화로 보여주고 있다.

그림 8-10 **해외시장진입 방식의 변화과정**

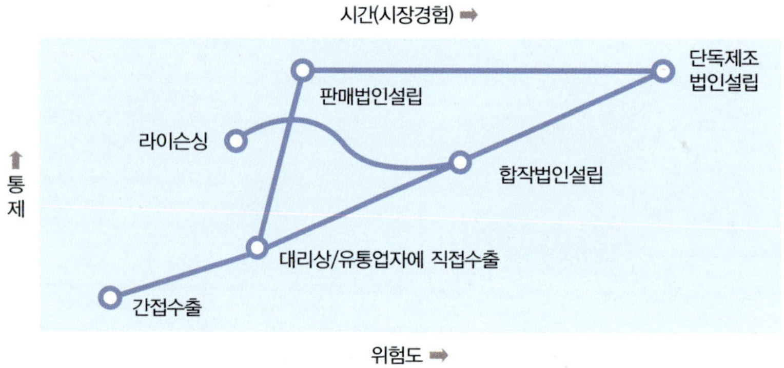

V 해외현지법인의 설립

1 해외법인설립 및 투자 방식

해외에 법인을 설립하는 방식에는 두 가지가 있다. 첫 번째 방식은 **신규 설립**(greenfield)으로서 현지에 새로운 법인 및 공장을 신설하는 방식을 말한다. 두 번째 방식은 **국제 M&A**(mergers and acquisitions)로서 한 기업이 다른 기업의 주식이나 자산 등을 매입하여 경영권을 장악하거나 독립된 기업이 인적·물적·자본적 결합을 통하여 동일한 관리체계 아래에서 기업활동을 영위하는 것을 말한다.

1) 신규 설립의 특징

신규 설립을 통하여 얻을 수 있는 이점은 여러 가지가 있다. 신규 설립은 현지에 새로운 법인 및 공장을 설립하는 방식이므로 사업 입지 선정이나 투자 금액 결정 등의 문제에 있어서 보다 자유로울 수 있다. 또한 상이한 법인과의 통합이 아니기 때문에 해외법인을 통제하는 데 있어서 용이하다. 그뿐만 아니라 신규 설립은 현지정부의 인센티브정책을 누릴 수 있다는 장점이 있다. 현지국 입장에서 다국적기업의 신규 설립은 고용창출과 경제발전으로 이어질 수 있기 때문이다. 또한 새로운 법인을 설립할 때는 인수·합병 시와 달리 피인수기업의 문제점들을 해결해야 하는 부담감이 전혀 없기 때문에 본사가 원하는 방식대로 새롭게 해외에서 사업을 시작할 수 있다는 장점을 가지고 있다.

이러한 장점을 가진 신규 설립도 단점은 존재한다. 국제 M&A가 신속하게 시장에 진입할 수 있는데 비해 신규 설립은 브랜드나 영업 기반을 구축하는 데 있어서 시간이 소요된다. 또한 투자비용지출은 투자 시점에 바로 이루어지지만 매출이나 수익 창출은 보통 투자 수년 후까지 기다려야 한다는 단점이 있다.

2) 국제 M&A의 특징

반면 국제 M&A를 통한 방식은 신속한 시장진입과 현지에 대한 지식, 인수대상기업의 설비나 노동력 등을 이용할 수 있다는 장점이 있지만 때로는 막대한 인수자금이 소요되기도 하고 복잡하고 지루한 협상 과정이 단점이 되기도 한다. 또 적당한 피인수기업을 찾는 데도 어려움이 있

표 8-7 신규 설립과 국제 M&A의 장·단점

	신규 설립	국제M&A
장점	• 사업입지 선정이나 투자금액 결정 등에 있어서 자유로움 • 기업통제가 용이함 • 정부의 인센티브 정책을 누릴 수 있음 • 기업문화 충돌이 없음	• 기존 설비나 노동력, 현지에 대한 지식 등을 얻기 용이함 • 인수대상기업의 경험과 지식 흡수가 가능함 • 제품, 브랜드, 영업망 등을 확보할 수 있음 • 영업활동에 시간이 단축됨 • 기업 간 시너지 효과를 기대할 수 있음 • 세제상 이점
단점	• 브랜드 및 영업기반을 구축하는데 시간이 소요됨 • 투자비용으로 인한 위험이 증대	• 막대한 인수자금이 요구됨 • 이질적인 문화로 인해 문제가 생길 수 있음 • 절차의 복잡성 • 인수대상기업의 잠재적 부실 가능성

다. 또한 국제 M&A를 통하여 결합한 두 기업의 이질적인 문화, 종업원 간의 관계도 해결해야 할 과제가 된다. 반면 신규 설립을 하게 되면 이러한 문제점은 해소된다.

2 합작투자 파트너 선택 및 협상

진입 방식 결정과 함께 중요한 것이 현지 파트너 선택과 이들과의 협상 과정이다. 현지국 진출에 있어서 성공 여부는 현지의 다양한 사업파트너와의 원만한 관계 구축과 이들과의 다양한 시너지 효과를 창출하는 것이 필요하다. 여기에서 파트너는 크게 지분파트너와 사업파트너로 나누어 볼 수 있다. 사업파트너란 합작투자 시 지분파트너 개념과는 다르다. 100% 지분 단독 투자의 경우라 할지라도 원자재 구매, 제품 판매, 운송과 관련하여 다양한 사업파트너의 도움이 필요하다.

바람직한 현지 파트너인지 여부 판단은 현지 진출 목표 달성에 얼마나 도움이 되는지에 따라 달려 있다. 투자기업의 현지 진출 목표 달성에 큰 기여가 예상되는 파트너 발굴에 많은 사전 연구와 탐색이 필요하다. 해당 투자기업의 현지 핵심 성공용인 중 부족한 부분을 채워 줄 수 있는 기업, 해당 진출 사업 발전에 관심을 두는 기업, 그리고 투자기업이 추구하는 사업목적과 방향이 유사할수록 좋은 파트너가 될 수 있다. 일반적으로 안정적인 관계를 유지하기 위해서는 상호 윈윈(win win)이 되는 관계를 구축하는 것이 바람직하다. 지나치게 한 쪽으로만 유리한 관계는 오래가지 못한다. 다음은 현지 파트너 기업과의 협상 관련하여 합작파트너에 대한 평가, 주요 협상의제, 그리고 파트너와의 갈등 및 결별 사유 등을 알아본다.

1. 합작파트너에 대한 평가

합작투자의 성공은 파트너 선정과 협상에 달려있다고 해도 과언이 아니다. 그러므로 합작이 가능한 현지 기업들을 파악하고 그 기업들에 대해서 정보를 수집하고 평가하는 것이 중요하다. 무엇보다도 합작파트너에 대한 신뢰성을 검증하는 것이 중요하고 합작파트너와 상호이득을 얻을 수 있는 사업관계를 지속할 수 있을 것인가에 대해서 신중하게 평가해야 한다. 다음은 잠재적 파트너들에 대한 중요한 평가항목이다.

- 합작선의 합작 동기 및 목적
- 합작선의 기술 능력

- 합작선의 자본 능력
- 합작선의 대정부 교섭력
- 합작선의 규모 및 성장 가능성
- 합작선의 신뢰도 및 윤리성
- 최고경영자의 관리능력
- 파트너와의 협상력 차이
- 현지 기업의 마케팅 혹은 유통망의 이용가능성
- 현지 정부 및 현지 대기업에의 판매 가능성

2. 주요 협상의제

주요 협상의제에는 ① 투자 방식, ② 투자기업 명칭, ③ 투자기업 설립 장소 또는 소재지, ④ 사업내용, ⑤ 투자 규모, ⑥ 투자 기간 또는 합자·합작기간, ⑦ 출자 지분, ⑧ 경영 방식, ⑨ 이사회 구성 방식, ⑩ 생산 규모 및 생산 방식, ⑪ 설비 또는 기술 방식, ⑫ 자금조달 방안, ⑬ 공장 확보 방안, ⑭ 원자재 조달 방안과 이윤 분배 및 분쟁 해결 방식, ⑮ 제품 판매 방안 등이 있으며 다음은 대표적으로 중요한 협상의제이다.

1) 합작비율

합작비율은 현지에서 통제권을 행사하고 수익에 대한 배분 차원에서 중요한 항목이다. 따라서 합작비율을 결정하는 의사결정은 모든 협상 파트너에게 보통 가장 중요한 의제 중 하나이다. 일반적으로 외국인 투자기업은 합작비율의 51% 이상을 선호하는데 이는 기업경영 활동의 통제권을 획득하기 위한 것이므로 합작비율은 파트너들 간 협상에 있어 가장 예민한 의제라 할 수 있다.

2) 이사회 구성

이사회 구성은 현지국의 임원으로 구성할 것인가 또는 투자국의 임원으로 구성하느냐에 따라 기업활동의 문화 또는 정책 방향이 좌우된다. 따라서 이사회의 임원 선정에 있어서 협상당사자들은 자국의 임원을 최대한 많이 이사회에 참여시키려고 협상한다. 또한 투자국의 임원이 어느 직무를 담당하느냐 역시 중요한 의제라 할 수 있다. 예를 들어, 기술을 이전하여 현지생산을 할 경우에는 기술 유출위험을 고려하여 기술 담당 이사를 투자국 임원이 맡는 것이 필요하다.

3) 상표와 기술특허

상표와 기술특허 등의 사용에 있어서 현지국의 정부 또는 합작기업은 투자국의 브랜드 이미지와 기술특허 등을 이용하여 현지국에서의 이미지 상승효과를 기대한다. 그러나 이에 파급되는 로열티 지급과 사용은 최대한 저렴하게 또는 무료로 사용하려고 협상에 임한다.

4) 현지주재원의 급여

현지주재원의 급여 수준과 지급 화폐, 현지 종업원의 급여 수준과 지급 화폐 종류 등을 협상하게 된다. 즉, 임금수준은 본국 수준에 비해 어떻게 책정하고 또 현지 경쟁기업에 비해 어느 수준으로 할 것인가 또 현지국의 화폐로 할 것인가 아니면 투자국의 화폐로 할 것인가 등 급여 결정과 방식은 주요한 협상의제이다.

5) 자재구매와 기술료

자재구매와 기술료에 있어서 협상 당사자들은 생산에 들어가는 자재를 현지에서 구매할 것인가 아니면 수입을 통해 본국 또는 제3국 자재를 구매할 것인가를 협상하게 된다. 현지의 자재를 구매하여 사용하면 현지국의 입장에서는 수입대체효과와 외화 유출 억제라는 양면적 효과를 거둘 수 있다. 또한 현지 파트너 입장에서는 기술료의 지급에 있어서 선진투자국의 고급기술을 가능한 한 무료 또는 저렴하게 사용하기 위한 협상을 바랄 것이다. 한편 다국적기업의 입장에서 자재구매는 본국에서 수입하는 것이 품질 유지와 이익 및 원가관리 측면에서 유리하지만 환위험관리 측면에서는 현지화하는 것이 유리하다. 투자기업의 경우에는 기술의 유출 문제, 지적재산권보호 등 여러 가지 중요한 이슈에 대하여 협상한다.

6) 품질보증

품질보증 또한 중요한 협상의제로서 품질보증, 즉 A/S 당사자 또는 제품 하자의 경우에 있어서 책임의 소재 여부를 명확히 해야 한다. 그래야 분쟁의 소지를 미연에 방지 또는 해결할 수 있다.

3. 파트너와의 갈등 및 결별 사유

합작투자 및 제휴 등 여러 방식으로 파트너와 관계를 맺고 국제활동을 하는 다국적기업은 파트너와 갈등 및 서로 간의 의견충돌을 빈번히 경험한다. 따라서 파트너와의 갈등과 파트너십 해체 사유에 대하여 미리 파악하고 이를 사전에 조율함으로써 좋은 파트너 관계를 계속 유지하도록 노력해야 한다. 대표적인 갈등 요인은 다음과 같다.

1) 잘못된 파트너의 선택

국제합작 투자 시 파트너와의 갈등의 주요 요인은 파트너의 잘못된 선택에서 비롯된다. 파트너 간 경영활동상의 수준 차이가 존재하거나 경영상 부실한 파트너를 선택한다면 합작투자계약은 파멸의 방향으로 흐르게 될 수 있다. 또한 파트너의 기회주의 성향으로 인해 자사의 핵심기술 이전을 요구하거나 의사결정 과정에서 자신에게 유리한 경영활동만을 고집한다면 의사결정 속도를 지연시키는 결과를 초래하게 된다. 따라서 가능하면 자사와 유사한 수준의 파트너 또는 확실한 경쟁력을 보유하고 있는 기업과 파트너십을 맺는 것이 중요하다. 특히 합작투자를 수행하기 전에 현지 파트너를 면밀히 평가하는 것이 선행되어야 함은 무엇보다 중요하다. 그러므로 시장진입 시 시간적인 여유가 있다면 상대방과 파트너 관계를 본격적으로 맺기 전에 시험적으로 수출이나 계약 등 일상적인 비즈니스 관계를 경험해 보고 파트너를 선정하는 것도 좋은 방법이다.

2) 서로 다른 목적 추구

합작파트너 간 기업의 주요 비전과 목표가 서로 상이하다면 처음부터 계획된 결과를 도출하는 데 한계가 있다. 예를 들면, 자사는 투자금의 조기 회수를 목표로 하는 데 비하여 현지 파트너는 재투자를 목적으로 한다면 의사결정 충돌에 따른 갈등이 초래된다. 또한 현지 시장에서 수익 향상이 자사의 목적인 반면, 현지 파트너는 시장점유율 향상 추구가 목적이라면 제품의 가격정책이라는 의사결정에서 충돌을 일으킬 위험이 존재한다. 즉, 수익성 향상이 목적인 기업은 고가정책(skimming pricing strategy)을 추구하는 반면, 시장점유율 향상이 목적인 파트너는 저가전략(penetrating pricing strategy)을 추구하려는 성향을 보이기 때문이다.

3) 통제상의 문제

국제합작 투자에서 대두되는 문제는 무엇보다 소유지분율 구조(ownership structure)이다. 이것은 단순한 투자 비율의 문제를 떠나 앞서도 언급되었듯이 경영권 통제라는 부분과 연관되기 때문이다. 특히 동등지분(equality-ownership)의 경우에는 파트너 간 통제상의 문제가 심각하게 대두될 수 있다. 즉, 양 파트너 당사자 간 경영권 통제의 우위를 차지하기 위한 갈등은 결국 경영비효율성과 통제력 약화, 그리고 의사결정의 신속성 결여를 초래한다. 따라서 국제합작 투자 시 현지 정부의 투자규제정책과 기타 전략적인 요인을 고려해서 결정해야 되겠지만 가급적 다수지분(majority-ownership)을 통해 통제 수준을 높이는 것이 바람직하다.

4) 공헌도와 잠재적 경쟁자의 문제

합작파트너 간 경영상 비대칭적인 공헌도가 존재한다면 시간이 경과함에 따라 한쪽 파트너의 불만이 제기되고 향후 양 파트너 간 크고 작은 갈등이 발생할 소지가 많다. 따라서 양 당사자는 가급적 공헌도와 합작 사업의 이익 배분 등이 투자 지분과 비례하여 공평하게 이루어지는지 정기적으로 모니터링할 필요가 있다. 또한 합작투자 계약기간 내 투입되고 이전된 자산 및 기술을 통하여 특정 파트너가 계약기간 후 경쟁자로 부상할 수 있는 경우가 발생할 수 있다. 따라서 기술적으로 우위를 차지하고 있는 파트너는 상대 파트너의 기회주의행동을 효과적으로 통제하고 모니터링할 필요가 있다.

5) 문화차이

실제로 해외시장에 진출한 다국적기업은 현지 시장의 문화적 이질성으로 많은 외국 비용(cost of foreignness)을 감수한다. 특히, 국제합작 투자 시 현지 파트너와의 문화적 차이는 기업조직문화의 차이와 연관되어 경영상 파트너 간의 갈등을 유발하는 결과를 초래하고, 심할 경우 파트너십의 실패를 불러올 수도 있다. 따라서 국제화 경험이 미숙하거나 기업의 독점적 우위를 보유하고 있지 않은 기업이 합작투자 방식을 통해 해외직접투자를 할 경우에는 파트너의 문화적 이질성으로 인한 문제를 미리 인식하고 전략적으로 대처할 방안을 사전에 고려해야 한다.

3 해외법인 투자계획

현지법인을 설립할 때 투자계획의 타당성을 검토하는 것은 다음과 같은 장점이 있다. 먼저 타당성분석을 통하여 현지법인을 설립하는 데 소요되는 기간을 단축할 수 있고 예상되는 문제점을 미리 파악할 수 있다. 또한 투자 기회와 위협을 미리 파악함으로써 리스크와 비용을 줄일 수 있기 때문에 투자 성공률을 높일 수 있다. 마지막으로 타당성분석으로 투자할 기업을 설계할 수 있고 최적 규모가 어떠한지, 최대이윤이 어느 정도 되는지를 예측할 수 있다. 타당성 검토항목으로 다음과 같은 주요 사항이 있다.

1. 타당성 검토항목

타당성 검토항목으로는 법인설립의 동기와 목적, 사업의 실시 주체, 재계약 및 인·허가, 입지조건, 기술과 설비, 건설계획, 생산계획, 판매계획, 손익 및 자금계획, 현지인의 준비 및 교육,

경영조직 등 다양한 항목을 검토해야 한다.

1) 동기와 목적

우선 법인을 설립하거나 사업을 계획하게 된 동기와 경위를 상세히 기술하고 투자목적이나 기대하는 이윤 등의 내용도 포함하여 검토해야 한다.

2) 사업의 실시 주체

합작 시 누가 투자계획의 주체이냐를 파악하는 것이 중요하며 실질적인 추진자의 능력이나 신용을 평가해야 한다. 단독출자가 아닌 경우에는 공동출자의 간사회사, 합작파트너를 평가해야 할 것이다.

3) 재계약 및 인·허가

투자계획에 수반되는 합작 계약, 기술제공계약, 제품거래계약 등 현지 계약 및 국제계약에 관하여 법률적 검토가 필요하다. 또한 각국마다 인·허가에 대한 제도나 정책 등이 다르기 때문에 이에 대한 확인이 중요하다. 그리고 외자 규제, 투자 장려 제도, 투자보장정책 등에 대한 법률 및 경영 측면의 검토가 필요하다.

4) 입지 조건

입지 후보지의 최종적인 검토를 하는 것으로 복수의 후보지에 대해서 하부구조, 자연조건, 토지가격, 노동 사정, 주위 환경, 지역사회의 반응, 운송 등을 비교·검토하는 것이다.

5) 건설계획

건설 일정과 건설 청부업자의 선정(수행 능력, 현지에서의 실적, 청부 조건, 납기 등에 유리한 업체), 비용과 환경문제, 기계와 설비의 선적계획 등을 검토해야 한다.

6) 마케팅 및 판매

예를 들어, 현지에서 소비재 제품 판매를 계획하는 기업이 투자 시 고려해야 할 마케팅 관련 요인을 보면, 크게 목표시장, 시장 포지셔닝, 제품, 가격, 유통, 및 판매촉진활동 영역으로 나누어 세부 계획을 세워 볼 수 있다. 먼저 목표 소비자층이 누구인지, 또 이들의 특성이 무엇인지 사전 선택이 필요하다. 또 현지 경쟁사에 비해 어떤 점에서 투자기업이 차별화할 수 있는지 전략 수립이 필요하다. 산업과 기업 특성에 따라 다양한 방법으로 차별화를 시도할 수 있는데 목표시장 소비자층의 관심을 끌면서 기존 경쟁기업과 차별화되는 다양한 방법을 모색해야 할 것이다.

아울러 제품의 주시장(현지 또는 제3국), 주판매선(판매실적 유무, 신용력, 판매 조건, 여신 제도), 현지의 유통구조, 판매대리인, 마케팅 핵심 전략, 유통재고와 주소비자층, 예상 시장점유율, 경쟁기업, 경쟁제품 등도 검토한다.

7) 생산과 조달

생산 품목의 내용, 수량, 비용, 생산공정, 원자재와 부품 조달(납품선의 검토) 가동률, 불량품 발생률, 적정재고, 현지에서의 원자재와 부품의 수입제한과 국산화율 인상 가능성 등을 검토한다. 또 생산 기술과 설비와 관련된 문제도 점검한다. 즉, 현지에 가지고 들어갈 기술에 대해서 이전의 난이도, 이전 시 예상되는 문제점 및 해결방안, 이전 실행계획 등을 검토하고 설비에 관한 것은 기본설계, 라이슨싱 계약, 가격견적 등을 검토한다.

8) 경영조직

정관의 원안, 임원의 구성(초대 사장의 결정, 상근 임원의 수와 선정), 출자비율, 경영권의 소재와 실질적인 지배력, 권한 규정, 조직도(필요한 부서의 편성, 인원 배치, 자국인 파견자의 직위와 선정), 종업원 수 그리고 부문별 책임자의 선정, 특히 공장장과 재무 책임자의 선정에 유의할 필요가 있다.

9) 인사

현지인의 준비 및 교육, 현지 기술 수준의 정확한 분석, 현지인의 채용 방법(신문광고, 합작파트너와의 협조), 노무관리의 체제, 개별근로계약, 노동협약(현지 노동관계 법규의 점검), 현지의 노사관계(조합대책, 노동쟁의, 인종 문제 등), 승급제도와 교육훈련의 구체안, 작업 매뉴얼의 작성, 사회적 책임 이행 관련 비용 등을 종합적으로 검토해서 타 항목과의 적합성을 점검, 현지인 본국초청 교육, 본국기술자 현지출장교육 등을 살펴보아야 한다.

10) 재무 및 회계

손익 및 자금계획, ROI, 이익의 발생 시기, 소요자금의 조달, 운전자금 규모, 장기자금의 현지 조달 능력 등을 검토해야 한다. 또 금융, 세제정책과 환율변동에 의한 환위험관리 부분도 점검한다.

11) 기타

현지의 정치, 경제정책, 외환 동향, 외자 규제, 투자 장려 제도, 정책 방향 등을 종합적으로 점검해 예상되는 각종 문제점 도출과 대책 수립을 병행한다.

2. 투자안의 평가기법

투자안의 재무적 타당성을 평가하는 기법에는 회수기간법, 회계적 이익률법, 순현가법, 내부수익률법, 손익분기점 분석법 등이 있다.

1) 회수기간법

먼저, 회수기간법(PP: Payback Period)은 가장 짧은 회수 기간을 가진 투자안을 우선적으로 선택하는 것으로, 특정 투자안의 투자 금액 회수 기간이 기업이 내부적으로 설정한 허용 기간보다 짧으면 해당 투자안을 선택하는 것이다.

2) 회계적 이익률법

다음으로 회계적 이익률법(ARR: Accounting Rate of Return)을 들 수 있는데, 이것은 연평균 순수익과 연평균 투자액의 비율로 계산하는 방법이다.

3) 순현재가치법

순현재가치법(NPV: Net Present Value)은 의사결정의 기준을 순현재가치(NPV)가 0보다 크면 투자안을 선택하고, NPV가 0보다 작으면 투자안을 기각하는 방법이다. 한편, 내부수익률법(IRR: Internal Rate of Return)은 내부수익률을 R로 정의했을 때 R이 기업의 최소 기대수익률보다 크면 투자안을 선택하고, R이 기업의 최소 기대수익률보다 작으면 투자안을 기각하는 방법이다.

4) 손익분기점

마지막으로 손익분기점(BEP : Break Even Point) 분석 방법은 고정비와 변동비 등을 기초로 손익분기점을 분석하여 투자의 여부를 결정하는 것이다. 이때 고정비는 감가상각비, 임차비, 부채이자, 경영진 급여, 기술개발비, 기타 유지비 등이고 변동비는 생산을 위한 비용, 원재료비, 판매수수료 등이 포함된다.

재무적 타당성 이외에도 계획하고 있는 상품을 어느 정도나 판매할 수 있는가를 조사해야 한다. 즉, 시장을 발견하고 세분화하며, 계량화할 수 있는 자료를 조사하고 분석하여 판매량을 추정하고 이를 토대로 시장 타당성을 조사해야 한다. 그리고 제품이 기술적으로 원만하게 생산될 수 있는지를 알아보기 위해서 기술적 타당성도 검토해야 한다. [표 8-8]에는 경영기능별 해외 투자기업의 현지 사업전략 관련 고려해야 할 주요 요인이 정리되어 있다.

표 8-8 현지사업전략 주요 고려요인

경영 기능		주요 고려 요인
마케팅	목표시장	시장 세분화를 통해 목표소비자층 (연령, 성별 등 인구특성변수, 지역) 선택
	시장 포지셔닝	경쟁사 대비 차별화 요인
	제품	표준화와 현지화, 현지 경쟁업체 대비 차별화 요인, 제품 및 모델 범위
	가격	가격 기준 (원가, 수요, 경쟁, 내부 시장진입목표 등)
	유통	내부 또는 외부 유통망, 유통채널 단계 정도, 유통채널 집중화 또는 다각화
	판매촉진	광고 및 판매촉진활동 현지화, 광고매체 선정, 홍보활동 방법
생산		생산규모, 생산방식 (완제품, 부품 CKD 등), 현지 적합 생산기술 또는 자동화 수용 정도
조달		조달처 (현지업체 조달, 본사 수입, 현지 진출 한국 조달 업체), 품질관리
경영조직		조직구조 기준 (기능, 제품, 시장 등), 업무 공식화, 의사결정 권한 위임 정도, 본사 조직과의 연계
인사		핵심 보직 (본사 파견인, 현지 채용인, 제3국 관리자), 본사 위주 또는 현지화된 인사관리 정책 (채용, 교육훈련, 동기부여, 보상)
재무		자금 조달처 (본사, 현지금융시장, 현지 파트너 등) 및 조달 방법 (자본 확대, 차입 등)
회계		환율 변동으로 인한 환위험 관리, 세무관리

마감사례

부활의 날갯짓을 하는 현대두산인프라코어

현대두산인프라코어가 부활의 날갯짓을 하고 있다. 모기업의 혹독한 구조조정과 주가 하락, 판매량 감소에 이어 회사의 주인까지 바뀌는 위기를 겪었지만 코로나19 기간에 판매량이 회복되며 실적이 큰 폭으로 개선되고 있다. 건설기계 업계 관계자는 "코로나 이후 각국 정부의 경기 부양책에 원자재 가격까지 상승하면서 건설기계 수요가 급증하고 있다"며 "국내 1위인 현대두산인프라코어는 이번 호황을 중국 의존도를 낮추고 판매망을 다각화하는 계기로 만들고 있다"고 말했다.

현대두산인프라코어의 변화

지난 몇 년간 현대두산인프라코어의 판매 실적은 중국 건설 경기에 좌지우지됐다. 2018~2020년 현대두산인프라코어의 전체 판매량에서 중국 시장 판매 비중은 47~54%에 달했다. 그러나 중국 건설 경기 부진으로 중국 내 실적이 하락하는 상황에서도 다른 지역에서 판매량이 크게 늘면서 전체 실적이 개선되고 있다. 2021년 2분기 중국 시장 매출은 3,122억 원으로 전년 동기 대비 40.8% 감소했지만, 국내와 중남미, 북미 · 유럽 시장의 상반기 매출이 40% 안팎 늘면서 전체 매출도 22.7% 늘어난 2조 2,040억 원을 기록했다. 상반기 영업이익은 1, 975억 원으로 전년 동기 대비 13.7% 성장했다. 이런 실적은 현대두산인프라코어가 중국 의존도를 낮추고 판매망을 다각화하기 위해 수년에 걸쳐 판로를 개척한 결과다.

2021년 8월 현대중공업그룹에 인수된 현대두산인프라코어(옛 두산인프라코어)가 칠레 · 콜롬비아 등 중남미 시장에서 최근 굴착기 등 건설장비 138대를 수주했다고 밝혔다. 중남미는 지하자원과 산림자원이 풍부해 건설장비 수요가 많은 지역으로 꼽힌다. 그동안 미국 · 일본 · 중국 업체가 강세를 보여온 중남미 시장에서 대규모 수주에 성공한 것이다. 2021년 중남미 건설장비 시장 규모는 전년 대비 47% 커진 약 2만 7,000대에 달할 것으로 전망된다. 현대두산인프라코어 관계자는 "세계 최대 시장인 중국뿐 아니라 중남미 · 중동 등 세계 곳곳에서 대량 발주가 이어지고 있다"고 했다.

현대두산인프라코어의 실적이 개선된 또 다른 이유는 원자재 가격 상승 덕분이다. 올 들어 코로나 이후 경기 회복에 대한 기대감과 함께 석탄 · 구리 · 아연 · 니켈과 같은 원자재 가격이 고공행진을 하면서 원자재 산지에서 건설기계 주문이 쏟아지고 있다. 현대두산인프라코어 관계자는 "원자재 가격이 올랐을 때 채굴량을 확 늘려야 큰 이윤을 남길 수 있기 때문에 원자재 채굴업자가 대규모로 굴착기 · 덤프트럭과 같은 건설 기계를 주문하고 있다"고 말했다.

현대중공업그룹은 기존 자회사인 현대건설기계와 새로 인수한 현대두산인프라코어의 상호 시너지를 통해 세계 점유율 5위권 진입을 노리고 있다. 현재 두 회사의 점유율을 합하면 세계 10위다. 현대중공업그룹의 건설기계 부문 중간지주사인 현대제뉴인 관계자는 "양사의 연구개발 능력 극대화, 무인 · 자동화와 같은 미래 기술 투자, 공동 딜러망 구축으로 2025년까지 세계 5위권으로 진입하겠다는 목표를 세웠다"고 말했다.

* 자료: 중국만 파는 건 옛말 중남미 땅 개척나섰다, 조선일보 2021.10.27

표 8-9 현대두산인프라코어의 연도별 ESG 전략과제

	2020년	2021년	2022년
ESG Governance	• CSR 방향성 설정 및 내부 인지도 제고	• 전사 기후변화 대응 체계 마련	• 친환경 프로젝트를 활용한 장기자금 조달 ESG 채권 발행
인권/노동	• 인권의식 제고를 위한 관리체계 구축 및 모니터링 강화 인권선언 및 인권경영체계 강화	• 인권의식 제고를 위한 관리체계 구축 및 모니터링 강화 지속적인 인권교육 실시 • 임직원 대상 조직문화 Survey 개발	• 인권영향평가 진행 • 가족친화인증기업 인증 진행 실시
환경	• 온실가스 배출 중장기 로드맵 수립	• 탄소배출 및 환경 자원관리 지표 고도화	• RE100 시범사업 추진 • 2050 사업장 탄소중립 목표 수립
공정운영	• Leading Supplier 스마트 공장 구축을 통한 협력사 경쟁력 강화	• Leading Supplier 스마트 공장 구축을 통한 협력사 경쟁력 강화(계속)	• Leading Supplier 스마트 공장 구축을 통한 협력사 경쟁력 강화(계속)
고객가치	• 저탄소 및 대체연료 제품 확대 • 무인 – 자동화 기술 개발 • 48V 마일드 하이브리드 파워트레인 개발 • 예방 품질 제고 및 글로벌 거버넌스 강화	• 저탄소 및 대체연료 제품 확대 • 48V 마일드 하이브리드 파워트레인 개발 • REACHIRoHS 달성을 관리 • Stage V 신기종 품질 안정화	• 저탄소 및 대체연료 제품 확대 • 전동화 신기술 확보 • 미래동력 장비 개발(하이브리드 파워트레인, 배터리팩) • 하이브리드파워트레인(E–powerpack) • Clean Technology 24 관리

* 자료: 현대두산인프라코어 공식 보도자료

토의과제

01 현대중공업의 두산인프라코어 인수의 타당성에 대해 논의해 보시오.

02 향후 현대두산인프라코어가 글로벌 시장에서 경쟁하기 위해 개발해야 할 역량과 시장에 대해 토의하시오.

주요 용어

해외시장선택　　해외시장선택 절차　　기회-위험 매트릭스
해외시장선택 영향요소

연습문제

01 해외시장 선택에 영향을 미치는 요소에 대해 설명하시오.

02 해외시장 선택 절차에 대해 설명하시오.

03 해외시장 선택기법 중 기회-위험 매트릭스에 대하여 설명하시오.

04 해외시장 선택기법 중 시장매력도 · 경쟁력 평가모형에 대하여 설명하시오.

05 해외시장 진입전략 수립 시 주요 구성요인은 무엇인가?

06 기업의 해외시장진입 방식의 시간적 흐름에 따른 변화를 설명하시오.

CHAPTER 9

현지마케팅

도입사례

현대차의 중국 시장 브랜드 관리 실패

세계 최대 규모인 중국 자동차 시장은 전기차 · 수소차 등 친환경차 중심으로 급변하고 있다. 전 세계 자동차 회사들은 중국 친환경차 시장을 잡기 위해 사활을 걸었다. 현대차그룹이 중국 시장에서 다시 일어서려면 브랜드 이미지를 고급화하고 중국 소비자 취향 변화에 맞춘 대응 전략을 마련해야 할 것이란 조언이 나온다.

2021년 중국 시장에서 한국차 판매량은 30% 가까이 줄었다. 중국에서 현대차 판매량이 38만 5,000대로 추락했다. 2020년 대비 23% 줄었다. 현대차의 중국 시장 점유율은 1.8%로 더 떨어졌다. 기아 중국 판매량도 15만 2,000대로 39% 급감했다.

현대차 매출 급감의 시작

현대차는 가성비(낮은 가격 대비 높은 성능)를 내세워 중국에서 2013~2016년 4년 연속 100만 대 이상 판매했다. 판매량이 급감한 것은 2016년 주한 미군 사드(THAAD · 고고도 미사일 방어체계) 배치를 비난한 중국이 한국 기업에 보복 조치를 하면서다. 2016년 114만 대로 역대 최대를 기록했던 판매량은 2017년 78만여 대로 31% 급감했고 지난해엔 38만여 대까지 주저앉았다. 기아 역시 2016년 역대 최대인 65만 대를 팔았으나, 2017년 35만 9,000대로 판매량이 반토막 난 데 이어, 지난해 15만 2,000대로 뚝 떨어졌다. 현대차 · 기아 총판매량은 2021년 53만 7,000대로, 2020년 대비 28.5% 줄었다. 현대차 · 기아는 2016년 중국에서 179만 대를 팔며 '빅3'로 꼽혔으나, 10위 밖으로 밀려난 지 오래다.

현대차그룹의 중국 시장 실적은 경쟁사인 일본 도요타자동차와 비교하면 더 처참한 수준이다. 지난해 도요타의 중국 판매량은 200만 대에 육박했다. 현대차 판매량의 5배다. 도요타는 9년 연속 판매량을 늘리며 중국 시장 1 · 2위인 독일 폴크스바겐, 미국 GM(제너럴모터스)과의 격차를 줄였다.

현대차 매출 급감의 근본적 이유

전략의 실패란 평도 나온다. 언제까지 사드 탓만 할 거냐는 얘기다. 중국인에게 현대차 · 기아의 브랜드 이미지가 좋지 않다는 것이 근본적 문제로 꼽힌다. 현대차는 2000년대 아반떼와 쏘나타를 북경 택시 차로 대량 판매했다가 중국 소비자 사이에 싸구려 차로 각인됐다. 지금도 북경 도로 위 낡은 택시 상당수가 현대차 로고를 달고 달린다. 일반 차량도 가격 할인을 남발해 기존 구매 고객의 불만이 컸다. 일본차가 고급차 이미지를 쌓는 동안 현대차는 품질 · 브랜드 관리 소홀로 저가 자동차 이미지로 전락했다. 그사이 중국 소비자 사이에 중국차 선호도도 높아졌다. 특히 샤오펑 · 리샹 · 지커 등 중국 전기차 브랜드들은 고급스러운 디자인과 세련된 이미지로 미국 테슬라와 경쟁하고 있다.

잦은 경영진 교체와 핵심 인력 이탈도 문제로 지적된다. 중국 자동차 매체 원우처다오는 "북경현대

설립 20년간 책임자 8명이 바뀌었고 그중 7명의 임기는 1년 4개월에 불과했다"며, 더군다나 최근 2년간 중량급 고위 인사 다수가 회사를 떠났다고 했다. 2019년 10월부터 현대차 · 기아 중국 사업을 총괄했던 이광국 사장은 지난해 말 현대차그룹 인사에서 퇴진해 고문직으로 물러났다. 이 매체는 "북경현대가 최근 5년간 급속히 쇠퇴하면서 공장을 팔아먹고 사는 지경"이라며 "재기하기 어려워 보이며, 판매량 지속 감소로 속수무책인 베이징현대가 시장 도태라는 파국을 맞을 수도 있다"고 혹평했다.

* 자료: 차이나 모빌리티, 조선비즈 2022.01.26

토의과제

01 향후 중국자동차 산업의 경쟁구도가 어떻게 바뀔 것인가에 대해 토의하시오.

02 글로벌합작기업 및 중국 현지기업들과의 경쟁에서 북경현대가 우위를 가져가기 위한 현지마케팅 전략에 대해 논의해 보시오.

Ⅰ 현지마케팅 전략 수립

1 시장세분화, 목표시장 선택과 포지셔닝

1. 현지시장 세분화(segmentation)

현지시장 세분화란 기업이 진출한 현지국의 시장을 일정한 기준에 따라서 동질적인 여러 개의 집단으로 나누는 것이다. 예를 들면, 연령에 따라 청소년시장, 성인시장, 노인시장 등으로 나눌 수 있다. 시장을 세분화하기 위해서는 먼저 기업의 상품과 서비스에 대한 여러 시장의 반응을 면밀히 조사해야 한다. 물론, 세분시장과 소비자가 각각 독특한 특성을 가지고 있어 세분화를 통해 시장에 대한 이해를 높일 수 있다. 그러나 **현지시장 세분화의 본질적 목표는 세분시장의 특성을 찾아내는 그 자체가 아니라, 각 세분시장의 특성을 토대로 효과적인 마케팅전략을 수립, 실행**하는 것이다.

2. 목표시장 선정(targeting)

기업은 보유자원과 능력의 한계 때문에 전체 시장을 대상으로 마케팅활동을 수행하기는 무척 어려운 일이다. 따라서 기업은 전체 시장 중에서도 특정 세분시장을 마케팅 목표로 한정하고 자원과 노력을 집중 투자하는 것이 바람직하다. 목표시장을 선택하기 위해서는 시장의 규모와 성장률 등 시장 매력도와 함께 현지 경쟁기업들에 비교한 자사의 경쟁력 정도를 고려해야 한다. 무엇보다도 현지국에서의 첫 번째 목표시장은 시장진입에의 성공 가능성을 최우선으로 염두하고 왜냐하면, 최초 시장진입의 성공 여부는 기업 이미지를 좌우하고 이는 향후 그 기업의 시장 확대에 큰 영향을 미치기 때문이다.

3. 포지셔닝(positioning)

새로운 해외시장에서의 포지셔닝은 본국 시장에서의 포지셔닝과 크게 다르지 않다. 목표시장에서 소비자가 찾고 있는 효익(benefit)과 특성에 대하여 어떻게 제품과 서비스를 경쟁자보다 부각할 수 있는지 그 방법을 파악해야 한다. 현지 포지셔닝에 있어서 가장 중요한 것은 얼마나 많이 현지 소비자의 특성과 선호에 기업의 상품 및 마케팅활동을 연결하는가에 달려 있다. 예를 들어, 경쟁기업들의 포지셔닝을 가격과 품질이라는 두 가지 측면에서 살펴볼 수 있다. 이러한 경쟁 포지셔닝 분석은 현재의 경쟁 상황을 파악하고 나아가서 기존 경쟁기업들에 대해 자사의 경쟁 포지셔닝을 어떻게 할 것인가에 대한 해답을 찾는 데 유용하다.[1]

2 표준화와 적응화전략

1. 개념

표준화 전략이란 다국적기업 전체의 이익증대를 위해서는 **범세계적인 통일된 시스템을 유지하고 해외 자회사들의 활동을 통합**할 필요가 있기 때문에 본국 시장에서 택했던 마케팅전략을 해외시장에서도 변경 없이 사용하는 것을 말한다.

표준화 전략을 택하면 기업은 규모의 경제효과를 얻을 수 있고, 따라서 가격경쟁력이 높아지게 되므로 전 세계적으로 동일한 전략을 수행하는 범세계적인 기업이 등장한다고 주장한다. 또한 기술혁신으로 인해 교통과 통신수단이 발달함으로써 각국에서 발생하는 새로운 시장 트랜드가 단시간에 전 세계로 전파되고 상호 융합되어 지역 간 소비자가 접하는 시장정보나 기호 등의 차이가 줄어드는 측면이 있다. 즉, 세계적으로 소비자의 욕구와 욕망이 동질화됨으로써 일

1 Johansson, J. K., Global Marketing, 3rd ed., MaGraw-Hill, 2003, pp. 248~249.

부 제품의 경우, 소위 시장의 범세계화 현상이 급속히 진전되고 있다.

반면 적응화전략이란 현지시장 여건이 본사국과 상이할 경우, 다국적기업은 성장과 발전을 도모하기 위해 현지 환경조건에 적응해 나가야 한다는 견해이다. 따라서 **현지시장에서의 경영전략을 모국시장과 차별화**하는 것을 말한다. 현실적으로 상이한 문화권에 속해 있는 사람들은 사고방식과 가치관이 다르기 때문에 제품에 따라서는 한 국가에서 성공한 전략을 다른 문화권의 시장으로 그대로 이전시키는 데에는 많은 장애요인이 존재한다.

2. 표준화 전략의 유인

다국적기업이 여러 가지 한계가 있음에도 불구하고 가급적 제품을 표준화하려는 데에는 다음과 같은 전략적 요인이 존재하기 때문이다.

1) 규모의 경제

특정 제품의 생산 입지가 한 곳에 있을 경우에는 장기간에 걸친 대량생산의 경제성을 활용하기 위해 제품을 표준화시키는 것이 유리하다. 물론 이는 세계수요를 충족시키기 위한 총생산량을 증대시킴에 있어서 총체적인 생산비는 증가하더라도 단위당 생산원가는 감소된다는 것을 전제로 한다.

2) 연구개발의 경제성

표준화 제품의 세계적인 도입으로 제품 단위당 연구개발비가 낮아지게 된다. 또한, 표준화 제품의 경우, 신제품개발 활동 시 보다 집중적으로 큰 노력을 기울일 수 있다.

3) 마케팅의 효율성

제품 표준화는 마케팅활동 측면에서도 규모의 경제효과를 가져온다. 예를 들어, 비록 사용언어가 국가마다 다를지라도 표준화된 제품에 대한 판매책자, 판매원 훈련, 광고, 판매촉진 방식 등은 크게 다르지 않으므로 제품을 현지시장별로 적응시킬 경우에 비해 훨씬 경제적으로 현지 마케팅활동을 수행할 수 있다.

4) 소비자의 상표충성도

해외여행이 빈번한 소비자가 구입하는 제품의 경우에 제품 표준화는 소비자들의 상표충성도(brand loyalty)를 최대한 활용할 수 있다. 고급화장품, 향수, 주류 등 면세품에서 판매하는 브랜드 제품이 표준화 제품의 좋은 예이다.

3 적응화와 현지시장 확대

표준화의 유인이 있음에도 불구하고 기업은 현지에서의 계속된 성장과 발전을 도모하기 위해서 현지시장에서의 마케팅 프로그램을 현지수요, 현지정부규제, 경쟁자 등 현지경영환경에 맞게 적응화해 나가야 한다. 이때 기업은 표준화를 통한 세계적 효율성 제고와 적응화 노력을 통해 현지시장 확대 간의 균형을 이루는 수준에서 그들의 마케팅 프로그램을 변화시키는 것이 중요한 과제이다.

1. 제품적응화

현지시장 확장 시 가장 중요한 의사결정 중 하나는 **현지의 다른 사용조건 또는 사용환경에 따라 제품을 얼마나 변화시켜야 하느냐**는 점이다. 이때 제품의 개선·개발은 현지소비자의 욕구분석에서부터 출발해야 한다. 완전 새로운 현지제품의 개발이 어려우면 기존 본국 제품의 디자인 및 일부 기능의 변형을 통해서라도 현지화된 제품의 특성을 창출하는 데 노력을 기울여야 한다. 예를 들어, 진로는 국내에서 시판되는 소주와는 다르게 성분을 변화시켜 일본 소주시장에 진출했다. 일본의 애주가는 단맛이 나는 소주는 싫어하기 때문에 당분을 최소화하여 일본 소비자의 기호에 맞게 제품을 차별화했다. 또한 현지정부의 규제, 도량형의 차이, 언어의 차이, 사용조건의 차이 등은 제품의 변화를 요구하나 제품을 현지시장에 맞게 변화시키는 데에는 상당한 비용이 소요된다는 점 또한 고려되어야 한다.

2. 촉진적응화

커뮤니케이션 전략, 판촉기법 등은 **현지 소비자의 반응패턴, 정부 규제, 매스미디어에 대한 하부구조의 발달 정도 등에 따라 변화**되어야 한다. 특히, 유럽에서 TV는 교육용으로써의 효용이 강조됨에 따라 TV 광고에 대한 규제가 심한 편이다. 또한 중국과 같이 지역에 따라 개방화 정도가 다른 국가에서는 지역별로 규제내용이 다르므로 특히 주의를 필요로 한다. 매스미디어 하부구조의 발달 정도에 따라서도 특정 촉진 방법이 제한되기도 하며 또한 그 효율성이 감소되기도 한다. 최근 주목을 받는 인터넷광고도 인터넷 보급이 대중화된 한국이나 선진국시장에서는 효율적인 광고 방법이 될 수 있으나, 인터넷 보급이 일반화되어 있지 않은 여타 국가에서의 이용은 그 효율성이 의문시된다. 이와 같이 현지 환경에 따라 판매촉진 노력에서 변화가 요구된다. 그러나 현지시장 확장에 있어 촉진적응화전략의 궁극적인 목적은 현지시장에서의 브랜드 인지도를 높이는 것이라 할 수 있다.

그림 9-1 마케팅믹스의 적응화

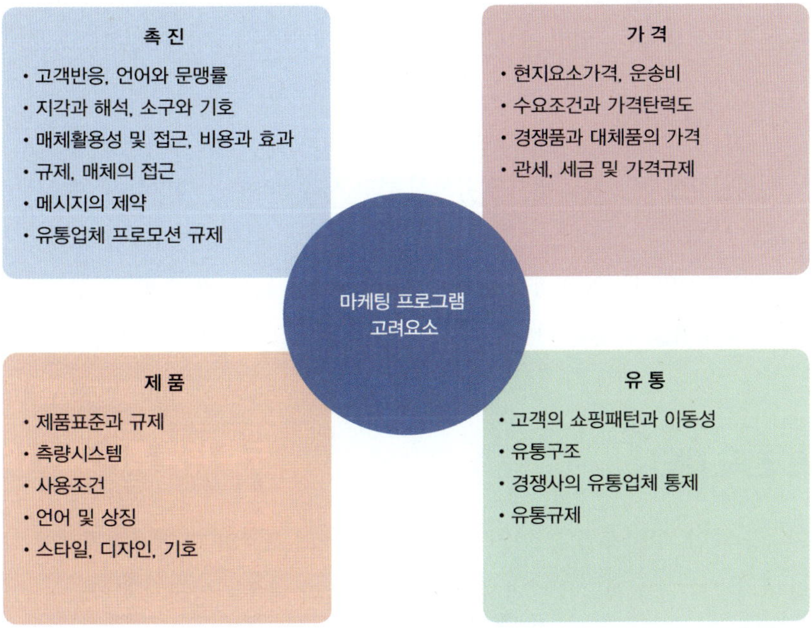

3. 가격적응화

현지시장 확장을 위한 가격전략은 **원가 가산 방법보다는 현지 소비자의 가격 민감성, 경쟁자가격 등에 초점을 맞추어 이루어져야 한다.** 예를 들어, 유럽의 프랑스, 독일 등 선진국 국민일수록 제품평가 시 가격에 민감한 경향을 보이지만 인도, 사우디아라비아 등은 비싸고 화려한 쪽을 선호하는 경향이 있는 것으로 세계조사협회(IRA)의 조사 결과 나타나고 있다. 일반적으로 기업들의 가격정책은 현지시장 침투를 목적으로 이루어진다.

4. 유통적응화

유통구조 또는 **유통채널의 이용가능성 등에 대한 국가 간 차이는 유통전략의 변화를 요구**한다. 특히, 신흥공업국에서 경로 구성원의 효율적 관리는 시장확장의 성공에 중요한 변수가 된다. 동유럽, 러시아 등 이전 사회주의 국가들은 유통구조가 발달되어 있지 못하고 비효율적이므로 많은 진출 기업이 어려움을 겪고 있다. 각국 소비자의 쇼핑패턴 또한 국가마다 다르며 이에 따라 유통채널도 달리 설계되어야 한다. 한 번에 대량 구매하는 미국 등에서는 대형할인점이 일반화되어 있지만 개도국 등에서는 소규모상점에서 빈번한 구매가 이루어진다.

현지시장 확장이라는 측면에서 특히, 일반 소비재의 경우 유통채널의 선점이 중요한데 그 특성상 유통채널의 개발에는 많은 시간과 비용이 소요되므로 점진적으로 현지 유통채널에 접근하는 것이 보통이다.

기업이 궁극적으로 현지시장에서의 시장 위치를 확고히 하고 시장점유율을 확장하기 위해서는 마케팅믹스 프로그램의 변화가 요구된다. 이러한 제품, 촉진, 가격, 유통 등 마케팅믹스의 현지적응화는 이에 수반되는 경영기능의 변화를 요구하게 된다. 예를 들어, 현지 연구개발, 생산 및 마케팅 기능을 원활히 수행할 수 있는 다양한 현지 인력 활용이 요구된다.

4 마케팅믹스 전략 대안

다국적기업이 해외시장 개입 시 활용할 수 있는 현지마케팅믹스의 표준화 및 적응화전략의 최적 대안은 4P 등의 마케팅 수단을 어떻게 배합시킬 것인가에 따라 매우 다양하게 나타날 수 있다. 제품과 프로모션(촉진)의 믹스만을 고려했을 때 특정한 제품에 대한 시장 기반을 가지고 있는 기업이 이를 여타의 지역시장으로 확대하는 데 활용할 수 있는 표준화 및 적응화의 전략적 대안을 살펴보면 기본적으로 다음과 같은 다섯 가지를 들 수 있다.

1. 제품 및 프로모션 표준화전략

제품 및 프로모션 표준화전략이란 모든 시장에서 동일한 제품을 국내시장과 동일한 프로모션 메시지를 활용하여 판매하는 전략이다. 제품의 사용조건은 물론 제품의 기능 또는 사용 목적이 국내시장과 동일한 경우에 채택할 수 있는 전략 대안이다.

2. 제품표준화, 프로모션 적응화전략

하나의 제품이 사용조건은 국내시장과 거의 유사하지만 제품의 기능 또는 사용 목적이 국내시장과는 다른 경우에 사용할 수 있는 대안이다. 이 경우 제품은 그대로 두되 마케팅 프로모션만 현지에 적응시키면 된다. 예를 들어, 라면은 한국에서는 저가 식사 대용 제품이지만 일부 개도국에서는 특식으로 인식한다면 이런 경우 제품을 그대로 두고 광고 메시지를 현지에 맞게 변경한다.

그림 9-2 제품 및 프로모션 믹스 전략

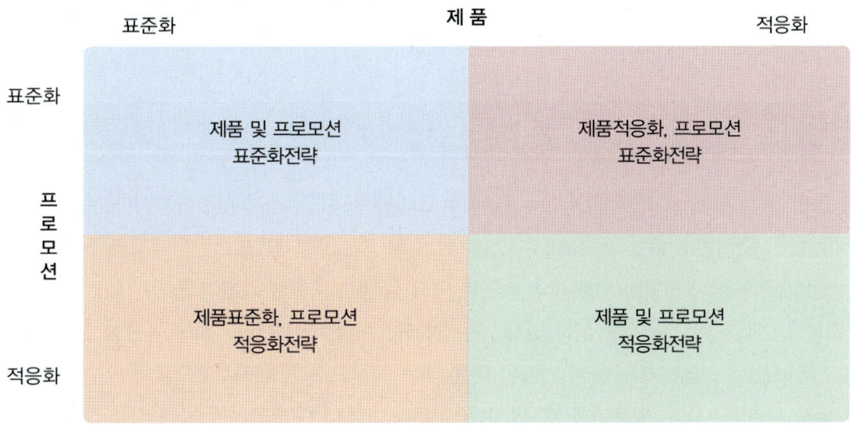

3. 제품적응화, 프로모션 표준화전략

제품적응, 프로모션 표준화전략이란 자국시장을 위해 개발된 기본적인 프로모션 전략은 변경 없이 그대로 연장 적용하지만, 제품은 현지의 사용조건에 맞게 적응시키는 전략을 취한다. 이런 전략은 해외시장에서 제품의 사용조건은 다르지만 기능 및 목적은 유사한 경우 채택된다. 엑슨모빌 정유사는 전 세계 수많은 국가에서 유류를 판매하면서 'Put a tiger in your tank'라는 광고슬로건으로 차 운전자들에게 자사 유류의 힘을 공통으로 강조하지만 국가별로 판매되는 유류의 성분은 조금씩 차별화시키고 있다.

4. 제품 및 프로모션 적응화전략

제품 및 프로모션 적응화전략이란 제품과 프로모션 양자를 모두 적응시키는 전략이다. 이런 이중의 적응화전략은 제품의 사용조건과 제품의 기능 및 목적이 현지시장마다 다를 경우에 사용되는 전략이다.

5. 신제품개발전략

신제품개발전략이란 위의 네 가지 전략으로는 새로운 시장의 욕구를 충족시킬 수 없을 때 제품을 새로 개발하여 시장에 진입하는 전략이다. 이는 새로운 수요를 창출하고 새로운 고객의 욕구를 충족시키기 위해서는 기존 제품을 수정 또는 변경해서는 부족할 경우에 사용된다.

사례 9-1 세계 각국으로 수출되는 한국 라면

미국의 유명 라면 평가 사이트 '라면레이터(the Ramen Rater)'는 최근 '세계에서 가장 맛있는 라면 10선' 중 9위로 농심 '순라면(Nongshim Soon Veggie Noodle Soup)'을 꼽았다. 한국에서 다소 생소한 이 라면은 2012년 농심이 개발한 제품이다. 라면은 먹고 싶지만, 동물성 기름이 들어간 일반 라면은 먹을 수 없는 '비건(Vegan · 육식을 전혀 하지 않는 엄격한 채식주의자)'들을 위해 동물성 성분을 빼고 만들었다. 인스턴트 라면에서 동물성 기름은 맛을 내는 핵심요소다. 채식주의자들의 요구에 맞춰 동물성 기름을 제외하면 국물의 풍미와 얼큰함이 줄어든다. 농심 연구원들은 동물성 기름 없이 신라면과 비슷한 정도의 얼큰함과 풍미를 살리기 위해 1년간 연구 개발에 매달렸다. 개발진은 분말수프에 다량의 양파와 버섯을 갈아 넣었다. 버섯과 양파는 깔끔한 단맛과 감칠맛을 살리기 위해 일반 식당이나 가정에서도 애용하는 재료다. 건더기수프에는 청경채를 엄지손톱 크기로 썰어서 별첨했다. 눈으로 구분할 수 있을 만큼 큼지막한 청경채 건더기는 자칫 무겁기만 할 수 있는 국물에 신선함을 더했다.
순라면은 국내보다 해외에서 더 유명하다. 미국과 캐나다 등 채식에 대한 수요가 많은 미주 지역에서는 '비건(Vegan)학회'가 인정한 채식 라면으로 인기몰이 중이다. '전 세계에서 채식주의자가 가장 많은 나라' 인도에서는 국민 라면 '매기(Maggie)'와 '이피(Yipee)'보다 가격이 11배나 비싼데도 불구하고 상류층 주거지역을 중심으로 잘 팔린다.
일정한 품질 뒤에는 연구 · 개발 인력들의 노력이 숨어있다. 농심의 경우, 서울 연구 · 개발 센터를 중심으로, 일본 도쿄에 기술지원센터, 미국 LA와 중국 상하이에 연구개발소를 운영한다. 서울 센터에서만 석박사 인력 90여 명을 포함해 전문 인력 총 150여 명이 일한다. 이들은 라면 개발은 물론 식품소재 · 미래식품 · 생물공학기술 · 조리과학기술 · 패키징 기술 등을 총체적으로 연구한다. 중동 국가에 공급하는 할랄 신라면에 소고기 성분이 들어가지 않지만, 소고기 성분이 들어간 신라면과 동일한 맛을 구현하는 것이 그 예다. 농심 연구팀은 콩과 밀을 분해해 나온 다양한 성분을 고기 맛으로 바꿔 소고기 없이도 소고기가 들어간 국물의 감칠맛을 재현해냈다.
농심의 할랄 신라면 수출 실적은 매년 가파르게 늘고 있다. 수출 첫해인 2011년에는 약 70만 달러 수준이었지만, 2012년에는 120만 달러로 71% 늘어났다. 2016년에는 2015년보다 33% 이상 늘어난 600만 달러 수준으로 추정된다. 농심은 장기적으로는 '고기 없이도 고기 맛을 구현하는 기술'을 이용해 할랄 전용 식품 브랜드를 개발할 예정이다.

농심은 최근 들어 아프리카, 중앙아시아 등 신시장에도 주목하고 있다. 농심은 최근 국내 식품기업 중 처음으로 남아공 지역 대형 유통체인인 스파(Spar)에 신라면을 공급하기로 했다. 또 카자흐스탄 내에선 최고급 유통매장으로 분류되는 매크로 센터(Makro Center), 도스틱 프라자(Dostyk Plaza)에 입점해 프리미엄 식품 브랜드로 이름을 알리고 있다. 또, 세계 주요 관광지에서 신라면을 판매하며 홍보활동을 벌이고 있다. 대표적인 곳이 유럽 알프스산맥의 최고봉인 스위스 융프라우(Jungfrau)다. 농심은 스위스 유통업체와 제휴해 해발 4,000m가 넘는 융프라우 전망대 매장에서 신라면을 팔아 인기를 끌고 있다. 세계 최고봉이 모여 있는 히말라야에서도 신라면을 판매한다. 농심은 한국, 일본인 트레킹족이 라면을 챙기는 모습에 착안해 네팔 안나푸르나 트레킹 코스 인근의 마을 매장들에 신라면을 공급하기 시작했다. 현재는 동양인뿐 아니라 대부분의 트레킹족이 길을 떠나기 전 신라면을 챙긴다는 것이다.

캄보디아 앙코르와트 사원 내 매장에서 2015년 6월부터 신라면이 판매되고 있고, 프랑스의 알프스 최고봉 몽블랑 산악로의 매점에서도 신라면을 팔고 있다. 이외에도 농심은 2014년 1월부터 신생국 동티모르(2002년 독립)에서 신라면을 팔고 있다. 동티모르가 동남아 최빈국인 데다 시장이 작긴 하지만 신라면 영토 확장 측면에서 상징성이 있고, 동티모르 국민에게 비교적 저렴한 식품인 라면을 제공하기 위해 진출을 결정했다는 것이 농심 측의 설명이다.

* 자료: [글로벌 공략 K푸드] ① 라면 종주국 일본 입맛도 사로잡다 … 100여개국 영토 확장한 농심 신라면, 조선비즈, 2017.04.24
[글로벌 공략 K푸드] ② 진화 거듭하는 한국 라면 … 채식주의자부터 이슬람까지 품다, 조선비즈, 2017.04.25

Ⅱ 현지제품관리

1 제품개발

1. 제품의 구성요소

기업은 제품전략을 수립하기 위해서 제품의 구성요소를 세 가지로 나누어 검토할 필요가 있다.[2]

2 이장로 · 문희철 · 이춘수, 국제마케팅, 무역경영사, 2013, pp. 207~235 요약

1) 핵심요소

고객이 진정으로 구매하고자 하는 핵심적인 혜택으로서, 물리적 재질, 제품의 기능적 특징, 디자인, 스타일 등을 말한다.

2) 포장요소

핵심제품의 가치나 효용증대에 결정적 역할을 하는 상표명, 등록상표, 포장 등을 의미한다.

3) 보조 서비스요소

기업에서 추가로 제공하는 서비스나 혜택을 뜻하는데, 이에는 설치, 배달, 신용판매, 보증, A/S 등이 포함된다. 국제기업은 제품의 각 구성요소에 대하여 시장별로 해외고객들의 기호가 어떻게 다르며 구매할 때 어떤 요소를 상대적으로 중요시하는가를 파악하여 이를 제품전략에 반영해야 한다.

2. 현지제품의 유형

기업이 해외시장에서 판매할 수 있는 제품은 혁신 정도에 따라 다음 네 가지 유형으로 나눌 수 있다.

1) 기존제품

기존제품이란 특정 기업에 의해서 이미 세계시장에 소개되어 판매되고 있는 제품을 말하며, 이에는 자사 및 타사의 국내제품과 외국제품이 모두 포함된다. **기업이 자사의 국내제품을 수정하거나 개량하지 않고 그대로 해외시장에 판매**하는 것은 가장 손쉽고 비용이 적게 드는 방법이라 할 수 있다.

2) 수정제품

수정제품이란 **국내 혹은 해외에서 개발되어 판매되는 자사 및 타사의 기존제품을 특정 해외시장에 알맞게 변경한 제품**을 의미한다. 기존제품을 그대로 해외시장에 판매하는 것은 비용을 절감할 수 있지만 해외시장의 소득수준, 소비자 기호, 사용조건, 법적 규제 등으로 판매증대에 어려움이 따른다. 따라서 기업은 기존제품의 물리적 특성, 포장 요소 혹은 서비스요소 등을 변경함으로써 현지의 고객 및 환경에 적응하려 한다.

그림 9-3 제품의 차원[3]

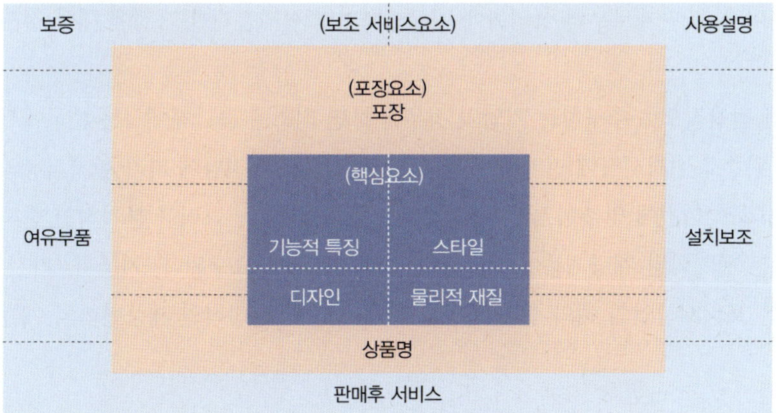

3) 개량제품

개량제품이란 **기존제품의 성능, 용량, 품질, 스타일, 서비스 등을 개선한 제품**을 말한다. 기업은 소비자들로부터 기존제품의 약점, 개선 방향, 제품수정에 대한 반응 등을 청취하거나 경쟁기업의 기존제품을 면밀히 분석함으로써 제품개량에 관한 아이디어를 얻을 수 있다. 제품의 개량은 1970~1980년대 일본기업의 국제경쟁력의 주요한 원천이라 할 수 있다. 당시 일본기업은 해외 선발기업의 기존제품을 모방하는 데 그치지 않고 마케팅조사와 연구개발에 대한 막대한 투자로 끊임없이 개량제품을 해외시장에 내놓았다. 마찬가지로 많은 한국기업도 1990년대 개량제품으로 경쟁력을 높여왔고 오늘날은 중국기업 등도 개량제품을 시장에 선보임으로써 국제경쟁력을 높여왔다. 개량제품을 주 무기로 하는 기업은 통상적으로 최초 신제품개발 기업의 경쟁우위를 가능한 짧은 기간 내에 약화시키고 기술 후발 기업의 추격을 뿌리치고자 노력한다.

4) 신제품

여기서 신제품이란 세계시장에 처음으로 소개되는 발명이나 혁신을 의미한다. 제조상의 기술 진보뿐만 아니라 제품이 소비자들에게 전혀 새로운 것으로 인식될 때 이를 신제품이라 할 수 있다. 기업이 신제품을 국내 판매에 앞서 해외시장에 먼저 판매하는 것은 드문 일이지만 **해외시장을 목표로 신제품을 개발**하여 수출하거나 혹은 해외 자회사를 통하여 신제품을 현지에서 제조·판매할 수 있다.

3 Albaum, G., Strandsk, J., Duerr, E., and Dowd, I., International Markering and Export Managemant, Addison–Wesley Publishing Co., 1989, p. 199.

신제품을 해외시장, 특히 새로운 해외시장에 판매하는 것은 위험이 높은 제품전략이라 할 수 있다. 따라서 아이디어 창출 단계로부터 상업화에 이르기까지의 신제품개발 과정에 대한 철저한 이해가 필요하다.

일반적으로 국제화를 점진적으로 추구하는 기업의 경우를 보면 최초 수출단계에서는 본국에서 판매하던 기존 제품 위주로 현지시장에 판매하게 된다. 그러나 시간의 지남에 따라 현지시장의 법률적·문화적 및 경제적 여건에 맞추어 많은 수정제품을 내놓게 된다. 그러나 본격적인 현지시장 확대를 위해서는 현지화된 개량제품이나 과감한 신제품전략이 요구된다. 자동차, 가전, 패션, 화장품 등 많은 소비재산업의 해외 진출 과정을 보면 이러한 점진적인 제품변화의 예를 많이 볼 수 있다.

2 상표와 포장

1. 상표 관련 의사결정

1) 자사상표 대 타사상표

국제기업이 사용할 수 있는 상표권자에 따라 다음과 같이 나눌 수 있다.

첫째, 고유상표란 국제기업이 자체적으로 개발한 상표로써 기업 및 상품을 차별화할 수 있는 강력한 수단이 되며 국제적으로 알려지기까지는 장기간의 투자와 노력이 요구된다.

둘째, 도입상표란 기업이 국제라이슨싱 계약 등을 통해 사용료를 지급하고 타사의 세계적인 유명상표를 자사 제품에 부착하여 해외시장에 판매하는 것으로, 이미 세계적으로 널리 알려져 있기 때문에 촉진 비용을 줄일 수 있으며 시장진입이 용이하지만 회사 자체 이미지를 구축하기는 어렵다.

셋째, 주문자상표란 국제하청생산계약 등을 통해 해외의 제조 또는 판매업체가 특정 제품의 생산에 필요한 기술 명세서뿐만 아니라 부착할 상표까지 하청업체에 제공하고, 하청생산업체는 명세서에 따라 생산한 제품에 주문자 해외제조업체의 상표를 부착하여 공급하는 방식이다.

2) 범세계적 상표 대 국별 상표

기업체가 국제상표명을 개발하고 활용할 때는 범세계적 상표로 할 것인가 아니면 국별 상표를 개발할 것인가를 결정해야 하는데, 이를 위해서는 생산 및 마케팅, 법률문제, 문화환경 측면

등을 고려해야 한다.

2. 상표의 보호

1) 상표의 해적행위 및 모조품 문제

상표의 해적행위(brand piracy)란 상표를 소유기업 모르게 특정 국가에서 사용하거나 심지어는 현지국에서 무단 등록한 후에 이를 원래의 소유기업에 판매함으로써 이득을 얻으려는 행위를 말한다. 기업이 해당 국가에 진출하려 할 때 어떤 사람이 이미 상표를 등록했다는 것을 안다면 이 기업은 상표해적행위자와 협상해서 상표의 법적 소유권을 살 것인가, 다른 상표를 사용할 것인가, 혹은 그 시장에 해당 상품을 진입시키지 않을 것인가를 결정해야 하는 상황에 처할 수도 있다.

모조품이란 세계적으로 유명한 등록상표를 무단 사용한 가짜 상품을 말한다. 이러한 모조품은 등록상표 소유주의 상표자산의 가치를 떨어뜨리고 유통 질서를 교란하므로 모조품 무역은 오늘날 큰 문제가 되고 있다. 기업이 이러한 피해를 입지 않으려면 해외시장에서 모조품을 찾아내기 위해 스스로 감시자의 기능을 수행하는 한편 정부의 협력을 구해야 할 것이다.

2) 상표의 소유권

국제기업이 자사 상표를 해외시장에서 어떻게 보호할 것인가를 결정하기 위해서는 상표권에 대한 각국의 법적 제도를 파악하고 등록 및 사용에 따르는 비용과 시장기회를 고려해야 한다. 상표소유자의 권리를 보호하기 위한 각국의 법적 제도는 세 가지 유형으로 나눌 수 있다.

첫째, 등록우선주의는 성문법 체계를 가지고 있는 많은 국가가 따르고 있는 원칙으로 상표권이 먼저 등록한 사람에게 있다. 그러나 이러한 국가에서도 상표권을 보호받기 위해서는 등록상표의 지속적인 사용을 요구하고 있다.

둘째, 사용 우선주의는 관습법 체계를 가지고 있는 국가가 따르고 있는 것으로 누가 먼저 상표를 사용했느냐에 따라 상표권이 인정된다. 미국, 영국, 캐나다 등이 이에 속한다.

셋째, 절충주의로서 이스라엘에서는 등록이든 사용이든 간에 먼저 한 사람이 상표권을 가지며, 일본에서는 등록신청을 먼저 한 회사가 상표등록을 할 수 있으나 다른 회사가 상표등록 이전에 그 상표를 널리 사용해 왔다면 계속해서 그 상표를 사용할 수 있다.

Ⅲ 현지가격관리

1 가격의 결정요인

일반적으로 특정 시장에 있어서 가격은 **원가, 수요, 경쟁 등 세 가지 기본적인 요소에 의하여 범위가 결정**된다. 즉, 제품 원가를 기초로 최저가격을 설정하고 소비자들의 수요에 의해 최고가격이 정해지며, 최종적인 가격은 경쟁 상황 등을 고려하여 책정되는 것이 보통이다. 이와 함께 정부 규제, 환율위험, 물가상승 등의 위험 요소는 국제가격 결정 시 특히 중요한 고려 요소라 할 수 있다.

가격결정 시에는 기업의 목표를 비롯하여 원가, 수요, 경쟁, 정부 규제, 위험 및 기타의 비용요소 등 주요한 가격 결정요인에 대한 면밀한 분석이 선행되어야 한다. 특히, 이러한 요인은 나라별로 다양한 형태로 나타나므로 가격결정 시 충분히 고려해야 한다.

1. 기업의 시장진입 목표와 마케팅믹스

기업의 시장진입 목표는 항상 모든 경영의사결정의 출발점이 된다. 기업이 해외시장에서 달성하고자 하는 목표가 무엇인가를 명확히 하기 전에는 적정한 가격을 산출하기가 불가능하다. 예를 들어, 시장점유율을 확대하는 것이 최우선적인 목표일 경우와 이익을 극대화하는 것이 목표일 경우의 가격결정은 달라질 것이다. 또한 국제가격의 결정은 제품, 유통, 촉진 등의 여타 마케팅믹스의 구성 요소들에 의해서도 영향을 받게 된다. 예를 들면, 특정 해외시장에서의 제품의 품질, 성능, 이미지에 따라 가격결정은 달라져야 한다. 특히 해외고객들에 의해 평가되는 제품 원산지 이미지는 가격결정에 있어서 매우 중요한 고려 요소라 할 수 있다.

2. 원가

원가는 다른 변수들보다 측정이 상대적으로 용이하다는 점과 손익분기점을 넘어서기 위한 가격의 하한선을 제공해 준다는 점 때문에 많은 기업이 기본적인 가격결정도구로 활용하고 있다. 원가에는 제조 비용, 선적 비용, 마케팅 비용은 물론 연구개발비, 관리비, 조세, 감가상각비 및 기타 간접비 등 여러 가지 비용항목이 포함될 수 있다.

3. 수요

수요는 기업이 판매하고자 하는 제품이나 서비스에 대해 소비자가 부여하는 가치 및 소비자의 지불 능력과 직결된다는 의미에서 기업이 설정할 수 있는 가격의 상한선이 어느 정도인가를 시사해 준다. 수요의 개념은 다양하지만 **한 시장에서 특정 제품의 총구매량을 나타내는 총 시장수요와 특정 기업의 시장점유율을 나타내는 특정 기업수요**로 크게 나눌 수 있다.

수요예측은 현재 수요와 미래 수요 그리고 수요량뿐만 아니라 수요탄력성의 예측이 필요하다. 해외시장에서 수요에 영향을 미치는 기본요소로는 인구 등 인구 통계적 요인, 소비 패턴 및 소득과 같은 경제적 요소들을 들 수 있다.

4. 경쟁

원가와 수요는 각기 가격의 하한선과 상한선을 제시하여 주는 데 비하여 해외시장의 경쟁 조건은 이러한 상한선과 하한선의 중간 어디에서 실제 가격이 결정되어야 하는가를 제시한다고 볼 수 있다. 가격이론에 의하면 시장구조 및 경쟁 상황에 따라 가격전략은 달라져야 한다. 완전경쟁에 가까운 상황에서는 가격은 시장에서 정해지고 기업은 가격순응자일 수밖에 없다. 이러면 기업의 가격 관련 결정은 다만 현재의 시장가격에 판매할 것인가의 여부를 결정하는 문제이다. 유명상품 등으로 제품차별화가 이루어진 독점적 시장구조하에서는 소비자들의 해당 제품에 대한 주관적 가치가 가격책정에 있어 주요한 결정요인이 되며, 과점적 경쟁구조하에서는 경쟁기업의 반응이 중요한 변수가 된다.

5. 법적 규제

국제가격 결정과 관련하여 각국 정부는 기업들의 지나친 가격 조작을 규제하기 위한 법적 근거를 마련해 놓았다. 물론 이러한 규제는 자국 소비자들의 이익이나 자국 산업을 보호하기 위한 것이라고는 하나, 국제기업이 국제가격을 결정하는 데 있어서 커다란 제약요인이 되고 있다. 우선 현지국 정부의 반덤핑(antidumping) 규제 조치를 들 수 있으며 또한 국가마다 정도의 차이는 있으나 각국 정부는 공정거래법, 독점금지법이라는 명목하에 기업들의 불공정 행위를 엄격히 규제하고 있다.

2 현지가격의 책정 방법

가격이란 투입된 연구개발비용, 생산비, 마케팅 비용 등을 회수하고 기업의 성장에 필요한 이익을 확보하기 위한 직접적인 마케팅 수단이다.

1. 원가가산법

일반적으로 가격을 책정하는 방법에는 전통적인 원가가산법이 있다. 원가가산법은 **제조원가에 관리비, R&D 비용, 간접비, 수송비, 이윤 폭을 고려하여 가격을 결정**한다. 이 방법은 비교적 가격책정이 쉽다는 장점이 있으나, 다음과 같은 단점이 있다.

첫째, 원가를 기준으로 결정된 가격은 해외시장의 경쟁기업의 가격 및 수요구조를 무시한 경우가 많다.

둘째, 원가의 산정 및 배분이 어렵다. 즉, 원가 개념은 산업과 기업에 따라 다른데, 실제원가, 표준원가, 추정원가의 적용기준이 모호하다. 또한 고정비와 변동비를 모두 고려한 총원가로 할 것인지 아니면 한계 원가로 할 것인지도 문제이다.

셋째, 이윤가산율도 산업과 기업에 따라 다르며 결정 기준도 일정하지 않다.

넷째, 이 방법은 가격이라는 마케팅 변수를 고정해줌으로써 전체적인 마케팅전략의 목표를 고려하지 않는 단점이 있다.

2. 경쟁가격결정법

경쟁가격결정법은 **경쟁자의 가격을 기준으로 동일한 수준이거나 혹은 조금 높거나 낮도록 가격을 결정**하는 방법이다. 예를 들어, 선도기업의 동종 제품가격을 참조하여 10~15% 낮게 가격을 책정하는 것이다. 이런 산업에서는 리더 회사가 가격을 변경하면, 나머지 회사들은 이것을 따라가는 패턴을 보인다. 이 방법은 가격경쟁을 최소화할 수 있다는 장점을 가졌지만, 원가와 고객 측면을 고려하지 못한다는 단점을 가지고 있다.

3. 경험곡선 가격결정법

경험곡선 가격결정법은 **기업이 경험 효과에 따른 단위당 원가 하락을 예상하고 그에 맞추어 가격을 책정**하는 방법이다. 이 방법에 따르면 초기에는 단위당 원가보다 낮게 가격을 책정함으로써 경쟁자보다 상대적으로 신속히 시장점유율을 확대할 수 있으며, 확대된 시장점유율은 판매량과 생산 효율성의 증대를 가져와 원가를 감소시킬 수 있게 된다. 결국 누적 생산량이 일정한 수준에 도달하면 단위당 원가는 제품가격보다 낮아지게 되며, 이러한 방식이 계속되어 기업은 경쟁자보다 낮은 가격수준을 견지하는 가운데 적당한 이윤을 누릴 수 있게 된다.

4. 목표중심 가격결정법

목표 중심 가격결정법은 기업이 해외시장에서 추구하고자 하는 목표에 따라 가격을 결정하는 방법으로, 여기에는 다음과 같은 구체적인 유형이 있다.

첫째, 침투가격전략(penetration pricing)은 저가격정책을 사용하여 급속히 시장점유율을 확대하려는 방법이다. 즉, 가격을 경쟁변수로 사용하여 대규모 시장에 침투하는 전략이다.

둘째, 초기고가전략(skimming pricing)으로 이 전략의 목적은 제한된 수량의 판매를 통해 단기수익을 극대화하는 것이다. 해외시장진입 시 가능한 최고가격을 책정하여 높은 가격에도 기꺼이 구매할 의사가 있는 고소득층의 소비자들에게 먼저 판매하고 나중에 가격을 약간 낮추어서 다음의 소득층을 파고드는 가격책정 방법이다.

3 현지시장가격의 변경

효과적인 가격 변경은 기업이 최대이윤을 실현할 수 있는 강력한 수단이지만 동시에 잘못된 가격 변경으로 경쟁사에 주 고객을 빼앗길 수도 있다. 특히, 가격은 기업경쟁력의 중요한 요소가 되며 제품 포지셔닝에도 영향을 미친다. 그러므로 가격 변경의 시도에 앞서 가격 변경에 대해 소비자 또는 경쟁자가 어떻게 반응할 것인가에 대해 먼저 고려해야 한다.

1. 원가의 변화

원가에는 원자재비용, 임금, 토지 사용료 등의 제조비 외에 기타 많은 간접비 항목이 포함된다. 원가의 상승 또는 하락은 가격 변경의 직접적인 원인으로 특히 원가가산법을 적용하는 기업의 경우 원가의 변화가 실제 판매가격에 신속히 반영되게 된다. 이때 경쟁자 및 시장 상황을 도외시하지 않도록 주의를 기울여야 한다. 많은 기업은 원가의 변화에 대해 즉각적인 가격변동보다도 수입선다변화, 수출선다변화, 생산기지다변화 등의 보다 적극적인 방법으로 대처하기도 한다.

2. 경쟁자의 가격변경

시장의 글로벌화 추세 아래에서 경쟁사의 가격변경은 상당히 민감한 대응을 요구한다. 특히, 제품 동질성이 매우 높은 시장에서 기업이 자사의 제품을 차별화 할 수 있는 방안을 우선 고려해야 하겠지만 만약 이러한 방안을 모색하기 어렵다면 가격 인하에 적절히 대응해야만 할 것이다. 반응을 하기 전에, 기업은 다음과 같은 문제들을 검토해야 할 것이다.

첫째, 경쟁사가 왜 가격을 변경했는가? 시장을 탈취하기 위한 것인가? 잉여 설비를 이용하기 위한 것인가? 원가 변화에 맞추기 위해서인가? 또는 산업 전반적으로 가격변동을 유도하려는 것인가?

둘째, 경쟁사의 가격 변경이 일시적인가? 또는 영구적인 것인가?

셋째, 가격 변경에 대응하지 않을 경우, 자사의 시장점유율과 이익은 어떻게 될 것인가? 다른 기업들은 어떻게 반응할 것인가?

넷째, 자사의 대응조치에 따라 경쟁기업과 기타 기업들은 어떻게 반응할 것인가 등이 검토되어야 한다.

3. 수요변화

수요변화는 가격변경의 기본적인 요인으로 수요변화 특히, 수요 패턴의 변화를 예측할 수 있는 기업은 그렇지 못한 기업보다 가격변경의 시도에 있어서도 우위를 점할 수 있다. 그렇지만 수요변화에 따른 가격변경의 시도에서 중요한 점은 소비자가 가격변화에 어떻게 반응하는가 하는 문제이다. 판매량은 구매자들의 수요가 가격변경에 얼마나 민감하게 반응하느냐, 즉 수요의 가격탄력성에 따라 크게 좌우되기 때문이다. **가격탄력성이 큰 제품의 경우 소폭의 가격변경에도 판매량이 크게 변동**된다.

4. 환율변화

환율변화는 상품 원가에 영향을 미친다. **현지국 통화의 평가절하는 수입 원자재가격의 인상을 가져오고 상품 원가 상승요인**으로 작용하게 된다. 이때 수입 원자재 사용 비율이 높은 기업은 그만큼 원가 상승압력이 높다. 환율변화로 인해 현지 시장에서 판매가격을 변경할 수밖에 없다면 기업은 현지 환율변동에 따른 경쟁사 제품의 예상 가격변동률을 고려해야 한다. 또한 환율변화는 수입 상품과 가격경쟁에도 영향을 미친다. 예를 들어, **현지국 통화의 평가절하는 수입 상품의 가격 인상 요인으로 작용하여 현지국 제품의 가격경쟁력을 상승**시킨다.

사례 9-2 아모레퍼시픽 롤리타렘피카 향수의 프랑스 현지제품전략

프랑스는 세계의 이목이 집중되어 있는 화장품시장의 본고장이다. 이곳에서 화장품의 성공은 세계적인 브랜드로 갈 수 있는 지름길이라 할 수 있다. 즉, 아모레퍼시픽을 세계화로 이끌 수 있는 가장 중요한 거점이 될 수 있는 것이다. 또한 세계적인 기업들이 많이 입지하고 있는 프랑스에서 일류기업을 벤치마킹 할 수 있는 기회를 얻을 수가 있다. 이를 통해 프랑스인의 감수성과 창의성을 배울 수 있기를 기대했다. 따라서 1988년 아모레퍼시픽(당시 (주)태평양)의 기술력을 바탕으로 한 기초화장품인 순(SOON)을 수출하기 시작했다. 그러나 브랜드력이 성패를 좌우하는 기초화장품 분야에서 인지도가 낮은 한국 브랜드는 프랑스인에게 외면당할 수밖에 없었다.

이어서 1990년 프랑스 현지의 화장품공장을 인수하여, MADE IN KOREA를 숨겨 리리코스(LIRIKOS)라는 제품 브랜드를 가진 화장품을 생산하였지만 역시 실패로 돌아갔다. 그러나 역수출을 통해 한국에 들어온 리리코스는 MADE IN FRANCE라는 효과로 오히려 더 잘 팔리는 현상이 나타났다.

화장품에서 향수로 사업을 바꾸어 1995년 향수 사업에 뛰어들게 되었다. 향수 사업의 특성상 브랜드보다는 이미지가 성패를 좌우하고, 사업 규모가 작기 때문에 실패 시에도 큰 타격이 없을 거라는 판단에서였다. 프랑스 현지화에 집중한 전략의 성공으로 롤리타렘피카(Lolita Lempicka)는 폭발적 인기와 함께 출시 8개월 만에 프랑스 내 시장점유율 1%를 기록하였으며, 까다로운 프랑스의 향수 시장에서 안정적으로 자리 잡는 데 큰 역할을 했다. 당시 시장 선두 브랜드인 샤넬의 CHANEL No. 5가 4% 정도의 점유율을 기록하고 있는 점을 감안하면 출시 2년 이내에 점유율 1%는 놀라운 속도였으며, 2004년에는 2.8%의 점유율을 기록하였고 top 5 브랜드로 자리매김하게 된다.

롤리타렘피카가 출시되기 전 프랑스 향수 시장은 캘빈클라인 등 유니섹스가 분위기를 주도하고 있었기 때문에 향수에서도 남녀 구분이 없는 것이 일반적이었다. 이러한 가운데 롤리타렘피카가 여성성과 동화의 이미지를 강조하면서 시장에 출시되자 기본의 향수 시장에 새로운 반향을 일으켰다. 화장품과 같은 이미지 제품에서 중요한 것이 브랜드 이미지이다. 특히 브랜드 인지도가 거의 없는 외국 기업이 현지에서 성공적으로 시장 침투를 하기 위해서는 현지 소비자들에게 익숙한 브랜드 이름을 사용할 필요가 있다. 당시 아모레퍼시픽은 현지 목표 여성 소비자층에게 널리 알려진 프랑스의 유명 여성 패션 디자이너인 롤리타렘피카와 브랜드 라이슨싱 계약을 체결하고 그녀의 이름을 브랜드로 사용하여 소비자들에게 브랜드인지도를 쉽게 높일 수 있었다.

'여성성과 동화 세계지향'이라는 컨셉에 맞추어 기존의 향수 용기들이 모두 네모난 것과는 차별적으로 매혹적인 금단의 사과를 형상화하기 위해 사과형 용기와 사과꼭지 분사 방식을 채택했다. 또한 용기를 한층 고급스럽게 보이기 위해 색깔은 금색과 자주색을 조화시키고 상아색의 넝쿨을 용기 표면에 그렸다. 상자도 동화 '이상한 나라의 엘리스'를 참고해 꿈의 세계로 들어가는 거울 모양의 입구로 동화적인 분위기를 강조했으며 바로크장식을 그려 넣음으로써 여성적인 분위기를 살렸다.

그러다 2017년 3월 롤리타렘피카 브랜드 라이선스 기한 만료와 함께 신제품 출시 및 제품 추가 생산을 중단키로 했다. 아모레퍼시픽은 '프랑스 시장 정착 1등 공신'인 중가 브랜드였던 롤리타 렘피카와의 20년 인연을 마무리 짓는 대신 고가브랜드 '아닉구딸'과 '헤라', '이니스프리' 향수 라인에 주력할 예정이고 헤라와 이니스프리 등 기존 화장품 내 향수 관련 제품군도 확대할 예정으로 알려졌다.

* 자료: 아모레 佛 정착 1등 공신 '롤리타 렘피카', 20년 역사 막 내렸다, 머니투데이, 2017.05.12

Ⅳ 현지촉진관리

1 촉진의 본질[4]

촉진은 기업과 제품에 대한 정보를 소비자에게 정확하고 신속하게 전달하고 소비자를 설득하는 제반 커뮤니케이션 과정을 의미한다. 현지촉진관리의 주요 구성요소로는 **현지광고, 현지인적판매, 현지스폰서십 같은 PR(Public Relations) 활동, 샘플 제공과 같은 판매촉진활동, 소셜미디어 등을 통한 구전** 등이 있다. 마케팅에 있어서 촉진의 역할은 현재 또는 잠재고객들에게 기업이 제공하는 제품이나 서비스의 편익과 가치를 알려주고 나아가 고객들이 자사제품을 구매하도록 설득하는 데 있다.

1) 커뮤니케이션 과정

커뮤니케이션 과정은 원천(source), 메시지(message), 목적지(destination) 등의 요소로 구성된다. 커뮤니케이션의 목적을 달성하기 위하여 메시지의 발신자(sender)인 원천은 목적지에서 무난히 해독될 수 있는 방법으로 전달하기 위해 메시지를 작성(encoding)하게 된다. 이때 전달된 메시지가 목적지에서 발신자의 의도나 목표와 다르게 해석(decoding)된다면 커뮤니케이션

4 이장로 · 문희철 · 이춘수, 국제마케팅, 무역경영사, 2013, pp. 350~351 요약

은 실패로 끝나게 된다. 따라서 원천, 즉 발신자로서는 목적지인 메시지의 수신자(receiver)가 어떻게 행동할 것인가와 그의 해석 능력 등에 대한 명확한 정보를 가지고 있어야 한다. 이를 바탕으로 특정한 메시지에 대해 수신자가 어떠한 반응을 보이게 될 것인가에 대해서도 완벽한 이해가 요구된다.

2) 메시지 전달의 경로

그러면 메시지는 어떠한 경로를 거쳐 전달되는가? 광고, 인적판매, 판매촉진, 홍보 등의 촉진 믹스가 바로 메시지의 주요 전달경로이다. 마케팅관리자는 이와 같이 다양한 촉진믹스의 전부를 적절히 활용하여 커뮤니케이션을 꾀할 수도 있고, 상황에 따라서는 이들 중의 일부만을 활용하여 커뮤니케이션 노력을 집중시킬 수도 있다.

국제경영에 있어서 커뮤니케이션의 원천은 통상 제품이나 서비스의 판매자가 되고, 메시지는 판매 강조점(제품의 효용이나 가치, 경쟁제품과의 차이점 등)을 포함한 제품의 특성과 관련된 명세 또는 기술(description)을 의미한다. 그리고 커뮤니케이션 노력의 대상이 되는 목적지는 상이한 문화와 언어권에 속한 다양한 국가의 잠재적 구매자가 된다.

그림 9-4 커뮤니케이션 과정 모델

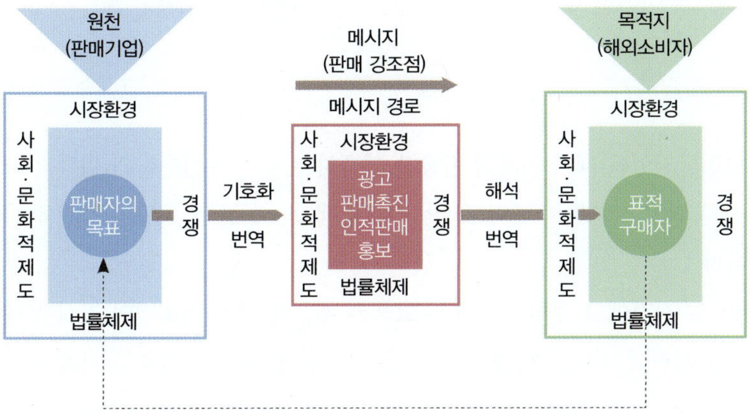

2 촉진의 고려요소[5]

촉진의 본질을 커뮤니케이션으로 볼 때 환경이 상이한 여러 해외시장에서의 촉진은 국내시장

5 이장로 · 문희철 · 이춘수, 국제마케팅, 무역경영사, 2013, pp. 354~359 요약

에서의 촉진에 비하여 장애요인이 더욱 다양하므로 이에 관한 충분한 지식이 없이는 효과적인 커뮤니케이션이 이루어질 수 없다. 본 장에서는 메시지의 작성 및 해석, 커뮤니케이션의 매체, 수신자의 반응, 법적 제약 등 네 가지 측면에서 국제 촉진의 고려요소를 간략히 살펴본다.

1. 메시지의 작성 및 해석

국제기업은 촉진메시지를 작성할 때 그 메시지가 해외시장에서 어떻게 해석될 것인가에 관한 세밀한 조사가 필요하다. 왜냐하면 해외시장의 고객은 기업이 원래 의도한 대로 메시지를 해석하지 않을 수도 있기 때문이다. 이러한 메시지 해석의 차이는 언어, 비언어적 수단 및 상징의 국제적 차이 때문에 발생하므로 이들 요소에 관한 충분한 지식이 있어야 한다.

2. 커뮤니케이션 매체

메시지가 해외의 목표 고객에게 정확히 전달되기 위해서는 매체와 광고대행사를 올바로 선택해야 하는데 해외시장의 매체는 국가에 따라 매우 다양하며 믿을만한 광고대행사를 찾기도 쉽지 않다. TV, 라디오, 전화, 신문, 잡지, 간판, 유인물 등 매체의 발전단계와 활용 가능성은 국가에 따라 크게 차이가 나므로 이러한 요소를 고려해야 한다.

3. 수신자의 반응

메시지가 매체를 통하여 전달되었을 때 수신자의 반응을 예측하는 것은 촉진전략의 필수적 고려 요소라 할 수 있다. 이를 위해서는 특히 해외고객의 정보탐색, 태도 형성 및 구매 결정에 관한 충분한 지식이 필요하다.

일반적으로 제품이 처음으로 시장에 소개되었을 때는 고객은 제품에 대한 기초적인 지식을 대중매체를 통해 획득하지만 시간이 지나 기업광고 등을 통해 제품에 대해 흥미를 가지게 되고 구매 시점이 가까워 오면 가족, 동료, 친지 등의 가까운 주변 사람들로부터 사용경험 등 주관적인 지식을 구하게 된다. 그런데 세계 각국에 제품이 소개되는 시기가 다르고 그 제품에 대한 정보의 양과 질에 차이가 날 뿐만 아니라 정보 원천의 상대적 중요성도 국가에 따라 상이하다.

또한 해외고객이 여러 가지 제품 및 서비스를 어떻게 평가하고 특정 제품에 대한 태도를 어떻게 형성하는가를 아는 것은 효과적인 촉진전략수립을 위하여 매우 중요하다. 각국의 외제 선호도, 유명상품에 대한 태도, 원산지효과, 품질, 가격 등의 제품평가에 미치는 영향을 알아야 이를 촉진프로그램에 반영할 수 있기 때문이다. 그뿐만 아니라 특정 제품의 구매 결정에 있어 누가, 언제, 어디서, 어떻게, 왜 결정하는가에 관한 지식이 있어야 효과적인 촉진전략을 수립할 수 있다.

4. 법적 제약

특정 국가의 법적 제도는 촉진활동의 유형을 결정하는 중요한 요인이다. 많은 나라에서 주류, 담배, 의약품, 산아제한용품 등과 같은 제품은 광고가 전혀 불가능하거나 허용된다고 해도 특정 매체만으로 제한되고 있다. 또 메시지 내용에 대하여 규제하기도 한다.

그러므로 국제마케팅 관리자는 촉진전략수립에 있어서 이러한 법적 제도에의 저촉 여부를 알기 위해 상당한 법률 지식을 갖추고 있어야 하며, 의심스러운 경우에는 변호사 또는 법률전문가로부터 법률자문을 구해야 한다.

3 현지광고

1. 현지광고대행사 선정

국제광고대행사의 증가 추세에도 불구하고 글로벌기업이 현지국의 광고대행사를 이용하는 이유는 다음과 같다.

첫째, 현지대행사의 특별서비스 때문이다. 현지시장 및 고객정보를 기반으로 현지대행사가 차별적인 서비스를 제공할 수 있기 때문에 글로벌기업은 국제대행사의 이점에도 불구하고 현지대행사를 선택할 수 있다.

둘째, 현지기업으로서의 이미지 때문이다. 현지대행사를 이용함으로써 선량한 현지기업으로서의 이미지를 높일 수 있고 현지자회사가 촉진 활동에 대한 책임을 지도록 한다.

셋째, 국제대행사의 조정역할이 미흡하기 때문이다. 다국적기업의 촉진프로그램을 국제적으로 조정하는 역할을 국제대행사가 효과적으로 수행하지 못할 수가 있으며, 때로는 이러한 조정이 필요가 없는 경우가 있다.

2. 광고매체

광고매체를 선정하기 위해서는 광고매체의 활용 가능성, 비용, 커버리지 등을 고려해야 한다. 바람직한 광고매체란 비용·편익 면에서 표적시장을 가장 효과적이고 효율적으로 커버할 수 있어야 한다. 이러한 광고매체에는 대표적인 것이 인쇄매체, 즉 시사잡지, 전문잡지, 신문 등이 있다. 방송매체는 TV, 라디오 등이 대표적이고, 점차 인터넷매체를 이용한 광고매체를 적극적으로 활용하고 있다. 기타 광고매체로 옥외광고, 직접우편광고, 판촉물을 통한 특수광고, 영화광고, 구매시점광고 등 다양하다.

4 비대중매체를 이용한 방법

광고 등 대중매체를 이용하는 대신에 비대중매체(non-mass media)를 이용한 촉진 방법에는 현지인적판매와 스포츠 및 각종 행사에 대한 지원(sponsorship)이 대표적이다.

1. 현지인적판매

현지인적판매란 광고를 비롯한 여타의 대중적 또는 비인적커뮤니케이션과는 달리 기업의 판매원에 의하여 수행되는 인적 커뮤니케이션을 통한 촉진활동이다. 이러한 현지인적판매는 고객의 욕구나 구매동기에 맞추어 제품과 관련된 정보를 제공할 수 있을 뿐만 아니라 고객의 반응을 살펴 가며 구매 결심을 촉구할 수 있다는 장점이 있다. 현지인적판매의 유형에는 본사파견 판매인력, 현지채용 판매인력, 범세계적 판매인력이 있다. 특히, 진출국가가 개도국시장일 때는 인건비는 저렴하지만 이에 반하여 판매기술이나 노하우가 부족한 것이 사실이다. 따라서 다국적기업은 현지에서 판매인력을 채용하고 교육훈련을 시킨 다음에 파견하여 근무토록 함으로써 기업이미지 제고와 제품의 판매를 증가시키고 있다.

2. 스포츠마케팅 활동 및 행사지원

스포츠마케팅 활동이란 기업이 스포츠활동을 후원하여 주고 기업의 제품과 이미지를 홍보하는 데 목적이 있는 활동이다. 스포츠마케팅은 기업의 참여 형태에 따라 분류할 수 있다. 첫째, 기업주도형으로 스포츠 이벤트 경비의 전부 혹은 대부분을 부담하는 형태로 타이틀 스폰서십과 비타이틀 스폰서십으로 구분된다. 둘째, 매체주도형으로 매체사가 주최하는 대회에 기업이 협찬하는 방식이다. 기타 방법으로는 공동협찬형식과 제품기증형식, 경기장 내 광고물 설치협찬 등이 있다.

이러한 스포츠마케팅 활동을 지원하는 스폰서십의 종류에는 첫째, 공식후원사로 일정 금액을 지불하고 휘장(예: 올림픽기 문양)을 광고, 판촉에 이용할 수 있는 권리를 획득하여 경쟁기업 참여를 제한하는 독점 스폰서가 대부분이다. 둘째, 공식공급업체로 물자나 용역 등을 지원하고 휘장을 광고, 판촉에 이용할 수 있는 권리를 갖는 것이다. 셋째, 공식 라이슨싱 계약 체결 후 일정액을 지불하고 휘장을 이용하여 상품을 제조 및 판매할 수 있는 권리를 갖는 것이다. 기업은 또한 기업 이미지를 제고하기 위해서 각종 행사를 지원하는데 실제로 매스미디어에 비하여 적은 비용으로 큰 효과를 거두고 있는 것으로 보인다.

V 현지유통관리

1 현지유통경로

제조업체가 자사 제품을 해외시장의 최종소비자에게 전달하기까지에는 다양한 형태의 유통기관 내지는 중간상들이 개입하게 되는데, 이러한 유통기구는 누구의 명의와 계산으로 영업활동을 수행하는가를 기준으로 독립적인 중간상과 대리상으로 구분할 수 있다.

독립적인 중간상은 자기의 명의와 계산으로 수출·입 활동을 하므로 구입가격과 판매가격의 차이가 곧 영업이익이 된다. 이에 비해 대리상은 수출업자 또는 수입업자의 위탁을 받아 해당 위탁자의 명의와 계산으로 거래를 하며, 대부분 수출·입 거래대금의 일정 비율을 수수료 형태로 수취하게 된다. 따라서 대리상은 거래제품에 대한 소유권을 갖지 않으며, 위험부담도 지지 않는다.

이와 같이 누구의 명의와 계산으로 영업활동을 수행하는가 하는 문제는 계약위반으로 클레임이 제기되었을 경우 손해배상의 1차적 책임소재와 관련하여 매우 중요한 의미를 지닌다. 독립적 중간상을 활용할 경우 일단 이들에게 제품을 넘겨주기만 하면 환위험, 신용위험 등 수출 활동에 수반되기 마련인 제반 위험에 대해 걱정을 많이 하지 않아도 된다는 이점이 있다.

그러나 독립적 중간상은 제조업체로부터 물품에 대한 소유권까지 넘겨받게 되므로 제조업체는 대리상들에 비해 통제가 어렵다. 또한 독립적인 중간상은 취급하는 물품에 대한 모든 거래위험을 떠맡게 되므로 판매 이윤에 대한 전망이 불투명할 경우에는 제조업체를 소홀히 대할 수도 있기 때문에 기업이 독립적 중간상을 활용하면서 이러한 단점들을 인식해야 한다.

사례 9-3 북경현대의 현지유통업체관리

현대자동차가 북경기차와 합작투자를 성사시킴으로서 북경현대(BIMC)라는 중국법인을 설립하기까지 현대자동차의 임원진들은 수많은 대책 회의와 시장조사를 통해 4S shop이라는 전문 딜러샵 단일 채널 체제로 자동차를 판매하겠다는 계획을 세웠다. 또한 화북, 화동, 화남 지역군의 7개 Hub 도시들에 먼저 진입하여 순차적으로 채널 커버리지를 확대시키기로 결정했다. 그러나 이러한 의사결정이 끝난 후 또다시 현대자동차에 닥친 문제는 어떻게 4S shop 딜러들을 확보하느냐 하는 것이었다. 특히 진출 당시 현대자동차는 타 경쟁사에 비해 낮은 브랜드 인지도를 가지고 있었기 때문에 4S shop 딜러들을 확보하는 데에 큰 어려움이 있었다.

최초 현대자동자는 혼다의 유동채널을 벤치마킹을 고려했으나 딜러 선정에서는 다소의 차이를 보인다. 대부분 글로벌 메이커들은 딜러를 선발하면서 딜러의 과거 경력을 매우 중요시하는 반면, 혼다에서 고려하는 딜러 선정기준은 단지, 자금을 충분히 소유하고 있는가가 중요 선정기준이 되었다. 실제 혼다의 딜러들을 보면 과거 다른 업종에서 경험했던 딜러들이 많이 분포하고 있다. 이와 반면 북경현대는 딜러의 자금력보다는 지원자의 과거 경력에 선발기준의 비중을 두었으며, 비록 초기 자금력의 수준을 최소 2,500만 RMB로 정했다고 할지라도 딜러들이 하겠다는 열정과 의지가 있으면 이를 선정 기준으로 충분히 고려했다. 이러한 선정기준은 한국 특유의 선정기준이며 어느 기업들도 고려하지 않은 기준이었다.

표 9-1 북경현대의 딜러 선발 과정

단계	내용
1단계	지면을 통한 광고 및 홍보
2단계	서류신청 접수
3단계	사전 인터뷰 인원 구성(4명)
4단계	현지조사 및 인터뷰
5단계	평가위원회(6명)을 통한 딜러 선발

표 9-2 딜러 3개 혁신 캠페인

구분	내용
고객가치	구입고객 전산 데이터베이스화
현대 브랜드	서류신청 접수
4S 딜러체계	사전 인터뷰 인원 구성(4명)

북경현대는 지속적이고 철저한 교육을 통해 딜러들의 실무능력을 육성하고 이들에게 자본주의적 사고방식과 문화를 이해시키기 위해 노력하고 있다. 특히 중국의 소비자들의 90% 이상이 4S shop에서 승용차를 구매하고 있기 때문에 북경현대로서는 소비자의 최종 집전지역인 4S shop을 통해 브랜드를 제고할 수 있도록 최선의 노력을 다했다. 또한 중국 소비자들의 자동차 구매 준거와 정보수집 경로가 친구, 직장동료 및 가족이기 때문에 무엇보다 딜러들의 고객 만족을 이끌 수 있도록 노력했다. 이에 북경현대는 딜러들의 체계적인 교육훈련이 선행되어야 한다고 보았다.

이러한 북경현대 딜러들의 자제 가격인하판매를 억제하기 위해 북경현대는 외지판매나 가격인하판매를 하는 딜러들에게 대당 3만 RMB의 페널티를 부과하고 있다. 그러나 이러한 문제는 단시일의 문제가 아니라고 판단한 노재만 총경리는 장기적인 딜러 교육훈련을 통해 딜러 스스로가 현대에 대한 충성심을 유발시켜야 한다고 판단했다. 이에 딜러들의 경쟁력 육성을 위해 중국의 로컬 외주업체인 도어를 통해서 철저한 교육훈련을 꾸준히 수행하고 있으며 방문 고객의 모델, 옵션, 사양 선택에 대한 영업사원의 영향력 증대를 가능케 하는 딜러 영업력 강화 프로그램을 딜러 개설단계에 따라 순차적으로 수행하고 있다. 최근에는 딜러들의 경쟁력 육성을 위해 3대 혁신 캠페인 실시하고 있다. 이 밖에 딜러들의 동기부여를 위한 정책으로 판매원 경연대회, 우수판매원 선발, 그리고 1년에 두 번 정도 딜러 컨벤션을 개최하고 있다.

딜러의 마진구조와 인센티브의 책정은 현대자동차의 향후 경영실적에 직접적으로 영향을 미치기 때문에 매우 신중한 의사결정을 내려야만 했다. 여러 차례의 임원진 회의와 타 경쟁 메이커를 대상으로 한 시장조사를 통해 결국 현대자동차는 딜러의 마진 및 인센티브 구조를 최대 7%로 결정했다. 이 중 4S shop 건설보조금 1.5%, 광고 지원비 1%, 기본 마진 30%, 인센티브는 연말에 종합적인 고과를 통한 인센티브 0.5%와 매월 해당 딜러에게 설정된 월간 목표 달성 시 10%, 초과 달성 시 0.8%의 인센티브로 구성되었다.

* 자료: 현대 • 기아자동차 중국 마케팅사례 요약발췌, 무역경영사, 2007년 9월

2 현지유통업체관리

1. 현지유통업체 선발[6]

현지시장에 진출한 기업에 있어 매우 중요한 의사결정 중의 하나는 현지유통업체를 선발하는 것이다. 현지유통업체의 선발은 비단 자사가 현지에서 생산한 제품을 대신 판매해 줄 대리인을

6 이성근 · 배수현, 새유통관리론, 무역경영사, 2002 내용을 일부인용 및 정리

찾는 일뿐만은 아닐 것이다. 현지유통업체는 자사의 판매 이익, 시장점유율뿐 아니라 브랜드 이미지 제고에 매우 밀접한 관련이 있기 때문이다. 따라서 해외시장에 진출한 다국적기업에 있어 현지유통업체 선발의 문제는 매우 중요한 전략적 의사결정 중의 하나이다.

효과적인 유통업체를 선정하기 위해서는 우선 선정기준을 마련해야 한다. 그리고 이를 기준으로 최종 유통업체를 선택해야 한다. 유통업체를 선정할 때 고려해야 하는 주요 기준은 [그림 9-5]와 같다.

그림 9-5 현지유통업체 선정 시 고려요인

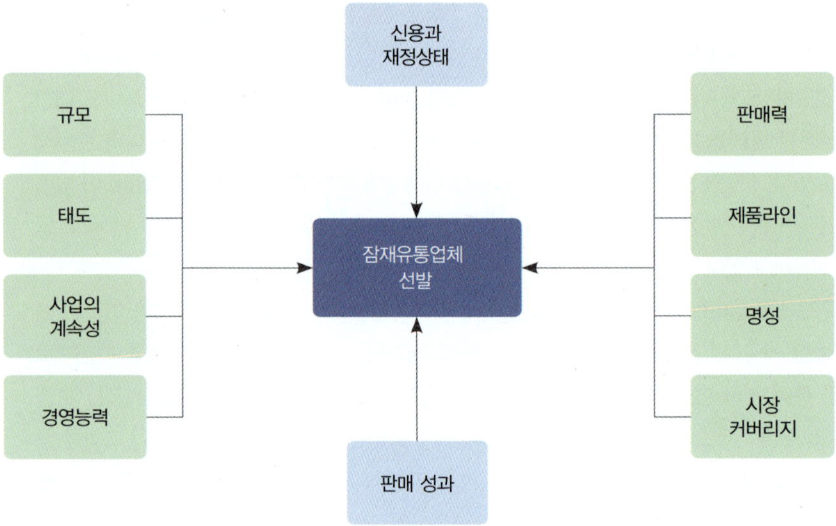

주요 기준으로는 현지 잠재유통업자의 신용과 재정 상태, 판매력, 제품라인, 명성, 시장커버리지, 판매 성과, 사업의 계속성, 경영 능력, 태도, 규모 등이 있다. 그러나 모든 기업에 공통으로 적용되는 기준은 없으므로 자사의 현지시장 진입 목표, 현지시장의 상황을 효과적으로 고려하여 적절한 평가 기준을 마련하여 평가하는 것이 필요하다.

최종적으로 현지유통업체가 결정되면, 계약을 체결하고 영업을 개시한다. 만약 현지유통업체가 자사와 유통계약을 통해 새로운 사업을 시작하는 경우에는 시설공사 및 영업개시 준비 과정을 지원하여 영업개시 이전부터 협력관계를 유지하는 것이 필요하다.

2. 교육훈련

유통업체와 유통경로의 구성원들에 대해서도 본사의 인력과 마찬가지로 교육훈련이 필요하다. 이러한 교육훈련 프로그램에는 첫째, 기업 및 제품에 관한 지식, 둘째 특히 당해 유통경로 구성원이 취급하고 있는 제품에 대한 서비스 등의 전문적인 지식, 셋째 판매기법, 넷째 기타 일반적인 경영 개념에 대한 인식을 심어줄 수 있는 내용이 포함되어야 한다. 이를 통해 업무수행의 효율성을 증대시킬 수 있을 뿐 아니라, 충성도를 높이는 효과도 아울러 기대할 수 있다.

3. 유통업체 평가 및 통제

유통경로의 통제를 위해서는 유통경로 구성원 개개의 효율성 평가와 더불어 전체 유통경로시스템의 효율성을 판단하기 위한 적절한 실적평가 기준을 마련해야 한다. 이러한 **실적평가 기준에는 일반적으로 목표판매량, 시장점유율, 재고회전율, 외상 매출 회수 기간, 가격의 안정성 여부 등이 포함**된다.

유통경로 구성원에 대한 효율적인 통제와 평가를 위해서는 유통기구의 판매실적, 시장침투범위, 고객에 대한 서비스, 제품가격 및 수지 상태를 정확히 파악하고 있어야 한다. 특히 중요한 것은 기업이 외상으로 매출한 대금에 대해서 철저한 관리와 통제해야 한다. 경제 상황이 불안정한 경우 대금 회수 기간을 가능한 최소화하는 노력이 필요하다. 또한 전산화를 통하여 유통업체별 매출 현황을 실시간으로 파악하고 외상 매출 대금이 어느 기준을 초과하면 자동적으로 위험신호를 보내주는 조기경보 시스템을 구축해야 할 것이다.

4. 유통업체에 대한 보상

유통업체들의 보수체계는 충분한 동기부여를 제공할 수 있는 선에서 결정되어야 한다. 이러한 보수체계는 수수료, 판촉지원금, 현금결제 시 할인, 기타의 금전적 급부가 포함되는데, 지나친 보수는 기업의 전체 이윤에 부정적인 영향을 미치지만, 너무 적은 보수는 현지유통업체의 의욕을 저하하게 되므로 신중히 결정되어야 한다.

유통업체의 충성도를 제고시키기 위해서는 무엇보다도 공급업체와의 관계가 결코 일시적인 것이 아니라는 확신을 심어줄 필요가 있다. 이러한 관점에서 현지유통업체의 관계자를 초청하여 생산공정을 견학하게 한다든지 본사의 최고경영자급 인사가 현지를 방문하여 사기를 높여주는 것도 충성도를 제고하기 위한 훌륭한 방안이 될 수 있으며, 여러 유통업체 중에서 뛰어난 실적을 올린 업체를 선정하여 상을 주는 것도 한 가지 방법이다.

5. 유통업체 갈등관리

현지마케팅에 있어서 유통경로의 구성원은 대부분 독립적인 영업을 하는 경우가 많다. 따라서 이들과 끊임없는 갈등이 상존하고 있다. 특히 국적이 다르고 멀리 떨어져 있는 관계로 한 번 빚어진 갈등은 좀처럼 쉽게 해소되기 어렵다.

현지마케팅에 있어서 흔히 발생하는 갈등은 동일한 수준의 영업을 하는 도매상과 도매상, 소매상과 소매상 간의 수평적인 갈등과 제조업체와 도매상 또는 도매상과 소매상 간의 수직적인 갈등으로 구분할 수 있는데, 수직적 유통경로 간의 갈등이 보다 심각한 양상을 띠게 되는 것이 보통이다.

갈등을 해소하기 위해서는 역시 원활한 의사소통시스템을 유지하는 것이 최선의 방법이라고 할 수 있다. 전 세계에 흩어져 있는 유통기구들과의 효율적인 의사소통시스템이 확립되어 있지 않는 경우, 언어와 문화상의 차이로 인하여 공들여 쌓은 탑이 무너져 버릴 수도 있다.

다국적기업의 입장에서는 현지시장에 유통관리 전담 요원을 파견한다든가 유통경로를 선택할 때 본사국의 언어를 구사할 수 있는 유통업체를 사용하는 것도 한 가지 방법이다. 그뿐만 아니라 유통에 관한 계약을 체결할 때는 나중에 잡음이 생길 여지가 없도록 계약서의 작성에 완벽히 해야 한다.

마감사례

중국의 4대 규제산업과 육성산업

중국은 '공산당 100년의 약속'의 제1단계 목표인 모든 국민이 풍족한 생활을 누리는 '소강사회(小康社会)' 달성을 끝냈다. 중국은 1921년 공산당 창당 후 100주년이 되는 2021년에 인당 소득 1만 달러, 2010년 국내총생산(GDP)의 2배 달성을 목표로 하는 계획을 세웠다. 그런데 2020년에 이미 중국은 1인당 소득 1만 483 달러에 GDP는 14조 7,000만 달러로, 2010년의 6조 달러의 2.4배를 달성했다. 1949년에 건국한 중국의 제2단계 목표는 건국 100주년인 2049년에 경제력에서나 군사력에서 세계 1위가 되는 것이다. 중국말로는 '사회주의 현대화 강국'을 건설하는 것이다. 그러나 중국이 총량지표에서 그리고 평균지표에서는 소강사회(小康社会) 달성이 이뤄졌다고는 하지만 국민들의 체감지표는 거기에 미치지 못한다.

표 9-3 중국의 주요지표

	2019년	2020년
국내총생산(GDP)(10억US$)	14279.9	14722.7
1인당 GDP (달러)	10,217	10,500
GDP 성장률 (%)	5.9	2.3
수출(100만 달러)	2,499,481	2,590,646
수입(100만 달러)	2,078,409	2,055,612
인구(1,000명)	1,433,784	1,439,324

* 자료: KOSIS APEC 국가의 주요지표

중국의 지속적인 빈부격차

중국 정부가 절대빈곤을 없앴다고 자랑하지만 상대적인 빈부격차는 커지고 있다. 단적으로 2020년 5월에 개최된 전인대 폐막 내외신 기자회견에서 기자와 일문일답에서 리커창 총리는 중국의 평균 인당 소득은 6만 5,000위안을 넘었지만, 14억 중 6억 명의 인구는 연간소득 1만 위안에 불과하다고 언급했다.

중국의 시진핑 주석은 "중화민족의 위대한 부흥을 꿈꾼다"는 '중국몽(中国梦)'을 국정 아젠다로 내걸었다. 하지만 소강사회 이후 새로운 대장정을 시작해야 하는 중국 정부는 국민들에게 구름 잡는 거창한 구호보다는 국민이 공감할 만한 키워드가 필요했다. 그래서 2020년 10월 26일 제19기5중전회의에서 '전국민의 공동부유(全体人民共同富裕)'이라는 키워드가 등장했고, 2021년 3월 12일 제14차 5

개년 계획에서 '공동부유(共同富裕)'론이 "사회주의의 본질적 요구사항"이라고 못 박았다. 중국의 시진핑 주석은 다 같이 부자 되자는 '공동부유(共同富裕)'론이 공염불이 되지 않기 위해서는 빈부 격차 축소가 필수이며, 이를 위해서는 개혁을 전면적으로 강화해야 하고 법과 제도의 정비 없이는 불가능하다고 봤다.

중국의 특수성을 반영한 규제 · 육성산업

중국 투자를 하는데 중국 지도자의 국정철학을 알아야 하고, 그 실행 목표와 수단을 이해해야 한다는 점에서 중국은 어렵고 중국 투자도 쉽지 않다. 그러나 어느 나라에 투자하든지 "정부와 맞서지 말라"는 철칙이고 중국도 예외가 아니다. 이는 역설적으로 정부의 입김이 서방국가보다 월등히 강한 중국의 경우 정부가 규제하는 산업이 아닌 육성하려는 산업에 투자하면 더 높은 수익을 올릴 수 있다는 말이기도 하다. 중국의 '공동부유론'과 '의법치국'의 계획은 자세히 읽어보면 중국 정부가 규제하는 산업, 네 가지와 육성하는 산업 네 가지 범주가 나온다.

표 9-4 중국의 4대 규제산업과 육성산업

중국의 규제산업 네 가지 범주	중국의 육성산업 네 가지 범주
• 디디추싱 등 데이터 부적절 사용 산업 • 알리바바 등 반독점 불공정 산업 • 교육, 부동산 등 출산율이 부담을 주는 산업 • 부채의존도가 높은 탄소배출 산업	• 고품질 안전산업(기술혁신, 제조업, 밸류체인, 공급망 관련 산업 등) • 공동부유산업(농촌진흥, 지역협력, 식량안전산업 등) • 국가안전산업 • 신에너지와 환경보호산업

중국이 중국몽과 공동부유를 위해 반드시 육성해야 하는 범주가 네 가지가 있다. 첫째, 미국의 기술로 목 조르기에서 탈피할 신기술, 첨단산업이다. 반도체, 배터리, 첨단소재 관련 산업이다. 둘째, 소득격차와 불평등을 줄이는 산업이다. 도농 간 격차를 줄이기 위한 농업진흥 관련 농기계, 종자산업, 농업물류 유통산업이다. 셋째, 국가 안전과 관련된 산업이다. 보안, 방산, 항공우주 같은 산업이다. 넷째는 탄소중립과 환경보호 관련 산업으로 저탄소 녹색산업으로 전기차, 수소차, 환경처리산업이다.

* 자료: 中 규제하는 4대산업 피하고, 키우는 4대산업 주목해야, 한국경제 2021.08.19

토의과제

01 현대자동차, 삼성전자와 같은 한국기업들이 중국시장에서의 경쟁력 강화를 위해 중국 정부당국의 정책 변화에 어떻게 대응할 수 있을지 논의해 보시오.

02 중국의 산업발전단계에서 현지 중국기업들이 추구하는 전략 방향은 무엇인가? 이에 대한 한국기업들의 대응전략은 무엇인가?

주요 용어

현지마케팅
현지마케팅전략 수립
현지판매
표준화전략
적응화전략
제품개발
유통경로
갈등관리

연습문제

01 제품표준화전략과 적응화전략을 설명하시오.

02 제품 및 커뮤니케이션 믹스전략에 대하여 설명하시오.

03 매스미디어를 이용하지 않은 현지촉진전략에 대하여 설명하시오.

CHAPTER 10

현지 인사 · 노무, 생산, 구매

Ⅰ. 현지 인사 · 노무관리

Ⅱ. 현지생산관리

Ⅲ. 현지구매관리

도입사례

중국을 떠나는 외국기업들

한때 '세계의 공장'으로 불렸던 중국에서 외국계 기업들의 탈출 러시가 이어지고 있다. 중국 당국이 각종 규제를 강화하고 있는 데다 미 · 중 패권경쟁 등의 영향으로 중국 내 반(反)외자 기업 정서가 강해지면서 갈수록 기업하기 힘든 환경이 돼가고 있기 때문이다. 현지 진출 기업인들 사이에서는 시진핑 국가주석이 주창한 공동부유(共同富裕)론이 정부의 시장개입을 더욱 확대하는 쪽으로 작용하지 않을까 우려하는 목소리가 나온다.

삼성중공업은 중국 저장성 닝보(寧波)에서 26년간 운영해오던 조선소를 연말까지 철수하기로 했다고 발표했다. 1995년 설립된 닝보 조선소는 거제조선소에 선박 블록을 공급했지만, 설비 노후화로 인한 생산효율 저하와 해외사업장 운영 효율 개선 전략에 따라 철수가 결정됐다. 랴오닝성 다롄(大連)에 모터 생산기지를 운영하던 일본 전자업체 도시바도 현지 공장 폐쇄를 결정했다. 도시바는 다롄 공장뿐 아니라 중국 내 24개 도시에 진출한 33개 공장을 모두 철수하기로 했다. 도시바가 중국에 진출한 지 30년 만이다. 도시바는 연구개발 기능과 정밀공정 공장은 일본으로 옮기고, 나머지 자동차용 전장과 가전 등은 베트남으로 이전하기로 했다. 사드(THAAD · 고고도미사일방어체계) 보복의 피해자인 한국의 롯데와 미국 나이키, 독일 아디다스 등도 중국 사업을 접었거나 축소했다. 전문가들은 중국 당국이 경제 자립(자급자족)과 국내 수요 확대를 통한 경제성장을 강조하면서 갈수록 외국 기업이 사업하기 어려운 환경이 조성되고 있다고 분석했다.

이미 많은 외국인이 중국을 떠나고 있는 현상도 이런 분위기를 반영한다. 뉴스위크 일본판에 따르면 외국 여권을 소지한 상하이 거주자(16만 3천 954명)와 베이징 거주자(6만 2천 812명)는 1년 전보다 28% 이상 감소했다. 중국의 세금 제도 변화로 더 이상 임대료와 학비에 대한 세금 공제 혜택을 받을 수 없게 되면서 연말까지 더 많은 외국인이 중국을 떠날 것으로 보인다고 이 잡지는 전했다. 주중 EU 상공회의소는 "중국의 대도시에서 일하는 외국인의 감소는 간과할 수 없는 문제"라며 "선진국 출신 글로벌 인재 유출이 멈추지 않는다면 혁신이 저해될 위험이 있다"고 우려했다.

* 자료: 정열, '세계의 공장' 중국 떠나는 외국 기업들, 연합뉴스 2021.10.22

토의과제

01 다국적기업들의 생산입지 또한 잠재적 성장시장으로서 각광을 받던 중국의 시장매력도가 지난 2~30년간 어떠한 변화를 겪어 왔는지 논의해 보시오.

02 미 · 중 무역분쟁, 코로나19, 우크라이나 전쟁 등 일련의 사태들이 글로벌 공급망의 중심이었던 중국의 입지에 어떠한 영향을 미칠지 논의해 보시오.

Ⅰ 현지 인사 · 노무관리

현지시장에 진입한 다국적기업은 진출 국가의 문화적 이질성으로 인해 적지 않은 어려움을 겪고 있다. 특히 현지노무관리 측면에서 볼 때 본국과 현지국의 문화적 차이를 고려하는 것은 노무관리의 기본요소라 할 것이다. 따라서 현지인력의 채용에서부터 평가보상, 교육훈련, 복리후생에 이르기까지 본국 노무관리와 차별화된 접근이 필요하다. 본 절에서는 효과적인 자회사관리를 위해 필요한 현지인력의 채용, 교육훈련, 평가보상 및 복리후생, 노무갈등관리 등 여러 인사·노무관리기능에 대해 살펴본다.

1 채용 및 교육훈련

1. 현지인력의 채용

진출시장에서 기업경영에 필요한 인적자원 채용 방법으로는 크게 세 가지가 있다. 하나는 **본사에서 인재를 파견하는 방법**(ethnocentric staffing)이며, 다른 하나는 **현지인을 채용하는 방법**(polycentric staffing)이다. 마지막은 **제3국에서 검증된 유능한 인재를 채용하는 방법**(geocentric staffing)이 있다. 현지인력의 채용은 현지시장의 정보, 문화 그리고 경영스타일을 잘 아는 인력이 바로 현지인이라는 가정에서 출발한다. 현지인 채용이 갖는 장점으로는 현지인력은 현지문화나 환경에 익숙하다는 점과 현지기업으로서의 이미지를 제고할 수 있다는 것이다. 그리고 본사 파견에 비해 채용 비용을 줄일 수 있다. 또한 현지인력은 현지시장의 특수성에 익숙하기 때문에 정부기관, 소비자 및 근로자들과의 우호적인 관계를 끌어낼 수 있다는 장점이 있다.

그러나 경영철학, 비전, 목표 등에서 본사·자회사 간 전략적 방향성이 불일치할 경우 일관된 국제경영활동을 실행할 수 없다는 단점이 존재한다. 특히, 현지인을 자회사의 최상위급 관리자로 채용할 경우에 본사에서 자회사를 긴밀하게 통제하면서 문제점을 야기하기도 한다.

표 10-1 국제인적자원 채용 장·단점

유형	장점	단점
본국인력 파견	• 본사의 자회사 통제와 조정 용이 • 본사와의 효율적인 의사소통 용이 • 핵심역량 이전 가능 • 본사의 경영목표, 비전, 경영활동에서 통합적인 의사결정 수행	• 현지문화에 익숙치 않음 • 현지종업원과의 경영스타일 차이에 따른 마찰 • 현지종업원들의 조직몰입 저하
현지인력 채용	• 현지인력들은 문화와 환경에 익숙함 • 언어장벽 극복에 따른 의사결정 신속성 증대 • 현지기업으로서의 이미지 제고 • 현지종업원들의 통제 용이 • 현지정부, 파트너기업, 소비자와의 우호적 관계 유지 • 저렴한 인건비	• 본사의 자회사 통제 어려움 • 본사와의 경영철학, 비전, 목표들의 불일치 초래 • 자격을 갖춘 인력확보 어려움 • 후진국일 경우 유능한 인재 채용 어려워 양성하는데 비용 소모
제3국인력 채용	• 효율적인 인적자원 확보 가능 • 자회사관리에 있어 범체계적 시야 확보 가능 • 본국 파견인보다 임금 낮음	• 현지시장 문화, 환경 및 정보 부족 • 현지종업원들과의 마찰 • 경쟁기업으로의 이직 위험성

* 자료: Daniels, J. H., Radebaugh, I., H., and Sullivan, D. P., *International Business*, International edition, 11th ed., 2007. pp. 666–671 외 문헌참조.

1) 현지인력 선발 및 채용

현지에서 의사소통이 가능한 유능한 인재를 선발하기 위해서는 다음과 같은 채용 수단이 있다. 상설채용부스의 설치, 우수대학 재학생들의 회사 초청 및 견학, 채용박람회의 참가, 대학교수 초청을 통한 대학교와의 교류협력이다. 예를 들어, 회사나 공장에 초청하는 것은 근무여건과 생산설비를 보여줄 수 있어 현지취업 희망자들의 의문점들을 해결해 줄 수 있고 회사에 대한 호감을 가지게 할 수 있다. 그리고 비용은 다소 들지만 단기간에 필요한 인재를 확보하기 위해서는 외부 스카우트 활동을 통하여 관리자급 현지인력을 채용할 수도 있다.

2) 주재원의 선발과 교육

해외주재원은 국내와 전혀 다른 상황에서 근무를 하기 때문에 가능하면 여러 부서에서 근무한 경험이 많은 사람을 선발하여 파견하는 것이 좋다. **본사파견직원의 선정기준으로는 업무능력, 리더십, 어학능력, 현지에 대한 전문지식 등이 중요**하며 이러한 요인을 고려하여 인재를 우선 선발한다. 그리고 파견 전에 리더십, 현지문화나 언어를 포함하여 현지적응교육을 하고 현지직무에 대한 철저한 교육이 중요하다.

본사에서 파견된 채용인력들의 다양한 실패 요인이 발생할 경우 본사나 현지자회사의 입장에서는 높은 인력비용이 소요되게 된다. 즉, 직무의 재배치 비용과 새롭게 파견될 본사인력들의 교육훈련 비용 등이 추가로 발생하게 된다. 따라서 최초 본사 주재원을 선발하는 과정에서 파견인의 적성 및 능력뿐 아니라 파견인과 동반될 가족사항 등도 고려한 신중한 선발이 필요하며, 파견 후에도 이들에 대한 적절한 지원책이 절실히 요구된다. 또 현지에서 본국직원이나 제3국 관리자를 파견하기 위해서는 노동허가서를 요구하는 일부 국가도 있으므로 기업은 파견 시 이들에 대한 노동허가서 필요 유무를 해당 기관에 확인하여 필요시 발급받아야 된다.

2. 교육훈련

교육과 훈련에 있어서 중요한 것은 현지에서 채용된 인력을 대상으로 현지의 특성에 맞는 다양한 교육 및 연수프로그램을 실시하는 것이 중요하다. 다양한 교육을 통하여 조직 전체를 학습조직화하는 것이 또한 중요하다. 이러한 교육훈련의 유형으로는 기본직능교육, 현지핵심인력교육, 기업문화교육이 있다.

1) 기본직능교육

기본직능교육은 일반적으로 직장내훈련(OJT: on the job training)을 사용한다. 현장에서 직접 활용할 수 있는 기술 또는 기능을 직장의 상사 또는 선배동료로부터 일하면서 학습한다. 기본직능교육에는 신입사원에 대한 업무교육, 기본예절교육, 현장기술교육 등이 포함된다. 이러한 직장내훈련 외에도 직업학교훈련, 도제제도 등이 있다.

2) 현지핵심인력교육

현지핵심인력에 대한 교육은 관리활동의 계획, 조직화, 지휘, 조정 그리고 통제에 대한 관리능력을 향상시킬 목적으로 하는 교육이다.

현지핵심인력을 교육하기 위해서는 **임파워먼트(empowerment)전략**이 있다. 이 전략은 현지인들을 가장 잘 이해하고 통제할 수 있는 인원은 바로 현지인이라는 관점으로부터 나온 것이다. 임파워먼트의 핵심은 유능한 현지인들을 개발하고 이들에 대한 집중교육을 통하여 핵심경영인력으로 육성한 다음 이들에게 권한을 위임하는 것이다. 임파워먼트전략의 성공을 위한 인적자원개발 과정은 다음과 같다.

첫째, 생산담당 및 팀장으로 구성된 인재육성위원회를 통하여 우수 현지인을 조기 발굴하도록 노력한다. 일단 선발된 인원들에 대해서는 실무중심 교육을 통하여 기술력 향상과 조직몰입을 유도하는 데 목표를 둔다. 교육과정은 직급별·직능별로 분리한 후 각 직급·직능에 맞는 교육을 시행하도록 구성한다. 둘째, 소수 핵심인력에 대해서는 '핵심요원 본사등록제도'를 통하여 잠재적인 현지인 경영자로 육성한다.

표 10-2 합작기업의 현지인 교육 과정

	기본직능교육	사내강사교육	핵심인력육성	조직활성화교육
주요 추진 내용	• 신입사원교육 – 초기 현지인력양성 – 문화차이 이해 – 기본예절교육	• 현지인 강사일정 – 현지인력 조기 skill-up – Global 핵심 인재 육성 – 교육 체계화	• 핵심인력 교육 가속화 • 핵심인력 구미 연수 – 부품인정시험 – 제품인정시험	• 성과지향 내실화 – 현지법인 인재육성 – Speed 경영지원 – 한계돌파과정
	• 기술/직능교육 – 핵심인력 구비 연수 – 직능교육실시 – 현장기능인력 양성	• 핵심기술인력 육성 – ISO 9000 교육 – IT 교육 실시 – 기능인력의 조기 육성	• R&D, 기술인력 육성 – 설계인력 구미 연수 – 외부기관 위탁교육	• 팀별 실무중심 – 교육 강화 – 생산기술인력 육성
	• 교육 다향화 – 신입사원과 체계화	• Core Man 육성 – 관리감독자 육성 – 전사/본부 Vision 전파	• Culture Change – 현장개선 – 조직활성화	

* 자료: LG전자 사내 자료

3) 기업문화교육

기업문화교육은 현지인의 문화적 차이를 극복하고 본사의 고유한 문화를 현지인력에 적용시키기 위한 교육이다. 이러한 기업문화교육은 조직을 활성화시키고 팀웍을 향상시킬 수 있다. 예를 들어, 일부 중국 종업원의 경우 국영기업체의 전통적인 소위 '철밥통' 사고와 무사안일주의 경향과 중화사상이라는 중국인의 자존심 등으로 인해 현지종업원은 어려운 일을 기피하고 자체적인 문제해결 노력이 부족한 특징을 가지고 있다. 이러한 문화적 차이를 극복하기 위해 LG전자 천진법인의 경우 'JUST21' 운동 같은 의식화 교육을 통하여 현지종업원을 기업문화에 적응시키려고 했다. 'JUST21' 운동은 Joyful Job(안전하고 편안하고 즐거운 일터), Utmost Productivity & Quality(최고의 생산성 및 품질확보), Satisfaction(고객과 종업원 모두가 만족하는 회사), Trust(고객이 신뢰하는 공장, 전 종업원이 서로 신뢰하고 협력하는 공장), 21(21세기 세계 초일류기업의 비전을 달성하는 회사)을 지향하는 운동이다. 그리고 140개에 이르는 분임조활동을 통하여 전 종업원이 개선활동을 습관화하고 강한 조직문화를 구축하여 기본준수와 솔선수범, 선진기업문화 창조, 자주개선 활성화 등의 새로운 생활문화를 창조하려 했다.

4) 본국연수교육

본국연수교육의 중요한 취지는 현지종업원들에게 업무 및 생산기술을 습득시키는 것뿐만 아니라 본국공장 또는 생산시설의 변화하는 모습을 연수생들에게 보여주고 현지에서도 본사처럼 다양한 관리의 필요성을 인식시켜 주는 것이다. 그러므로 이들에게 변화해야 하겠다는 의지를 강하게 불어 넣어줄 수 있다. 또한 본국연수교육은 현지 우수인력이 본국문화에 대한 이해를 높이고 본국어를 조금이라도 익히도록 함으로써 쌍방의 신뢰감을 형성하고 동기부여를 하도록 한다.

교육내용은 해당 분야의 기초 기술교육과 조직이해를 높이기 위한 내용 및 업무수행의 기본 방침이다. 그리고 이러한 연수 기간은 적게는 3개월에서 1년 이상 등 장·단기로 본국연수교육을 실시할 수 있다.

2 동기부여

현지종업원에 대한 적절한 동기부여는 입사 후 열심히 근무하게 만드는 중요한 요인이다. 한국기업이 해외의 여러 지역으로 투자를 하고 현지의 다양한 종업원을 채용·관리하는 데 많은 어려움을 겪고 있는 부분이 어떻게 종업원들을 동기부여시키는가 하는 문제이다. 효과적인 동기부여 방안을 수립하기 위해서는 크게 현지종업원이 직장에서 불만족스럽게 여기는 요인이 무엇인지, 그리고 반대로 무엇을 중요시하는지, 즉 만족요인이 무엇인지에 대한 관찰과 연구가 필요하다. 이러한 만족, 불만족요인은 국가에 관계없이 공통적인 요인도 있고 국가별로 상이한 요인도 있다.

임금수준이 경쟁업체에 비해 높거나 우수한 복리후생제도를 갖춘 회사라면 기본적으로 근로자들에게 높은 동기부여를 줄 수 있을 것이다. 여기에 안전한 작업환경과 상사 및 동료와 좋은 인간관계를 가질 수 있도록 해 준다면 종업원은 열심히 근무할 것이고 그렇지 않은 회사에 비해 사기와 생산성은 높고 이직률은 낮을 것이다.

그러나 구체적인 실행 방법은 국가, 문화, 업종, 지역에 따라 다를 수 있다. 예를 들어, 실적에 따른 상여금을 급여에 포함하여 지급하는 경우 개인별 실적에 따를 것인지 아니면 부서별 또는 회사 전체 실적에 따라 균등한 상여금을 지급할지 여부는 현지문화성향이 개인주의적인지 집단주의적인지에 따라 달라질 수 있다. 또 이슬람 국가 종업원들에게는 사내에 편안한 기도소를 설치 제공하는 것이 매우 중요한 동기부여책이 될 수 있다.

또한 관리직 종업원의 동기부여 방안은 노무직 직원과는 다소 차별화될 필요가 있다. 대체로 고학력인 사무관리직 종업원들에게는 위 여러 영역 중 보수도 중요하지만 성취에 대한 욕구가 강하므로 교육훈련, 승진, 경력개발 및 비전 공유 등이 중요한 동기부여 방안이 될 것이다. 특히 중간관리자 이상의 직급이라면 승진과 경력개발은 매우 중요한 동기부여 요인이 될 것이다. 만약에 현지관리자가 한 회사에 향후 10여 년 근무 후 본인이 희망하는 승진기회가 불투명하다고 판단되거나 회사 비전에 대해 비관적으로 판단한다면 그는 회사와 일에 대한 의욕을 상실하고 이직 기회를 찾을 것이다.

3 평가보상 및 복리후생

1. 평가보상

평가보상에 있어 중요한 것은 현지문화 특성을 고려한 평가보상체계를 설정하는 것이다. 이러한 평가보상체계는 본국의 것을 일방적으로 이전하는 것이 아니라 현지 인사·노무문화에 근거한 인사개발계획을 수립하고 이에 따라 평가보상체계를 구축하는 것이 중요하다. 일반적으로 기업은 평가보상 관점을 업무수행을 위한 기술 및 기능에만 중점을 두는 경향이 있다. 그러나 그 외 인간관계나 태도 등 원만한 조직생활에 필수적인 지식과 성향 등에 대한 다면적 평가개념을 도입하는 것도 중요하다. 다면적 평가보상시스템을 도입할 경우, 개개인의 능력과 조직생활에 대한 평가와 보상에 있어서 현지근로자가 이해할 수 있도록 객관화하는 것이 관건이다. 또한 성과에 따른 능력주의 인사정책을 구축하고, 교육훈련의 결과를 인사에 평가 반영하도록 해야 한다. [표 10-3]은 LG전자 인도네시아 법인의 인재개발 마스터플랜에 따른 평가보상체계와 복리후생을 복합적으로 고려한 좋은 예이다.

표 10-3 인재개발 마스터플랜에 따른 평가보상체계

추진단계	도입기	성장기	성숙기	정착기
제도	• 현지인사체계의 도입 – 현장 직급체계 (4개 직급) • 제도의 현지화 추진 – 취업규정 제정 – 포상 · 징계 규정 – 채용 규정 – 감독자 임용 규정	• 직위, 직책제도 도입 – 능력에 따른 직책부여(계/반장) – 근무평가/보상제도 • 발탁진급실시(4명) • 인사전산시스템 가동	• 직위, 직책 세분화 (14급, 5직책) • 부장팀제도 도입 • 발탁진급(15명)	• LGEDI 독자적인 운영체계 수립(H/W, S/W) • 교육결과의 인사평가 반영 • 산학협동 추진
평가/보상	• 초임경쟁력 유지 (임금 경쟁력) ↓ 현지화 수행을 위한 현지 문화에 기초한 기본 제도의 수립/시행	• 차등 상여금 지급 • 우수사원 포상 ↓ 개인의 능력에 대한 평가/보상의 객관화 적립	• 정기평가(년 2회) • 상여평가(년 1회) • 급여인상 차등 적용 ↓ Performance 결과에 입각한 성과 · 능력주의 인사추진	• 평가에 의한 급여인상 차등 적용 • CORE-MAN 발굴 및 집중 육성 ↓ 현지인중심의 인사자립화 시행
복리후생 INFRA	• 기초 복리후생 지원 (식사, 출퇴근 차량, 종교활동)	• 전사원의 정기 검진 실시 • 사내병원 개원 • 이슬람사원 OPEN • 사내우체국, ATM 가동	• 전사원 의료보험실시 • 생필품 무상 지급	• 사내 협동조합 운영

* 자료: LG전자 사내 자료

2. 복리후생제도

복리후생의 증진은 현지종업원에게 신체적 · 정신적 능력을 유지하게 함으로써 활기 있는 직장생활을 할 수 있게 한다. 현지기업에게는 좋은 기업의 이미지로 인하여 장기적인 성과를 높이고 기업의 경쟁력을 높일 수 있다. 이러한 복리후생의 증진은 결국 종업원의 이직률과 결근율을 감소시켜 노사 간의 화합을 도모할 수 있게 만든다.

그리고 현지복리후생의 증진 방안으로는 급식 제공, 통근버스의 운행, 의료보험 혜택, 회사 내 의무실의 운영, 탁아소 설치, 각종 체육대회, 각종 조직 활성화 행사 개최, 종업원의 애로사항을 조속히 해결하고 불만의 소지를 없애기 위한 고충상담기구의 사내설치 등이 있다.

4 노무갈등 해결

현지노무관리에 있어서 중요한 것은 문화적 차이와 노무갈등요인을 파악하여 현지종업원들의 이직률과 결근율을 줄이는 것이다. 그리고 본사파견직원과 현지인 간 갈등을 해소하고 노사분쟁 또는 쟁의행위를 미연에 방지하는 것이 중요하다. 노무갈등 해결을 위한 가장 효과적인 방법으로는 현지종업원들에 대한 관심과 사랑이 가장 중요하다는 것을 인식해야 한다. 이런 인식하에 다양한 위원회와 간담회를 조직하고 정기적으로 다양한 사내회의를 통하여 많은 대화를 하는 것이 중요하다. 예를 들어, LG전자 창사법인의 경우, 기본준수활동 위반 건수 중에서 작업시간 중 수면 건수가 약 40%를 차지하였는데 원인 파악을 위한 대화에서 중요한 해결 단서를 찾았다. 즉, 중국인들의 식후 30분 수면습관을 이해하고 근무 시간과 휴식시간을 조정하게 되었다.

금전적으로는 봉급 인상과 포상제도를 통하여 적극적인 근무의 욕을 고취하고 생산성을 높일 방안도 있으나 경쟁 여건도 동시에 고려해야 한다. 마지막으로 다양한 지역사회 공헌활동을 통하여 현지종업원에게 회사에 대한 자부심을 심어주는 동시에 선량한 시민의식(good corporate citizenship)을 가진 회사라는 이미지를 심어 줄 수 있다. 포스코의 경우 베트남에서 우수인력을 선발하여 포항공대 등 한국의 대학에 유학할 수 있도록 장학금을 제공하는 등 이익의 현지사회 환원에 노력한 결과 베트남 현지에서 매우 좋은 기업 이미지를 구축했다.

사례 10-1 한국 기업들의 글로벌 인재 관리 현황 및 이슈

한국 기업들이 글로벌 경영에서 느끼는 가장 큰 어려움 중의 하나는 현지 인재들에 대한 확보이다. 다국적 인력을 관리해 나가기 위해서는 무엇보다 현지 인력들을 정확히 파악하는 것이 중요하다. 현지 노동시장 및 인력 관련 인구 구조, 학력 수준, 실업률 등 다양한 요소를 고려해 볼 수 있다. 또한 현지 대상 인력이 가지고 있는 취업 동인을 파악해 보는 것도 큰 도움이 된다.

타워스 왓슨의 2012년 글로벌 인재 관리 및 보상 설문 결과를 보면 [표 10-4]와 같이 글로벌, 아시아 지역 인력들에 대한 주요 입사 및 퇴사 동인을 볼 수 있다.

글로벌 혹은 아시아 지역 모두 기본급, 경력 개발 기회, 그리고 직속 상사와의 관계 정도가 보편적인 인재 확보 및 유지의 주요 동인으로 나오고 있으므로 기업들도 이러한 요소들에 맞춰서 인사 관리 프로그램을 개발할 필요가 있다. 그러나 이러한 동인들의 중요도 측면에서는 아시아 인재 표본과 글로벌 전체 표본과는 조금 다르게 나타나고 있다. 이러한 글로벌 다국적 인재 관리에 대한 인사 프로그

표 10-4 글로벌과 아시아 지역 인재 입사 및 계속 근무 동인(중요도 높은 순)

입사 동인	1	2	3	4
글로벌 전체	경쟁력 있는 기본급	고용 안정성	경력 개발의 기회	편리한 위치
아시아 지역	경력 개발의 기회	경쟁력 있는 기본급	도전적 업무	고용 안정성
계속 근무 동인	**1**	**2**	**3**	**4**
글로벌 전체	경쟁력 있는 기본급	경력 개발의 기회	직속 상사와의 관계	경영진 리더십
아시아 지역	경쟁력 있는 기본급	경력 개발의 기회	직속 상사와의 관계	업무 관련 스트레스 관리

* 자료: Hill, C. W. Global Business Today, International edition, 2004, pp. 518~519.

램 개발 시 기업들이 겪게 되는 주요 어려움을 정리해 보면 다음과 같다.

- 글로벌 보상 전략 수행을 위한 기반 구축: 글로벌 직급 체계 등
- 보상 프로그램별 정책에 대한 지속적 관리: 변동급, 장기 인센티브, 복리후생 프로그램 등
- 글로벌 핵심 인력 관리를 위한 기반 구축: 특히 리더 및 핵심 역할 대상
- 글로벌 비즈니스 및 지역으로의 인재 활용 방안 구축: 해외 파견자 포함
- 글로벌 성과 관리 기반 및 경력 관리 체계 구축

글로벌 환경에서의 다국적 인재 관리를 위해서는 보상, 경력 개발 측면에서의 고려가 필수적이다. 한국에서의 경력 관리는 단일 조직 내에서의 수직적 이동을 중심으로 상대적으로 경력 경로에 대한 가시성을 제공하는 것이 쉬운 구조(사원 다음에는 대리, 그다음에는 과/차장이라는 직급 상승을 제시하고 그다음으로는 팀장이라는 포지션으로 가시화)임에 반해, 글로벌 환경에서는 직원들에게는 이러한 형태로의 가시성 확보를 하는 것은 실제로 불가능해진다. 예를 들어 어느 현지마케팅 직원이 내가 어떻게 하면 향후 지역 본부의 마케팅 매니저가 될 수 있을까에 대하여 생각해 볼 때 또는 현재 나는 A 국가의 마케팅 매니저인데 B 국가의 마케팅 매니저로 가는 것이 나의 경력에 있어서 어떤 의미인가를 고려하게 될 때 물어볼 곳도 없고 상위 관리자로서도 이에 대한 답변을 제시하는 것이 쉽지 않다. 결국 이러한 궁금증에 대한 답변을 제시하기 위해서는 [그림 10-1]과 같이 글로벌 직무 및 등급 체계를 개발 활용하는 것이 도움이 된다. 사내적으로 미리 정의된 글로벌 직무 및 등급에 기반한 글로벌 경력 체계를 개발 시 단순히 향후 경력 경로 및 계획뿐만 아니라 급여 및 보상 등 다른 인사 제도 및 프로그램과의 연계성을 명확히 할 때 큰 의미를 가질 수 있다.

이러한 글로벌 경력 개발 체계를 구축함으로써 얻게 되는 주요 효과를 정리해 보면 다음과 같다.

- 해외 및 성장 거점에 대한 사업 전략 지원: 변화하는 사업 전략을 지원하고 현재 그리고 잠재 인재들에 대한 지속적 몰입 제고 체계 구축

그림 10-1 **글로벌 경력 체계 구성**

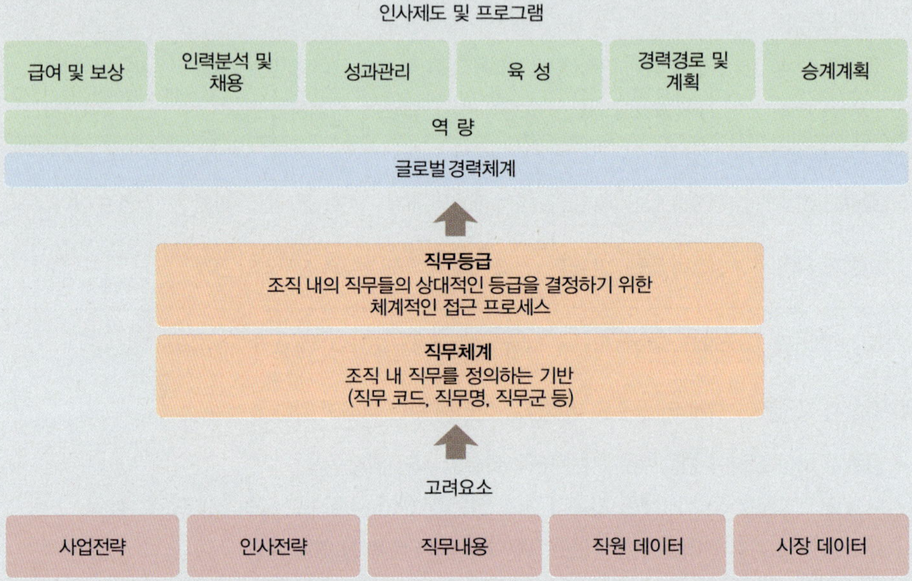

- 직원들의 경력 기회에 대한 인식 명확화: 성장 기회를 제공할 수 있는 육성 프로그램을 단계적으로 명확히 제시하고 경력 개발에 대한 논의를 할 수 있는 기반 제공
- 인재 관리에 대한 운영 효율성 및 효과 분석 강화: 본사 입장에서 글로벌 인력을 전체적으로 조망해 나가면서 각 거점 시장에서의 자사의 인재 관리 측면에서의 위치에 대한 분석 강화
- 관리자들에게 직무 공헌에 대한 총보상 관점의 도구 제공: 직무를 통한 공헌과 성과에 대해서 어떻게 보상과 연계시켜 나갈 수 있는지를 직원과 논의할 수 있는 기반 및 도구 제공

＊자료: 글로벌 시대, 다국적 인재 관리, HR Insight, 2014.7

Ⅱ 현지생산관리

1 현지생산 성공요인

현지생산을 원활히 계획하고 실행하기 위해서 기업은 해외직접투자를 통하여 자사의 기업 특유의 자산에 대한 우위를 바탕으로 제품라인과 제조공정을 해외생산기지에 이전함으로써 입지 우위의 경쟁력을 가질 수 있다. 이러한 현지생산의 성공은 적합성, 생산배치, 조정과 통제를 핵심 성공 요인으로 한다.[1]

1. 적합성

적합성(compatibility)이란 해외투자결정과 기업의 현지시장목표 또는 경쟁전략 간의 적합성 정도를 나타내는 말이다. 기업의 현지생산전략은 다음과 같은 사항을 충분히 고려해야 한다.

① **효율성/비용**: 제조 비용의 감축
② **신뢰성**: 제품 납기와 가격책정에 대한 기업 신뢰 정도
③ **품질**: 제품의 질, 서비스 질, 신속한 납기, 제품 품질의 유지보수
④ **유연성**: 타 종류의 제품을 생산하고 산출량을 조절할 수 있는 생산공정능력
⑤ **혁신**: 새로운 제품과 아이디어를 개발할 수 있는 능력

그림 10-2 **현지생산 성공요인 3Cs**

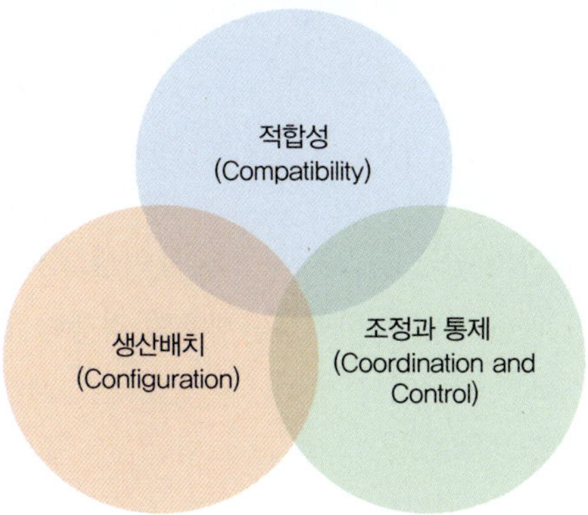

1 편인범, 전략적 생산경영론, 학문사, 2000, 참조

2. 생산배치

기업생산전략의 다음 단계로 기업의 경영자는 생산시설의 배치(manufacturing configuration)에 관련된 전략을 결정할 필요성이 있다. 다국적기업의 생산시설 배치전략에는 다음과 같은 네 가지 기본 지침이 있다.

첫째, 다른 조건이 같다면 가급적 생산시설의 지리적 집중화와 표준화를 추구함으로써, 고품질의 제품을 최대한 생산비용을 낮추어 현지시장에 제공하는 것이다.

둘째, 생산시설을 배치하기 위해서는 해당 국가의 내수시장 규모가 일정 수준 이상이어야 하며 가급적 수출경쟁력이 있어야 한다.

셋째, 특정 지역 내에서, 즉 현지에서 고객·공급자들에게 현지생산시설을 이용하여 제품을 안정적으로 공급할 수 있도록 배치하는 것이다.

넷째, 경영활동을 하는 기업이 모든 국가에 생산시설을 갖출 필요가 없다면 반드시 기업은 생산과 수출 활동을 조합해야 한다.

3. 조정과 통제

조정과 통제(coordination and control)는 함께 실행되어야 하는데, 조정은 현지환경여건의 상황적 변화에 발 빠르게 적응하여 생산할 수 있는 능력을 말하고, 통제는 다양한 생산활동의 통합을 말한다. 이러한 활동은 구매에서 보관, 생산, 선적에 이르는 전 과정에서 행해진다. 따라서 공급자와의 관계와 물류활동을 조정하는 일은 쉬운 일이 아니며, 특히 생산배치활동이 정상화되어 있지 않은 경우에는 더욱 어렵다.

2 공장입지결정

공장을 어느 지역에 세우냐에 대한 의사결정은 판매시장과의 접근성, 인력확보의 용이성, 경제하부구조 이용가능성, 수출의 용이성 등과 매우 밀접한 관련이 있고 현지생산제품의 경쟁력이 달라질 수 있다.

1. 공장입지 결정요인

1) 주요 시장과의 근접성

시장 측면에서는 판매량과 관련된 시장의 규모 및 잠재력과 함께 시장과의 근접성과 시장개척을 위한 입지가 고려되어야 할 것이다.

2) 경제하부구조

전력, 용수, 도로, 항만, 안전 등 경제하부구조의 발달 정도와 이용가능성은 생산비용에 영향을 미치고 공급자와 소비자 사이에 운송과 의사소통에 영향을 끼친다. 이러한 요인에 대한 검토는 특히 경제하부구조가 산업화된 국가에 비하여 상당히 뒤떨어진 개도국에 새로운 공장의 입지를 결정할 경우 더욱 중요하다.

3) 인력확보의 용이성

입지 선정에서 중요하게 고려할 것은 적절한 인력을 쉽게 확보할 수 있느냐는 것이다. 대단위 조립공장 또는 대규모 보험회사와 같은 노동집약적 조직은 대도시 또는 대도시 근교에 위치하게 된다. 저렴한 임금과 월급 수준은 기업에 대한 유인으로 작용할 수 있다. 종종 노무비를 감소시킬 수 있는 장소를 지나치게 강조하다 보면 노동생산성을 간과할 수 있다. 따라서 투입 요소로써 임금은 노동생산성과 함께 검토되어야만 한다. 왜냐하면 어떤 국가의 입지에서는 임금이 매우 저렴하지만 생산성이 상대적으로 너무 낮아 오히려 노무비를 증가시킬 수도 있기 때문이다.

4) 정부의 혜택

정부의 혜택은 기회를 제공하는 동시에 법적·정치적 제약도 수반하므로 이것들도 매우 신중히 조사되어야 한다. 입지에 따라 공해표준, 지역규제, 건축설계, 수입규제에 관한 엄격한 법규가 있는 곳도 있는 반면에 면세 및 조세감면 혜택을 통하여 다국적기업의 생산공장을 유치하는 곳도 있다.

자유무역지역(FTZ: free trade zone)은 정부가 다국적기업에 물품 보관, 가공수출 등의 편의를 제공하기 위해서 특정 지역을 지정하고 그곳에서 생산 또는 판매될 때까지 관세부과를 면제해주는 지역이다.

현지국은 기업들에게 공장 입지와 보관상의 편의를 제공하고 세금혜택을 줌으로써 이 지역이 상품가공 및 물류기지의 역할을 할 수 있도록 하는 것이다. 예를 들어, 멕시코의 마퀼라도라

(maquiladoras)지역에서 미국의 기업은 미국으로부터 멕시코 내 국경 무관세지역까지 부품들을 실어 나른 후 멕시코 근로자를 활용하여 최종제품을 조립한다. 조립 과정을 거친 이후 미국 기업은 미국 국내로 최종제품을 수입함으로써 세제상 혜택을 얻는다.

5) 수출의 용이성

일반적으로 원료와 완제품 운송비가 기본적인 고려사항이나 경우에 따라서는 그보다 교통시설, 운송 수단의 이용가능성과 같은 수출의 용이성이 더욱 중요한 요인으로 작용하고 있다. 이는 현지의 내수시장을 목표로 하지 않고, 제3국으로 수출하거나 본국에 역수입하는 해외투자의 경우 더욱 중요하다.

사례 10-2 베트남을 생산허브로 선택한 삼성전자

베트남 북부의 하노이 북동쪽에 자리한 박닌성 옌퐁 공단이 삼성 스마트폰 최대 생산기지로 거듭나고 있다. 이곳에서 삼성전자는 스마트폰을 생산하고 있으며, 2014년 10월부터 삼성전기가 인근 옌빈 공단에서 스마트폰에 들어가는 PCB 기판과 카메라 모듈 생산을 시작했다. 또 삼성디스플레이가 2015년부터 스마트폰 액정화면 모듈을 생산하면서 삼성 스마트폰 생산단지를 구축하고 있다. 삼성디스플레이 관계자는 "디스플레이 패널 후공정에 해당하는 부품으로 한국에서 생산된 반제품 형태의 셀을 옮겨가 완제품으로 조립하는 공정"이라고 말했다.

삼성디스플레이다 생산하는 부품은 인접한 삼성전자 휴대폰1공장과 인근 타이응우옌성 삼성전자 휴대폰2공장에 공급되고 있다. 또 삼성전기가 2014년 10월부터 타이응우옌성 옌빈에서 공장 가동을 시작했다. 타이응우옌성 옌빈과 박닌성 옌퐁은 인접해 있다. 삼성전기는 8만 평 용지에서 스마트기기용 기판과 스마트폰 카메라모듈, 전원공급장치 등을 생산한다. 스마트폰 부품 공장과 최종 조립 라인이 모두 한곳에 모여 삼성전자는 부품 조달에 필요한 물류비 등을 절감을 꾀하고 있다. 베트남은 동

표 10-5 삼성의 베트남 생산기지

기업	위치	생산 제품
삼성전자	박닌성 옌퐁공단	스마트폰
	타이응우옌성	스마트폰
	호찌민	청소기 등 가전
삼성전기	타이응우옌성	카메라모듈, PCB 기판
삼성디스플레이	박닌성 옌퐁공단	디스플레이 모듈

남아시아와 중국 등 대형 거래처와 접근성이 뛰어나 삼성이 스마트폰 최대 생산거점으로 육성하고 있다. 또 중국과 동남아시아가 삼성 스마트폰의 최대 판매처로 부상하고 있기 때문이다.

2017년에는 삼성그룹은 전자 · 가전제품의 핵심 생산기지로 베트남에 대한 투자를 대폭 확대하고 있다. 2017년 2월 베트남 정부는 최근 삼성디스플레이의 공장 증설을 위한 25억 달러(2조 8천 275억 원)의 추가 투자를 승인했다. 삼성디스플레이는 베트남 생산시설 투자 규모를 2015년 10억 달러에서 40억 달러로 늘린 데 이어 이번에 추가 투자까지 확정하면서 총투자액이 65억 달러(7조 3천 515억 원)로 늘어났다. 이런 삼성디스플레이의 투자 계획에 따라 2008년 삼성전자 휴대전화 공장이 베트남에 첫 삽을 뜬 이후 10년 만에 삼성그룹의 현지 투자 규모가 총 173억 달러(19조 5천 663억 원)로 확대됐다. 베트남의 삼성전자 휴대전화 공장 2곳은 2017년 현재 10만 명 넘는 종업원을 두고 삼성전자 총 휴대전화 물량의 40~50%를 생산해 전 세계로 수출하고 있다. 관련 업계의 한 관계자는 “베트남의 전체 수출액에서 삼성전자 휴대전화 제품의 비중이 2012년 10.5%에서 2015년 20.2%로 3년 만에 갑절이 될 정도로 현지 경제에서 삼성의 비중이 투자 확대로 커지고 있다”고 말했다.

첨단 생산설비를 유치하기 위한 베트남 정부의 노력도 영향을 미쳤다. 베트남 정부는 삼성디스플레이 공장에 대해 첨단기술업체에 적용되는 세제 혜택을 부여하고 있다. 첨단기술업체로 인정되면 첫 4년간 법인세가 면제되고 이후 9년간 법인세가 50% 감면된다. 삼성전자와 삼성전기도 이와 유사한 세제 혜택을 받고 있다. 우수 생산인력을 확보하기 유리한 것도 베트남의 강점이다. 베트남은 전체 인구 9,000만 명 중 30세 이하 젊은 노동력 비율이 절반 이상을 차지한다. 그러면서도 근로자 최저임금이 월 100 달러 안팎으로 중국 등 여타 지역에 비해 노동비가 저렴하다.

* 자료: ‘베트남을 생산허브로’ 공격적 행보…삼성 투자액 20조 원 육박, 연합뉴스, 2017.02.26

3 생산계획

현지공장입지가 결정된 후, 본격적인 생산에 앞서 기업은 현지시장에서 효과적인 생산을 위해 철저한 생산계획이 선행되어야 한다. 구체적으로 생산규모는 얼마나 할 것인지, 생산기술의 문제는 어떻게 해결할 것인지, 그리고 생산설비들을 어떻게 효율적으로 배치할 것인지에 대한 계획을 수립해야 한다.

1. 생산규모

현지시장에 진출한 기업은 효율적인 생산규모를 계획해야 한다. 여기서의 생산규모는 현지시장에 판매할 제품을 얼마나 생산할 것인가에 대한 의사결정이며, 경우에 따라서는 제3국 혹은 본국에 수출할 생산의 규모를 모두 포함시켜야 한다. 따라서 기업은 실제적인 생산체제에 들어가기 전 적정 생산규모에 대해 철저한 계획을 수행하는 것이 바람직하며 단계적인 생산규모 증설계획이 전략적으로 이루어져야 할 것이다. 생산규모의 계획은 다음과 같은 이유로 그 중요성이 부각된다.

첫째, **생산규모는 생산비용과 생산된 제품의 공급 효율성에 영향을 미친다.** 초기에 생산규모가 너무 커지게 되면 규모의 비경제성(diseconomies of scale)으로 인해 평균생산비용이 상승하는 문제가 있다. 반면, 생산규모를 너무 작게 설정하게 되면 현지수요나 수출의 공급에 어려움이 생기게 된다. 또한 현지시장의 정치적 위험이 발생할 경우 불안정한 부품조달로 인해 추가 생산이 어렵게 될 수 있다. 이러한 문제를 극복하기 위해서는 무엇보다 현지시장의 현재 및 잠재수요, 수출규모, 부품공급 안정성 등을 철저히 분석하는 것이 필요하며 더 나아가서 현지시장의 정치적 위험을 고려해 이에 맞는 적정 생산규모를 산정하는 것이 필요하다.

둘째, **생산규모는 생산설비의 배치나 규모에 영향을 미친다.** 생산규모를 잘못 계획한 경우 초기설비배치나 규모의 재변경에 따른 추가비용이 소요된다. 이는 시장의 현재수요나 특히, 미래수요 전망에 대한 잘못된 예측에서 기인된다. 향후, 생산공장의 증설이 불가피할 경우에는 기존 생산라인을 중단하고 공장을 증설하기보다는 생산과 공장증설이 함께 이루어지는 것을 염두에 두고 생산규모를 계획할 필요가 있다.

셋째, **생산규모는 완성품뿐만 아니라 부품, 원재료 등의 원가절감을 통해서도 생산성 향상에 영향을 미친다.** 생산규모의 문제는 비단 완성품에 대한 문제뿐 아니라 부품에서도 비용효율과 직결된다. 즉, 적정 생산규모가 이루어지지 않았을 때 완성품 및 부품에 대한 재고비용, 보관비용, 물류비용의 상승을 초래하게 되기 때문이다. 특히, 이러한 비용을 줄이는 것은 궁극적으로 원가절감을 통한 생산성 향상에 도움을 주기 때문에 철저한 생산 규모 계획이 필요하다.

2. 생산기술

생산기술의 문제는 목표한 생산규모 달성의 실현뿐 아니라 작업효율성, 원가절감, 생산성과 연관되는 문제이기에 중요하다. 생산기술은 세 가지 측면에서 계획할 수 있다.

1) 생산기술의 이전

첫째는 생산기술의 이전 측면이다. 초기 생산기술을 합작 파트너를 통해 이전받는다면 그 소요되는 시간과 비용은 막대할 것이고 현지자회사의 경영권을 약화시킬 것이다. 따라서 현지의 생산기술은 본사에서 이전하는 것이 효과적이다. 이때 중요한 것은 본국에서의 생산기술을 어떻게 효과적으로 이전할 수 있느냐의 문제이다. 특히 생산기술에는 암묵적 지식이 많기 때문에 문서나 언어로 이전하기 어렵다는 특징이 있다. 따라서 생산기술을 효과적으로 이전하기 위해서는 본사의 전문적인 생산기술인력이 현지에 파견되거나 혹은 핵심기술인력을 본국에 초청하여 생산기술이전을 교육시켜야 한다. 또한 본사에서 새로 개발된 혁신적인 생산기술들도 현지 경쟁기업에게 기술노출이 이루어지지 않은 범위에서 점차적으로 현지생산법인으로 이전하는 것 역시 중요하다.

2) 생산설비조달

둘째는 생산설비조달 측면에서 생각해 볼 수 있다. 생산설비는 현지에서 조달하거나 혹은 합작파트너가 이미 생산에 사용했던 설비를 이용할 수 있다. 그러나 본사의 표준화된 생산설비를 현지국에 이전하는 것이 본사의 생산기술에 더 적합할 뿐만 아니라 설비 자재를 지속해서 판매할 수 있기 때문에 유리하다.

3) 생산시설의 자동화

셋째는 생산시설의 자동화 문제이다. 자동화율을 높일 경우 일반적으로 품질개선을 통한 생산성 향상이나 노무비 절감을 통해 원가절감을 실현할 수 있다. 또한 생산설비의 자동화는 첨단기업으로서의 브랜드 이미지를 제고하고 현지인 종업원들에게 기업의 자긍심을 일깨워 조직몰입에 긍정적인 영향을 끼칠 수도 있다. 이런 장점에도 불구하고 자동화율을 높이는 데에는 제약이 있다. 그것은 현지국정부가 고용창출을 위해서 노동집약적 생산설비를 요청할 수 있는데, 이를 받아들일 경우 자동화율은 낮아질 수 있다. 또 지나치게 현지수준에 비해 높은 자동화 생산설비는 대부분 고가이므로 경우에 따라서는 초기의 높은 투자 비용이 노무비 절감보다 훨씬 높아 비경제적일 수가 있다. 또 자동화 설비는 현지에서 높은 유지보수 비용을 초래할 수도 있다. 본국에서는 자동화 설비 기계가 고장 시 이를 즉시 고칠 수 있는 정비인력이나 정비부품이 있어 문제가 되지 않으나 현지에서는 필요한 정비부품이나 기술자가 충분치 않다면 설비 고장 후 장시간 사용을 하지 못하는 경우도 생길 수 있다. 실제로 첨단 설비제품이 개도국의 불안정한 전기공급으로 고장이 빈번히 일어나는 경우가 있다. 따라서 현지 공장의 설비자동화는 현지 환경에 맞게 점차 이루어지거나 부분적으로 자동화된 설비기계 형태로 이전되는 것이 바람직하다.

3. 레이아웃계획

레이아웃계획은 생산시설 내에서 물품 이동의 효율성을 증대하기 위한 물리적 배열과 관련 있는 의사결정이다. 레이아웃계획은 물류비용뿐만 아니라 작업시간과 공정관리 전반에 영향을 미치므로 생산성을 좌우한다. 토지비용이 높은 경우 첫 생산공정에서 작업을 시작하여 마지막 공정까지 가급적 한 공장 또는 생산단지 내에서 생산제품이 최적으로 이동하면서 생산될 수 있도록 레이아웃계획을 수립한다. 기본적으로 레이아웃은 모든 공정이 효율적으로 연계되고 가급적 한 곳에 집중 배치되는 원칙에 의거하여 계획되나 어떻게 공정을 배치할 것인가는 각각의 해외 입지의 특성에 달려 있다.

4 생산성 향상

현지생산계획에 이어 현지공장의 생산성 향상은 매우 중요한 과제이다. 생산성이란 쉽게 말해서 투입물 대비 산출량으로 표시할 수 있다. 생산성 향상을 위해서는 원가절감, 적시생산시스템 활용, 교육훈련이 필요하다.

1. 원가절감

1) 부품의 현지화를 통한 원가절감

해외시장에서 원가경쟁력을 확보하기 위한 하나의 방법으로 부품의 현지화를 들 수 있다. 생산에 필요한 부품을 본국이나 지리적으로 가까운 주변국으로부터 조달받을 경우 물류비와 관세로 인해 부품비용이 상승하여 원가절감이라는 궁극적 목표를 달성하는 데 문제가 될 수 있다. 이를 해결하기 위해서는 본국에서 동반 진출한 업체나 혹은 현지업체를 통해 부품을 현지화하는 것이 효과적이다. 왜냐하면 본국에서 동반 진출한 업체를 통해서 관세 및 수송비 절감, 품질 유지 및 안정적 공급을 실현할 수 있고, 또한 현지업체를 통해 생산비 절감이 가능하기 때문이다. 다국적기업은 본국에서 동반 진출한 부품업체들로부터 모든 부품을 조달받을 수 없으므로 현지업체로부터의 부품조달을 피할 수 없다. 따라서 기업은 현지부품업체의 근로자들에게도 효과적인 기술교육을 통해 부품품질을 향상시켜 장기적으로 원가를 절감할 수 있는 근본적인 해결책을 찾는 것이 중요하다.

2) 생산의 자동화를 통한 원가절감

생산의 자동화는 작업의 흐름을 원활하게 하여 생산인력이 투입되는 경우보다 상대적으로 제품불량률을 감소시키는 데 효과적이다. 또한 생산자동화는 생산인력에 비해 공정설계나 설비 배치 측면에서 공간사용을 최적화시켜 생산공정상의 중복성에서 오는 추가 비용을 제거할 수 있고, 생산 리드타임을 단축시킴으로써 생산효율성을 제고할 수 있다.

특히, 생산의 자동화는 비단 생산공정 단계의 효율성에 따른 원가절감 효과뿐 아니라 최소한의 인력만을 생산공정에 투입하는 것을 가능하게 함으로써 향후 생산노동자들의 갈등비용이나 노동쟁의에 따른 추가 비용을 절감할 수 있다는 장점 역시 존재한다. 그러나 앞에서 논의된 대로 생산의 자동화는 현지 제반 여건을 고려하여 점진적으로 실시하는 것이 필요하다.

2. 적시생산방식(JIT: Just In Time)

기업의 생산성 향상을 위한 또 다른 방법으로 적시생산시스템(Just in time system)을 들 수 있다. 적시생산은 재고 감소는 물론 제조기업의 모든 자원낭비를 제거하므로 생산성의 향상을 가져온다. **적시생산은 재고비, 리드타임, 준비시간의 감소, 품질의 향상 등으로 생산량이 투입량에 비해 상당히 빠르게 증가하므로 생산성을 향상**시킨다. 적시생산에 의한 재고관리나 품질관리는 기업의 몇몇 부서에 국한되어 적용되기보다는 기업의 모든 부문이 참여하는 전사적인 관점에서 시행될 때 그 이점이 극대화될 수 있다.

또한 적시생산은 궁극적으로는 기업의 최고경영자를 비롯한 전 조직원의 적극적인 참여로 자원의 불필요한 낭비를 제거하여 저렴한 가격으로 고객이 원하는 고품질의 제품과 서비스를 적시에 납품하여 고객 만족을 통한 경쟁우위 확보를 할 수 있는 경영철학 또는 장기전략이다.[2]

3. 생산성 향상을 위한 교육훈련

생산성 향상은 기본적으로 생산공정 과정에서 손실을 줄이고 이를 위해 가장 효율적인 생산시스템을 도입하는 것이라 할 수 있다. 비록 생산공정상의 자동화가 이루어진다고 할 지라도 지나치게 많은 현지 인력이 생산공정에 투입되게 되면 생산성이 저하된다. 생산에 투입된 인력은 바로 생산성과 직결되기 때문에 기업은 그들에게 생산성 향상을 위한 체계적이고 다양한 교육훈련을 제공할 필요가 있다.

---

2 http://www.myhome.naver.com/ezluckworld 참조

일반적으로 교육훈련 프로그램으로는 본국연수교육, 현지기술교육, 기업문화교육 등을 들 수 있다. 본국연수교육은 현지 생산종업원들을 본국에 연수 기회를 제공하고 이를 통해 생산기술을 습득시키는 데 목적을 둔다. 또한 시간과 비용을 고려하여 본국의 기술자들을 현지에 직접 파견하여 현지 종업원들에게 기술이전교육을 할 수도 있다. 중요한 것은 기업이 생산종업원들의 교육훈련을 단지 기술이전 및 습득이라는 부분에만 초점을 맞추어서는 안 된다는 점이다. 종업원들 간의 팀워크는 곧 생산성과 연결될 수 있기 때문에 추가적인 기업문화교육을 통해서 현지종업원들이 조직에 몰입하도록 하고 조직을 활성화시키는 것이 중요하다.

5 품질관리

1. 전사적 품질관리

전사적 품질관리(TQM: Total Quality Management)는 1985년경 미국에서 발생한 새로운 품질개선운동이다. TQM은 품질을 관리하고 보증하는 것을 의미할 뿐만 아니라 품질을 계획하고, 조직하고, 감독하고 통제하는 모든 기능을 포함한다. TQM은 품질향상을 위한 전사적 노력이다. 이는 품질향상을 위해 조직의 모든 이해당사자를 포함하고자 하는 개념이라고 할 수 있다. TQM은 궁극적으로 불량률 감소와 원가절감 그리고 구매개선 및 고객 만족에 이르는 총체적 품질관리활동이다. 이하에서는 TQM의 중요한 요소들을 설명한다.

1) 고객중심

고객과 관련하여 일반적으로 기업은 다음 세 가지 목표를 가지고 있다. 첫째, 고객을 만족시킨다. 둘째, 경쟁자보다 더 높은 고객 만족을 달성한다. 셋째, 오랫동안 고객으로 남게 한다. 기업은 품질을 보증하면서 제품을 구입하는 외부고객 못지않게 내부고객도 중요하다는 사실을 인식해야 한다. 기업 내에서 어떤 종업원이 다른 종업원의 고객이 되기도 하고 다른 종업원에 대한 공급자이기도 하다. 이 사실을 안다면 고객의 요구를 가장 효과적으로 달성하기 위해 최종제품에 종업원 각자가 어떻게 기여해야 할지에 대해 책임감을 느끼게 될 것이다.

2) 종업원 참여와 팀워크

종업원 참여에 있어서 중요한 요소는 각 작업자가 자기가 수행하는 작업 또는 제품의 품질을 검사할 책임을 갖는다는 것이다. 불량품이 발생하면 생산 현장에서 이를 만든 작업자가 바로 시정해야 한다. 이는 원천적 품질관리로서 이러한 철학은 작업자를 넘어 작업자그룹, 모든 부서, 납품업자에게 확대 적용되어야 한다.

TQM의 또 다른 요소는 팀워크인데 이는 고객·공급자 관계를 강조하고 전 종업원의 참여를 조장하여 기능부서 간의 장벽을 무너뜨리는 역할을 한다. 전통적 조직은 수직적 구조를 이루어 기능부서 간 의사소통이 쉽지 않았으나 TQM에서는 부서 간 수평적 상호작용을 강조하여 팀 구성을 필수요소로 하고 있다. 예를 들면, 설계, 엔지니어링, 제조, 판매 등을 담당하는 사람이 하나의 팀을 이루어 고객의 요구를 설계와 제조 과정에 반영토록 한다.

그림 10-3 TQM의 프레임워크

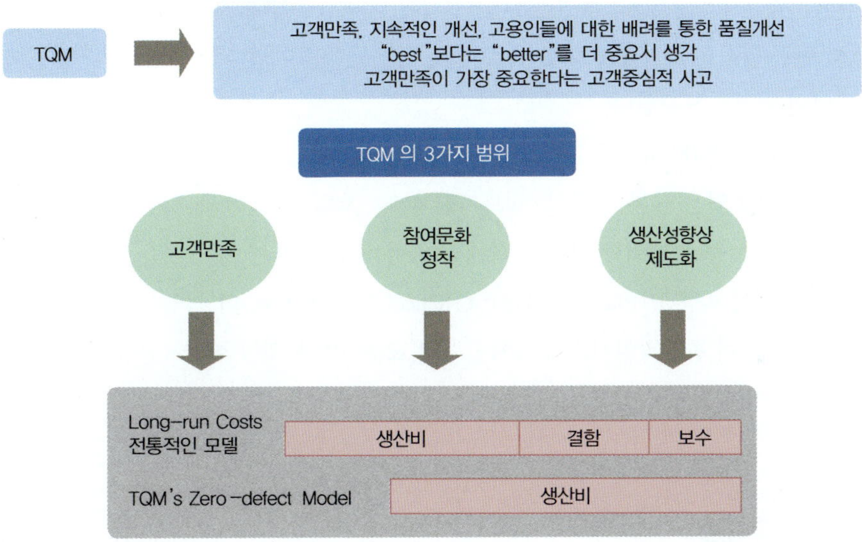

3) 지속적 품질개선

지속적 개선(CI: continuous improvement)은 제품과 공정의 개선에 있어서 점진적으로 작은 성과를 달성하는 끝없는 과정이며, 또한 이를 위한 경영철학이라고 할 수 있다. 원래 지속적 개선을 위한 프로그램은 20세기 초 F. Taylor의 과학적 관리법 이후 미국기업에서 생성·발전되어 왔으며 이 철학은 일본의 생산관리 초석이 되었다. 지속적 개선은 TQM을 실행하는 기업에서 채택하는 필수적인 과정이다. 개선은 다음과 같은 형태를 취한다.

① 새로이 개선된 제품과 서비스를 통해 고객에게 더 많은 가치를 부여한다.

② 실수, 불량, 낭비 등을 감소시킨다.

③ 자원을 생산적이고 효과적으로 사용한다.

④ 반응시간을 단축한다.

2. ISO 9000 인증제도

ISO 9000 인증제도란, 조직이 ISO 9000 규격에 적합한지 여부를 제3자인 인증기관이 객관적이고 독립적으로 기업의 시스템을 평가하여 동 규격에 적합 여부를 보증해 주는 제도를 말한다.[3] ISO(International Organization for Standardization)는 상품 및 용역의 국제적 교환을 촉진하고 지적·학문적·기술적·경제적 활동 분야에서의 협력 증진을 위하여 국제표준화 및 관련 활동의 발전을 촉진시키는 데 그 목적을 두고 설립된 국제기구이다. 이러한 목적을 위하여 ISO는 표준 및 관련 활동의 세계적 조화를 촉진하고, 국제규격을 개발·촉진하며, 회원기관과 관련 국제기구와의 협력을 도모한다.

이 품질경영시스템 ISO 9000 규격은 제조업뿐만 아니라 건설업, 서비스 등 모든 업종에 적용 가능하고 현재로는 제조업은 물론 건설업, 정보기술 분야, 호텔·레스토랑, 일반서비스업, 의료, 사회복지, 공공단체 등 광범위한 분야로 확대되어 적용되고 있다. 이 규격은 경영자가 공표하는 품질보장 방침에 따른 P(Plan), D(Do), C(Check), A(Action)의 경영 사이클을 규정하고 있다. 한국에서는 이 품질경영시스템 규격이 산업표준화법에 의한 한국표준규격인 KSA 900시리즈로 번역되어 제정되어 있다.

Ⅲ 현지구매관리

1 현지구매 · 조달

1. 소싱의 개념

소싱(sourcing)이란 **기업이 부가가치를 창출하는 단계에서 투입물을 조달하는 활동**을 의미한다. 소싱의 대상이 되는 투입물은 생산요소, 원자재, 부품 및 완제품에 이르기까지 매우 다양하며, 이런 투입물은 본국으로부터 조달할 수도 있고 현지국 또는 제3국에서도 조달할 수 있다. 글로

3 국제표준인증원, http://www.iscqa.com

벌 소싱의 추진 동기로는 가격 절감, 제품의 질적 개선, 기술의 혁신 그리고 운송 및 신뢰도 개선을 들 수 있다.

한편, 기업의 글로벌 소싱의 주요한 전략적 고려사항은 **공장 입지의 문제, 제조업에 있어 수직적 통합의 정도, 자사 생산 혹은 타사구입에 대한 결정, 범세계적인 자원 조달의 범위, 재고지점(inventory point)의 결정, 범세계적인 생산과 공급의 통합문제 등이 포함**된다.

2. 글로벌 소싱의 전략적 선택

글로벌 소싱의 전략적 선택은 현지국의 수요, 입지상의 요인, 수송비, 규모의 경제, 정부의 규제 등에 의하여 결정된다. 해외 현지의 제조 자회사가 직면하고 있는 구매상의 주요한 전략적 과제는 **자체 생산 혹은 타사구입의 결정문제(make or buy decision), 현지소싱 대 해외소싱의 문제(local sourcing versus overseas sourcing), 단일소싱 혹은 복수소싱의 문제(single sourcing versus multiple sourcing)** 등 세 가지 차원에서의 기본적인 의사결정이며, 원재료, 부품 및 완제품의 범세계적 조달에 관한 전략적 선택을 필요로 한다. 다국적기업의 소싱전략은 여러 가지 요인의 복합적 작용에 따라서 다음과 같은 선택 대안을 제시할 수 있다.

1) 내부소싱과 외부소싱 선택문제

내부소싱(in-house sourcing)은 원재료, 부품 및 중간재를 다국적기업의 공장에서 직접 제조하는 것이고, 외부소싱(out-sourcing)은 기업 외부의 공급원으로부터 구입하는 것을 말한다. 이와 같은 내부소싱과 외부소싱, 즉 부품이나 완제품의 자사 제작 혹은 타사구입의 문제는 경쟁적 원가, 공급의 신뢰성, 품질의 균일성, 경험곡선과 규모의 경제, 고용 문제, 잠재적 경쟁 가능성, 생산설비의 가용성, 투자 규모, 현지 정부와 노동자 및 일반대중의 태도 등과 같은 제반 요인에 의하여 결정된다.

2) 해외소싱과 현지소싱 선택 문제

해외소싱(foreign sourcing)은 원재료 부품 및 중간재를 본사를 비롯한 해외공급원으로부터 구매하는 것이다. 이와 관련하여 다국적기업과 현지 정부 간의 이해 상충으로 인해 분쟁과 갈등이 야기되고 있다. 특히 국산화율의 문제를 둘러싼 양자 간의 상반된 태도는 여러 가지 장애요인이 될 수도 있다. 현지 생산자 회사는 품질향상과 코스트 절감 등을 위하여 주요 원재료, 부품 및 기계류 등을 본국에서 수입하려고 할 것이다. 또한 본국의 모회사 역시 그 자신의 수출증대를 위하여 이들 제품의 수출을 도모할 것이다. 반면에 현지국 정부는 자국의 부품산업육성과 국제수지개선을 위해서 다국적기업이 소요 원자재 조달액의 일정 비율 이상을 현지 공급원으로부터 조달받도록 요구하게 될 것이다.

3) 단일소싱과 복수소싱 선택 문제

단일소싱(single sourcing)이란 하나의 공급업체로부터 구매하는 것이고, 복수소싱(multiple sourcing)은 여러 공급업체로부터 구매하는 것을 말한다. 이와 같은 영역의 결정 문제는 산업구매자의 목표, 공급자의 목표, 양자 간의 관계, 가격요건, 계약범위 및 기간, 구매자의 협상력, 구매자의 내부 및 외부소싱 구조 등에 따라서 전략적으로 결정되어야 할 것이다.

사례 10-3 **SCM의 중요성**

전 세계적으로 기업들의 기술이 상향 평준화되면서 SCM(Supply Chain Management) 범위는 더 커지고, 영향력은 더 강해지고 있다. 변화에 빠르게 적응하고 고객과의 거리를 신속히 좁히며 재고를 없애 비용을 줄이는 모든 과정이 SCM과 연결되기 때문이다. 성공하는 기업들엔 탁월한 SCM이 있다. 특히 대규모 설비투자가 필요한 제품을 원하는 시기에 원하는 만큼 균일하게 공급하는 역량은 경쟁력에 필수요소다. 삼성전자와 애플은 공히 비용 관점에서만 바라보던 SCM을 가치 창출의 새로운 수단으로 전환해 경쟁사들을 압도한 기업이라 할 수 있다. 전통적으로 SCM은 생산 중심 또는 효율성 중심이었다. 전 세계 공장에서 생산된 제품을 글로벌 시장에 효율적으로 공급하기 위해 프로세스를 개선함으로써 비용을 최소화하는 것이다. 하지만 이 같은 SCM은 양날의 칼이 될 수 있다. 도요타는 원가절감을 위해 부품을 현지조달 방식으로 바꿨지만 거래업체의 급격한 증가로 새로운 비용을 떠안아야 했다. 한때 LG전자에 막대한 비용 절감을 안겨준 SCM은 협력업체 불만과 통제 접점 확대 등으로 인한 또 다른 비용을 낳기도 했다.

원가절감 방식의 전통적인 접근법을 넘어 새로운 관점을 제시한 기업이 바로 애플이다. 애플은 2006년 이전까지만 해도 비효율적 SCM의 대표적인 기업으로 꼽혔다. 하지만 아이폰 출시 뒤 창의적 아이디어와 디자인, 그리고 콘텐츠를 포함하는 가치 중심의 SCM 전략을 폈다. 이를 통해 소비자에게 새로운 기준과 가치를 제공하는 최고의 SCM 기업으로 거듭났다. 지금 애플은 미 시장조사업체 가트너에 의해 매년 가장 효율적으로 공급사슬을 유지하는 기업으로 선정되고 있다. 그러나 애플은 삼성전자를 필두로 한 구글 안드로이드 진영에 의해 밀려나고 있다. 애플의 가치 중심 SCM 전략이 협력사 전체 가치보다는 애플의 가치에 초점이 맞춰져 있기 때문이다. 최대 협력사 중 하나인 삼성과의 특허 다툼 및 경쟁기업들과의 무차별적인 소송은 애플에 부담을 가중시키고 있다. 반면 삼성은 샤프와의 제휴를 비롯해 공급사슬에 있는 기업들과 제휴 및 협력을 강화하면서 특유의 스피드 경영을 실현하고 있다. 단순히 비용 절감을 위한 SCM 강화나 자사 가치 중심의 SCM 전략보다는 협력 네트워크를 기반으로 한 제품의 지속적인 혁신과 기업을 둘러싼 기업생태계 전반의 부가가치를 향상시키는 새로운 관점의 SCM이 필요하다.

노벨경제학상 수상자인 올리버 윌리엄슨 미국 UC버클리 교수는 시장거래에 수반되는 거래비용의 중요성에 주목했다. 거래 당사자의 제한적인 합리성이나 기회주의적인 태도, 거래에 수반되는 불확실성, 쌍방독점 상황 등이 거래비용을 어떻게 증가시키는지를 살폈다. 기업이 거래비용이 있음에도 시장거래를 할 때는 신뢰 축적 등 다양한 방법으로 비용을 감소시키려고 노력한다. 물론 비용이 지나치게 크면 필요한 부품을 직접 생산하거나 공급회사를 아예 인수하기도 한다. 애플은 가깝지도 멀지도 않은 관계에 따라 공급사슬을 관리(arm's length 방식)하고 있다. 거래 당사자 간에 말 그대로 팔길이 만큼의 거리를 둔다는 것으로, 정확하게 받은 만큼 상대방에게 주는 것이고 계약을 위반하면 파트너를 바꿔버리는 극도로 단기적인 100% 시장거래다.

반면 삼성은 일본식의 긴밀한 협조에 바탕을 둔 공급사슬관리(hand-in-glove 방식)를 택하고 있다. 협력사 재교육에 투자하고, 제품개발과 혁신에 공동투자하는 것은 기본적으로 신뢰에 기초한 관계를 의미한다. 삼성전자와 공급자는 다른 조직이면서도 마치 장갑과 손처럼 긴밀하게 한 방향으로 움직이고 장기적인 관계가 형성된다. 이와 함께 애플은 아이폰용 부품이 특수해 다양한 공급처 활용(세컨드 소싱)이 쉽지 않을 수 있다. 반면 삼성은 필요한 부품이 애플보다 표준화된 제품에 가깝기 때문에 수많은 공급자가 존재하고 공급자와의 협상력을 높일 수 있다. 거래비용을 증가시키는 쌍방독점을 쉽게 피할 수 있다는 얘기다.

* 자료: 삼성, 혁신 SCM으로 소니와 애플을 넘다, 한국경제, 2013.07.23

2 공급자관계관리

1. 공급자관리

다국적기업이 장기적으로 현지생산의 안정성을 도모하고 이윤을 극대화하기 위해서는 현지공급업체들과 지속적으로 관계를 증진하고 상호 협력하는 것이 매우 중요하다. 바람직한 공급자관계는 회사의 가치를 증가시키는 가치 증가 파트너십(value-adding partnership)이라고 할 수 있다. 가치 증가 파트너십이란 독립적인 기업집단이 서비스나 상품의 공급을 부가가치체인에 의해 서로 협력함으로써 파트너들의 가치를 증가시키는 협력관계를 의미한다. 이를 위해서 비용을 줄이고 질적 향상에 기여할 수 있는 공급자를 확보하고, 그 숫자를 줄여 소수의 공급자와 친밀한 관계 형성을 통해 공급자들과 공동으로 이익 발생을 도모하는 것이 필요하다. 가치 증가 파트너십은 다음과 같은 구매정책을 수반할 때 더욱 효과적이 될 것이다.

① 장기적인 계약(2~3년 단위로 재계약)
② 구매자집단의 집중화
③ 국제 구매
④ 지속적인 공급자와의 관계 및 협력 증진

특히, 가치 증가 파트너십을 효율적으로 달성하기 위해서는 무엇보다 현지 공급업체들과 지속적 협력이 요구된다. 협력 증진 방안에는 파트너와 장기공급계획을 체결하여, 파트너가 안정적으로 부품 또는 원료를 공급할 수 있는 계기를 마련해 주는 것이 중요하다. 그리고 양질의 부품 또는 원료를 공급받기 위해서는 하청업체 또는 파트너기업에 일정 수준 이상의 기술과 자금원조를 통하여 보다 좋은 협력관계를 증진하는 것이다.

또한 커뮤니케이션 채널을 확보하여 문제가 발생하거나 원활한 협력이 필요한 경우에는 신속하고 효율적인 의사전달이 되도록 한다. 그뿐만 아니라 수많은 공급업체와 협력관계를 증진시키기 위해서는 정보처리시스템을 도입하고 전산화를 통한 과학적이고 합리적인 공급업체 관리가 요구된다.

한편, 공급자는 특정 산업에서 활동하는 기업들에 대한 공급 중단, 가격 인상 또는 공급제품의 품질 저하 등의 위협을 통해 교섭력을 활용할 수 있기 때문에 주요한 경쟁요인으로 작용하게 된다. 또 공급과점 정도, 대체품 여부, 공급품의 중요성, 차별화 정도, 전방통합 가능성 등의 요인에 의해서 공급자의 교섭력이 결정되며 이는 공급 관계에도 영향을 미치게 된다. 공급자의 교섭력은 주요한 경쟁요인이 되기도 하지만 비합리적으로 교섭력을 발휘할 경우 서로 간의 장기적 협력관계 수립은 어려워진다는 점을 유의해야 한다.

2. 공급자–구매자관계의 유형

공급자–구매자관계는 상호 투자한 관계특유자산의 정도에 따라 네 가지로 분류될 수 있다. 여기서 관계특유자산은 건물, 기계와 같은 유형자산은 물론 상호 간의 정보교류, 학습시간 등과 같은 무형자산도 포함된다. 이 네 가지 유형은 [그림 10–4]에 요약되어 있다.

그림 10-4 공급자–구매자 관계

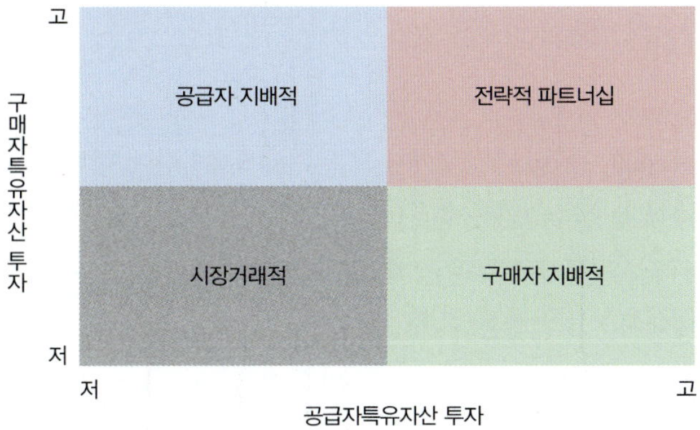

1) 시장거래적 관계

시장거래적 관계(market exchange)는 공급자, 구매자 모두 관계특유자산에 투자하지 않으며 다른 파트너로의 전환비용(switching cost)이 낮은 경우를 말한다. 이러한 관계에서 거래되는 제품은 표준화된 제품, 제품수명주기에서 성숙기의 제품, 비혁신적이고 디자인의 변화가 없는 제품 등이 이에 해당된다. 수요는 감소하고 있으나 기업들의 경쟁은 심화되어 있을 때 이러한 관계를 흔히 볼 수 있다. 제품은 시장 어디에서든 쉽게 구할 수 있기 때문에 공급자는 특정 구매자에 의존성을 보이지 않으며 구매자 또한 공급자의 전환이 비교적 쉽다는 특징이 있다.

2) 구매자 지배적 관계

구매자 지배적 관계(captive supplier)는 공급자의 관계특유자산에 대한 투자는 높으나 구매자의 관계특유자산에 대한 투자는 낮을 때 해당되는 관계이다. 이러한 관계에서 거래되는 제품은 공급자가 가진 높은 기술적 우위에 의해 제조된 제품으로 막대한 자본투자가 요구된다. 그러나 시장의 경쟁이 심화되고 기술이 진보함에 따라 새로운 기술우위를 가진 공급자로의 전환이 발생하게 된다. 기술에 대한 막대한 자본투자에도 불구하고 공급자의 협상력(bargaining power)은 제한적일 수밖에 없다는 특징이 있다.

3) 공급자 지배적 관계

공급자 지배적 관계(captive buyer)는 공급자의 관계특유자산에 대한 투자는 낮으나 구매자의 관계특유자산에 대한 투자는 높을 때 해당된다. 제품의 기술적 변화가 크지 않고, 시장성장률이 제한되어 있으며 소수의 공급자가 시장을 지배하고 있을 때가 이에 해당된다. 소수의 공급자는 독점적 기술을 오랫동안 보유하고 있으며 강한 협상력을 가지고 있는 경우가 많다. 이런 경우 구매자 입장에서는 다른 공급자로의 전환이 어렵고 높은 비용을 수반한다.

4) 전략적 파트너십 관계

전략적 파트너십 관계(strategic partnership)는 공급자, 구매자 모두 관계특유자산에 대한 투자가 높은 경우에 해당된다. 시장성장률이 높고 수요가 급증하나 시장의 불확실성이 높은 상황에서 공급자, 구매자 간의 전략적 파트너십을 통하여 보다 장기적인 관계로 발전시키고자 할 때 나타나는 관계로 볼 수 있다. 이 관계에서는 고객맞춤화(customization)된 제품이 거래되며 기술혁신이 빈번하게 일어난다. 전략적 파트너십을 통해 기술적 우위를 가진 공급자는 고객맞춤화된 제품을 구매자에게 제공하고 구매자는 기술적 역량을 가진 공급자를 장기적으로 확보, 보장받게 되는 것이다.

3. 공급사슬관리

원래 공급사슬관리(Supply Chain Management)는 공급자, 생산자, 유통업자, 원료, 자재 및 정보의 흐름을 상하 양방향으로 이루어지도록 하는 시스템을 지칭한다. 공급사슬관리는 다음과 같은 요소를 포함하고 있다. 고객서비스 요구사항, 공장과 유통센터의 네트워크 디자인, 재고관리, 외주와 제3자 물류 관계, 핵심고객과 공급자 관계, 비즈니스 프로세스, 정보시스템, 조직디자인과 교육 요구사항, 그리고 성과 목표이다.

공급사슬의 통합관리는 그 자체로서 고객만족수준의 증대와 수익성개선을 실현할 수 있다. 그뿐만 아니라 공급사슬관리의 통합은 공급사슬 내에서 조직학습효과를 가져오고 이를 통해 관계몰입과 고객지향성에 중요한 영향을 미친다. 공급사슬관리의 통합모형이 적절히 실행되기 위해서는 다음과 같은 조직학습에 영향을 미치는 요인들을 고려해야 한다.

1) 팀 지향성(Team Orientation)

공급사슬 내의 참여자 간의 협력, 사슬 활동의 수행과 의사결정을 위한 협력은 통합 공급망관리에 대한 조직의 학습효과를 높이는 데 중요한 역할을 한다.

2) 시스템 지향성(System Orientation)

공급사슬 내 참여자가 사슬 내의 활동이 특정한 틀에서 이루어지는 통합공급사슬 관리모형처럼 일정하게 구축된 시스템 내에서 모든 활동이 순조롭게 이루어지도록 하는 노력이 필요하다.

3) 학습 지향성(Learning Orientation)

공급사슬 내 참여자가 공급사슬의 장기적인 이익을 위한 학습 가치에 역점을 두고 이들이 적극적으로 학습할 수 있는 동기를 제공한다.

4) 커뮤니케이션 지향성(Communication Orientation)

공급사슬 내 참여자가 공급사슬에 의한 정보와 지식의 유통과 참여자 간의 의사소통 정도를 원활히 하고 활성화시킨다.

마감사례

삼성이 멕시코 노동자 결근율을 10분의 1로 줄인 비결은?

1979년 멕시코에 처음 진출한 이래 많은 한국 기업들이 활발한 경제 활동을 펼치고 있다. 하지만 여전히 많은 기업이 낮은 생산성, 높은 이직률 및 결근율 등 현지 인력관리의 애로사항을 토로한다. 이러한 상황에서 삼성전자의 멕시코 법인 티후아나(Tijuana) 공장과 케레타로(Querétaro) 공장은 성공한 인적자원관리의 사례로 꼽힌다. 두 공장 근로자들의 자발적 이직률과 결근율은 제조업 평균에 비해 상당히 낮은 수준을 기록하고 있다. 케레타로 공장의 결근율은 1.6%로, 국경지대 공단의 평균 결근율인 12%의 1/10 수준이다. 그들의 비결은 무엇이었을까?

티후아나 공장에서의 전략

인적자원 관리 측면에서 티후아나 공장의 고민은 관리직 직원을 채용하고 유지하는 데 있었다. 현지인 관리자들은 외국계 대기업에서 일을 배우고 난 뒤 더 좋은 조건의 인근 기업으로 이직하는 일이 잦았던 것이다. 학생장학금 제도는 이러한 문제에 대처해 유능한 중간관리자들을 육성하고 유지하기 위해 도입한 제도이다. 삼성전자 티후아나 법인은 15년 전부터 지역의 우수한 학생들 20여 명을 해마다 선발해 대학까지 장학금을 제공한 뒤, 졸업 후 중간관리자로 삼성전자에 채용했다. 이들은 경제적으로 어려웠던 학창 시절 학업을 할 수 있도록 도움을 준 삼성에 깊은 애사심을 가지고 있었다. 회사는 장기적으로 이들이 티후아나 공장의 경영진으로 성장할 것이라 기대하고 있다.

케레타로 공장에서의 전략

반면 케레타로 공장의 고민은 관리직이 아닌 생산직을 채용하는 데 있었다. 일반적으로 멕시코 내 기업은 생산직으로 공장 주변 도시에 거주하는 중학교 졸업자를 선호하는데, 케레타로 공장은 대도시에 위치하지 않아 생산인력을 안정적으로 확충하기 어려웠기 때문이다. 이에 경영진은 취업에 대한 관심이 높은 반면 일자리가 부족한 농촌지역 주민들을 대상으로 채용전략을 추진했다. 이들에게는 농촌의 상황을 고려해 학력에 제한을 두지 않는 열린 채용을 실시했다. 대신 멕시코 교육청 및 사회교육기관과 연계해 임직원을 위한 재교육 프로그램을 강화했다. 또한 농촌지역 출신의 직원들을 위해 셔틀버스 운영 거리를 인근 25km(25분 소요)에서 최대 108km(1시간 45분 소요)로 확대했다. 그러자 생산직 직원들의 애사심과 열의가 강해져 이직률이 크게 줄었고, 회사의 안정적인 생산으로 이어졌다.

멕시코는 교육에 관한 사회적, 제도적 인프라가 턱없이 부족한 실정이다. 이 같은 구조적 문제로 인해 현지 진출한 기업들은 인재 확보의 어려움을 겪어 왔다. 고등학교 이상 진학 비율이 16%에 불과할 만큼 국민 대부분의 교육 수준이 낮고, 멕시코 중학생 절반이 기본적인 연산을 어려워할 만큼 실제 교육의 성과도 부진하기 때문이다.

이러한 직원들의 저(低) 역량 문제를 극복하기 위해 삼성의 두 공장은 기업의 사회적 책임과 연계한 교육 프로그램을 운영하고 있다. 케레타로 법인은 현지 교육청 및 사회기관과 협력해 임직원을 대상으로 초, 중, 고 교육과정 검정고시 서비스를 제공하는 사내 검정고시 제도 SEP(Samsung Education Program)을 운영하고 있다. 또한 핵심 인력은 대학과 석사 과정 학비의 전액 혹은 일부를 지원해 과정을 수료하게 했다. 이러한 고등 교육 프로그램은 생산직 직원들에게 동기를 부여하고, 이직률을 낮추며, 직무 태도를 개선하는 데 기여했다.

티후아나 법인 역시 직무 교육 이외에 안전, 인권 존중, 차별 금지를 위한 현장 교육을 실시한다. 예컨대 생산직에 많은 여성 직원을 상대로 성희롱 예방 교육을 실시하거나, 에이즈 감염자인 직원을 차별해서는 안 된다고 가르치는 식이다. 교육 이후에는 현장에서 법과 규정을 준수한다는 의미의 'Compliance' 문구와 인권 유린, 차별, 안전 위반 등의 상황이 발생했을 때 제보할 수 있는 전화번호가 새겨진 팔찌를 착용하도록 했다. 그러자 다양한 제보가 늘고, 서로의 인권을 존중하는 분위기가 강해졌다. 이처럼 삼성전자의 두 멕시코 공장은 배려와 존중을 기반으로 직원들의 역량을 개발하는 현장 교육에 초점을 맞췄다. 당장의 단기적인 성과보다 장기적인 성장에 집중한 삼성의 전략은, 기업의 사회적 책임과 연계한 시사점을 제공한다.

* 자료: 삼성이 멕시코 노동자 결근율을 10분의 1로 줄인 비결은?, 동아비즈니스리뷰 2018.07.20

토의과제

01 삼성전자의 멕시코 법인 티후아나 공장과 케레타로 공장이 현지직원 채용 및 관리에 있어 직면했던 서로 다른 고민 및 대응책에 대해 토의하시오.

02 한국기업들이 글로벌경영에서 느끼는 가장 큰 어려움 중의 하나는 국제인적자원의 채용 및 관리이다. 국제인적자원 관리의 3가지 유형 즉, 본사인력 파견, 현지인력 채용, 제3국인력 파견의 장단점에 대해 논의해 보시오.

주요 용어

적합성	원가절감	구매자 지배적 관계
생산배치	적시생산방식(JIT)	공급자 지배적 관계
조정과 통제	전사적 품질관리(TQM)	전략적 파트너십 관계
공장입지결정	지속적 품질개선(CI)	공급사슬관리(SCM)
FTZ	ISO 9000	현지인 채용
자유무역지구	글로벌 소싱	교육 및 훈련
생산규모	구매	동기부여
생산기술	공급자관리	복리후생
레이아웃계획	시장지배적 관계	노무갈등해결

연습문제

01 현지생산의 핵심성공요인 세 가지는 무엇인가?

02 공장입지결정요인은 무엇인지 설명하시오.

03 생산 전에 선행되어야 할 생산계획에는 어떠한 것이 있는가 설명하시오.

04 TQM을 위한 ISO 9000 품질경영시스템 및 규격에 관하여 약술하시오.

05 적시생산시스템(JIT : Just In Time)에 대하여 설명하시오.

06 글로벌 소싱이란 무엇인지 설명하시오.

07 현지교육 및 훈련 방법에는 어떤 것이 있는지 설명하시오.

PART 5

글로벌전략 및 관리

11장 요약

본 장에서는 글로벌 배치우위란 무엇이며, 다국적기업이 세계 여러 곳에 배치되어 있는 자회사들의 경영활동을 어떻게 통제하는가를 살펴본다. 또한 글로벌 시장확대전략에 대하여 파악하며 글로벌전략과 현지화전략을 설명한다. 마지막으로 다국적기업의 조직구조의 종류는 어떠한 것이 있으며, 기업은 어떤 상황에서 어떤 조직구조를 채택하는가를 살펴본다.

12장 요약

본 장에서는 급변하는 글로벌 경영환경을 4차 산업혁명, 브렉시트, 미 · 중 무역 분쟁을 중심으로 살펴보고, 이러한 일련의 변화들이 국제 경영에 어떠한 시사점을 갖는지를 설명한다. 그리고 이러한 급변하는 글로벌 환경 변화에 기업이 어떻게 대응해야 하는지를 모색해 본다.

CHAPTER 11

기업의 글로벌전략과 관리

도입사례

문화산업의 현지화 전략

K컬처의 진화가 눈부시다. K-pop, 드라마, 웹툰 등 다양한 분야에서 외국인 아티스트를 발굴하고 외국어로 된 작품을 잇달아 선보이고 있다. 국내에서 키운 아티스트를 해외에 소개하는 수준에 머물지 않고, 처음부터 현지 사람들과 작업하고 결과물을 만든다. 이 과정에서 세계 문화산업에 한류 DNA가 자연스럽게 이식된다. 과거 정보기술(IT) 기기마다 인텔의 중앙처리장치(CPU)가 장착됐던 덕에 '인텔 인사이드'란 용어가 유행했듯, '한류 인사이드'라고 부를 만한 현상이 시작된 것이다.

JYP엔터테인먼트는 일본인으로 구성된 아이돌그룹 '니쥬'를 결성해 일본에서 열풍을 일으키고 있다. SM엔터테인먼트와 하이브도 미국 시장을 겨냥해 현지에서 아이돌그룹 멤버를 발굴한다. 하이브는 유명 가수 저스틴 비버 등이 속한 현지 기획사 이타카홀딩스도 인수했다. 콘텐츠 시장에서도 비슷한 움직임이 확산하고 있다. 스튜디오드래곤, CJ ENM은 미국에서 현지 배우, 제작진과 함께 영어로 된 드라마와 영화를 제작하고 있다. 국내 웹툰 업체는 해외 기업을 인수하고 해외 작가가 만든 작품을 대량 공급하고 있다. 플랫폼 자체를 글로벌화해 '웹툰계의 넷플릭스'가 된다는 목표다.

콘텐츠 시장에서도 글로벌화가 적극 추진되고 있다. 국내 최대 드라마 제작사인 스튜디오드래곤은 10부작 미국 드라마 '더 빅 도어 프라이즈(The Big Door Prize)'를 기획 · 제작하고 있다. 국내 제작사가 미국 드라마를 만드는 건 처음이다. 이를 포함해 스튜디오드래곤은 10여 편의 드라마를 미국에서 제작한다. 스튜디오드래곤만이 아니다. 박찬욱 감독이 연출하는 미국 드라마 '동조자'엔 '아이언맨'으로 잘 알려진 배우 로버트 다우니 주니어가 출연한다.

영화에서도 이 같은 흐름이 가속화하고 있다. '기생충' 흥행 이후 현지 영화 제작사들로부터 러브콜이 쏟아지고 있다. CJ ENM은 지난해 개봉한 영화 '엔딩스 비기닝스'를 시작으로 10여 편의 영화를 미국에서 기획 · 제작하고 있다. 정덕현 대중문화평론가는 "양국의 문화적 간극이 있을 수 있지만 그것이 오히려 장점으로 작용하는 시대가 됐다"며 "넷플릭스 '킹덤'이 사극이라는 한국적 요소 덕에 외국에서 인기를 얻는 것처럼 한국 제작사들의 지역성도 강력한 무기가 되고 있다"고 분석했다.

넷플릭스 같은 플랫폼 안에 전 세계 작가들과 콘텐츠를 끌어들이는 전략도 눈에 띈다. 국내 웹툰 플랫폼 네이버웹툰과 카카오웹툰은 미국, 유럽 등의 작품을 잇달아 선보이고 있다. 이들이 확보한 해외 작가 수는 네이버웹툰 70만 명, 카카오웹툰 6만 5,000명에 달한다.

이런 현상은 이수만 SM엔터테인먼트 총괄 프로듀서가 제시했던 '한류 3단계론'과도 맞닿는다. 국내 작품을 수출(1단계)하고 해외 아티스트를 한국인 멤버와 함께 구성하는(2단계) 수준을 넘어, 해외에서 아티스트를 발굴하고 외국어 작품을 제작하는(3단계) 최종 단계에 도달한 것이다. 그간 미국 외엔 어떤 나라도 성공하지 못했던, 문화산업의 '글로컬라이제이션(glocalization, 세계화와 현지화 동시 달성)'을 이루고 있다는 평도 나온다.

* 자료: K컬처의 진화, 이젠 '한류 인사이드'다, 한국경제 2021.08.11

토의과제

01 문화산업과 같은 서비스 산업의 국제화는 제조업에서의 통상적인 국제화 행태와 어떻게 다른지 논의해 보시오.

02 문화산업에서의 '한류 3단계론'을 글로벌화와 현지화의 압력이라는 관점에서 바라본 다국적기업의 네 가지 전략대안이라는 [그림 11-7]의 틀 안에서 설명해 보시오.

I 글로벌 배치와 통제

글로벌 배치와 배치우위란 무엇이며, 다국적기업이 세계 여러 곳에 배치된 자회사들의 경영활동을 어떻게 통제하는가를 살펴본다.

1 글로벌배치

글로벌배치란 글로벌전략에 있어서 기업의 다양한 기능, 즉 **부가가치 활동들을 어디에 배치시키고, 배치 후 경영기능을 조정, 통합하는 것**을 말한다. 연구개발(R&D: research and development), 디자인, 구매, 생산, 운송, 마케팅, 판매, 고객서비스에 이르기까지 부가가치 창출을 위한 기업 내 기능적 활동은 모두 이러한 배치의 대상이 된다. 전통적으로 다국적기업은 활동 배치의 선택에 있어 두 가지 대안을 가지고 있다. **하나의 대안은 다국적기업이 다양한 국가에서 동일한, 즉 서로 중복되는 활동을 수행하는 것**이다. 이것은 초기 국제화 단계에서 볼 수 있는 다국적기업의 전략 형태로써, 예를 들어 동일한 생산공장을 여러 나라에 중복적으로 세우는 것이다.

생산공장 등을 국가별로 나누어 중복 배치할 때 가장 큰 단점은 규모의 경제를 누리지 못해 효율을 꾀하지 못하는 점이다. **다른 하나의 대안은 다국적기업의 부가가치 활동별로 본국 또는 특정 국가에 집중시키는 것**이다. 여러 가지 활동을 한 국가에 집중적으로 배치할 경우 규모의 경제효과로 인해 비용을 절감할 수 있고 활동부서 사이에 협력이 증대되는 장점이 있다. 그러나 가치활동의 집중적 배치는 그 나라의 국가 위험에 지나치게 노출되어 글로벌 공급이나 생산활동에 있어 위험이 증대된다는 단점이 있다.

가치사슬의 어떤 요소는 지리적으로 집중될 수 있는 반면, 다른 요소는 활동의 중복과 분산이 가능하다. 그렇다면 가치사슬의 각 요소는 글로벌 전략의 관점에서 어떻게 배치를 해야 하는가? 먼저 글로벌배치를 위한 가이드라인을 살펴본다. 그리고 연구개발과 제조 활동의 글로벌 배치는 어떻게 하는가에 대하여 설명한다.

1. 글로벌활동의 배치를 위한 가이드라인

효과적으로 움직이는 글로벌 네트워크에서는 비용 절감, 경쟁 수단의 향상 등의 효과를 기할 수 있도록 활동의 배치를 선정한다. 동시에 이 네트워크에서는 세계 각국의 현지 시장 수요를 잘 충족시킬 수 있어야 한다. 이러한 문제에 대한 가이드라인은 다음과 같다.

- 각 활동에 따라 글로벌집중화, 현지분산 혹은 이 두 가지 대안의 절충 필요성이 있다. 연구개발과 같은 일부의 활동은 글로벌 관점에서 본사 또는 전략적으로 중요한 국가 위주로 배치할 필요가 있다.
- 어떤 경우에는 지리적으로 분산된 활동을 잘 조정함으로써 범세계적인 집중화를 대체할 수 있다. 경쟁우위를 극대화하기 위해 경영자는 입지 결정에 있어서 기업의 전략적 우위와 각 국가의 비교우위를 모두 고려해야 한다. 기업의 전략적 우위는 선구자적 위치, 독창적인 디자인, 강한 브랜드 인지도 및 고객의 충성심 등에서 나오는 우위를 말하며, 국가를 중심으로 고려한 비교우위는 값싼 노동력이나 현지국의 기술적 하부구조 같은 특정 국가의 우위를 말한다.

2. 연구개발(R&D) 활동의 배치

글로벌 연구개발전략은 개별국가시장보다 전 세계시장을 염두에 두고 수립되어야 한다. 과거 대부분의 다국적기업은 연구개발 활동을 수행함에 있어서 전 세계시장을 염두에 두었다기보다는 본국 시장이나 특정 외국시장을 주된 목표로 했다.

연구개발 활동의 배치와 관리는 연구개발의 글로벌 성과에 중요한 영향을 미친다. 많은 최고경영자가 연구개발 활동을 최종 소비시장에 배치함으로써 그 시장에 가장 적합한 활동을 할 수 있을 것으로 생각한다. 그러나 글로벌전략의 관점에서 이러한 생각은 다음과 같은 몇 가지 다른 필요성들과 균형을 맞출 필요가 있다.

- 글로벌 연구개발은 지구상의 어떤 곳이든 필요한 정보와 지식을 얻을 수 있는 곳에 배치해야 한다(예: IT산업의 실리콘밸리).

- 글로벌 연구개발에 있어서는 필요한 지식이 연구개발 활동의 본부에 효과적으로 전달될 수 있어야 한다. 연구개발 활동의 본부는 이러한 지식이 적재적소에 활용되도록 한다.
- 지리적 근접성의 이유에서가 아니라 전략적 필요에 의해 우선순위를 결정하는 절차가 있어야 한다. 그렇지 않으면 연구 요원은 멀리 떨어진 경영자보다 그들이 자주 접하는 경영자를 위한 연구과제에 우선순위를 두게 된다.
- 글로벌 연구개발에 있어서는 주요 전략적인 국가 시장의 고객 수요에 부합하는 글로벌 제품을 개발할 능력을 갖추어야 한다.
- 글로벌 연구개발 활동은 특히 기업활동의 글로벌 정도가 고도화될수록 각국 간 또는 각 지역 간 통합이 쉽게 이루어져야 하므로 어느 정도 집중 배치될 필요가 있다.

이상의 글로벌 연구개발에 대한 요구들 이외에도 또한 최소한의 규모를 달성해야 한다는 점도 고려해야 하는데, 물론 이러한 규모의 경제는 산업에 따라서 차이가 있다. 따라서 각 산업에 있어서 규모의 경제 등의 요인을 분석하고 이러한 요구들에 부합하기 위해서 연구개발 활동의 배치를 어떻게 정하고 관리해야 할 것인가를 결정해야 한다.

3. 제조활동의 글로벌 배치

제조활동은 제품 및 공정기술의 개발, 생산시설 및 공장설비의 건설, 제조 정보시스템의 유지, 원자재의 유입과 유출관리, 품질 및 신뢰도 수준의 유지, 생산계획, 실제 생산활동의 관리 등 다양한 활동을 포함한다. 이러한 활동은 전형적으로 서로 가까이에서 이루어져야 하므로 제조활동의 배치결정은 이러한 활동을 일괄적으로 포함할 수 있도록 주어져야 한다. 그럼에도 불구하고 특정 세부 활동이 다른 활동으로부터 분리될 수 있다면, 그 세부 활동에 대한 배치전략은 달라질 수 있다.

해외제조활동의 유리한 점으로는 해외고객과의 관계 증진, 시장에의 접근, 현지의 이동 불가능한 생산요소 및 기술적 요소의 이용, 수송비의 절감, 관세 및 비관세장벽의 회피, 현지국 정부의 요구 충족, 경쟁의 선점 등을 들 수 있다. 한 나라가 글로벌 전략상 중요한 제조지역으로 배치되기 위해서는 그 현지국가의 비교우위와 기업의 경쟁우위를 살릴 수 있는 다음과 같은 여건을 가지고 있어야 한다.

- 유리한 부존 생산요소
- 주요 시장과의 근접성

• 유리한 원산지효과
• 주요 글로벌 경쟁자의 제조활동 입지

저렴한 비용의 천연원료나 숙련된 노동력 등과 같은 생산요소는 한 나라가 다른 나라에 비해 비교우위를 갖게 하는 전통적 우위요인이다. 주요 시장에의 근접성은 수송비를 낮출 뿐만 아니라 시장요구에 신속한 반응을 가능하게 함으로써 기업에 타 경쟁기업에 비해 전략우위 혹은 경쟁우위를 갖도록 하기 때문에 일종의 생산요소의 우위로 간주될 수 있다. 일반적으로 기술혁신이 빠르게 이루어지는, 고품질의 제품이 많이 생산되는, 또는 매우 까다로운 고객이 많은 나라는 대체로 원산지효과에 있어 유리한 나라가 된다. 글로벌 경쟁자가 한 나라 안에 이미 존재할 때 서로 간의 경쟁과 모방을 통해 그 나라 안에 있는 모든 경쟁자의 생산능력이 높아지는 것이 일반적이다. 따라서 가치 활동의 배치라는 관점에서 글로벌전략은 한마디로 배치우위를 확보하기 위한 전략적 결정이라고 할 수 있다.

사례 11-1 **LG화학의 글로벌 배치전략: 전기차배터리 4각 생산**

구본무 LG그룹 회장이 승부수를 던졌다. LG화학 폴란드 배터리 공장 건설로 글로벌 전기차 배터리 시장에서 명실상부한 1위가 되겠다는 것이다. 구 회장은 폴란드 코비에르지체에서 열린 'LG화학 폴란드 전기차 배터리 공장 기공식'에 참석해 "이 공장을 유럽 지역 핵심 거점이자 자동차 부품 분야 전진기지로 육성하겠다"며 강조했다.
LG그룹은 1992년 당시 그룹 부회장이던 구 회장의 지시로 배터리 사업을 시작했다. 구 회장은 당시 출장길에 영국 원자력연구원에 들렀다가 충전해서 사용할 수 있는 '2차전지' 샘플을 직접 가져와 관련 계열사에 2차전지를 연구하도록 했다. 구 회장은 2차전지 사업을 신(新)성장동력으로 정한 뒤 뚝심 있게 밀어붙였다. 2005년 2차전지 사업이 연 2,000억 원에 가까운 적자를 냈을 때도 "이 사업은 우리의 미래 성장동력"이라며 "끈질기게 하면 반드시 성과가 나올 것"이라고 임직원을 다독였다. 현재 LG화학은 글로벌 시장조사업체 '내비건트 리서치'가 발표한 '세계 전기차 배터리 제조업체 경쟁력 평가'에서 세계 1위(2013, 2015년)를 차지하는 업체로 성장했다.
일본 시장조사업체 B3에 따르면 전기차 배터리 시장점유율(2015년 3분기 기준)은 일본 AESC(23.5%), LG화학(16.6%), 중국 BYD(15.1%), 파나소닉(13.7%), 삼성SDI(12.5%) 순이다. BYD는 중국에만, AESC는 일본에만 공장이 있다. 파나소닉은 일본 가사이에 공장이 있지만 테슬라와 함께 미국 네바다 주에 배터리 공장을 짓고 있다. 삼성SDI는 울산과 중국 시안(西安)에 공장을 갖고 있는 가운데 헝가리에 공장을 짓고 있다. 중국, 미국, 유럽은 전 세계 순수 전기차 시장의 90%를 차지하고 있다. 폴란드 공장이 완공되면 LG화학은 세 곳에 생산거점을 가진 유일한 업체이자 한국을 포함해 최다 생산거점인 '글로벌 4각 생산체제'를 갖춘 배터리 업체로 도약한다. 경쟁력 평가 1위에다 시장점유율 1위까지 노리는 교두보로 삼을 것으로 보인다.

* 자료: '전기차배터리 4각 생산' 승부수 던진 구본무, 동아일보, 2016.10.07

2 글로벌 배치우위

1. 배치우위의 개념

기업이 가치활동과 자원을 어느 시장에 어떻게 배치할 것인가, 그리고 그것을 어느 정도로 글로벌 관점에서 조정, 통합을 꾀하면서 효과적으로 관리하고 사용할 것인가의 문제는 글로벌전략의 핵심 요소이다. **글로벌 배치우위란 기업이 자산, 능력 및 자원을 세계적으로 배치하고 이를 효과적으로 조정, 통합 관리하고 사용하는 능력**이다. 따라서 글로벌 정도가 고도화된 산업내 다국적기업은 배치우위를 확보하기 위하여 높은 성과를 가져올 수 있는 가치 활동의 장소적 배치와 그에 대한 조정 및 통합관리시스템을 구축하는 것이 중요하다. 본 장에서는 글로벌 산업 내 다국적기업을 가정하고 글로벌 배치우위의 문제를 살펴보자.

2. 글로벌 배치우위의 결정요인

글로벌 배치우위를 확보하기 위해서는 글로벌 시장지배력, 전략적 유연성, 자원의 배치 속도가 중요하다. 즉, **글로벌 시장지배력이 높을수록, 전략적 유연성이 높을수록, 그리고 시장진입속도(자원배치속도)가 높은 다국적기업일수록 가치 활동의 글로벌 집중화배치 성향이 높고 마찬가지로 배치된 가치활동의 통합 정도가 높아진다.**

1) 글로벌 시장지배력

글로벌 시장지배력은 글로벌 배치우위를 결정짓는 가장 중요한 요소이다. 글로벌 시장지배력은 기업이 진출하고 있는 각 개별국가에서의 시장지배력과 진출하고 있는 시장의 지리적 범위에 따라 결정된다. 즉, **경쟁사에 비해 높은 글로벌 시장지배력을 가진 기업일수록 기업의 자산, 능력, 자원 및 부가가치 활동을 전 세계적으로 배치하고 관리하는 능력에서도 우위**를 점하게 된다.

기업이 개별시장에서 시장지배력을 갖기 위해서는 시장점유율을 높이고 제품 및 브랜드 능력을 향상시키는 것이 핵심이다. 기업은 해외진출 초기 단계에서는 경영활동의 규모의 경제(economies of scale)를 확보하여 원가경쟁력을 유지하는 것이 중요하기 때문에 가급적 핵심 또는 고성장 시장에 부가가치 활동을 집중적으로 배치하기 때문에 글로벌 배치우위 확보에 한계가 있다. 그러나 시간의 흐름에 따라 기업이 높은 글로벌 시장지배력을 확보하기 위해서 다른 지역으로의 적극적인 시장다각화 전략을 수행하게 될 때, 점차 고도화된 글로벌 배치우위를 확보하게 된다.

그림 11-1 글로벌 시장 배치우위요인

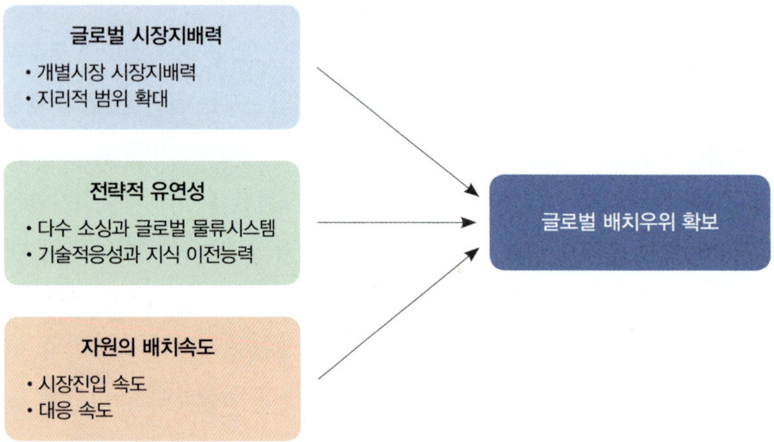

2) 전략적 유연성

시장과 경쟁 조건이 각기 다른 세계 여러 시장에서 기업이 이런 상이한 조건들에 적응하고 또 필요에 따라 자원들을 재배치하기 위해서는 전략적 유연성을 개발하는 것이 매우 중요하다. 다수 소싱은 전략적 유연성 측면에서 중요하다. 왜냐하면 다수 소싱은 정치적·경제적 환경의 변화에 따른 비용의 증가나 환율의 변화 등에 따른 위험을 회피할 기회를 제공하기 때문이다. 또한 다국적기업이 각 개별국가 단위로 물류시스템을 갖는 경우보다는 글로벌 물류시스템을 확보하였을 때 전반적으로 배달 시간을 단축시키고 비용 절감 및 표준화된 부품의 소싱 기회를 갖게 되어 배치우위 확보에 크게 기여하게 된다.

기술적응성과 이전이전능력도 배치우위 확보에 중요한 역할을 한다. 왜냐하면 기술적응성이 있어야 기업 특유의 기술과 능력을 특정한 시장이나 현지에 맞게 적응시킬 수 있기 때문이다.

또한 정형적·비정형적 지식의 이전 메커니즘도 중요한데 여기에는 정보와 경험, 노하우 등이 포함된다.

3) 자원의 배치속도

기업에 기존시장이나 성장시장에서 시장침투 시간을 줄이는 것은 매우 중요하다. 왜냐하면 기업의 신제품을 경쟁자보다 빠르게 시장에 출시를 해야 선점의 우위를 확보할 수 있기 때문이다. 선점전략을 통한 강력한 유통 네트워크를 구축한 기업은 시장에서 우위를 가지는 데 비하여 제한적인 유통 네트워크를 가지고 있는 기업은 시장에서의 열위를 만회하기 위하여 라이슨싱이나 전략적 제휴를 적절히 활용해야 한다. 그러나 라이슨싱이나 전략적 제휴 방법은 기업 내에 있는 네트워크를 이용하는 것보다 통제권이 분산된다는 점에서 의사결정 시 시간이 많이 걸리는 단점을 지니고 있다. 그뿐만 아니라 라이슨싱이나 전략적 제휴 방법은 경쟁자의 움직임에 대한 빠른 대응이 어렵다. 따라서 경쟁자가 새로운 시장에 먼저 진입하여 입지 구축과 브랜드 이미지를 통한 진입장벽을 구축하기 전에 신속하게 시장에 자원을 개발하고 배치하는 선점전략이 중요하다. 또 시장의 새로운 환경 변화에 경쟁사에 비해 빠르게 대응할 수 있는 기업은 글로벌 배치에 있어서 우위를 점하게 된다.

3 글로벌 통제

1. 집권화와 분권화

세계 여러 지역에 국제경영활동을 수행하는 기업은 일반적으로 제품정책, 자금조달원의 결정, 생산전략, 인사·노무관리전략 등과 같은 다양한 결정 사항을 어느 지역에서 하는 것이 유리한지 결정해야 한다.

이와 같은 의사결정 지역 선정은 대체로 집권화(centralization)와 분권화(decentralization)의 두 가지 문제로 귀결될 수 있다. 즉, 의사결정이 일반적으로 기업 전체의 수준에서 특정 자회사의 관점을 벗어나 이루어지는 경우 집권화되었다고 할 수 있다. 이에 반해서 의사결정이 특정 자회사 수준에서 이루어지는 경우 분권화되었다고 할 수 있다.

현실적으로는 완전한 집권화 또는 분권화의 형태보다는 어느 정도의 혼합된 형태를 지향하고 있으며, 기업별로 혹은 동일기업이라도 제품정책 혹은 자회사가 위치한 국가별로 상이한 의사결정 방법을 선택하는 것이 일반적이라 할 수 있다. 이하에서는 기업이 집권화와 분권화를 선택하는 데 있어서 영향을 미치는 요소들을 간단히 살펴본다.

1) 집권화 선호요인

① 긴급성과 비용

기업의 의사결정사항 중에는 본사의 관리자와 자회사의 관리자들 간의 대면접촉이나 자회사 현지 상황 추이에 따라 의사결정을 요하는 안건이 있을 수 있다. 이런 경우 자회사에서 의사결정을 하는 것이 유리하다. 그러나 기업의 입장에서는 이러한 의사결정을 하는 데 있어서 상당한 시간과 비용이 소요되는 경우 분권화된 결정 방법보다는 집중화된 의사결정 방법을 선택하는 것이 바람직할 수 있다. 특히 의사결정사항이 시간을 다투는 중요한 사항인 경우에는 집권화된 의사결정 방법이 필요하다.

② 자원이전과 관련된 요소

특정 재화나 생산자원을 여러 해외자회사에 이전시키는 문제와 관련된 의사결정은 집중화시키는 것이 바람직하다. 즉, 특정 재화나 자원을 이전하는 경우 특정 자회사의 관점보다는 기업활동의 전 세계 관점에서 의사결정을 내리는 것이 대체로 유리하다. 비록 특정 자회사의 입장에서는 손해가 된다고 하더라도 전체 기업의 입장에서 유리한 경우가 많기 때문이다. 그리고 이러한 전체 기업의 입장에서 자원이나 재화의 이동을 위해서는 모든 해외영업단위로부터의 다양한 정보를 획득하는 것이 필요하기에 재화나 생산자원의 의사결정이 집중화된 방법이 요구된다.

또한 해외자회사들 사이의 수출활동에 있어서 자회사 간의 지속적인 생산 흐름이 요구되는 경우에 있어서는 집권화가 필요하다. 예를 들어, 수직통합이나 최종재의 생산에 있어서 자회사들 사이에 부품이 상호 요구되는 수평통합의 경우 본사의 종합적인 판단이 필요하다.

③ 표준화를 통한 경제성과 상호관련성

표준화의 이점이 더욱 큰 경우, 즉 제품이나 원재료 및 생산 기자재 구입 등에 있어 전 세계적인 통일성이 개별 자회사들에는 최선의 방안이 아닐지라도 글로벌 전사적인 관점에서 본 이득이 개별 영업 단위에서 입은 손실을 보전하고도 남을 만큼 충분한 경우 집권화가 필요하다. 이와 같은 표준화의 이점을 추구할 수 있는 기업활동으로는 상호관련성이 상대적으로 높은 광고프로그램이나 R&D, 관리자 교육 등과 같은 활동을 들 수 있다.

그러나 일반적으로 글로벌 가격과 제품정책은 각 나라의 특성이 다르고 소비자들의 기호가 다르기 때문에 의사결정을 집중하는 데 한계가 있다. 결국 글로벌 관점에서 회사에 유익한 것이 개별 각 나라 자회사 입장에서는 최상이 아닐 수가 있다는 인식이 필요하다.

④ **세계적인 경쟁전략**

국제기업은 경쟁전략을 수립할 때 개별국가에서의 기업의 경쟁 위치를 중요시할 것인가 또는 전 세계적인 입장에서 경쟁력을 강화할 것인가를 결정해야 한다. 앞에서 언급한 바와 같이 세계적으로 표준화된 상품을 가지고 글로벌전략을 채택할 경우에는 의사결정의 통합 정도가 높은 집권화 방식을 선호하게 된다.

글로벌전략의 경우 대규모 생산시설을 한 국가에 설치한 다음 생산한 제품을 여러 국가에 수출한다. 이 경우 원료 및 부품의 조달, 완제품의 수출, 운송과 보험 및 재고관리, 각국 정부의 법률과 규제 등 여러 가지 요소들을 전사적인 관점에서 종합적으로 고려하여 결정하는 것이 유리하다. 따라서 집권화된 의사결정 방식을 채택하게 된다.

⑤ **기타 고려 요소**

기업이 활동 중인 외국의 환경이 본국 환경과 차이가 나면 날수록 현지국의 관리자들에게 많은 권한위임을 하게 된다. 그러나 외환과 재무와 관련된 의사결정은 전 세계의 상황을 보고 판단하는 것이 중요하기에 대부분 집중화시키게 된다.

해당 제품이 표준화된 제품이나 일괄적인 공정을 지니는 제품일수록 집권화된 의사결정의 가능성은 높아진다고 하겠다. 외국에서의 자회사의 수가 많고 해외 생산 또는 판매량이 많을수록 그리고 생산 또는 판매량 중 상당 부분이 자회사 간 상호 수출·수입 형태로 거래가 이루어질수록 집권화된 방법을 선호한다. 또 의사결정 사항의 중요성이 크면 클수록 본사 수준에서 의사결정이 이루어지는 경우가 많다.

2) 분권화 선호요인

국제기업에 있어서 표준화된 경영 실무를 수행한다는 의미는 의사결정을 위하여 필요한 모든 정보를 본사가 습득하고 창조한다는 것은 아니다. 오히려 의사결정 시 필요한 정보는 각국 자회사의 견해나 관점을 고려 또는 도입하여 표준화된 프로그램을 개발해야 한다. 만약 많은 자회사의 시각을 무시하고 본사 일방적으로 표준화된 글로벌 계획을 수행하는 것은 바람직하지 않다.

① **글로벌전략보다 국가 단위의 전략**

비록 글로벌전략의 발달이 많은 이점을 제공하지만 자회사가 위치한 국가의 상황에 따라 차별화시킬 필요성이 존재한다. 이 경우는 주로 해당 국가의 독특한 기호나 미적 감각 등과 같이 차이가 많이 나는 경우가 해당된다. 또는 자회사가 활동 중인 국가의 정부가 어떠한 목적에서 보호주의적인 산업 및 무역정책을 실행할 경우 자사의 전 세계적인 전략적 실행이 어려운 경우도 있다.

② 자회사 관리자의 영업 성과에 대한 고려

기업 전체 차원에서의 의사결정이 해당 자회사의 장점이나 의사결정보다 우선시 되는 경우 자회사의 성과 평가에 새로운 평가 방법이 필요하다. 즉, 자회사 관리자의 입장에서 자회사에는 가장 적합한 의사결정이 기업 전체 수준에서 이익이 적은 경우 자신의 의사결정이 기각되는 결과가 발생할 수 있다. 기업 전체 수준에서의 의사결정 시 자회사 관리자에 대하여 성과평가 방법, 승진 및 보상 등 국가별 경영환경과 자회사의 자원을 고려한 동기부여 정책이 필요하다.

2. 통제 방법

다국적기업의 경영활동은 현지국 경영환경의 차이와 현지자회사가 추구하는 목표의 다양성으로 인하여 효과적인 통제가 이루어지기 어렵다. 자회사 내에서도 여러 가지의 통제시스템이 마련되어야 하는 경우가 있다. 이는 상이한 환경을 지닌 해외시장에서 국제경영활동을 전개하는 국제기업의 경우는 더욱 그러하다. 이하에서는 다국적기업이 사용할 수 있는 통제 방법에 대해 알아본다.

1) 전략적 목표

글로벌기업은 전략적 목표에 의해 자회사를 통제한다. 본사는 기업의 내부 자원을 분석·평가한 것을 기초로 전략적 목표들을 설정한다. 주요한 목표들로는 판매/이익 목표(판매량, 이익, 고정비 배분, 직접비 절감), 자원 목표(보완적 자원획득), 분산 목표(시장분산, 공급처분산), 경쟁위험 최소화 목표(희소자원 획득, 경쟁자의 우위 방지) 등을 들 수 있다. 이런 목표들에 따라 각 자회사가 처한 현지국의 조건들을 고려해서 자회사별로 생산량, 비용 및 판매 등을 할당한다. 자회사는 목표와 실적을 보고하고 만일 차이가 있을 경우 그 원인을 분석하여 수정하거나 비상계획에 따라 통제받는다.

2) 예산과 독립채산제

예산을 통한 통제는 대부분의 다국적기업가 많이 이용하는 방법이다. 즉, 기업은 예산 수립을 통해 경영활동을 확대할 것인가 혹은 축소할 것인가를 결정함으로써 전사적인 경영전략의 수행 과정을 효과적으로 통제할 수 있다.

예산에 의한 통제 방법은 기업의 과도한 지출을 막을 수 있다는 장점이 있는 반면에 한정된 예산으로 인하여 경영활동이 제약을 받을 수 있다는 단점이 있다. 또한 해외에서 활동 중인 자회사가 독립채산제로 운영되고 있을 경우에는 예산을 통한 통제는 어렵게 된다.

본사에 있는 최고경영진의 통제기능 부담을 줄이려는 방법 중의 하나가 현지자회사들로 하여금 독립된 이익센터로서의 역할을 수행하게 하는 것이다. 이 방법은 의사결정 권한이 본사로부터 자회사로 분산되는 형태의 통제시스템이라고 할 수 있다. 이러한 방법은 주로 규모가 크거나 오래된 해외자회사의 업무수행에 많이 적용하고 있다. 독립채산제 방법은 물론 본사의 통제부담을 줄이고 현지자회사의 자치권을 보장한다는 장점이 있기는 하지만, 현지자회사가 우선적으로 단기적인 이익 극대화만을 추구하려 하기 때문에 장기적인 전략 측면에서 오히려 위험한 통제 수단이 될 수 있다는 단점이 있다.

3) 국제판매량의 조정

앞에서 제시된 통제 방법들을 각각의 해외자회사에 대한 직접적인 경영통제 방법이라고 한다면 국제판매량의 조정은 국제기업이 판매량을 조정함으로써 간접적으로 자회사들을 통제하는 방법이다. 해외자회사가 이윤극대화를 위해 해외시장에서 과열 경쟁을 할 가능성이 있기 때문에 국제기업은 범세계적인 관점에서 이윤을 극대화시키기 위해 지역별로 적정수준의 판매량을 배정하여 자회사들을 통제한다. 지역별 판매량의 조정통제는 국제기업의 전략적 특성에 맞춰 이루어져야만 한다.

4) 기업문화에 의한 통제

국제인력들의 다양한 가치관과 언어 등의 차이로 인한 의사소통상의 장벽을 감소시키기 위하여, 각 자회사와 본사가 공통으로 인식할 수 있는 공통된 신념과 기업문화를 양성하여 일관된 통제를 가능하게 하는 것이다. 이와 같은 공통된 기업문화의 설립은 각 자회사가 하나의 공동체라는 인식과 더불어 동일한 기업 일체감을 갖게 하여 모기업의 일관된 통제를 용이하게 할 수 있다.

5) 시스템에 의한 통제

시스템에 의한 통제는 정보관리, 인적자원관리, 갈등 해소 메커니즘이 있다. 정보관리 메커니즘이란 회사의 전반적인 성과를 알아볼 수 있는 자료를 체계적으로 수집하고 제공해 주는 메커니즘으로서 자회사에 대한 매출실적, 마진율 등과 같은 자료를 즉각적으로 알아볼 수 있게 해주는 것이다. 이와 같은 정보관리 메커니즘은 구체적인 정보를 제공해주는 정보시스템을 갖추고 이를 통해 본사가 자회사에 대한 객관적인 자료를 통해서 빨리 효율적인 통제를 할 수 있도록 한다. 이러한 정보관리 메커니즘을 통해 본사는 합리적인 자원배분이 가능하고 자회사에 대한 통제를 강화할 수 있다.

인적자원관리 메커니즘은 자회사의 주요 경영관리자들에게 본사의 전략을 이해시키고 이와 일치한 의사결정을 내릴 수 있도록 하는 통제 메커니즘이다. 이러한 메커니즘에는 관리자의 임명, 승진 및 경력개발, 성과에 대한 포상과 처벌, 경영자질의 개발 등이 포함된다.

마지막으로 갈등 해소 메커니즘이란 본사와 자회사 간에 서로의 이해관계에 의해서 많은 의견대립과 갈등이 발생할 때 자회사에 대한 효과적인 통제가 이루어지기 위해 관리하는 메커니즘을 말한다. 이를 통해 본사와 자회사의 관계를 원만하게 유지해 나가는 것이 필요하다. 이러한 갈등 해소 메커니즘은 먼저 본사와 자회사 간에 적절한 역할 분담과 의사결정권한의 배분이 이루어져야 한다. 또한 조정할 수 있는 관리자와 팀이 필요하다. 이를 위해서 팀조직, 조정위원회제도, 갈등해소를 위한 공식적인 절차 등이 마련되어야 할 것이다.

3. 국제이전가격

국제가격전략과 관련하여 다국적기업이 직면하는 민감한 문제 중의 하나는 국제이전가격전략으로써, 이는 다른 나라에 위치한 관련 회사들(affiliates), 예를 들어 본사와 해외자회사 혹은 라이슨싱 업체 사이에 거래되는 재화, 서비스, 기술, 자본 등의 가격을 어떻게 책정할 것인가의 문제이다.

1) 국제이전가격의 개념

원래 이전가격이란 기업 내부에서 하나의 부서, 책임 단위 또는 이익중심점이 다른 부서, 책임 단위에 공급하는 제품 또는 서비스의 가치를 측정하기 위하여 사용하는 가격을 말한다. 다시 말해서 국제이전가격은 외부시장 메커니즘을 통한 제3자 간의 거래 시 형성되는 정상적인 가격과는 달리 특정 기업 또는 기업그룹의 ① 제조부서와 국제부서, ② 본사와 해외자회사 또는 ③ 해외자회사 간의 기업내부거래에 있어서 기업시스템 내부적으로 결정되는 가격을 뜻한다.

2) 국제이전가격전략의 목표

이전가격결정의 근본적인 목표는 분권화된 기업의 본사와 자회사 간의 일관된 목표의 추구, 각 부분의 영업 성과에 대한 공정한 평가, 자회사의 자율성 부여, 그리고 기업 전체의 이익에 대한 공헌 등이라고 할 수 있다. 그러나 때때로 기업은 다른 목표를 희생시켜 가면서까지 기업시스템 전체의 이익을 극대화하기 위해 고의로 이전가격을 조작함으로써 말썽을 빚기도 한다. 특히 총거래에서 사내 국제거래(intrafirm international trade)가 차지하는 비중이 높은 다국적기업일수록 이전가격을 조작할 유인을 많이 지니게 된다. 이를 구체적으로 살펴보면 다음과 같다.

① 조세부담의 경감

각국의 소득세율 또는 법인세율은 많은 차이가 있다. 심지어 어떤 나라는 이러한 세금이 전무하여 조세피난국(tax haven country)으로 지칭되기도 한다. 그러므로 각국 간의 조세율 차이를 이용하여, 세율이 높은 나라에 본거지를 두고 있는 기업은 세율이 낮은 나라의 관계기업에 부품이나 중간재를 수출할 때 가능한 한 이전가격을 낮게 책정하면 본사의 매출액을 제3자 거래 시에 비해 낮추는 효과를 가져오고 결과적으로 이익도 매출 감소분에 비례하여 낮아져 본국의 높은 세금 부담을 회피하게 된다.

반면 세율이 낮은 해외의 관계기업은 낮은 가격으로 부품이나 중간재를 수입하게 되어 원자재 비용 부담을 낮추어 이익이 결과적으로 증대되는 효과를 기대할 수 있다. 반대로 세율이 높은 본사에서 상대적으로 세율이 낮은 나라의 관계기업에서 수입할 때는 가급적 이전가격을 높게 책정하려는 경향이 강하다. 이러한 과정을 통해 다국적기업은 결과적으로 세율이 높은 지역에서 낮은 지역으로 이익을 이전시켜 전 세계적 관점에서 조세부담을 줄일 수 있다. 조세율이 같은 경우에도 손실을 내는 기업과 이익을 내는 기업 간에 이전가격의 조작을 통해 과세액을 축소시킬 수 있다.

② 관세절감

고율의 관세가 종가세(ad valorem)로 부과되는 경우 수입 가격을 낮게 책정함으로써 관세부담을 줄일 수 있다. 그러나 관세가 낮아지면 수익성이 증대되어 법인세 부담이 커질 수도 있다.

③ 자금배분

자본이득 또는 배당금, 이자 등의 외환송금을 엄격히 통제하고 있는 나라에 진출해 있는 관계기업에 수출할 때는 이전가격을 높게 책정하고, 반대로 수입가격은 낮게 책정함으로써 외환통제를 회피하고 필요자금을 조달할 수 있다. 특히 이전가격은 정치·경제적으로 불안정한 나라에 있는 기업에 투자한 자금을 조기에 회수하기 위한 수단으로 빈번히 활용되기도 한다.

④ **경쟁상황에 대한 고려**

각 현지시장에서 현지국 기업과 경쟁에 가장 효율적으로 대처할 수 있도록 이전가격을 책정한다.

⑤ **개입 수준에 따른 차별화**

합작투자의 경우 실현된 이익은 합작선 간에 배분된다. 따라서 소유권 비율이 낮은 관계기업에 수출하는 경우에는 가급적 이전가격을 높게 책정하는 것이 기업시스템 전체의 이익을 극대화하게 된다.

3) 국제이전가격의 책정 방법

이전가격의 결정은 각 이익중심점의 영업 성과와 직결되므로, 관련 기업들의 이해가 상충될 소지가 많다. 따라서 가장 바람직한 이전가격 결정 방법은 각국의 이전가격에 대한 조세 규정을 위반하지 않고 관련 기업 간의 충돌을 최소화하는 동시에 기업의 전체적 이익을 극대화시킬 수 있어야 한다. 이와 관련하여 다국적기업은 대개 다음과 같은 접근 방법들을 대안적인 이전가격 결정 기준으로 활용하고 있다.

① **직접원가 방법(Transfer at Direct Cost Pricing)**

이는 직접적인 원가만 계산하여 자회사에 대한 이전가격을 결정하는 방법으로서, 정상적 시장가격보다 매우 낮은 수준이다. 본사가 자회사에 수출하는 경우 자회사의 가격경쟁력과 수익증대에 기여하는 결과를 가져온다. 본사가 이미 강력한 원가경쟁력을 확보한 상태에서 해외자회사를 지원하는 경우나 해외진출 초기 단계에 있는 자회사의 원가경쟁력 창출이 필요할 때 사용된다.

② **원가가산 방법(Transfer at Cost-Plus Pricing)**

직접원가 이외에 간접비용까지도 가산하여 이전가격을 결정하는 방법으로서, 이는 자회사가 최소한의 경쟁력을 확보하고 정상적인 이익을 창출하는 경우 본사는 이 방법을 사용할 수 있다. 실제로 많은 다국적기업이 활용하고 있는 접근방법이기는 하지만 현지의 경쟁상황이나 해외자회사의 구매능력 등에 대한 배려가 부족하다는 것이 문제점으로 지적되고 있다.

③ **시장상황에 기초한 방법(Market-Based Pricing)**

직접원가 방법과 원가가산 방법이 해외시장의 경쟁상황을 무시하고 이전가격을 원가위주로 결정하는 데 비하여 이 방법은 자회사가 해외시장에서 경쟁적인 위치를 유지하기 위해서 필요한 가격으로 이전가격을 결정한다. 따라서 이 방법은 새로운 해외시장을 침투할 때 많이 사용하는 방법이다.

④ 정상가격 방법(Arm's Length Pricing)

외부의 타 기업에 의해서 공급받는 가격과 비슷하게 이전가격을 책정하는 방법이다. 그러나 외부시장에 판매된 적이 없는 반제품이나 차별화된 제품 또는 독점적 기술인 경우에는 정상적 시장가격(arm's length price)이 어떤 것인가 자체가 문제가 된다. 이러한 문제점을 극복하기 위한 대안으로서 관련 기업들의 적절한 양보와 타협을 통하여 협상가격(negotiated price)이 결정된다.

4. 국제경영정보시스템

국제경영활동은 환경의 다양성과 시장기회의 불확실성 등으로 인하여 정보에 대한 수집과 통제 등이 중요한 요인이 된다. 이러한 환경의 차이는 국제경영활동을 수행하는 기업들이 전사적 관점에서 기업을 효과적으로 통제하기 위하여 체계적인 정보수집 및 분석이 필요하다.

1) 국제경영정보시스템의 개념

국제경영조사를 통하여 자료수집과 분석이 완료되면 이로부터 도출된 정보가 의사결정에 활용될 수 있도록 정보시스템을 구축해야 한다. 조사를 거쳐 획득된 귀중한 정보가 국제경영의 전략 및 전술적 의사결정에 제대로 이용되기 위해서는 정보를 필요로 하는 관련 임·직원에게 즉각적이고도 손쉽게 전달될 수 있어야 한다.

국제경영정보시스템이란 기업내·외로부터 적절한 정보를 수집하여 특정한 경영의사결정의 기초를 위해 사용될 수 있는 체계화된 의사결정 지원체제를 의미한다. 국제경영정보시스템을 보다 명확하게 이해하기 위해서는 그 개념뿐만 아니라 구성에 대한 이해도 필요하다. 일반적으로 경영정보시스템은 내부보고시스템, 경영첩보시스템, 경영조사시스템 및 분석적 경영시스템 등으로 구성되어 있는데 이들 각 요소를 설명하면 다음과 같다.

첫째, 내부보고시스템은 기업 내에서 다른 목적을 위해 작성되는 보고서 또는 사내 기록을 이용하여 경영정보를 획득하는 시스템이다. 예를 들면, 원가계산서, 외상매출금 현황, 생산 및 재고량, 판매원 방문보고서 등의 제반 내부 자료를 통하여 중요한 경영정보를 얻을 수 있도록 시스템을 구축하게 된다.

둘째, 경영첩보시스템은 기업활동에 영향을 미칠 수 있는 새로운 법률, 기술혁신, 새로운 트랜드, 인구통계학적 변화, 국제정치·경제체제의 변화 등에 대한 정보를 수집·분석하여 경영관리자에게 제공하는 시스템이다. 일반적으로 수집되는 정보는 매우 광범위하고 방대하므로 이를 경영활동에 적합하게 분류하여 경영관리자가 용이하게 이용할 수 있도록 체계화하는 과정이 요구된다.

셋째, 경영조사시스템은 내부보고 또는 첩보 자료를 통해 얻을 수 없는 정보를 획득하기 위해 운용되는 시스템이다. 즉, 특정 관심 사항이나 정보에 대한 체계적인 사내 조사 체계이다.

넷째, 분석적 경영시스템은 내부 보고, 첩보, 조사시스템을 통해 입수된 자료 및 정보를 통계 기법이나 모형에 의해 분석·가공하여 제공하는 시스템이다.

그림 11-2 국제경영정보시스템 개요도

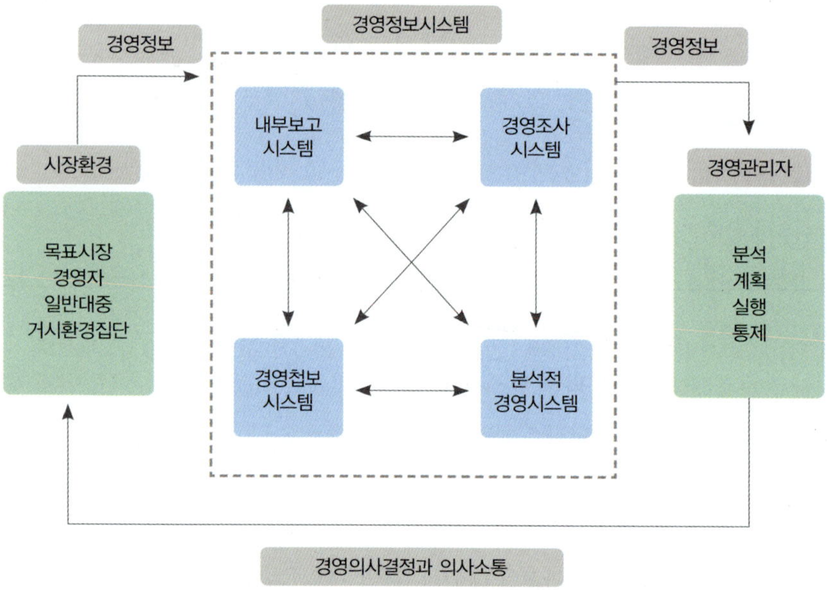

2) 정보시스템의 활용

국제경영정보시스템은 해외시장 확장 기회의 포착, 경영성과의 평가, 국제환경의 이해 및 전망, 국제전략통합 및 자원의 재배치 등과 같은 중요한 의사결정에 유용하게 활용될 수 있는데 이를 자세히 살펴보면 다음과 같다.

① 국제사업기회의 포착

국제경영정보시스템은 국제적 사업확장을 위한 의사결정뿐만 아니라 심층적으로 조사해야 할 필요가 있는 국가를 선정하는 데도 활용될 수 있다.

② 국제경영 성과의 평가

국제경영정보시스템은 상이한 환경과 시장 조건으로 활동하고 있는 현지자회사의 경영성과를 평가하는 데 활용될 수 있다. 일반적으로 국내시장에서의 경영성과는 주로 시장점유율이나 투자수익률 지표에 의해서 평가되는 데 해당 지표를 국제시장에서의 경영성과를 평가하는 지표로 사용할 경우에는 다음과 같은 문제점이 야기된다.

첫째, 해외시장에서는 시장점유율과 경영성과 간의 관계에 영향을 미칠 수 있는 요소가 다양하고 한 국가에서 성공전략이 다른 국가에서도 자동으로 성공전략이 되리라는 보장이 없다. 예를 들면, 품질과 신제품에 대한 인식 차이, 보다 세분화된 시장 수요, 경쟁구조와 경영하부구조상의 차이 등이 존재하기 때문에 성과기준 설정 시 이에 대한 고려가 필요하다. 예를 들어, 전체 시장점유율 수준보다는 해외진출 초기 단계에서는 시장점유율 증가 정도나 핵심고객 확보 정도 등이 보다 더 적절한 평가 기준이 될 수 있을 것이다.

둘째, 투자수익률과 같은 재무성과 지표를 사용할 경우에도 시장성장 잠재력을 제대로 평가하지 못할 뿐만 아니라 단기적인 이익을 지나치게 고려하게 된다는 문제점이 나타난다. 특히 투자수익률은 과거 경영실적을 반영한 것으로 정치적 불안정과 경기침체와 같은 상황 요인에 의해 커다란 영향을 받고 또한 이전가격 조작으로 왜곡될 가능성도 크므로 이를 국제경영 성과의 유일한 성과 측정 수단으로 삼는 것은 위험하다. 따라서 국제경영 성과를 보다 효과적으로 평가하기 위해서는 시장점유율이나 투자수익률 등의 단순지표뿐만 아니라 시장성장률과 생산성을 나타낼 수 있는 판매원 1인당 매출액, 매출액 대비 광고비 비율, 이직률 등의 다양한 지표를 활용해야 한다. 이렇게 다양한 지표들을 조사·수집하기 위해서는 국제경영정보시스템의 활용이 절대적으로 필요하다.

③ 국제환경의 파악

국제경영정보시스템의 또 다른 활용 방안은 세계 각국의 환경변화와 추세를 조망하는 데 있다. 특히 정치적·사회적·문화적·기술적 환경이 급격히 변화하는 상황에서는 이를 주시하여 변화에 적응하고자 노력하는 것이 매우 중요하다. 이는 환경변화가 기업의 경쟁력과 목표이익 유지에 직접적으로 영향을 미치기 때문이다.

일반적으로 환경을 파악하기 위해서는 사회적·정치적·경제적·생태학적·기술적 변화를 총체적으로 파악할 수 있도록 광범위하게 환경요인들을 조사하되 시간과 비용을 고려해 특정 제품시장에 직접적으로 영향을 미치는 요인들을 선별하여 집중적으로 파악하는 것이 중요하다. 이를 위해서는 국제경영정보시스템을 활용하는 것이 매우 효과적이라고 볼 수 있다. 국제환경 변화가 기업의 전략 및 전술적 의사결정에 절대적으로 영향을 미치기 때문에 환경을 어떻게 체계적으로 조사하고 환경이 기업경영에 주는 영향을 어떻게 평가할 것인가 하는 문제는 국제경영자에게 매우 중요하다. 이러한 중요한 문제점 해결에 국제경영정보시스템이 적극적으로 활용되어야 한다.

④ 국제전략의 통합과 자원의 재배치

해외시장에 이미 진출해 있는 다국적기업에 각기 상이한 국가, 제품시장, 세분된 목표시장에 어떻게 기업의 자원을 효과적으로 배분할 것인가를 결정하는 것은 유망 진출 대상국 선정 이상으로 중요한 문제이다. 즉, 국가나 제품시장별로 새로운 투자 결정을 해야 할 뿐만 아니라 이익잠재력이 없는 곳에서는 철수하는 한편 높은 기대이익률이 예상되는 사업으로 적시에 전환이 필요한데 이러한 결정을 하기 위해서는 방대한 시장정보가 필요하다.

예를 들면, 진입이 가능한 모든 국가의 투자환경과 잠재적 목표시장에 관한 정보가 필요하며 또한 현재 기업이 참여하고 있는 시장에서 경영성과에 관한 정보도 있어야 한다. 국제경영정보시스템은 이와 같은 해외시장에서의 진입, 유지, 확대 및 철수의 의사결정을 행하는데 유용한 정보를 제공해 줄 수 있기 때문에 다양한 국제전략의 통합과 기업자원의 재배치에 활용될 수 있다.

한편, 해외시장 확대 전략을 수립하기 위해 시장매력도·경쟁력 평가기법을 세밀히 분석하기 위해서도 국제경영정보시스템은 활용된다. 시장매력도·경쟁력 평가기법을 사용하기 위해서는 시장점유율과 성장률에 대한 자료뿐만 아니라 국가, 경영 형태, 세분된 목표시장, 경영전략의 차원에서 제기되는 다양한 자료가 요구되는데, 이처럼 방대한 자료를 체계적으로 조사·분석하기 위해서는 국제경영정보시스템의 적극적인 활용이 필요하다.

⑤ 국제위험의 효과적인 관리

국제경영정보시스템의 또 다른 활용 방안은 해외에 진출한 다국적기업들에 직면할 수 있는 국제위험을 효과적으로 관리할 수 있다는 점이다. 특히 정치적 위험과 환위험 이외에 국제매출채권위험과 원자재구매위험 등은 정보시스템의 활용을 통해서 효과적인 관리가 가능하다. 해외에 진출한 다국적기업이 현지에서 겪는 어려움 중의 하나는 높은 부실채권의 발생이다. 특히 각 국가마다의 대금지급 관행이 매우 복잡하고 다르기 때문에 발생된 부실채권을 회수하기에는 큰 어려움이 따른다. 따라서 해외에 진출한 기업은 무엇보다 매출채권관리에 효과적인 대처 방안이 필요하게 되었다. 이에 따라 최근에는 많은 해외 진출기업이 체계적인 정보시스템을 도입함으로써 업체별로 어음만기일을 체계적으로 관리할 수 있게 되었고 이에 따라 부실채권에 대한 높은 회수율을 실현하고 있다.

한편, 현지해외시장의 치열한 경쟁 상황으로 인해 해외에 진출한 기업은 판매 비용의 증가와 판매가격의 하락이라는 위험에 놓이게 된다. 즉, 기업이 매출액의 증가에도 불구하고 계속적인 적자를 면치 못하는 상황에 직면할 수도 있다. 따라서 해외진출 기업은 이러한 문제를 극복하기 위한 원천적인 방법으로 원자재 구매관리에서의 혁신을 추진하고 있다. 최근에는 많은 해외진출 기업이 효과적인 원가절감을 위해 체계화된 국제경영정보시스템을 도입하고 있으며 이를 통해 모든 품목에 대한 구매정보 네트워크 구축, 환경변화 예측에 따른 최적 원자재구매 의사결정, 재료비 절감 계획과 실적 등에 대한 실시간 모니터링을 글로벌 차원에서 수행하고 있다.

Ⅱ 글로벌 시장전략

1 글로벌 시장확대전략

글로벌 시장확대전략에서는 진입 시점(timing), 시장확대속도(speed), 해외시장확대순서(sequential timing)에 따르는 전략 대안들에 대하여 설명한다.

1. 진입 시점에 따른 전략 대안

기업은 특정 해외시장에 언제 진입하는 것이 가장 적합한 시점인가를 놓고 심사숙고하게 된다. 진입 시점의 결정은 경쟁사들보다 먼저 또는 나중에 들어갈 것인가를 의미하기에 경쟁전략과 연계하여 검토되어야 한다. 진입 시점에 따라 선점전략, 선도기업 대응전략, 적소전략으로 나눌 수 있다.

1) 선점전략

선점전략은 **선도자 우위를 획득하기 위하여 경쟁이 발생하기 전에 시장에 진입함으로써 지배적 위치를 선점하는 것을 목표**로 한다. 이는 새로이 진입하려는 기업들에 진입장벽으로 작용하게 된

사례 11-2 현대엘리베이터의 글로벌 시장확대전략

현대엘리베이터의 성장 속도가 가파르다. 현대엘리베이터는 2016년 매출 1조 7,587억 원, 영업이익 1,815억 원을 기록했다. 전년 대비 각각 21.4%, 16.0% 증가했다. 특히 2007년 국내 엘리베이터 시장(설치 기준) 1위에 오른 뒤 현재까지 그 자리를 유지하고 있다. 현대엘리베이터의 성장 비결은 무엇일까? 우선 국내 생산 체제를 꼽을 수 있다. 현대엘리베이터는 국내에 설치하는 엘리베이터 전량을 이천 공장에서 생산한다. 2016년에만 2만 대가 넘는 엘리베이터를 생산했다. 국내 1위다. 현대엘리베이터의 국내 생산 시스템은 중국 등 해외에서 엘리베이터를 생산해 수입하는 미국 오티스, 독일 티센크루프 등 글로벌 기업과의 차별화 요소이자 현대엘리베이터의 강점이다. 높은 생산 효율성도 강점이다. 이천 공장은 생산 라인을 재구성하면서 자재와 제품, 작업자의 동선을 최적화했다. 과거 별도로 진행하던 제품 가공 공정을 하나의 생산 라인으로 연결하면서 생산 효율을 극대화했다. 야간에 생산 설비를 자동 운영하는 24시간 생산 시스템도 구축했다. 이를 통해 생산성을 약 25% 향상시켰다.

엘리베이터는 안전을 중요시하는 제품 특성상 매월 정기적으로 유지관리 점검을 해야 한다. 기업이 설치하는 엘리베이터가 증가할수록 유지관리를 통해 벌어들이는 수익도 늘어난다. 현대엘리베이터는 2015년 국내 엘리베이터 유지관리 시장 1위에 올랐다. 2014년에는 업계 최초로 유지관리 엘리베이터 대수 12만 대를 돌파했다. 이런 성과는 현대엘리베이터가 2013년 개발해 꾸준히 업그레이드하고 있는 첨단원격관리서비스 '현대 리얼타임 서비스(HRTS)'가 있었기에 가능했다. HRTS는 24시간 원격으로 엘리베이터의 상태를 모니터링하고, 이상이 발생했을 때 즉각 대응할 수 있는 시스템이다. HRTS는 새로운 유지관리 시장을 만들어 나가고 있다. 최근 세계 엘리베이터 시장에서 화두로 떠오르고 있는 4차 산업혁명, 사물인터넷(IoT)이 HRTS와 맥락이 같기 때문이다. 현재 현대엘리베이터는 건물에 설치된 엘리베이터 부품에 센서를 달아 운행 횟수, 운행 시간, 부품 수명 등의 데이터를 실시간으로 확인하고 축적하고 있다. 동시에 데이터를 분석해 엘리베이터 운행에 반영한다. 또 부품 교체 시기와 같이 유지관리에 필요한 정보를 사전에 파악해 선제적으로 대응할 수 있어 고장이나 수리로 인한 운행 중단 등 불필요한 비용과 시간을 절약하고 있다.

현대엘리베이터는 수출 시장을 기존 중국과 동남아시아에서 미국 · 일본 등 선진국과 중동, 아프리카로 다변화했다. 2017년, 현대엘리베이터는 54개국에서 사업을 펼치고 있다. 현대엘리베이터의 7개 해외법인과 54개 해외사무소를 중심으로 대형 건설사와 현지 정부 발주 프로젝트, 한국 건설사의 해외 프로젝트를 집중 공략해 해외에서 더 많은 매출을 올릴 계획이다.

* 자료: 국내 1위 엘리베이터, 54개국 진출하며 글로벌 1위를 넘보다, 조선비즈, 2017.09.16

다. 여기서 지배적 위치란 시장점유율뿐만 아니라 고객인지도 및 유통채널 등의 구축을 포함하는 의미이다. 지배적 위치를 선점한 기업은 그들의 위치를 고수하고자 하는데, 이를 위해서는 세 가지 측면의 활동이 필요하다.

첫째, 총 시장 규모를 증대시킬 방안을 강구해야 한다. 지배적 기업은 총 시장이 확대됨에 따라, 일반적으로 가장 큰 이익을 얻게 된다.

둘째, 좋은 공격과 방어 조치를 통해 현재의 시장점유율을 지켜야 한다.

셋째, 기업은 시장 규모가 일정하더라도 시장점유율을 더 확대시키도록 노력해야 한다.

선점전략은 대량 소비재와 같이 유통채널의 확보가 시장침투의 관건이 되는 산업에서 특히 유용하다. 또한 제품이나 서비스가 경쟁자로부터 크게 차별화되어 있는 혁신제품일 경우 선점전략은 바람직한 시장진입전략이 될 수 있다. 그러나 선점전략이 모든 산업에서 가능한 것은 아니다. 현재의 가전, 자동차, 휴대폰, 컴퓨터 등 IT산업과 같이 통합된 시장에서의 세계적 경쟁이 존재하는 산업에서 선점전략의 기회는 상당 부분 제한될 수밖에 없다.

2) 선도기업 대응전략

선도기업 대응전략은 **주요 경쟁자가 이미 진출해 있는 시장에 진출할 때 현지에서의 시장지배력 확보를 위해 적극적으로 선도기업을 공격하는 것**을 목표로 한다. 특히, 이러한 대응전략은 기업들의 글로벌 전략의 일환으로 글로벌 시장지배력 구축을 위해 대규모시장, 경쟁기업의 모국, 기술혁신이 발생하는 시장 등 전략시장으로의 진출을 위해 이용된다. 즉, 특정 진입시장에서의 위치 확보라는 차원에서라기보다는 글로벌 시장지배력 및 지역적 시장균형 등이 글로벌 전략의 목표가 되므로 진입시장에서 적극적으로 선도기업을 공격하게 된다.

진입시장을 이미 선점하고 있는 경쟁자를 공격할 때는 진입시장에 대해 독립된 계획을 수립하는 것보다는 기업 전체 차원에서 글로벌 계획을 개발해야 한다. 여러 국가에서 동시에 공격하는 것이 경쟁자를 압도할 가능성이 많기 때문이다. 이때, 제품 라인, 국가별 공격 시점 등이 중요한 결정 사항이 된다. 이러한 공격은 많은 경우 저가전략을 통해 수행된다. 가전, 자동차 분야에서 한국 대기업들의 활발한 해외생산기지 구축은 선도기업의 모국시장 및 전략시장으로의 진출을 통한 선도기업 대응전략이라고 볼 수 있다. 글로벌 전략의 일환으로서의 전략뿐 아니라 경쟁기업에 대한 반응으로 발생하는 진입추종전략(follow the leader strategy)도 선도기업 대응전략의 일종으로 볼 수 있다.

국내 가전업체들에 있어서 한 기업이 특정 지역에 먼저 진출하면 다른 기업이 곧이어 진출하는 선도기업 추종형 현상이 두드러진다. 이는 국내시장에서의 과점적 경쟁 유지를 위한 진출로 결국 과점적 경쟁에 따른 대응조치를 취한 것이라고 할 수 있다.

3) 적소전략

적소전략은 **경쟁이 치열하지 않은 시장에 먼저 진출함으로써 경쟁을 회피하면서 장기적으로는 주요 경쟁자에 대응하기 위한 경험을 쌓는 것**을 목적으로 한다. 적소전략은 다음과 같은 시장에서 가장 유용한 수단일 수 있다.

첫째, 규모의 경제성이 제한된 시장, 이러한 시장에서 세계적 경쟁자들의 진입은 크게 제한되므로 경쟁자의 대응 위험을 피할 수 있다. 둘째, 경제발전 정도가 미비한 시장 또는 제반 규제가 심한 시장 등에서 제품적응화의 필요성은 증가하며 이러한 시장에서 시장선도자가 경쟁하기에는 유인이 존재하지 않는다.

적소시장의 표적화는 최초로 국제화를 시도하는 국내 대기업이나 중·소기업에 특히 적합한데, 이는 중·소기업의 경우 투자재원이 제한되어 있기 때문이다. 적소시장을 찾고 개발하는데 있어 풍부한 투자재원보다는 때로는 신축성이라는 요소가 보다 절실히 요구된다. 따라서 전체시장에서 시장점유율이 작은 기업들도 적소시장을 발굴, 개발하고 신축적으로 운용함으로써 수익성을 높일 수 있는 방안을 다각적으로 강구할 필요가 있다.

2. 시장확대 속도: 시장다변화와 시장집중화

주어진 예산으로 목표를 달성하기 위해서 국제사업 담당자는 상이한 시장들 간에 마케팅 노력을 효율적으로 배분해야 한다. 이러한 맥락에서 시장확대전략은 크게 다음과 같은 두 가지 상반된 전략으로 구분할 수 있다.

하나는 시장다변화전략이다. 이는 **다수의 시장에 신속하게 침투하는 것을 목표로 마케팅 노력을 이러한 시장에 적절히 배분하는 전략**이다. 다른 하나는 시장집중전략이다. 이는 초기에는 **기업의 자원과 마케팅 노력을 소수의 시장에 집중시키다가 새로운 시장영역으로 점진적으로 확대해 나가는 전략**이다. 따라서 해외시장진출 초기에는 시장집중전략을 취하는 기업이 시장다변화전략을 추구하는 기업보다 시장의 매출 규모가 작은 것이 보통이다.

그러나 어떠한 전략을 택하더라도 장기적인 관점에서의 최적 시장의 수는 서로 비슷해질 것이다. 이는 시장다변화전략을 추구하는 회사도 수익성이 나쁜 시장에서는 결국 철수하게 되고, 반대로 시장집중전략을 채택한 회사도 단계적으로 시장의 매출을 늘려나가게 되기 때문이다. [그림 11-3]은 시장의 흐름에 따라 최적 시장의 수로 접근하는 과정을 보여주고 있다. 그러나 수출 위주의 한국 중소·중견기업의 경우 국제화 초기의 안정적인 해외매출구조를 확보하기 위해서는 시장집중화전략이 보다 바람직하다.

그림 11-3 시장확대전략의 대안과 해외시장의 수

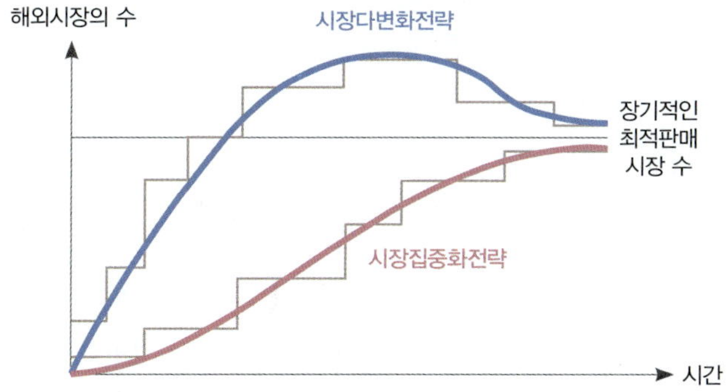

3. 해외시장 확대순서 결정

해외시장 확대순서의 결정은 해외시장 확대목적, 전략적 중요성, 성공 가능성, 기존시장과의 유사성, 비용과 위험이 중요한 의사결정 영향요인이다.

1) 기업 목적과 전략적 중요성

기업의 해외진출 목적, 즉 내수판매인가 혹은 현지에서 생산하여 수출하는 것이 목적인가, 혹은 부품조달이 목적인가에 따라 시장확대 순서는 달라진다. 그리고 기업은 전략적으로 중요한 해외시장으로 먼저 진출하게 된다. 규모가 큰 국가시장으로 진출하면 수익성의 증대 및 규모의 경제 가능성을 높일 수 있다는 장점이 있다. 또한 전 세계적으로 사업활동을 영위하는 고객에게 효과적인 서비스를 제공하는 것이 전략적으로 중요한 경우에는 이들 고객의 모국에 진출하여 시장을 확대한다. 글로벌 경쟁기업의 모국시장 또는 주력시장이 전략적으로 중요한데 이는 경쟁기업에 대한 기술이나 경영기법 및 신제품 정보를 수집할 수 있으며, 현지시장에 대한 성공적인 공략을 통하여 경쟁사의 경쟁력을 약화시킬 수 있기 때문이다.

2) 성공 가능성

시장확대에서 중요한 것은 기존 성공 경험을 바탕으로 기업의 자원과 능력에 맞는 시장에 진입하는 것이 위험을 줄이고 성공 가능성을 높여 준다. 그러나 기업이 현지국의 시장 규모와 성장률 등의 시장잠재력 기준으로만 시장을 확대하다 실패할 경우 기업에 이미지의 실추와 더불어 경제적·심리적 피해를 줄 수 있다. 그러므로 자사의 자원과 경쟁력 정도를 정확히 파악하여 성공 가능성이 높은 순서로 해외시장을 확대하는 것이 바람직하다. 특히 본국 또는 제1의 해외 진출 표적시장에서의 성공 경험은 기업에 자신감과 노하우 및 경쟁력을 향상시켜서 다른 해외 시장에서도 성공할 수 있는 발판을 제공한다. 예를 들어, 유럽의 특정 국가에서 성공 경험을 바탕으로 유럽대륙의 인접 국가에 진출하는 것이 시장 경험이 없는 다른 대륙으로 진출하는 것보다 성공할 가능성이 높다. 현대자동차의 캐나다 진출 경험과 노하우는 인근 미국시장에서 성공하는 데 결정적인 공헌을 했다는 것이 좋은 예이다.

3) 기존시장과의 유사성

사업환경과 문화가 상이한 외국시장으로 확대할 때 기업은 위험과 불안감을 많이 느끼게 된다. 따라서 해외시장 확대를 하려는 기업들의 입장에서는 자국과 가까이 있는 국가나 언어 또는 문화가 비슷한 국가, 소득수준 및 경제발전단계가 유사한 시장에 우선적으로 진입하는 것이 바람직하다. 일반적으로 기업은 기존시장과 수요 패턴이 유사한 국가를 우선적으로 진입하는 것이 유리하다. 왜냐하면 소비자의 기호가 동질적이며, 상품을 크게 변경할 필요 없이 현지에 적용할 수 있고, 마케팅 프로그램, 기술, 자원의 국제이전이 상대적으로 용이하기 때문이다. 그리고 소비자가 쉽게 제품을 채택하여 빨리 시장확대가 가능한 장점이 있기 때문이다.

4) 비용과 위험

기업이 새로운 해외시장으로 부가가치 활동을 배치하기 위해서는 각종 비용 등이 추가로 발생하고 위험이 수반된다. 여러 해외시장 중에서 어느 시장으로 먼저 확대할 것인가를 결정할 때 기업은 당연히 비용과 위험을 최소화하려고 할 것이다. 지리적으로 근접한 국가일수록 각종 이전비용, 운송·물류비용을 줄일 수 있을 것이다. 또한 규모의 경제효과와 경험효과를 높일 수 있는 해외시장일수록 그만큼 높은 비용을 절감할 수 있을 것이다. 그리고 선도기업 추종전략(follow the leader strategy)에서 볼 수 있듯이 다른 기업을 따라서 해외시장에 진출하는 것도 위험을 최소화하는 방법이기도 하다. 이 밖에도 유통체계나 마케팅 하부구조의 유사성 역시 기업들로 하여금 비용과 위험을 감소시킬 것이다.

따라서 해외시장에서 필요한 자원인 노동력과 투입원자재, 기술 등의 비용뿐만 아니라 이들 자원들의 이동에 따르는 비용과 세금 등을 고려하여 최소비용을 통하여 확대 가능한 시장을 선택하는 것이 중요하다.

그림 11-4 시장확대순서 결정

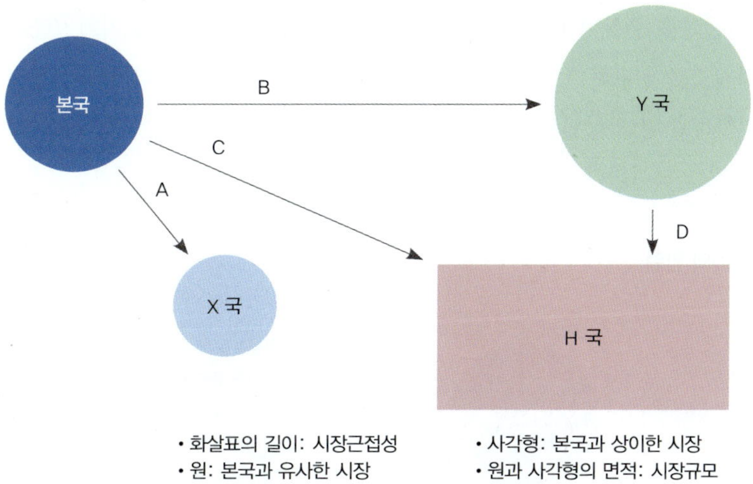

[그림 11-4]와 같이 기업의 해외시장 확대 순서 결정은 본국에서 각국으로 진출할 때 A, B, C 경로로 직접 진출할 수도 있으며, Y국을 경유하여 H국으로 진출할 수도 있다. 앞에서 설명한 바와 같이 기업은 먼저 유사한 시장에 진출하여 경험을 축적한 다음에 지리적으로 멀고 유사하지 않은 H국과 같은 시장으로 확대 진출하는 것이 바람직하다. 이는 위험과 불확실성을 줄이고 성공 가능성을 높이는 방법이 될 수 있다.

2 글로벌전략과 현지화전략

글로벌전략과 현지화전략의 큰 차이는 전 세계시장을 하나의 통합된 글로벌시장으로 인식하느냐 아니면 수많은 개별국가의 단순 집합 개념으로 보느냐에 있다. 글로벌 전략은 학자마다 상이하게 정의할 수 있으나, 일반적으로 기업이 개별국가시장에 대하여 각기 다른 전략을 취하기보다는 전 세계시장을 하나의 시장으로 보고 통합된 전략을 수립하는 것을 의미한다. 글로벌화는 국경에 따른 시장 구분의 의미 자체가 없어졌다는 것을 뜻한다. 이러한 점에서 글로벌화된 환경에서는 제품, 기술, 서비스가 각국으로 자유롭게 이동하며, 인적자원과 자본의 흐름도 자유롭게 이루어진다. 반면에 현지화전략은 글로벌전략과는 반대로 전 세계시장을 하나의 통합된 시장으로 보기보다는 독특한 개별시장의 집합체로 보기 때문에 각 개별국가시장에 대하여 각기 다른 전략을 수립하여 기업활동을 하는 것을 의미한다.

글로벌기업은 글로벌전략과 함께 현지화전략을 달성해야 하는 상반된 목표가 동시에 존재한다. 다국적기업은 글로벌전략을 통하여 비용 절감과 효율성을 제고하는 동시에 현지화전략을 통하여 판매증대와 위험감소를 추구하기 때문이다. [그림 11-5]는 이러한 다국적기업이 처해 있는 글로벌전략과 현지화전략 간의 상반된 압력을 보여주고 있으며, 또한 이러한 압력들을 적절히 조화시켜야 한다는 것을 보여준다.

그림 11-5 글로벌화와 현지화의 압력

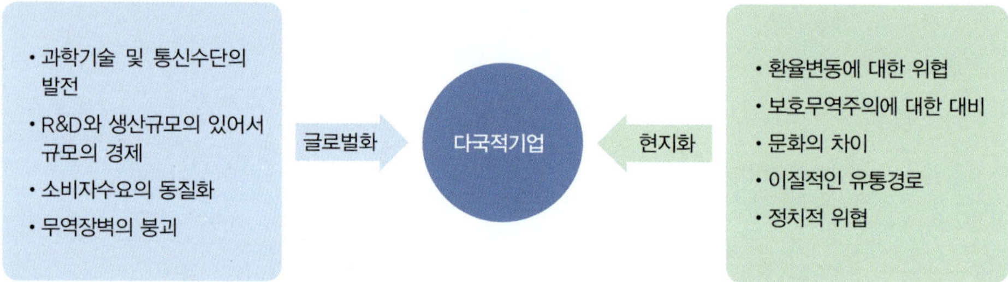

1. 글로벌화와 현지화의 압력

1) 글로벌화에 대한 압력

다국적기업의 글로벌화에 대한 압력은 연구개발과 생산에 있어서 규모의 경제가 점차 중요해지고 있으며, 통신수단과 미디어의 발달로 인해 전 세계적으로 소비자의 수요가 점차 동질화되고 있기 때문이다. 또한 점진적으로 국가 간 무역장벽이 사라지고 있기 때문에 산업과 기업들의 경쟁이 글로벌화되고 있다.

우선 비용 측면에 경쟁우위를 확보하기 위하여 한 곳에 생산시설을 집중하고 규모의 경제를 이용하여 대량생산을 하여 낮은 비용으로 전 세계시장에 수출하는 방식의 전략을 추구할 필요성을 느낀다. 이를 위해서는 세계에서 가장 낮은 비용으로 생산할 수 있는 입지에 위치해야 한다. 자동차산업에서는 신제품을 개발하는 데 막대한 연구개발비가 들고 생산설비를 갖추는 데도 엄청난 투자자금이 소요된다. 이와 같은 산업에서는 규모의 경제를 활용하여 비용을 낮추는 것이 중요하다. 이 때문에 글로벌화에 대한 압력이 강하게 나타난다.

또한 규모의 경제를 활용하기 위해서는 먼저 전 세계 소비자들의 수요가 동질적인 것으로 가정하고 표준화된 상품을 생산하여 판매해야 할 필요성을 느낀다. 그리고 표준화된 상품을 중심으로 대량생산체제를 통하여 낮은 가격을 무기로 경쟁하는 산업에서는 기업이 치열한 경쟁을 벌인 결과 많은 중·소규모의 업체가 도산하고 소수의 글로벌기업만 살아남기 쉽다. 예를 들어, 메모리반도체 산업은 이러한 특징을 잘 보여준다. 또한 생산과 연구개발에서 규모의 경제효과가 큰 산업일수록 글로벌화해야 하는 필요성이 더욱 강조되고 있다.

2) 현지화에 대한 압력

다국적기업이 현지화해야 하는 가장 큰 이유는 현지소비자가 선호하는 욕구나 제품기능을 보다 충실히 만족시켜 경쟁의 우위를 확보하기 위해서이다. 그리고 환율변동으로 인한 손실을 피하기 위한 목적으로 이루어질 수 있을 것이다. 또한, 각 국가 간에 무역분쟁이 발생할 가능성이 있을 경우에 이를 해결하는 방안으로 해외각지에 생산기지를 두어 현지화하는 방안을 고려할 수 있을 것이다. 한편, 각국 간의 정치적·문화적 환경의 차이로 인해 현지화할 필요성이 증대한다.

예를 들어, 동유럽에 진출하는 기업들의 경우에는 각종 행정 및 법률의 불확실성이 높기 때문에 다양한 정치적 위험을 안고 있다. 그뿐만 아니라 각 국가 간의 문화적인 차이로 인해 국가별로 다양한 소비자들의 수요를 충족시키는 데 많은 어려움이 있다. 이러한 정치적·문화적 위험을 극복하는 데 있어서 현지화는 매우 큰 도움이 될 수 있다. 특히, 각 국가 간의 문화적인 차이는 실질적으로 국가별 유통망의 차이로 나타날 수 있다. 국가별로 유통망은 오랜 역사적 배경하에서 발달되었기 때문에 그 시장에 진출하려는 다국적기업에게 새로운 접근 방법을 요구하게 된다. 즉, 각국 유통망의 차이로 인해 다국적기업은 현지화할 필요성이 증대된다.

3) 글로벌시장과 다수 개별시장

글로벌화와 현지화 개념에 대한 대안으로써 산업의 글로벌 통합 정도를 기준으로 글로벌시장과 다수 개별시장으로 구분하여 파악할 수도 있다.

① 글로벌시장(Global Market)

이러한 시장은 자동차, 철강, 가전, 건설 및 광산기계류, 비철금속류, 산업용 화학산업 등 산업의 글로벌 통합 정도가 높은 경우이다. 이러한 시장에서 기업의 전략은 중요한 문제들에 대하여 의사결정권한이 본사에 집중되어 있는 중앙집권적 통제 방식 그리고 국가별로 차이가 없는 표준화된 전략으로 특징지어진다. 이러한 전략의 장점은 기업 자원, 즉 자본, 인력 또는 기술을 전사적 관점에서 가장 효율적으로 배치하고 이전하기에 쉽다는 것이다. 만일 의사결정권한이 현지자회사들에 분산되어 있다면 자회사마다 각기 자기 사업의 중요성을 지나치게 강조하고 자원투입을 요청할 수도 있어 결과적으로 자원의 중복투자와 낭비를 가져올 수도 있게 된다. 이러한 전략의 또 다른 장점은 표준화로 인한 규모의 경제효과이다. 기업은 세계적으로 통일되고 표준화된 제품, 구매, 방법, 정책을 채택함으로써 비용을 획기적으로 절감할 수 있게 된다.

그림 11-6 시장과 다수 개별시장 비교

글로벌시장	다수 개별시장
• 자동차 • 철강 • 가전 및 IT 산업 • 건설 및 광산기계류 • 화학산업	• 식 · 음료업 • 가구산업 • 주방용품업 • 담배

높음 산업의 글로벌 통합 정도 낮음

② 다수 개별시장(Multi Domestic Market)

이 시장은 내수용 산업이라 할 수 있는 식·음료업, 가구산업, 주방용품, 담배 등 글로벌 통합 정도가 낮은 산업의 경우이다. 이러한 시장에서의 전략 수행 시 현지자회사들에게 의사결정권한이 분산되어 있기 때문에 자회사는 각기 현지국의 환경에 적응하는 전략을 채택하려고 한다. 이러한 전략의 장점은 현지국의 환경에 적합한 제품, 정책 및 방법을 채택함으로써 그 시장에 침투하여 판매를 증대시키기에 용이하고, 현지에서의 상황변화에 따라 신속한 의사결정이 가능하다는 것이다.

2. 글로벌기업의 선택 대안

현지화에 대한 압력이 있다는 것은 기업이 규모의 경제, 학습효과, 입지 우위의 이점을 완전히 누릴 수 없다는 것을 의미한다. 즉, 단일 저비용 지역에서 세계적으로 표준화된 제품을 생산하며, 제품을 전 세계적으로 마케팅하는 등의 비용 절감을 위한 활동은 현지화에 대한 압력이 강할 때 실현하기 어렵다는 것이다. 게다가 현지화에 대한 압력이 존재한다는 것은 한 기업의 핵심역량과 기술이 새로 진출하려는 국가에는 통용되지 않을 수도 있다는 것을 의미한다. 이러한 경우에는 현지의 조건에 맞게 제품 및 서비스를 수정해야 한다.

비용 절감에 대한 압력과 현지화에 대한 압력 간 상대적 크기의 차이가 어떻게 기업의 전략 선택에 영향을 미치는가? 전 세계적으로 사업을 영위하는 다국적 기업은 전형적으로 4개의 주요 전략 방침 중 하나를 선택하게 된다. 이 4가지의 전략적 방침은 국제적 전략, 현지화 전략, 글로벌 표준화 전략, 초국가적 전략으로 각 전략이 얼마나 적절한지는 주어진 비용 압력과 현지화의 압력의 정도에 따라 결정된다. [그림 11-7]은 각각의 전략이 가장 적절히 적용될 수 있는 상황을 보여준다.

그림 11-7 **경쟁범위 크기에 따른 세계경쟁전략**

1) 국제적 전략

비용 절감에 대한 압력이 낮고, 현지화에 대한 압력이 낮은 상황에 직면한 다국적 기업이 있는데, 이들은 국제적 전략(international strategy)을 추구하고 현지화는 최소화하는 경우가 많다. 국제적 전략을 추구하는 기업은 유사한 발달 패턴을 따라 해외 시장으로 확장해나가는 경향이 있다. 그들은 연구개발과 같은 제품 개발 기능은 본국에 집중시키는 경향이 있다. 반면에 제조와 마케팅 기능은 그들이 사업을 영위하는 각각의 시장 및 지역에 배치한다. 때론 이러한 국제적 전략을 추구하는 기업이 어느 정도 현지 맞춤화된 제품을 제공하거나 마케팅 전략을 수립해야 할 때도 있는데, 이는 오직 제한적인 범위에 한정되고, 궁극적으로 국제적 전략을 추구하는 대부분의 기업에서 본사는 마케팅과 제품 전략에 대해 상당한 통제권을 보유하고 있다.

2) 현지화 전략

현지화 전략(localization strategy)은 나라마다 상이한 소비자들의 취향과 선호를 반영해 기업이 제품과 서비스를 맞춤화하여 제공하는 전략을 말한다. 이러한 현지화 전략은 소비자의 취향과 선호가 국가별로 상이하고, 비용 압력이 상대적으로 낮은 경우에 가장 적합하다. 제품을 현지 수요에 맞게 맞춤화함으로써 기업은 현지 시장에서 제품의 인지 가치를 높일 수 있다.

사례 11-3 연 매출 89조를 달성한 화웨이의 성공 방식

화웨이는 미국 경제전문지 '포천'이 선정한 '2017 포천 글로벌 500' 브랜드 순위에서 83위에 오르며 처음으로 100위 안에 진입했다. 또 다른 미국 경제전문지 '포브스'가 올 상반기에 발표한 '2017 가장 가치 있는 브랜드 순위(2017 Most Valuable Brands)'에서는 중국 기업 중 유일하게 선정됐다. 화웨이는 중국의 주요 ICT 기업 중 유일하게 해외 매출이 국내 매출보다 많다. 화웨이가 중국 기업 중 유일한 '글로벌 기업'으로 불리는 것도 이 때문이다. '중국산=저품질'이라는 편견에 더해 중국의 급성장에 불안감을 느낀 미국의 견제로 세계 최대 소비시장 미국을 포기하다시피 하면서 거둔 성과여서 더 놀랍다. 화웨이가 실적은 물론 브랜드 파워에서도 명실상부한 세계 기업으로 발돋움할 수 있었던 비결은 뭘까?

① 변두리에서 힘을 키워 중심지로

화웨이는 서구 대기업이 장악한 대도시 대신 중소도시와 농촌 지역에서 먼저 판매와 서비스 네트워크를 구축해 내실을 다졌다. 일례로 1992년 헤이룽장(黑龍江)성에 있는 에릭슨의 직원은 3~4명에 불과했지만, 화웨이 직원은 200명이 넘었다. 1996년부터 본격화된 글로벌 시장 진출 과정도 비슷했다. 선진국 시장 대신 통신 인프라가 낙후된 러시아 · 태국 · 브라질 · 남아공 등 신흥시장을 먼저 공략해 힘을 기른 뒤 선진국 시장에 진출해 재미를 봤다. 이를 가능케 한 것이 화웨이 고유의 '늑대문화'다. 런정페이는 해외시장 진출 초기 화웨이를 산양에 비유했다. "사자에게 먹히지 않으려면 더 빨리 뛰고 더 높이 올라가야 한다"는 것이었다. 이후 산양은 늑대로 변신했다.

② 젊고 유능한 현지 전문가 양성

일찌감치 해외로 눈을 돌린 화웨이는 1996년 홍콩, 1997년 러시아, 1998년 인도, 2000년 중동과 아프리카, 2001년 동남아시아와 유럽 등지로 시장을 넓혀갔다. 국내와 해외로 영업 조직을 분리해 운영하던 화웨이는 2003년 다국적기업 형태로 조직 개편을 단행했다. 글로벌 영업조직 밑에 9개 지역 부서를 두면서 중국도 그중 한 개 지역이 됐다.

인프라가 부족하고 근무 환경이 열악한 신흥시장을 개척하려면 현지 사정에 밝은 전문가가 필요했다. 여기에 화웨이의 '젊은 늑대'들이 큰 힘이 됐다. 국내 대기업에서 해외 지사에 나가기 위해서는 어느 정도 연차가 쌓여야 한다. 하지만 자녀가 있는 관리자급 직원이 신흥국 시장 발령을 반길 리 없다. 화웨이에서는 입사 연차가 짧은 중국인 직원들이 아프리카와 남미 등에서 현지 근무하는 경우가 적지 않다. 조금이라도 어린 나이에 해외로 나가는 것이 현지 언어와 문화에 대한 적응력을 높이는 데 도움이 될 수밖에 없다. 열악한 환경에서 근무하는 직원에게는 물론 그만한 보상을 해준다. 런정페이 화웨이 창업자 겸 회장은 지난해 신화통신 인터뷰에서 "아프리카에서 일할 경우 베이징이나 상하이의 직원보다 좋은 대우를 받는 것은 물론 능력만 있다면 승진도 빨라서 아프리카 직원들이 (본사로) 돌아오려 하지 않는다"고 말했다.

③ '중체서용(中體西用)'과 현지 기업화 전략

화웨이는 중국형 다국적 기업의 모델이란 평가를 받는다. 중국식 전략에 서구식 경영 노하우를 결합한 중체서용(中體西用)식 경영이 화웨이의 성공을 가능케 했다. 런정페이는 화웨이가 조직이나 기업 문화에 강점이 있지만, 경영 관리 방식이나 해외시장 진출 등에 있어 많이 부족하다고 판단했다. 이에 미국식 시스템을 도입하기로 하고 1998년부터 IBM과 함께 경영관리 혁신 프로젝트를 시작했다. 당시 런정페이는 이와 관련해 직원들에게 "여러분에게 이제 '미국 신발'을 신길 것이며 이와 관련해 미국(IBM) 담당자들에게 정확히 어떤 미국 신발을 신길 것인지 설명해달라고 요청할 것"이라고 말하기도 했다.

이와 함께 현지화를 넘어 현지 기업으로 인정받기 위해 노력했다. 2014년 4월 한국화웨이가 중국 기업 최초로 전국경제인연합(전경련)에 가입한 것이나 한국장학재단을 통해 지난해까지 3년째 국내 전자 · 공학 분야의 우수 인재들에게 장학금을 지급해 온 것 등도 이 같은 노력의 일환이다. 세계 각지에 연구 · 개발(R&D)센터를 설립한 것도 현지 기업화에 큰 도움이 됐다. 화웨이는 미국, 독일, 스웨덴, 러시아, 인도 등 전 세계 여러 나라에 16개가 넘는 R&D센터를 건립해 운영해 왔다.

④ 매출의 10%가 넘는 R&D 투자

화웨이 선전 본사는 서울월드컵경기장 10개 크기 규모로, 직원 4만 명이 근무하고 있다. 그중 45%가량이 R&D 부문에 종사하는 연구직이다. 화웨이 선전 본사가 '캠퍼스'라는 이름으로 불리는 것도 이 때문이다. 매년 매출의 10% 이상을 연구 · 개발(R&D)에 사용하면서 축적된 기술력은 화웨이의 핵심 경쟁력이 된 지 오래다. 임직원 17만 9,000여 명 중 연구직이 8만 명이다. 선전 본사에 근무하는 5만 명도 대부분 연구원이다.

화웨이는 지난 1998년 '화웨이 기본법'을 마련하고 매년 매출 10% 이상을 R&D에 쓴다는 원칙을 정했다. 지난 10년간 R&D에 총 370억 달러(약 41조 6,000억 원)를 투자했고, 지난해는 매출의 13%에 해당하는 93억 달러를 썼다. 올해는 100억 달러 이상을 투입할 계획이다. 이 같은 노력은 엄청난 수의 특허 출원 건수로 이어졌다. 세계지식재산권기구(WIPO)가 집계한 2015년 기준 화웨이의 스마트폰과 통신 관련 특허권은 5만 건이 훌쩍 넘었다.

* 자료: 이코노미조선, 2017.09.07

이 전략은 맞춤화에 의한 부가가치가 원가상의 불이익을 극복할 수 있을 만한 가격 책정이 가능하거나, 혹은 현지 시장에서 어느 정도의 규모 경제 달성이 가능할 만큼 큰 수요를 불러일으키는 것이 가능하다면 합리적이라고 할 수 있을 것이다. 하지만 동시에, 현지화 전략을 추구하는 기업은 비용 측면에도 주의를 기울여야 한다. 즉, 이들도 효율성 달성을 목표로 삼아야 하며, 전 세계적인 규모의 경제 달성을 추구해야 한다는 것이다.

3) 글로벌 표준화 전략

글로벌 표준화 전략(global standardization strategy)을 추구하는 기업은 규모의 경제, 학습효과, 입지 우위로부터 오는 비용 절감을 통해 수익을 극대화하는 것에 초점을 맞춘다. 즉, 그들의 전략적 목표는 전 세계적인 생산 규모를 기반으로 저비용 전략을 추구하는 것이다. 글로벌 표준화 전략을 추구하는 기업의 생산, 마케팅, 연구개발 활동은 몇몇 지역으로 집중된다. 그들은 규모의 경제와 학습효과를 통해 최대의 이익을 거두기 위하여 표준화된 제품을 전 세계적으로 마케팅하려 한다. 또한 표준화 전략을 추구하는 기업은 자사의 비용우위를 이용하여 공격적으로 가격을 책정하는 경향이 있다.

이 전략은 비용 절감의 압력이 크고, 현지화의 압력이 상대적으로 낮을 경우에 가장 적합하다. 이 두 조건은 산업재 산업에서 특히 뚜렷하게 나타나는데, 산업재 산업의 제품은 대부분 보편적인 욕구를 충족시키기 때문이다.

4) 초국가적 전략

만약 비용에 대한 압력과 현지화의 압력이 모두 큰 경우 기업은 어떻게 해야 하는가? 경영자는 이러한 압력들의 서로 다른 요구사항에 어떻게 대처해야 하는가? 오늘날 국제적 경쟁이 치열하기 때문에 다국적 기업은 비용 절감과 현지화의 압력에 대응하여 그들이 할 수 있는 모든 것을 해야만 한다.

초국가적 전략(transnational strategy)을 추구하는 기업은 본질적으로 입지 우위, 규모의 경제, 학습효과를 통한 비용 절감과 지리적 시장 구분에 따라 제품을 조정하는 현지화 전략, 기업의 전 세계적 네트워크를 통한 기술 및 역량의 이동을 동시에 추구하는 것이다. 이론적으로는 너무나도 매력적이지만 이 전략은 막상 실행하기가 쉽지 않다. 왜냐하면 이 전략은 기업에 서로 상충되는 요구를 동시에 하고 있기 때문이다. 시장의 현지 요구에 대응하여 제품을 차별화하는 것은 비용을 증가시키기 때문에 비용 절감 목표와 상충된다. 따라서 어떻게 하면 초국가적 전략을 가장 잘 실행할 수 있을까 하는 질문은 오늘날의 많은 다국적 기업이 풀어야만 하는 가장 어려운 과제 중의 하나이다.

Ⅲ 다국적기업의 조직구조

다국적기업의 조직 구조는 기업의 부서 간에 효과적인 의사결정과 정보전달체계를 제공하기 때문에 성공적인 경영활동을 위한 중요한 결정요소라고 할 수 있다. 그리고 조직구조는 어느 상황에서나 동일한 형태를 가지는 것이 아니라 기업 내·외적 환경에 맞게 변화되어야 한다.

1 국제경영활동의 조직 형태

국제경영활동의 조직 형태는 기능별 조직, 국제사업부제 조직, 제품별 조직, 지역별 조직 및 매트릭스 조직으로 구분할 수 있는데, 이를 구체적으로 살펴보면 다음과 같다.

1. 기능별 조직

기능별 조직은 [그림 11-8]과 같이 최고경영층 밑에 마케팅, 재무, 생산, 인사, 기획 등의 기능에 따라 부서가 나누어져 있는 형태이다. 기능별 조직은 기업의 취급 품목이 다양하지 않고, 생산 또는 판매 대상 지역이 넓지 않을 때 흔히 채택된다. 이 조직구조는 마케팅이나 생산 등의 부문별 기능이 중시될 때 장점을 발휘할 수 있으나, 기능별 부서 간에 협조가 어렵기 때문에 실제로 고도화된 국제기업들의 조직구조로서는 별로 이용되지 않는다.

그림 11-8 **기능별 조직구조**

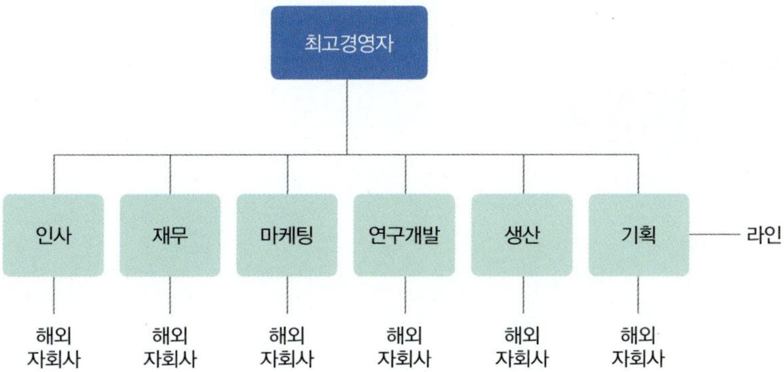

2. 국제사업부제 조직

국제사업부제란 기업의 국제경영 비중이 커지고 취급 제품이 다양해지면서 등장한 조직 형태로서, 국제사업부가 다른 제품사업부와 같이 하나의 독립된 전략사업단위로 운용되는 특징을 가진다. 이러한 구조는 대부분의 한국 대기업이 수출에 주력하고 있던 1970~80년대 당시의 조직구조라고 볼 수 있다.

국제사업부제 조직구조의 가장 큰 특징은 기업의 활동이 국내업무와 국제업무로 분리된다는 점이다. 국제사업부서는 국내업무와는 별도로 주로 기업의 해외사업을 담당한다. 또한 해외에서 사업을 자체적으로 개발하는 역할도 수행하기 때문에 국제사업부서를 지휘, 감독하는 본사의 경영진은 집행 권한을 가지며, 국제사업부의 수익성에 직접적인 책임을 진다. 현실적으로 많은 국제기업은 세계적인 조직을 효과적으로 운영할 수 있는 숙련된 경영관리인이 부족하기 때문에 이 조직구조를 선호한다.

국제사업부제 조직의 장점은 해외사업에 필요한 지식과 경험이 축적된 국제사업부에서 해외경영활동을 주도함으로써, 해외업무를 통합적이고 일원적으로 관리할 수 있는 장점이 있다. 그러나 다음과 같은 단점도 존재한다.

첫째, 국내사업부서와 국제사업부서가 각각 독립성과 자율성을 지닌 조직 단위이기 때문에 통일된 전략을 수립하기 위해 두 부서의 이해관계를 조정해야 하는 어려움이 있다.

둘째, 최고경영진의 관심이 주로 국내업무로 집중되는 경우 해외업무와 관련하여 본사와 현지법인의 관리자들 간의 인식의 차이가 나타날 수 있다. 이로 인해 기업부서 간의 갈등이 심화되어 조직의 성과를 떨어뜨릴 수 있다. 이와 같은 경향은 해외부문의 비중이 증가함에 따라 심화

그림 11-9 국제사업부제 조직구조

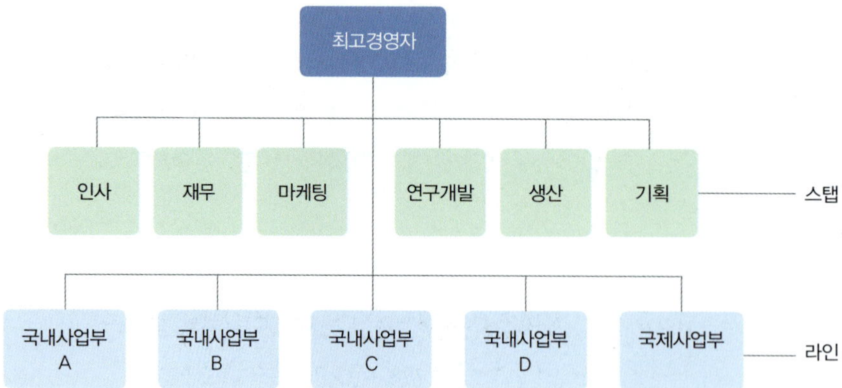

되는 경향이 있다.

셋째, 국제사업부제 조직하에서는 연구개발이 본사 차원에서 의사결정이 이루어지는 경향이 높다. 이러한 조직구조하에서는 기본적인 연구개발의 방향이 주로 국내시장을 초점으로 해서 이루어지며, 해외업무를 위한 연구개발은 단지 현지시장의 환경에 맞게 제품을 변경하는 정도에 머무르게 되는 특성을 가진다.

3. 제품별 조직

제품별 조직구조는 최고경영진 밑에 제품별로 하나의 독립된 부서를 구성하고 그 제품별 부서 밑에 생산, 마케팅, 인사, 재무 등의 기능별로 하부부서가 이루어진 형태로써, 제품별 부서의 책임자가 자기 부서의 수익을 책임지는 독립채산제 성격을 지닌다.

제품별 조직의 장·단점은 다음과 같이 요약할 수 있다. 먼저 장점으로는 의사결정 권한이 제품부서별로 분산됨으로써 각 부서의 책임자가 의욕을 갖고 일을 추진해 나갈 수 있으며, 제품시장 환경 여건에 따라 제품생산의 통제를 효율적으로 할 수 있다. 또 국내시장 및 해외시장을 총괄하여 각 제품사업부 책임자가 의사결정을 하게 되어 제품사업부별 글로벌 통합이 잘 이루어진다. 제품별 글로벌 시장환경이 매우 다를 때 적절한 조직이라 할 수 있다. 그 반면에 단점으로는 각 제품부서가 자기 부서의 입장만 내세우기 때문에 전 세계시장에서의 전사적인 조정이 어려우며, 최고경영자가 제품부서에 대한 편애 내지 편견을 가질 수 있다. 또 제품 책임자가

그림 11-10 제품별 조직구조

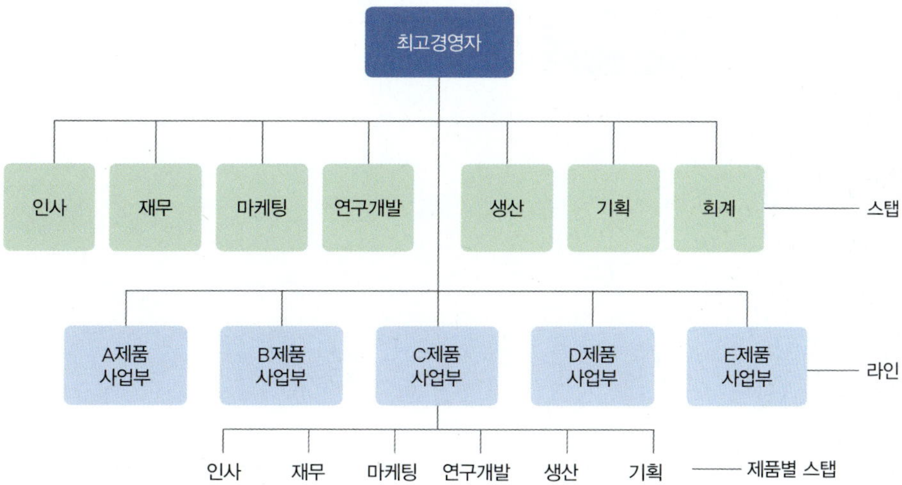

특정 지역의 환경과 마케팅 특성에 관한 경험과 지식이 부족할 때 해당 지역전문가들의 협조를 받기가 힘들다.

4. 지역별 조직

지역별 조직구조는 최고경영진 아래에 세분된 여러 지역이 하나의 부서를 이루고, 지역별 부서 밑에 여러 제품과 기능이 하부부서로 존재하는 형태이다. 이와 같은 조직구조는 삼성그룹이 계열사들의 복합화를 추진하면서 본격적으로 해외진출을 시도할 당시에 추진한 지역별 본사제도가 적합한 예라고 할 수 있다. 해외진출을 추진하면서 삼성그룹은 지역별로 계열사들을 총괄하는 지역별 본사를 운영했다. 이를 통해, 유럽본사, 미주본사, 중국본사, 일본본사, 동남아본사 체제로 운영되었으며, 해당 국가에서 계열사들의 경영활동에 책임을 지고 있었다.

이러한 지역별 조직하에서는 본사가 전 세계적인 계획 및 통제의 책임이 있지만 해당 국가에서의 영업활동의 책임은 지역사업본부에 귀속된다. 지역별 조직구조는 대체로 기업이 진출하고자 하는 지역이 다수이고, 시장 간의 특성의 차이가 뚜렷하여 표준화된 관리체계가 이루어지기 힘들 때 채택된다.

지역별 조직은 집행 권한과 책임의 소재가 명백하고, 각 지역의 특성에 맞추어 제품을 적응시킬 수 있으므로 생산과 마케팅활동의 조화가 원활하게 이루어진다는 장점이 있다. 그 반면 특정 제품의 관리를 책임질 경영자가 없기 때문에 개별적인 제품이나 기능 혹은 기술에 대한 전

그림 11-11 지역별 조직구조

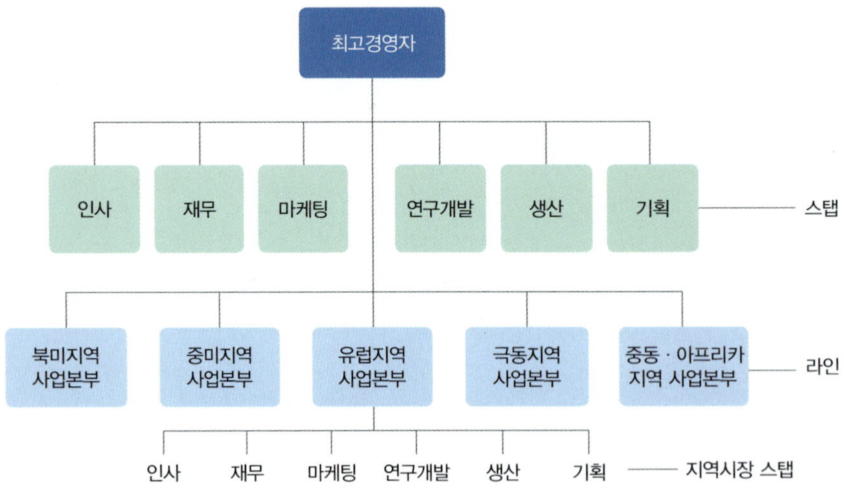

문지식의 활용이 어렵고 기업의 경영활동이 자칫하다가는 전사적 입장이 아닌 특정 지역적 입장에서 이루어질 수 있다. 또한 실적이 부진하거나 규모가 작은 지역사업본부의 발언권이 약화되고 본사의 지원이 불균형하게 이루어져 해당 사업본부 관리자의 의욕을 떨어뜨릴 수 있다.

5. 매트릭스 조직

매트릭스 조직은 앞에서 설명한 기능, 제품, 지역의 세 가지 조직이 상호 결합된 다차원적 구조로써, 일차원적 조직구조에 비해 신축성이 있고, 조정과 규모의 경제의 장점이 있다. 특히 이러한 조직 형태는 제품과 지역의 두 부문의 변화에 대해 민감하게 대처해야 하는 국제기업이 많이 채택한다.

매트릭스 조직구조의 특성은 업무보고체계가 전통적인 일원적 조직구조와는 달리 이원화되어 있다는 점이다. 즉, 매트릭스 조직을 구성하는 적어도 두 차원의 기본단위에 동일한 권한과 책임을 부여함으로써, 해외자회사는 자신들이 속해 있는 기본단위들에 동시에 보고해야 한다.

따라서 이러한 매트릭스 조직의 특징이 곧 장점으로 될 수 있다. 즉, 어느 한 기본단위에서 체

그림 11-12 **매트릭스 조직구조**

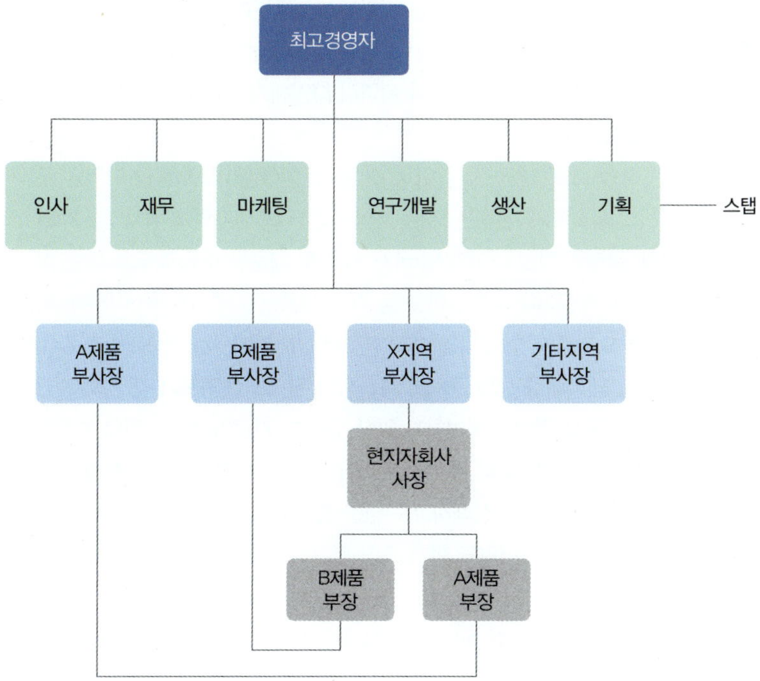

사례 11-4 글로벌 기업의 무기인 매트릭스 조직

글로벌 기업의 조직구조와 형태는 17세기 유럽에서 식민지 영토 확장 및 시장개척을 위해 왕으로부터 전권을 위임받아 운영되던 수탁회사에서 기원을 찾을 수 있다. 이들은 왕과 귀족으로부터 출자받아 선단을 구성하고, 저비용 국가에서 제품을 구입하거나 생산해 보다 이익을 크게 남길 수 있는 국가에서 판매함으로써 크게 번창했다. 본부 조직이 여러 제품 및 지역 사업부를 통제하는 현대 글로벌 조직과 비슷한 모습은 20세기 초에 들어서야 본격적으로 나타났다. 이 시기 세계를 무대로 야심 찬 성장 전략을 추진했던 제너럴 모터스(GM)와 듀폰(DuPont) 같은 기업이 그 선두에 있었다.

지난 수십 년간 국내에서도 글로벌 기업으로서 갖춰야 할 바람직한 조직구조와 형태에 대한 논의가 활발했다. 하지만 다양한 고민 속에서도 글로벌 조직이 추구하는 궁극적 가치가 하나 있다. '전체는 부분의 합 이상이어야 한다'는 점이다. 현지시장의 수요와 고객의 니즈를 충족시키는 동시에, 글로벌 조직으로서 보유한 공동의 자산과 자원을 최대한 효과적으로 활용할 수 있는 능력과 역량이 중요해졌다. 글로벌 선도 기업들이 제품, 지역, 기능 등을 동시에 고려하는 복잡한 형태의 매트리스 조직을 채택, 운영하는 것도 이런 이유에서다.

글로벌 조직의 유형은 당연히 글로벌 사업 운영과 해외시장 진출 전략의 수준에 따라 달라질 것이다. 자국에서 생산한 제품을 해외시장에 수출하는 초기 단계에서는 주로 본사 조직에 해외사업부를 두거나 진출 시장 현지에 영업사무소를 설립하는 방식으로 시작한다. 생산기지를 해외로 이전하고, 제품 및 지역 사업부를 통해 진출 시장에 부합하는 영업, 마케팅 활동까지 직접 수행하는 단계에 이르면 본격적으로 글로벌 조직의 면모를 갖추게 된다. 이즈음 많은 기업이 고려하는 조직 형태가 매트리스 조직이다. 글로벌 비즈니스 확대에 따라 관리해야 할 제품과 지역이 다양해지기 때문에 이 두 차원을 동시에 전략적으로 고려할 조직이 필요하게 되는 것이다.

매트리스 조직의 가장 큰 특징은 '이중 보고체계'에서 찾아볼 수 있다. 예를 들어, 제품과 지역을 두 축으로 하는 매트리스 조직에서 해외 자회사의 제품관리자는 제품사업부 책 임자와 지역사업부 책임자 양쪽으로 동시에 보고해야 한다. 글로벌 기업 나이키(Nike)가 지역 및 제품을 주요 축으로 하는 매트리스 조직을 운영하고 있는 것도 이 때문이다. 신발, 의류 등 주요 제품은 기본 규격이 아시아, 북미 등 지역마다 다를 뿐 아니라 지역별 고객 취향도 다양하다. 따라서 나이키에서는 제품관리자로 하여금 본부 차원에서 마련한 신제품 출시 계획을 보다 구체화하도록 한 뒤 지역관리자가 각 지역 시장 상황을 고려해 일정한 변화를 줄 수 있도록 권한을 부여하고 있다. 글로벌 기업이 조직관리의 복잡함과 어려움에도 매트리스 조직을 선호하는 데는 여러 가지 이유가 있다. 무엇보다도 현지시장의 요구에 신속하고 효율적으로 대응할 수 있으며, 비용을 상쇄하고도 남는 효과를 볼 수 있기 때문이다.

글로벌 조직이 세계 곳곳에 뻗어나가 있다고 하더라도 현지 조직 각각이 자율적인 사업 단위 수준에서 운영되는 데 그친다면 조직 공동의 자산과 자원을 효과적으로 활용함으로써 누릴 수 있는 글로벌 조직 특유의 시너지효과를 기대하기 어려울 것이다. 글로벌 조직으로서 시너지를 창출하기 위해서는 본부 조직과 해외자회사 간에 적절한 권한 관계를 설정할 필요가 있다. 그 형태는 본부 조직에 어느 정도로 권한이 집중되는지에 따라 크게 두 가지 모습으로 나타난다.

우선 진출 시장별 특성을 크게 고려하지 않아도 되는 글로벌 제품을 생산 · 판매하는 기업에는 본부 조직에 권한이 집중된 형태가 적합할 수 있다. 듀폰의 본부 조직은 해외자회 사의 전략 수립에 적극 참여하고, 해외자회사 간 전략적 추진 과제가 원활하게 수행될 수 있도록 조정하는 역할까지 맡는다. 중앙집권적 형태의 장점은 빠른 의사결정과 더불어 정책 및 프로세스의 전 세계적 일관성에 있다. 반면 보험업처럼 상품이 가 나라의 정책이나 규제 등의 영향에 크게 노출되므로 현지 특성을 중요하게 고려하지 않을 수 없는 금융업과 같은 분야의 기업들은 자회사에 더 많은 권한을 나눠준다. 현지 경영에 더욱 무게를 실어주는 분권형 조직이 적합하기 때문이다. 글로벌 회계 · 컨설팅 조직인 언스트앤영의 경우도 아시아 태평양, 일본, 미주, 유럽 – 중동 · 인도 · 아프리카 등 세계를 네 지역으로 나눠 지역본부를 운영한다.

오늘날 글로벌 조직의 가장 고도화된 형태는 각 현지 조직들이 전 세계에 걸쳐 적절히 분업을 이루는 가운데서도 하나의 몸처럼 움직일 수 있을 정도로 유기적으로 연계된 네트워크다. 글로벌 조직의 협력 및 조정 역할이 갈수록 중요해지고 있는 이유다. 이제는 전 네트워크에 걸쳐 혁신 프로그램이나 지적재산의 공유까지 이뤄지고 있다. 과거 본부 통제가 강하던 시기에는 해외 자회사의 상품개발 아이디어가 무시되기 쉬웠다.

글로벌 패스트푸드체인 KFC의 일본 지사에서 경쟁사인 맥도날드가 치킨너겟 제품을 출시하기 한참 전에 비슷한 제품을 시도했지만, 본사의 반대로 중단된 사례가 있었다. 반면 3M은 제품개발 기능이 없는 판매 중심의 현지사업장에서도 제품 개조나 포장, 마케팅 등의 영역에서 혁신의 여지가 많다고

표 11-1 글로벌 조직의 협력 방안

협력 방안	주요 사례
미션, 가치관과 규범	페덱스는 공동 규범 및 가치관 전파를 통해 전 세계 임직원의 일체감 유도
글로벌/지역단위 교육훈련	GE의 크로스톤이나 유니레버의 포에이커스는 글로벌 경영훈련센터로 전문지식 습득뿐만 아니라 상호 네트워킹의 기회까지 제공
국제적 경력경로	유니레버는 조직 간 협력 증대를 위해 국제지 경력경로 설정 및 인지 교류 활용
글로벌 포럼	대면접촉이나 전화회의(conference call) 등을 통해 정기적으로 분야별 업무 정보나 현안에 대해 상호 공유하는 토론의 장
글로벌 가상팀	IBM은 정보기술을 활용, 전 세계 조직에서 선발된 다양한 스킨과 문화적 배경을 가진 인력들로 가상지으로 팀을 구성하여 장 · 단기 프로제트 수행
공통의 언어사용	ARB는 경영진들의 영어를 공통의 언어로 사용하여 커뮤니케이션 활성화
소셜네트워크	로레알은 인스턴트 메신저 등을 사용하여 직원간 네트워크 촉진

보고 현지에 보다 많은 자율권을 부여해 왔다. 하지만 전 세계로 뻗어나간 많은 현지 조직들로부터 협력을 유도하는 데 있어 본부 조직의 기능과 같은 공식적인 조정 메커니즘만으로는 조직 간 장벽을 극복하기 쉽지 않다. 따라서 선도 기업들은 조직 간 협력 강화를 위해 다음과 같은 방안을 활용하고 있다.

* 자료: 한국경제, 2012.04.05

크하지 못한 운용상의 문제점들을 다른 조직 단위에서 지적해냄으로써, 업무상의 과실을 줄일 수 있으며, 동시에 단위조직 간의 견제와 균형을 유지하여 기업의 효율적인 경영활동을 전개해 나갈 수 있다. 반면에 매트릭스 조직 형태는 그 자체가 복잡하고 기본 조직 단위 간의 갈등이 심화될 수 있다. 즉, 기업의 경영에 있어서 다른 조직 단위의 권한이 강화되는 것을 막거나, 업무에 대한 책임을 전가하기 위하여 다른 조직 단위에서 올라온 보고에 대해 불필요한 제동을 걸어 조직 간의 충돌을 불러일으킴으로써 신속한 업무추진을 어렵게 만들 수 있다. 또 기본 조직 간의 권한이 균형되어 있지 못하고 어느 기본 조직 단위의 관리자가 막강한 권한을 행사하게 되면 기업 전체로 볼 때 환경의 변화에 적합하지 못한 전략이 수행될 위험성이 있다. 따라서 매트릭스 조직구조 아래에서는 최고경영진이 기본조직 간의 갈등 요인을 어떻게 조정하고 관리할 수 있을 것인가가 중요한 과제가 된다.

2 조직구조의 결정요인

다국적기업은 기본적으로 국제경영활동을 글로벌 관점에서 조정하면서 동시에 분권화된 운용을 극대화할 수 있는 조직구조를 선택해야 한다. 그러나 국제기업이 어떤 조직 형태를 구성하느냐 하는 것은 다음과 같은 환경요소에 의해 결정된다.

1. 경영진의 능력

기업의 국제경영활동에 있어서 중요한 문제 중의 하나는 국제사업 부문에 적합한 경영관리자들을 얼마나 확보하고 있는가 하는 점이다. 이러한 숙련된 경영진의 확보에 따라 조직구조가 달라질 수 있다. 또 경영진의 능력과 자질은 국가마다 다르기 때문에 현지자회사로의 권한위임은 많은 문제를 야기할 수 있다. 따라서 본사 혹은 지역별 단위까지만 의사결정 권한을 행사하게 하는 조직구조를 택하여 이러한 문제점을 극복할 수 있게 된다.

2. 제품계열의 다양성

기업이 취급하는 제품계열의 폭과 넓이에 따라 조직 형태가 달라질 수 있다. 제품계열이 다양한 국제기업은 지역별보다는 제품 위주로 분권화하는 것이 바람직하다. 반면에 소수의 유사한 제품계열을 취급하는 다국적기업은 제품계열 간의 상호의존성이 비교적 높기 때문에 제품별로 분권화된 조직은 비효율적이다. 이러한 경우 지역별로 분권화된 조직구조가 적합할 것이다.

3. 국제경영활동의 규모

기업의 경영에 있어서 해외경영활동이 차지하는 비중에 따라 조직 형태가 달라질 수 있다. 해외경영활동의 비중이 큰 기업은 국제사업부제보다는 성장을 촉진할 수 있는 제품별 혹은 지역별 조직을 갖게 된다. 반면에 해외경영규모가 미미한 기업은 국제사업부제 조직으로도 효율적인 경영활동을 수행할 수 있다. 과거 한국의 대기업들의 예가 이에 해당한다고 볼 수 있다. 초기 단계에는 수출업무만을 담당하는 수출본부를 두었으나 기업의 해외사업 규모가 확대되면서 지역별 본사나 제품별 본사를 갖추어 나가고 있다.

4. 현지자회사의 입지와 특성

기업이 진출하고자 하는 현지 혹은 지역의 환경에 따라 조직구조가 달라진다. 모국과 비슷한 환경을 가지고 있는 국가 혹은 지역권에 자회사를 두고 있는 다국적기업은 표준화된 제품 촉진이 가능하기 때문에 굳이 지역별 조직구조를 택하지 않는다. 반면에 진출국의 환경이 모국시장과 상이하고 현지 혹은 지역권의 환경변화를 중시하는 기업은 지역별 조직을 선호한다. 예를 들어서 LG전자와 같은 전자산업에 종사하는 업체들의 경우에는 제품이 지역별로 큰 차이가 없기 때문에 지역별 조직구조를 택하지 않은 반면에 식품이나 생활용품을 생산하는 기업의 경우에는 지역별 조직구조를 택하여 현지시장에 대한 관리를 강화하고 있다.

5. 경제블록

국제기업의 활동 영역이 특정 지역 경제블록권이라면 기업은 블록 내의 무역장벽을 피하기 위해서 특정 지역별 조직을 구성하여 권한을 위임하게 된다. 삼성전자가 1994년 지역별 본사제도와 복합단지화를 추진한 배경에는 당시에 NAFTA(북아메리카 자유무역협정), EU(유럽연합) 등과 같은 지역별 경제블록화 현상이 급속도로 확산되었던 것이 한 요인이라고 볼 수 있다.

3 조직구조의 변화

[그림 11-13]은 국제기업의 경영조직구조가 기업의 해외시장 다변화 정도와 해외상품의 다양도에 따라 변화하는 과정을 보여주고 있다.

기업은 국제화 초기에 국제사업부제로 경영활동을 전개하다가 점차 취급제품이 다양해지면서 조직구조를 제품별 조직으로 바꾸고, 해외시장의 매출액 규모가 커지면서 매트릭스 조직을 택하게 된다. 또한 취급하는 제품계열이 다양하지 못한 기업은 지역별 조직을 채택하다가 새로운 제품계열이 추가되면서 조직 형태를 매트릭스 구조로 바꾸게 된다. 결국 기업은 국제화 유형에 따라 경영조직도 국제사업부 조직 → 제품별 조직 또는 지역별 조직 → 매트릭스 조직의 순으로 변화한다고 말할 수 있다.

그러나 이와 같은 조직변화는 모든 기업에 똑같이 적용되는 것이 아니라 기업이 속해있는 산업의 종류와 성격, 기업의 특성 그리고 국제경영환경에 따라 변할 수 있다. 예를 들어, 삼성전자와 같은 기업은 상황에 따라 지역별 조직, 제품별 조직, 지역과 제품이 융합된 조직구조 등의 형태로 조직구조를 변화시켜 왔다. 반면에 같은 전자업체인 LG전자의 경우를 보면 멀티미디어 사업본부, 디스플레이 사업본부, 홈어플라이언스 사업본부 등의 3개 제품별 사업본부가 중심이 되어 전 세계 생산 및 판매법인 네트워크를 구축하고 독자적인 책임경영체제를 확보하여 글로벌 경쟁을 벌이는 제품별 조직구조를 채택하여 왔다.

그림 11-13 조직구조의 변화

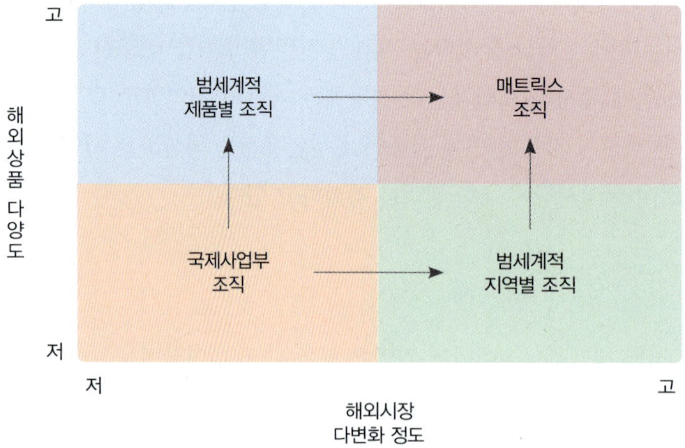

마감사례

한국기업의 중국시장 진입 전략은?

한국기업이 세계에서 가장 크고 빠르게 변화하고 있는 중국시장에 효과적으로 진입하기 위해서는 먼저 중국시장에 대한 이해를 바탕으로 철저한 준비가 필요하다. 중국시장은 크지만 또 매우 다양하고, 산업별 · 지역별로 시장환경이 다양하여 획일적인 진입 전략이 모든 기업에 성공 전략은 될 수 없을 것이다. 삼성전자, 현대자동차, LG전자 등 한국의 대기업들은 제품, 기술, 브랜드, 생산 면에서 국제경쟁력을 갖춘 글로벌기업들이다. 한국기업들이 중국시장에 진입하여 성공하기 위해서는 여러 부분에서 더 많은 사전 연구와 노력이 필요해 보인다.

표 11-2 중국시장 진입 전략 성공요인

현지파트너 및 경쟁전략	중국 내 목표지역 집중
• 파트너 선택 시 역량, 관심, 양사 간 유사한 사업 방향 확인 • 상호 win-win이 되도록 노력 • 경쟁자의 전략, 우위요인 모니터 대응	• 중국을 여러 국가시장으로 인식 • 명확하고 수치화된 시장진입 목표설정 • 특징 지역 사업기반 구축 후에 다른 지역 순차적 사업 확대 • 시장진입은 신속하게 그러나 사업확대는 천천히
이해관계자들과의 관시 및 정부정책 예측	**정기적인 현지소비자 분석 및 마케팅전략**
• 정부, 대기업 고객 임직원과 개인 친분 확대 • 중국어, 현지문화, 정부정책숙지 및 예측 • 파송인 관리자 장기 파견	• 변화하는 소비자 트렌드 대처 • 정기적인 시장조사 및 빠른 대응 • 현지화 및 특정지역에 기반한 지역화전략 • 시장다각화로 복수의 마케팅 전략 모색
지속적인 투자 확대	**차별적인 현지 경쟁우의 개발**
• 현지시장 확대에 맞추어 투자 확대	• 장기적 관점에서 회사 고유의 차별점 개발, 유지 및 확대(품질 브랜드 등)
최고경영자의 관심과 의지	
• 핵심관리자 동기부여 및 지원 • 중국 사업장 방문 및 현재 애로사항 청취, 대응	

표 11-3 주요 상대국별 수출비율

(단위: %)

연도	일본	EU	미국	중국
1990	19.4	13.6	29.8	0.9
2000	11.9	13.6	21.8	10.7
2010	6	11.5	10.7	25.1
2011	7.1	10	10.1	24.2
2012	7.1	9	10.7	24.5
2013	6.2	8.7	11.1	26.1
2014	5.6	9	12.3	25.4
2015	4.9	9.1	13.3	26
2016	4.9	9.4	13.4	25.1
2017	4.7	9.4	12	24.8
2018	5	9.5	12	26.8
2019	5.2	9.7	13.5	25.1
2020	4.9	9.3	14.5	25.9
2021	4.7	9.9	14.9	25.3

* 자료: e나라지표

최고경영자의 관심과 의지 및 투자 지원

한국기업의 입장에서는 2016~2017년 사드보복조치와 같은 한국-중국의 정치적 상황에 따른 불확실성에도 불구하고 지속적인 글로벌기업으로 성장하기 위해서는 중국시장을 단념하기는 어렵다. 외국기업으로서 중국시장에서의 성공이 매우 어려운 것은 사실이지만 한국과 중국 간의 지리적 근접성, 문화적 유사성, 많은 인적 교류 측면에서 볼 때 미국이나 유럽 기업 등 세계 어느 국가의 기업보다 중국시장을 잘 이해하고 있고 적응능력 측면에서도 유리하다. 최고경영자와 중국 사업에 관여하는 핵심 관리자들의 중국시장에 대한 자신감과 의지가 무엇보다도 중요하다.

중국을 여러 시장으로 인식

한국기업을 포함한 많은 외국 글로벌기업이 중국시장에서 사업을 진행하면서 흔히 범하는 실수 중 하나는 중국을 단일시장으로 보는 것이다. 중국은 한 나라이지만 한국과는 달리 지리적으로뿐만 아니라 인종 구성, 문화, 언어 등 여러 면에서 복합국가이다. 중국을 한 시장으로 간주하고 시장 전략을 수립하는 것은 현실성이 떨어진다. 중국 내 22개 성, 5개 자치구, 4개 직할시 등 31개의 행정구역이 있고 각 행정단위는 매우 크다. 특히, 소비재 제품인 경우 중국 내 초기 진입단계에서 목표 시장을 한 성이나 한 지역 만을 염두에 두고 전략을 수립하는 것이 현명하다.

정부관료 및 대기업 임직원과의 관계

중국 사업에 있어서 필요한 성공 요건 중에 하나는 현지의 고객을 포함한 다양한 이해관계자집단과의 관계이다. 특히 중국사업에서 유관기관 핵심 담당자들과의 원만한 관계(꽌시)의 중요성은 두말할 필요가 없다. 원만한 관계를 형성하고 증진하기 위해서는 이해관계자집단의 핵심 구성원들과 끊임없는 만남과 교류가 필요하다. 현지에 대규모 투자를 하여 본격적으로 사업을 하는 기업의 경우 중국공산당 고위직 간부, 중앙정부 관료, 성급 또는 시급의 지방정부의 관료, 그리고 현지 고객사의 임직원 등 다양한 사람들과의 원만한 관계 구축이 요구된다. 이러한 현지 대외업무를 원활히 수행하기 위해서는 파송 임직원의 중국어와 중국문화에 대한 이해뿐만 아니라 협상 능력과 대인 친화력이 또한 매우 중요시된다.

정기적인 현지 소비자 분석 및 마케팅전략

중국 내 시장환경 변화는 빠르다. 소비자의 소득증대, 경쟁기업 전략, 정부정책 등 여러 가지 요인으로 시장은 빠르게 변한다. 따라서 기업의 입장에서는 현지시장에 대한 철저한 조사가 필요한데 정확한 정보 획득을 위해서는 여러 채널을 동시에 활용하는 것이 필요하다. 다양한 내 · 외부 시장조사 결과를 바탕으로 시장에 대한 이해를 넓혀 나가야 할 것이다. 하지만 중국시장에서 가장 필요한 시장조사 방법은 기업 자체적으로 수행하는 자체 시장조사이다. 많은 인터넷상의 정보에도 불구하고 중국시장에 대한 정보의 생명력은 매우 짧다. 한국기업의 중국 사업 핵심 책임자들은 중국에 가서 고객사를 빈번하게 방문하여 그들의 요구사항에 귀를 기울여야 할 것이다.

자원 가용 정도 및 지속적인 투자

중국 내 사업을 장기적으로 확대하기 위해서는 가용한 인적 · 물적 · 기술적 자원을 계속 늘리고 투자 규모도 확대해 나가야 한다. 많은 한국기업이 시장진입단계에는 초기 투자와 함께 인적 · 물적 가용 자원을 늘려 나가다가 점차 축소하는 경향이 있다. 그러나 중국 같은 거대시장에서 사업을 하는 경우 투자 원년부터 이익을 내는 경우는 거의 없다. 대부분 적어도 3~5년 정도의 지속적인 인적 · 물적 자원 투입이 이루어졌을 때 서서히 이익 발생을 기대할 수 있다. 시장에 대한 경험이 쌓이고 중국 내 다른 지역으로 시장을 확대할 때 추가적인 투자는 매우 중요시된다.

현지 파트너 및 경쟁전략

중국에 진출해 사업을 하는 경우, 모든 것을 단독으로 수행하기는 어렵다. 설령 100% 지분투자 방식으로 진출했다고 하더라도 중국 현지 파트너의 도움이 필수적이다. 예를 들어, 제조업 투자인 경우 원재료 및 부품 공급업체, 배송업체, 유통업체 등의 협조가 기업의 성공에 필수적이다. 중국사업에서 가급적 피해야 할 것은 중국 국영업체 또는 현지 대형업체와의 경쟁이다. 국영업체들은 중앙정부 또는 지방정부의 지원을 받고 성장하는 기업이므로 이들과 경쟁해서 이기기는 어렵다. 따라서 이들과 경쟁하기보다는 협력전략으로 가는 것이 현명하다. 예를 들어, 이들에게 핵심 부품을 공급한다든지 또는 해외판매를 대행해주는 협업을 적극 모색할 필요가 있다.

그림 11-14 진입 단계별 중국사업 성공요인

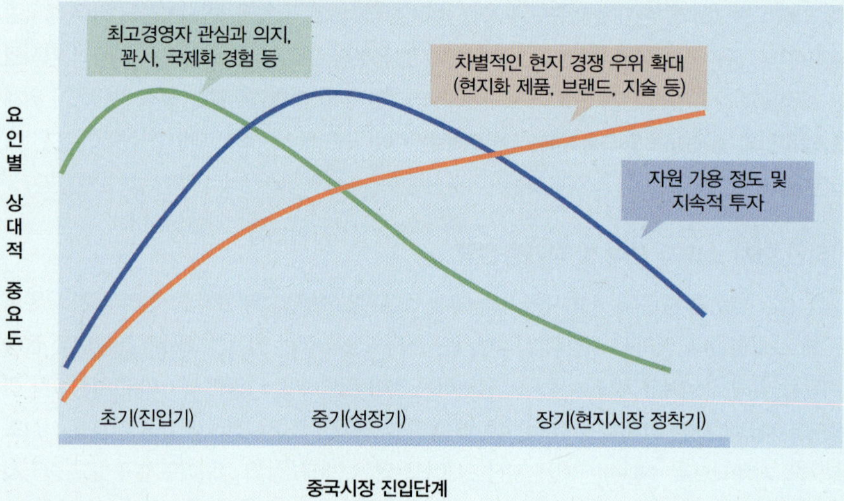

차별적인 현지 경쟁우위 확보

[그림 11-14]에서 보는 바와 같이, 장기적으로 중국 사업의 성공을 위해서는 현지 경쟁업체와 다른 독특하고 차별적인 우위를 창출하고 이를 점차 확대해 나가야 할 것이다. 종국적으로 다른 경쟁사가 쉽게 넘볼 수 없는 차별적인 경쟁우위를 갖고 있다면 사드(THAAD) 사태와 같은 예상치 못했던 사업 위험에 직면한다 하더라도 피해를 최소화 할 수 있으며 어려움을 헤쳐나갈 수 있을 것이다. 장기적으로 안정적인 현지 사업을 이루기 위해서는 현지화된 제품, 기술개발투자, 브랜드 관리 등을 통해 나름대로의 독특한 경쟁우위 요인을 확보하고 이러한 역량을 계속 확대해 나가는 것이 매우 중요하다.

* 자료: 이장로 · 신만수, 국제경영 제7판, 무역경영사, 2018, pp. 672-679.

토의과제

01 중국 시장의 주요 변화 트렌드는 무엇인가? 중국시장에 진출하는 한국 기업들에 필요한 중국시장 진입 전략 방안에 대해 논의해 보시오.

02 글로벌시장에서의 한국기업의 현 위치 및 국제경쟁력을 평가하고, 한국기업의 국제화의 과제 및 전략에 대해 토의하시오.

주요 용어

글로벌 배치	현지화전략	기능별 조직
글로벌 배치우위	글로벌 전략	국제사업부제 조직
배치우위 결정요인	집권화	제품별 조직
시장확대속도: 시장다변화 대 시장집중화	분권화	지역별 조직
시장확대순서	국제이전가격	매트릭스 조직
	국제경영정보시스템	

연습문제

01 글로벌 배치우위의 개념과 결정요인을 설명하시오.

02 글로벌시장확대전략 중 시장진입시점 결정의 중요성에 대하여 설명하시오.

03 글로벌시장확대전략 중 시장확대순서에 대하여 설명하시오.

04 세계화글로벌전략과 현지화전략을 설명하시오.

05 집권화와 분권화의 선호요인을 설명하시오.

06 비용절감 압력과 현지화 압력에 따른 전략대안에 대해 설명하시오.

07 다국적기업의 조직구조에 영향을 미치는 요인에 대하여 설명하시오.

08 다국적기업의 조직 형태의 변화에 대하여 설명하시오.

CHAPTER 12

급변하는 글로벌환경과 기업의 대응

Ⅰ. 4차 산업혁명과 글로벌경쟁의 새로운 틀

Ⅱ. 브렉시트와 글로벌화에 대한 논쟁

Ⅲ. 미 · 중 무역 분쟁과 글로벌경쟁의 지형 변화

도입사례

4차 산업혁명의 명암

세계 최초로 '4차 산업혁명'이라는 단어가 소개된 것은 스위스에서 열린 세계경제포럼(WEF)에서 였다. 그 이후 학자, 정치가, 비즈니스 리더들 사이에서 화제가 되고 있다. 우선 정확히 무슨 뜻인지를 알아야 한다. 세계경제포럼의 창시자인 클라우스 슈밥은 '4차 산업혁명'을 언급하며 물리적, 디지털 및 생물학적 영역의 경계를 모호하게 하는 기술 혁명이라고 설명했다. 구체적으로 인공지능, 자율주행차, 사물인터넷 등의 기술은 일상생활, 심지어 인간의 몸에도 침투하고 있다. 음성이나 얼굴 인식 또는 건강 관리 센서가 보편화되어 있을 정도이다. 4차 산업혁명을 이해하기 위해서는 역사를 거슬러 올라가 1차 산업혁명부터 알아야 한다.

최초의 산업혁명은 1760년경에 영국에서 시작되어 1800년대 초반까지 유럽과 북아메리카에 퍼졌다. 증기기관을 동력원으로 삼아 영국의 성장 동력이 되었다. 2차 산업혁명을 통해서는 대량생산과 철강, 석유, 전기 등의 신산업이 생겼다. 그중 전구, 전화, 내연 기관은 이 시대의 주요 발명품 중 일부였다. 디지털 혁명으로도 알려진 3차 산업혁명은 20세기 후반에 발생했다. 수십 년 만에 반도체, 개인용 컴퓨터 및 인터넷이 발명되어 큰 혁신을 이끌었다.

그렇다면 4차 산업혁명과 3차 산업혁명의 차이점은 무엇일까? 그 차이는 인간의 삶과 점점 더 융합되고 있으며 기술 변화가 전례 없는 속도로 일어나고 있다는 것이다. 1억 명의 사용자가 전화를 사용하는 데 75년이 걸린 반면, 인스타그램은 불과 2년 만에 1억 명의 사용자를 모았다. 게임 PokemonGo는 한 달 만에 1억 명의 유저 수를 달성했다. 기술의 시대에는 많은 혁신을 추진하고 있다. 3D 프린트나 AI 등 4차 산업혁명과 관련된 특허의 수가 2000년 초부터 계속 증가하고 있다.

많은 기업은 1차 산업혁명 시기에 증기 엔진을 채택한 것처럼 비즈니스를 보다 효율적으로 만드는 새로운 기술을 채택하고 있다. 그러나 일부 기업과 정부는 급속한 기술 변화를 따라잡는 데 어려움을 겪고 있다. 4차 산업혁명이 불평등을 일으킨다는 문제도 있다. 이것은 이미 큰 문제이며 더욱 악화되고 있다. 전문가들은 고기능 노동자는 보상을 받고 나머지 노동자는 그렇지 않다고 경고한다.

개인정보 유출이라는 또 다른 문제도 있다. 식품, 소매업, 은행에 이르는 다양한 업계는 이미 디지털화되어 있으며, 그 과정에서 고객의 데이터를 수집하고 있다. 고객은 기업이 자신의 개인 정보에 대해 너무 많은 것을 알고 있다고 걱정하기 시작했다. 기술은 여전히 변화하고 있고 이에 대한 지침도 필요한 시점이다.

* 자료: What is the fourth industrial revolution? CNBC explains, 2019.01.23.

토의과제

01 4차 산업혁명이란 무엇이며 이러한 기술혁명이 글로벌 경쟁환경에 미치는 시사점은 무엇인지 논의해 보시오.

02 글로벌 경쟁의 선발자인 미국, 일본, 독일 등의 국가들은 4차 산업혁명의 변화에 어떻게 대처하고 있는지 토의하시오.

03 4차 산업혁명이 개인, 기업, 사회에 가져올 변화의 긍정적인 측면과 부정적인 측면을 설명해 보시오.

I 4차 산업혁명과 글로벌경쟁의 새로운 틀

본 절에서는 4차 산업혁명이란 무엇이며, 이러한 변화가 글로벌경쟁에 어떠한 변화를 가져오는지를 살펴본다. 기업이 해외시장을 선택하고 전략을 수립하기 위해서는 변화하는 글로벌 경쟁환경에 대한 분석과 이해가 필요하다. 하지만 글로벌경쟁의 근간을 흔드는 변화들이 일어나고 있다면 기존의 분석 도구 및 분석 틀을 가지고 급변하는 환경을 평가하는 것은 역부족이다. 여기에서는 4차 산업혁명으로 통칭되는 기술 환경, 경제 환경, 사회 환경의 변화가 글로벌 경쟁환경에 어떠한 변화를 요구하고 있는지를 지식기반 경제, 와해적 기술혁신, 글로벌 초 경쟁으로 나누어 설명한다. 마지막으로 이러한 변화에 대응하는 기업의 지식기반경영 과제에 대해 살펴본다.

1 4차 산업혁명이란

4차 산업혁명은 2016년 1월 스위스 다보스에서 열린 세계경제포럼(WEF)에서 처음 언급된 개념으로 디지털 혁명 또는 지식정보혁명으로 정의되는 3차 산업혁명을 기반으로 기초과학과 정보통신기술(ICT)의 융합으로 이루어지는 지식 혁명 시대로 정의할 수 있다.

먼저 산업혁명의 진화 과정을 살펴보도록 하자. 산업혁명은 18세기 영국에서 증기기관을 발명하여, 기계와 공장의 도입에 따른 대량생산으로 인해 시작되었다. 이후 2차 산업혁명인 전기, 전자 제품의 발명과 3차 산업혁명인 컴퓨터, 인터넷, 스마트폰 등 정보화 혁명을 거쳐, 마침내

표 12-1 **4차 산업혁명의 도래**

	제1차 산업혁명	제2차 산업혁명	제3차 산업혁명	제4차 산업혁명
시기	18세기	19~20세기 초	20세기 후반	2015년 이후
특징	• 증기기관 기반의 기계화 혁명 • 증기기관을 활용하여 영국의 섬유공업이 거대산업화	• 전기에너지 기반의 대량생산 혁명 • 공장에 전력이 보급되어 벨트 컨베이어를 사용한 대량 생산보급	• 컴퓨터와 인터넷 기반의 지식정보 혁명 • 인터넷과 스마트 혁명으로 미국주도의 글로벌IT기업 부상	• IoT/CPS/인공지능 기반의 만물 초지능 혁명 • 사람, 사물, 공간을 초연결하여 산업구조시스템 혁신

인공지능과 사물 인터넷 등을 통해 현실과 가상 세계의 융합이 이루어지는 4차 산업혁명 단계에 들어서게 되었다.

4차 산업혁명의 사례를 본다면, 독일의 '산업 4.0'이 대표적이다. '산업 4.0'은 독일이 자국 제조업의 경쟁력을 강화하고 주도권을 이어가기 위해 구상한 차세대 산업혁명을 말한다. 독일은 정보통신기술(ICT)과 제조업을 융합하여 생산에 투입되는 인력을 최소화하는 자동 생산 체계를 구축하는 '스마트 공장'이라는 전략을 추진했다. 세계경제포럼 회장 클라우스 슈밥은 2016년 다보스포럼 기조연설에서 독일의 '산업 4.0'에 의해 탄생한 자동화 기술의 확산이 제조업뿐만 아니라 경제 전반의 생산과 사회 구조의 변동을 가져올 것을 예견하며 4차 산업혁명으로 지칭했다.

4차 산업혁명의 핵심 요소는 개별적으로 발달한 각종 기술의 '융합'이라고 할 수 있다. 디지털, 바이오, 오프라인 기술들이 다양하고 새로운 형태로 융합되어 새로운 부가가치를 창출해내는 것이다. 또 다른 주요한 특징은 '속도'라고 할 수 있다. 새로운 물건이나 기술이 발명되거나 발견되면 이것이 파급되는 속도는 과거와는 비교할 수 없을 정도로 빠르게 진행되는 것이다. 이러한 4차 산업혁명은 단순히 기술적 발전에 그치는 것이 아니라 정치, 경제, 사회 등 모든 분야에 큰 파장을 초래할 수 있다는 것에 주목할 필요가 있다.

2 4차 산업혁명 속 글로벌 경쟁의 시사점

그렇다면 3차, 4차 산업혁명이 국제경영에는 어떠한 의미를 가질까? 좀 더 구체적으로 4차 산업혁명의 도래가 글로벌 경쟁 환경의 변화에 시사하는 바는 무엇일까? 먼저 노동과 자본시장에서는 단순노동과 자본보다 지식과 기술이 대표적인 생산 요소가 될 것이다. 이로 인해 경쟁의 룰도 브랜드, 기술력, 고객 맞춤형 솔루션 제공 역량 등 무형자산 위주의 경쟁으로 변화할 것이다. 기존 상품, 기술, 비즈니스 모델을 무너뜨리는 와해적 혁신에 직면할 확률도 급속도로 높아지고 있다. 기술의 생명주기가 비약적으로 짧아지고 있으며, 새로운 기술이 등장하면 이전 기술을 밀어내고 시장을 잠식하는 승자 독식 현상이 심화될 가능성도 높아지고 있다. 마지막으로 하드웨어와 소프트웨어, 제조업과 서비스업의 결합 등 컨버전스 현상도 가속화되어 산업의 경계는 허물어지고 글로벌 경쟁도 나날이 치열해지고 있다. 이와 같은 글로벌 경쟁환경의 일련의 변화는 지식기반 경제, 와해적 혁신, 글로벌 초 경쟁이라고 요약할 수 있다. 즉 4차 산업혁명 시대의 도래는 첫째, 지식기반경제의 도래를 의미한다. 둘째, 와해적 기술혁신 환경을 의미한다. 셋째, 글로벌 초 경쟁 상황을 의미한다.

1. 지식기반경제(Knowledge-based economy)의 도래

4차 산업혁명이 제조 혁신과 관련하여 의미하는 바는 지식을 통해 더 많은 부가가치가 창출되는 경제 시대가 도래했다는 것이다. 이러한 의미를 가치 사슬의 개념에 기반하여 살펴보도록 한다.

가치 사슬이란 원자재, 부품, 반제품을 거쳐 완제품이 완성되고 이것이 최종 소비자에게 전달되는 모든 과정이 사슬처럼 연결되어 있으며 각 단계에서 새로운 가치가 창출된다는 의미에서 붙여진 이름으로, 부가가치가 창출되는 각 단계를 가치 창출 활동이라 부른다. [그림 12-1]에서 보는 바와 같이 20세기 산업혁명기의 가치창출곡선은 역U자형 커브를 갖는다. 따라서 제조, 단순 조립 및 가공 활동에서 가장 큰 가치가 창출된다.

반면 21세기 지식기반경제 시대의 가치 곡선은 U자형 곡선을 갖는다. 즉 21세기 지식기반 경제에서는 가치사슬의 상단(즉, R&D, 디자인, 핵심부품 등)과 가치사슬의 하단(즉, 서비스, 솔루션 제공 등)의 활동에서 가장 큰 가치가 창출된다. 즉, 21세기 지식기반 경제에서는 가치사슬의 상단과 하단의 지식기반 활동에서 가장 높은 가치가 창출된다는 것이다. 기업의 경영자원은 크게 자본, 토지, 노동 등의 유형자산과 기술력, 브랜드, 시스템과 조직 문화 등 무형자산으로 구분된다. 20세기 산업혁명기에는 자본력을 갖추고 대규모 생산설비를 통해 규모의 경제를 달성하고 낮은 인건비를 바탕으로 원가를 줄이는 활동이 높은 이익을 보장하며 경쟁우위의 원천을 제공했다.

그림 12-1 지식기반경제의 스마일 곡선

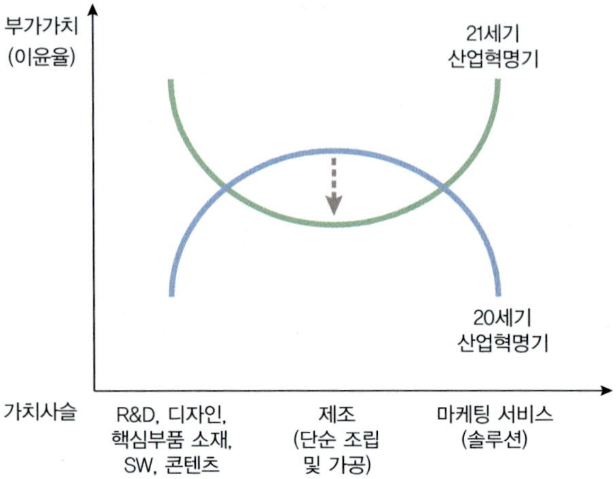

* 자료: 스마트 경영, 21세기북스, 2011, p. 27.

21세기 지식기반경제에서는 가치사슬의 상단 및 하단의 활동들 즉, 무형자산에 기반한 지식기반 활동들이 기업 경쟁우위의 원천이 된다. 이와 같이 산업혁명기에서 지식 경제로 이행되면서 가치사슬 상에서의 부가가치와 이익의 원천이 역U자형에서 U자형으로 변화하는 모습을 사람의 웃는 모습과 닮았다고 해서 지식기반 경제에서의 '스마일 곡선'이라고 부르기도 한다. 애플 아이패드, 아이폰은 지식기반경제에 기반한 제품의 대표적인 예라고 할 수 있다. 애플 아이패드, 아이폰은 대만 하청 기업인 폭스콘을 통해 중국에서 값싼 노동력을 활용하여 생산된다. 한 통계에 의하면, 애플 아이패드의 총가치에서 중국 인력의 조립공정에서의 임금이 차지하는 비중은 2%, 대만 하청 기업이 가져가는 수익도 2% 남짓이다. 반면, 아이패드 제작에 들어가는 핵심 소재 및 부품은 독일, 일본 등에서 수입되며 이러한 부품, 소재의 비중이 총가치의 30% 이상을 차지한다. 한국의 디스플레이, 메모리 칩 등도 총가치의 7%를 차지한다. 반면 애플은 디자인, 연구개발 및 마케팅 활동 등에 집중하며 이러한 활동에 대한 대가로 30% 이상의 높은 이익을 가져간다. 이러한 통계가 암시하는 바는, 아이패드, 아이폰 등 많은 글로벌 기술 제품들은 점차 지식기반 경제에 기반하고 있다는 것이다. 비단 기술 산업에서 뿐만 아니라, 일반적으로 노동집약 산업, 사양산업으로 알고 있는 신발 산업도 점차 지식기반 경제에 기반하고 있다. 글로벌 브랜드인 나이키의 경우, 중국, 인도네시아, 베트남 등지에서 저렴한 노동력을 활용하여 하청 생산을 하고 나이키는 디자인, 품질관리, 마케팅 등에 집중함으로써 높은 이익률을 누리고 있다.

2. 와해적 기술혁신(Disruptive innovation) 환경

4차 산업혁명이 제조 혁신과 관련하여 암시하는 또 다른 의미는 와해적 기술혁신 환경의 도래이다. 20세기 경쟁환경에서는 신사업, 상품, 서비스의 수명 주기가 20년, 30년, 40년으로 상대적으로 길었다. 즉, 대규모 자본투자를 바탕으로 대단위 생산설비를 갖추고 장기간에 걸쳐 규모의 경제를 실현하는 것이 가능했다. 반면 21세기 경쟁환경에서의 수명 주기는 2년, 3년, 4년 주기로 상대적으로 짧아진 것을 알 수 있다. 소비자 선호, 기술 발전, 정부 규제 및 정책의 변화 등 시장 불확실성이 빠르게 증가하였고 제품수명주기가 급격히 단축되었다. 즉 21세기는 시장 불확실성 및 단축된 수명 주기로 특징지어지는 와해적 혁신의 시기이다. 여기서 와해적 혁신이란 기존의 기업, 제품, 기술, 수익 모형을 와해하는 혁신이라는 의미이다. 이러한 와해적 혁신은 승자 독식이라는 게임의 법칙을 강화하는 특징이 있다. 앨빈 토플러는 그의 저서 부의 미래에서, 21세기의 부는 가치를 창출할 수 있는 차별적인 지식을 먼저 확보한 개인, 기업, 국가가 차지하게 될 것이라고 예견했다. 와해적 혁신은 기존의 기업, 제품, 기술, 수익 모형을 와해하며, 기업 간 경쟁이 이루어지는 성능 기준들을 바꿈으로써 경쟁의 근간을 바꾸는 혁신이

그림 12-2 와해적 기술혁신

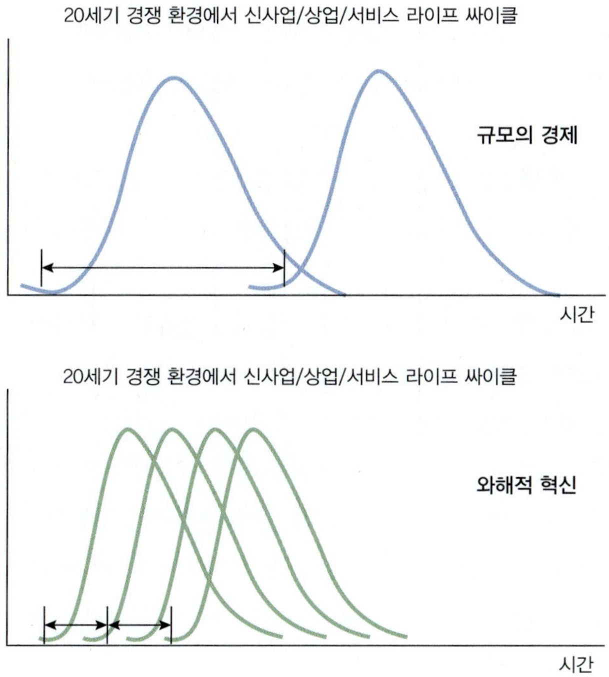

다. 이런 의미에서 역량 파괴적 혁신이라 불린다.
와해적 기술 변화의 예들을 살펴보면, 휴대전화에서의 피처폰에서 스마트폰으로의 변화, 필름 카메라에서 디지털카메라로의 변화 등을 들 수 있다. 이러한 역량 파괴적 변화는 핵심역량의 혁신을 필요로 하며 글로벌 선도기업이 되기 위해서는 과거처럼 하나의 경쟁우위의 원천에 의존하기보다 서로 상충할 수 있는 복수의 경쟁우위 원천을 동시에 추구하는 것이 필요하다. 놀랍게도 스마트폰의 발전은 휴대전화, 카메라, 컴퓨터, 인터넷 등의 기능을 통합하여 이러한 개별 기능들을 대체하고 있다. 스마트폰은 지식기반경제화, 와해적 혁신의 전형적 예이며 이러한 기술의 융합을 통해 글로벌 초경쟁 상황을 이끌고 있다.

3. 글로벌 초경쟁(Hyper-competition) 상황

21세기 지식기반 경제, 와해적 혁신 환경의 가장 중요한 특징 중 하나가 상품, 기술, 서비스, 비즈니스 모델의 컨버전스 현상이다. 디지털 혁명에 따른 IT 기술의 급속한 발전으로 인해 산업의 경계가 급속히 허물어지고 있고 글로벌 선도 기업들을 중심으로 하드웨어, 소프트웨어, 콘텐츠의 결합을 통한 통합 플랫폼 기업으로의 변신 노력이 가속화되고 있다. 이러한 컨버전스 현상은 기업의 경쟁 강도 및 양상에도 큰 영향을 미치고 있다. 먼저 다른 업종 간 경계가 무너지고 이로 인해 다른 업종으로부터 새로운 경쟁자가 진입해 경쟁이 심화된다. 예컨대 휴대전화업체가 아니었던 애플이 스마트폰을 통해서 휴대전화 시장에 성공적으로 진입함으로써 기존 업체들 예를 들어, 노키아, 모토로라, 소니 등에 큰 타격을 주었다. 이런 과정에서 애플과 같이 하드웨어와 소프트웨어, 애플리케이션, 콘텐츠를 잘 결합해 디지털 컨버전스를 기반으로 한 새로운 비즈니스 모델을 선도한 기업이 막대한 가치와 경쟁력을 창출하며 글로벌 초경쟁 상황을 이끌고 있다.
2007년 애플의 스마트폰 도입 이래, 휴대전화 시장이 스마트폰 중심으로 급속히 재편되었다. 수요와 공급을 연결하는 플랫폼이 애플을 통해 핵심 사업 모델로 등장한 것이다. 통계에 의하면 글로벌 출하량 점유율 기준으로는 삼성, 애플, 화웨이의 리드가 2019년 초반까지 이어졌다. 하지만 글로벌 이익률 점유율 기준으로는 프리미엄 폰에 우위를 갖는 애플이 압도적인 우위를 차지하고 있다. 2020년 이후 글로벌 스마트폰 시장은 또 한 번의 큰 불확실성에 직면하고 있다. 코로나19로 인한 둔화된 성장세, 부품 공급망 차질, 미국 제재에 따른 화웨이의 위축, LG전자의 스마트폰 사업 철수 등 이러한 공백을 어느 기업이 채우는지에 따라 글로벌 경쟁 상황은 다시 한번 요동칠 것으로 예상된다.

4. 기업의 대응: 지식기반 경영의 과제

국제경영이란 글로벌경쟁시대의 기업경영이라 정의할 수 있고 여기에 전략이라는 개념이 추가되면 우리는 두 가지 전제조건, 즉 글로벌 경쟁 상황과 제한된 경영 자원이라는 조건하에서 희소한 경영자원을 어떻게 배분하여 경쟁우위를 창출하여 나갈 것인지에 대한 전략적 사고 또는 전략적 의사결정이 필요하게 된다.

한국기업 경쟁력의 현 위치를 살펴보면, 위로는 첨단산업에 있는 선진국 기업들의 견제를 받으며 아래로는 저임금 국가의 추격을 동시에 받고 있는 샌드위치 상황에 봉착해 있다. 이를 등생산곡선과 등비용선을 통해 살펴볼 수 있다. 등생산곡선은 노동/자본의 조합을 통한 생산가능곡선으로 이는 산업에 따라 달리 나타난다. 등비용선은 노동/자본의 상대적인 비용 즉 기울기를 나타내며, 1960년대의 등 비용 선의 기울기가 완만한 것은 이때는 노동비용이 상대적으로 저렴했음을 의미한다. 그렇기 때문에 노동 집약 산업인 섬유, 신발, 의류 등에서 비교우위가 있음을 볼 수 있다. 하지만 2010년대의 등비용선의 기울기는 상당히 가파르며 이는 자본이 상대적으로 풍부하여 자본비용이 상대적으로 저렴하며 따라서 자본 집약 산업인 반도체, 통신, 생화학 등의 산업에서 비교우위가 있음을 알 수 있다. 한국 기업은 그 중간의 산업군 즉, 자동차, 철강, TV 등에서 경쟁력을 갖고 있는 상황에서, 노동집약산업에서는 저임금 국가의 추격을 첨단산업에서는 선진국으로부터의 견제를 동시에 받고 있는 상황이다.

그림 12-3 한국기업의 국제경쟁력

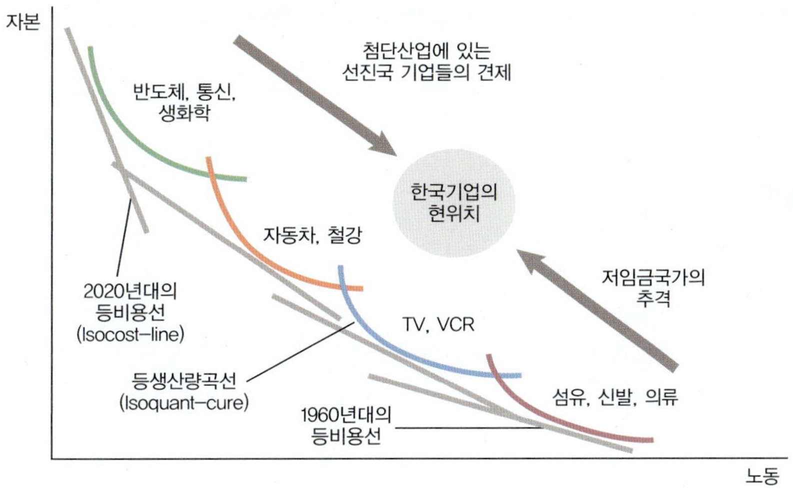

* 자료: 글로벌 경영 10판, 박영사, 2021, p. 23.

이러한 상황에서 한국기업의 당면과제는, 위쪽으로는 어떻게 선진국기업의 견제를 물리치고 첨단산업으로 이전할 수 있는가의 문제와 아래로는 노동집약산업에서의 경쟁력을 어떻게 유지해 나갈 수 있느냐 하는 것이다. 이러한 두 가지 상반된 경쟁 상황에서, 한국기업의 당면과제는 지식기반 경쟁우위의 확보가 된다. 위로는 적극적인 연구개발투자, 기술 획득, 인수합병 등을 통해 첨단 산업에서의 역량을 구축해 나가는 것이 필요하다. 하단에 있는 노동집약산업에서도 품질향상, 브랜드 강화 등 고부가가치 활동에 주력하며 노동집약적인 생산활동은 저임금 국가로 이전하는 것이 필요하다. 결국 첨단산업에서도 또한 노동집약산업에서도 지식기반 경쟁우위의 확보가 당면과제가 된다.

Ⅱ 브렉시트와 글로벌화에 대한 논쟁

2016년 6월 23일에 실시된 영국의 브렉시트 국민투표에서 영국 국민은 영국의 EU 탈퇴를 결정했다. 브렉시트는 Britain+Exit의 합성어로 영국의 유럽연합(EU) 탈퇴를 의미한다. 영국 언론은 EU의 높은 분담금, 과도한 이민자 유입, 국가정체성 확립을 탈퇴의 가장 큰 요인으로 지목했다. 브렉시트는 통합을 공고히 해오던 EU의 균열을 알리는 서막이자 글로벌화, 신자유주의 일변도의 국제질서 재편의 신호탄이기도 하다. 브렉시트와 같은 반글로벌화적 사건은 소규모 개방경제로서 대외 개방을 지향하는 한국 경제에 우호적인 사건이 아니다. 본 절에서는 먼저 글로벌화에 대한 기본적 이해를 바탕으로, 브렉시트가 국제 경영에 주는 시사점들을 글로벌화의 논쟁이라는 맥락에서 설명해 보고자 한다.

1 글로벌화에 대한 이해

1. 글로벌화를 이끄는 요인

글로벌화를 둘러싼 논쟁을 살펴보기에 앞서, 글로벌화의 원동력과 글로벌화의 두 가지 양상을 먼저 살펴보겠다. 글로벌화를 뚜렷한 국가별 경제 단위에서 벗어나 보다 통합되고 상호의존적인 세계 경제로의 전환이라고 정의한다. 실제로 이러한 현상이 일어나고 있는지를 어떻게 알 수 있을까? 코로나19가 전 세계로 쉽게 전파되는 것을 보면 전 세계가 지리적으로 밀접하게 연계되고 통합되어 있다는 것을 쉽게 알 수 있다. 또한 미국발 통화, 금리 정책에 따라 전 세계 증시가 널뛰는 것을 보면 전 세계가 경제적으로도 밀접하게 연계되어 있음을 알 수 있다.

전 세계적으로 국가 간 상호의존성을 높였던 거시적 요인으로 다음의 두 가지를 들 수 있다. 첫 번째는, 세계무역기구를 중심으로 한 무역 및 투자 장벽의 완화 노력이고 두 번째는, 통신, 인터넷 등 기술의 급격한 발전이다. 제2차 세계대전 이후 서구 선진 산업국가들은 재화, 서비스 및 자본의 자유로운 흐름에 대한 장벽을 낮추고자 노력했다. 무역 장벽 완화뿐만 아니라, 해외직접투자에 대한 규제를 없애기 위한 노력도 지속되어 왔다. 그러나 무역과 투자의 장벽 완화가 자연스레 이뤄지는 것은 아니다. 실제로, 2008~2009년의 세계적 금융위기와 이후 이어진 전 세계적 생산량 감소로 인해 일자리 보호를 위한 높은 무역 장벽의 구축 압박이 증가했다. 만약 무역장벽이 더 이상 완화되지 않는다면, 적어도 당분간은 시장과 생산의 세계화에 제동이 걸릴 수 있다.

무역 장벽의 완화는 시장과 생산의 글로벌화에 대한 실질적 토대를 제공했고, 기술의 급속한 발전은 이를 현실화했다. 제2차 세계대전이 끝나고, 세계는 인터넷을 포함한 커뮤니케이션, 정보처리, 운송 기술의 급격한 발전을 경험했다. 이러한 기술 발전은 새로운 비즈니스, 새로운 제품 및 서비스의 전 세계적인 확산을 용이하게 했다.

2. 시장과 생산의 글로벌화

글로벌화라고 할 때 다음의 두 가지 현상을 묶어 얘기한다. 하지만 시장의 글로벌화와 생산의 글로벌화로 나누어 살펴보는 것이 필요하다. 무역 및 투자 장벽의 완화와 급격한 기술 발전은 시장의 글로벌화와 생산의 글로벌화 모두를 촉진시켰다. 국제 무역 및 투자 장벽 완화를 통해 기업들은 하나의 나라가 아닌, 전 세계를 그들의 시장으로 바라볼 수 있게 되었으며, 가장 최적화된 장소에서 생산기지를 구축할 수 있게 되었다. 한 나라에서는 제품을 디자인하고 다른 나라에서 부품을 생산하고, 또 다른 나라에서 조립하고 완성하여 전 세계 시장에 판매하는 것이 가능해진 것이다. 예를 들어, 애플 아이패드, 아이폰은 미국 본사에서 디자인, R&D, 마케팅 등을 수행하지만 생산 및 제조에 있어서는 중국에서 독일, 일본, 한국산 소재 및 부품을 사용하여 제조되는 글로벌 제품이다. 지역별 시장점유율도 미국, 유럽, 아시아 등 글로벌 시장을 타깃으로 분포되어 시장과 생산의 글로벌화를 보여주는 글로벌 브랜드이다.

먼저 시장의 글로벌화는 개별 국가 시장이 서로 고립되어 있던 경제 체제에서 탈피하여 하나의 세계 시장으로 통합되는 체제로 나아가는 것을 의미한다. 반면 생산의 글로벌화는 생산 측면에서 기업들이 생산요소의 비용 및 품질의 국가별 차이를 활용하기 위해 생산공정의 일부를 세계 각지에 분산시키는 추세를 의미한다.

2 신흥시장 및 체제 전환국

제품, 서비스 및 자원의 자유로운 국가 간 이전을 이끈 글로벌화는 신흥시장 및 체제 전환국이 글로벌 체제에 편입되면서 가속화되었다고 할 수 있다. 즉, 1979년 중국의 시장 개방, 1990년대 인도의 경제 개혁과 개방, 1991년 소련 연방 붕괴와 동유럽의 정치, 경제 체제의 변화를 기점으로 닫혀 있던 15억 중국, 14억 인도, 5억의 러시아, 동유럽이 글로벌화에 합류함에 따라 반쪽짜리 글로벌화가 온전한 글로벌화로 나아가게 되었다. 이후 2001년 중국의 WTO 가입 등으로 더욱 가속화되던 글로벌화가 2010년을 전후로 국가우선주의와 충돌하며 그 모멘텀을 잃고 새로운 국면을 맞는 상황이다.

글로벌화의 모멘텀은 1990년대 이후 중국, 인도, 러시아와 같은 이전에 닫혀 있던 시장이 개방되고 글로벌화의 조류에 합류함으로써 발생했다. 실제로 이러한 시장은 글로벌 생산 및 글로벌 시장이라는 양 측면에서 국제 경영에 엄청난 기회요인을 제공했다. 하지만 이들 국가는 정치, 경제 체제의 과도기를 지나고 있는 체제전환국들이다. 필연적으로 정부정책의 불확실성 및 정

표 12-2 2050년 세계 10대 경제강국

(단위: 10억 달러)

순위	국가	2050		2016	
		GDP	순위 변동	순위	GDP
1	중국	58,499	1	2	11,392
2	인도	44,128	5	7	2,251
3	미국	34,102	–2	1	18,562
4	인도네시아	10,502	12	16	941
5	브라질	7,540	4	9	1,770
6	러시아	7,131	6	12	1,268
7	멕시코	6,863	8	15	1,064
8	일본	6,779	–5	3	4,730
9	독일	6,138	–5	4	3,495
10	영국	5,369	–5	5	2,650

* 자료: PwC(2050), IMF(2016)

치적 위험이 상존한다. 따라서 이러한 국가에 투자한 기업이 가장 두려워하는 것은 정부의 정책변화 가능성이다.

해외시장에 진출하는 다국적기업들은 항상 매력적인 시장을 찾아 무역, 투자 등 여러 형태로 진출을 모색하게 된다. 기업의 입장에서 어떤 시장이 매력적인 시장일까? 어떤 기준으로 특정 시장이 매력적인지 또는 그렇지 않은지 판단할 수 있을까? 경쟁 강도, 인프라 수준, 정치적 위험도, 문화적 차이 등 현지국의 시장매력도를 결정짓는 다양한 요인들이 있겠지만, 특히 인구, 소득, 경제성장률은 전반적인 시장의 잠재력을 반영하는 중요한 변수들이다. 그렇다면 중국, 인도, 브라질, 러시아 등의 신흥시장 및 체제전환국들이 향후 세계 경제에서 어떠한 비중을 차지할 것인가? 세계적인 경영컨설팅 기업인 PwC에 의하면 2050년경에는 이들 신흥개발국가들이 세계 10대 경제강국의 주류를 차지할 것으로 예측된다.

3 글로벌화에 대한 논쟁

1. 글로벌화에 대한 찬반 논란

브렉시트에 대한 사례를 기반으로 글로벌화에 대한 논쟁을 살펴보도록 하자. 글로벌화 찬성론자의 입장에서 글로벌화의 진전은 효율적인 배분을 이끌고 궁극적으로는 개별 국가의 경제성장, 소득증대, 일자리 창출, 소비자 효용을 가져온다는 경제적 논리이다. 반면 글로벌화 반대론자의 논지는 보다 비경제적 측면에 기반하고 있다. 즉, 자원의 자유로운 이동을 보장하는 통합된 글로벌 경제체제에서 그 경제적 이익의 대부분을 가져가는 주체는 더 우수하고, 더 교육받은 인재, 더 빠르고 혁신적인 기업, 더 힘이 있는 국가라는 것이다. 즉 통합된 글로벌 경제에서 빈익빈 부익부 현상이 가속화된다는 것이다. 또한 글로벌 통합의 경제적 논리가 강조되다 보면 개별 국가의 자주권이 침해를 받게 된다는 것이다.

표 12-3 글로벌화에 대한 찬반 논란

찬성론	반대론
• 효율적 자원배분 • 경재성장, 소득증대 • 일자리 창출 • 소비자 효용	• 빈부격차의 심화 • 국가주권의 침해 • 문화제국주의 • 노동정책과 환경문제

이러한 이유로 영국은 유럽연합의 회원국이면서도 유로화는 채택하지 않았다. 유로화를 채택한다는 것은 영국의 통화를 더 나아가 영국정부의 독자적인 통화 정책, 환율 정책, 금리 정책 등을 포기한다는 것을 의미하기 때문이다. 또한 글로벌화를 반대하는 목소리 중 하나는 경제적 논리가 지배하는 상업주의, 세속주의 문화가 개별 국가의 전통문화를 침해할 수 있다는 것이다. 저개발국에서는 선진국으로부터의 다국적기업들이 선진국에 비해 노동이나 환경과 관련된 규제가 심하지 않은 저개발국에 진출하며 노동, 환경 문제를 야기한다. 영국의 유럽 연합 탈퇴를 두고 시행된 국민투표에서도 이러한 글로벌화에 대한 찬성과 반대가 극명하게 갈리는 양상을 보였다. 통합되고 상호의존적이며 자유로운 국가 간 이동의 주요 수혜자라고 느끼는 도시지역, 높은 교육수준의 젊은 층은 유럽연합에의 존속을 당연시했지만, 이러한 글로벌화의 피해자라고 느끼는 시골지역, 낮은 교육수준의 노인층에서 대거 유럽연합 탈퇴를 지지하며 근소한 차이로 유럽연합 탈퇴가 최종 결정되었다.

2. 글로벌 이익 대 국가 이익의 충돌

글로벌화에 대한 찬반이 경제적 요인과 비경제적 요인으로 나뉘어 충돌하는 듯 보이지만, 글로벌화에는 보다 근본적인 불안정성이 어쩔 수 없이 존재한다. 글로벌경쟁시대의 국제경영이라는 맥락에서 기업 전략의 근본적인 과제는 글로벌화해야 하고 동시에 현지화해야 하는 당위성을 어떻게 조화시켜 나갈 것인가의 문제가 된다. 즉 글로벌경쟁을 해야 하는 다국적기업은 필연적으로 상반된 두 가지 압박에 노출된다. 한편으로는 연구와 생산에 있어서의 규모의 경제효과, 동질화되어가는 소비자 수요, 무역장벽의 붕괴, 인터넷을 통한 산업혁명 등의 요인들은 세계시장에서의 산업과 경쟁의 글로벌화의 흐름을 촉진하게 된다. 다른 한편으로는 환율변동 및 보호무역주의에의 대응, 국가 간 정치·문화 위험 및 이질적인 유통경로 등 국가 간 경쟁 환경의 차이로 인한 현지화의 압박이 동시에 존재하게 된다. 이러한 글로벌화와 현지화라는 서로 상반된 목표를 두고 적절한 균형점을 만들어가는 것이 국제경영에서의 근본적인 전략과제라고 할 수 있다.

먼저 글로벌화가 지향하는 글로벌 이익 즉 보다 통합된 글로벌 경제, 보다 자유로운 글로벌 경영을 통해 얻을 수 있는 글로벌 이익은 개별 국가의 관점에서 바라보는 국가이익과는 충돌이 발생할 수밖에 없다. 글로벌화의 진전에 따라 산업 및 경쟁에 있어서의 글로벌화가 진전된 반면, 국가 간 경제 발전 및 체제와 문화의 차이가 존재한다. 이는 글로벌경쟁이 심화되는 상황에서 국가우선주의의 형태로 나타난다. 다른 말로, 글로벌화의 진전에 따른 글로벌 이익은 경제

논리에 의해 지배되지만 국가우선주의는 정치논리에 의해 크게 영향을 받는다. 따라서 국가우선주의의 진전과 함께 대중 영합주의가 득세함에 따라 예견되는 현상들이 나타나고 있다. 영국의 유럽연합 탈퇴, 미국의 환태평양경제동반자협정 탈퇴, 기후 협약 탈퇴, 미·중 무역분쟁을 시작으로 다자간협력체제가 위기에 봉착해 있다.

표 12-4 글로벌 이익 대 국가 이익의 충돌

글로벌 이익의 원천		국가 이익의 원천
• 글로벌화의 진전 • 글로벌 동질화의 압박	↔ 반목	• 국가 간 정치, 경제, 문화 차이 존재 • 국가우선주의의 압박

↓

예견된 현상들
• 영국의 유럽연합 탈퇴 • 미국의 환태평양경제동반자협정 탈퇴 • 미국의 기후협약 탈퇴 • 미 · 중 무역분쟁 • 다자간협력체제의 위기

이러한 관점에서 영국이 왜 유럽연합을 탈퇴했는가를 살펴보면 글로벌화에 대한 논쟁을 이해하는 데 도움이 된다. 영국은 유럽연합의 28개 회원국 중 하나였지만 유로를 사용하는 통합된 18개 국가에는 속하지 않았다. 통합된 유럽연합을 지향하는 EU의 핵심 국가는 독일, 프랑스 등이다. 영국은 역사적으로 유럽통합보다는 국가의 자주권을 중시하여 왔으며 또한 정치, 경제, 문화적으로 미국과의 강한 연대를 중시하여 왔다. 이러한 전통이 궁극적으로는 브렉시트의 근본적인 원인이었다고 할 수 있다. 미국의 환태평양경제동반자 협정 탈퇴, 기후협약 탈퇴, 미·중 무역분쟁으로 이어지는 일련의 상황들도 미국이 글로벌 이익을 이끄는 글로벌 리더의 역할을 포기하고 자국우선주의로 돌아선 것이 근본 원인으로 WTO와 같은 다자간협력체제가 큰 위기에 직면해 있다.

브렉시트에 앞서, 글로벌화로 대변되는 신자유주의에 대한 반론은 2010년을 기점으로 점화되기 시작했다. 영국 캠브릿지 대학의 장하준 교수는 2010년 그의 저서에서 신자유주의 및 글로벌화 찬성론자들을 비판하며, 자유주의정책으로 부자가 된 나라는 과거에도 없었고 앞으로도 없을 것이며, 미국이 자유무역과 글로벌화의 선봉장처럼 행세하는 것은 이중 잣대의 전형적인 행태라고 비판했다. 미국이 자유 무역 및 글로벌화에 대한 이중 잣대를 갖고 있다는 장하준 교수의 주장은 그의 2007년 저서에 있는 미국이 보호무역주의의 원조라는 주장에 기반하고 있다. 미국 남북전쟁을 우리는 노예제 폐지를 둘러싼 남부 미국과 북부 미국의 전쟁으로 알고 있지만, 사실은 자유무역을 둘러싼 분쟁의 역사라는 것이다. 즉 남북전쟁을 초래한 노예제보다 중요한 문제는 무역정책을 둘러싼 불화였다고 한다. 농업 경제에 기반한 남부 지역은 영국 등 당시 유럽 선진국에서 공산품을 수입하고 미국의 농산물을 수출하는 자유무역을 옹호한 반면, 공업 경제에 기반을 둔 북부 지역은 공업 경제 기반의 유치 산업을 보호하기 위한 관세 등 보호무역을 주장하며 갈등이 발생하였고 이는 남부 지역에서 연방을 폐지하자는 주장으로까지 발전하며 남북이 전쟁을 감행하게 된다. 즉 자국의 산업이 경쟁력이 없을 때는 보호무역주의 및 유치 산업 보호론을 외치던 미국이 국제 경쟁력을 보유하게 되자 자유무역주의 및 글로벌화의 선봉장처럼 행세하는 것은 이중 잣대의 전형이며, 자유 무역 및 완전 개방화를 통해 국제 경쟁력을 축적한 국가는 이전에도 없었고 앞으로도 없을 것이라고 장하준 교수는 주장하고 있다.

4 기업의 대응: 지속 가능 경영의 과제

글로벌화에 대한 찬반 논란이 가열되고 있는 현실에서 글로벌 경쟁에 노출되어 있는 기업의 지속 가능 경영의 과제에 대해 살펴보고자 한다. 먼저 글로벌 기업의 사회 책임 활동 양상이 바뀌고 있다. 아담 스미스 이후 밀튼 프리드만에 이르기까지 시장을 중시하는 경제학자들은 기업에 대해 사회적 책임을 부과하는 것은 기업의 이윤을 떨어뜨리고 결국 자본주의에 대한 위협이 된다고 주장해 왔다. 텍사스의 작은 식료품 가게에서 출발해 미국 최대 유기농 슈퍼마켓 체인점 'Whole Foods Market'으로 성장시킨 존 매키와 신자유주의 대변인으로 불리는 밀턴 프리드먼 교수는 2005년 유명한 토론을 벌였다. 전형적인 자유방임주의자 프리드먼은 "자본주의 사회에서 기업의 책임은 주주 이익의 극대화"라고 주장했다. 이에 대해 매키는 "사람은 먹지 않으면 살 수 없고, 기업도 이익이 나지 않으면 존재할 수 없다. 그러나 사람이 먹기 위해서만 사는 게 아니듯, 기업도 이익을 내기 위해서만 존재해서는 안 된다"고 반박했다. 고객 만족과 직원 행복을 충족시키지 못하고, 지역사회의 지지를 받지 못하는 '이윤 극대화'는 기업의 지속적인 성장을 지켜줄 수 없다고 주장한다. 즉 이익 일변도 경영에 대한 반발, 단기주의 경영에 대한 자성, 환경보전에 대한 관심의 전반적 제고 등은 기업의 사회적 책임과 지속 가능 발전에 대한 논의를 불러일으켰다.

기업의 사회적 책임(CSR) 개념은 기업의 경제적 활동이 가져올 사회적 결과를 고려하여 의사결정이 이루어져야 하며, 경제적으로도 사회적으로도 긍정적 결과를 낼 수 있도록 의사결정이 이루어져야 함을 의미한다. 국제 기업은 기업의 사회적 책임에 관한 아이디어들을 구체적인 전략적 실행안으로 변형시키려 하는 가운데 그들은 보통 지속 가능 발전에 끌린다. 지속 가능 발전이란, 다국적 기업들의 이윤 창출에 도움이 될 뿐만 아니라, 기업이 환경을 해치지 않으면서 사회적 책임을 다하는 동시에 이해관계자와 관련하여 행동하도록 보장하는 전략을 일컫는다. 다우존스 지속가능성 지수(DJSI)는 기업의 지속가능성을 '경제적, 환경적, 사회적 발전을 통해 파생되는 기회를 포착하고 리스크를 관리함으로써 장기적인 주주 가치를 창출하는 비즈니스 접근법'으로 정의했다. 즉 경제, 환경, 사회의 세 가지 축에서 기업이 지속적인 성과를 내면서 경쟁우위를 유지 및 확보하는 것을 의미한다.

기업과 영향을 주고받는 집단을 총체적으로 이해관계자(stakeholder)라고 한다. 경영진, 종업원, 소비자, 투자자, 협력업체, 지역사회, 미디어, NGO, 정부 등 기업을 둘러싼 이해관계집단의 이해는 다양하고 가끔은 상충될 수도 있다. 하지만 장기적이고 지속적인 이윤 창출을 위해서 이해관계자를 만족시키는 경영활동이 필요하다. 즉 주주 이익 우선의 주주 자본주의와 이해관계자 자본주의의 진정한 공존을 모색해야 한다.

Ⅲ 미 · 중 무역 분쟁과 글로벌경쟁의 지형 변화

미·중 무역 분쟁의 파고가 갈수록 높아지고 있다. 신냉전으로 불리는 미·중 무역 분쟁은 단순히 무역 불균형 해소를 위한 무역분쟁을 넘어 신기술에 대한 패권 경쟁으로 발전하고 있다. 그러나 분쟁의 씨앗은 중국이 세계무역기구(WTO)에 143번째 회원국으로 가입하며 이미 싹트고 있었다. 중국의 WTO 가입은 글로벌화를 가속화한 역사적 사건이었다. 영국의 이코노미스트지에 따르면, 중국의 WTO 가입과 함께 중국의 자유주의 시장경제화를 기대했던 서방 국가들의 기대는 무너지기 시작했으며 이것이 미·중 무역 분쟁의 형태로 발현되었다. 본 절에서는 미·중 무역 분쟁의 촉발 원인과 함께 보다 근본적인 원인을 국제경영적인 시각에서 살펴보고, 이러한 상황이 글로벌경쟁에 미치는 시사점을 모색해 보고자 한다.

1 미 · 중 무역 분쟁의 촉발 원인

1. 미국의 대중무역적자

미국은 그동안 중국에 대해 만성적인 무역적자를 기록해 왔다. 미국과 중국 간 무역분쟁의 시발점이 된 것은 만성적인 미국의 대중무역적자였다. 그럼 미국의 대중무역적자를 미국 상무부가 제공하는 통계를 통해 살펴보도록 하자.

표 12-5 미국의 무역통계(2022년 6월 기준)

(단위: 10억)

국가	재화의 무역량	미국 수출	미국 수입
캐나다	399.2	176.5	222.7
멕시코	384.7	160.6	224.1
중국	343.4	71.6	271.7
일본	113.4	39.9	73.6
독일	103.5	35.6	67.9
한국	91.9	35.1	56.8
베트남	70	6.1	63.9
인도	67.6	23.5	44.2
영국	67.1	36.5	30.7
대만	66	21.2	44.8
네덜란드	53.3	34.3	19
프랑스	50	22.4	27.6
아일랜드	49.9	8.5	41.4
스위스	49	15.4	33.7
이탈리아	47.7	14.2	33.6

* 자료: 미국 상무부, 2022년 8월

미국 상무부는 미국의 무역통계를 국가별, 월별로 제공하고 있다. 설명을 위해 2022년 1월부터 6월까지의 통계를 보도록 하자. 미국의 주요 교역상대국을 보면 캐나다, 멕시코, 중국, 일본, 독일, 한국, 베트남, 인도, 영국, 대만, 네덜란드, 프랑스, 아일랜드, 스위스, 이탈리아 등임을 알 수 있다. 통계표를 보면 미국이 캐나다에 176.5 billion(10억 달러) 어치의 재화를 수출하고 캐나다로부터 222.7 billion 어치의 재화를 수입하여 약 46 billion 무역적자를 내고 있다. 그런데 의아한 것은 15개 교역상대국 중 영국과 네덜란드를 제외한 모든 국가에 대해서 미국이 무역적자를 보고 있다는 것이다. 이러한 패턴은 매년 비슷하다. 15개 교역상대국도 거의 변화가 없다. 변화가 있다면 2019년 통계부터 베트남, 인도, 대만이 상위 15개 교역국에 포함되고 있다는 것이다. 2022년 통계에서는 베트남, 인도 등이 상위 10위 안에 랭크되고 있다. 이는 미·중 무역 분쟁이 불거지며 2018년을 기점으로 미·중 무역량이 감소하고 있으며 이중 상당 부분을 베트남, 인도 등이 대체하고 있음을 시사한다. 또 한 가지 주목할 만한 부분은 미·중 간 무역수지이다. 다른 교역상대국에 비해 미국의 대중 무역적자가 엄청난 것을 볼 수 있다. 이러한 적자가 지난 2~30년간 누적되어 왔다.

상위 15개국 교역상대국과 재화의 무역에 있어 대부분 국가와 무역적자를 내고 있고, 이러한 패턴은 지난 2~30년간 지속되어 왔는데 이를 어떻게 설명할 수 있을까? 먼저, 미국은 전 세계에서 가장 큰 소비 시장이라는 점이다. 그럼 이렇게 2~30년간 지속되는 무역적자를 내는 것이 어떻게 지속 가능할까? 이 통계가 재화의 무역수지만을 보여준다는 데 주목해야 한다. 미국은 서비스 기반의 경제이다. 즉 전 세계에서 재화를 수입하지만, 서비스 관련 산업은 전 세계에 수출하고 있다. 즉 재화에서의 적자를 서비스에서의 흑자로 보충하고 있다고 볼 수 있다. 더 나아가, 재화와 서비스를 합친 경상수지에서는 적자를 보이고 있지만, 기축통화인 달러를 기반으로, 자본수지에서는 흑자를 보인다는 점이다. 그런데도, 미국의 대중무역 적자 폭은 너무 크다는 의견이 많다. 앞의 통계표에서도 다른 교역상대국들에 비교하여 미국의 대중 무역적자는 엄청나며 이러한 적자가 지난 2~30년간 누적되어 왔다는 것을 볼 수 있다. 엄청난 미·중 무역적자의 원인으로 한편에서는 중국을 환율 조작국으로 비난한다. 즉 중국 위안화의 가치를 낮게 고정함으로써 미국 시장에서 중국 제품이 상대적으로 저렴하여 경쟁력을 갖는다는 것이다. 물론 이러한 이유도 일부분 이유가 있겠지만 가장 큰 원인은 다른 곳에 있다.

2. 중국 중심의 글로벌공급망

국제경영적인 시각으로 바라본 미국의 대중 무역적자의 가장 큰 이유는 중국을 중심으로 한 글로벌 공급망의 형성이다. [그림 12-4]의 좌측 그래프를 보면 중국의 수출액이 86년을 시점으로 급격히 증가하고 있음을 볼 수 있다. 그런데 중국에 진출한 해외기업의 수출이 중국의 총수출에서 차지하는 비중도 급격히 증가하여 2001년 50%에 달하고 있다. 우측 그래프를 보면 이러한 중국 수출에서 중국에 진출한 해외기업의 수출이 차지하는 비중이 2010년 54.6%를 기점

그림 12-4 **중국 중심의 글로벌공급망**

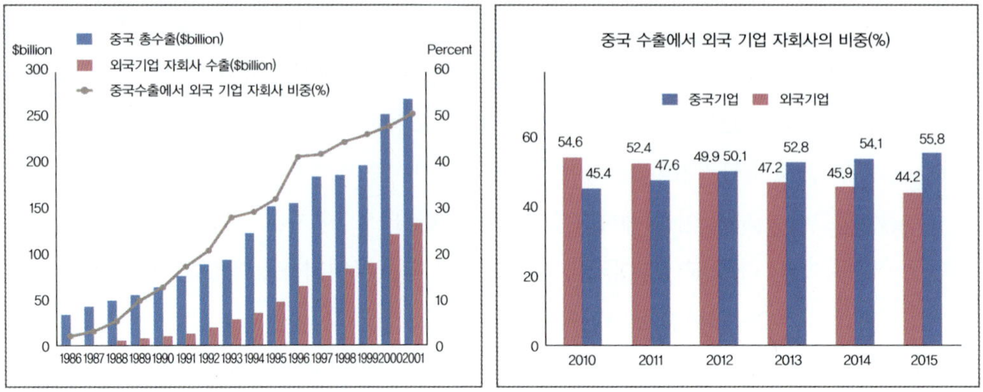

* 자료: 중국 국가통계국 자료를 자체 정리

으로 조금씩 하락하고 있지만 아직도 45% 선에 머물고 있다. 여기서 주목해야 할 점은, 중국 총 수출에서 해외기업의 수출이 차지하는 부분이 상당하지만 이러한 수출이 모두 중국의 수출로 잡히고 있다는 것이다. 80년대, 90년대 초반까지만 해도 미국은 일본, 독일에 대해 큰 무역적자를 기록해 왔다. 하지만 중국이 부상하며 미국 기업, 일본 기업, 유럽 기업들이 제조 기반을 중국으로 이전하여 미국 시장을 포함한 글로벌 시장을 공략한다. 즉 이전에 대 일본 적자, 대 독일 적자, 대 한국 적자로 잡히던 부분들이 이제 모두 대 중국 적자로 잡힌다. 즉 미국의 대 중국 적자의 근본적인 원인은 중국을 중심으로 형성된 글로벌 공급망이다. 글로벌 공급망이 중국을 중심으로 형성됨에 따라 중국은 세계의 공장이 되어가고 있다. 예를 들어, 중국에 기반하여 세계 에어컨 생산의 80%, 휴대전화 생산의 70%, 신발, 장난감 생산의 60%, 디스플레이 패널의 50%가 생산되고 있다. 경제 잡지 이코노미스트의 2020년 자료에 의하면, 세계 총생산에서 중국이 차지하는 비중이 28%로 미국, 일본, 독일의 생산 비중을 합친 것과 비등하다고 한다.

예를 들어, 애플 아이폰의 최대 생산지는 중국이다. 2010년 한 연구에 의하면 중국에서 생산되어 미국에 수출되는 애플 아이폰 한 제품이 1.9 billion의 중국에 대한 미국의 무역적자를 설명한다고 한다. 하지만 실제로 중국에서의 가치 창출이 차지하는 부분은 3.6%에 그치는 반면, 일본, 독일, 한국 등이 소재, 부품, 반제품 등 생산을 통해 가져가는 가치가 64%를 차지하고 있다고 한다. 이는 다른 말로, 애플 아이폰 생산을 통해 실제 가치 즉 이윤을 가져가는 국가가 어디인지를 바라보는 value-added approach 관점에서 바라보면, 미국은 대 중국 적자를 내는 것이 아니라 대 일본 적자, 대 독일 적자, 대 한국 적자를 낸다고 볼 수 있다. 즉 어떠한 시각에서 미국의 대 중국 무역적자를 바라보건, 누적된 엄청난 대 중국 적자의 근본 원인은 중국을 중심으로 형성된 글로벌 공급망이라고 할 것이다.

2 미 · 중 무역 갈등의 근본 원인

미국 대중 무역적자의 원인을 중국을 중심으로 형성된 글로벌 공급망이라고 했다. 미국을 위시한 서방국가들은 이러한 중국 중심의 글로벌 공급망에 우려를 표하고 있다. 특히 중국이 미래 최첨단산업에서의 비전을 공언한 상황에서 미국은 반도체 등 핵심 산업의 주도권이 중국에 넘어가는 것을 두려워한다. 미국은 중국이 개혁, 개방을 통해 글로벌화의 조류에 합승하여 발전하는 것을 지원했다. 그러한 바탕에는 경제적으로 발전된 중국이 서방세계에 수렴될 것으로 기대한 측면이 있다. 즉, 발전된 중국은 좀 더 개방된 시장경제 체제를 채택하고 정치적으로도 전제주의에서 점차 자유 민주주의 체제로 이전해 나갈 것을 기대했다. 하지만 2008년 글로벌 금융위기 이후 중국은 중국의 국가주도 자본주의의 우월성을 공언해 왔다. 서방 국가들은 이러한 체제가 미국을 위시한 서방 국가들의 가치 체제를 침해하고 있다는 것을 깨달았다. 결과적으로, 미국과 중국은 서로에게서 멀어져 가는 탈동조화(decoupling)의 길을 택하게 된다. 이는 중국을 중심으로 형성된 글로벌 공급망도 재편될 것을 의미한다. 미국은 미국을 중심으로 한 공급망을 형성하기를 원하고, 유럽 국가들도 유럽 중심의 공급망을 형성하기를 원한다. 중국 또한 중국 중심의 글로벌 공급망을 유지하기를 원한다. 이러한 상황에서 한국과 같은 국가들은 어느 공급망 블록에 참여할 것인가를 결정하도록 요구받게 될 것이다.

3 기업의 대응: 가치혁신 경영의 과제

기업은 전 세계적으로 사업을 확장할 경우, 어떻게 수익을 확대할 수 있을까? 기업은 한 국가에서 사업을 할 때보다 글로벌 확장을 통해 이윤 창출을 확대할 수 있다. 이는 국제적으로 사업을 영위하는 기업들은 다음과 같은 이점을 가지기 때문이다. 먼저, 가치 있는 경영자원을 해외에 이전함으로써 해외에서의 가치 창출을 통한 추가적인 이윤을 확보할 수 있다. 관련하여, 가치 활동들을 가장 효율적으로 수행될 수 있는 곳으로 분산시킴으로써 입지 우위를 통한 추가적인 가치 창출을 실현할 수 있다. 마지막으로, 해외시장으로의 확장을 통해 규모의 경제 효과를 글로벌 수준에서 추구하여 비용상의 우위를 누릴 수 있다. 즉 글로벌 확장을 통해 가치를 창출하고 비용을 절감하는 효과를 통해 추가적인 이윤 창출을 실현할 수 있다. 하지만 글로벌 시장에서 경쟁하는 기업들은 이에 수반되는 두 가지 종류의 경쟁적 압박에 직면하게 된다. 비용 절감에 대한 압력과 현지 대응의 압력이다. 이러한 압력 요인은 글로벌 확장을 통한 기업의 이윤 창출 효과에 영향을 미친다. 이 두 압력은 기업에 서로 상충하는 압력요인으로 작용한다. 비용 절감을 위해서 기업은 제품 단위당 비용을 최소화하기 위해 노력해야 하지만, 현지 대응의 압력에 대처하기 위해서는 제품과 마케팅 전략을 다양화하고, 국가별로 상이한 소비자 취향, 유통 채널, 경쟁 상황, 정부 정책에 적절히 대응해야만 한다. 이러한 국가별 현지 대응 전략은 표준화가 어렵지만, 경영자원의 상당한 중복 투자를 유발하기 때문에 비용 증가를 수반하게 된다.

그림 12-5 가치혁신 경영의 예

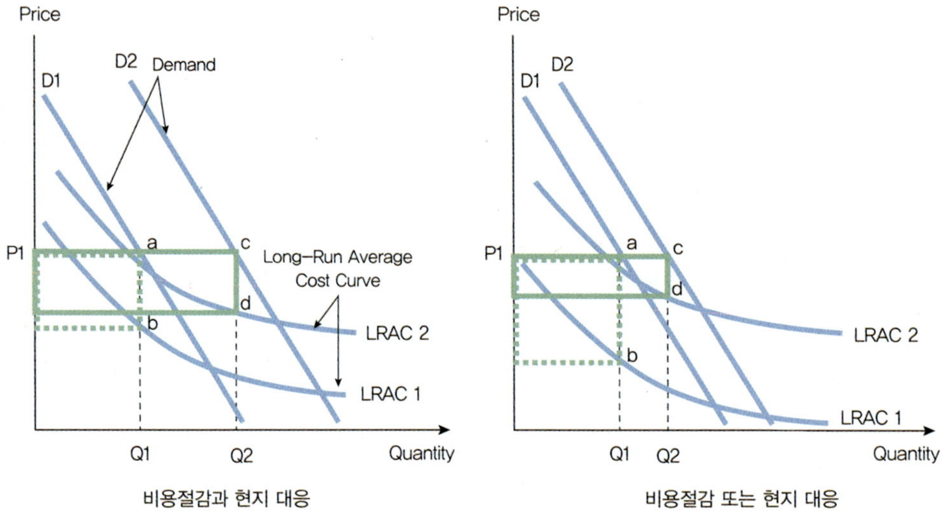

그렇다면 다국적 기업이 비용 절감의 압력과 현지 대응의 압력을 동시에 받고 있는 경우, 기업이 초국가적 전략을 실행하는 것이 어떠한 상황에서 가능하고, 어떠한 상황에서는 가능하지 않은지를 수요 곡선과 비용 곡선을 가지고 살펴보도록 하겠다. 먼저, 왼쪽 그래프의 1은 비용절감과 동시에 현지화를 추구하는 것이 가능한 시나리오이다. 최초의 수요곡선 D1과 비용 곡선 LRAC1이 주어졌을 경우, 이때 수요는 a, 비용은 b에서 형성되어 총수익은 (a – b) * Q1 즉, 점선의 영역이 된다. 이제 새로운 제품, 마케팅과 같은 현지국에서의 현지 대응 노력이 있었음을 가정해 보자. 이러한 현지화의 노력으로 새로운 수요가 창출되어 수요 곡선이 D1에서 D2로 확장되었다고 가정한다. 이때 이러한 추가적인 현지화 노력은 비용을 수반하므로, 비용 곡선 또한 LRAC1에서 LRAC2로 새로운 비용 상승요인이 발생했다고 가정한다. 이러한 경우, 새로운 수요는 c, 비용은 d에서 형성되어 총수익은 (c – d) * Q2 즉 붉은 실선의 영역이 된다. 현지화 노력 이전과 이후를 비교해 볼 때, 현지화 노력 이후의 총수익 즉 실선 부분의 총수익이 현지화 노력 이전의 총수익 즉 점선 부분의 총수익보다 많이 증가한 것을 볼 수 있다. 즉, 시나리오 1의 경우 현지화 노력은 성공했다고 할 수 있다. 한편 오른쪽 그림, 시나리오 2를 살펴보도록 하자. 최초의 수요곡선 D1과 비용 곡선 LRAC1이 주어졌을 경우, 이때 수요는 a, 비용은 b에서 형성되어 총수익은 (a – b) * Q1 즉, 점선의 영역이 된다. 이제 새로운 제품, 마케팅과 같은 현지국에서의 현지 대응 노력이 있었음을 가정해 보자. 이러한 현지화의 노력으로 새로운 수요가 창출되어 수요 곡선이 D1에서 D2로 확장되었다고 가정한다. 이때 이러한 추가적인 현지화 노력은 비용을 수반하므로, 비용 곡선 또한 LRAC1에서 LRAC2로 새로운 비용 상승요인이 발생했다고 가정한다. 이러한 경우, 새로운 수요는 c, 비용은 d에서 형성되어 총수익은 (c – d) * Q2 즉 실선의 영역이 된다. 현지화 노력 이전과 이후를 비교해 볼 때, 현지화 노력 이후의 총수익 즉 실선 부분의 총수익이 현지화 노력 이전의 총수익 즉 점선 부분의 총수익보다 오히려 줄어든 것을 볼 수 있다. 즉, 시나리오 2의 경우 현지화 노력은 실패했다고 볼 수 있다. 그렇다면, 시나리오 1과 시나리오 2의 차이는 어디서 발생할까? 그 차이는 현지화 노력에 따라 수요가 더 많이 창출되느냐? 비용이 더 많이 발생하느냐? 여부이다. 즉 시나리오 1에서는 수요가 더 많이 창출되었고, 시나리오 2에서는 비용이 더 많이 증가하였음을 볼 수 있다. 시나리오 1과 시나리오 2를 비교해 볼 때, 그 차이는 현지화 노력을 통한 현지에서의 새로운 가치(V)의 창출이 현지에서의 충분한 수요를 유발하는가 여부에 의해 결정된다. 따라서 비용절감과 현지 대응의 두 가지 목표를 동시에 추구할 수 있는가가 다국적 기업의 가장 근본적인 전략 과제가 된다. 국가별 현지화의 노력은 비용 증가를 수반한다. 하지만, 현지화 노력이 현지 시장에서 새로운 수요를 충분히 창출한다면, 장기적으로 현지화는 단위당 비용을 감소시킨다. 따라서, 현지화의 핵심은 현지화를 통해 현지에서의 새로운 수요를 충분히 창출할 수 있는가의 여부이다. 현지화가 현지에서의 새로운 가치(V) 창출, 궁극적으로는 수요(D)의 창출로 이어질 때, 비용절감과 현지 대응이라는 상충하는 목표를 동시에 추구하는 것이 가능해진다. 글로벌화된 많은 산업에서 경쟁은 날로 치열해지고 있으며, 다국적 기업들은 비용 절감과 현지화의 압력에 동시에 대응하여야 한다. 이러한 문제가, 많은 다국적 기업들이 직면하고 있는 가장 근본적인 전략과제이다.

마감사례

브렉시트와 글로벌화의 미래

영국은 2020년 1월 유럽연합(EU) 탈퇴, 이른바 브렉시트(Brexit)를 단행했다. 2016년 6월 국민투표에서 이를 결정한 지 3년 7개월 만이었다. 영국은 지난 2016년 6월 23일 브렉시트 국민투표를 통해 EU 탈퇴를 결정했다. 당시 국민투표에는 전체 유권자 4,650만 명 중 72.2%가 참가해 51.9%인 1,740만 명이 'EU 탈퇴'에, 48.1%인 1,610만 명이 'EU 잔류'에 표를 던졌다. 예상치 못한 브렉시트 결정 배경은 복합적이다.

국민투표로 브렉시트 결정, 영국 사회 분열 드러내

영국은 1973년 EU의 전신인 유럽경제공동체(EEC)에 가입했다. 그러나 영국은 기본적으로 유럽 공동체에 대한 신념이 약한 데다, EU를 사실상 독일이 주도하는 데 대한 불만도 가지고 있었다. 브렉시트 지지자들은 영국이 EU를 떠나야 문화와 독립성, 세계 속의 위상 등 정체성을 회복할 수 있다고 믿었다. 아울러 제3국과 자유롭게 자유무역협정(FTA)을 체결, 영국이 더 번영할 수 있다고 보았다.

이런 가운데 브렉시트 국민투표 개최를 결정한 데이비드 캐머런 당시 총리의 책임을 지적하는 이들도 많다. 당초 국민투표에서 EU 탈퇴 결과를 예측한 이들은 많지 않았다. 그러나 캐머런 총리의 의도나 바람과는 달리 국민투표는 영국 사회의 세대와 지역, 계층 간 불화를 드러내면서 EU 탈퇴 결정으로 이어졌다.

구원투수로 나선 메이 총리 EU와 협상 지휘했지만, 의회 반대 못 넘어

브렉시트 국민투표 결과는 캐머런 총리의 사퇴로 이어졌고, 테리사 메이 총리가 구원투수로 투입됐다. '철(鐵)의 여인' 마거릿 대처 이후 26년 만에 나온 영국의 여성 지도자였다. 메이 총리는 2017년 3월 29일 EU의 헌법 격인 리스본 조약에서 탈퇴에 관한 내용을 담고 있는 50조를 발동했다. 50조 1항은 '모든 회원국은 자국의 헌법규정에 의거해 EU 탈퇴 결정이 가능하다'고 규정하고 있다. 이에 따라 영국과 EU는 공식 통보일로부터 2년간 탈퇴에 관한 협상을 진행하기로 했다.

영국과 EU는 브렉시트 국민투표 후 약 2년 5개월(29개월), 양측이 브렉시트 협상을 시작한 지 약 1년 5개월(17개월) 만인 2018년 11월 협상을 마무리했다. 브렉시트 합의안은 크게 EU 탈퇴 협정과 '미래 관계 정치선언' 등 두 부분으로 구성됐다. EU 탈퇴 협정은 브렉시트 전환(이행)기간, 분담금 정산, 상대국 국민의 거주 권리 등 '이혼 조건'에 관한 내용을 담았다. '미래 관계 정치선언'은 브렉시트 이후 진행될 미래 관계 협상의 기본 토대에 관한 것으로, 무관세와 양적 제한 없는 경제적 파트너십 보장, 상품교역 자유무역지대 조성을 위한 포괄적 준비, 단기 여행 시 비자 면제 등의 내용이 포함됐다.

그러나 메이 총리의 브렉시트 합의안은 의회에서 번번이 압도적인 표 차이로 부결됐다. EU 탈퇴협정 중 가장 문제가 된 것은 '안전장치' 였다. '안전장치'는 영국과 EU가 미래 관계에 합의하지 못할 경우

아일랜드와 북아일랜드 간 국경을 엄격히 통제하는 '하드 보더'(hard border)를 피하고자 영국 전체를 당분간 EU 관세동맹에 잔류하도록 하는 것이다. 이에 급격히 리더십이 약화된 메이 총리는 결국 사퇴를 결정했고, 2016년 브렉시트 국민투표 당시 EU 탈퇴 진영을 이끌었던 보리스 존슨 전 외무장관이 경선 끝에 총리직을 승계했다.

존슨 총리, 조기총선 승부수 통하며 브렉시트 단행

2019년 7월 취임한 존슨 총리는 무슨 일이 있더라도 10월 말 브렉시트를 단행하겠다는 입장을 굽히지 않았다. 결국 존슨 총리는 브렉시트 예정일을 2주가량 앞둔 2019년 10월 중순 EU 특별정상회의 직전 EU와 극적으로 재협상 합의에 성공했다. 존슨 총리는 기존 합의안에서 가장 큰 반발이 제기된 '안전장치'를 폐지하는 대신, 북아일랜드를 실질적으로 EU 관세 및 단일시장 체계에 남겨두는 방안을 택했다. 이 과정에서 2019년 10월 말로 설정됐던 브렉시트는 2020년 1월 31일로 3개월 추가 연기됐다. 결국 존슨 총리는 브렉시트 EU 탈퇴협정 법안을 통과시키는 등 모든 입법절차를 완료한 뒤 2020년 1월 31일 브렉시트를 단행했다.

9개월간 무역협정 협상하다 막판 합의로 '노 딜' 피해

브렉시트 후 한숨을 돌린 영국과 EU는 2020년 3월부터 다시 무역협정을 포함한 미래관계 협상에 돌입했다. 기존 EU 탈퇴협정이 '이혼조건'에 관한 것이었다면, 미래관계 협상은 양측이 이혼 후 어떤 새 관계를 맺을지에 관한 것이 주 쟁점이었다. 양측은 EU 탈퇴 협정 때와 마찬가지로 미래 관계 협상에서도 자국 이익을 위해 한 치의 양보 없는 팽팽한 대립을 이어갔다. 여기에 팬데믹이라는 예상하지 못한 변수가 발생했다. 코로나19로 인한 각국의 여행제한 및 봉쇄조치, 협상 당사자들의 확진 등으로 양측은 한동안 대면 협상을 하지 못하면서 협상에 차질을 빚었다. 영국이 아무런 무역협정 없이 EU를 떠나는 사실상의 '노 딜' 브렉시트가 현실화할 수 있다는 우려가 커졌다. 코로나19로 충격을 받은 세계 경제에 '노 딜' 브렉시트라는 또 하나의 충격파가 던져질 수 있다는 우울한 전망이 나왔다. 그러나 양측은 데드라인을 수차례 연장해가면서 합의에 대한 희망을 이어갔고, 마침내 전환 기간 종료를 일주일 앞두고 역사적인 협상 타결에 도달했다. 영국이 47년간 이어진 EU와의 동거 생활을 끝내고 새 출발을 확정하는 순간이었다.

* 자료: 4년 반 만에 종지부 찍는 브렉시트…영국, EU '진짜로' 떠난다, 연합뉴스, 2020.01.25.

토의과제

01 브렉시트가 '시장과 경쟁의 글로벌화'와 관련하여 시사하는 바를 글로벌화의 찬반 논쟁이라는 관점에서 논의해 보시오.

02 브렉시트를 비롯한 4차 산업혁명, 코로나 팬데믹, 미 · 중 무역 갈등, 우크라이나 전쟁 등 일련의 급변하는 글로벌 정세는 탈세계화(de-globalization)를 진전시키고 있다는 주장이 있다. 이 주장에 동의하는가? 동의하지 않는가? 그 이유는?

주요 용어

4차 산업혁명
지식기반 경제
와해적 혁신
글로벌 초경쟁
지식기반 경영
브렉시트
글로벌화의 논쟁
지속가능 경영
미 · 중 무역 갈등
글로벌 공급망
가치혁신 경영
탈세계화

연습문제

01 4차 산업혁명이 글로벌 경쟁에 시사하는 바는 무엇인가?

02 다국적기업의 지식기반 경영의 과제에 대해 설명하시오.

03 브렉시트가 글로벌화에 대해 시사하는 바는 무엇인가?

04 다국적기업의 지속가능 경영의 과제에 대해 설명하시오.

05 미 · 중 무역 분쟁의 촉발 원인, 중간 원인, 근본 원인에 대해 설명하시오.

06 다국적기업의 가치혁신 경영의 과제에 대해 설명하시오.

찾아보기

ㅅ

ㅇ

ㅈ

ㅊ

ㅋ

ㅌ

ㅍ

ㅎ